潘懋元肖像油画(魏楚予画)

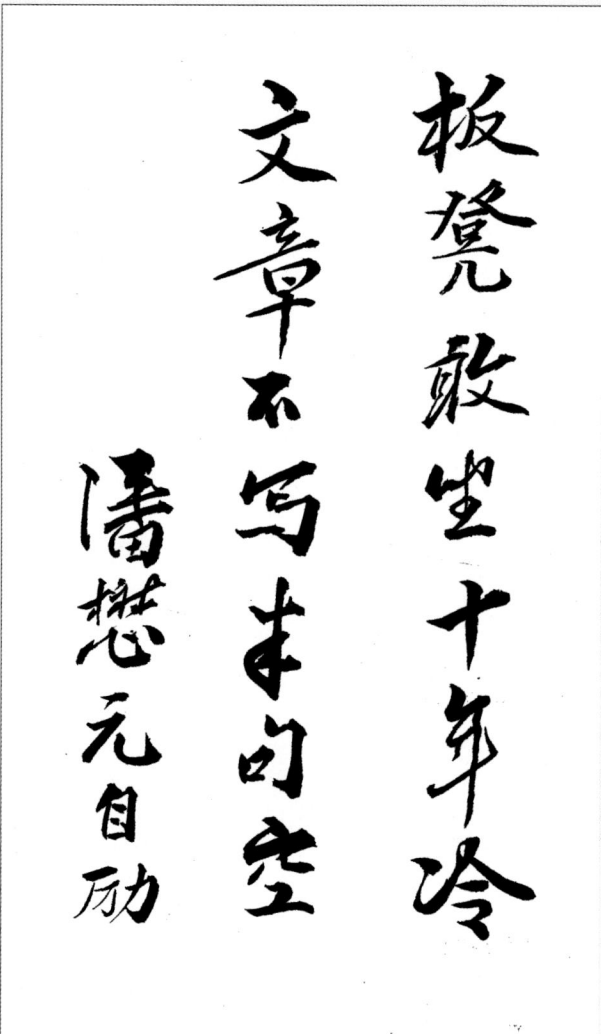

2006 年题铭自励

潘懋元文集

卷八·潘懋元教授纪事年表

韩延明 ◎ 编著

广东高等教育出版社
Guangdong Higher Education Press
·广州·

图书在版编目(CIP)数据

潘懋元文集. 卷八, 潘懋元教授纪事年表 / 韩延明编著. —2 版. —广州: 广东高等教育出版社, 2020.6

ISBN 978 – 7 – 5361 – 6714 – 8

Ⅰ. ①潘⋯　Ⅱ. ①韩⋯　Ⅲ. ①潘懋元 – 文集②潘懋元 – 年表　Ⅳ. ① C53 ② K825.46

中国版本图书馆 CIP 数据核字（2020）第 024438 号

PANMAOYUAN WENJI JUANBA PANMAOYUAN JIAOSHOU JISHI NIANBIAO

出版发行	广东高等教育出版社
	地址：广州市天河区林和西横路
	邮编：510500　营销电话：（020）87554153
	网址：www.gdgjs.com.cn
印　　刷	佛山市浩文彩色印刷有限公司
开　　本	787 mm × 1092 mm　1/16
插　　页	18
印　　张	49
字　　数	812 千
版　　次	2010 年 9 月第 1 版　2020 年 6 月第 2 版
印　　次	2020 年 6 月第 2 次印刷
定　　价	178.00 元（全套定价：1388.00 元）

（版权所有，翻印必究）

潘懋元

1931年，小学毕业留影

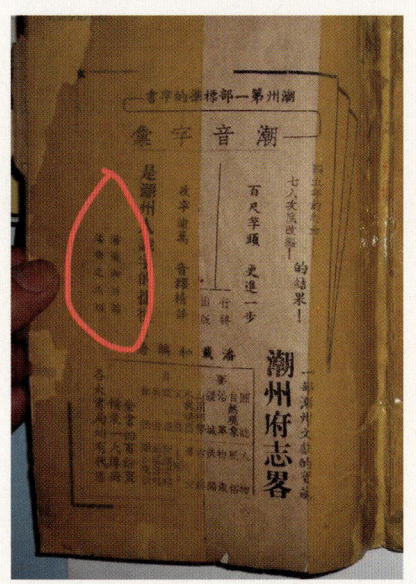

1936年秋，以潘隽之为笔名续编载和兄未完成的遗稿《潮音字汇》出版

1937年，高中时军训照片

1938年，青年抗日会

1941年，与施蛰存等师生合影

1945年，学士学位照片

1946年在南昌，前右一为岳母，后右一为妻子，后右二、三为同学

1947年，与妻子龚延娇、女儿潘凯伦合影

题扉

我于十岁时开始写作每尝发表一稿必珍重剪存粘成快近廿岁离家时已厥有可观当时即拟题名稿为二十年前苦知离家为我生活之大变今没志趣似不同于昔日然牵丝果今森近樟脑轻旧稿已遗佚春来汕头市民日报之第一编作品戏剧的宣传性我一生当为正者我者今六不获澄见际幸在者尚多对卷怀旧况时心情二肠现胸膈我就笔最动为十五岁正十九岁闲此期

1947年6月13日，题扉

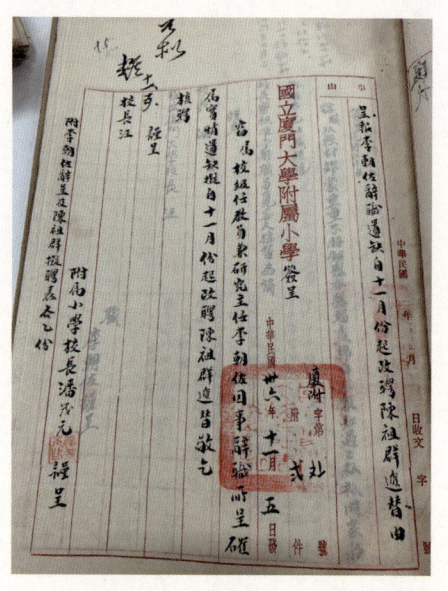

1947年11月5日，以附小校长名义给厦大校长王德耀的呈文

1952年5月，在哈尔滨

1954年春，全家与外婆在厦大校园家门外合影

1954年8月9日，在《光明日报》发表论文

1957年，潘懋元的四个子女

20世纪60年代初，返乡探亲与父亲及姐姐、弟弟两家合影

1960年3月，在北京天安门前

1965年3月，在河北遵化调查农村中学

1979年11月，在泰国参观水产研究院

1980年8月25日,中国高等教育学会第二次筹备会在鼓浪屿召开,在会上做报告

部分著作

潘副校长：

您好！

去年十月，我去中央教育行政学院学习期间，听了您关于高等教育学的报告，大开眼界，很受启发和教育。回校后，我同几位同志，大家都感兴趣。我们带回的您主编的《高等教育学》（讨论稿），大家争相传阅，一致认为您作了开创性的工作，添补了我国高等教育学的空白，都热切地期望这部书能早日出版发行。为了现在的学习和研究，我很希望把我带回的《高等教育学》（讨论稿）一～九章做了翻印，可惜没有九章以后部分。麻烦潘副校长在百忙中抽空，让有关同志把九章以后部分给我们邮来一份，我们将不胜感谢！

此致

祝身体好！

延边大学 稿 纸 张德江 83.3.2

三月九日

1983年3月9日，时任延边大学副校长张德江写给潘懋元的亲笔信

1983年5月10日，在英国加的夫市访问

1990年12月6日，厦门大学高等教育学首届博士学位论文答辩

1993年11月4日，在中国台湾"故宫博物馆"，从左至右：姚启和、吴福光、潘懋元、汪永铨、江权

1994年3月30日，汕头大学高教所成立，潘懋元被李嘉诚先生聘为名誉所长

1997年12月6日，与加拿大著名学者许美德（右）在一起

1999年2月22日，获英国赫尔大学名誉博士学位

1999年7月17日，游甘肃马蹄寺

2000年9月24日，在从教65周年暨八十华诞庆祝会上讲话

2001年7月25日，与王冀生、李进才、陈谟开、张笛梅、钟秉林同游净月潭

2004年12月29日，新年寄语

2005年4月17日,在北京与部分学生合影

2005年10月10日,与挪威学者阿里·谢沃

2006年7月10日，与英国小朋友在一起

2009年4月10日，与教育部长袁贵仁

2010年8月,我思故我在

2010年11月23日,向临沂大学捐赠新出版的八卷本十册《潘懋元文集》

2013年10月16日,与本书作者韩延明在济南趵突泉合影

2014年9月9日,习近平总书记在人民大会堂接见潘懋元

2014年10月18日，在家庭周末学术沙龙上

2015年5月10日，在家中与《高教泰斗潘懋元》山东摄制组合影

2015年6月13日,在济南大学召开的潘懋元高等教育思想研讨会暨从教80周年庆祝会上讲话

2015年6月13日,与韩延明畅谈

2016年10月16日，与教育部部长陈宝生和厦门大学党委书记张彦等座谈

2017年10月10日，带领2016级博士生在厦门理工学院调研

2017年10月26日,给本科生开讲《抗战时期的厦门大学》

2017年11月10日,与美国学者阿特巴赫合影

2017年11月19日，与日本学者有本章交谈

2017年12月30日，家庭周末学术沙龙

2018年5月17日，在厦门大学教育研究院成立40周年大会致辞

2018年9月25日，以98岁高龄参与拍摄电影《当我们海阔天空》

2018年11月22日，接受中国教育在线专访

2018年12月17日，在厦门大学"弘扬爱国奋斗精神、建功立业新时代"报告会暨"师德师风讲堂"做《教师——幸福人生》报告

2019年5月31日,参加电影《当我们海阔天空》全球首映礼

2019年6月28日,出席泉州职业技术大学揭牌仪式

2019年9月9日,厦门市委书记胡昌升、市长庄稼汉看望潘懋元

2019年11月2日,在大学教学创新与一流本科教育国际学术研讨会发言

2020年1月12日，与潘懋元教育馆筹备组成员在一起

2020年春节，与重孙儿、重孙女合影

2020年春节，全家福照

2020年6月29日，在前埔家中参加博士生网上预答辩

百岁感言

我即将进入百岁高龄,仍耳聪目明,思维清晰,能上评、指导研究生、做报告、写文章。许多人问我有什么长寿秘诀。

说是遗传:我的祖父母在我出生之前,均已辞世;我的父亲虽高寿达八十一岁,我的母亲只有五十岁;我兄弟姐妹共十人,除大姐、四弟和我高寿外,余均夭折;对我影响最大的二也属长寿,他活到廿一岁也死于肺病而去。

说是健康:我一生别特多病。我的最早记忆(约三到四岁),就是在病榻上母亲的护理,较深的记忆是少年时经常感冒和胃痛,青年时期经常疟疾(打摆子),一生还生过几场大病:十七岁时患伤寒,卅二岁时患急性黄胆肝炎,六十四岁时胆结石急性发炎,两次手术,切除了胆囊,如今是肝癌经抗病在劳病中。疾病的磨炼使我在一生里更坚强。

说是运动:身体运动,有利于健康,众所周知也。但我只在青年时喜欢翻双杠，时常单手倒立掌上走，现在只是每天做十多分钟的简式太极拳而已。我认识到肩了：身体的运动很重要，大脑的运动更重要。大脑是全身的司令部，指挥全身活动。应当保持大脑有足够的运动量。你记：某某些老干部，在位时忙于开会、做报告，处理种种学问题，精神大夹走，身体健康。退休之后"闲庭信步乐逍遥"，很快显得衰老；当经理的忙于市场比赛，客户名册时，酒酣耳热，满面红光，退休之后"人一走茶就凉"，很快显得衰老；从事教学与科研工作的乐于退而不休，继续从事脑力运动。如果说有什么长寿秘诀的话，这也是我们体会的秘诀——大脑的运动比身体的运动更有利于长寿！因此，既要退休了使大脑不要"退休"是退而不休，发挥余热，西方还有一种更有意义的说法："迎接人生的第二个青春"！

潘懋元

百岁感言

《潘懋元文集》编辑委员会

编委会主任：吴　岩

编委会委员（按姓氏笔画排序）：

　　　　　　王伟廉　王洪才　卢晓中　叶之红　邬大光
　　　　　　刘振天　汤贞敏　李　均　杨德广　肖海涛
　　　　　　别敦荣　张应强　张德祥　范跃进　林蕙青
　　　　　　周　川　郑冰冰　胡建华　钟凌翊　高宝立
　　　　　　黄红丽　韩延明　覃红霞　谢作栩　潘世墨

主　　编：肖海涛

分卷主编：肖海涛　卷一·高等教育学讲座
　　　　　　肖海涛　卷二·理论研究（上、下）
　　　　　　李　均　卷三·问题研究（上、下）
　　　　　　肖海涛　卷四·历史与比较研究
　　　　　　刘志文　卷五·序文
　　　　　　朱乐平　卷六·讲课录
　　　　　　向　春　卷七·昔年作品及其他
　　　　　　韩延明　卷八·潘懋元教授纪事年表
　　　　　　肖海涛　卷九·潘懋元教育口述史

谨以本书庆贺潘懋元先生百岁华诞暨从教八十五周年

编 辑 说 明

潘懋元，1920年出生于广东汕头，厦门大学文科资深教授。现任厦门大学教育研究院名誉院长，教育部人文社会科学重点研究基地厦门大学高等教育发展研究中心名誉主任；中国高等教育学会顾问、高等教育学专业委员会终身名誉理事长。兼任教育部教育发展研究中心、国家教育行政学院、南京大学、华中科技大学、华南师范大学、华中师范大学、广西大学、深圳大学等十多所研究机构和大学的客座或兼职教授。曾任厦门大学副校长、顾问、教务处处长、高等教育科学研究所所长、海外教育学院院长，国务院学位委员会教育学科评议组召集人，中国高等教育学会副会长，高等教育学专业委员会理事长，等等。

潘懋元先生是中国高等教育学科的奠基者和创始人。作为著名的教育理论家，潘懋元先生教育理论研究硕果累累，为创建我国高等教育学科，丰富和发展我国乃至世界高等教育理论体系做出了重要贡献。作为杰出的教师，他培养了大批高层次教育学人才，桃李满天下，为建设我国高等教育学科骨干教师队伍和研究队伍做出了重要贡献；作为一位优秀的教育活动家，他对我国若干重要教育改革决策提出了许多宝贵的意见和建议，为我国高等教育宏观决策科学化做出了重要贡献。

潘懋元先生从1935年15岁开始从事教育工作，在15岁之前就已经进行创作和发表。涉及范围从最初的文学创作，到后来从事教育史研究、教育学研究，开创高等教育学科以及长期从事高等教育研究等，时间跨度长达80多年，内容精彩，成果丰硕，卓有建树，其中尤以高等教育研究成果为最。

这套《潘懋元文集》收录了潘懋元先生的绝大多数成果，约550万字。根据潘懋元先生创作及研究成果的特点，我们进行了分类整理，一共有9卷11册。各卷名如下：

卷一·高等教育学讲座
卷二·理论研究（上、下）
卷三·问题研究（上、下）
卷四·历史与比较研究
卷五·序文
卷六·讲课录
卷七·昔年作品及其他
卷八·潘懋元教授纪事年表
卷九·潘懋元教育口述史

上述9卷基本上反映了潘懋元先生学术人生的全貌。其中，卷一是潘先生作为高等教育学科奠基人的奠基之作，1983年5月在人民教育出版社出版第一版，1985年、1992年分别出版第二版、第三版。2010年广东高等教育出版社出版《潘懋元文集》时，将此书收入作为卷一。本书虽然个别地方的表述与现在说法稍有出入，但为了尊重历史和潘先生奠基性的贡献，力求保持原貌。卷二至卷四集中反映了潘先生对教育特别是高等教育方方面面的研究成果，包括理论研究和问题研究。卷五是潘先生为学者们的教育研究专著所作的序言，话题宽泛。卷六是最新版讲课内容，是潘先生给2019级博士生讲授"高等教育学专题研究"课程内容的实录。卷七包括潘先生早年的学士学位论文和文学作品、散论等，最早的作品作于16岁。卷八包括各个时期个人生活、学术活动等内容的照片和教学、科研及学术活动纪事。卷九以教育口述史的形式，以时间为主线，以思想为专题，生动地反映了潘懋元先生的教育人生。该卷由北京师范大学出版社于2007年出版，这次收入文集时略有修订。

在对书稿进行编辑加工的过程中，我们对一些时间概念、专有名词、数据、注释等做了规范处理。为方便选择和阅读，每卷每册开头都编排了编辑说明、代序，末尾编排了潘先生的百岁感言和编者的后记，特此向读者说明。

编　者
2019年10月28日

代　　序

潘懋元：中国高等教育研究的奠基人①

[加拿大] 许美德（Ruth Hayhoe）

　　潘懋元教授，1920年出生于粤东沿海的汕头市，家境贫寒。在这样的家庭中，能获得基础教育就相当不容易了。但他对教育的热爱却使得他在1941年抗战时期考入当时迁于福建长汀的厦门大学，随后他的教育生涯就与厦门大学的历史结下了不解之缘。厦门大学位于福建省东南沿海的厦门（厦门旧称Amoy，与台湾隔海相望），有着独特的发展历史。

　　在我涉足中国高等教育之初，了解到潘懋元教授很早就在该领域从事重要的工作。1988年秋，我在南京大学召开的高等教育改革会议上首次聆听他的报告。第二年我移居北京，做加拿大驻中国大使馆的文化参赞。其间，我荣幸地接受了潘懋元教授的邀请访问厦门大学，了解到厦门大学在高等教育研究领域所做的工作。我为这滨海校园之美所打动，它的建筑风格成功地糅合了中西方的特点。

---

① 许美德. 思想肖像：中国知名教育家的故事[M]. 周勇, 等译. 北京：教育科学出版社, 2008. 许美德教授是国际著名的比较教育专家，多年来她对我国高等教育研究投入了大量的精力，成果丰硕。她对潘懋元教授的地位和贡献给予了高度的评价。本次出版《潘懋元文集》，我们征得许美德教授本人同意，将此文章作为文集的代序（少数地方根据现在的出版或文字规范稍有删改）。

更为重要的是，我获知了很多厦门大学高等教育科学研究所（以下简称"高教所"）的工作，它是潘懋元教授于1978年创办的，源头则要追溯到潘教授自20世纪50年代在厦门大学所做的工作。

1997年11月，我再次有机会访问厦门大学高教所，拜访潘懋元教授，并邀请他讲述自己的人生故事。此前我已定居香港，时任香港教育学院院长。本文的主要资料就来源于那一年的两次长谈。①我也有幸看见他每周六晚在自己家里为研究生们举办的学术沙龙，由此领略了他的教学风格。

潘懋元教授住的是一栋两层楼的房子，位于厦门大学校园内的一座小山上。二楼是宽敞的斯巴达式的书房，里面整齐地排放着书架，桌子和沙发点缀其间，还准备了许多客人来访坐的小凳子。当晚来了12名研究生，我能感受到他们对于沙龙的热情和期待。潘教授寥寥数语先起了个头，介绍了晚上所要讨论的主题。当晚的主题是一位研究生的论文涉及的论题，她在此之前曾写过一篇论文，与南京的一位著名学者提出的教育社会观进行商榷。这位研究生认为，南京学者的那篇文章的理论前提完全忽视了高等教育作为独特领域而发挥的功能。南京学者于是又发表了一篇文章与她反商榷，这位研究生正在准备她的再次应答。于是学生们围绕着这个问题给她提供各自的意见，他们分成两派，充当论辩中的不同角色。在热情生动的争论中，几个小时不知不觉过去了，学生们在争论之中探讨了高等教育方方面面的社会功能。潘教授不时插入几句简短的评论，以免出现跑题的现象，但辩论主要由学生自主进行。我入迷地观察着整晚的沙龙，亲眼见识到了潘教授的教学风格和对学生和蔼

---

① 对潘懋元教授的访谈时间是在1997年12月6日和8日。

可亲的态度，而这是此前在相对正式一点的场合中我所从未见过的他。

本文中我所描绘的潘懋元形象主要基于他的那次自述，还有自己所拜读的他在高等教育领域的部分研究成果。我从厦门大学开始讲起，自1939年直至现在，这是他为生、为师以及成为学校管理者和教授的地方。

1920—1949年在中国东南地区的成长

1920年，潘懋元出生于广东东部沿海毗邻福建厦门的汕头市。由于贫困，家里无法供他上学，所以他的早期教育是不正规和断断续续的，由兄长和父亲在家教他认字。8岁时，他被送到当地的小学插班读三年级。他记得所学课程的主要内容都是传统经典。启蒙教育的内容是《三字经》，接下来是儒家经书和古代历史书籍。虽然1919年爆发了五四运动，新文化运动提倡采用接近口语的白话文，但潘懋元接受的仍然是传统教育，学的是文言文，直到后来才接触现代汉语。

小学毕业后，由于家庭无力支持，少年潘懋元无法继续上学。他的父亲希望他留在家中帮助碾米做一些发糕来卖。非常幸运的是，小学校长杨雪立在阅读毕业试卷时发现了潘懋元的中文写作才能。得知他待在家中，不能继续上学，杨校长帮助其减免一半的学费，使他得以上初中学习。就读的那所中学是一所非常传统的中学，称为时中中学。在那里他主要学习了3年的中文。潘懋元的很多老师参加过封建时期的科举考试，有的甚至考中举人。后来，他感觉到传统经典的学习给他的一生奠定了一个很有价值的基础。他回顾说，最为重要的是他学会了如何做人。

潘懋元15岁时,知道家里不可能再资助他上学了。但他得到一个到小学当教师的机会,他满腔热情地投入到工作中,但很快发现,教小学生并不是想象中那么容易。他每上一堂课要备课数个小时。初次讲课,备好的课讲不到半小时便无话可说,站在讲台上,面对乱哄哄的课堂不知所措。不甘失败的他决定想办法到师范学校学习,学习如何当老师,同时也找一些教育书籍来读。

他首先找到的是浙江大学庄泽宣教授的《教育通论》,这成了他的启蒙书。潘懋元发现这本书理论复杂,学问深入,他读不太懂,这更加坚定了他要找机会去师范学校读书的决心。1936年,终于有机会到海滨中学高中师范科做旁听生,学习了教育心理学、小学教材教法和教育行政等几门课程。当时,他已能通过教夜校和赚稿费维持生活。在海滨中学学习期间,他写过几篇短篇小说和许多散文,有一些已发表。

1937—1939年,潘懋元在农村小学教书。那时正是日本侵华战争时期,战争使得民不聊生。潘懋元热爱教书,但他越来越多地投身于抗日的洪流中,参加抗日宣传活动,组织民众起来抗日。他加入了汕头地下党组织的青年抗敌同志会,揭发敌人的罪恶行径,鼓舞民众的抗日激情。1939年6月,日军侵占了汕头,在其后的几个月里,潘懋元不得不辞去热爱的教学工作,参加抗日军队,全身心地投入到抗日运动中。

出于多种缘故,1940年,潘懋元决定离开家乡。离家的一个原因就是去接受进一步的教育,以便能做一个称职的老师。那一年他19岁,战争的局势日渐恶化。他翻山越岭,艰苦跋涉,一个星期之后,终于来到福建长汀,厦门大学于1937年迁移至此。他参加了厦门大学的入学考试,虽然他的中文很优秀,但由于事先未做充分准备,英语和数学未合格,结果名落孙山。为了读师范,他考入一所中等师资养成所学习了一年。次年,他终于考入厦门大学教育系。

潘懋元回顾说,1941—1945 年在厦门大学的学习生活对他是很大的锻炼。当时在厦门大学担任教授的多是留美学者,其中教育系主任李培囿是杜威的学生,翻译了杜威的一些著作。另一名在教育系工作的知名学者陈景磐教授,于 20 世纪 30 年代在多伦多大学获得博士学位,其博士论文是关于孔子生活的背景和为师之道。[1] 通过这些年的学习,潘懋元成为杜威著作的敬慕者,并对陶行知把杜威的理论运用到中国教育实践特别欣赏。陶行知的教育实验在中国有很大的影响,虽然杜威 1921 年来华时仅在福建有过短暂访问(Keenan,1977),陶行知的实验工作也主要是在南京和上海,但他的思想在福建却备受推崇。[2]

为了糊口,在厦门大学读书期间,潘懋元先在一所小学担任兼职教师,接着又在一所中学做兼职教师。大学四年级时,他还担任了一所县立中学的教务主任,从而可以将自己所学的知识用于实际的教学当中。1945 年大学毕业后,潘懋元在江西省的两所中学任教一段时间。与此同时,厦门大学也迁回厦门市。1946 年,他收到厦门大学校长和教育系主任的邀请,要他担任厦门大学附属小学的校长,并在厦门大学教育系兼做助教。这期间,他发现陶行知的理论对他主持校长工作的帮助很大,虽然他很遗憾没有机会与陶行知会面。在这一点上,潘懋元与李秉德的认识是一致的,后者也认为陶行知的理论最符合中国教育的实际需要。

---

[1] CHEN J P. Confucius as a teacher:philosophy of Confucius with special reference to its educational implications [M]. Beijing:Foreign Languages Press,1990.

[2] 刘海峰,庄明水. 福建教育史 [M]. 福州:福建教育出版社,1996:422-438.

新方向与新事业：社会主义时期

对潘懋元来说，1949年的革命胜利意味着新教育生涯的开始。中华人民共和国成立后，他继续留在厦门大学当讲师。1951年秋季，他被派到中国人民大学进修研究生课程，学习教育。一年后，李秉德也在此学习。潘懋元发现，在众多学友中，一些是和他一样的研究生；另外还有一些年长的教授，他们在此学习马列主义的理论知识，目的是为了更好地胜任未来的教育领导岗位。在潘懋元学习的班上，有好几位学者后来都成了北京师范大学的知名教授，包括教育哲学家黄济、教育学家王策三和王天一、心理学家章志光。1952年初，因为院系调整，这项进修计划从中国人民大学转到了北京师范大学。

潘懋元对在中国人民大学的学习至今记忆犹新，他记得有4位苏联教授给他们上马列主义的课程，还有苏联教育理论，他甚至还记得4位教授的名字，但是，对所学的那点儿俄语则记得甚少。当时的教学是有翻译协助的。学习给他留下了深刻的印象，他当时感受到苏联的课程组织的方式和教学计划的制订都非常严谨，能够达到有效的控制。

在北京学习一年之后，1952年夏，潘懋元便被厦门大学校长王亚南召回，协助厦门大学的教学和课程改革。他被任命为教学改革办公室的负责人，负责指导大学的各专业制订新的教学计划。他曾经非常推崇杜威的教育思想和美国的其他教育理念，感觉富有活力而且极具灵活性，但在控制严格的民国时期（指1912年1月1日至1949年9月30日，下同），实践这些理念是十分困难的。两者相比，他感到苏联的教育计划能够较好地使学生获得系统的知识，打好扎实的基础。特别是在诸如工程和自然科学等领域，这些对于社会主义建设是十分重要的。

潘懋元感到，事实上苏联的高等教育模式根植于欧洲大陆模式，特别是法国模式，与英美模式区别很大。他觉得苏联模式和中国自己的知识传统相对应，强调知识基础厚，存在一种中心化、系统化的知识方法。潘懋元特意提到著名的北京大学校长蔡元培，认为他是民国时期最杰出的大学校长。蔡元培在自己的高等教育思想中融合了德国、法国、中国的理念，他采用德国学问之道，特别是在研究和教学上，这得益于他在柏林大学和莱比锡大学的经历。蔡元培极力效仿法国模式的高等教育体系，因为其管理结构十分理性，并按地理区域均匀分布。在教育哲学方面，蔡元培陶醉于中国传统的自学之路，特别是对书院情有独钟，学生可以自主掌握学习进程。蔡元培极力提倡将学校分为从事理论知识研究的综合性大学和担负为国民经济各部门训练高级人力资源的专门学院。潘懋元认为20世纪50年代早期的改革，出现了大量的专门学院，同时只保留了数量相对较少的综合性大学，是较符合当时国情的，适应了中国发展的需要。①

但对于20世纪50年代初的院系调整，将一些民国时期优秀的综合性大学的系科进行削减，形成像苏联模式那样的综合性大学，潘懋元持保留意见，他觉得这些是完全可以避免的。他对按高等教育区域进行院系调整发表了看法，以自己所从事的教育领域为例，他认为，中心区按地理分布强调更多的是政治因素而非教育因素，这就导致了反常现象的出现。在南部的中心区里，位于广州市的中

---

① 潘懋元. 潘懋元论高等教育［M］. 福州：福建教育出版社，2000：521－560.

山大学，其师范学院实力雄厚，1953年与其他教育系合并组建了华南师范学院。然而，华南师范学院当时只是不受重视的省级院校，经费和师资都受到限制，以致影响教育学科的进一步发展。

总的来说，潘懋元认为受苏联模式影响的院系调整在当时是起了积极作用的，为中国20世纪50年代国民经济建设培养了一批人才。在1956年中国共产党第八次全国代表大会上，周恩来强调了要尊重知识分子。① 如果一直贯彻这一项政策的话，潘懋元相信中国也许能够同日本和东亚其他地区一样经济快速发展。

苏联模式的高等教育有很多薄弱环节，但他感到，完全能够用一种平衡、理性的方法来解决。问题之一是对学生在不同领域能力的认识和实践强调得不够，常常希望学生通过刻苦专注的学习来达到课程所规定的较高的学术标准，而不是将更多的注意力放在教和学过程的研究上。另一个问题是过于迷信翻译过来的苏联资料，其实并不是所有的材料都适合中国国情。

1954年对潘懋元来说是十分重要的一年。他得知厦门大学教育系被并入福建师范学院，他很想前往，专心于教育史的研究和教学。然而，王亚南校长却舍不得他走，决定把他留在教务处，继续管理厦门大学的教学工作。他决心留下来，此举为一门新学科的诞生创造了条件，也由此改变了他日后的工作和生活的方向。

潘懋元感觉到在教育研究、学校教学和担任学校领导的生涯中，他所学的教育知识与高等教育领域的联系很少。大学层次的学生需要一个全新的教育理论，以及高等教育课程发展和教学制度。

---

① ZHOU E L. On the question of intellectuals [M]//BOWIE R R, FAIRBANK J K. Communist China 1955—1959: policy documents with analysis. Cambridge, Mass.: Harvard University Press, 1962: 128-144.

总体来说，高等教育是一个一直被教育理论者所忽视的知识和研究领域。到那时为止，不只是中国，苏联和西方国家也是这样。他曾为捷克一位教授在教育科学会议上所做的讲演所感，这个讲演认为教育理论仅仅关注普通学校，很少关注高等专业院校。潘懋元随后写了一篇题为《高等专业教育问题在教育学上的重要地位》的文章，发表在1957年厦门大学《学术论坛》上。同年，他与几位同事合作写出《高等学校教育学讲义》。这本书随即在中国的综合性大学和师范大学内广泛流传，作为课程改革和教学计划发展的资源。[①] 尽管这本书从未正式出版，但它却是中国高等教育研究领域内最早的学术书籍。

潘懋元着力将此发展为一个新的研究领域，并兴奋地发现，这能为高等教育系统、课程发展和教学计划的制订提供重要的学术基础。然而，1957年是一系列政治运动的开端，他所希望的研究和发展几乎是不可能的。因出身贫寒，他并未受到1957年"反右"运动的影响，但他悲伤地看到，厦门大学的一些老教授虽然做出了杰出的学术贡献却被打成右派，从学术研究工作中被隔离出来。随后的1958年"大跃进"，同样侵扰着潘懋元。当时大量的教材都是从苏联翻译过来的，他认为这样的教材更加应该中国化。他同时感觉到，建立中国传统中医学院意义重大，因为中国传统医学把人体看成一个整体，发展起了不同于西方医学的中医方法，它是一笔巨大的遗产，不应该丢失。

就总体而言，潘懋元认为1958年的教育革命是个误导。1958年前，他在厦门大学教务处，参与了当时所有的课程变革。他感到

---

① 忻福良. 当代中国高等教育家[M]. 上海：上海交通大学出版社，1995：199.

很多想法都未经过细致思考，不过是一种政治运动口号罢了，对教育缺乏真正的理解。在潘懋元看来，让学生代替教师编写教学大纲和教材，这样做显然超过了学生的能力范围，因为他们大多数并没有足够的学科知识来做这些工作。改革强调增加学生参加生产活动实践的机会，然而这大都是出于政治目的，并没有多少教育价值。总之，过多的政治活动以及体力劳动引起很大的混乱。他记得，学生真正听学术课程的时间，一年之中只有70天。潘懋元认为，所谓"开门办学"的思想在某些方面固然有一定的可取之处，但是它无法替代对科学知识的系统教学，而中国的发展又需要这些科学知识来培养各行各业的专门人才。

潘懋元对高等教育作为一个研究领域逐渐有了兴趣，同时对中国高等教育系统在更大范围内发生的变化也给予了密切关注。社会上的学习机会一下子增加了许多，大量的所谓的"红专大学"的开设，给很多个人背景条件稍差的青年人提供了学习机会，但是这些学校根本没有足够的资源用于真正开展高等教育工作，大多数在几年内就关闭了。如江西新建的许多共产主义劳动大学，没有合格的师资，根本无法生存。然而另外有些新成立的院校，比如福州大学，是省内唯一的一所工科院校，被认为对本省经济发展起着至关重要的作用，因此得到省政府支持。

1961年的"困难时期"过后，20世纪50年代初期的那种学术氛围开始恢复，学术质量受到特别的重视。潘懋元再次希望能有机会发展高等教育这一研究领域。然而，1966年开始的"文化大革命"又使他的希望落空了。

建立一门新学科

1977年,邓小平复出。潘懋元准备开始他事业的一个全新阶段,他过去当过厦门大学的教务处处长,现在他致力于建立一门新学科——高等教育学,先是在厦门大学,再推广至全国。我们知道,在20世纪50年代中期他已经开始此项研究,并于1957年发表了一篇题为《高等专业教育问题在教育学上的重要地位》的论文。随后到来的政治运动和混乱年代让他更深刻地体会到研究这一领域理论的重要性,他认为这项研究将使人们对高等教育与社会、经济、政治、文化发展的关系有更深刻的理解。20世纪50年代至70年代后期,高等教育发展中最严重的问题是缺少能给高等教育的政策制定提供理论支持的系统理论研究。随着邓小平时代的到来,全国积极响应邓小平提出的"教育要面向现代化,面向世界,面向未来"的号召,潘懋元最终找到了追求自己理想的舞台和时机。

1978年,潘懋元在厦门大学建立了高等学校教育研究室,很快发展成为一个全国高等教育研究的中心。1983年,高等教育学被教育部认定为教育学的二级学科,有资格建立硕士点和博士点。厦门大学高等教育科学研究所招收全国第一批高等教育专业的硕士和博士。到1998年庆祝高教所成立20周年时,已经有20个博士生和75个硕士生毕业于此[1],他们已在全国各地的大学工作,为这一领域的进一步发展贡献着力量。高教所承担了高等教育各个领域的主要研究课题,举办了十多次全国和国际学术会议。

虽然北京大学、华中科技大学、华东师范大学等其他大学都有

---

[1] 刘海峰. 厦门大学高等教育科学研究所建所二十周年工作报告[C]//建所二十周年纪念活动专集. 1998:33-35.

高等教育学的研究及相应的研究生培养,但是厦门大学高教所于2000年9月被评为该领域全国唯一一所国家级研究中心,被评为文科重点研究基地,国家提供数量相当的发展基金。这是政府支持人文社会科学研究项目的一部分,其目的是要使一些研究中心能够达到世界同等水平,使其能积极开展国际研究交流活动。厦门大学能排除地理上的相对劣势获得国家的认可,是非比寻常的。当然,这与潘懋元先生用毕生的精力致力于建立高等教育学这门新学科所做的贡献是分不开的。同时也表明,尽管在1949年中华人民共和国成立后的30年,中国政策和社会环境有许多束缚,但一个忠诚的教育家还是能有所作为的。

1978年以后,潘懋元又把工作重心放在学术研究上,他在厦门大学进行教学和研究工作。每周六晚上,他在家里开沙龙,与研究生们聊学习、聊生活,是一个和蔼可亲的长者。然而,他还想推动这门学科在全国范围内发展,希望中国高等教育学作为一门学科能够对国际学术发展做出贡献。1979年,他和上海市高教局及其他7所大学的学者召开了第一次全国高等教育研究会议。1981年,他组织编写了第一部高等教育学著作《高等教育学》,并于1984年出版。① 这是1983年教育部确立这门学科后的第一本高等教育学著作。在随后的这些年里,潘懋元仍然是这一领域中富有远见的领导者,他启发新思想、新的研究方法,鼓励其他人做研究,写作和发表论文,他自己也在这一领域中发表了大量文章,出版了大量著作。

潘懋元工作的中心是想通过建立坚实的理论基础、清晰的概

---

① 潘懋元. 潘懋元论高等教育[M]. 福州:福建教育出版社,2000:96.

念，以及研究方法来确保这门新兴学科的发展。1983年，中国高等教育学会成立时，潘懋元感到高等教育学被认为只是一个研究领域，而不是一门学科。于是，1992年，他在厦门大学组织了一次学术会议，提出要把高等教育学作为一门学科来研究。次年，在上海召开的高等教育学会议上，成立了一个新的组织——高等教育学研究会，它把高等教育学作为一门学科来研究，挂靠在中国高等教育学会之下。此后，会议定期召开。潘懋元在一篇回顾该学会前三次会议进程的文章中，列出了这一新学会的目标、工作范围，并鼓励进行理论争鸣与探讨。

高等教育学研究会的主要任务是要为理解中国的高等教育建立一个系统性的理论基础。工作范围主要有以下5个领域：理论、历史、高等教育的当代实践、未来发展以及研究方法。[①] 潘懋元对一些理论的观点和看法，使得这些会议开得活跃而有趣，对中国高等教育给予了深刻的关注和洞察。其中一个关键的理论问题是高等教育的功能问题，对其与社会、经济与政治体制的关系展开讨论。与此相关的是高等教育的目的，国内的研究者普遍认同以下3点，即培养人才，发展知识，为社会服务。然而，第三个目的在近年来受到了强烈的质疑，主要是由于许多大学通过各种形式的咨询服务或与企业的直接关系进行着大量的"创收"活动。有人认为，这些活动将会使大学远离学术追求。由此，一些中国学者们建议，高等教育应有以下6个目的：教学、继承知识、传播知识、发展知识、社会批判、对社会实施监督。[②] 这将激起高校对社会的特殊使命；大学将与社会经济和政治力量建立互动关系，而不只是对社会的发展

---

① 潘懋元.潘懋元论高等教育［M］.福州：福建教育出版社，2000：86.
② 潘懋元.潘懋元论高等教育［M］.福州：福建教育出版社，2000：87.

做消极的应对。

另外一个生动的议题是潘懋元在第二篇论述该学科发展的文章中提到高等教育的个体功能和社会功能问题。一派学者认为，人是教育的主体，教育的基本功能在于促进人的自我发展，达到个性的全面发展；与此相对立的观点是，教育是一种社会活动，按社会发展的需要塑造人，教育的基本功能在于满足社会的需要，促进社会的发展。① 如此公开著文承认个体发展的重要性及对自我价值的追求是十分有意义的，它使我们思考新儒学教育观"为自我而学习"，以及儒家哲学中所说的个人价值发展的重要性。尽管在20世纪50年代初期计划经济体制下，个人选择的自由受到很大的限制，五六十年代的政治运动给很多人造成了巨大的伤痛，但中国传统教育的价值观仍然保留着它的生机和活力。

在对高等教育学作为一门学科做全面综合研究时，潘懋元看到了两个理论挑战：第一，必须界定高等教育与政治、社会、经济、文化系统的关系，探索这些系统与高等教育系统的相互关系；第二，对高等教育内部各系统之间的关系——如学术与职业、通才教育与专才教育、教学与科研的关系等进行研究。

在发展这门学科的过程中，潘懋元感到既具挑战性又令人兴奋的重要原因在于它的开拓性。与学术体系和学习过程有关的教育学理论有着一百多年的历史，而高等教育学不仅在中国而且在全世界都是一门比较新的学科。在中国，基础教育和学校教育的理论建构受到欧美西方思想和苏联的重大影响，这一点潘懋元在早年的教育研究中就已经意识到了。然而，高等教育学作为一门学科就不再如

---

① 潘懋元. 潘懋元论高等教育 [M]. 福州：福建教育出版社，2000：101.

此。回顾在中国建立这一学科的这些年,潘懋元强烈地感到中国所做的独特贡献,同时又感到很骄傲,因为在中国发展起来的这些思想和观点不是别人的派生产物,而是稳稳地扎根于中国自己的知识社会和文化土壤,近几年才开始对国外高等教育的理论有所引进。

潘懋元鼓励他的同事们为世界高等教育研究的发展做贡献,并指出中国学者在发展这个领域承担重要角色的4个原因。其一,中国有着在亚洲历史上颇具影响的古老的学术文化。其二,中国是全世界最大的高等教育体系之一,其规模超过俄罗斯,接近美国。它不仅是一个非常庞大的系统,而且近年来随着社会主义市场经济的成功发展,它经历了快速而且巨大的变化,在这个过程中出现了许多有意义的问题,对高等教育提出了挑战。其三,中国有着一支庞大的高等教育研究队伍,从事这一领域研究的学者可能比其他任何国家都多。其四,中国高等教育发展成为一门学科,靠的是学者个人和地方院校的创造和努力,因此它更具灵活性和自主性。这与中国的其他大部分学科不同,它们多是由自上而下的行政决定建立起来的。中国的高等教育理论可以说是"本土理论",因为这些理论来自对中国近年来正在进行的高等教育改革中出现的实践问题的研究。①

潘懋元非常重视中国的传统文化,他的一篇文章对中国传统文化的特点以及文化对中国现代化进程的贡献进行了比较深入的探讨。潘懋元指出,现代化不能等同于工业化或西方化,它影响社会各个方面发展的过程。不同的文化背景塑造不同的现代化。文化的传承和创新是高等教育的功能,它塑造发生在不同社会中的现代化

---

① 潘懋元. 潘懋元论高等教育[M]. 福州:福建教育出版社,2000:107-110.

的不同特征。潘懋元否定那种认为西方社会已经进入"后现代时期"并建立了一套后现代的标准。他建议要对现代化概念本身做全面的理解，必须首先考虑中国现代化发展的轨迹。他还认为这一论点同样适用于正在经历现代化进程的其他非西方国家。①

潘懋元对现代化进程的定义是把"文化价值"放在核心地位，他认为现代化应该是人类共同追求的一个价值，其终极目标是实现"人"的价值，包括个人、集体和社会价值。这个共同追求会导致产生整个人类共同文化遗产，这是一种吸收了不同文明的多样化的遗产。② 中国传统教育的许多因素对中国的快速发展做出过积极的贡献，也应该是这一共同文化遗产的重要组成部分。这些思想使我们联想到联合国致力于文化之间对话的观点："把重点放在人类文化、精神层面，放在人类的相互依存和人类的多样性上。"

结语：集多种传统之大成

当被问到什么因素对他的教育事业影响最大时，潘懋元开玩笑地回答道：受益最大的是"文化大革命"中批判的三种意识形态"封""资""修"。他早年学习中国古典文学，从中获得了受益终身的良好道德基础，一生的教育经验使他感到儒学的确是适应任何时期的一种哲学。他在大学时代学习过美国的教育思想，特别是杜威的理论，他从中得到了对改善学校、获得生动的教学方法以及课程设置的很多有用的思想。20世纪50年代，他曾广泛接触苏联的教育理论和模式，慢慢理解并重视苏联模式中全国统一的学术标准，结构严密的教材和教学工作中精细备课的价值。在思考影响了

---

① 潘懋元. 潘懋元论高等教育 [M]. 福州：福建教育出版社，2000：229-241.
② 潘懋元. 潘懋元论高等教育 [M]. 福州：福建教育出版社，2000：231.

他思想的两种国外传统时，他感到，基于欧洲理性主义的苏联教材和教育方法，比美国的更加适应中国的环境，因为中国有着集中知识模式的传统，也因为苏联模式更符合当时中国发展的现实需要。

1997年，我曾两次有幸与潘教授进行深入交谈。当我问到他对中国高等教育未来的看法时，他说他感到当前面临最大的挑战就是要进行教学改革，必须要考虑学生的多样性，最大限度地发掘他们的才能。这反过来又强调了高等教育对优秀师资的迫切需要。总的来说，他对过去15年研究生教育所取得的进步感到高兴和满意。很多素质高的年轻人进入大学教师队伍，但他强调这些教师应该得到足够的支持。他感到高等教育改革应该把重点放在教学和研究的质量上，而不是放在管理结构的改革上，因为后者牵涉到政治改革的重大问题。

对于中国的高等教育体系，潘懋元觉得它将更适应未来世界发展的趋势，强调知识的广度和适应性，注重毕业生总体的德育和智育质量。他认为，终身学习是一种趋势，因为中国人会慢慢发现，为了跟上社会的快速发展，必须经常更新他们的知识。潘懋元相信，在中国快速走向高等教育大众化的时代，为了满足社会发展的需要，私立高校将会起到越来越重要的作用。

2000年，在庆祝潘懋元教授八十寿辰时，他的同事和学生们在厦门大学举行了一系列特殊的庆祝活动。其中之一是收集出版了他有关高等教育学的最重要的理论著作。[①] 然而，这并不是一个退休告别会，潘懋元仍然是一个积极的学者、教师，继续活跃在进一步发展高等教育学的工作中。他在2001年出版的新著《多学科观点

---

① 潘懋元. 潘懋元论高等教育[M]. 福州：福建教育出版社，2000：727.

的高等教育研究》就是企图以新的方法论来推进高等教育学的理论建设。是什么使这位来自贫苦家庭的谦谦君子，保持着发展一门新学科的热忱和忠诚，50年来从不言悔？潘教授谈到早年所受的中国传统教育时说的一番话也许能给我们答案。他可能从没掌握过一门外语，在数学和自然科学中也并没有很高的造诣，但在他早期所接受的教育中，首先学会了怎样做人，同时也学会了用汉语表达自己的思想，他把对文学的热爱转化成了从事教育工作的关键财富。最后，他学会了把从各处学来的有用知识融入他学生时代形成的知识框架中。

本版"纪事年表"编悟
——摭论百岁大师潘懋元先生跨世纪的辉煌教育人生

韩延明

道衍天地，时节如流。百年春秋，忽焉将至。2020年8月，是中国高等教育研究奠基人、中国高等教育学科创始人、当代著名教育家、国家有突出贡献专家、中国杰出人文社会科学家、全国教书育人楷模潘懋元先生从教85周年暨百岁华诞。就这位灵心慧眼、元气淋漓的世纪达人而言，栉风沐雨的百年是一道奋进的车辙，春华秋实的百年是一首澎湃的壮歌。为此，广东高等教育出版社决定修订再版多卷本《潘懋元文集》。本版是在2010年9月由广东高等教育出版社出版的《潘懋元文集·卷八·图片与纪事年表》和2015年10月由厦门大学出版社出版的《潘懋元教授纪事年表》的基础上进一步修改、增补、完善而成的，共分两编：第一编是百年编年体"纪事年表"（1920—2020）；第二编是六个格式化"年表附录"（1933—2020）。笔者认为，"年表"并不仅仅是在记载和收录潘先生一个人的发展历程和教育贡献，而是一个学科群和一群学科人对中国高等教育理论与实践的集体记忆和世纪探索，其中折射了20世纪20年代以来中国波澜壮阔的时代风云和教育风潮。这既是潘先生生平事迹、活动足迹、学术轨迹和创业奇迹的一个时间剪影，同时也是百年来中国高等教育变革发展的一种时代反映。这是中国教育界一笔弥足珍贵的历史文献和精神财富。

薪火相传，达者为先。"先生"，体现了一种尊称、一种修为和一份崇敬。千年前的范仲淹就曾赞曰："云山苍苍，江水泱泱，先生之风，山高水长。"基于此，本书最初取名《潘懋元先生纪事年表》，但当我拿着样本征求潘先生意见时，他语重心长地说：先生是一种对年长者和文化人的尊敬和称谓，也是一个人经验、学问和人格的象征与体现。但我更喜欢被别人称为教授、称为老师。因为教师代表着一种教书育人的神圣职业。由此使我想起了他那段脍炙人口的名言："我一生最为欣慰的是，我的名字排在教师的行列里；假如我有第二次生命，那我想选择的职业还是教师。"所以，本书最终定名为《潘懋元教授纪事年表》。

《潘懋元教授纪事年表》是一本详细记述潘先生之人生经历、教育活动、学术思想、工作业绩、生活情趣的编年体著作，注重资料性、学术性、传记性和教育性相统一，注重网络搜索、文献查阅、走访调查和研究考证相结合，并经潘先生本人披阅匡正，史料准确，评价客观，叙事真实。按照体例要求，本年表在记述潘懋元先生活动时，一般省略主语。纪事按年、月、日顺序排列，少数条目根据叙事的需要采用纪事本末的写法，具体日期考订不清的写上旬、中旬、下旬或月份，月份考订不清的写春、夏、秋、冬或年份。用月、年表述的条目，一般放在该月、年的末尾，有的则视情况酌定。在一段时间内的活动或会议，用某月某日至某月某日或某月某日至某日表述，并以起始的时间确定条目的排列位置。同日记事，确定的，则注明上午、下午、晚上。写作上采用客观陈述的方法，一般不做评论。

本次辑录整理的"纪事年表"，大量增加了与潘先生紧密相关但2010版没有载入或载入较少的以下十部分内容：一是多年来主持"周末沙龙"情况；二是多年来参加高教所（教研院）学术例会情况；三是多年来参与指导博士生论文开题和学位（毕业）论文答辩会情况；四是多年来承担各级各类课题和荣获各级各类奖项情况；五是任厦门大学教务处教学研究科科长、副处长、代处长、处长、副校长兼任海外函授学院院长、学校顾问期间的行政领导履职情况；六是任厦门大学高等教育科学研究室主任、研究所所长、名誉所长和教育研究院名誉院长期间的学术管理工作情况；七是多年来被政府部门、企事业单位、各级各类高校、社团组织和国外教育机构聘任兼职情况；八是给硕士生、博士生授课情况及教学研究情况；九是2000年以来历届"懋元奖"获奖与颁奖情况；十是新增了附录四《潘懋元教授聘书一览表（1980—2020）》。

本年表还尽可能地通过相关史料展现出先生的胸怀、情操、气度和风貌，带领读者感悟大师风采、领悟人生真谛、体悟学术精神，使年表不仅仅是一本凝固的、珍贵的历史文献，而且是一部流动的、鲜活的育人教材，从中汲取充沛的营养，采撷丰饶的收获，在益智、养心、弘德的同时，增长才干、增加能量、增强本领。此外，通过个人与时代相映照、研究与践行相结合等维度，使本年表能够从一些历史节点与人生亮点方面体现和折射出近百年来中国高等教育的变革发展历程、高等教育研究的思想轨迹和与时俱进的高等教育理论与实践成果。时代的变迁，教育的发展，先生的感奋、挑战和创见，俱在书中历历体现。透过字里行间，能够窥见一幕幕鲜活的历史，可以读出一段段感佩的人生。

马克思说过："人既是历史的剧作者，又是历史的剧中人。"法国历史学家布罗代尔主张将历史分为短时段、中时段、长时段三种，应该说颇有道理。成功更不是一步登天的神话。人生的过程，在多数情况下，在某种程度上，往往远重于人生的目的，因为成长比成功更重要！通览本版贯穿百年的《潘懋元教授纪事年表》，笔者发现，许多令人称羡的"第一"或"唯一"与先生结缘。而纵观潘先生的教学生涯和学术成就，亦是一个由不同时段和范围逐渐累积、丰厚并不断发展和完善的历史进程。鲁迅先生有句名言："伟大也要有人懂。"在此，作为编者，我觉得有必要结合自己辑录过程中对年表内容的把握和对先生教育人生的感悟进行一下系统的梳理和概括，以便使大家更好地理解和领会潘先生这位百岁大师的生平、思想、理论、人格、修为等。总体看，潘懋元先生跨世纪的辉煌教育人生，大致可分为如下六个阶段或时期。

一、1928—1940：学习知识、反思教学、积极参加抗日宣传教育的蓄能与历练时期

1928—1940年，是潘懋元先生刻苦学习文化知识、反思提高教学技能、积极参加抗日宣传教育活动的储能与历练时期。

潘懋元1920年8月4日（农历庚申六月二十）出生于广东汕头升平路集贤里一个小商贩家庭，祖籍揭阳，乳名如德，学名连培，曾用名潘茂元，笔名隽、业、隽之、隽芝、忆琴、潘隽之、潘隽芝、潘苑元等。由于家庭贫寒，随兄自学识字的少年潘懋元1928年8岁时才开始上学，当时是插班进入汕头私立东海小学初小三年级读书。由于成绩优异，后来又相继插班进入汕头私立时中中学高小部、初中部、高中部学习，学费减半。13岁那年因在《汕头市民日报》（汕头市政府机关报）副刊《市民乐园》上发表了第一篇作品——《戏剧的宣传性》而备受鼓舞，催生了他撰写文章的高度热情。其后，经常在《星华日报》（南洋著名爱国华侨胡文虎于1931年7月10日在汕头独资创办的日报）、汕头《岭东民国日报》《小日报》《学生生活》等报刊上发表文章。其《如何救济潮汕农村经济》一文，荣获汕头《小日报》主办的"潮汕各县市中学生征文比赛"第3名，得奖金10块银元。平生第一次获奖的提振，激励他逐步成长为一名激情燃烧、勤奋写作、充满爱国精神和正义情怀的热血文学青年。

在时中中学初中部三年级读书时，为了生计，经朋友介绍，潘先生到揭阳县的私立树德小学任教。这是他第一次当教师，系兼职，教授小学三年级国文、算术，那是1935年，时年15岁，迄今已达85年。正如北京大学教育学院为潘先生所写的一副贺联那样："十五即从教，育天下英才桃李满园；九旬仍治学，问世间道理享誉中外。"潘先生自己也曾在《九十感言》中写道："1935年至今，对我来说，不是一条虚线，而是一条教师生活绵延不绝的实线。……75年来，值得欣慰的是，我当过小学生、中学生、大学生、硕士生、博士生的老师。学生既是我的教育对象，也是我的精神支柱与生活源泉。"

然而，他初为人师的第一次上课失败了。正如他在《潘懋元教育口述史》中所回忆的："第一次上课的经历终生难忘，那是一次失败的课。事先，我花了很多心思认真备课，结果到上课那天，一上讲台就紧张，才讲了十几分钟，就将备课的内容全部讲完了，再也不知道讲什么好。学生见老师没话可说，就在下面叽叽喳喳、打打闹闹，教室的秩序顿时乱作一团。我站在讲台上，面对教室里闹哄哄的孩子，不知所措。总之，第一次上课是失败了。"但潘先生没有气馁，反而激励他下决心学习教育学理论和研究教学方法，在兼任小学教师的同时，先后到几所中学继续学习基础知识，提高教学技能，并如获至宝地认真学习了平生所接触的第一本教育学著作——庄泽宣的《教育概论》，立下了一个终身的教育理想："一定要教好书，当个好老师！"

17岁那年，经校长黄勖吾特批，潘先生插班进入汕头私立海滨中学高中师范科二年级读书，系统学习师范课程，并在一所夜校兼任教师。"七七"事变之后，家灾国难，多事之秋，促使他加入了以文学创作表达爱国之情的抗日宣传队伍,积极参加学校组织的"救亡宣传队",以及汕头青年进步组织——"燎原文艺社"和"汕头青年救亡同志会"(后改为"青年抗敌同志会")的各种革命活动,兼任普宁县《青报》随军记者,连续为多家报纸杂志撰写抗日宣传作品,包括诗歌、散文、小说、杂文、时评、通讯、政论等,多为短篇,数量颇丰。文学天赋、爱国热情和坚韧性格的交融与锤炼,成为他在这一时期的人生亮点。

18岁那年,获得师范科毕业文凭后,经揭阳县青抗会介绍,潘先生到普宁县青抗会的重要据点——普宁县泥沟乡锲金小学任教,第一次正式成为专职小学教员,教授国文、算术,还负责教一门《新文字》,即用拼音文字写地方语言。后来兼任训育主任,协助地下党员、校长王液同志组织当地农民青年抗日自卫队、创办农民夜校、推广新文字运动,组织民众讲座,宣传抗日道理。1939年奉派担负"特殊任务",只身潜入沦陷区汕头市为汕头青年抗日游击队发展敌后情报人员,并将沦陷区的所见所闻写成通讯在普宁《青报》发表,揭露日寇的罪恶行径,鼓舞民众的抗日激情。后回揭阳继续参加青抗会工作。为进一步提升水平,实现成为优秀教师的人生理想,他于1940年(20岁)从揭阳步行到福建永定,再搭车去长汀报考厦门大学教育系。当年名落孙山,1941年继续赴考,终而金榜题名。

潘先生平生乐做老师。他心心念念的都是教育,并且一念执着、一生坚守。他一直弦歌不辍、桃李芬芳,谱写了卓育菁莪、弘文砺教的壮丽篇章。在中国教育史上,孔子十有五而"志于学",先生则是十有五而"志于教"。孔子执教40余年,孟子执教50余年,董仲舒执教30余年,朱熹执教50余年。而百岁高教泰斗潘懋元先生,其潜心从教、"驻足讲坛"今已长达85个春秋!

二、1941—1956:钻研教育理论、参与教学实践、投身高等教育研究的储备与奠基时期

1941—1956年,是潘懋元先生作为教育系学生和教师深入钻研教育理论、积极参与教学实践和教育改革、投身高等教育研究事业的知识储备和工作奠基时期。

这一时期,他极为珍惜在厦门大学教育系学习和工作的美好时光,刻苦学习和钻研有关教育理论方面的各门基础课程和专业课程。为使理论联系实际并在教学实践中丰富教育理论，大学一年级就在长汀县私立乐育小学做兼职教师。读大二时，就兼任一所县立中学的教师和教务主任，并积极联络各系文学爱好者发起组织厦大学生开展端午节"笔会"，举办全校诗歌朗诵会、文学创作会、雕刻绘画展览等。1945年6月，2万余字的教育学学士学位论文《劳工教育的理论与实施》被评为优秀论文。1945年7月以优异成绩大学毕业后，到江西雩都（今于都县）县立中学任国文和历史教员，后担任南昌葆龄女子中学国文教员和教务主任。一年后应王德耀校长和系主任李培囿教授邀聘，返回厦门大学教育系任助教，负责复建厦大附属小学并兼任校长。这期间，他结合当时的教育发展形势和小学教育工作积极开展教育研究，在报纸杂志特别是《星光日报》上发表了大量有关教育时政解读和教育问题解析的文章，在附小设置了秩序周、礼节周、服务周、孝顺周、仁爱周、勤俭周、整洁周、助人周等，不仅培养了教育研究的兴趣和自觉性，而且展现了对教育问题观察与分析的细致性、严谨性和敏锐性。1947年，潘先生在《教声》创刊号发表了《理论与事实——厦大附小的报告》一文；1992年，在《厦门教育》第2期上发表了《厦大附小散忆》一文，对那段特殊时期的厦大附小办学情况进行了回忆和总结。

1947年5月，潘先生在《星光日报》上发表了任厦大教师后的第一篇教育研究论文，题为《勿以苏联中学男女分校例中国》，陈述了历来讨论中学男女分校合校问题的四大理由，提出要思考我国中学的实际情况，不要盲目套用苏联模式。其后又在《星光日报》发表了《劳工教育观念的演进》一文，这也是他长达3万余字的学士学位论文《劳工教育的理论与实施》中的理念部分。1948年7月，在《大公报》上发表了《中国历代教育公费考》一文，寻根探源地考察与梳理了我国的公费教育制度。其后又在《星光日报》发表了《困难重重的国民教育经费问题》《教育！教育！一年来中国教育的回顾》等。1950年2月，他开始在厦门大学教育系开设"教育政策法令""中国教育史""教育概论"等课程，并兼任政治大课辅导员，后来组建了教育学教研组。在王亚南校长提名下，1950年10月晋升为讲师。

1951年8月，经教务长章振乾推荐、校长王亚南同意，潘先生前往中国人民大学教育学教研室研究生班（翌年2月调整到北京师范大学教育系）深造，师从教研室主任王焕勋教授，与黄济、邵达成、章志光、车文博、王天

一、王策三、汪达之、陈信泰、王道俊、颜期康、王逢贤、夏之莲等同窗，这是他在厦大任教后第一次外出参加教育理论培训和教育研究活动，成为他高等教育研究事业的新起点。1951 年 9 月，他在《新中华》上发表《评钱亦石的〈现代教育原理〉》一文，从教育的哲学观点、生物学观点、社会学观点三个方面提出了修订建议。1952 年 9 月，接王亚南校长委任回到厦门大学，任教务处教务科科长，负责厦门大学教学和课程改革事宜，指导各专业制订新的教学计划；11 月任厦门大学教育系教育学教研室主任；12 月任王亚南校长兼主任的厦门大学教学改革委员会秘书科科长。先后拟订了《厦门大学教研组暂行条例》《厦门大学系工作暂行条例》《厦门大学学生学业成绩考试考查暂行办法》《厦门大学学生补考、留考、重修的补充暂行办法》等，经校务委员会讨论通过后颁发全校实施。潘先生第一次在厦门大学组织和参与学术研究活动，是在 1956 年 4 月 4 日至 6 日。当时，在党的"向科学大进军"号召和王亚南校长支持下，"厦门大学 35 周年校庆活动暨第一次科学讨论会"隆重举行，刚刚宣誓成为中共党员的潘懋元在会上宣读了个人提交的学术论文，并于 4 月 23 日在《新厦大》上发表了《我参加科学讨论会的收获》一文。

这一时期，他先后参加了中国人民大学、北京师范大学教育学研究生班的学习和考察，回校后相继担任教务处教学研究科科长、教育系教育学教研室主任、学校教学改革委员会秘书科科长等。他结合厦门大学教学改革和教学规章制度建设，发表了一系列教育研究论文，特别是对杨贤江教育思想、毛泽东教育思想、胡适教育思想、蔡元培教育思想、鲁迅教育思想，以及苏联教育家马卡连柯、美国教育家杜威的教育思想等进行了较深入的研究，论述了全面发展教育、因材施教、启发教学、教育实习、课程建设、劳动教育、学业成绩评定、大学生理想信念教育等诸多问题。

这一时期，他通过系统研究马克思主义全面发展教育理论和著名教育家的思想与经典文献，研究国外高等教育的先进经验与中国高等教育的现实问题，研究普通教育和高等教育的共性与区别，逐步形成了对中国高等教育的独特认识和对高等教育研究的独到见解，由此步入一个全新的教学和研究领域，对高等教育规律产生了深刻认识，对高等学校教学管理有了新理解，对许多过去困惑的教育理论问题豁然开朗。尤其是在马克思主义教育理论必须与中国教育实践相结合的认识上达到了新高度，能够自觉地以唯物史观和辩证法作为理论武器，并把教育问题视为改造社会的整个革命事业的重要组成部分，进而确立了他对共产党领导的教育事业的坚定信念和对教师职业的无比热爱。1956年9月，经厦门大学校务委员会研究，他被晋升为副教授。

三、1957—1965：积极倡议、躬身力行、尝试初创高等教育学科的探索与端倪时期

1957—1965年，是潘懋元先生认真思考、积极倡议、强化研究、尝试创立高等教育学科的初步探索与初露端倪时期。

1957年1月，潘先生在《新厦大》发表《"全面发展与发挥专长"的我见》一文；4月，参加"厦门大学第二次科学讨论会"并宣读论文；6月，在中央人民政府高等教育部主办的《高等教育》上发表《全面发展的本质意义是什么》，后被《争鸣》全文转载。该文系统阐述了"马克思恩格斯是怎样提出全面发展理想的""为什么人的全面发展的本质意义是体力和智力的全面发展""为什么不应把共产主义教育的组成部分代替全面发展的本质意义"等重要理论问题。《高等教育》编辑部特发"编者按"："我们希望大家对全面发展教育的本质意义以及在高等学校如何有计划地加以贯彻等问题展开讨论"；7月，组织厦大教育学教研室部分人员，主持编写了中国第一本系统探讨高等教育学问题的大学教材——《高等学校教育学讲义》（征求意见稿）并撰写了"前言"。这是中国第一本初具雏形的高等教育学教材，也是中国教育界在建立高等教育学科方面第一次系统的理论探索。尽管该教材并未正式出版，但它却是中国高等教育研究领域最早的学术专著，也标志着潘先生对高等教育学的认识和研究水平达到了一个新高度，奠定了中国高等教育学科建设和高等教育研究的基石；8月，他在厦门大学《学术论坛》上发表《高等专业教育问题在教育学上的重要地位》一文。该文从智能教育、大学生身心发展和社会经验的特殊性等方面论述了高等专业教育与普通教育的不同之处，进而建议创建一门"高等学校教育学"或"高等专业教育学"。这被认为是中国第一篇倡导高等教育研究的学术论文。由此可以看出，早在20世纪50年代，潘先生就提出了建立高等教育学的基本构想，并进行了相关的理论探索，形成了初步的研究成果。可惜因接踵而至的各种政治运动而被迫中断研究，以致迟延了20余年！正如潘先生在《九十感言》中所说："我的一些创新性的设想，大多是在三十多岁时形成的；而有所贡献并被社会认可的，则是在六十岁之后的30年。"

1958年2月，潘懋元被任命为厦门大学教学科学研究处副处长；1962年4月任教务处代处长兼教育学教研组主任；1962年7月任教务处处长并兼任《厦门大学学报（社会科学版）》常务副主编；1963年任校务委员会委员。其间，他积极参加学校组织的各项政治和业务活动，认真组织学习中共中央、国务院发出的《关于教育工作的指示》，广泛宣传教育部颁布的《高教六十条》，积极进行教育方针、教学管理的宣传解读和教学制度、实习制度的基本建设，主持拟订并推动学校公布了《厦门大学各系修订教育计划的实施意见》《关于改进教学管理工作的若干意见》《厦门大学教务通则》《关于系的行政工作暂行规定》《教研室暂行条例》《毕业论文暂行办法》等，参加了4次学校"科学讨论会"且提交论文，并撰文对杨贤江教育思想、改进教学管理工作、高等学校勤工俭学、教学与生产劳动相结合、发挥教师主导作用、大力提高教学质量、坚持理论联系实际、落实《高教六十条》等问题，从理论和实践两个方面进行了深入探讨。

然而，伴随着1957年的"反右运动"、1958年的"大炼钢铁"、1964年的"四清运动"等持续不断的政治运动，正常的教学秩序被大量的政治学习和师生长时间的下工厂、到农村参加生产劳动所扰乱。潘先生刚刚起步的高等教育研究也被迫搁浅，只能发表一些与政治形势相吻合的并结合教学工作的文章。1964年1月，潘先生同刘佛年、张焕庭、阮镜清、彭飞、吕型伟、李放等一起，被教育部借调到北京，组成临时写作班子，要求撰写批判苏联修正主义教育思想的理论文章；10月，写作小组解散后，被正式调中央教育科学研究所从事教育史研究，并任马克思主义教育研究小组组长。其后相继到北京、天津、哈尔滨、保定、山西平遥、太原、临汾、河津等地蹲点调查半工半读和农业中学情况，并于1965年11月5日在《人民日报》发表了《关于当前农业中学性质问题的探讨》一文。这一时期，时势多变，居无定所，严重影响了其教育理论的深化研究。

四、1966—1976：教学生涯和教育研究的无奈与自励时期

1966—1976年，是潘懋元先生教学生涯和教育理论研究处于困惑、无奈和被迫中断与自励沉思的苍凉时期。

1966年5月，随着"5·16通知"的下发，"文化大革命"在全国爆发，至1976年10月结束，历时十年。其间，"雾失楼台，月迷津渡，桃源望断无寻处"。对潘先生来说，无论是日常生活、本职工作，还是理论学习、学术研究，都受到了严重影响。从1966年开始，"军宣队""工宣队"进驻高校。他先是被红卫兵从北京押回厦门大学接受革命大批判，停职参加校园劳动，如挑水、浇树、修路、打扫卫生、清扫马路等。之后，又被下放到安徽凤阳的教育部"五七干校"接受劳动改造，再后来被分配到云南省科教组参与大学的斗、批、改工作。全家六口人分处五地，生活凄苦，春节团聚已成奢望。其间患病住院，长达数月，对自己多年关爱有加的校长王亚南又不幸病逝，这使他陷入了迷茫、低落和沉思。后来，虽然被调回厦门大学并继续担任教育革命处处长兼机关第二党总支书记，也尽已所能地维护教学秩序、加强教学管理，但也深感步履维艰、欲诉无门。这段生活，使他深刻认知了"左"的思想给发展中的中国带来的沉重灾难，也更加看清了正常的教学科研工作中断以后给高等教育事业造成的深远的严重危害。

然而，即便是在这一特殊时期，努力使自己适应当时复杂的政治形势的同时，他也是偷偷地挤时间自学、思考和进行有限的写作，虽然不得不放慢了教育探索的脚步，但他并没有停止不前，而是积极参加"教育革命大辩论"，以坚强的意志和毅力从事着钟爱的教育科研工作。在极为艰难的环境下，他砺其风骨、彰其底蕴，陆续发表了《高等学校勤工俭学的原则问题》《教学、生产劳动、科学研究的矛盾和统一》《谈教师在教学中的主导作用》《坚持理论联系实际的原则》《毛泽东同志教育思想试探》《如何评价杨贤江的教育思想》《少而精教学原则初探》《关于红与专的矛盾关系问题》等文章。这期间他为学生开设"逻辑学"课程，使他的逻辑知识得以充实。特别是在中央教育科学研究所以及云南省科教组工作期间，他结交了同道，开阔了视野，认清了"左"的思想和违背教育规律的危害性，为其后来开展高等教育研究奠定了思想和理论基础。

对这段人生遭遇，潘先生没有消沉和怨恨，始终以达观、平和、超脱、宽容的心态，虚怀若谷，豁达面对。他说："回想起来，那些年我虽没能'读万卷书'，却是'行万里路'。这'行万里路'的另外一种收获，也是书斋生活所不能得到的。这一段经历让人领悟了许多的生活意味。"这种胸襟和情悚，正是"壮志托天地，虚怀贯古今"。

五、1977—2015：呼吁、创建、确立高等教育学科和开展高等教育理论研究的跨越与繁荣时期

1977—2015 年，是潘懋元先生在全国大声呼吁、率先创建和正式确立中国高等教育学科及深入研究高等教育理论的大跨越与大发展时期。

1977 年，"文革"宣告结束，高考制度恢复，中国教育事业迎来了新的历史发展机遇，被压抑了 10 多年之久的潘懋元先生，英姿勃发，扬帆起航，迎来了他教书育人和学术研究的第二个春天。作为教务处处长，他积极参与恢复高考制度后的第一次招生工作，致力于整饬学校教学秩序，主持制定了《1977 年厦门大学招生工作意见（草案）》，拟订了《关于制定和执行教学计划的几点意见》。1978 年 1 月，任厦门大学"高等学校教育研究组"负责人；4 月，在《福建日报》发表《高教六十条不容诋毁》一文；5 月，创办了全国第一个以高等教育为研究对象的专门科研机构——"厦门大学高等学校教育研究室"并兼任主任（8 月改为厦门大学高等教育科学研究室），标志着中国高等教育研究正式成为一个专门的研究领域。他精心规划了研究室从 1978—2000 年长达 22 年的三个战略发展阶段：第一阶段（1978—1983），以建立高等教育学新学科为基本任务，促进建所工作；第二阶段（1984—1990 或稍后），以培养人才为主要任务，并围绕培养人才开展科学研究工作；第三阶段（1990—2000），进行较高水平与较广泛领域的科学研究，加强国际教育学术交流，建成名副其实的国家重点学科。

1978 年 5 月 27 日至 6 月 6 日，作为厦门大学哲学社会科学学术委员会副主任，潘先生组织了新时期第一次校内大型学术研究活动——"厦门大学第七次科学讨论会"并提交论文。这是中断 15 年后的首次科学讨论会，全校共提交论文 353 篇；8 月，在《厦门大学学报（社会科学版）》发表《必须开展高等教育的理论研究——建立高等教育学科刍议》一文，从高等学校德育智育体育以及大学生特征等方面分析了高等教育与普通学校教育的不同之处，系统论述了开展理论研究的必要性、可行性和理论意义与实践意义；10 月，创办我国"文革"之后第一份外国高等教育研究刊物——《外国高等教育资料》（后改为《国际高等教育研究》）并任主编；12 月，在《光明日报》上发表《开展高等教育理论的研究》一文，积极呼吁和大力倡导开展高等教育理论研究与建立高等教育学学科，在破冰初启的高等教育界产生了巨大震动。这一声呐喊，既体现了他的远见卓识，也展现了他的创新胆识，并由此而谱写了逐步开展和深化中国高等教育研究的崭新篇章；年底，晋升为"文革"后第一批教授，并被任命为厦门大学党委常委、副校长。

1979年2月，在《厦门大学学报（社会科学版）》发表《王亚南教授是如何以研究的态度来进行教学的》一文，以期以王亚南校长的"研究态度"来推进厦门大学教研活动的深入开展。4月，参加在北京召开的"中国教育学会成立大会暨全国第一次教育科学规划会议"并被推选为第一届理事会常务理事，厦门大学高等教育科学研究室也被列为全国高等教育重点研究基地。8月，在《福建教育》发表《开展教育科学研究，探索教育规律》一文，强调要用科学的态度、科学的方法来研究教育问题、探索教育规律，进而办好教育事业、提升教育质量。9月，在兰州召开的中国教育学会第一届年会上做了"必须开展高等教育理论研究"的主题报告，在与会代表中引起强烈反响。1980年11月，参与编著的《高等教育学及教育规律问题》由湖南大学教务处印发。1981年12月，国务院批准全国首批博士、硕士学位授予单位，厦门大学高等教育科学研究室开始招收中国第一批高等教育学专业硕士研究生，1982年入学。1983年8月，编著的《高等教育学讲座》一书由人民教育出版社出版，成为我国第一本正式出版的高等教育学著作，并于1990年4月荣获国家教委"全国首届教育科学优秀成果一等奖"。

1984年2月，中国第一个高教所——厦门大学高等教育科学研究所经教育部批准正式成立；7月，潘懋元历时5年主编的中国第一部《高等教育学》（上册）由人民教育出版社和福建教育出版社联合出版（下册于1985年2月出版），标志着高等教育学科作为一门新兴独立学科在中国的正式确立，先后荣获"中国人民大学吴玉章基金教育学优秀奖""全国首届优秀教育理论著作优秀奖"和"全国首届高等学校优秀教材一等奖"。1986年7月，厦门大学高教所经国务院学位委员会批准成为中国第一个高等教育学博士学位授予点，潘先生成为中国第一位高等教育学博士生导师，并开始招收中国第一批高等教育学博士研究生。其后，成为其思想最活跃、研究最集中、成果最丰富、获得奖项和荣誉最多、在国内外影响最广泛的时期，由此奠定了他在高等教育学界的领先水平和统率地位。

1988年7月，厦门大学高等教育学科被国家教委批准为全国第一个高等教育学重点学科。1989年10月，在厦门大学高等教育科学研究所主持召开第一届全国校际高等教育科学研究所（室）工作研讨会。1990年12月，潘先生指导的厦门大学高等教育科学研究所第一届高等教育学博士研究生王伟廉、邬大光的学位论文答辩顺利通过。1992年1月，潘先生被评为国家有突出贡献专家，享受国务院政府特殊津贴；5月，主持召开全国第一届比较高等教育学术研讨会；12月，主持召开全国第一届高等教育学科建设研讨会。1993年10月，被一致推选为全国高等教育学研究会第一届理事会理事长。1994年10月，主持召开首届全国高等教育史学术讨论会。1995年10月，受联合国教科文组织委托，主持召开"亚太地区私立高等教育国际研讨会"。1996年6月，厦门大学高等教育学科被评为全国第一个高等教育学国家"211工程"重点建设项目。1998年1月，主持召开"海峡两岸大学教育改革与发展学术研讨会"；10月，主编的《中国近代教育史资料汇编》（10册）荣获"第四届全国优秀教育图书"一等奖。1999年2月，被英国赫尔大学授予荣誉博士学位；4月，主持召开"首届全国民办大学校长研讨会"。2000年5月，厦门大学高等教育发展研究中心被评为全国高等教育学领域第一个"教育部人文社会科学重点研究基地"；6月，中国教育学会会长、著名教育家顾明远先生在为《潘懋元论高等教育》一书作"序"时写道："潘懋元教授在高等教育领域中的研究范围很广，从历史到现实，从中国到外国，从外部到内部，从宏观到微观，都有许多独到的见解。特别是他对高等教育学的学科建设做出了巨大的贡献……他是我国教育界的泰斗。"

2001年12月，潘先生主持创新的"学习—研究—教学三结合"教学方式，作为一种全新的中国研究生教育培养模式，荣获国家级教学成果一等奖。2003年10月，经人事部和全国博士后管委会批准，厦门大学高教所设立教育学一级学科博士后流动站。2004年10月，以高教所为基础成立的厦门大学教育研究院被批准为全国第一个高等教育研究"985工程"基地。2005年8月，潘先生主编的《中国高等教育百年》一书荣获厦门市第六次社会科学优秀成果一等奖；10月，率厦门大学10名师生到挪威科技大学主持"第三届高等教育质量国际学术研讨会"。2006年4月，挪威教育家阿里·谢沃编著出版了《潘懋元：一位中国高等教育学科的创始人》（高晓杰、赖铮等译）。2007年

12月，厦大教育研究院被批准设立了全国首家教育部研究生教育创新计划（高等教育学）研究生访学基地。2008年6月，加拿大教育家露丝·海霍（许美德）编著出版了《潘懋元：中国高等教育研究的奠基人》（周勇等译）；9月，潘先生主编的《高等教育研究方法》由高等教育出版社出版，填补了该研究领域多年的空白。2009年1月，潘先生被评为"改革开放30年中国教育风云人物"。2010年9月，洋洋400余万言的《潘懋元文集》（八卷10册）由广东高等教育出版社出版；10月，教育部在给潘先生"从教75周年暨诞辰90周年"的贺信中写道："潘先生长期致力于高等教育理论研究，成果丰硕，为创建我国高等教育学学科、丰富和发展我国高等教育理论体系做出了重要贡献。"这是教育部第一次向一位大学教授发电贺寿，褒扬贡献。

2011年11月，潘先生被评选为"第三届中国杰出人文社会科学家"。2012年7月，荣获教育部"全国教育科学研究突出贡献奖"，并被授予福建省"杰出人民教师"称号。2013年1月，总部设在荷兰莱顿的希里尔出版社向全球出版发行潘懋元著作；3月，潘先生主编的《现代高等教育思想的演变——从20世纪至21世纪初期》一书荣获教育部"第六届高等学校科学研究优秀成果奖"一等奖；9月，厦门大学举行了首届"我最喜爱的十位教师"颁奖典礼，潘先生获此殊荣。该颁奖词写道："十五从教，他历80载春秋，鲐背之年仍居教学科研第一线。爱生如子，他关怀晚辈，作育英才，桃李遍天下。敢为人先，他开创新学，尊为中国高等教育学科奠基人。杏坛传道，他著作等身，荣膺中国高等教育研究终身成就奖。从教乐教，他治学严谨，无愧中国教育界的师范楷模。一心研学，他薄名精艺，当仁治学先锋，新学泰斗。"2014年9月，他被推选为"全国教书育人楷模"，时年94岁，是历年来获得这一殊荣人员中最年长的一位，在北京人民大会堂受到了习近平总书记的亲切接见并执手交谈。

2015年6月，"潘懋元高等教育思想研讨会暨从教80周年庆祝会"在济南大学隆重召开，参会论文之多、规模之大、气氛之浓，盛况空前。时任教育部副部长林蕙青在贺信中写道，众所周知，潘先生是我国公认的高等教育理论家和社会活动家，先生八十年如一日躬耕教育，以其高尚的人格、对高等教育事业的执著追求以及严谨的高等教育理论体系，赢得了国内外学界的高度赞誉；12月，由厦门大学中外合作办学研究中心与香港大学中国教育研究中心合作编译的《潘懋元高等教育思想文选》(英文版)，由世界知名出版社荷兰博睿（Brill）学术出版社出版，而该出版社出版中国高等教育研究领域的学术专著，尚属首次。

纵观中国高等教育发展史，潘懋元先生创造了高等教育学领域的若干个"第一"或"唯一"，使中国高等教育学科从无到有、由弱变强，并在高等教育体制改革、大学生素质教育、大学教师发展、比较高等教育、民办高等教育、高等职业教育、高等教育管理、高等教育可持续发展、高等教育大众化、高等教育国际化、高等教育史学、高等教育战略规划、高等教育研究方法、高校分类管理、高校教学原理与方法、高校招生制度改革、高校人才培养、高校德育、大学文化、高等教育通向农村、多学科观点的高等教育研究等方面提出了一系列独到见解，基本形成了其完备的高等教育思想体系，在高等教育研究的诸多领域都做出了具有引领性和独创性的重要贡献，使其在高等教育界的影响与日俱增，成为公认的"高教泰斗"和"学界大师"。在其"第一"或"唯一"里面，饱含着他兢业勤恳的创造性劳动。他以高境界的自我，"筚路蓝缕，以启山林"，为厦门大学高教所、教育研究院和全国高等教育研究事业的发展殚精竭虑、踔厉奋发，"由诚而成懋业，敢闯而创新元"，引领我国高等教育研究不断拓展，推动我国高等教育改革勇毅前行，倾情演绎了其丰富而传奇的辉煌教育人生。

六、2015年迄今：反思、丰富、完善潘懋元高等教育思想体系的扩展与成熟时期

2015年以来（这个阶段还在继续发展），是潘懋元高等教育思想进一步沉淀、丰富、完善、扩展和在国内外学术界产生广泛而深刻影响的时期。

这一时期，潘先生继续招收和指导高等教育学博士研究生，继续关注中国高等教育改革发展的重大问题，并注意反思、梳理和进一步完善自己的思想和著述。2015年6月，他在济南大学"九五感言"中谈了两点反思性的感想："第一，我读了过去和现在一些有关潘懋元高等教育思想研究的论文，虽然只看了一部分，但是许多观点和理论已经超越了我的认识水平、思想深度。……我的理解是潘懋元教育思想的研讨，只是把潘懋元高等教育思想作为象征性的标志或者作为一个平台，实际上是大家在不断发展之中的共同思想。……第二，我感觉到惭愧的，还在于我没有完成我应该完成的、哪怕是很粗糙的高等教育学科体系基本工程。……我国高等教育学的研究，开始时，既不是宏观的理论，也不是宏观政策的研究，而是开始于微观的教学过程的研究。……但是后来为适应形势，我差不多放弃了微观的高校教学过程的理论研究和课程、教材、教学方法等等方面的应用研究。……应该有更多的人把更多的时间、精力，用在微观教学过程、培养专门人才的实践性问题上。但是我很惭愧，没有很好地进行这方面的研究。现在觉察到这个问题，正在组织人力进行教学质量建设的协同创新研究。"7月，他在《清华大学教育研究》发表《从"回归大学的根本"谈起》一文，并同时在《中国高教研究》发表《高等教育研究要更加重视微观教学研究》一文。此后，潘先生组建学术研究团队，带领部分教师和博士生把重点放在"大学教师发展的理念、内涵、方式、组织、动力"这一"教育部人文社会科学重点研究基地重大项目"的研究上来，对高等教育学科的建设与发展具有重要的推动和引领作用，对潘懋元高等教育思想体系的拓展与完善具有重要的深化和丰富作用。

2016年1月，潘先生在接受《社会科学家》编辑部专访时，就"关于高等教育若干问题的思考"发表了多年思考的意见和观点；3月，在《高等教育研究》发表《高等教育质量建设的理论设计》一文；4月，主编的《做强地方本科院校的理论与实践研究》一书由高等教育出版社出版；6月，在《玉林师范学院学报》发表《思考"大学何为"》一文。2017年1月，在《高等教育研究》发表《大学教师发展论纲——理念、内涵、方式、组织、动力》一文；10月，被中国高等教育学会授予"特别贡献奖"；11月，自称"体悟实践经沉思而凝练为理念"的《大学的沉思》一书由商务印书馆出版；同月，被评选为全国"当代教育名家"。

2018年1月，98岁的潘先生为厦门大学教育研究院2017级Ph. D.① 学生连续授课5天时间，为厦门大学教育研究院2017级Ed. D.② 学生连续授课6天时间；2月，在《中国高等教育评论》发表《面向2030的高等教育发展：理念与行动》一文；5月，在厦门大学教育研究院四十周年庆祝会暨新时代高等教育研究与高等教育内涵式发展学术研讨会上的演讲中指出，未来的高

---

① Ph. D.（Doctor of Philosophy Degree）指学术型博士研究生。
② Ed. D.（Doctor of Education）指教育专业学位博士研究生。

等教育既要培养自然人,也要培养"机器人"。要"对机器人进行道德教育、情感教育、美育等,使之与自然人和谐共处,共同推动未来社会的发展"。这是一个应时代而生的命题,值得我们持续努力精进。其远见卓识,令人振聋发聩。而潘先生耄耋之年依然躬耕于高教园地的毅力和精神,更令人肃然起敬、高山仰止。

我们且看一下99岁的潘先生2019年1月份的工作记录:1月5日至6日为2018级博士生授课;7日参加学术报告会和院领导办公会;8日至10日授课;11日参加博士生论文开题报告会并任组长;12日授课;13日接受采访;14日参加报告会并作点评;15日亲笔写信祝贺在西藏工作的博士毕业生巴果入选"2018年享受国务院政府特殊津贴人员名单";16日参加教职工大会;17日至18日整理文稿;19日接待来访;21日至23日授课;24日参加厦门大学春节团拜会;30日与厦门城市学院领导探讨该院的办学特色及未来发展规划。2019年上半年,他参加的学术报告会、开题会、访谈会、答辩会、学术沙龙等达50余场。2019年6月6日,他参与拍摄的教育题材电影《当我们海阔天空》在全国公映。年近百岁的潘懋元先生着西装、系领带、戴校徽,本色出演,银幕首秀,尽显学者风采与师者风范,必将成为世界教育电影史上的经典。真的是感人至深又难以置信,很难想象潘先生并不伟岸的身躯何以拥有如此巨大的毅力和能量!

真正懂得生命的人,是不会让生命沉默的。作为一位勤学善思、塑形铸魂的睿智教育家,潘先生始终在教书育人中抱诚守真、茹古涵今,一直在学术研究上通幽洞微、钩深致远,以高度负责的使命担当勇毅前行,无论寒冬,抑或酷暑,始终在教学科研上铢积寸累、精雕细琢,探骊得珠、功不唐捐,"卓立潮头唱大风",倾情演绎了其丰富而传奇的辉煌教育人生。他用热血浇铸文字,用心雨滋养学生,言传身教地践行着"一位好老师"的"理想信念、道德情操、扎实学问、仁爱之心":育学生成长和成熟,授学生知识和智慧,教学生做事和做人,引学生创业和创新。潘先生虽然被学界尊为"泰斗",但他从不自以为是,从不盛气凌人,也不僵化地固守某种框架和模式,而是始终与时偕行、追求卓越,把握时代脉搏,坚持问题导向,提出既有现实感又有前瞻性的理论阐释和应对策略。他不仅是一位卓越的教育理论家和教育实践家,而且是一位出色的教育活动家和教育战略家。笔者认为,潘先生已完全具备了中共中央办公厅、国务院办公厅2019年5月28日印发的《关于进一步弘扬科学家精神加强作风和学风建设的意见》中所倡导的"新时代科学家精神"，即胸怀祖国、服务人民的爱国精神，勇攀高峰、敢为人先的创新精神，追求真理、严谨治学的求实精神，淡泊名利、潜心研究的奉献精神，集智攻关、团结协作的协同精神和甘为人梯、奖掖后学的育人精神。他心心念念的都是教育。他是一座奇崛的高等教育研究巅峰。

在此值得一提的是，从20世纪80年代开始，潘先生创立了一种师生共话学术及社会诸问题的新型教学相长模式——"周末家庭学术沙龙"，一般固定在每周六晚饭后开始。这种独特的教学形式，颇有点像《论语》的《子路、曾皙、冉有、公西华侍坐》章中所描绘的孔子与弟子"各言尔志"的教学情境，令人久难忘怀。近40年来基本上风雨无阻。久而久之，在校硕士生、博士生和部分教师，都把参加沙龙当成一种期待和享受，都会把自己学习与研究过程中发现的问题和遇到的困惑，包括道听途说、耳闻目睹的各种教育信息和感想体会带到沙龙上，与大家或共同讨论，或一起分享，或谋求共识，有些来厦门大学的外地学者特意赶在周末到先生家里参加沙龙。沙龙不仅改变了研究生教学的单一形式，把课堂搬到了家里，更重要的是拉近了师生之间的心理距离和交往关系，更有助于集思广益、教学相长。这是对中国传统私学教育和书院教育的继承和发展，也是对西方教学模式的借鉴和创新，使每一个学生都能在传统文化与现代知识的结合中受到求学与做人的熏陶、感染和教育。沙龙犹如一个极大的气场，吸引着、熏染着、修炼着、升华着场域内的每一个人，被学生们誉为"民间思想村落""学术生态场"和"精神家园"。有位师弟曾模仿刘禹锡的《陋室铭》写过一首《沙龙铭》，颇有一番韵味："年不在高，有志则名；话不在多，有理则灵。斯是沙龙，谈笑风生。纵论古与今，横贯外与中。弟子先论辩，先生后点评。……晚辈云：伟哉沙龙！"如今，"自由讨论，平等对话，启迪思维，追求真理"的沙龙学术原则，已经固化为厦门大学教育研究院宝贵的学术传统。

"居高声自远，非是藉秋风。"潘懋元教授非同凡响的教育生涯和极为旺盛的学术生命力，见证了我国高等教育研究的发展历程和理论创新，体现了当代中国的学术精神和学者风范。鉴于潘先生的特殊贡献，教育界、企事业单位、社团组织以及政府部门等，纷纷以各种方式充分肯定他在我国高等教育学领域和高等教育改革发展咨询、助推、指导过程中做出的巨大贡献。此外，日本教育家有本章、大塚丰、马越徹、天野郁夫，加拿大教育家许美德、伊丽莎白·芭可娜，美国教育家阿特巴赫、白杰瑞，英国教育家迪克斯，德国教育家罗兰德、舍恩，俄罗斯教育家尼康德洛夫，挪威教育家阿里·谢沃等，也都通过讲座、报告、撰文、著述、访问等形式研究和宣传潘懋元高等教育思想。他已成为国际高等教育学界重点关注的为数不多的中国学者之一。他的学术精神和理论建树，已成为世界高等教育研究界具有中国特色的学术骊珠和思想丰碑。可以预见，潘懋元高等教育思想研究，将成为中国高等教育学又一新的研究领域和研究思潮。

追寻远去的风尘，喜看今日的时代，年届百岁的潘懋元教授仍以其矍铄的精神、睿智的头脑、健康的体魄、高远的追求，在高等教育这块广袤的田野上孜孜不倦地耕耘，每年仍以数量不菲的思想和理论成果服务于他酷爱的高等教育事业。2019年7月，他在接受"厦大档案人"采访组访谈时坚定地说："真正的学者应该是为国家、为科学、为真理献身的人"；9月5日，他在《福建日报》发表的文章中写道："我一生最为欣慰的是，名字排在教师的行列里"；9月16日，他在参加2019级硕博新生开学典礼时深情地说：希望大家在未来的日子里能够全身心投入到研究生学业，勇于探索真理，叩问人生意义；10月20日，他又作为专家组成员参加了2019年度国家社会科学基金重点课题"中国特色、世界水平的一流本科教育建设标准与建设机制研究"的开题报告会，认为一流的本科教育是培养高层次人才的基础和前提，要设计和建设既体现世界水平又具有中国特色的本科教育标准和运行机制；11月5日至12日，为2019级博士生（Ph. D.）集中授课；11月22日至12月2日，为2019级博士生（Ed. D.）集中上课。如今，他培养的研究生已成为知名专家学者、教育行政部门和高校领导干部的有几百人，已获得学位的硕士、博士近千人。壮哉，大师！伟哉，先生！

"雄关漫道真如铁，而今迈步从头越。"满载故事和硕果的跨世纪老人潘懋元先生，也将在新时代的新节点上"迈步从头越"，踏着中国共产党人第二个百年奋斗目标的鼓点，壮心不已地开始其第二个百年人生，继续为中国高等教育事业的改革发展和中华民族的伟大复兴贡献力量！他在《教育研究》2019年第11期发表的文章中写道："我的教育科学研究领域，是建立具有中国特色的高等教育学科，培养高等教育学科的理论工作者和具有理论水平的高等教育领导管理工作者。四十多年来，在建立中国高等教育学科的基本理论体系和教材体系上，我做了一定的奠基工作。由于是土生土长，未免显得土里土气。虽然具有中国特色，但是难以达到世界水平。因此，有必要从西方一些先进的教育理论汲取养料，扩大眼界。但要坚持文化自信，不忘初心。因为我们要建立的是中国特色的社会主义高等教育学，而不是对西方高等教育理论的效颦。"言之谆谆，振聋发聩。这既是对他多年来研究教育理论和创新教育实践的自谦总结，也是对后续教育科学研究工作者提出的殷切期望。他坚决反对"依附论"，始终主张建立"走中国道路、有中国特色"的高等教育学。他认为："高等教育在中国成为一个学科，将来世界上也必然会成为一个学科。不能说高等教育学在美国还不是一个学科，中国就不能把它作为一个学科来建制，中国的学科建设可能成为其他国家的借鉴。"此外，他在2019年12月1日接受《大学教育科学》编委会主任余小波和主编蒋家琼等的专访、12月2日接受中国高等教育学会学术部主任高晓杰的访谈，以及12月27日与中国教育科学研究院院长崔保师、《教育研究》主编邓友超一行座谈交流时也指出：期待《大学教育科学》、中国高教学会、中国教育科学研究院和《教育研究》在促进教育科学研究成果的发表与推广、建立具有"中国特色、世界水平"的高等教育科学理论体系和高等教育中国学派等方面发挥更好的作用。

古人云："万里长空怀远志，一池明月照雄心。"我们衷心祝愿期颐之年依然雄心勃勃的先生在新的百年教育征程上身心愉悦、乐育英才，在满满的幸福与声声的祝福中德厚流光、行者无疆、华堂春满、海屋筹添！

2020年2月6日草于泉城千佛山麓

2010版"纪事年表"前言

韩延明

古人云：十年磨一剑，今日把示君。屈指算来，这本10多万字的内容充实的"纪事年表"，也已经断断续续地"磨"了十年！

（一）

唐代大诗人孟浩然曰："人事有代谢，往来成古今。"这，便是历史。历史是过去的事实，但我更认为历史是过去与现在和未来之间的无休止的对话。《大学》曰："物有本末，事有终始。"回首1995年5月与潘先生初次相识，恍如昨日。作为先生的博士弟子，自1998年起，我便开始搜寻、收集、整理潘先生的生平事迹、活动足迹、学术研究轨迹及其令人惊叹的一个又一个创业奇迹。2000年9月，我为在厦门大学同时召开的"潘懋元先生从教65周年暨80华诞庆祝大会"和"中国高等教育百年学术研讨会"整理了一份1万多字的简要的《潘懋元教授纪事年表》（初稿），在会上印发交流，征询意见。嗣后，我一直与先生保持密切联系，几度前往先生寓所拜访，促膝长谈、倾心交流，并到先生曾工作过的中央教育科学研究所，厦门大学教务处、校长办公室、教育研究院（高教所）、海外函授学院及其家乡故居等处（地）走访调研、查阅资料，多方联系先生的亲朋好友和同事了解情况，多次向知情的各位师兄师弟师姐师妹征集信息，多年不间断地随时搜集、补充和完善，并借助国际互联网广泛搜索有关文本资讯，增补了先生的大事记载，充实了先生的学术活动与研究成果，重新整理成为近 8 万字的《中国高等教育学科创始人——潘懋元教授纪事年表》（征求意见稿），并在 2008 年 5 月厦门大学教育研究院（高教所）成立 30 周年之际举办的"大学教育质量的理论与实践研究"国际学术会议上印发，再次广泛汇集有关信息，得到了潘先生同事和弟子们的积极响应，使年表更趋完整全面，最后数易其稿而修订编撰了这本《潘懋元文集·卷八·潘懋元教授纪事年表》（简称《纪事年表》），可谓日积月累、广征博引。令我深受感动的是，潘先生不仅在百忙之中多次与我促膝长谈，而且还信任地将自己多年来细心记录、精心珍藏的多本日记提供给我们查阅，并先后三次在日理万机中亲自对本《纪事年表》从头至尾逐条逐项进行了认真细致的审核、补充与订正，成为一笔弥足珍贵的历史文献和精神财富。因此，可以说，这是一本有关潘懋元教授生平活动足迹与学术研究历程的"正史"和"信史"。

（二）

曹操曰："夫英雄者，胸怀大志、腹有良谋，有包藏宇宙之机、吞吐天地之志者也。"透视本册《纪事年表》，追寻先生人生足迹，我们真正领略了他那"胸怀大志、腹有良谋"的英雄本色，理解了他那"望之俨然、即之也温"的学者风范，参悟了他那自强不息、锲而不舍的奋斗精神，感受了他那开拓创新、敢为人先的创业气魄，沐浴了他那严于律己、宽以待人的高风亮节，认知了他那好学善思、索隐发微的治学态度，探寻了他那"安身立命道义为本、处世做人诚信在先"的高尚品格，读懂了他那"板凳敢坐十年冷、文章不写半句空"的人生箴言，体悟了他那"矢志不渝战乱年代负笈求学、穷经皓首耄耋之年眷恋讲坛"的大师风采！他渊博的知识、精炼的语言、敏捷的才思、独到的见解、高雅的素养、不懈的追求，令人颇多感慨！"生来奔走万山中，踏尽崎岖路自通"。多少风雪雨晴，几度春夏秋冬，披星戴月、茹苦含辛，潘先生以真理为伍、与时代同行，"铁肩担道义，妙手著文章"，为我国高等教育事业的改革与发展披荆斩棘、筚路蓝缕，为我国高等教育学优秀人才的选拔和培养呕心沥血、殚精竭虑："今岁种明岁栽岁岁育松柏，春开花秋结果年年献桃李";"使外行变内行行行出状元,令后浪追前浪浪浪有奇峰";"滴滴汗水诚滋桃李芳天下,点点心血乐育英才泽神州"。

古人云:"思之无垠,行者无疆。"作为一位"无疆"的教育"行者",在长达75年的教学生涯中,潘先生几十年如一日地辛勤耕耘在教育教学工作第一线,静下心来读书求真,俯下身去教书育人。"板凳敢坐十年冷,文章不写半句空",他由名人名句"板凳甘坐十年冷,文章不写一句空"改动而来的这句自警自励的"座右铭",正是他育人治学的真实写照。他学而不厌、诲人不倦、厚积薄发、新意迭见、通脱豁达、茹古涵今、方正廉明、言信行果,正可谓:七十年执教笔耕,春风化雨育园林,树蕙滋兰,德昭后辈;千百次叩问求索,碧血丹心献事业,创榛辟莽,泽被人间。其言传身教、懿德嘉行,感人至深!《孟子·尽心下》云:"可欲之谓善,有诸己之谓信,充实之谓美,充实而有光辉之谓大。"潘先生"善、信、美、大"的"师表"德行,历来为学人所敬仰,实如司马迁在《史记·太史公自序》中所言:"学高为师,身正为表。"由此而向世人展示了其人生的境界、价值、追求和风范!就此而言,这本《纪事年表》,宛如一本潜移默化、陶情冶性的教科书和焕发精神、催人奋进的动力源。常言道:大象无形,大爱无言,大德无际,大责无疆。颜渊曾盛赞孔子:"仰之弥高,钻之弥坚。瞻之在前,忽焉在后。夫子循循然善诱人,博我以文,约我以礼,欲罢不能。"我们这些弟子们对潘先生也有如此的切身体验。教之道在于"渡",学之道在于"悟"。通过解读潘先生育人悟道的创业生涯,笔者深切领悟到:我们无法阻止时光前行的脚步,但是我们可以左右自己的心路历程;我们不能遏制自己日渐苍老的容颜和身躯,但是我们可以创造高质量的人生价值。

《中庸》曰:"诚者,天之道也;诚之者,人之道也。"追溯十年岁月,"纪事年表"的辑、编、撰、改、定,始终凝结着许多师长、学友包括学生的热诚指导和竭诚帮助,其情殷殷,其意浓浓,其乐融融。他们使我在多次编撰的多年辛劳中时时体验着感动、真诚、温馨、友善、幸福和自信。衷心感谢恩师潘懋元先生,衷心感谢同门王伟廉、邬大光、陈武元、张应强、高宝立、周川、肖海涛、李均、高新发等教授，以及我的学生陈廷柱、郭峰、孙士宏、孙永翠等。2008年7月，李均教授仔细阅读了全文，并提供了30多条补充和修改意见，其中多条为中国高等教育学科创建过程中的珍贵历史资料。在此，我还要特别感谢本书责任编辑庞小娟女士，她细心而又耐心的工作态度，严谨而又谦恭的编审作风，令我深受教益和启迪。

2010年7月17日

［注：本文摘自韩延明等编著的《潘懋元文集·卷八·图片与纪事年表》（广东高等教育出版社2010年9月版）］

目录 CONTENTS

第一编　纪事年表

1920 年　诞生　/4

1926 年　六岁　/4

1927 年　七岁　/5

1928 年　八岁　/5

1929 年　九岁　/5

1930 年　十岁　/5

1931 年　十一岁　/6

1932 年　十二岁　/6

1933 年　十三岁　/7

1934 年　十四岁　/7

1935 年　十五岁　/7

1936 年　十六岁　/8

1937 年　十七岁　/10

1938 年　十八岁　/11

1939 年　十九岁　/12

1940 年　二十岁　/13

1941 年　二十一岁　/13

1942 年　二十二岁　/14

1943 年　二十三岁　/16

1944 年　二十四岁　/16
1945 年　二十五岁　/17
1946 年　二十六岁　/18
1947 年　二十七岁　/19
1948 年　二十八岁　/25
1949 年　二十九岁　/29
1950 年　三十岁　/32
1951 年　三十一岁　/35
1952 年　三十二岁　/37
1953 年　三十三岁　/38
1954 年　三十四岁　/40
1955 年　三十五岁　/43
1956 年　三十六岁　/45
1957 年　三十七岁　/47
1958 年　三十八岁　/49
1959 年　三十九岁　/50
1960 年　四十岁　/52
1961 年　四十一岁　/53
1962 年　四十二岁　/55
1963 年　四十三岁　/56
1964 年　四十四岁　/58
1965 年　四十五岁　/59
1966 年　四十六岁　/59
1967 年　四十七岁　/60
1968 年　四十八岁　/60
1969 年　四十九岁　/60
1970 年　五十岁　/61
1971 年　五十一岁　/61
1972 年　五十二岁　/61
1973 年　五十三岁　/62
1974 年　五十四岁　/62

目　录

1975 年　五十五岁　/63
1976 年　五十六岁　/65
1977 年　五十七岁　/65
1978 年　五十八岁　/66
1979 年　五十九岁　/72
1980 年　六十岁　/80
1981 年　六十一岁　/91
1982 年　六十二岁　/101
1983 年　六十三岁　/112
1984 年　六十四岁　/122
1985 年　六十五岁　/129
1986 年　六十六岁　/133
1987 年　六十七岁　/139
1988 年　六十八岁　/145
1989 年　六十九岁　/154
1990 年　七十岁　/160
1991 年　七十一岁　/168
1992 年　七十二岁　/173
1993 年　七十三岁　/180
1994 年　七十四岁　/187
1995 年　七十五岁　/195
1996 年　七十六岁　/202
1997 年　七十七岁　/211
1998 年　七十八岁　/219
1999 年　七十九岁　/230
2000 年　八十岁　/242
2001 年　八十一岁　/254
2002 年　八十二岁　/272
2003 年　八十三岁　/287
2004 年　八十四岁　/300
2005 年　八十五岁　/315

2006年　八十六岁　/331
2007年　八十七岁　/350
2008年　八十八岁　/368
2009年　八十九岁　/386
2010年　九十岁　/404
2011年　九十一岁　/425
2012年　九十二岁　/441
2013年　九十三岁　/457
2014年　九十四岁　/482
2015年　九十五岁　/505
2016年　九十六岁　/527
2017年　九十七岁　/548
2018年　九十八岁　/565
2019年　九十九岁　/584
2020年　一百岁（期颐之年）　/610

第二编　年表附录

附录一　潘懋元教授著作（含主编）出版情况一览表（1957—）　/618

附录二　潘懋元教授文章发表情况一览表（1933—）　/622

附录三　潘懋元教授论著、课题、教学成果获奖情况一览表（1987—）　/663

附录四　潘懋元教授聘书一览表（1980—）　/668

附录五　潘懋元教育思想研究著作出版情况一览表（1998—）　/688

附录六　潘懋元教育思想研究论文发表情况一览表（1988—）　/691

本版"纪事年表"结语　/721

百岁感言　/724

编后记　/726

第一编

潘懋元文集
PANMAOYUAN WENJI

纪事年表

凝思

第一编　纪事年表

纪事年表，又称"历史年表"或"大事年表"，是纪传体史书的一种叙事体裁，是依照年月日顺序记录一个国家重大历史事件或一个人人生发展历程的一种文档形式，条分缕析，简洁洗练，给人以清晰之感。始见于司马迁的《史记》，如《十二诸侯年表》《六国年表》等，后来的一些纪传体史书，如《汉书》《新唐书》等也撰有各类年表。年表主要有两种编排类型：一是单纯纪年的；二是纪年又纪事的。本书属于第二种类型。

本年表采用编年体形式，通过多年的铢积寸累、广搜遍查、精稽细核，通过多次的史海钩沉、披沙拣金、由博返约，简明而又全面地记载和梳理了潘懋元教授自1920年诞生以来近百年的生平事迹、活动足迹、学术研究轨迹和令人惊叹的一个又一个创业奇迹，也透视了潘先生人生发展历程中沉潜、悟道、储能、发酵，以梦为马、功不唐捐，在各种困境中静心俯身去开启自己累足成步、磨杵成针的辉煌教育事业的艰辛过程。这既是潘先生个人成长、生活、学习、工作、学术等方面的一个时间剪影，同时也是百年来中国高等教育变革发展的一种时代反映。

"古今往事千帆去，风月秋怀一笛知。"透过"年表"的字里行间不难发现，从小学教师到大学教师、从小学校长到大学校长、从初次上课失败到成为讲坛名师的潘先生，八十五载从教生涯，百年春秋心路历程，茹古涵今，萃英咀华，彰其底蕴，砺其风骨，以他丰富的人生经历、璀璨的教育活动、深邃的学术思想、出色的工作业绩和高尚的人格魅力，薄名精艺，树蕙滋兰，创新理论，服务社会，与真理为伍，和时代同行，在中国现当代教育史特别是高等教育史上竖起了一座巍峨的丰碑，是我国高等教育研究航母舰队中的"旗舰"，令人钦敬。他的教育人生，无论是远观近看，还是低首沉思，有言之教和无言之教同样精彩，真正达到了"人化"与"化人"的崇高境界，就像齐白石的水墨画，着墨的地方是画，留白的地方也是画。"盛德弥光，风流日长。"让我们循着"年表"的线索和记载，去领略和体悟先生那高山景行的学者风采和学术风范吧！

1920 年　诞生

8月4日（农历庚申六月二十）　出生于广东省汕头市升平路集贤里一个贫穷的小商贩家庭，祖籍揭阳，乳名如德。

父亲潘镜耀（1884—1965），广东汕头人，又名潘周然、潘文声、潘文兴。以蒸制发糕为业，从摆摊子到租铺面，自做自卖发糕，聊以养家糊口。父亲没有进学校读过书，只在夜校念了几个月时间，但他很重视子女的上学读书。

母亲梁韵清（1892—1942），广东番禺人。小时候在顺德给一户姓曾的富人家当梳头丫头。不识字。为人善良。勤俭持家，任劳任怨。初讲广州话，后讲潮州话。常年身体不好，患胃病。

原有兄弟姐妹10人，7男3女。但因家境贫困，无钱医病，大哥和弟、妹6人相继幼年夭折，二哥也不幸英年早逝，只有姐弟3个长大成人。姐姐叫潘如兰，弟弟从小就寄养在姑母家，学名陈章武。

1926 年　六岁

2月至12月　迁居汕头市福合埕，在家帮父亲看店铺，随正在上小学的二哥开始学习识字。

二哥潘载和的知识、智慧、进步思想和创作才华，以及对弟弟的关爱、辅导和引领，对青少年时期的潘懋元走上文学创作道路和参加抗日救亡活动具有极大的影响。

潘载和（1914—1935），乳名如章，学名连熙，因头发卷曲，自号虬发；又自署涤荡生，名其居室为"话香山房""秋风听雁楼"等。1914年12月1日（农历十月十五）生于揭阳榕城。长6岁的二哥潘载和是当地有名的文学才子和进步青年，初中时就经常在当时的《岭东民国日报》《星华日报》等发表小说、诗歌和宣传抗战的文章。17岁担任汕头市学生救亡联合会文书干事，于时中中学（现汕头市第四中学前身）毕业后担任汕头市私立民强中学附小国文教师,后任揭阳榕城小学教师。19 岁编写出版了收录 8 000 字的《潮汕检音字表》、宣传抗战的诗集《夜心集》、中篇小说《泡影》等。20 岁编写出版了 20 余万字的《潮州府志略》(1987 年汕头市史志办公室重印)、《听雁楼诗词稿》等,并与友人合资开办"上海书店"。1935 年 11 月 8 日(农历十月十三)因患肺结核病逝世,终年 21 岁。才高命促,令人扼腕。孙淑彦编著的《乡邦人文》(汕头大学出版社 1995 年 10 月版)中以《文藻风流获我心》为题,专门介绍了潘载和的一生及其著述。

1927 年　七岁

本年　在家随二哥潘载和继续学习识字。

本年　帮父亲看店铺、卖米糕,在父母指导下碾米,把浸泡好的米磨成米浆。

1928 年　八岁

1 月至 8 月　在家帮父亲看店铺、卖米糕,随二哥潘载和继续学习识字。

9 月至 12 月　插班进入汕头私立东海小学初小三年级读书,学名连培。

1929 年　九岁

2 月至 7 月　继续在汕头私立东海小学初小三年级读书。

9 月至 12 月　因迁居汕头市华坞路,离校较远,辍学在家,随兄自学《三字经》《百家姓》《千字文》《幼学琼林》等。

1930 年　十岁

1 月至 8 月　在家自学。

9 月至 12 月　插班进入汕头市孔教会所办的私立时中中学附属小学高小

一年级（相当于小学五年级）读书。

在该小学学习，主要有两方面的发展：一是看了很多古典小说，如《三国演义》《水浒传》《西游记》等；二是在学习《苛政猛于虎》《爱莲说》《伤仲永》等古文的基础上学会了写文言文。

1931 年　十一岁

2月至6月　在私立时中中学附属小学高小一年级读书。

7月　时中附属小学毕业。高小毕业时国文考试，时中中学校长杨雪立先生亲自命题监考，用文言文完成作文题目《我之志愿》，给杨雪立先生留下了极深的印象。

9月　"九一八"事变，参加学校组织的"救亡宣传队"。

1932 年　十二岁

1月至8月　"一·二八"淞沪事变，时局紧张，上半年辍学在家，自学《唐诗三百首》等，并学习撰写文章。

9月至12月　进汕头市私立时中中学初中部一年级读书，得到校长杨雪立先生的帮助，成了半费中学生。当时上一年级的国文课，是"聊斋志异选读"。其后，在该校跟随杨校长读了《聊斋》《论语》《孟子》《古文观止》《东莱博议》等，并学习了《读史方略》（教材）。

杨雪立（1876—1956），字敬师。清末"拔贡"，人称"贡爷"，号"雪道人"。写字优美，学识渊博，思想开放。1920年在汕头协助创办国粹学校，1922年改为时中中学，任汕头孔教会董事会会长兼时中中学校长。汕头沦陷后，1939年将学校先后迁至潮安、丰顺、揭阳、潮阳等地办学。抗战胜利后，将学校回迁。1948年，自退为名誉校长，整理治学心得，编写《国外研究孔子动态》《中庸之道研究》《孔子教育思想试行》《封建科举艰辛录》《书法真谛》等书稿。1956年病逝。

1933 年 十三岁

2月至7月 在汕头市私立时中中学初中部一年级读书。

9月至12月 在汕头市私立时中中学初中部二年级读书。

10月 所写的一幅欧体的书法作品,被选送参加"汕头市书法比赛"。

本年 第一篇作品《戏剧的宣传性》在《汕头市民日报》(汕头市政府机关报)副刊(《市民乐园》)上发表。

1934 年 十四岁

2月至7月 在汕头市私立时中中学初中部二年级读书。

9月至12月 在汕头市私立时中中学初中部三年级读书。

本年 以"隽之"为笔名,在《星华日报》(南洋著名爱国华侨胡文虎于1931年7月10日在汕头独资创办的日报)副刊《流星》上发表《"大众语"、"文学"与"土话"》(上、下)一文。

本年 以"隽"为笔名,在《星华日报》副刊《流星》上发表《"灵感"和"天才"》一文。

1935 年 十五岁

2月至6月 在汕头市私立时中中学初中部三年级读书。

7月 初中毕业,陪载和兄回揭阳故里养病。

9月至10月 经载和兄的朋友介绍,在揭阳县的私立树德小学任教——第一次当教师,系兼职。教授小学三年级国文、算术。当时陪二哥在家乡养病,上午照顾二哥,下午去教课,一小时算术,一小时语文。

初为人师的教学经历是不成功的,正如他在《潘懋元教育口述史》中所回忆的:"第一次上课的经历终生难忘,那是一次失败的课。事先,我花了很多心思认真备课,结果到上课那天,一上讲台就紧张,才讲了十几分钟,就将备课的内容全部讲完了，再也不知道讲什么好。学生见老师没话可说，就在下面叽叽喳喳、打打闹闹，教室的秩序顿时乱作一团。我站在讲台上，面对教室里闹哄哄的孩子，不知所措。总之，第一次上课是失败了。但失败并未使我气馁。……几次上课之后，我渐渐地不紧张了，渐渐地觉得小孩子虽然是吵吵闹闹，但是也很可爱，对老师也很尊敬，渐渐地也就爱上了教书这个行当。"任小学教师第一次上课失败的苦恼经历，使他认识到教学必须讲究方法，激发他下决心学习怎样教学生的教育学。

10月至11月　如获至宝地认真学习了平生所接触的第一本教育学著作——庄泽宣的《教育概论》（上海中华书局1928年10月版），并立下了一个终身的教育理想："一定要教好书，当个好老师！"

11月8日（农历乙亥十月十三）　载和兄逝世，终年21岁。料理完丧事，待到"冬至"为二哥扫完第一次墓后返回汕头市。

本年　以"隽"为笔名，在《星华日报》副刊《流星》上发表《略谈儿童文学》一文。

1936年　十六岁

2月15日（农历丙子一月二十三）　泣书《百日祭文》，沉痛悼念二哥潘载和。回首往事、心如刀绞，以泪和墨、含悲挥毫，写下了630余字的哀天恸地的古体《祭文》，深切追念兄弟之间的深情厚谊及绵绵幽思。这篇《百日祭文》，如泣如诉、言情殷殷，读来催人泪下，令人荡气回肠。节录如下："维中华民国二十五年一月廿三日，三弟隽之谨以至诚之心致祭于先兄载和之灵而哭曰：呜呼！物坚易折，花香早凋，兄以英才，遽遭天妬。不及回鲤之年，遽应修文之召。壮志未偿，抱恨而终。伤矣惜矣！追思惜日，自幼共处，质疑问难，有所之自。弟之蹇劣，赖以扶持，方冀荆树永茂，大被同眠，孰知兄竟薄命如斯耶！……呜呼！一棺附体，百身莫赎，天涯海角，欲睹无期。十余年手足亲情，遽投流水；廿一载音容丰度，瞬作昙花。兄之嘱咐，弟悉铭镌在心，未敢稍忘。……呜呼！兄之灵其尝入弟梦耶？抑弟心情变态之所致耶？阿母亦常梦你而终无一言以相向。兄在九泉，其有知耶？其无知耶？

嗟乎！自兹一别，渺渺茫茫，哭不见形，呼不闻应，虽有千言万语，岂能达于兄之灵耶？呜呼哀哉！呜呼哀哉！"（全文详见潘载和著：《听雁楼诗文集》，潮声杂志社 2000 年 3 月版，第 128 页。）

2 月至 8 月 进汕头市私立商务英文补习学校学习。

9 月 28 日 到汕头市中心小公园广场参加孔教会组织的孔子诞生纪念日（旧时教师节）演讲活动。

9 月至 12 月 进入汕头市私立时中中学高中部读书。

11 月 在《岭东民国日报》副刊《燎原》创刊号上发表《我们的"野火"》一文。文章字句铿锵有力，激励人们要有"挺起了心胸，团结不要松"的精神。

本年 以"潘隽之"为笔名，先后在《学生生活》上发表《现代青年应该怎样准备》和《教书匠》两篇文章。

本年 以"业"为笔名，在《星华日报》副刊《流星》上发表《愚拙与聪敏》一文。

本年 以"潘连培"为笔名，在《星华日报》"星期论坛"栏目发表《关于儿童的健康和教导》一文。

本年 修订重印载和兄的《潮汕检音字表》，增至 1 万字左右，易名为《增订万字本标准潮汕检音字表》。大受欢迎，此后八年间重印八次。

本年 续编载和兄未完成的遗稿《潮音字汇》，以潮音拉丁化新文字注音，并附有释文，已成半部，后来毁于兵乱。

本年 论文《如何救济潮汕农村经济》一文，获汕头市《小日报》主办的潮汕各县市中学生征文比赛第三名，得奖金十块银元。

本年 以"潘隽之"为笔名，为《潮汕检音字表》（改订本）写《敬告检查者》的序文。该序文以古文体对检查者进行发问。

本年 以"潘隽之"为笔名，在汕头《小日报》发表诗歌《感怀》《自戒》两文。

本年 以"隽"为笔名，在《星华日报》副刊《流星》上发表诗歌《瞄准了我们底枪尖！》。诗中写道："瞄准了我们底枪尖，对正着我们底敌人！流干了最后的一滴血，为着我们底民族的生存。"

本年 以"隽"为笔名，在《星华日报》副刊《流星》上发表诗歌《战神的漏网者》。

1937年 十七岁

2月至6月 经校长黄勖吾和教导主任王贯三特批，插班进入汕头私立海滨中学（现华侨中学前身）高中师范科二年级当旁听生。学习科目主要有国文、公民、历史、地理、生物、化学、物理、数学，还学习《教育学》《教育行政学》《小学教学法》《学习心理学》等师范生课程，并参加了高中军训。因学习认真、成绩优异，后转为正式生。未及毕业，抗战爆发，曾参加学校组织的下乡演出抗日宣传剧活动，后学校停课，学生分散。

4月 任汕头市立第三小学附属夜校兼职教师，同时写稿件赚取稿费，以此作为读书期间学杂费和生活费的来源。从此，再也没有向家里要钱。

5月4日 以"潘连培"为笔名，在《海滨校刊》五四专号上发表诗歌《像一颗炸弹》。

7月至8月 患严重的伤寒病，住进对贫困学生免费的汕头同济医院治疗，只能吃流质食物，身体非常虚弱，卧床调养。住院两个月后回揭阳县榕城镇（现为揭阳市榕城区）老家养病。住院期间，"七七"事变、"八一三"事变，学校停课。比自己小6岁的弟弟（时年11岁）夭折，知悉后极为悲伤。

9月 学校复课，回校上课。

本年 参加张问强、王亚夫等同志所领导的地下党组织的"读书会"，开始阅读进步书刊。

本年 和吴南生（地下党员，新中国成立后曾任中共广东省委书记）一起，发起成立汕头青年进步组织——"燎原文艺社"，并在《岭东民国日报》的副刊上开辟了"燎原"专栏。经常以"隽之"为笔名在该专栏发表文章。

本年 以"忆琴"为笔名，在《大众日报》上发表小说《变色的地图》一文。文中写了"我"与"老陈"既"合得来"又"闹别扭"的矛盾且和谐的复杂关系，其中充满了"爱国"的情愫。最后写道："此后呢？老陈不再跟我闹别扭了,而半个月后,他竟出席了二十三次爱国会。"

本年 以"隽之"为笔名,在《大众日报》上发表小说《沈阳城外(一)》一文。文中写了"中国志士多人,十日夜在沈阳秘密举行国庆纪念,被伪满侦悉,全体被捕入狱,内有女子数人"之后的悲愤和呐喊。

本年 以"隽之"为笔名,在《大众日报》上发表小说《沈阳城外(二)》一文。文中叙述了"赵同志"被捕后另一个青年人的命运:"两条枪夹着一个青年人,向灯影迷糊的沈阳城进发。"

本年 以"隽之"为笔名,在《大众日报》上发表小说《六十三个》一文。文中描述了陈湘带着负伤的连长的重托,为保全全连63个弟兄的生命而壮烈牺牲的感人故事。

1938 年 十八岁

2月 继续回校上课。

4月 学校停课。参加"汕头青年救亡同志会"活动,以"车倍"为笔名写《警察阻止我们》一文投寄《救亡日报》发表,揭发国民党阻挠青年抗日活动的行径。

5月 回校参加并通过毕业考试,获汕头私立海滨中学师范科毕业文凭。成绩单和毕业证上的学名为"潘茂元"。

6月 敌机轰炸汕头市区,回揭阳参加揭阳青年救亡同志会(后改为"青年抗敌同志会"),从事抗日宣传工作,任第三宣传队副队长(队长陈诗辉),后任县理事会宣传干事。组织"活报话剧",在县里演出。

9月至翌年1月 中秋节期间,经揭阳青年抗敌同志会介绍,到普宁县青年抗敌同志会的重要据点——普宁县泥沟乡锲金小学(取意为"锲而不舍,金石可镂",由许姓宗族出资兴办)任教,后兼任训育主任,校长王液。第一次正式成为小学专职教师,再不是过去的兼职教师。教授国文、算术,还负责教一门"新文字",即用拼音文字写地方语言。

本年 参加普宁县青年救亡同志会活动,协助地下党、锲金小学校长王液同志组织当地农民青年抗日自卫队。同王液、许斯汀等办成人夜校,为农民上课，组织民众讲座，宣传抗日道理。

本年 推广新文字运动，教学生学习方言拉丁化新文字。离开锲金小学后，仍与学生用新文字通信交流。

1939 年 十九岁

2 月 到普宁县墩圩高埕乡高埕公学分校（属小学）任教（校长廖少冬），兼任训育主任。

5 月至 7 月 汕头、澄海、潮安相继沦陷，前线紧急，参加地下党组织负责人林美南领导的揭阳青年抗敌同志会所组织的随军工作队（队长杨世瑞）。在横跨潮汕、揭阳、汕头三县交界的桑浦山（钱岗、邹堂、南陇）一带开展抗日游击活动。

青年抗敌同志会分宣传、通讯、谍报三个组。潘先生在宣传组，负责抗日宣传、联络工作。兼任普宁县《青报》随军记者，发表《劫后的蕉山村》《夜袭狮子峰》等多篇战地通讯，鼓舞大家奋起抗击日本帝国主义。

青年抗敌同志会宣传组组长郑志强（又名郑筠、郑诗章），后为李腾驹；组员有郑风（又名郑惠山、茶菲莎）、刘特慎、许剑莹（又名许虹），两位女会员许蟾德（又名许洁平）和章真，两位南侨学生陈文盛、陈侠等。宣传组的主要任务是出版墙报、街头演讲、油印刊物稿件、写标语、编战地小报《阵地报》、组织演出进步话剧等。

8 月 奉命担负"特殊任务"，只身潜入沦陷区汕头市为汕头青年抗日游击队发展敌后情报人员，并将沦陷区的所见所闻写成通讯——《敌人是怎样掠夺潮汕的国币》在普宁《青报》发表，揭露日寇的罪恶行径，鼓舞民众的抗日激情。此次还悄悄回家看望被困沦陷区的父母，也是最后一次见到母亲。

10 月 患恶性疟疾，连续发烧，回揭阳养病。不久，随军工作队被解散。在保安团当文书，部队给予上士待遇。休整期间，主动要求回前线去，离开保安团。

12 月 回到揭阳，继续参加青年抗敌同志会工作。

本年　以"隽"为笔名，在《星华日报》上发表《普宁泥沟乡的教育》一文。

本年　以"隽之"为笔名，在《星华日报》上发表《民众讲座在普宁》一文。

1940 年　二十岁

2 月　到潮阳县桥柱新寮乡仰高公学（小学）任教（校长顾文光），并兼任该校训育主任。

5 月　学校放农忙假，和许虹一起回揭阳榕城。

6 月　偕同丘金爱、许虹从榕城出发，在王房坪上借住一宿，跋山涉水到留隍，溯三江到三河坝，徒步穿过满目疮痍的闽粤交界到达福建的永定，在永定修整两天。然后由永定搭车去长汀报考厦门大学，历时 7 天。（注：1937 年 7 月 1 日，厦门大学正式由私立大学改为国立大学；7 月 6 日，萨本栋被任命为厦门大学校长。为躲避日军侵略，厦门大学于 1938 年 1 月 12 日从厦门迁至闽、粤、赣三省交界处的山城长汀。）

7 月　参加厦门大学入学考试，考国文、英语、历史、地理、数学、物理、化学、生物和三民主义等科目。由于准备不足，未被录取。

9 月至 12 月　考进设在临时省会永安的福建中等师资养成所（即后来的福建师范专科学校、福建师范学院、福建师范大学）国文组学习，国文组主任为著名文学家施蛰存教授。读书期间，通过帮刻蜡版和写杂文赚取零花钱。

1941 年　二十一岁

2 月　在福建中等师资养成所读书。

3 月　福建中等师资养成所改为福建师范专科学校，唐守谦为校长。课余自学普通高中课程，准备再考厦门大学。

7 月　由永安赴南平（厦门大学考点），第二次参加厦门大学入学考试。中暑后连续发高烧，坚持考试 3 天，考了 9 门课程。笔试后又带病参加完教育系口试。返程经沙县回到永安。

9月 被正式录取为厦门大学教育学系学生，时年该系共录取40名学生（1937—1941年全系共招收学生181名）。主修教育学系，时任系主任李培囿教授。辅修经济学系，当时称为"副系"。教育学系最低学分总数为134个学分，其中副系最低32个学分。

10月5日 作为新生，农历中秋节这天到当时厦门大学所在地长汀报到、注册。领取教务处编印的《国立厦门大学学生手册》（入学及选课要览），填写《国立厦门大学学生人事调查表》《国立厦门大学学生自传》《入学愿书》《学生家庭情况及教育环境调查表》《学生财务调查表》《奖学金申请书》等。

10月20日 厦门大学正式开学，听萨本栋校长（1937—1949年任厦门大学校长）致"开学词"。潘先生曾在2002年7月厦门大学举行的"纪念萨本栋校长诞辰100周年暨萨本栋思想研讨会"上回忆说：多年前的这场开学报告"说者激动，听者感奋"，至今"记忆犹新"。当年全校共招收新生594名，报考与录取比例是7∶1。

10月至翌年1月 学习大学一年级第一学期基础课程，包括英文、国文、体育、三民主义等。因英语基础差，重点攻读英语，期末考试及格。

本年 领取为家在沦陷区的学生设立的闽西战区贫困生救济金（每月8元），被指定为著名文学翻译家、作家、教育家施蛰存教授刻写、油印讲义，并从报刊上帮他抄写参考资料。

1942年 二十二岁

2月至7月 学习大学一年级第二学期基础课程，依然是英文、国文、体育、三民主义等。英语花的时间最多，期末考试及格。增加了综合考试。兼任小学教师和系学生干部。

3月 被安排在长汀县私立乐育小学（类似于厦门大学附属小学）做兼职教师。每天授课两小时。

4月 担任系里组织的教育学会干事。

9月 被选举为1945级级会主席（当年厦门大学未成立学生会，只有以毕业年限定名的级会）。

9月至翌年1月 学习大学二年级第三学期专业课程。教育学系后三年的专业课程体系较为完备，主要有五大类22门课程：一是教育学类，包括教育哲学、教育视导、教育统计、比较教育、职业教育、教育社会学；二是心理学类，包括普通心理学、教育心理学、学科心理学、现代心理学派别；三是教学法类，包括普通教学法、测验概要、课程编制、教学实习；四是教育管理类，包括教育行政、学校行政、中等教育、社会教育、中学教务、中学训导；五是教育史类，包括中国教育史、西洋教育史。每门课程都由教授授课。兼任级会主席。

10月 母亲梁韵清病逝，享年50岁。徒步五天从长汀回揭阳奔丧。在家一周后，回校上课。

12月 以"隽之"为笔名，在永安《现代青年》1942年第6卷上发表《我们要越过高原再上进》一文。全文2 000余字，从个人学习游泳的经历谈起，发现学习过程中普遍存在的"高原期"现象，进而提出解决学习中"高原期"的有效办法。思路清晰，思想深刻，很难置信这是一位20多岁的大一新生写出的文章。文章最后写道："因此，我们不怕在学习上碰到高原期，我们只怕没有勇气越过高原再前进。我们要越过高原再前进，办法可多着呢！第一要耐心，要有骆驼般的耐心，愈是碰到高原，愈要努力，冲破难关，往后便可以得到长足的进步；第二要讲究方法，不论学什么，必须临时留心，找出有效的方法，才可以得到更高的效率，明知高原期到了，更要平心静气的改善学习方法，争取更大的进步，千万不要懊恼，不要失望！"时至今日，我们在学习中依然会遇到"高原期"现象，应该怎么办？读一读这篇文章，我们仍然能得到许多启发。

本年 与勒公贞（银行系学生，爱好诗歌）、郑道传（经济系学生，爱好文艺理论）、朱一雄（中文系学生，爱好木刻和绘画）、邵循道（教育系学生，爱好散文）、金纪贤（会计系学生，爱好杂文）等同学一起，发起组织厦门大学学生"笔会"。文学爱好者自愿参加，以文会友，自由创作，定期交流。有时邀请中文系王梦鸥、施蛰存、林庚、虞愚等老师出席指导。

1943年　二十三岁

2月　兼任长汀县立中山小学教师，赚取基本生活费，由此不再领取战区救济金。

2月至7月　学习大学二年级第四学期专业课程。兼任小学教师。

6月7日　端午节，组织"笔会"在校内举办诗歌朗诵会，时称"诗人节"。

9月　兼任长汀县立中学国文教师，教一个班的国文和公民课。时任校长陈诗启。

9月至翌年1月　学习大学三年级第五学期专业课程。兼任中学教师和系学生干部。

10月　被选举为厦门大学教育学会（学生组织）主席。

11月　担任系里组织的教育学会会长。教育学会分为四个组：仲尼组、行知组、杜威组、卢梭组。参加卢梭组活动，时任组长沈瑶珍。经常组织阅读和讨论卢梭的《爱弥儿》以及卢梭的一些自然主义教育主张，对以后的教学生涯产生了较大影响。

1944年　二十四岁

2月至7月　学习大学三年级第六学期专业课程。

5月7日　参观厦门大学师生举办的"欢送萨本栋校长赴美讲学——厦门大学艺术展览会"。

5月12日　参加厦门大学全体师生、职员、校友、工友举行的欢送萨本栋校长伉俪离汀赴美讲学活动。

6月25日　端午节，组织"笔会"，在校内举办诗歌朗诵会，当主持人。

9月　兼任长汀县立中学教务主任，教授一门生物学课程。经常从厦门大学生物系借一些动植物标本带去上课，很受中学生欢迎。时任校长康諒，是厦门大学教育系毕业生，他是通过教育系主任李培囷的介绍而确定潘懋元作为兼职教务主任和生物学教师人选的。

9月 担任厦门大学学生社会教育服务处主任,主要工作是组织假期民众学校、订报纸和刊物,安排低年级学生轮流管理。

9月至翌年1月 学习大学四年级第七学期专业课程,在教学法教师指导下进行教学实习。兼任中学教务主任和学校学生干部。

本年 组织文学青年开展各种文学创作和展演活动。

本年 在长汀《中南日报》上发表译文《培养同情心的学校》。

1945年 二十五岁

2月至7月 学习大学四年级第八学期专业课程。在陈景磐教授指导下撰写学士学位论文。

6月14日 端午节,组织"笔会",在校内举办诗歌朗诵会。

6月18日 以"潘茂元"署名,将毕业论文《劳工教育的理论与实施》交论文导师陈景磐教授。全文计3万余字,分为四章十一节:第一章,绪论;第二章,劳工教育的理论;第三章,劳工教育的实施;第四章,结论。

7月5日 毕业论文递交系主任李培囿教授。

7月底 从厦门大学教育系毕业,获教育学学士学位。当年全校各系毕业生共164人。

8月14日 日本宣布无条件投降,抗日战争胜利。

9月19日 汪德耀代校长任国立厦门大学校长,至1949年10月。

10月 从长汀县立中学辞职,到江西省雩都(今于都)县立中学任国文和历史教员。

11月11日 与大学同班同学、江西南昌葆龄女中教师龚延娇女士(江西南昌人)在雩都结婚,"有情人终成眷属"。据潘先生自述:"我们真正开始谈恋爱是从大学二年级开始的,刚开始并没有刻意地要谈恋爱,后来就很自然地在一起。上课时我们基本上坐在一起,是'同桌的你'。……周末,我们有时一起到野外郊游。回想起来,那段日子很美好。青春岁月,同志爱人,苦读中的相伴,贫困中的支撑,忙碌中的偷闲,平淡中的浪漫,恋爱中的甜蜜，我们都是享受过的。"这对恩爱夫妻，共同养育了三男一女，个个出色，成为令人羡慕的父母。

龚延娇（1919—2004），江西南昌人，南昌葆龄女子中学（教会学校）毕业后于1941年考入厦门大学文学院教育学系，1945年毕业后坚持回母校——南昌葆龄女中任教，后担任该校校长。1948年离开南昌到厦门工作，在厦门侨民师范学校任教。后相继在鼓浪屿怀仁女中、厦门大同中学、龙岩第一中学、厦门大学附属工农速成学校担任教师。因病卧床多年，于2004年1月21日在厦门去世，享年85岁。

1946年 二十六岁

2月 任江西省南昌市葆龄女子中学国文和历史教员。

5月4日 女儿潘凯伦出生。出于对瑞典妇女活动家和新教育运动倡导者爱伦·凯的热爱和崇拜，为爱女取名"凯伦"。潘凯伦1964年于厦门五中毕业后，以优异成绩考进中国科技大学，是当年的厦门高考状元。毕业后分配到湖南五机部兵工厂工作，后于1976年调任厦门化工厂任技术副厂长，是该厂唯一的女高级工程师，也是厦门市最早的高工之一。她在厦门化工厂期间，非常重视新技术的应用和新产品的开发。她组织厂里的技术人员，先后攻克了一个个难关，研制成功各种型号化妆品、洗涤用品、功能性香皂（如透明香皂、檀香皂等），产品远销台湾、香港，打进了国际市场，创造了良好的经济效益。在她的办公室墙上，悬挂着一副对联："宠辱不惊，闲望庭前花开花谢；去留无意，遥观天上云卷云舒。"体现了一位才女的坦荡胸襟。2006年从工厂退休。

6月1日 厦门大学开始迁返厦门，7月12日校本部在厦门演武场校舍开始办公，11月13日搬迁完毕。

8月 兼任葆龄女子中学教务主任。

10月 应校长汪德耀、系主任李培囿的邀聘，回厦门大学教育系任助教，负责复建厦大附属小学，并兼任校长。

10月底 到厦门大学报到，拜见汪德耀校长。汪校长同意拨付100块银元用于筹办厦大附属小学，并提出了一些指导性意见，要求 11 月底筹备好，12 月初开学。

11 月 1 日　根据国厦字第 70 号聘书，就任国立厦门大学附属小学校长。呈请厦门大学备案并转呈教育部。

11 月　忙于筹备厦大附属小学复建，包括添置教学设备、制作课桌椅、修复教室、聘任教员（得到厦大校友、厦门市教育局长叶书德大力帮助）、找教师宿舍等。

12 月 16 日　厦门大学校长王德耀签发国厦字第 150 号文《拟呈遴聘潘茂元为附属小学校长》，呈报教育部并附潘茂元履历表 1 份。

12 月　厦门大学附属小学正式复学、上课，学生大多是厦门大学教职工子女。作为厦门大学教育学系教学实验的场所和学生实习基地。

12 月　潘茂元作词、王政声作曲，完成《国立厦门大学附属小学校歌》。歌词是："歌声和海韵，我们的学校在太武山南鹭水滨。沙滩上，拾贝壳；轻风里，荡秋千"；"作工，游戏，游戏，作工。好问力学，好动力行。循科学的大道，做民主的国民。歌声和海韵，我们的学校在太武山南鹭水滨。小社会，真生活；用脑多，用手勤。家庭，学校，学校，家庭。师长慈和，同学相亲。循科学的大道，做民主的国民。"（注："潘茂元"即潘懋元先生）

1947 年　二十七岁

1 月 17 日　教育部高字第 02762 号文批复同意潘茂元任厦门大学附属小学校长并备案。

2 月 4 日　签发因颜彩竹辞职改聘郑漪为级任教员事宜的文件。

2 月 21 日　签呈厦附字第 22 号文"拟增聘方百合为低年级级任教员"。

3 月 31 日　签呈厦附字第 37 号文"拟聘郑韵莹、李碧贞为科任教员"。

1 月至 12 月　任厦门大学教育系助教，继续兼厦大附属小学校长。其间，大胆进行教育教学改革，实践新教育理论，注重三育并进及个性教育，每周均安排专题德性训练及课外活动，如秩序周、礼节周、服务周、孝顺周、仁爱周、勤俭周、整洁周、助人周等；并贯彻启发引导的原则，促进小学生自发自动，使之成为厦门以至全省小学教育的模范，国立侨师、省立龙师等校师生，纷纷前来参观学习。

4月14日 以本报记者"隽之"为笔名，在《星光日报》第4版上发表《走马看花写潮汕——汕揭普纪行》一文。文章以"货舱是空的""别具风味""揭阳的罂花世界""种罂花，个个发大财"等四个标题，记录了作者汕头、揭阳、普宁一行的亲身经历和所感所想。

4月15日 以本报记者"隽之"为笔名，在《星光日报》第4版上发表《走马看花写潮汕——汕揭普纪行（续）》一文。文章在上篇的基础上，接着以"普宁交通难""师荒问题严重"和"滥竽充竹"等三个小标题，报道了作者汕头、揭阳、普宁一行的亲身经历和所感所想。

4月19日 以特约记者"隽芝"为笔名，在《星光日报》第4版上发表《举世无匹的罪恶特色——香港的皮肉市场》一文。文章揭露了香港社会妓女成群、性病泛滥、黑帮横行、警匪一家，道德沦丧、毒害青少年的罪恶现象和社会原因。

5月4日 以指导教师和栏目负责人身份，参加厦门《星光日报》副刊《萤光》（由厦门大学教育学会主编）复刊仪式，并发表致辞。

5月5日 以"编者"名义，在《星光日报》第4版副刊《萤光》（厦门大学教育学会主编新第一期）上发表《复刊词》。文中写道："在失调的现社会中，理论与事实常不一致，尤以教育界为甚。一向，中国的教育理论披上美国式的大衣，直到今日所走的还是欧陆派的途径。理论告诉我们，教育应该以儿童为中心，适应儿童生活的需要，今日对儿童的教育，还是为应付成人的成见而设置；理论告诉我们，教育应该顺应儿童的天性，让儿童在自由活动中成长，而90%的教师是难于容忍一个好问、好动的儿童的；理论告诉我们，课程编排应该依据儿童心理原则，但曾作为全国统一课本的国定本教科书就是一堆以逻辑方法砌成的死文字……这类例子太多了。……我们坚信理论是实践的指导。没有理论的实践，即使在某特定的阶段能够圆滑地应付过去，但这种实践缺少远见，是浅薄的；没有方针，是不会前进的；没有标准，教育的效果更无从估量了。我们坚信，唯有逐渐向理论接近的实践才是可贵的。……本斯旨，教育学会于1944年一度在长汀《中南日报》副刊发行了八期的《萤光》重行问世。"该期《萤光》同时约稿登载了厦门大学教育系主任李培囷教授的《男女之差别与教育》和教育系教授陈景磐的《谈谈男女问题》两篇大作。

5月25日 以"潘茂元"署名，在《星光日报》第2版"星期专论"栏目上发表《勿以苏联中学男女分校例中国》一文。文章陈述了历来讨论中学男女分校合校问题的四大理由，接着追述了苏联男女分校至合校的经过，并分析了苏联合校分校的原因及内容，最后提出要思考我国的实际情况，勿盲目以苏联形式例中国。

6月13日 将自己初春回家乡旧居找到的幸存的早年文稿辑录成册，并书写了《题扉》一文。原文用毛笔书写，笔法秀逸，墨彩艳发，字迹劲健，文言流畅，气韵生动，情真意切。繁体字，无标点。今按现代汉语要求改为简体字，加上标点符号，抄录全文如下：

"我于十岁时开始写作，每发表一稿，必珍重剪存，集贴成帙。至二十岁离家时，已颇有可观。当时印拟题存稿为二十年前。盖知离家为我生活之大变，今后志趣必不同于昔日。然卒未果。今春返梓，重整旧稿，已遗佚泰半。如民国二十二年发表于《汕头市民日报》之第一篇作品《戏剧的宣传性》，于我一生当为至有意义者，今亦不获复见。所幸存者尚多，对卷怀旧，儿时心情，一一涌现脑际。我执笔最勤为十五岁至十九岁间，此期作品杂乱无章，摹仿多于创见，自无中心思想之可言，此中所存者不过发表稿件之半，而获发表者又不过写作稿件之三四，盖笔墨幼稚，十之六七为编者所弃也。离家后，困于学业，忙于工作，言慎笔艰，恒年不著一字，较之二十年前不及远矣。今并存之，以为十七年来习作生活之大较。民国三十六年六月十三日潘隽之于厦大。"

6月16日 以"潘茂元"署名，在《星光日报》第4版副刊《萤光》（厦门大学教育学会主编新第四期）上发表《劳工教育观念的演进》一文。文章尖锐指出："随着劳工阶级解放运动的兴起，劳工教育逐渐为劳工自身所重视。劳工们逐渐明白慈善家和资产阶级所给他们的教育，并不是他们所需要的教育。"随后对国外劳工教育的发展历程和著名劳工教育家的一些观点和做法进行了简要的介绍和梳理。认为教育是有阶级性的，劳工教育应由劳工阶级自行统制，不可为上层阶级所把持。劳工要得到合于本身需要的教育，必须自行培养师资、编制课程、争取社会支持等。

6月30日 签呈厦附字第0065号文《呈定毕业考试日期请派员监考由》。

同日 以"潘茂元"署名，在《星光日报》第4版副刊《萤光》（厦门大学教育学会主编新第五期）上发表《劳工教育观念的演进（续）》一文。文章认为，劳工教育问题不是纯粹的教育本身问题，必须以劳工的社会理论为基础；劳工教育应注重道德修养和工作能力的提升；劳工教育的意义，是全社会的。最后指出："劳工阶级自觉的教育观念，是配合着劳工阶级自觉运动而起的观念。能够配合劳工本身的需要，可以说是真正的劳工教育。"

6月 参加厦门大学第二十二届毕业典礼，各系毕业生共201人。

7月10日 签呈厦附字第70号文《呈送三十六年度拟聘表请核示由》。

7月21日 以"潘隽之"为笔名，在《星光日报》第4版副刊《新垦》（厦门大学新垦文艺社主编第四期）上发表《朗诵诗的用韵问题》一文。文章对朗诵诗的用韵问题提出了自己的看法，为音韵之用提供了理论根据。文章最后写道："现在朗诵诗，不但要还原把诗作成可诵的艺术品，且还原成为大众能懂的艺术品，大众能懂的艺术品如山歌之类是有韵的，所以朗诵诗必须有韵，方能达到'还原'的任务。这样，音韵之用，在理念上也有了根据。"

7月28日 以"隽"为笔名，在《星光日报》第4版上发表《〈莺飞人间〉的技巧》一文。该文记述了中电二厂制作的《莺飞人间》电影，特别赞扬了其"最令人注目"的后期"剪辑的技巧"，认为整部影片"异军突起，给人以新鲜的印象"。

8月11日 以"潘茂元"署名，在《星光日报》第4版副刊《萤光》（厦门大学教育学会主编新第八期）上发表《初小国常合教的理论与教法》一文。文章从国语、常识混合教学的发端、原因、混合方式以及教师教法四个方面对初小合教问题进行了论述。最后强调指出："总之，教学方法，须视教材性质、儿童接受程度，以及环境设施，灵活运用。所以教师应处处留心、时时规划，国常混合教学的目标，方能达到。"

8月15日 以"隽之"为笔名,在《星光日报》第4版上发表《天下父母心》一文。文章认为《天下父母心》这部影片驳斥了阶级御用的遗传学说的谬论,指出了环境与教育对儿童的重要性。指出:"本片一个最大的优点,是在于能把握住人性的发展。爱娜海礼尼之所以富有广博的母爱并非生性如此,也是在环境的磨练中逐渐成功的。"

8月至10月 多次登门拜访厦门大学教育学系新聘的著名教育学家林砺儒、著名心理学家郭一岑,以及汪西林、陈景磐、沈观群、黄玉树、吴江霖等多位教授,虚心就教学和厦门大学附属小学办学向各位老师请教。

9月5日 以"隽"为笔名,在《星光日报》第4版副刊《星星》上发表《圣女之歌》一文。该文是观看《圣女之歌》(上集)影片之后的感悟。认为影片颇令人失望,特别是"那冗长而无味的对话,那笨拙的化妆——尤其是假眼泪和假胡子把正角装成丑角"的浅薄现象。

9月8日 签呈厦附字第0083号文《改聘张正覆为事务主任由》。

9月9日 以"忆琴"为笔名,在《星光日报》第4版副刊《星星》上发表译作《寄魏德迈将军的信》一文。

9月12日 以"潘茂元"署名,在《星光日报》第4版副刊《萤光》(厦门大学教育学会主编新第十一期)上发表《中国地理的特色》一文。文章对桂林天下书屋出版的易宜曲先生所编的《中国地理的特色》一书进行了述评,概括了该书的五个突出特点,最后指出:"所以这本书如作为教科书用,我相信学生受益必更多,若碍于规定,不能采用,也不失为一本有用的学生参考或补充读本。"

9月15日 签呈厦附字第0086号文《请转商厦门市市政府拨助附小教员函名由》。

9月29日 签发厦附字第0090号公函《函复重领物资正在向市政府查询中请查照由》。

10月6日 以"潘茂元"署名,在《星光日报》第4版副刊《萤光》(厦门大学教育学会主编新第十二期)上发表《小学低年级应否学算术?》一文。文章介绍了国外著名的"爬梯子实验",列举了低年级学生学习算数的四大能力,论述了"低年级学生能学习算数吗""实物计算和抽象符号的演算"

"现在低年级算术教些什么"等问题，最后谈了"两点补充和两点声明"。

10月14日 以"隽"为笔名，在《星光日报》第4版副刊《星星》上发表影评《春之梦》一文。文章点评了影片《春之梦》，认为这部影片深刻把握了蕴藏于人类之间的美好的共同情感。最后评论道："久违了的老牌影后胡蝶，在演剧的技巧上确仍高人一筹。不是许多后进所能修得到的。只是，太胖了，扮少女时不能引起观众的'青春美感'；扮少妇时又不能与'太太也胖了许多'的身份相切合。我觉得胡氏重做贵妇，颇难安排。"

11月4日 以"隽"为笔名，在《星光日报》第4版副刊《星星》上发表《假如我能够知道明天的事》一文。文章指出，《迷魂艳遇》这部影片，演员的技巧运用得很好，营造了紧张的气氛，而"这种紧张而逼真的演技，和一般影片慢吞吞的动作、咬文嚼字的说话，形成鲜明的对比。我希望国产片能多学这种技巧。"

11月5日 以"隽"为笔名，在《星光日报》第4版上发表《黄色的倾向——关于丁流的〈莫大少爷〉》一文。文章对《莫大少爷》进行了点评，指出如果作者"好好地循正路走，可以写得更好"。否则，"若太想取巧，必致成为黄色作品，只博人一嘘笑，没有价值可言。"

同日 签呈《呈报李朝佐辞职遗缺自十一月份起改聘陈祖群接替由》。

11月8日 以"潘隽之"为笔名，在《星光日报》周末文艺版上发表小说《死前日记》。

11月14日 以"忆琴"为笔名，在《星光日报》第4版副刊《星星》上发表《侨师话剧演出述评（上）》一文。文章对《茶宴》《一袋米》两部作品进行了书评。

11月16日 以"忆琴"为笔名，在《星光日报》第4版副刊《星星》上发表《侨师话剧演出述评（中）》一文。文章对《盼望》《不是戏》《夜半歌声》三部作品进行了述评。

11月17日 以"忆琴"为笔名，在《星光日报》第4版副刊《星星》上发表《侨师话剧演出述评（下）》一文。文章对《屏风后》《石库门里》两部作品进行了述评。

同日 以"业"为笔名，在《星光日报》第4版副刊《星星》上发表

《忠义之家》一文。文章对电影《忠义之家》的公映、演员演技、剧本内容、宣传形式、观众反响等进行了透彻的点评。认为电影"教条式的对话"已经"引不起什么新鲜的刺激了"。文章最后写道:"演员刘琼、秦怡,演出自然是很成功的,尤其是刘琼说话的语调、秦怡的风度是为国内其他男女明星所不及的。"

11月29日 以"隽"为笔名,在《星光日报》第4版副刊《星星》周末文艺版上发表《创作四篇——文艺春秋十月号小说述评》一文。文章对全国性刊物《文艺春秋》1947年10月号上刊载的《蜓》《睡在棺材里的人》《母亲的恋歌》和《在苦难中》等四篇小说,从人性、道德和文学角度进行了夹叙夹议的评论。

12月2日 以"隽"为笔名,在《星光日报》第4版上发表《萧教授的想头——评〈遥远的爱〉》一文。文章赞扬了作者高超的写作技巧,认为茅盾的小说《遥远的爱》进一步强化了男女之间的冲突问题和心理刻画,分析了萧教授思想变化的环境、过程、原因和条件,而且主题(男女)与副题(抗战)两条线索巧妙交错、发人深思,这种写法值得充分肯定。

12月4日 楷书敬呈王德耀校长请假:"因患气管炎,又为恶性疟疾所侵,医嘱须经一星期之治疗方能痊愈,拟自本日起十日止请假一周,恳请核准为感。"

本年 以"潘隽之"为笔名,在《星光日报》上发表小说《重圆》一文。文章进行了鲜明的人物刻画,深刻地剖析了那个时代年轻人的思想观点。

本年 在《教声》创刊号发表《理论与事实——厦大附小的报告》一文。

1948年 二十八岁

1月6日 以"潘茂元"署名,在《星光日报》第4版上发表《一年来中国教育的回顾》(之一)一文。文章先从高等教育量的扩张说起,历数并分析了大学师资力量匮乏、经费投入不足、教学设施不完备、大学毕业生失业、失学青年呼救无门等现象,认为这既是教育问题,更是社会问题。

1月8日 以"潘懋元"署名,在《星光日报》第4版上发表《一年来中国教育的回顾》(之二)一文。文章首先谈了自己对当前蓬勃开展的"助学运动"的看法,提出了高等教育的发展既要重视数量的增加,也要重视质量的提升的观点。接着分析了中等教育和初等教育的发展状况。

1月9日 以"潘懋元"署名,在《星光日报》第4版上发表《一年来中国教育的回顾》(之三)一文。通过对几个表格的分析,指出了教育存在的各种问题,归纳了一年来中国教育的四点重要趋势。最后结论:"教育的对象是人,教育的场所是社会,教育的客观基本条件是经济。要求教育的进步,必要看社会环境、经济条件以及主观认识如何。居今日之中国而言教育,最好勿存过大奢望。"

1月21日 以"潘茂元"署名,在《星光日报》第4版副刊《萤光》(厦门大学教育学会主编新第十九期)上发表《一年来学潮的回顾》一文。文章追述了1947年的学潮状况,分析了产生学潮的成因,指出了促成学潮的六种因素,并对学潮进行了深刻思考。最后写道:"个别学潮,虽有不幸事件,若自整个学潮而言,开明的政治家,正可鉴为明镜,庆其获得安全管理,因为学潮究竟是一种有秩序的呼吁或抗议,而非暴力的革命。从文化立场、历史观点看,则或许是幸事。正如五四,我们是以庆祝的而不是以哀悼的态度来纪念它。"

1月23日 签呈校字第107号文《寒假期间告假回家省亲谨恳核准由》。

1月31日 签发厦附字第109号文《请函海军巡防处借用木屋及广场》。

1月至8月 任厦门大学教育系助教,并继续兼厦大附属小学校长。

3月15日 签呈厦附字第115号文《呈送本学期行政周历由》。

3月29日 以"业"为笔名,在《星光日报》第4版副刊《星星》上发表《吃不消》一文。

3月31日 以"潘茂元"署名,在《星光日报》第4版副刊《萤光》(厦门大学教育学会主编新第二十四期)上发表《让儿童救济儿童——写在发起儿童救济金运动之前》一文。文章指出,希望师长们和家长们,抓住这一现实的教育机会,给予学生们、子女们一次实在的助人为乐的教育。一是"让儿童认识救济的意义,培养他们的同情心";二是"让儿童加入世界互助活动，培养天下一家的观念"。认为"儿童的力量虽小，我们却应鼓励他们有远大的志向。中国的儿童不但要做到救济自己，而且还要救济别国的儿童。"

4月2日　签呈《为请拨扩充改良费由》，申请拨款国币2 000万元以利改良。

4月6日　参加厦门大学校庆二十七周年纪念日活动。

5月2日　以指导教师和栏目负责人身份，参加厦门大学教育学会出版股召开的《星光日报》副刊《萤光》编辑委员会会议，总结《萤光》复刊一年来的工作成就与存在问题，并制定改进办法和发展规划。

5月3日　长子潘世墨出生。由于在战争年代非常崇尚墨子"兼爱非攻"的思想，为儿子取名"世墨"。潘世墨于1969年到福建省武平县最贫困的大禾公社对坑村上山下乡，连续五年没有回家过春节，后来被调到武东供销社当营业员。恢复高考后，以优异成绩考上厦门大学哲学系，1982年毕业后留校任教；1988年国家公派赴莫斯科国立师范大学学习，返校后历任厦门大学哲学系党总支副书记、书记。1996年考入武汉大学哲学系，学习博士学位课程；1992年以后，历任副教授、教授、博士生导师；1995年以后，历任厦门大学校长助理、副校长、党委副书记兼副校长、常务副校长。主要研究领域为科学逻辑与科学方法论。曾兼任教育部三个专家委员会委员、福建省人民政府顾问、中国逻辑学会理事、科学逻辑专业委员会主任委员等职。

5月12日　以"潘懋元"署名，在《星光日报》第5版副刊《萤光》周年纪念专刊（厦门大学教育学会主编新第二十七期）上发表《复刊一年》一文。文章简要介绍了由厦门大学教育学会主编的《星光日报》副刊《萤光》的专栏特色、文章发表、稿件质量、存在问题等基本情况，以及今后的努力方向。一年来共发表文章84篇，其中针对现实问题的有28篇，教育实施报告9篇，其余47篇。文章首段写道："萤光发刊于1944年，假长汀中南日报出版8期便告停顿。去年5月5日，又假本市星光日报复刊，到现在恰是一周年。一个刊物出版了一周年，自然算不了一件事，但在世事变动不居、集稿条件困难的情况之下，亦颇足引为敝帚之珍。"同期还发表了庆贺《萤光》复刊一年的两篇文章：曾六雍所写的《半年来的回顾》和邹永贤所写的《我们的瞻望》。

5月22日 签呈厦附字第133号文《请函催海军巡防处将所存自杀汽艇空架搬开军士移防事》。

5月30日 以"潘懋元"署名,在《星光日报》第1版《星期专论》栏目上发表《我国历代学生公费考》一文。对我国自古以来特别是唐宋元明清各个朝代的学生公费制度进行了历史考察,认为这与我国两千多年来一贯的养士政策和根深蒂固的"得士者昌,失士者亡"观念密切相关。

6月 参加厦门大学第二十三届毕业典礼,各系毕业生共236人。

7月6日 以"潘懋元"署名,在《大公报》(上海版)上发表《中国历代学生公费考》一文。文章寻根探源,细致介绍了我国公费制度演变的过程和特征。

8月14日 签发厦附字第0077号文《函请通知巡防处移放水雷由》。

8月22日 以"隽之"为笔名,在《星光日报》第3版副刊《星星》上发表《闲》一文。文章记载和抒发了生病在家时的一些生活感悟。最后出人意料地写道:"我希望你有一场小病,躺下来望天,看蚂蚁,注视孩子的脸,你会惊奇于你的生活与想象的贫乏,体会到超乎你的逻辑的体验。"

8月 妻子龚延娇携女儿凯伦和儿子世墨由南昌到厦门,并经许虹介绍到侨民师范学校任教。

9月19日 以"潘懋元"署名,在《星光日报》第1版"星期专论"上发表《困难重重的国民教育经费问题》一文。文章从中央和地方教育经费预算两个方面,陈述了国民教育经费预算的困难;认为国民教育经费自筹在理论与事实上都存在困难;指出了国民教育经费分配有"一为穷,二为不均"的问题;提出了解决困难的四点意见。

9月 兼任侨民师范学校教师。

9月 回到厦门大学教育系专任助教,不再兼任厦门大学附属小学校长职务,由汪养仁(福建师范学院副教授)接任。新中国成立后,厦大附小撤并,现名为演武小学。

10月10日 以"潘懋元"署名,在《江声报》第3版"星期专论"上发表《教师任用方式之商榷》一文。文章开宗明义便写道:"教师之于公务员,在今日的社会地位上,虽不见得较高,但尊师重道的理念,尚存于教师意识中，为教师保持一丝自尊心。且我国自古聘请教师，送关约，致束脩，有习惯可循，所以教师之任用，一向为聘任方式，与公务员不同。"接着论述了当时我国国民学校教师聘用的三种方式，之后介绍了法国、英国、意大利、苏联等国的教师聘任方式和要求，并分析了我国教师聘任方式的优点和不足之处，令人不乏启迪。

11月 担任鼓浪屿怀仁女中的兼职教师。

本年 在《星光日报》创办《萤光》教育双周刊，发表厦门大学教育系进步师生所撰写的教育论文。

1949年 二十九岁

1月3日 以"潘懋元"署名，在《星光日报》第2版上发表《教育！教育！一年来中国教育的回顾》一文。文章从教育经费预算、高等教育、中等教育、初等教育四个方面回顾和分析了1948年的中国教育概况。

1月5日 以"潘懋元"署名，在《星光日报》第2版上发表《教育！教育！一年来中国教育的回顾（续）》一文。文章指出了1948年的中国教育所存在的问题及其原因。最后指出："一年来的教育可以告慰者少，而令人伤痛者多。教育的场所是社会，教育的基本条件是经济。今日的社会环境如此，经济条件如此，教员，教育，尚复何言。"

1月24日 以"隽之"为笔名，在《星光日报》第6版副刊《教联》（厦门中等学校教职员联谊会编第二期）上发表《可能的崇高》一文。文章强调，作为知识分子的教师们和其他劳动人民一样，用自己的劳动能力支撑自己的生活和发展是崇高的、可贵的。最后写道："最崇高、最可贵的事是用自己的劳力换取自己的生活，最可耻、最可恶的人是依靠别人看轻侪辈，认清我们今日'可能的崇高'的机会，向真正的崇高前进！"

2月28日 以"潘隽之"署名，在《星光日报》第6版副刊《星星》上发表《大众化两个彻底办法——新文字与"听"的文学》一文。文中写道："用新文字来作大众化的工具，这是一个好的办法。当这一办法未能达到之前，在方块字的引用上加些功夫，使得较为通俗些，也不无益处。但要注意的是，应该把通俗化的方向注重在'听觉'方面。就是说，表面上所写的虽然仍是方块字，但所写的这些方块字必须再经人念或讲出来，然后被不识字的工农大众'听'进去才有效。'看'的文学与'听'的文学在写作时有很大的不同。……文学最初是以'听'的形式存在于民间的，后来，才以'看'的形式搬上了士大夫的书架。今日要把文学送还大众，当然要重视'听'的形式，并发展大众所能'看'的形式，使'听'与'看'并存，并存于大众之中。"

2月　在省立厦门一中兼任教师。

2月　厦门大学校友总会成立，任文书干事（理事长卢嘉锡教授），参加校友中学筹备工作。

3月3日　以"隽"为笔名，在《星光日报》上发表《白话文的扬弃问题》一文。文章认为，对于当时的白话文应该抛弃其佶屈聱牙的缺点，尽量采用生动形象的口语。

3月14日　以"潘隽之"为笔名，在《星光日报》第6版副刊《星星》上发表《关于新文字问题（上）》一文。这是一篇采访稿。作者以问答的形式解答了当时人们对新文字改革与使用的种种疑惑问题。认为新文字之所以得不到广泛普及，不是新文字本身的问题，而是社会方面的问题。

3月15日　以"潘隽之"为笔名，在《星光日报》第6版副刊《星星》上发表《关于新文字问题（中）》一文。文章认为："文字比之语言，更能扩大生活交流的范围。这样，文字方被人看重。……学得一种全国通行的文字，自然比仅学一种只能通行于一个地方的新文字更好。所以，应当诉之于各地的拉丁化新文字。"

3月16日　以"潘隽之"为笔名，在《星光日报》第6版副刊《星星》上发表《关于新文字问题（下）》一文。分析了国语注音符号和国语罗马字之所以在中国行不通的四个原因，认为新文字完全可以行得通。因为"它完全是一种独立的文字，可以流行于不识方块字的群众中，成为他们自己的文字"，易学易熟，方便普及。

3月20日　以"隽"为笔名，在《星光日报》第6版副刊《星星》上发表影评《哀"国魂"》一文。该文对吴祖光编剧的舞台剧《文天祥》的演出效果做了客观的评价,从编导的技巧、演员阵容、对话与动作、布景等方面进行了分析,指出了该剧演出过程中出现的一些"疏忽得可笑的地方"。认为一件艺术作品的价值不是钱可以轻易衡量的。

3月27日　参加厦门大学与校友总会在临时大礼堂举行的萨本栋追悼会。

3月31日　以"隽"为笔名,在《星光日报》第6版副刊《星星》上发表《大众化的实践诸问题——白话文的扬弃问题》一文。文章包括三个方面的内容:"(一)史的检讨:大众文学问题";"(二)大众化的实践诸问题:写些什么?",包括"用什么方式来写""方言文学的建立问题""拉丁化问题";"(三)总结:大众化的道路"。

4月5日　参加为抗议蒋介石集团制造南京"四一"惨案而召开的教授会、职员会、助教会联席会议,议决自11日起全体教职员请假三天。

4月11日　参加厦门大学师生员工在大操场举行的全校性的"黎明歌颂会",600余人到会。会后,师生员工分成三队进行了环校游行。

4月13日　新选出的厦门大学校友总会理事会与监事会举行联席会议,决定发动募捐劳师基金。

5月17日　应中共中央主席毛泽东盛邀从新加坡回国参政的厦门大学创办人陈嘉庚,途经香港时以南洋闽侨总会主席名义向全闽父老发出一份快邮代电,令厦门大学师生欢欣鼓舞。

8月10日　参加厦门大学校友总会会议,商讨"厦大校友在鼓浪屿创办中学事宜"。会议形成如下决议:(一)校友中学筹备委员会推举黄其华、卢嘉锡、齐贞藩、林梦雄、戴世龙、潘茂元、陈荻帆、方虞田、张松踪、庄为玑等十人为筹备委员;(二)校友中学校董会定为十五人,其中三分之二就校友中选聘之,三分之一就热心人士中选聘。现经行聘请九人组织之,推举陈村牧、黄其华、黄式厚、叶书德、陈烈甫、庄金章、黄省堂等七人为董事,校友会正副理事长为当然董事,并聘请汪校长德耀为名誉董事。

8月15日　厦门大学校友总会创办的校友中学正式成立,兼任该中学教师。时任校长由毕业于教育系的校友林鹤龄担任,校址设立在鼓浪屿大德记原慈勤女中。

10月1日　中华人民共和国成立。厦门大学创办人陈嘉庚作为中国人民政治协商会议常务委员，参加了开国大典，与毛泽东主席一起登上天安门城楼。

10月17日　中国人民解放军攻克厦门。激动并兴奋地在厦门迎接解放。

10月20日　厦门市军事管制委员会委派吴强、肖枫为正副军事代表接管厦门大学。

10月22日　参加厦门大学师生员工举行的欢迎军事代表接管厦门大学大会。

11月19日　听军代表吴强向全体师生做《中国革命与中国共产党》的专题演讲。

11月　任厦门一中临时校务委员会委员。

1950年　三十岁

1月1日　以"潘隽之"为笔名，在《江声报》第3版《庆祝厦门解放暨1950年元旦特刊》上发表《厦门的文艺运动》一文。文章共有五部分：一是"厦门的客观环境"；二是"厦门文艺界的回顾"；三是"目前厦门文艺的现象"；四是"我们的检讨"；五是"今后努力的方向"。作者认为，"首先我们要把握住我们的唯一任务，是为人民服务，也即主要是为工农大众服务。要达到这个目的，我们就应坚决地舍掉过去一切诗歌、小说等等西洋化的形式的束缚，资产阶级及小资产阶级意识的拘泥，大胆地向工农大众的文化内容和形式迈进。为要达到这个目的，我们认为今后的中心任务应以建立方言文学作为中心，因为唯有通过方言文学，才能使内容与形式都能够与工农大众以至于华侨台湾同胞相结合。"明确指出："要将文艺确确实实地交予工农大众，以至于建立工农大众自己的文艺，最彻底的办法是文字的改造。"

1月4日　以"隽"为笔名，在《江声报》第3版副刊《人间》上发表《元旦美展观后》一文。文章在对"新中国成立后厦门市第一次大规模的美术作品展览"进行评述之后指出："在人民的时代中，艺术应该为人民服务。如何为人民服务呢？就是在内容上能够反映人民群众的生活，并应用人民'喜闻乐见'的形式。"

1月6日至8日 以校友总会名义,筹备并参加"陈嘉庚先生视察厦门大学欢迎大会"和其他活动。

1月17日 以"潘懋元"署名,在《江声报》第3版副刊《教育界》第二期上发表《苏联怎样扫除文盲》一文。文章指出,无产阶级政权的保证为苏联扫除文盲提供了可能性。

1月24日 以"潘隽之"为笔名,在《江声报》第3版副刊《教育界》第三期上发表《准备识字运动几个条件》一文。文章认为,识字运动需要满足"易学""易懂""易写""易记忆"四个条件。

2月22日 以"潘懋元"署名,在《江声报》第3版副刊《新文字》第1期上发表《新文字与标声问题》一文。文章分析了标声与不标声的利害和反对标声的理由,简述了国语运动的先驱钱玄同、高元、瞿秋白、赵元任等对我国文字改革做出的贡献。认为"标了四声的罗马字",一是"难学习",二是"难记忆",三是"难拼写"。

2月 任厦门大学教育系秘书,开设"教育政策法令""中国教育史"课程,并与他人合作开设"教育概论"课程。同时,并兼任政治大课辅导员。

3月12日 以"潘懋元"署名,在《江声报》第3版副刊《新文字》第2期上发表《新文字与标声问题(续)》一文。文章认为:"文字改革的主要目的,在于求其容易,越容易的价值越高。"因此,"为应今日识字运动的需要,应尽先推行不标四声的文字。假如在应用上有困难,再用标四声的原则去个别地解决它。这个意见是宝贵的。"同版刊载的还有1950年2月9日修订的《厦门话新文字方案》。

3月30日 刚从国外返校的汪德耀被任命为厦门大学临时校务委员会主任。

4月7日 参加全校师生动员大会,听取临时校务委员会汪德耀主任《积极开展精简课程运动》的报告,协助系主任李培囿研究教育系课程精简方案。

5月4日 以"潘懋元"署名,在《江声报》第2版副刊《人间》五四特刊上发表《关于文字改革》一文。文章指出,文字改革应该在一定条件下进行。"唯有通过新的、能与群众口语配合的文字,文艺才能实实在在成为广大群众所能享受、所能喜爱的东西。所以，文字的改革是开展群众性文艺创作活动最重要的关键。"

5月24日　中央人民政府任命王亚南为厦门大学校长。

6月1日　在《新文字月刊》上发表《知识分子怎样学习新文字》一文。文章对知识分子比文盲学习新文字更困难的原因做了分析，并为知识分子如何克服学习困难提出了四点中肯的建议。

7月12日　王亚南校长到校视事，厦门军管会驻厦大军事代表室宣布结束。

8月28日　以"潘隽之"为笔名，在《江声报》第3版《新文学》栏目双周刊第六期（厦门市文学工作者协会主编）上发表《文艺与政治——文艺讲座第一讲》（之一）一文。文章指出，政治是文艺的基本要素，严肃批评了所谓的存在"无政治性的文艺"的说法，并列举了三类典型的表现形式，从事实上揭露了所谓"无政治性文艺"的真相和实质。

9月11日　以"潘隽之"为笔名，在《江声报》第3版《新文学》栏目双周刊第七期（厦门市文学工作者协会主编）上发表《文艺与政治——文艺讲座第一讲》（之二）一文。文章分析了"为什么没落的阶级要说文艺脱离政治"的骗人原因，指出，文艺必须服从政治，文艺的政治价值和艺术价值要有机统一，而且以政治价值为先。提出了"加强文艺中政治与艺术相结合"的意见：一是"必须站在时代思想的水平上"；二是"坚持立场"。

9月25日　以"潘苑元"为笔名，在《江声报》第3版《新文学》栏目双周刊第八期（厦门市文学工作者协会主编）上发表《文艺与政治——文艺讲座第一讲》（之三）一文。文章结合最近《文艺报》对小说《金锁》的批判，谈了阶级立场问题，肯定了赵树理在小说《福贵》中的正确态度和鲜明立场。提出了"加强文艺中政治与艺术相结合"的意见：三是"把握政策"；四是"体验生活"；五是"应该避免以政治概念代替艺术形象的偏向"。

10月　经王亚南校长提名，由"厦门大学教师升等委员会"通过，晋升为讲师。

11月　参加中国教育工会厦门大学第一届委员会成立大会。

12月19日　次子潘世平出生。因降生于和平年代，取名"世平"。潘世平于1969年和长兄潘世墨一起到武平县最贫困的大禾公社邓坑村上山下乡。1973年考入厦门师范专科学校，1975年毕业后留校任教，后来又进河北大学教育管理专业继续深造；1985年担任集美师范专科学校党委副书记；1994年，担任集美大学师范学院党委书记；1999年调任厦门市广播电视大学党委书记；2002年组建厦门城市职业学院（厦门电视大学与教育学院、工人业余大学合并），并于2005年任厦门城市职业学院党委书记兼常务副校长、法人代表；1999—2013年任厦门市陶行知研究会会长；2008—2018年任集美大学校友会副会长；2012年退休。

本年 与黄典诚、洪笃仁等组织新文字研究会，在鼓浪屿举办闽南话拉丁化新文字学习班，出版《新文字月刊》，并在该刊上发表了《关于文字改革》一文。文章指出，文字改革应在一定条件下进行，唯有通过新的、能与群众口语配合的文字，文艺才能成为群众喜闻乐见的东西。

本年 参加厦门市文联筹备工作，任筹委会文学组副组长（组长童晴岚），并作为文艺界代表参加厦门市第一届各界人民代表大会。

年底 由于蒋介石"反攻大陆"形势紧张，厦门大学将理工科和教职工家属搬迁到龙岩，家人随之撤至龙岩。于是，代妻子龚延娇承担起厦门大同中学的课程。

本年 参加"中国民主同盟"。

本年 协助教育系主任李培囿按报刊上所介绍的苏联教学组织模式，组建了教育系教育学教研组，为全校首创。

1951年　三十一岁

1月1日 学校设立《新厦大》和《厦门大学学报》两个编辑机构。《新厦大》为校刊，《厦门大学学报》为学术刊物（1931年12月创刊）。

1月10日 在厦门大学听取陈嘉庚先生莅校演讲。主要内容是发表回国观感，并提出扩建厦大校舍与扩充院系计划。

2月 兼任厦门市大同中学教师。

3月25日 在《新厦大》上发表《教育系"教育学"教研组工作总结》

一文。文章对教育学教研组是怎样组织起来的做了说明，并对教学计划、教学实施的情况以及学期末的收获进行了总结。

4月12日 听取王亚南校长《建立教学工作检查制度，提高教学质量》的大会动员报告。

4月 在厦门大学主讲全校政治大课《新民主主义论》的"新民主主义文化"部分。

5月1日 在《新厦大》上发表《我对于五四新文化运动领导思想的认识》一文。文章写道："我现时对五四新文化运动的认识是：它是在无产阶级思想领导下，通过无产阶级的、革命的小资产阶级的与资产阶级的知识分子的统一战线，反帝反封建的新民主主义的文化运动。"

5月7日 以"潘隽之"为笔名，在《江声报》第3版双周刊《新文学》栏目（厦门市文学工作者协会主编第二十二期）上发表《"五四"新文化领导思想的认识》一文。在该报该期"编后语"中写道："这一期，我们是以纪念'五四'青年节为中心，发表四篇有关稿件。潘隽之先生的《"五四"新文化领导思想的认识》一文，对澄清一般人关于五四新文化运动的领导思想的模糊认识，是有帮助的，希望读者们能认真一阅。"文中开宗明义便明确指出："五四运动，是中国新旧民主主义文化的分水岭。这分水岭的标志为：五四以前的新文化运动，是资产阶级思想所领导；五四以后的新文化运动，则是无产阶级思想所领导的。换句话说，新文化运动的思想领导权是一个决定的关键。认不清这个决定的关键，就不可能认清楚五四以后新文化运动的伟大意义。"同时认为，"这个关键的体认，在旧知识分子中间，是颇不容易的事"。

7月30日 以"隽之"为笔名，在《江声报》第3版副刊《新文学》（厦门市文学工作者协会主编第27期）上发表《评〈增加生产〉》一文。文中写道："《增加生产》，在政治思想教育上，是一篇较好的作品，因为这篇作品正确地表现了当前中心任务之一，捐献运动的意义，并处理了一个干部作风问题——如何走群众路线。"

8月 经教务长章振乾推荐、王亚南校长同意，以讲师身份前往中国人民大学教育学教研室研究生班进修，师从教研室主任王焕勋教授，与当今知名的教育学家、心理学家黄济、邵达成、章志光、车文博、王天一、王策三、汪达之、陈信泰、王道俊、颜期康、王逢贤、夏之莲等同窗。这是厦门大学第一个被保送上研究生并保留工资待遇的教师，也是他第一次到北京。

9月至翌年1月　在中国人民大学教育学研究生班学习第一学期课程，主要是基础课和政治课。除胡华教授的《中国革命史》外，其他课程都是由苏联专家授课、专人翻译。如列昂节夫的《政治经济学》、洛波夫的《教育学》、尼契金的《逻辑学》等。

9月　以"潘隽之"为笔名，在《新中华》1951年14卷第9期上发表《评钱亦石的〈现代教育原理〉》一文。从教育的哲学观点、教育的生物学观点、教育的社会学观点三个方面进行点评，并提出了修订的建议。

12月1日　在《新厦大》上发表《人民大学的政治课程》一文。

1952年　三十二岁

1月至2月　在中国人民大学教育学教研室研究生班学习。

2月　中国人民大学教育学教研室调整到北京师范大学，随研究生班到北京师范大学学习。

2月至5月　在北京师范大学教育学研究生班学习第二学期课程，主要是教育专业课。

5月　到哈尔滨调查参观铁道中学、哈尔滨工业大学的办学模式，为期一个月。其间，游览了秦皇岛和北戴河。

6月　回北京师范大学继续学习。

9月　接到王亚南校长的通知回厦门大学，任教务处教务科科长（副科长林鸿祺教授），负责厦门大学的教学和课程改革事宜，指导各专业制订新的教学计划。

10月18日　以"潘懋元"署名，在《新厦大》上发表《中国人民大学教学工作的特点》一文。文章认为，中国人民大学的教学工作特点有四个方面：一是高度的政治思想性；二是高度的计划性；三是高度的组织性；四是严格的教学检查制度。

10 月 参加"学习苏联、教学改革"活动。

11 月 任厦门大学教育系教育学教研室主任。

12 月 6 日 厦门大学成立"教学改革委员会"（简称"教改会"），王亚南校长兼任主任。被任命为教学改革委员会秘书科科长，至 1954 年 12 月。

12 月 17 日 被王亚南校长任命为新设立的教育学教学研究指导组（简称"教育学教研组"）主任，成员包括李培囿、汪西林、陈汝惠、陈本铭、潘协和等 6 人。教研组主要承担汉语言文学、历史、动物、植物、数学等专业的教育学、分科教材教法等课程。

本年 应王亚南校长安排，给全校教师做《中国人民大学教学特点》的报告，介绍中国人民大学如何学习苏联的教学组织建设和教学方法改革。

本年 应厦门师范学校校长谢高明之邀，几次到该校做关于教育理论的报告，主要是介绍苏联的教育理论和教学方法，同时交换"学习苏联，进行教改"的意见。

1953 年　三十三岁

1 月 11 日 以"潘茂元"署名，在《新厦大》第 2 版上发表《我怎样学习〈战后国际形势的几个基本特征〉这个问题？》一文。谈了自己深入学习和深刻理解战后国际形势基本特征之后的新的思想认识、重要收获及和平愿望。

1 月 18 日 拟订的《厦门大学教研组暂行条例》《厦门大学系工作暂行条例》《厦门大学学生学业成绩考试考查暂行办法》《厦门大学学生补考、留考、重修的补充暂行办法》等，由校务委员会讨论通过，并颁发全校实施。

2 月 21 日 以"潘茂元"署名，在《新厦大》第 3 版上发表《关于学业成绩考试考查暂行办法的说明》一文。文章首先说明了考试考查学业成绩的目的，随后就学业成绩考试考查方面的 11 个问题进行了解答：一、考试、考查和平时考查有什么不同？二、为什么有平时考查总评还要有考查？三、检查检测的作用如何？四、笔试的作用和进行方式如何？五、怎样制考笺？六、有考试课程与无考试课程如何分别？七、实习实验如何进行考查？八、考试如何定范围？九、评分如何定标准？十、考试之后为什么必须给学生评语？

十一、补考和留级的根据是什么？

4月2日 以"潘茂元"署名，在《新厦大》第3版上发表《必须与百分制残余思想作斗争》一文。文章从五个方面论述了"百分制残余思想"的根源、表现及危害，要求树立正确的分数观念和评分标准。

4月 参加中国民主同盟厦大区分部成立大会，首任主委傅衣凌。

5月11日 以"潘茂元"署名，在《新厦大》第2版上发表《我向"课堂上基本解决问题"的方向去努力》一文。文章指出，对于课堂上基本解决问题的要求，应该视各种各样课程的性质、要求、条件而有所不同，不要搞一刀切。然后分别就编写讲稿、讲授的系统性、语言表达、发挥教师主导作用、布置课外作业、善于举例等方面进行了卓有见地的论述。

7月1日 以"潘茂元"署名，在《新厦大》第3版上发表《如何区别考试与考查》一文。文章对"考试"与"考查"容易被混淆的原因做了解析，并在二者的要求、方式以及计分方面做了区分。

7月15日 成立厦大院系调整委员会，王亚南校长任主任委员。参与部分相关工作。

7月21日 以"潘茂元"署名，在《新厦大》第1版上发表《教育学教研组对助教潘协和的培养工作》一文。文章介绍了整个教育学教研组成员通过各种有效形式对青年助教潘协和进行扶持、培养的过程、经验和体会，并对培养工作的优点方面和缺点方面进行了客观的分析与梳理。

9月14日 参与讨论制定、由校教学改革委员会决定的"六节一贯制"开始实施。这是学习苏联经验、进行教学改革的一项重要措施。

10月1日 以教研组主任名义，在《新厦大》发表《重视培养助教工作，订好培养助教计划》一文。

10月9日 听取王亚南、卢嘉锡向全校师生传达全国综合性大学会议精神，并据此要求各系讨论确定专业方向及培养目标。

10月18日 三子潘世建出生。因出生在新中国社会主义建设时期，取名"世建"。潘世建曾经在水运公司做学徒工，条件异常艰苦，1973年的台风天，他差点就葬身大海。他于1977年考取武汉水运工程学院，1980年毕业后分配在厦门技工学校任副校长；1983年调任厦门市交通局副局长；1993年任厦门路桥建设总公司总经理、党委书记；2000 年当选为厦门市人民政府副市长，其间对厦门市的交通、路桥建设做出重要贡献，曾获福建省劳动模范称号；2013 年改选为厦门市政协副主席；2016 年退休后任厦门市教育发展基金会理事长。

11 月 13 日　以"潘茂元"署名，在《新厦大》第 4 版上发表《苏维埃伟大教育家马卡伦柯》一文。文章对马卡伦柯的教育贡献做了系统的梳理和评价。

12 月 10 日　以"潘茂元"署名，在《新厦大》第 3 版上发表《关于〈厦门大学学生补考、留考、重修的补充暂行办法〉的说明》一文。文章具体说明了补充的关于厦门大学学生补考、留级、重修的一些规定与处理办法。最后指出："这一办法，只是暂时的，如果在实行上发生困难，或情况发展了，将作适当修改。如果中央高等教育部或华东高教局有统一的规定，也将依统一规定修改。"

本年　应邀多次在厦门市、泉州市、福州市向中小学教师做有关教育理论、教学原则与教学方法等方面的报告。

本年　任民盟厦门市委员会宣传部副部长。

本年　在《福建盟讯》上发表《制订教学工作计划，为教学改革做好准备工作——厦大区分部潘懋元同志在第一中学和集美各校的教学改革座谈会上的报告》一文。文章认为，制订好教学计划能够提高教学质量，并为教学改革做好准备。订立"切实可行"的教学计划，一是"必须建立在总结的基础上"；二是"必须领导上重视计划，而且领导上首先要有计划"；三是"计划表格化"；四是"除教师个人计划之外，各种计划都指定负责人"。

本年　在《新厦大》上发表《关于辅导、口试的几点补充说明》一文。文章论述了采用口试不会因为学生过于紧张而影响考试效果。

1954 年　三十四岁

2 月　在《厦门大学学报（哲学社会科学版）》1954 年第 1 期上发表《杨贤江（李浩吾）教育思想》一文，是新中国最早系统研究杨贤江教育思想的学术论文。该文主要围绕哲学观点和革命理论、教育的本质、教育的效能和教师的任务、青年学习与学习运动等方面，对杨贤江教育思想进行了深入的分析和论述。

4月10日 以"潘茂元"署名，在《新厦大》第3版上发表《培养学生独立思考与启发教学》一文。文章指出："培养独立思考能力与简单的启发教学的区别就是这样：前者是强调在学生自觉性的基础上的劳动精神与劳动习惯，根据学生的程度能力作细致的计划与一连串的培养工作；后者则仅仅是指要多启发同学的思维。……因此，我们不应该把培养独立思考能力这个概念简单化为启发教学。"

4月23日 以"潘茂元"署名，在《新厦大》第2版上发表《课堂提问》一文。文章论述了课堂提问的作用，解答了在课堂提问方面的一些疑问，提出了教师运用课堂提问这一教学方法的基本要求，分析了目前课堂提问存在的突出问题等。最后指出："学习的目的是为了获得知识，提高能力，端正品格，而不是为了争分数、争面子。"

5月8日 以"潘茂元"署名，在《新厦大》第2版上发表《分析学生独立作业》一文。文章强调指出，口头分析学生独立作业是一种有效的方式，能够迅速地使学生改进作业缺点并提高其独立学习的能力。论述了分析学生独立作业的作用、方式和四个步骤。

5月24日 参与制订的《厦门大学学生守则》公布施行。

6月5日 以"潘茂元"署名，在《新厦大》第3版上发表《作为社会现象的教育之本质及专门特点》一文。关于教育本质，作者认为："教育不可避免地有一定的阶级目的，按其本质说，它是上层建筑。"关于教育的专门特点，文中写道："首先必须承认，教育不但具有阶级性与历史性，也具有永恒性。……其次，教育的内容，较上层建筑的范围广泛，有些内容是非阶级性的。……再次，教育的实现，必须根据受教育者的生理与心理的发展规律，与绝大多数的上层建筑不同。"

6月20日 以"潘懋元"署名，在《厦门日报》第3版副刊《学校生活》第六十五期上发表《学习宪法草案中有关教育的条文的体会》一文。文章写道："宪法草案条文中特别提到'逐步扩大各种学校和其他文化教育机关'，我觉得这是指出了切实可靠的道路。今后我们必须遵循着这正确的道路，有计划按比例地来扩大教育事业。这样，才能使教育为过渡时期总任务服务，逐步提高人民的文化生活水平。"

6月23日 开始在全校贯彻执行中央人民政府高等教育部颁发的《高等学校教师的工作日及教学工作量暂行办法（草案）》。

7月9日 在《文汇报》附页上发表《关于"象图"》一文。文章认为，地理教学中流行的"象图"教法是错误的、没有价值的，因为它并不能发现事物间的相互联系。

7月14日 在《福建日报》上发表《宪法草案给教育发展指出切实可靠的道路》一文。文中写道："我国历史上第一个人民自己的宪法草案公布了。这个宪法草案，是人民革命的成果，反映了人民逐步建成社会主义社会的愿望。我们必须热烈而细心地学习研究每一条条文所包含的意义。这里只谈谈我个人学习第九十四条关于人民教育权利的条文的初步体会。"

7月 厦门大学教育系奉命调整到福建师范学院，留下部分教师组成直属教育学教研组（后改室），为中文、历史、数学、生物等系开设公共教育学课程并从事教育科学研究工作。继续担任教育学直属教研组（室）主任，另有陈汝惠、潘协和、张曼因三位教师。该室于1966年"文革"前夕撤销。

8月9日 在《光明日报》"教育研究"栏目（第十号）发表《杨贤江（李浩吾）的教育思想——纪念杨贤江同志逝世二十三周年》一文。

9月1日 学生开学。参与制定了"教学第二方案"，在防空洞内上课，采用三班轮换制，以躲避频繁的敌机空袭。

9月至12月 投入反空袭斗争，修防空洞及防空壕，按照前线战况，在全校实行"空袭紧张""解除空袭"两种教学方法。

10月29日 以"潘茂元"署名，在《新厦大》第2版上发表《华北抗日根据地对敌斗争坚持教学的一些事例》一文。该报"编者按"写道："这里发表潘茂元先生搜集和整理的抗日战争时期华北抗日根据地对敌斗争坚持教学的一些事例。这些事例告诉我们，只要有坚强的斗争意志，充分掌握战斗生活的规律，在战斗环境中，在任何困难的情况下，完全可以坚持教学。

10月 在《厦门大学学报（哲学社会科学版）》1954年第5期上发表

《毛泽东同志教育思想试述》一文。该文认为，毛泽东同志根据辩证唯物论与历史唯物论的科学原理，阐述了教育原理、教学原理和中国革命中教育的理论。

12月31日 参与全校师生员工集会，反对美蒋签订的"共同防御条约"，拥护周恩来外长的严正声明。

1955年　三十五岁

1月7日 参加学校举办的"陆维特副校长到校就职欢迎大会"。

2月24日 在《厦门日报》第2版上发表《和中学生谈读课外书》一文。文中写道："一个中学生，应当明白学习的目的是在于使自己成为一个社会主义自觉积极的建设者和祖国的保卫者。要成为一个这样的人，就应当具有社会主义的政治思想水平、一定的文化教养和健康的体质；怎样才能达到这些要求呢？最主要就是通过学校所安排好的课堂学习，教师所指定的课外作业和各种体育活动。因为这些学习和活动，都是经过国家很周密地研究、制定，在教师领导下来进行的。……我们就要选择一些能够丰富科学知识和鼓舞我们积极参加社会主义建设的课外书来读。这些书是很多的，最近青年团上海市委会向青年们推荐一批好书，如《把一切献给党》《青年英雄故事》《优秀青年团员和青年的故事》《海鸥》《保卫延安》《全班荣誉》《谈谈青年的生活、工作和学习》等等，这都是一些好书。我们如果自己选择能力不够，最好请问老师，或者和同学讨论一下；报纸、杂志上的介绍推荐，也能够给我们很好的指导。"

2月 在《厦门大学学报（哲学社会科学版）》1955年第1期上发表《胡适教育思想的错误及其在教育学上的影响》一文。

3月1日 参与起草讨论的"关于当前贯彻统一专业教学计划的具体措施"经校务委员会第十六次扩大会议形成决议。

同日 参与起草讨论的《厦门大学校务委员会暂行组织规程》经校长批准公布实施。

3月15日 参观南京中山陵，并与一解放军战士合影留念。

5月　到浙江省考察教育情况，并在杭州西子湖畔留影。

5月　陪同时任厦门大学副校长、党委书记陆维特到北京参加高等教育部召开的全国高教工作会议，并向高教部副部长黄松龄汇报厦门大学发展方向问题。

6月7日　参加高教部综合大学司李云扬司长率部检查组来厦门大学召开的教学工作座谈会。

6月11日　参加厦门大学隆重举行的陈嘉庚及南洋爱国华侨捐建的"新校舍落成庆祝典礼"。会上，陈嘉庚激动地向全校师生讲述了他兴学报国于1921年4月6日创办并独资维持16年的厦门大学的艰辛历程，对新中国成立后新生的厦门大学的发展充满希望。

8月　在《厦门大学学报（哲学社会科学版）》1955年第4期上发表《蔡元培教育思想》一文。文章介绍了蔡元培先生的政治活动和教育活动，深入分析了蔡元培教育思想体系及其哲学渊源，其中包括蔡元培先生关于高等教育的若干主张。

8月　参加在教职工和学生中开展的肃反与忠诚老实运动。

9月　参与的院系调整工作全面完成，全校设中文、外文、历史、数学、物理、化学、生物、经济等8系13个专业，院级建制正式撤销。

9月　参与"厦门大学教学法研究组"工作。

10月1日　在《新厦大》上发表《和新同学谈独立工作问题》一文。文章指出，大学的学习要求与中学存在很大的不同，刚进入大学的同学对学习方法的掌握关键在于培养自己独立的工作能力。

10月3日　厦门大学科学研究委员会成立，任委员。

10月　根据学校安排，为厦门大学全校干部和教师开设教育学讲座，以贯彻落实毛泽东主席关于干部要由外行变为内行的指示精神。但由于当时讲的教育学是中小学的教育理论，脱离大学实际，致使教学效果不好，老师和干部们很不满意。因为那时的教育学只有《普通教育学》，主要以中小学生为研究对象，不是针对高等学校的。这次"失败"，促使潘先生开始思考"高等学校教育学"问题，于1957年7月主持编写了《高等学校教育学讲义》，并在20世纪80年代初创立了"高等教育学"学科，开始了其40余年的高等教育理论研究、应用研究和开发研究，使之逐渐成为一门国内外知名的独具中国特色、中国气派的"显学"。

12月　在《厦门大学学报（哲学社会科学版）》1955年第6期上发表《关于第一个五年计划的教育建设计划——学习"发展国民经济第一个五年计划"的笔记》一文。该文强调指出：文化教育的发展与国民经济的发展之间是相互依存关系，文化教育的发展必须以国民经济的发展为前提与基础，国民经济的发展又必须有一定的文化教育事业；所以随着国民经济的迅速发展，文化教育就可能而且必须迅速发展。

1956年　三十六岁

1月　参与拟定厦门大学12年（1956—1967）发展规划。

3月7日　经中共厦门大学委员会讨论通过，光荣加入中国共产党。

3月19日　听王亚南校长、陆维特副校长就"向科学大进军"问题发表讲话。

3月26日　以"潘茂元"署名，在《新厦大》第3版（教育实习专辑）上发表《教育实习给我的启发》一文。文章指出，通过教育实习深刻体会到，要与学生建立深厚感情，就要对学生全面负责，指导学生备好课、教好课；实习中要做到"重点深入，一般照顾"；"必须把思想工作推行得更全面与深刻"。

4月6日至10日　参加"厦门大学35周年校庆活动暨第一次科学讨论会"，听王亚南校长做《马克思的人口理论与中国人口问题》的学术报告，并宣读了个人提交的论文。共有72篇论文在大会或分组会上宣读。

4月23日　以"潘茂元"署名，在《新厦大》第2版上发表《我参加科学讨论会的收获》一文。文中写道："作为一个参加者，无论是钻研其他同志的论文，或听别人的讨论，都能从中获得许多宝贵的知识，特别是在方法论上的提高。有些论文读了一两遍，体会不深刻，经过讨论，恍然明白其中精义，真是'与君一席话，胜读十年书'。"

4月27日　在《厦门日报》上发表《教育儿童的几个问题——"教育孩

子是我们的责任"问题讨论结束语》一文。该文从三个方面进行了论述：一、教育对儿童个性形成起什么作用？怎样发挥教育的作用？二、道德教育的重要途径；三、教育儿童是谁的责任？该报"编者按"写道："本报于 3 月 28 日发表'两个少先队员的问题'一文之后，引起各方广泛重视。许多学校的校长、班主任、少先队辅导员、家长，纷纷来稿参加这个问题的讨论。这些文章从不同的角度，提供许多教育儿童的重要建议和经验；同时，也明确了教育儿童是教师与家长的光荣责任。现在，讨论已告结束，我们特请厦门大学教育学教研组讲师潘茂元撰写此文，作为讨论的总结。"

5 月 11 日　以"潘茂元"署名，在《厦门日报》第 3 版发表《谈小学手工劳动科》一文。文章论述了手工劳动科的含义、内容，以及小学实施手工劳动教育的起因、重要作用，指出现在的手工劳动科不同于新中国成立前的"手工"或"劳作"科，并据此做了相关论述。

6 月　在《厦门大学学报（社会科学版）》1956 年第 3 期上发表《试论理论联系实际的教学方针》一文。文章分析了马克思列宁主义认识论与理论联系实际的教学原则的关系，指出要"反对以实用主义思想来理解理论联系实际"，也反对"教学上的简单化、庸俗化"。该文当时系以"厦门大学教育学教研组"名义发表。

8 月 23 日　以"潘隽之"署名，在《厦门日报》第 3 版《百花齐放百家争鸣》栏目发表《文艺创作的清规戒律！》一文。文章认为，"文艺创作的概念化、公式化，妨碍了文艺界的繁荣。概念化、公式化产生原因，并不是我们的时代缺少生动的题材，而是清规戒律太多。"具体表现在：一是"只许写工农兵"；二是"只许写中心运动"；三是"只许画脸谱"。最后呼吁："为了百花齐放，必须大胆地突破这些有形无形的清规戒律。"

9 月　经厦门大学校务委员会通过，晋升为副教授。

10 月 1 日　在建南大会堂三楼会议厅参加厦门大学华侨函授部和南洋研究所成立大会，听取王亚南校长讲话。华侨函授部负责为海外培养中学教师，开设"教育学"函授课程。1962 年改为厦门大学海外函授部。此乃潘懋元先生于 1980—1987 年连任七年院长的"厦门大学海外函授学院"的前身。

10 月　在《厦门大学学报（哲学社会科学版）》1956 年第 5 期上发表

《鲁迅的教育思想》一文。文章介绍了鲁迅思想发展的道路及其教育思想，论述了鲁迅对半殖民地半封建社会教育的批判，列举了鲁迅关于儿童教育、青年教育和劳动人民教育的主张。

11月15日 任厦门大学教务处教学研究科科长。1958年2月该科被撤销。

12月26日 在《福建盟讯》上发表《因材施教与天才教育》一文。文章指出，"天才教育"的思想根源是少数剥削阶级意识的反映，对教育工作是有害的，"因材施教"是实现全面发展教育的方法之一。

本年 被推选为民盟厦门大学区分部副主委。

本年 为厦门大学历史系1956级学生开设历史教学法课程，并带领该级学生在厦门市八中实习一个月。

1957年　三十七岁

1月1日 在《新厦大》上发表《"全面发展与发挥专长"的我见——谈谈"学生论坛"上对这一问题的讨论》一文。该文是在"学生论坛"上的总结发言，主要对论坛中集中出现的论点进行了分析，如怎样看待"全面发展与发挥专长结合起来"，"必须培养同学独立钻研精神，但应肯定教师的主导作用"，等等。

1月 在《学术论坛》第1期上发表《全面发展的本质意义》一文。

2月12日 参加"中国共产党厦门大学第一次代表大会"。大会选举校党委委员17人，陆维特任书记。

4月6日至12日 参加"厦门大学36周年校庆活动暨第二次科学讨论会"，并宣读个人论文。

4月 在《厦门大学学报（哲学社会科学版）》1957年第2期上发表《第二次国内革命战争时期革命根据地的教育》一文。文章介绍了第二次国内革命战争时期革命根据地发展教育的背景，接着对干部教育、小学教育、革命教育以及教育领导的相关内容进行了详细论述，最后总结出革命根据地的教育具有以下特点：（1）教育为革命斗争服务，教育服从革命战争的要求；

（2）教育与实际联系，与生产劳动结合；（3）依靠群众，勤俭节约，办好教育。文章内容丰富，为研究革命根据地教育发展提供了素材和方法。

6月29日　参加学校召开的全校师生员工动员大会，要求积极投入反对资产阶级右派分子的斗争，后来反右斗争被严重扩大化。

6月　在中央人民政府高等教育部主办的《高等教育》1957年第6期上发表《全面发展的本质意义是什么》一文。该文系统阐述了"马克思、恩格斯是怎样提出全面发展的理想的""为什么人的全面发展的本质意义是体力和智力的全面发展""为什么不应把共产主义教育的组成部分代替全面发展的本质意义"等重要理论问题。引起《高等教育》刊物的重视，特发"编者按"："我们希望大家对全面发展教育的本质意义以及在高等学校如何有计划地加以贯彻等问题展开讨论。"后转载于《争鸣》1957年第3期。

7月　与厦门大学教育学教研组教师陈汝惠、张曼因合作编写中国第一本高等教育学教材《高等学校教育学讲义》（1956—1957年第一学期编印），并撰写了"前言"。该教材作为交流讲义发送全国综合性大学、师范学院，这是中国高等教育界在建立"高等专业教育学"或"高等学校教育学"方面的第一次系统的理论探索。

8月　在厦门大学《学术论坛》1957年第3期上发表《高等专业教育问题在教育学上的重要地位》一文。文章从智能教育、大学生身心发展和社会经验的特殊性等方面论述了高等专业教育与普通教育的不同之处，进而建议建立一门"高等学校教育学"或"高等专业教育学"，被认为是中国第一篇倡导高等教育研究的论文。

10月7日　在《新厦大》上发表《加强劳动教育，培养脑力劳动与体力劳动相结合的建设人才》一文。文章指出，为了回应社会主义学校的教育方针，学校教育必须把劳动教育作为一个重要的组成部分。

10月23日　组织教学研究科人员认真学习讨论高教部就厦门大学发展方向及其他教学问题下达的文件。该文件指出厦大发展方向主要应该体现在某些专业、专门化的设置和科学研究重点的选择上面。

10月　在《福建教育》1957年第19~20期上发表《教育方针试论》一文。

11月27日　参加学校召开的全校教职工动员大会。大会要求精简机构，紧缩编制，下放干部。

1958年　三十八岁

1月　参加厦门大学开展的"红专辩论""向党交心""横扫五气"（即官气、阔气、暮气、娇气、骄气）等群众性整风活动。

2月25日　厦门大学公布撤销教务处、研究部，成立教学科学研究处，被任命为教学科学研究处副处长，同时免去其教学研究科科长职务。

3月6日　听取胡耀邦同志到厦门大学视察向全校师生所做的形势报告。

5月21日　参加校党委召开的宣传工作大会。大会决定在全校开展"鼓足干劲，力争上游，多快好省地建设社会主义"总路线的宣传教育运动。

5月24日　在厦门大学《学术论坛》1958年第2期上发表《高等学校勤工俭学的原则与问题》一文。文章分析了高等学校勤工俭学的一般原理和特殊问题，列举了10类常见的勤工俭学的活动形式，提出了勤工俭学应该遵循的五条原则：（1）应当考虑社会主义思想教育意义的大小；（2）最好是体力劳动和脑力劳动相结合的活动；（3）尽可能结合专业的特点和教学内容；（4）易于订出较长期的计划，并能与教学规律配合；（5）能够发挥潜力，运用技术，提高设备使用率，对国民经济意义较大。

8月17日　参加全校师生员工在大礼堂举行的"抗议美英侵略中东、支援阿拉伯人民正义斗争大会"。

9月7日　参加厦门大学2 000余名师生员工举行的游行大示威，抗议美国在台湾海峡进行军事威胁和战争挑衅。

9月12日　作为民盟厦门大学区分部副主委，积极参与厦大民革、民盟、农工民主党等组织对美国干涉我国内政的严重抗议，发表"我们坚决拥护周总理的严正声明"。

9月19日　组织学习中共中央、国务院发出的《关于教育工作的指示》。

9月22日至25日　参加校党委召开的扩大会议，听传达福建省委教育工作会议精神。会议对贯彻教育为无产阶级政治服务、教学与生产劳动相结合的方针做了各项规定。

12月24日　参加校党委和行政联合召开的"教学与生产劳动相结合，提高教学质量"的扩大会议。

12月29日　参加厦门大学召开的"生产劳动与对敌斗争积极分子表彰大会"。

1959年　三十九岁

1月19日　参加由王亚南校长主持召开的科学研究工作会议。会议要求科研同生产、教学相结合。

2月16日至18日　参加校党委举办的哲学短期训练班。参加短训班的有党委委员、科长以上党员干部和各系总支书记、政治教员等100余人。

2月　在《厦门大学学报（哲学社会科学版）》1959年第1期上发表《教学、生产劳动、科学研究的矛盾与统一》一文。文章指出，提高教育教学质量、科学研究水平和生产劳动效率，是高校教学、生产劳动和科学研究三结合的必然性。分析了教学和生产劳动的矛盾及其解决的基本原则，认为"正确组织生产劳动是解决教学和生产劳动的矛盾的最直接的途径""现场教学是教学和生产劳动相结合的直接形式""在课堂教学中理论和实践必须紧密结合"。文章还分析了教学和科学研究的矛盾及其协调原则。

3月6日　参加刘胡兰的母亲胡文彦在厦门大学举行的"刘胡兰生平事迹报告会"。

3月20日　参加校党委召开的"贯彻中央教育工作会议精神，坚持以教学为主原则，发挥教师主导作用，大力提高教学质量"的工作会议。

3月　在福建省《红与专》1959年第1~2期上发表《略谈教师在教学中的主导作用》一文。文章指出，"教师在教学中起主导作用，是教学过程的客观规律之一"，充分发挥教师的主导作用，不会妨碍学生的主动性和积极性。要充分发挥教师的主动性，必须做到"把教师的主导作用和学生的主动性、积极性结合起来"。文章还指出，发挥教师的主导作用，要注意学生因素的影响，不能忽视了学生的责任。后发表于《厦门大学学报（哲学社会科学版）》

1960 年第 1 期。

4月2日　经厦门大学党委决定，并报福建省委批准，任厦门大学校务委员会委员，校长王亚南任主任委员。《新厦大》1959 年 4 月 4 日刊登布告。

4月30日　向学校提交《教学科学研究四月份情况汇报》。

5月8日至10日　参加"中国共产党厦门大学第二次代表大会"。大会选举校党委委员 23 人，陆维特连任书记。

7月31日　在《新厦大》上发表《合理安排暑假生活》一文。文章指出，假期生活是学校教学过程中特殊但却不可缺少的一部分，合理利用、安排假期，保证休息好、娱乐好、读书好，可以提高教学质量。

9月21日至29日　参加"厦门大学第三次科学讨论会"，并宣读个人论文。

9月30日　在《厦门大学学报》上发表《党的教育方针在我校开花结果》一文。

10月15日　提交以教学科学研究处名义起草的《厦门大学各系修订教育计划的综合资料与若干问题的意见》。

10月　在《学术论坛》1959 年第 5 期上发表《十年来教育改革的伟大成就及主要经验》一文。文章概括了新中国成立十年来（1949—1959）厦门大学教育改革的五大成就：（1）初步建立起社会主义的教育体系；（2）学生数量迅速增加，教学质量显著提高，为国家培养了大批社会主义建设专门人才；（3）为我国劳动人民知识化做出了贡献；（4）培养了新生力量，壮大了教师队伍；（5）大大增加了物资设备，改善了教学的物质条件。文章还总结了十年来厦门大学教育改革与发展的主要经验：（1）党的领导和群众路线是根本保证；（2）政治思想教育和思想改革是前提条件和思想基础；（3）党的教育方针是唯一正确的方针；（4）从中国实际出发，学习苏联先进经验是必要条件；（5）坚持教学。

12月24日　在《厦门日报》上发表《党的教育方针的胜利》一文。

12月　在《福建教育》1959 年第 24 期上发表《坚持理论联系实际的原则》一文。文章指出，理论联系实际，是社会主义学校教学的基本原则，必须在教学过程中认真贯彻这一原则。文中还列举了《袁大妈喂牛》《拔萝卜》

和《老婆婆》三个教学案例，用以解析与说明如何在教学过程中有效运用理论联系实际这一教学原则。

1960年　四十岁

1月1日　参加厦门大学"大跃进展览馆"开幕式，包括数学、物理、化学、生物等七个分馆的展览。

2月13日　参加学校召开的"厦门大学先进集体和积极分子表彰大会"。会上有16个先进单位、75名校级积极分子和427名各单位积极分子受到表彰。

3月　赴北京参加教育部教学工作会议，并到北京天安门前留影。

4月6日　厦门大学在庆祝建校39周年的同时，成立了毛泽东思想研究室，下设若干专业研究小组。参与毛泽东教育思想研究小组的研究与讨论。

4月　在《厦门大学学报（哲学社会科学版）》1960年第2期上发表《毛泽东同志教育思想试探》一文，并在全校学术年会上做报告。

5月4日　厦门大学成立学校教学改革办公室，以加强对全校教改工作的领导。

5月7日　参加学校召开的讨论"编写理科教改方案问题"的第一次工作会议。其他参加人员有卫守一等4人。

5月10日　参加学校召开的理科申报工作会议。其他参加人员有曾鸣等5人。

5月11日　参加学校召开的教改宣传会议，"研究教改宣传工作"。

5月15日　参加学校召开的文科汇报会议。

5月20日　中共福建省委第一书记叶飞到厦门大学视察和参观，参加欢迎仪式和相关活动。

5月22日至23日　毛泽东思想研究室教育组举行第一次科学讨论会，作为教育组主任报告该组成立以来的各项工作。

5月26日　在张玉麟副校长的主持下，组织召开了理科四系教学改革会议。

5月27日　参加学校召开的文科支书会议。其他参加人员有陈民正等7人。

5月30日　拟定的《关于贯彻执行中央劳逸结合指示的通知》经校党委讨论通过并下发文件。

6月29日　参加学校召开的处务会。

7月6日　参加历史系举行的中国经济史研究室成立大会。

10月15日　向学校提交《开学以来教学、教改情况汇报》(9月5日至10月15日)。

10月22日至30日　参加学校举行的"第四次科学讨论会"，并宣读个人论文。

11月　起草并向学校提交《厦门大学三年来(1957—1960)劳动教育的总结》。

1961年　四十一岁

1月24日　校党委决定建立领导干部与群众联系的制度，要求处级以上干部深入一个系、一个班同教师、学生经常联系，及时了解群众的意见和要求。联系教育学教研组。

3月5日　参加中宣部副部长周扬到厦门大学视察时召开的文科、理科教师代表座谈会。周扬同志在会上就教学改革问题发表了重要讲话。

4月　在《厦门大学学报（哲学社会科学版）》1961年第2期上发表《马克思主义教育思想的传播者杨贤江同志逝世三十周年纪念》一文。文章从"杨贤江生平及其思想发展过程""'新教育大纲'一书所反映的杨贤江教育思想""有关评价杨贤江教育思想的几个问题"三方面展开论述。

5月17日　听取王亚南校长向全校干部传达中央教育部教材工作会议精神。

5月31日　为恢复教学秩序，第六次校务委员会讨论通过了由教务处拟订的有关教务、学籍管理、成绩考核等方面的规章制度。

6月24日至7月8日　参加学校召开的"第五次科学讨论会"，并宣读个人论文。

8月20日 与厦门大学500名师生一起，前往集美参加陈嘉庚先生遗体安葬仪式。厦门大学创办人、中华全国归国华侨联合会主席、第三届全国政协副主席陈嘉庚先生于8月12日在北京逝世。8月15日上午，首都各界举行公祭陈嘉庚大会，由周恩来总理担任主任委员的"陈嘉庚先生治丧委员会"，主祭人周恩来总理，华侨事务委员会主任廖承志致悼词。周总理和朱德委员长领先执绋，在哀乐中护送灵柩上灵车，然后用专列载往厦门。8月20日下午，运载陈嘉庚先生灵柩的专列抵达集美、缓慢进站，大家哭声一片。由时任中共福建省委书记林一心、副省长梁灵光及从北京护送灵柩来的侨务委员会副主任庄希泉等领先执绋，将灵柩送到鳌园墓地。

8月下旬 参加校党委组织的全校党政干部学习班，学习《教育部直属高等学校暂行工作条例（草案）》。

9月 学习和宣传《教育部直属高等学校暂行工作条例（草案）》（简称《高教六十条》）。

9月 开始为厦门大学经济系、中文系学生开设"逻辑学"课程。

12月1日 向学校提交教务处拟订的《有关安排我校1961—1962年度第二学期开课计划的几点意见》（第二稿）。

12月10日 以厦门大学教育学教研组的名义，在《厦门日报》上发表《关于应否给学生有所怕的几点意见》一文。文章指出，合理的严格要求，不能与"使学生有所怕"混淆起来。"我们反对给学生有所怕，不是反对某一种方法，而是反对这种消极的教育态度"；"不是从使学生有所'怕'出发，而是从促使学生有所'悟'出发"；"学生自觉性的培养，必须建立在对学生人格的尊重上。要信任学生有自觉能力，相信学生能够被教育好"；"不仅要告诉学生'应该怎样做'，还必须告诉他们'为什么应该这样做'的道理，不但告诉他们道理，还要让他们讨论，并采取各种方式进行反复练习"。

12月15日至17日 参加"中共厦门大学第三次代表大会"。正式代表152人，列席代表75人。会议的中心内容为总结、检查、贯彻、执行党的教育方针、全面提高教学质量问题。大会选举新一届党委委员27人，陆维特连任书记。

12月　在《福建教育》第 24 期上发表《正确掌握儿童年龄特征》一文。文章强调指出，要掌握儿童的一般发展规律，从儿童的特点出发选择教育内容和教育方法。

1962 年　四十二岁

1月4日　学校下达贯彻劳逸结合、减轻学生负担的若干具体规定。

3月16日　任厦门大学校务委员会委员。

4月11日　听福建省科委陈超凡主任到厦门大学传达周恩来总理、陈毅副总理在广州会议上关于知识分子问题的讲话精神，以及科学研究工作的 14 条意见。

4月26日　任厦门大学教务处代处长兼教育学教研组主任。

4月29日　参加华东局宣传部夏征农副部长和福建省委宣传部许彧青部长到厦门大学视察召开的贯彻《高教六十条》调研座谈会。

4月　在《厦门大学学报（哲学社会科学版）》1962 年第 2 期上发表《再论教学过程中的理论联系实际》一文。论文的要点是：（1）从教学实践到社会实践，是教学过程中理论联系实际的一个重要发展；（2）教学过程中理论联系实际的两个公式的探讨；（3）理论与实践对立统一观点，对于处理教学过程中理论联系实践的关系的指导意义；（4）如何根据学科、课程、教学形式的特点贯彻理论联系实际的原则。

7月13日　任厦门大学教务处处长。

8月　在《厦门大学学报（哲学社会科学版）》1962 年第 4 期上发表《关于概念内涵的若干问题——逻辑学质疑之一》（与林去病合作）一文。文章指出，在教学中所发现而亟待解决的若干问题，还有许多没有或很少被论及，而关于概念的内涵是若干质疑问题中的一个。

9月13日　在《文汇报》上发表《如何评价杨贤江的教育思想》一文。

9月15日　在厦门大学招待所三楼参加第十次校务委员会第三次会议，汇报教务处拟订的《改进教学领导管理工作的几项建议》（第二稿）。

9月　陪同王亚南校长到福州参加福建省哲学、社会科学学会联合会筹委会成立大会。王亚南主持会议并被推选为主任。

11月18日 作为执笔人,以厦门大学教育教研组的名义,在《厦门日报》上发表《可以按孩子的类型规定一些教育方法吗?》一文。文章指出,由于每个儿童的个性特点不同,并且儿童的成长是变化多端的,因此不能企图用一个"有效的"方法教育所有的儿童。最后指出:"我们希望社会上对教师这种光荣而艰巨的任务有所认识,更希望教师们自己对这种光荣而艰巨的任务有深刻的认识,共同培养革命的接班人。"

12月7日 参加第一届校务委员会第十二次会议并汇报教务处拟定的有关教学规章制度。

12月15日 校行政颁布由教务处拟订的《关于改进教学领导管理工作的若干意见》(二十条),对教和学提出了具体的要求和规定。

12月22日 将根据12月7日第一届校务委员会第十二次会议意见修改的由教务处拟订的《厦门大学教务规章汇编》第二部分提交学校,包括《教研室暂行条例》《毕业论文暂行办法》等。12月27日由校长签批印发。

本年 任《厦门大学学报(哲学社会科学版)》常务副主编,主编为厦门大学校长王亚南。《厦门大学学报》的前身是《厦门大学季刊》,创办于1926年4月,1931年改为《厦门大学学报》。1949年停刊,1952年7月复刊。从1955年第1期开始,分成哲学社会科学版和自然科学版。

1963年　四十三岁

1月21日 参与制定的《关于系的行政工作暂行规定》由学校颁布实施。

1月22日 作为单位负责人参加厦门大学春节团拜会。

2月 在《厦门大学学报(哲学社会科学版)》1963年第1期上发表《从中国现代教育史的角度看"倪焕之"》一文。文章的框架如下:(1)《倪焕之》是一部现实而生动的中国现代教育史资料;(2)《倪焕之》所反映的时代与社会教育情况;(3)《倪焕之》所批判的资产阶级改良主义教育思想;(4)《倪焕之》所分析的三种类型的知识青年及其所走的历史道路。

4月6日至12日 参加"建校42周年校庆暨第六次科学讨论会",并提交论文。

4月24日 参加学校召开的"开展增产节约、部署五反运动"教职工动员大会。"五反"即"反贪污盗窃、反投机倒把、反铺张浪费、反分散主义、反官僚主义"。

5月10日 到厦门五中给初二年级全体学生做"新旧社会对比"的报告。

6月 由校长批准任"厦门大学1963年毕业生分配委员会"委员。其他委员有范本昌、林莺、刘贤彬等11人。

6月 由校长批准任"厦门大学1963年研究生招生委员会"委员兼办公室主任,张玉麟任主任委员。其他委员有汪德耀、何恩典、林莺、刘贤彬等9人。研究确定了1963—1964学年度招生计划。

6月 参加第十三次校务委员会会议,讨论通过了"1962—1963学年第二学期工作计划"。

8月 在《厦门大学学报(哲学社会科学版)》1963年第4期上发表《关于判断的若干问题——逻辑学质疑之二》(与林去病合作)一文。文章指出,判断是逻辑思维形式之一,它是概念的展开与发展,又是推理的起点和终结,是思维过程的关键环节。通过举例的方法对"判断""肯定判断""否定判断"定义进行分析,对"一般命题和特称命题分类""必要条件假言判断"进行论证研究,得出"'必要条件的假言判断'是虚假的"这一观点。

9月20日 教育部〔1963〕教厅秘字第173号文件通知,厦门大学定为全国重点高等学校,领导关系直属教育部。

10月13日 以"隽"为笔名,在《厦门日报》上发表《在理解的基础上记忆——也谈"死"与"活"》一文。文章就浅见同志所写的《"死"的知识会"复活"》(发表于6月25日《厦门日报》)一文进行了商榷。文中不否认"死的知识有时会复活"这一观点,但作为一个语文老师应该努力改进教学,做到使学生领会文章后再背诵。认为"背诵,在语文教学上是必要的、合理的,但却不是'死背',而应当是'活背',在理解的基础上记忆。数量上应当有所限制,内容上应当有所选择"。

10月　就教学改革中贯彻"少而精"原则、加强"三基"（基础理论、基本知识、基本技能训练）提出若干意见，布置各系结合本系课程，进行教学改革。

11月　学校开展社会主义教育运动，组织师生下乡下工厂参加生产劳动。

12月15日　拟订的《关于改进教学管理工作的若干意见》由学校颁布实施。

12月17日　参加第19次校务委员会会议，会上通过了教务处拟订的《厦门大学教务通则》。

1964年　四十四岁

1月　被教育部借调到北京，参加临时组织的写作班子，同刘佛年、张焕庭、阮镜清、彭飞、吕型伟、李放等组成写作组，写批判苏联修正主义教育思想的文章。负责人是中央教科所所长、人民教育出版社社长戴伯韬。

4月　在《厦门大学学报（哲学社会科学版）》1964年第2期上发表《少而精教学原则初探》（与王增炳合作）一文。文章提出"少而精是反映教学过程客观规律的教学原则"，并且分析了"少而精"教学原则的含义，论述了"少而精"教学原则应该注意的方法问题。

8月　从北京回到厦门大学，过暑假。

9月　回到北京继续看材料、学习，讨论写作提纲。

10月　编写任务结束，写作班子解散。同吕型伟一起，被正式调中央教育科学研究所。当时中央教育科学研究所由教育理论研究组、教材教法研究组、教育史研究组、教育心理研究组以及资料室构成，以研究马克思主义教育基本理论、党和国家教育方针、国外教育改革动态为主要任务。被安排在教育史研究组，并任马克思主义教育研究小组组长。

11月　随中央教育科学研究所所长戴伯韬一起，到天津制药厂蹲点，调研该厂工人半工半读情况。

1965年　四十五岁

2月　以"潘隽之"为笔名,在《厦门大学学报(哲学社会科学版)》1965年第1期上发表《关于红与专的矛盾关系问题——驳冯定同志〈关于"红专"〉的错误论点》一文。

3月　同中央教育科学研究所副所长康英一起,到河北省遵化县纪各庄蹲点,调查农民半工半读情况。

7月　父亲潘镜耀病逝,终年81岁。长孙潘世墨代为送终。

11月5日　在《人民日报》第5版上发表《关于当前农业中学性质问题的探讨》(与邹光威合作)一文。文章分"确定农业中学性质的根据""按照实际需要确定学制和课程""农业中学的性质随着革命形势的发展而发展"三个标题进行了论述。强调指出,农业中学是我国农村中教育与生产劳动高度结合、为三大革命运动服务的新型中等学校,对提高我国农村文化,发展农业生产,巩固和发展集体经济发挥了显著的作用。文章还分析了农业中学性质的根据,提出了按照实际需要确定学制和课程的观点,总结出农业中学发展的规律,即受社会政治经济发展规律的制约。

1966年　四十六岁

2月至4月　到山西省,调查完全中学和农业中学情况。走遍山西运城、平遥、临汾、太原、侯马以及河津、吕梁山隘的石口等地。

5月16日　中共中央发出"5·16通知","无产阶级文化大革命"开始。

8月23日　部分学生组成"厦大红卫兵总部""红色厦大"等群众组织。

8月26日　部分学生组成"厦大红卫兵独立团"。

9月至12月　被厦门大学两名生物系高年级学生从北京带回厦门大学,接受"革命大批判",参加校园劳动。

1967年　四十七岁

1月至12月　作为"革命大批判"对象，接受厦门大学造反派学生的"批判"，写反省材料，参加校园劳动，主要是挑水、浇树、修路、清扫马路等。

1968年　四十八岁

1月至12月　继续作为批判对象接受校园劳动改造。

10月17日　"军宣队"（中国人民解放军毛泽东思想宣传队）进驻厦门大学。

10月27日　"工宣队"（厦门市工人毛泽东思想宣传队）进驻厦门大学。

12月　参加驻校工宣队、军宣队组织的全校教职工学习中共八届十二中全会公报和毛泽东主席关于阶级、阶级斗争的论述，开展斗、批、改。

1969年　四十九岁

1月至7月　继续作为批判对象接受校园劳动改造。

1月　长子潘世墨（21岁）和次子潘世平（19岁）被分配到福建省武平县大禾公社邓坑村上山下乡，接受贫下中农再教育。

7月　驻校军、工宣队开始进行"解放干部"工作。

8月　由驻校军宣队队长祝永业代表革委会宣布"解放"，恢复了"自由"。

10月至12月　中央教育科学研究所派吴式颖来厦门，拟接回北京。但尚未启程回京又接到通知，从厦门直接到安徽凤阳教育部"五七干校"报到，被编在中央教育科学研究所这个最小的连队——第九连，任九连五组副组长。

11月13日　厦门大学校长王亚南教授在上海病逝。获悉噩耗，十分悲痛。

1970年 五十岁

1月至12月 在安徽省凤阳教育部"五七干校"劳动。

8月 回厦门探亲一次。

10月25日 福建省革委会通知,要求厦门大学开办教育系。

1971年 五十一岁

1月至10月 继续在安徽凤阳的教育部"五七干校"劳动改造。

11月至12月 接到分配去云南的通知,立即收拾行李,乘车到上海转车,赴云南昆明。

本年 一家六口人,分处五地,生活凄苦,难以团圆。

1972年 五十二岁

1月至8月 被分配到云南省科教组任大学组负责人,从事云南8所高校的联络工作。

2月14日 在昆明过春节。

5月 去广西桂林调研,游象鼻山、七星岩、漓江等景点。

9月 患急性黄疸肝炎,住院治疗。

11月27日 福建省革命委员会任命曾鸣为厦门大学革命委员会主任。校革委会下设:办公室、校务处、教育革命处、政治处、人民武装部。

11月至12月 病愈出院,回厦门大学休养。

12月 借休假时机,参与制定《厦门大学教学管理纲要(修正草案)》,规定了学生考试考核制度。

1973年　五十三岁

1月　返回云南昆明继续工作。

2月2日（大年三十）　在昆明独自一人过春节。

2月3日（正月初一）　和朋友一起，游览昆明翠湖。

2月14日　中共福建省委任命曾鸣为中共厦门大学委员会书记，林汝楠为副书记。

2月　组织云南省大学教学经验交流会。

4月　福建省革委会任命赵源、谢白秋为厦门大学革委会副主任。

5月至10月　借调厦门大学，主持教育革命处日常教务活动和教学改革与建章立制工作。

10月20日　在时任厦门大学革委会主任曾鸣（1979年12月6日任厦门大学党委书记、校长）的积极推动下，正式调回厦门大学任教育革命处处长兼机关第二党总支书记。

12月25日　签发《关于开办石油化工企业财务会计培训班的意见》。

1974年　五十四岁

1月6日　参与制定的《关于修改〈厦门大学教学管理纲要〉的通知》由校党委、校革委会颁布。

2月14日　参加全校师生员工大会，听校党委传达中共中央〔1974〕5号文件，要求结合教育实际开展批林批孔运动。

5月23日　就本校"开门办学"的实际情况向各系做了通报，要求就近到农村、工厂开门办学，不能以开门办学为名，到外地、大城市旅游。

10月25日　校革委会发布由教育革命处拟订的《关于理科各系各年级学习年限的补充通知》，确定理科各系72级、73级学生学习年限为三年，另加补习半年。对学生学工、学农和毕业实践的时间也做了规定。

本年　制定教学规范，加强教学管理，维护教学秩序，要求对"工农兵"

大学生加强管理，因此，经常被贴大字报。

1975 年　五十五岁

1月2日　参加学校召开的汇报经济危机会议情况。其他参加人员有曾鸣、赵源等13人。

1月4日　签发《出发燃化部科教局教育组，报送"气相色谱培训班"计划》。

1月6日　参加学校总支书记会议。其他参加人员有曾鸣、赵源、朱宝良等20人。

1月9日　参加学校召开的经济系情况汇报会。其他参加人员有曾鸣等10人。

1月13日　参加学校总支书记会议。其他参加人员有曾鸣、张宝顺、谢白秋等23人。

1月18日　参加学校总支书记会议。其他参加人员有曾鸣、谢白秋、赵源等19人。

1月22日　参加学校总支书记会议。其他参加人员有曾鸣等23人。

2月16日　签发《上海化工七·二七工人大学要求培训师资的报告》。

同日　参加学校召开的"学习朝农经验讨论会"。其他参加人员有曾鸣等20人。

2月17日　参加学校召开的"继续讨论学习朝农经验会"。

2月25日　参加学校召开的"研究全校政治理论学习问题"会议（全天）。其他参加人员有曾鸣等。

2月27日　参加学校总支书记会议。其他参加人员有曾鸣、赵源、谢白秋等25人。

3月3日　参加学校总支书记会议。其他参加人员有曾鸣、谢白秋、赵源等21人。

3月26日　参加学校总支书记会议。其他参加人员有曾鸣、谢白秋、赵源等22人。

3月27日 参加"研究出台开门办学文件的问题"的会议。其他参加人员有曾鸣、谢白秋、赵源等12人。

4月1日 签发厦门大学《关于我校理科各专业的学制问题的请示报告》。

6月11日 校革委会讨论通过由教育革命处拟订的《关于做好72届毕业实践的总结工作的通知》。72届是继工农试点班后的首届工农兵学员。

6月16日 参加学校召开的招生工作会议。其他参加人员有赵源、潘潮玄等12人。

6月18日 参加学校召开的十年规划工作会议。其他参加人员有潘潮玄等12人。

6月21日 参加学校召开的"校中心组学习人大文件——宪法"会议。其他参加人员有曾鸣、谢白秋等15人。

7月16日 参加学校办公会议。其他参加人员有赵源等10人。

7月21日 签发厦门大学《关于认真做好72届毕业实践的总结工作的通知》。

8月25日 参加学校办公会议。其他参加人员有赵源、未力工等8人。

8月29日 参加学校办公会议。其他参加人员有赵源等。

9月5日 参加学校办公会议。其他参加人员有谢白秋、赵源、未力工等13人。

9月30日 福建省教育局批复同意厦门大学恢复哲学系。连续召开会议组织落实。

10月 以"夏敏"为笔名,与吴式颖合写《传统教育思想评析》、修改张同善等的《实用主义教育思想批判》,在《教育革命通讯》上发表。

11月7日 参加全校师生员工大会,听校党委副书记司守行传达贯彻全国农业学大寨会议精神。

11月21日 参加学校办公会议。其他参加人员有赵源等13人。

11月27日 组织教育革命处全体成员学习校革委会为贯彻毛主席的"五七"指示精神而发布的《关于组织师生员工参加集体生产劳动的通知》。

1976 年　五十六岁

1月8日　周恩来总理病逝，厦门大学机关第二党总支和群众，自发开展悼念活动。

1月14日　组织落实厦门大学经济系增设"对外贸易"专业问题，从1976年开始招生。

3月9日　参加校系领导干部会议。其他参加人员有未力工、赵源等。

4月3日　在"教育革命大辩论会"上，与厦门大学哲学系、数学系学生造反派就苏联教育问题进行论辩。

4月4日　率领机关第二党总支全体党员和群众到厦门市烈士陵园纪念碑前悼念周恩来总理。

7月6日　参加学校组织的朱德委员长追悼会。

9月9日　参加在厦门大学建南大礼堂举行的毛泽东主席追悼大会。

10月12日至23日　参加学校举办的"鲁迅思想和著作学习讨论会"并撰写文章，纪念鲁迅诞辰95周年、逝世40周年暨到厦门大学执教50周年。

10月18日　参加校党委在建南大礼堂举行的向全校师生员工传达粉碎"四人帮"反党集团会议。会后，全校师生员工上街游行，热烈欢呼粉碎"四人帮"的伟大胜利。

11月23日　参加校党委在建南大会堂举行的欢迎马列主义教研室教师林德忠获释回校大会，宣布为他的冤案平反。此前，林德忠同"四人帮"做针锋相对的斗争，被打成"现行反革命"，投进监狱达6个月之久。

11月至12月　积极参加深入揭批"四人帮"的各种活动。

1977 年　五十七岁

1月至6月　积极组织和参与教学教务管理与建章立制工作。

4月　认真组织学习《毛泽东选集（第五卷）》，参加校党委举办的领导干部和理论骨干读书班。

7月8日　在小组会议上发言，揭批"四人帮"破坏教育工作的罪行。

7月　率理科部分教师赴北戴河参加高等学校理科教材编写工作会议，制定了理科基础课程教材编写计划和规划草案，厦门大学理科教师承担教育部部分理科教材编写工作。

8月2日至10日　参加教育部在北戴河召开的全国综合大学教学工作座谈会并作发言。

8月8日　邓小平主持召开科学和教育工作座谈会，坚决主张恢复高考，颇受鼓舞。

8月　作为厦门大学教育革命处处长，主持拟订了"1977年厦门大学招生工作意见（草案）"。

10月17日　经国务院批准，教育部在全国实行招生考试制度改革。此后，积极编制学校招生计划，组织招生考试工作。

12月2日　校革委会通知恢复数学、物理、化学公共课的教学工作，并成立公共数学和公共物理教研室。

12月20日　厦门大学教育革命处改为教务处，仍任处长，致力于恢复学校教学秩序工作。

同日　向党委提出改进《厦门大学学报》的意见和建议。

12月26日　参加厦门大学隆重举行的"教学科研先进单位、先进工作者暨三好生表彰大会"。这是粉碎"四人帮"之后一次规模空前的群英会。大会共表彰了28个先进单位、152名先进工作者和103名三好学生，向他们颁发了奖状、赠送了纪念册。

12月27日至1978年1月4日　粉碎"四人帮"之后当选为福建省人大代表。在福州参加福建省第五届人民代表大会第一次会议。

12月　教务处拟订的《关于制定和执行教学计划的几点意见》由校革委会颁布实施，提出"要贯彻'以学为主，兼学别样'的原则，保证主学时间"。

1978年　五十八岁

1月11日　参加厦门大学举行的"社来社去"试点班（中文、生物）毕业典礼。

1月18日 参加在厦门大学招待所三楼小会议室召开的常委会。其他参加人员有司守行、赵源等5人。

1月21日 参加在厦门大学校革委会办公楼小会议室召开的常委、部处长会议。其他参加人员有司守行、赵源、未力工等9人。

1月29日 参加学校办公会议。其他参加人员有司守行、赵源、未力工等13人。

1月 厦门大学公布设立"高等学校教育研究组",任负责人。

2月19日 在《厦大校刊》上发表《拨乱反正 还历史本来面目——揭批"四人帮"否定高教六十条的谬论》一文。该文详细批驳了"四人帮"给《高教六十条》强加的三顶帽子:"教授治校""智育第一""业务挂帅",认为"《高教六十条》是一份高等教育指导性文件"。

2月24日 参加在厦门大学校招待所二楼会议室召开的会议。其他参加人员有司守行、赵源等11人。

3月8日 参加在厦门大学招待所三楼小会议室召开的部、处长会议。其他参加人员有司守行、谢白秋等人。

3月17日 任福建省文字改革临时领导小组成员,组长是张格心(省革委会副主任)。

3月25日 参加在厦门大学招待所三楼小会议室召开的常委、部处长会议。其他参加人员有司守行、谢白秋等8人。

3月27日 参加在厦门大学招待所三楼小会议室召开的常委会。其他参加人员有司守行、谢白秋等5人。

4月3日 签发〔1978〕科发外字0446号《关于选派出席第三届国际生物固氮讨论会人员的函》。

4月24日 在《福建日报》上发表《高教六十条不容诋毁》一文。

5月27日 中国第一个以高等教育为研究对象的专门科研机构——"厦门大学高等学校教育研究室"成立,被任命为研究室主任(兼),陈汝惠为副主任,罗杞秀为秘书。精心规划了研究室从1978年至2000年长达22年的三个战略发展阶段:第一阶段(1978—1983),以建立高等教育学新学科为基本任务，促进建所工作；第二阶段（1984—1990 或稍后），以培养人才为主要任务，并围绕培养人才开展科学研究工作；第三阶段（1990—2000），进行较高水平与较广泛领域的科学研究，加强国际教育学术交流，建成名副其实的国家重点学科点。

5月27日至6月6日　参加厦门大学隆重举行的"第七次科学讨论会"，并提交论文。这是中断了15年、"文革"后的首次科学讨论会。全校共提交论文353篇。

5月28日　被任命为厦门大学哲学社会科学学术委员会副主任委员。

5月29日　参加在厦门大学招待所三楼会议室召开的常委会。其他参加人员有曾鸣、未力工、张存友等6人。

6月1日　参加在厦门大学招待所三楼会议室召开的"传达中央教育工作会（续）"。其他参加人员有常委、各部处负责人、各系负责人等。

6月9日　参加在厦门大学招待所二楼会议室召开的常委扩大会。其他参加人员有曾鸣、司守行、未力工等9人。

6月20日　签发厦门大学校办字〔1978〕4号《关于贯彻全国教育工作会议精神的意见》。

6月21日　签发厦门大学革科字〔1978〕25号《抄送海洋系1978—1985科研规划》。

6月23日　参加厦门大学革委会在校招待所二楼会议室召开的办公会。其他参加人员有司守行、谢白秋等10人。

6月27日　任《厦门大学学报（哲学社会科学版）》主编。

7月3日　签发〔1978〕58号文《关于执行注册制度的通知》。

7月8日　签发厦门大学校教字〔1978〕70号《关于升留级、跳级、提前毕业的补充规定》。

7月11日　签发厦门大学《邀请外籍学者来华讲学的有关注意事项》。

7月12日　参加在厦门大学招待所二楼会议室召开的常委扩大会议。其他参加人员有曾鸣、司守行、未力工等人。

7月14日　参加在厦门大学招待所二楼会议室召开的常委、部、处、系领导会议。其他参加人员有曾鸣、赵源、未力工等人。

7月18日 签发厦门大学校教字〔1978〕76号《关于制订和执行教学计划的补充意见》。

7月27日 参加在厦门大学招待所二楼会议室召开的学校办公会。其他参加人员有司守行等4人。

7月 主持制定的《关于制定和执行教学计划的补充意见》由厦门大学公布实施。

8月3日 厦门大学高教研究室举行第一次工作会议,把研究室的目标确定为建立高等教育学新学科,并正式将研究室名称改为"厦门大学高等教育科学研究室"。

8月30日 参加在厦门大学招待所二楼会议室召开的"曾书记传达重点大学会议精神"会议。其他参加人员有曾鸣、未力工、张存友等38人。

8月 在《厦门大学学报(哲学社会科学版)》1978年第4期上发表《必须开展高等教育的理论研究——建立高等教育学刍议》一文。从高等学校德育、智育、体育以及大学生特征等方面分析了高等教育与普通学校教育的不同之处,系统论述了开展理论研究的必要性、可行性和理论意义与实践意义。后被上海图书馆编辑出版的《全国报刊索引》1979年第1期收录于"教育革命"栏目之中。

9月1日 参加在厦门大学招待所二楼会议室召开的常委会。其他参加人员有曾鸣、未力工、张存友等7人。

9月2日 听校长曾鸣传达全国教育部部属重点大学规划座谈会精神,提出厦门大学今后要发展成为万人大学。会后讨论学校三年和五年发展规划。

9月3日 参加在厦门大学招待所二楼会议室召开的常委会,讨论"研究出席社会科学规划会准备情况"。其他参加人员有曾鸣、未力工、张存友等7人。

9月4日 参加在厦门大学招待所二楼会议室召开的"传达、贯彻重点大学会议精神"会议。其他参加人员有常委、各部处、各系负责人。

9月5日 参加在厦门大学招待所二楼会议室召开的会议。其他参加人员有曾鸣、赵源、张存友等34人。

9月6日 参加在厦门大学招待所二楼会议室召开的党委常委扩大会。其他参加人员有曾鸣、赵源、张存友等11人。

9月8日　阅国务院侨务办公室《侨务简报》。

9月15日　参加在厦门大学招待所二楼会议室召开的会议，讨论"教师晋升职称问题"。其他参加人员有未力工、张存友、肖丽娟等5人。

9月18日　参加在厦门大学招待所二楼会议室召开的常委扩大会。其他参加人员有曾鸣、未力工、张存友等8人。

9月25日　参加在厦门大学招待所二楼会议室召开的"常委、各部处负责人研究1978—1979上学期工作计划"会议。其他参加人员有曾鸣、未力工、张存友等8人。

9月28日　参加在厦门大学招待所二楼会议室召开的常委、各部处负责人会议，研究1978—1979上学期工作计划，做汇报。其他参加人员有曾鸣、未力工、张存友等9人。

9月30日　参加在厦门大学校革委会办公楼二楼会议室召开的会议，讨论"理科专业调整问题"。其他参加人员有曾鸣等14人。

9月　作为教务处处长，同厦门大学几位理科的系主任一起，去北戴河参加教育部召开的理科教材建设会议。厦门大学当时承担了教育部4门理科教材的编写任务。

10月　创办"文革"后第一份外国高等教育研究刊物——《外国高等教育资料》（一），后改名为《国际高等教育研究》，任主编，至1993年由谢作栩接任。创刊号的主要篇目，有《美国的研究生教育》《美国麻省理工学院培养研究生简介》《日本名古屋大学研究院概况》《日本的大学重视利用原有条件多招学生》《日本的大学是怎样实行学分制的》等。

11月1日　参加在厦门大学招待所二楼召开的党委常委会，由林德忠同志传达出席全国第九次工代会精神。其他参加人员有曾鸣、赵源、未力工、张存友等8人。

11月20日　参加在厦门大学保卫科三楼会议室召开的常委会。其他参加人员有曾鸣、未力工、张存友等6人。

11月22日　参加在厦门大学办公楼二楼会议室召开的"常委召集各总支书记、部处负责人研究揭批查定案工作问题"会议。其他参加人员有赵源等人。

11月23日 参加在厦门大学办公楼二楼会议室召开的如何办成"两个中心"座谈会议。其他参加人员有曾鸣、赵源等9人。

同日 参加在厦门大学办公楼二楼会议室召开的常委会,研究文科科研规划。其他参加人员有曾鸣、赵源、张存友等10人。

11月 任主编的杂志《外国高等教育资料》(二)出版。

12月1日 参加在厦门大学办公楼二楼召开的办公会议,研究《厦门大学学报(哲学社会科学版)》公开发行问题。其他参加人员有张存友、张开根等12人。

12月5日 中共福建省委(闽委〔1978〕组字180号文)通知:"潘茂元同志任中共厦门大学委员会委员、常委。"

12月6日 参加在厦门大学招待所二楼会议室召开的"向教育部计划司聂司长、财政部文教司林司长汇报情况"会议。其他参加人员有曾鸣、未力工等。

12月7日 在《光明日报》上发表《开展高等教育理论的研究》一文。文章指出,随着高等教育的发展,出现了一些普通教育学无法做出理论指导的问题;同时,与普通教育相比,高等教育具有许多特殊性,所以必须开展高等教育理论研究。

12月8日 参加在厦门大学办公楼一楼会议室召开的办公会。其他参加人员有曾鸣、未力工等11人。

同日 参加在厦门大学招待所二楼会议室召开的"研究海外函授部工作如何开展"会议。其他参加人员有曾鸣、未力工等9人。

12月9日 在建南大会堂观看校艺术团排练的大型话剧《于无声处》。

12月11日 经福建省革委会批准,晋升为教授。同时晋升的厦门大学教授共有16名。

同日 参加在厦门大学招待所三楼会议室召开的常委扩大会,研究王亚南校长追悼会问题。其他参加人员有曾鸣、未力工、张存友等11人。

12月13日 参加在厦门大学办公楼二楼会议室召开的研究教学工作(续)会议。其他参加人员有曾鸣、未力工等15人。

12月14日 参加在厦门大学招待所三楼会议室召开的常委会,研究干部问题。其他参加人员有曾鸣、未力工、张存友等6人。

12月18日 参加在厦门大学办公楼二楼会议室召开的"教学工作——文科系主任汇报期中教学检查"会议。其他参加人员有曾鸣、肖丽娟等12人。

12月19日 参加在厦门大学办公楼二楼会议室召开的"教学工作——理科系主任汇报期中教学检查"会议。其他参加人员有曾鸣、刘正坤15人。

12月20日 参加在厦门大学大礼堂隆重举行的"王亚南骨灰护送仪式大会",胸戴白花,注目护送,深切哀思。

12月26日 参加在厦门大学校招待所三楼会议室召开的常委会。其他参加人员有曾鸣、未力工、张存友等6人。

12月30日 教育部(〔1978〕教党1431号文)通知:"厦门大学党委:经党中央十二月十六日批准:曾鸣同志任厦门大学党委书记、校长;……未力工、潘茂元、唐仲璋、傅家麟同志任厦门大学副校长。"

同日 参加全校干部、教师和部分学生、工人参加的教学科研动员大会,听取了校长曾鸣所做的《总结经验 明确任务 把党的工作中心转移到教学科研上来》的动员报告。

本年 主持分管的学术刊物《厦门大学学报(哲学社会科学版和自然版)》恢复在全国公开发行。

1979年 五十九岁

1月5日 参加在厦门大学保卫科三楼会议室召开的"研究冤案结论问题"会议。其他参加人员有未力工、蒋林等7人。

1月8日 参加在厦门大学办公楼二楼会议室召开的"研究扩招问题"会议。其他参加人员有未力工、张存友等18人。

1月11日 中共福建省委(闽委〔1979〕组字001号文)通知:"中共中央组织部一九七八年十二月二十三日〔1978〕干通字1157号函,经党中央十二月十六日批准,曾鸣同志任厦门大学党委书记、校长;……潘茂元同志任厦门大学副校长。"

1月13日　参加在厦门大学办公楼二楼会议室召开的"研究经济系寒假毕业生统计方案"会议。其他参加人员有未力工、张存友、蒋林等9人。

1月16日　参加在厦门大学招待所二楼会议室召开的"研究年终评奖问题"会议。其他参加人员有张存友等5人。

同日　以"校高等教育科学研究室"名义，在《厦门大学学报》发表《试行"高教六十条"按照教育规律办事》一文。

1月22日　参加在厦门大学招待所三楼会议室召开的常委碰头会——专家常委会议。其他参加人员有未力工等3人。

1月29日至30日　参加厦门大学历史、哲学、经济三个不同科系的77级学生联合举办的"人类历史发展动力问题"的学术讨论会。这是文科学生近几年来首次举行的跨系、跨专业的专题讨论。

1月31日　参加在厦门大学招待所二楼会议室召开的常委碰头会。其他参加人员有曾鸣、未力工等6人。

1月　厦门大学高等教育科学研究室在校内聘请了一批有经验并热心高教问题研究的教师和干部作为兼职研究人员。

2月2日　参加在厦门大学招待所三楼会议室召开的常委会。其他参加人员有曾鸣、未力工等8人。

2月3日　参加在厦门大学招待所三楼会议室召开的常委会，讨论"传达、学习党的十一届三中全会精神"。其他参加人员有曾鸣、未力工等7人。

2月5日　上午，参加在厦门大学招待所二楼会议室召开的各部、处、系负责人会议。参加人员有曾鸣、未力工等30人。

同日　下午，参加在厦门大学招待所三楼会议室召开的常委、校领导会议。其他参加人员有曾鸣、未力工等11人。

2月9日　参加在厦门大学招待所三楼会议室召开的常委扩大会。其他参加人员有未力工等7人。

2月11日　参加在厦门大学招待所三楼会议室召开的学术问题会议（紧急会议）。其他参加人员有刘正坤等10人。

2月15日　参加在厦门大学招待所三楼会议室召开的常委会，讨论"揭批办汇报工作"。其他参加人员有未力工、李燕棠等8人。

2月16日　参加在厦门大学招待所三楼会议室召开的常委会，讨论"《红旗》约稿问题"。其他参加人员有未力工、潘潮玄等6人。

2月19日　参加在厦门大学招待所三楼会议室召开的常委会，研究党委工作会安排问题。其他参加人员有未力工、张存友等5人。

2月20日　参加在厦门大学招待所三楼会议室召开的常委会，研究党委工作会如何开问题。其他参加人员有未力工等6人。

2月22日　参加在厦门大学招待所三楼会议室召开的常委会，研究摘帽右派工作问题（1978年11月16日，全国最后一批右派分子摘帽）。其他参加人员有未力工、张存友、王学文等。

2月24日　参加在厦门大学招待所三楼会议室召开的常委会。其他参加人员有未力工、张存友等8人。

2月26日　参加在厦门大学招待所二楼会议室召开的常委会。其他参加人员有未力工、张存友等8人。

同日　签发厦门大学《关于在我校举办马列文艺著作讨论会的报告》。

2月27日　参加在厦门大学招待所二楼会议室召开的常委听77级学业情况汇报会议。其他参加人员有未力工、张存友等11人。

2月　在《厦门大学学报（哲学社会科学版）》1979年第1期上发表《王亚南教授是如何以研究的态度来进行教学的》一文。文章指出，王亚南教授建议学生学习要具有"研究的态度"，即学习者不必强求与讲授者的意见一致；研究中不应把多种不同意见，不加判断地吸收；对于原理、原则，不应死记硬背。

3月1日至15日　参加学校召开的"学习贯彻党的十一届三中全会和福建省委工作会议精神"的工作会议，校党委常委、校中层干部以上共73人参加。

3月1日　参加在厦门大学小礼堂召开的党委工作会。其他参加人员有未力工等72人。

3月2日　参加在厦门大学小礼堂召开的党委工作会。其他参加人员有未力工等72人。

3月5日　参加在厦门大学招待所二楼会议室召开的常委会,研究党委工作问题。其他参加人员有未力工、张存友等人。

3月7日　参加在厦门大学招待所三楼会议室召开的党委工作会。其他参加人员有常委、中层干部等60多人。

3月12日　参加在厦门大学招待所二楼会议室召开的常委会。其他参加人员有未力工等8人。

3月13日　参加在厦门大学小礼堂召开的党委工作会。其他参加人员有未力工等10人。

3月14日　参加在厦门大学招待所二楼会议室召开的常委会。其他参加人员有未力工、张存友等8人。

3月19日　参加在厦门大学招待所二楼会议室召开的常委会。其他参加人员有未力工等5人。

3月21日　参加在厦门大学小会议室召开的常委会。其他参加人员有司守行、谢白秋等6人。

3月22日　参加在厦门大学小会议室召开的常委会。其他参加人员有司守行、谢白秋等6人。

3月24日　参加在厦门大学保卫科三楼会议室召开的常委会。其他参加人员未力工、张存友等7人。

4月7日至13日　参加在北京召开的"中国教育学会成立大会暨全国第一次教育科学规划会议"。做了大会发言,并被选为中国教育学会第一届理事会常务理事。厦门大学高等教育科学研究室被建议列为全国高等教育重点研究基地。

4月　作为分管副校长,积极推动厦门大学首次聘请英籍加拿大专家吴玛丽女士和日本专家森秀雄先生来校任教。

5月3日　参加在厦门大学招待所三楼会议室召开的"常委听取几个专业会议情况汇报会"。其他参加人员有曾鸣、未力工等14人。

5月4日　参加厦门大学"纪念五四运动60周年大会"。会上表彰了"新长征突击手"30名。

5月6日　曾鸣书记兼校长到高等教育科学研究室听取工作汇报,提出全校各部门要大力支持高教研究室工作，增调专职研究人员，建立兼职研究人员队伍。

5月7日　参加在厦门大学办公室小会议室召开的"法律系是否办的问题"座谈会。其他参加人员有曾鸣、潘潮玄等12人。

5月9日　参加在厦门大学招待所二楼会议室召开的常委会。其他参加人员有曾鸣、潘潮玄等4人。

5月14日　参加在厦门大学招待所二楼会议室召开的常委会。其他参加人员有曾鸣、蒋林等9人。

5月15日　参加在厦门大学经济系办公室召开的经济系座谈会议。其他参加人员有曾鸣等8人。

5月16日　参加在厦门大学招待所二楼会议室召开的常委会。其他参加人员有曾鸣、潘潮玄等6人。

5月17日　参加在厦门大学办公楼二楼会议室召开的"文科科研规划汇报会"。其他参加人员有曾鸣等20人。

5月18日　参加在厦门大学办公楼二楼会议室召开的法律系筹备小组第一次会议。其他参加人员有何永全等6人。

5月21日　上午，参加在厦门大学招待所二楼会议室召开的常委会。其他参加人员有曾鸣、未力工等7人。

同日　下午，参加在厦门大学招待所二楼会议室召开的常委会，研究教学工作会议准备文件。其他参加人员有曾鸣、未力工等8人。

5月23日　参加在厦门大学招待所二楼会议室召开的行政办公会。其他参加人员有曾鸣、未力工等13人。

5月29日至6月13日　组织召开厦门大学"全校教学工作会议"，260余人参会。在会上做了《关于教学工作的报告》。强调要加强基础课教学，做好师资培养工作，建设好教研室，提高教学质量。会议讨论并通过了《关于加强基础课教学的几点意见》《教研室暂行工作条例》《执行"全国重点高等学校教师工作量试行办法"的补充意见》三个文件草案。

5月30日　参加在厦门大学招待所二楼会议室召开的常委听取几个专业会议情况汇报会。其他参加人员有曾鸣、未力工等11人。

6月21日 参加在厦门大学办公楼二楼会议室召开的办公室常务会议。其他参加人员有胡永旗等人。

6月27日 主持召开高等教育科学研究室兼职研究人员会议,出席者有蔡声玢、牛万珍、安丽思、陈天择等20余人。这是研究室召开的第一次高等教育科学研讨会。介绍当前开展高等教育科学研究的状况,提出了今后开展高等教育科学研究的初步设想。

7月8日 签发厦门大学校教字〔1979〕70号《关于升级、跳级、转学、毕业的补充通知》。

7月14日 参加在厦门大学招待所二楼会议室召开的常委会,研究落实政策问题。其他参加人员有曾鸣、未力工等5人。

7月16日 参加在厦门大学招待所二楼会议室召开的"常委听取林鹏同志汇报全国农业自然资源会议精神和科研任务"会议。其他参加人员有曾鸣、林鹏等7人。

同日 刚刚成立一个月的上海师范大学(当时的上海师大即华东师大,"文革"期间被合并为上海师大,后来分开)高教研究会,派副理事长黄震、郑启明等6人访问厦门大学高等教育科学研究室,交流高等教育科学研究的做法和经验。座谈中,代表厦门大学高等教育科学研究室向上海师范大学高教研究会提出建议,共同发起组织全国高等教育研究会,作为中国教育学会的团体成员。两个单位还商讨了共同培养高等教育学科研究生等事宜。

7月18日 参加在厦门大学招待所二楼会议室召开的常委会,研究撰写校史提纲问题。其他参加人员有曾鸣等7人。

7月19日 参加在厦门大学招待所二楼会议室召开的常委会,研究人事工作问题。其他参加人员有曾鸣等5人。

7月20日 参加在厦门大学招待所二楼会议室召开的常委会。其他参加人员有曾鸣等4人。

7月23日 参加在厦门大学招待所三楼会议室召开的"研究大学书记会议上的讲稿问题"会议。其他参加人员有曾鸣等4人。

7月26日 参加在厦门大学招待所二楼会议室召开的常委会。其他参加人员有曾鸣、司守行等9人。

7月27日 参加在厦门大学办公楼小会议室召开的"学习7.23人民日报特约评论员文章:排除干扰,坚持党对犯错误干部的政策"会议。其他参加人员有常委成员、各部处主要负责人、各系党总支正、副书记等。

7月28日 参加在厦门大学招待所二楼会议室召开的专家人员会。其他参加人员有李维三等人。

7月30日 参加在厦门大学招待所二楼会议室召开的常委会。其他参加人员曾鸣、未力工等14人。

同日 晚上,参加在厦门大学招待所二楼会议室召开的"大学书记会议日程安排初议"会议。其他参加人员有曾鸣、未力工等8人。

8月11日 参加在厦门大学招待所二楼会议室召开的"研究治安保卫工作"会议。其他参加人员有曾鸣、未力工等6人。

8月31日至9月6日 参加在兰州召开的中国教育学会第一届年会,做了题为《必须开展高等教育理论研究》的报告。在论述高教理论研究意义的基础上,发出了开展高等教育科学研究的呼吁,在与会代表中引起强烈反响。会后,邀请部分会议代表召开了关于高等教育研究问题的座谈会。参加座谈会的有张文郁、刘文修、张焕庭、李放、汪培栋等20余人,大家畅谈高等教育科学研究的重要性和当前高等教育科学研究存在的问题,并一致认为"发起成立全国性高等教育研究组织,不仅必要,而且也是可能的,只要有所倡议,必然水到渠成"。会后,应陕西省高教局邀请,为西安各高校党委书记、校长做了关于高等教育理论研究的专题报告。

8月 在《福建教育》1979年第8期上发表《开展教育科学研究,探索教育规律》一文。文章强调,要用科学的态度、科学的方法,来研究教育问题、探索教育规律,进而通过教育科学研究,逐步认识与掌握教育规律,办好教育事业,提高教育质量。

8月 与厦门大学哲学系赵民主任参加在北京通县举行的全国逻辑学会第一届代表大会。两人均当选为中国逻辑学会第一届理事会理事。

9月19日 参加在厦门大学招待所二楼会议室召开的听取郭奇珍、周长特汇报会议。其他参加人员有曾鸣、司守行等13人。

9月25日至26日 参加隆重举行的"厦门大学工会第十五届会员代表

大会"。来自全校各部门工会的195名代表、44名列席代表参加大会。厦门市总工会主席姚生龙应邀莅会。

10月3日 经与上海师范大学高教研究会商议,以上海师范大学高教研究会和厦门大学高等教育科学研究室的名义向国内部分高校发出"召开成立全国高等教育科学研究会筹备会通知"。通知发出后,北京师范大学高等教育研究会筹备组等6个单位积极响应,均表示愿意作为发起单位。

10月15日至17日 参加并主持在上海召开的、由厦门大学高等教育科学研究室和华东师范大学高等教育研究室发起的"全国高等教育学会筹备工作第一次会议",做了关于高教理论研究意义的报告和会议总结。会议由华东师范大学校长刘佛年主持,通过了《全国高等教育学会章程(讨论稿)》和《成立全国高等教育学会倡议书》等重要文件。参加筹备会工作的八个单位是:兰州大学高等教育研究室、清华大学教育科学研究组筹备组、北京师范大学高等教育研究会筹备组、南京大学教学顾问组、上海交通大学教学法委员会、上海师范大学高等教育研究会、厦门大学高等教育科学研究室、上海市高教研究筹备组。会议决定向全国部分高校和省、市高教局(处)发出《建立全国高等教育学会倡议书》,并讨论了高等教育研究规划。会议决定由上海师范大学高教研究会和厦门大学高等教育科学研究室负责筹备工作,全国高等教育学会筹备联络组设在厦门大学高等教育科学研究室。

11月19日至12月13日 作为中国教育代表团成员,出访泰国、尼泊尔、科威特三国,参观访问了三国的中小学、职业学校、幼儿园、特殊教育、研究机构和政府教育部门,并重点考察了朱拉隆功大学、特里普文大学、科威特大学等。团长为教育部副部长黄辛白,成员有潘懋元、张道一、张群玉、刘英杰、王蕴忠、吴早凤。

11月26日 参加在厦门大学招待所二楼会议室召开的各科总支书记、系主任会议,"研究文科真理标准讨论问题"。其他参加人员有曾鸣等18人。

11月30日 参加在厦门大学招待所二楼会议室召开的会议,讨论"哲学系、马列室分家问题"。其他参加人员有曾鸣等12人。

11月 所主持的全国高等教育学会筹备会将《成立全国高等教育学会倡议书》《全国高等教育学会章程(讨论稿)》等分批寄发各省、市、自治区高教局、全国重点院校、部属高等师范院校，共计130个单位。

12月1日 参加在厦门大学招待所三楼会议室召开的"汇报、传达全国文代会情况"会议。其他参加人员有曾鸣等人。

12月3日 参加在厦门大学招待所三楼会议室召开的常委会。其他参加人员有曾鸣、赵源等11人。

12月4日 参加在厦门大学办公楼小会议室召开的中心组学习会议。其他参加人员有赵源等人。

12月5日 参加在厦门大学办公楼小会议室召开的常委会。其他参加人员有曾鸣等8人。

12月6日 参加在厦门大学招待所二楼会议室召开的期中教学检查会议，讨论"文科系主任汇报"情况。其他参加人员有赵源等8人。

12月7日 参加在厦门大学招待所二楼会议室召开的期中教学检查会议，讨论"理科系主任汇报"情况。其他参加人员有赵源等6人。

12月9日 参加在厦门大学办公楼二楼小会议室召开的常委碰头会。其他参加人员有赵源等10人。

12月12日 参加在厦门大学招待所二楼会议室召开的"教务处汇报期中教学检查情况"会议。其他参加人员有赵源等15人。

12月18日至23日 到福州参加福建省第五届人民代表大会第二次会议。会议通过《关于政府工作报告的决议》，取消福建省革命委员会，恢复福建省人民政府，选举产生福建省人民代表大会常务委员会、常务委员会主任、副主任、省长、副省长和高级人民法院院长。

12月27日 参加在厦门大学招待所三楼会议室召开的教育问题座谈会。其他参加人员有赵源等14人。

同日 在《学术月刊》1979年第12期上发表《在教育是否属于上层建筑讨论中若干有待商榷的问题》一文。文中总结了在教育是否属于上层建筑的讨论中出现的不同观点，重点论述了"如何理解上层建筑随经济基础的变化而变化""如何理解教育与生产力的联系"两个问题和辩论中的逻辑问题。

1980年 六十岁

1月4日 参加在厦门大学办公楼小会议室召开的常委会。其他参加人员有赵源、张存友、蒋林等 11 人。

1 月 5 日　参加在厦门大学校办公室小会议室召开的会议。其他参加人员有司守行、赵源、未力工等 8 人。

1 月 10 日　参加在高扬同志家召开的办公室室务会议。其他参加人员有胡永旗等人。

1 月 14 日　参加在厦门大学办公楼小会议室召开的会议。其他参加人员有司守行、赵源、未力工等 8 人。

1 月 15 日　参加在厦门大学办公室小会议室召开的"机构设置问题"会议。其他参加人员有司守行、赵源、张存友等 11 人。

1 月 16 日　参加在厦门大学校办公室会议室召开的行政工作会议。其他参加人员有赵源等 12 人。

1 月 18 日　参加在厦门大学校办公室会议室召开的行政工作会议。其他参加人员有司守行、未力工等 8 人。

1 月 20 日　在全校教学观摩活动评议会上发表讲话,指出:教学必须要讲究艺术性,今后各系各教研室都要有计划、有准备地开展灵活、多样的观摩活动并持续进行教学法研究。

1 月 24 日　参加在厦门大学招待所三楼会议室召开的常委会。其他参加人员有司守行、赵源、未力工等 10 人。

1 月 25 日　参加在厦门大学办公楼会议室召开的会议。其他参加人员有司守行、赵源、未力工等 15 人。

1 月 27 日　收到中国教育学会秘书长林迪生的回信:"我收到回信,给张健同志看过。关于高教学会成立大会时间与地点,张表示:时间以暑假为宜,地点最好选择适合避暑的地方,没具体说,但不同意放在保定,那边大学少。"

1 月　指导教务处组织了全校性的教学观摩活动,选择 5 门基础课(文科 2 门、理科 3 门),组织教师听、评、审,反响强烈。

1 月　参加学校召开的"确定和提升教师职称工作会议"。会后,校党委为加强这项工作,决定由司守行、谢白秋、潘懋元组成领导小组,并成立了职称办公室。至 1983 年 10 月,全校教师 1 226 人,科研人员 296 人,已有正副教授（正副研究员）162人，讲师（助理研究员）670人。

1月　筹备会给中国教育学会写信询问全国高等教育学会成立大会的事宜。

2月4日　参加在厦门大学招待所三楼会议室召开的会议。其他参加人员有曾鸣、司守行、赵源等8人。

2月5日　参加在厦门大学招待所套间召开的办公室室务会议。其他参加人员有曾鸣等人。

2月8日　参加在厦门大学招待所三楼会议室召开的会议。其他参加人员有曾鸣、张存友、未力工等8人。

2月26日　参加在厦门大学招待所三楼会议室召开的第一次理论学习会议。其他参加人员有赵源、张存友、蒋林等13人。

2月27日　参加在厦门大学招待所三楼会议室召开的第二次理论学习会议。其他参加人员有曾鸣、赵源、蒋林等10人。

2月28日　参加在厦门大学招待所三楼会议室召开的第三次理论学习会议。其他参加人员有曾鸣、赵源、蒋林等8人。

2月29日　参加在厦门大学招待所三楼会议室召开的常委会，讨论"工作计划"。其他参加人员有曾鸣、赵源、谢白秋等8人。

3月6日　参加在厦门大学招待所二楼召开的工作会议。其他参加人员有曾鸣、赵源、谢白秋等15人。

3月13日　参加在厦门大学招待所二楼会议室召开的常委会。其他参加人员有曾鸣、未力工等9人。

3月14日　上午，参加在厦门大学招待所三楼会议室召开的常委会。其他参加人员有曾鸣、未力工、谢白秋等6人。

同日　下午，参加在厦门大学校招待所二楼会议室召开的常委会。其他参加人员有曾鸣、谢白秋、蒋林等7人。

同日　收到中国教育学会秘书处复函："关于高等教育学会成立问题。经董纯才、张健两位所长研究，拟于今年暑假召开，请筹备会订出具体计划。"

3月中旬　在全校教职工中进行考评升级工作。

3月17日　参加在厦门大学招待所二楼会议室召开的会议，讨论"研究生工作会议准备情况汇报"。其他参加人员有曾鸣、谢白秋、蒋林等9人。

3月21日 参加在厦门大学校招待所二楼会议室召开的常委会,"研究工资指标与分配方案"。其他参加人员有曾鸣、未力工、谢白秋等6人。

3月26日 参加在厦门大学办公楼会议室召开的"梁敬生同志汇报教育部在西安召开的社会科学研究座谈会"。其他参加人员有曾鸣、蒋林等8人。

3月27日 参加在厦门大学招待所二楼会议室召开的"关于环境科学学术讨论会筹备工作会"。其他参加人员有科研处等部门的代表。

3月28日 根据中国教育学会秘书处指示,筹备会拟订《关于召开全国高等教育学会暨第一次学术讨论会计划》,寄送中国教育学会审批。该计划拟定会议时间是7月28日至8月5日,共10天;地点建议在北京师范大学或清华大学召开,如北京难以安排,则借用青岛或大连的高等学校召开;会议规模为150人,外加工作人员20人。

3月31日 上午,参加在厦门大学招待所二楼会议室召开的常委会。其他参加人员有曾鸣、谢白秋等8人。

同日 下午,参加在厦门大学招待所二楼会议室召开的常委会。其他参加人员有曾鸣、谢白秋等7人。

4月2日 参加厦门大学校友总会恢复活动。

4月3日 参加在厦门大学招待所三楼召开的常委会会议,讨论"林松同志汇报济南高校政教会议精神"。其他参加人员有曾鸣等9人。

4月5日 参加在厦门大学建南大会堂召开的"全校平反大会"。福建省委宣传部副部长黄明、校党委书记兼校长曾鸣先后发表讲话。

4月6日 厦门大学校友总会理事会举行校庆59周年座谈会。作为副校长、校友会副理事长做会务报告。会议讨论通过了校友总会章程,通过了理事名单。理事长蔡启瑞,副理事长陈村牧、潘懋元,秘书长李强,另有理事24名。

4月9日 参加在厦门大学办公楼会议室召开的"吴修华汇报省科技工作会精神"会议。其他参加人员有曾鸣、蒋林等12人。

4月10日 参加在厦门大学招待所三楼会议室召开的常委会。其他参加人员有曾鸣、未力工等7人。

同日 在观摩厦门大学基础理论课的课堂教学之后，在《厦门大学学报》上发表《写在观摩教学之后——教学漫谈之一》一文。文章认为，观摩教学是交流教学经验、提高教学水平，特别是提高教学法水平的一种行之有效的方式。主要论点包括：（1）讲授要能引导学生的积极思维活动。（2）要解决好课堂讲授中的几个具体问题：一是基础理论联系专业实际问题；二是处理好讲授与讲义的关系问题；三是板书如何做到"整而不死，活而不乱"问题。

4月14日 参加在厦门大学办公室召开的办公室室务会议。其他参加人员有李强、胡永旗等7人。

4月17日 参加在厦门大学招待所三楼会议室召开的常委会，继续研究职称评定工作中的问题。其他参加人员有曾鸣、未力工等8人。

4月20日 《厦门大学学报》公布"厦门大学校友会总会理事名单"，被推选为"厦门大学校友会总会"副理事长。理事长蔡启瑞，秘书长李强。

4月29日 上午，参加在厦门大学招待所会议室召开的中心组学习会议。其他参加人员有曾鸣、未力工等48人。

同日 下午，参加在厦门大学招待所二楼会议室召开的常委会，研究落实政策问题。其他参加人员有曾鸣、未力工等10人。

4月 在《电化教育》1980年第2期上发表《必须开展电教理论研究工作》一文。

4月 在《科学与文化》1980年第2期上发表《科威特：沙漠上的明珠》一文。该文比较全面、客观地评价了科威特的发展。

4月 接到通知：教育部党组决定筹备成立一个中国高等教育学会，作为与中国教育学会平行的一级学会，先从地方成立起，待成熟以后再成立全国性的高等教育学会。

5月2日 参加在厦门大学招待所二楼会议室召开的常委会，研究评奖平衡问题。其他参加人员有曾鸣、未力工等9人。

5月3日 参加在厦门大学招待所二楼会议室召开的常委会，研究班子建设问题。其他参加人员有曾鸣、未力工等7人。

5月7日 参加在厦门大学招待所二楼会议室召开的常委会，研究工资问题。其他参加人员有曾鸣、未力工等9人。

同日 厦门大学高等教育科学研究室在给中央教育科学研究所的一份科研计划和成果通报中提出，要在1981年招收研究生4名，科目（研究方向）为高等教育学和中国高等教育史。

5月8日 参加在厦门大学招待所二楼会议室召开的政治思想工作会议。其他参加人员有曾鸣、未力工等47人。

5月12日 参加在厦门大学招待所二楼会议室召开的洪禹同志（中宣部理论局副局长）来校座谈会。其他参加人员有曾鸣、赵顺等6人。

5月13日 参加在厦门大学招待所二楼会议室召开的洪禹同志召集的政治理论教师座谈会。其他参加人员有曾鸣、未力工等12人。

5月14日 参加在厦门大学招待所二楼会议室召开的文科科研座谈会。其他参加人员有曾鸣、未力工等22人。

同日 下午，参加在厦门大学招待所二楼会议室召开的常委研究基建会议。其他参加人员有曾鸣、蒋林等12人。

5月15日 参加在厦门大学招待所二楼会议室召开的常委会。其他参加人员有曾鸣、未力工等12人。

5月17日 参加在厦门大学招待所二楼会议室召开的常委会。其他参加人员有曾鸣、未力工等人。

5月21日 参加在厦门大学招待所三楼会议室召开的常委会，讨论常委班子情况（材料审核）。其他参加人员有曾鸣等人。

5月 完成《高等教育学》编写大纲初稿，并在研究室的学术会议上进行了讨论。

6月4日 在《厦门大学学报》上发表《复习、考试与评分——教学漫谈之二》一文。文章指出，复习、考试与评分，都是手段、方法，不是目的，目的在于掌握知识、发展能力。

6月5日 参加在厦门大学招待所二楼会议室召开的常委会，研究调资工作。其他参加人员有曾鸣、未力工等12人。

6月6日 参加在厦门大学办公楼会议室召开的行政办公会。其他参加人员有蒋林、未力工等13人。

6月13日 参加在厦门大学招待所二楼会议室召开的常委会，研究工资问题。其他参加人员有曾鸣、未力工等 11 人。

6 月 16 日 参加在厦门大学招待所二楼会议室召开的常委会。其他参加人员有曾鸣、未力工等 9 人。

6 月 18 日 参加在厦门大学招待所二楼会议室召开的常委、校长、副校长会议，讨论"教育规划问题"。其他参加人员有曾鸣、未力工等 11 人。

6 月 19 日 上午，参加在厦门大学招待所二楼会议室召开的常委会，讨论调资问题。其他参加人员有田昭武、未力工等 9 人。

同日 下午，参加在厦门大学映二（201）召开的 1979—1980 年度研究生工作会议。其他参加人员有曾鸣以及研究生导师等人。

6 月 20 日 参加在厦门大学招待所三楼会议室召开的办公室会议，研究校庆、招生等工作。其他参加人员有曾鸣、未力工等 14 人。

7 月 8 日 参加在厦门大学招待所二楼会议室召开的研究职称问题会议。其他参加人员有曾鸣、未力工等 28 人。

7 月 9 日 参加在厦门大学招待所三楼会议室召开的研究授课任命书问题会议。其他参加人员有曾鸣、未力工等 8 人。

7 月 11 日 参加在厦门大学校招待所二楼会议室召开的行政办公室会议。其他参加人员有曾鸣、未力工等 16 人。

7 月 提议在全校设立"优秀教学奖"。首次向 88 位教师颁发"优秀教学"奖状和奖金；第二次奖励 144 名优秀教师（1981 年 10 月）。

8 月 8 日 参加在厦门大学招待所二楼会议室召开的干部会议。其他参加人员有曾鸣、未力工等 39 人。

8 月 15 日 参加在厦门大学招待所二楼会议室召开的常委会。其他参加人员有田昭武、未力工等 24 人。

8 月 20 日 参加在厦门大学办公楼小会议室召开的"迎接联合国官员事宜问题"会议。其他参加人员有曾鸣、吴修华等 14 人。

8 月 22 日 参加在厦门大学招待所二楼会议室召开的常委、行政办公室会议。其他参加人员有曾鸣等 9 人。

8 月 25 日至 29 日 参加在厦门鼓浪屿召开的"中国高等教育学会第二次筹备工作会议"并做《全国高等教育学会筹备工作报告》。出席会议的代表共 44 人，其中有中央教育科学研究所所长张天恩、上海市教育局副局长余立、上海第一医学院院长石美琴、东北师范大学校长刘光、兰州大学副校长辛安亭、厦门大学校长曾鸣等。教育部党组成员张健到会传达教育部党组关于建立中国高等教育学会的指示。

9月1日　被福建省东南亚学校聘请为顾问。

同日　参加在厦门大学招待所三楼会议室召开的会议，讨论财政、金融专业及干训班问题。其他参加人员有司守行、未力工等 13 人。

9月2日　参加在厦门大学招待所二楼会议室召开的常委会，研究工资问题。其他参加人员有谢白秋、未力工等 11 人。

9月8日　厦门大学高等教育科学研究室在工作例会上经过讨论，初步确定了 1981 年招收高等教育学研究生的具体办法。

9月11日　参加在厦门大学招待所二楼会议室召开的常委会，讨论研究人员工作问题。其他参加人员有曾鸣、未力工等 6 人。

9月12日　上午，参加在厦门大学招待所二楼会议室召开的"研究晋升职称工作"会议。其他参加人员有曾鸣、未力工等 13 人。

同日　下午，参加在厦门大学招待所二楼会议室召开的会议，研究 1981 年招生计划和传达参加全国高校排球赛情况。其他参加人员有曾鸣、未力工等 12 人。

9月15日　厦门大学高等教育科学研究室初步确定了参与编写《高等教育学》人员和各自分工。

9月　在《教育研究丛刊》1980 年第 3 期上发表《关于学业成绩负偏态分布问题的初步探讨》（与吴丽卿合作）一文。论文分析了学业成绩常态分配与偏态分配的意义，对厦门地区 3 所高等院校部分学生的考试成绩进行了统计分析，最后提出建议：（1）对过去提出的不适当的口号和做法要敢于批判和抛弃；（2）教师必须正确地、客观地评价学生学业成绩的重要意义；（3）要力求考试评分能客观地反映学生学业程度与学习能力的真实水平。

10月7日　收到中国教育学会秘书处许人纯的来信："张健同志在批示中说到'关于中国高教学会成立大会在明年举行之事，已向南翔同志汇报过，他表示同意。'"

10 月 10 日　签发《关于"说清楚对象"要求退还检查材料，经请示省纪委的答复》。

10 月 13 日　参加在厦门大学办公室小会议室召开的行政办公室会议，讨论"汇报清产核资情况"。其他参加人员有曾鸣、周彬等 4 人。

10 月 14 日至 17 日　受教育部委托，接待来华调查中国高等教育的美国社会学博士、教育学家胡素珊，与厦门大学高教研究室全体教师座谈了 3 天。

10 月 18 日　参加在厦门大学招待所二楼会议室召开的常委会。其他参加人员有曾鸣、谢白秋等 5 人。

10 月 24 日　参加在厦门大学招待所二楼会议室召开的常委会，听取未力工汇报教育部天津会议精神。其他参加人员有田昭武等 9 人。

10 月 27 日　参加在厦门大学招待所二楼会议室召开的"研究物化实验室建设问题——向世界银行提供材料"会议。其他参加人员有田昭武、未力工等 13 人。

10 月 29 日　参加在厦门大学办公楼会议室召开的"研究两案问题（审议）"会议。其他参加人员有谢白秋、未力工等 11 人。

10 月　在《外国教育》1980 年第 5 期上发表《泰国、尼泊尔、科威特三国的高等教育》一文。文章从发展简史、现状、体制与管理制度、高等教育投资、高等教育的专业结构、培养人才的水平、师资、改革与发展等方面详细介绍了这些国家的高等教育发展状况。《外国高等教育资料》1980 年第 9 期全文转载。

10 月　在《天津盟讯·学习福建教育经验专辑》1980 年第 1 期上发表《教育工作者应当重视教育科学研究》一文。文章指出，要提倡用科学态度即实事求是的态度，用科学方法，如统计法、实验法、调查法等来研究教育，教育研究的结果才有意义，才更加科学。《外国高等教育资料》1980 年第 9 期转载。

11 月 7 日　参加在厦门大学办公楼小会议室召开的行政办公室会议。其他参加人员有曾鸣、未力工等 15 人。

11 月 8 日　参加在厦门大学招待所二楼会议室召开的常委会。其他参加人员有曾鸣、未力工等 12 人。

11月8日至20日 到长沙,应邀参加湖南大学为一机部所属院校校(院)长教育科学研究班做题为《高等教育学及教育规律问题》的报告,不仅讲述了高等教育学的研究对象和内容,而且第一次提出了教育内外部关系规律学说。该学说为《高等教育学》的编写奠定了重要的理论基础。讲课录音《高等教育学及教育规律问题》被整理成小册子,全国发行,并被多次翻印。

11月17日 厦门大学海外函授部升格更名为海外函授学院,被任命为海外函授学院院长(1980—1987)。复办后招收的第一批海外函授生350人正式开学。兼任院长后,对函授学院采取"大事抓紧、抓好,相对的小事放开、放活"的方针,使厦门大学的海外教育事业,饮誉于东南亚,腾飞于全世界,被称为"传学四海,誉满五洲"。学院的创新发展举其大者有:(1)敦聘一批专家、教授(兼职)充实教师队伍;(2)扩展海外招生和办学渠道,招生代办处分布美国、英国、日本、加拿大、澳大利亚、荷兰、泰国、新加坡、菲律宾、马来西亚、巴西以及中国香港、中国澳门、中国台湾等,委派教师前往中国香港设立中医教学和临床实习基地;(3)增置教学、后勤设施,使学院的设施达到国内一流水平,增强了对海外学生的吸引力,扩大了招生和办学规模;(4)加强与校内外院系之间的联系,合作办学;(5)亲自接待海外校友,促进国际文化交流。如菲律宾校友、中文函授生佘明培抵厦门看望母校,他感激学院的热情接待,慷慨解囊,主动提出与其夫人施淑好女士共同为厦大捐建一座价值约200万美元的"明培体育馆"。"明培体育馆"现位于"囊萤楼"前方演武场西边。1986年4月6日破土奠基,1990年4月6日落成,建筑面积4 700平方米。

11月23日 参加在厦门大学招待所三楼会议室召开的常委会,研究干部问题。其他参加人员有曾鸣、司守行、未力工等9人。

11月25日 参加在厦门大学招待所二楼会议室召开的会议。其他参加人员有中心组成员。

同日 参加在厦门大学招待所会议室召开的"理科专业汇报期中教学检查情况"会议。其他参加人员有司守行、赵源等16人。

11月28日 参加在厦门大学招待所二楼会议室召开的常委会。其他参加人员有司守行、未力工、谢白秋等 7 人。

11 月 参与编著的《高等教育学及教育规律问题》由湖南大学教务处印发。

12 月 2 日 参加在厦门大学校招待所二楼召开的"出国人员情况汇报"会议。其他参加人员有司守行、吴修华等 12 人。

12 月 4 日 参加在厦门大学招待所二楼会议室召开的常委会。其他参加人员有司守行、谢白秋、蒋林等 10 人。

12 月 5 日 参加在厦门大学招待所二楼会议室召开的常委会。其他参加人员有司守行、未力工、谢白秋等 8 人。

12 月 10 日 签批转发〔1980〕教信 3 号《关于转发〈中华人民共和国学位条例〉及有关文件的通知》。

12 月 12 日 参加在厦门大学校招待所会议室召开的常委会。其他参加人员有司守行、谢白秋、蒋林等 7 人。

12 月 15 日 参加在厦门大学招待所二楼召开的行政工作准备工作会议。其他参加人员有司守行、谢白秋、蒋林等 18 人。

12 月 20 日 参加在厦门大学校招待所二楼会议室召开的常委、行政办公会。其他参加人员有曾鸣、司守行、谢白秋等 10 人。

12 月 22 日 参加在厦门大学校招待所套间召开的常委、行政办公会。其他参加人员有曾鸣、司守行、谢白秋等 10 人。

12 月 27 日 参加在厦门大学招待所三楼会议室召开的"关于订购高级仪器设备"会议，讨论"光电能缮仪（150 万人民币）问题"。其他参加人员有曾鸣、谢白秋、蒋林等 13 人。

12 月 29 日 签转批发〔1980〕教·农厅 7 号《转发国务院批准教育部〈关于大力发展高等学校函授教育和夜大学的意见〉》。

12 月 致信华东师范大学教务处长郑启明教授，就委托华东师范大学协助培养高等教育学研究生的相关事宜进行商议：鉴于厦大没有教育系，给研究生开设教育专业基础课程有困难，计划新招的研究生先到华东师范大学培养一年，和华东师范大学教育科学学院招收的研究生一起上一年专业课，二年级再回厦大高等教育科学研究室继续学习，撰写学位论文。

本年 教育界开始编写《中国大百科全书·教育卷》（中国大百科全书出版社 1985 年 8 月版），提出并撰写有关高等教育的词条释文。

1981 年 六十一岁

1 月 2 日 参加在厦门大学招待所三楼会议室召开的常委、校长、副校长会议。其他参加人员有曾鸣、未力工、蒋林等 9 人。

1 月 3 日 签发〔1981〕学位 22 号《关于做好应届本科毕业生授予学士学位准备工作的通知》。

1 月 7 日 签批转发教育部〔1980〕教外 1034 号《关于提供国外有关高校情况等》。

1 月 9 日 参加在厦门大学校招待所二楼会议室召开的常委会。其他参加人员有曾鸣、未力工、蒋林等 9 人。

1 月 11 日 签批转发〔1980〕教外 998 号《关于拟定 1981—1982 学年出国进修人员选拔计划通知》。

同日 签发校教字〔1981〕5 号《填报统计专业基本情况调查表三份》。

1 月 22 日 签发《邀请学枒先生讲学函》。

1 月 在《福建教育》1981 年第 1 期上发表《教育干部也应专业化》一文。文章从"为什么教育干部专业化是一个至为重要的问题""专业化的教育干部从哪里来""专业化的教育干部应当具备哪些专业知识"展开了层层深入的理论阐述。

1 月 在《教育研究》1981 年第 1 期上发表《教育系的培养目标和教育干部专业化》一文。

1 月 参与编著的《高等教育学及教育规律问题》由广东高教学会筹委会印发。

2 月 2 日 签发厦门大学校教字〔1981〕13 号《报推荐李少菁等六名教师赴沃学习材料》。

2 月 13 日 签发厦门大学校教字〔1981〕19 号《聘请罗伯胤、罗字真等来校开设专题课》。

2月14日 华东师范大学教务处处长郑启明复信潘懋元先生：一是经与教育科学学院、教育科学研究所负责人联系并报刘佛年校长批准，同意厦门大学高等教育学研究生来校学习一年相关课程；二是该项工作交由教育科学学院所属的教育科学研究所具体负责；三是采取"分别招生，合作培养"的办法。

2月17日 签发厦门大学校办字〔1981〕9号《厦门大学简况》。

2月24日 签批转发〔1981〕教高二2号《关于征求〈评估学校研究生工作条例〉修改意见的通知》。

同日 签发〔1981〕教外选91号《征求对制定一九八一至一九八二学年出国研究生选拔计划的意见》。

同日 签发厦门大学校教字〔1981〕23号《关于举办"教学法讲座"的通知》。

2月26日 签发厦门大学校教字〔1981〕16号《报送我校1981至1990年培养研究生重点学科（专业）规划表》。

2月27日 参加在厦门大学招待所二楼会议室召开的会议。其他参加人员有曾鸣、赵源等10人。

2月28日 签批转发教育部〔1981〕教字9号《印发〈华东地区高等学校文科学报编辑座谈会纪要的通知〉》。

2月 主持拟订的《高等教育学大纲》（讨论稿），经过研究室内部多次讨论修改后铅印600份，寄发全国有关单位和专家，广泛征求意见。

2月 收到华东师范大学郑启明回信：介绍了合作方案的相关内容。

2月至11月 组织指导教务处、高等教育科学研究室和各教研室（组）联合举办了全校"教学法讲座"。先后开设《高等学校的教学过程》《大学生生理、心理发展特征》《关于发展智力与培养能力问题》《怎样搞好课堂讲授与备课》《怎样搞好一年级的教学》《高等学校的教学原则》《教学计划与学分制问题》《怎样辅导》《怎样指导实验》《怎样组织考试》等专题。一般每两周一次，听者期末每人写一篇"学习心得体会"，作为教师业务考核的记录载入个人业务档案。"教学法讲座"收效甚大，反响强烈。

3月2日 参加在厦门大学招待所三楼会议室召开的会议。其他参加人员有曾鸣、张存友、蒋林等10人。

3月3日 签批转发教育部《关于征求〈高等学校研究生工作条例〉修改意见的通知》。

同日 签批转发教育部〔1981〕教外选106号《关于一九八一至一九八二学年出国留学本科大学预备生录取通知》。

3月6日 签发厦门大学校教字〔1981〕28号《关于陈联星同志去广交会任翻译的函》《邀请盛草婴先生四月初来我校讲学并参加六十周年校庆函》。

同日 参加在厦门大学招待所二楼召开的会议,讨论"关于成立工科的问题"。其他参加人员有司守行、赵源、蒋林等13人。

3月11日 签发厦门大学校教字〔1981〕31号《我校外文系、中文系联合邀请盛草婴先生来校讲学函》。

同日 签发厦门大学校教字〔1981〕32号《聘请王潼来校讲学函》。

3月13日 签发厦门大学校字9号文《关于佩戴校徽的通知》。

3月15日 签发厦门大学校教字〔1981〕37号《邀请周子亚教授来校讲学函》。

3月26日 参加在厦门大学招待所三楼会议室召开的会议。其他参加人员有曾鸣、赵源、未力工等9人。

3月27日 上午,参加在厦门大学招待所二楼会议室召开的会议,讨论"关于评选(三好学生)活动问题"。其他参加人员有分管学生工作的负责人等。

同日 下午,参加在厦门大学招待所三楼召开的常委组织生活会。其他参加人员有曾鸣、赵源等8人。

3月28日 上午,参加在厦门大学招待所二楼会议室召开的常委会。其他参加人员有曾鸣、谢白秋等8人。

同日 下午,参加在厦门大学招待所二楼会议室召开的常委会。其他参加人员有曾鸣、谢白秋等7人。

3月30日至4月8日 赴福州参加福建省五届人大三次会议。会议要求福建省搞好三项任务、建好八个基地。三项任务是:发展经济;做好华侨工作;做好对台工作。八个基地是:林业基地、牧业基地、渔业基地、经济作物基地、轻纺工业基地、外贸基地、科教基地和统一祖国基地。

4月9日 参加在厦门大学办公楼会议室召开的常委会，讨论"吴修华汇报省科技工作会议精神"。其他参加人员有曾鸣、蒋林等12人。

4月10日 参加在厦门大学招待所三楼会议室召开的常委会。其他参加人员有曾鸣、未力工等7人。

同日 在《福建日报》上发表《回忆王亚南校长》一文。文章认为，王亚南同志虽然与世长辞了，但他对教育问题的精辟见解、丰富的办学经验以及忠于人民教育事业的高尚品质，永远值得我们学习。

4月17日 参加在厦门大学招待所三楼召开的常委会，讨论"继续研究评定工作中的问题"。其他参加人员有曾鸣、未力工等8人。

4月20日 在《厦大校刊》第71期上发表《写在60周年校庆之时》一文。文章希冀20世纪80年代的厦门大学将逐渐发展成为万人大学，教育质量不断提高，更多的青年成长为建设社会主义的优秀人才，师生员工更加团结奋斗，成为"南方之强"。

4月29日至30日 参加在厦门大学招待所二楼会议室召开的常委会，研究有关人员落实政策问题。其他参加人员有曾鸣、未力工等10人。

4月 在《电化教育》1981年第2期上发表《应当重视电化教育的理论研究》一文。文章认为，电化教育是一门边缘学科。这一学科的任务是综合运用各种有关学科的知识，研究电教的特殊规律和资料制作、设备使用等技术。电化教育的理论研究成果，不仅可以丰富本学科及相近学科的知识、推动电化教育事业的发展，而且对于教育学、心理学及相关学科的拓展，也必将起到直接的促进作用。

4月 中国教育学会第二次年会在福州举行并召开全国教育学研讨会。在会上提交《高等教育学大纲》，会议对其展开了热烈的讨论。

4月 参与编著的《高等教育学及教育规律问题》由上海交通大学教务处印发。

5月2日 参加在厦门大学招待所二楼召开的常委会会议，讨论"评定职称问题"。其他参加人员有曾鸣、未力工等9人。

5月3日 参加在厦门大学招待所二楼召开的常委会会议，研究班子建设问题。其他参加人员有曾鸣、未力工等7人。

5月5日 参加在厦门大学办公楼小会议室召开的"校庆扫尾工作"会议。其他参加人员有曾鸣、未力工、谢白秋等17人。

5月6日 签批转发教育部〔1981〕教高一14号《关于开设自然辩证法方面课程的意见》。

5月7日 参加在厦门大学招待所二楼会议室召开的常委会。其他参加人员有曾鸣、未力工等9人。

同日 参加在厦门大学招待所二楼会议室召开的常委会,研究"六五计划、十年设想的意见"。其他参加人员有曾鸣、蒋林、未力工等7人。

同日 签发厦门大学教字〔1981〕63号《报送参加留学生教学经验交流会的人员名单》。

5月8日 参加在厦门大学招待所二楼召开的政治思想工作会议。其他参加人员有曾鸣、未力工等47人。

同日 参加在厦门大学招待所二楼召开的常委会会议,讨论"六五计划、十年设想的意见"。其他参加人员有曾鸣、蒋林、未力工等7人。

5月12日 参加在厦门大学招待所二楼召开的工作会议,讨论"洪禹同志(中宣部理论局副局长)来校座谈"问题。其他参加人员有曾鸣、赵顺等6人。

5月13日 参加在厦门大学招待所二楼召开的工作会议,讨论"洪禹同志召开政治理论教师座谈会"问题。其他参加人员有曾鸣、未力工等12人。

5月14日 上午,参加在厦门大学招待所二楼召开的"文科科研座谈会"。其他参加人员有曾鸣、未力工等22人。

同日 下午,参加在厦门大学招待所二楼召开的常委会会议,研究基建问题。其他参加人员有曾鸣、蒋林等12人。

5月15日 参加在厦门大学招待所二楼会议室召开的常委会,讨论"企业管理专业筹备情况"。其他参加人员有曾鸣、未力工等12人。

5月17日 参加在厦门大学招待所二楼召开的常委会会议。其他参加人员有曾鸣、未力工等12人。

5月21日 参加在厦门大学招待所三楼召开的常委会会议,讨论"常委班子情况（材料审核）"。

6月4日至9日　组织厦门大学高等教育科学研究室举行校庆60周年科学讨论会，专兼职研究人员提交论文并在会上宣读、讨论。

6月5日　参加在厦门大学招待所二楼召开的常委会会议，研究调资工作。其他参加人员有曾鸣、未力工等12人。

6月6日　参加在厦门大学办公楼会议室召开的行政办公会议。其他参加人员有蒋林、未力工等13人。

6月11日　参加在厦门大学招待所三楼会议室召开的常委会。其他参加人员有曾鸣、赵源、未力工等5人。

6月12日　签发厦门大学校教字〔1981〕88号《复国家海洋局同意丘书院任特邀（学术委员会）委员》、〔1981〕教外局综1538号《关于同法国尼斯大学商签校际交流协议函》。

同日　参加在厦门大学办公楼会议室召开的会议。其他参加人员有曾鸣、赵源、未力工等16人。

6月13日　参加在厦门大学招待所二楼召开的常委会会议，研究工资问题。其他参加人员有曾鸣、未力工等11人。

6月15日　参加在厦门大学招待所三楼会议室召开的会议，听取传达贯彻两会工作会议精神。其他参加人员有曾鸣、司守行、未力工等10人。

6月16日　参加在厦门大学办公楼会议室召开的会议。其他参加人员有曾鸣、司守行、未力工等8人。

同日　参加在厦门大学招待所二楼会议室召开的常委会，讨论"讲师提资问题"。其他参加人员有曾鸣、未力工等9人。

6月17日　参加在厦门大学办公楼会议室召开的会议。其他参加人员有曾鸣、未力工等2人。

6月19日　签发《邀请南京大学外语系和法语教研室骨干教师轮流来我校作短期讲学、讲授课程的请示报告》。

6月20日　参加在厦门大学招待所三楼召开的办公室会议，研究校庆、招生等工作。其他参加人员有曾鸣、未力工等14人。

6月24日　参加在厦门大学招待所三楼召开的行政工作会议。其他参加人员有司守行、未力工等10人。

6月27日 签发《关于筹办职工业余大学大专班的请示报告》。

6月29日 签发厦门大学教字〔1981〕98号《关于职工业余大学大专班招生的通知》。

6月30日 在《中国教育学会通讯》1981年第3期上发表《认真学习〈决议〉，加强教育理论建设》一文。文章对科学理论的毛泽东教育思想给予了充分肯定，也对毛泽东同志某些错误的教育言论，提出不再照抄照搬的观点；主张以科学的态度和方法，研究新形势、新问题，以不断丰富和发展我国社会主义教育理论，进一步促进教育事业的发展和教育质量的提高。

6月 被中国大百科全书出版社聘为教育卷编辑委员会委员，参与《中国大百科全书·教育卷》的编写工作，撰写13个条目。

7月2日 签发《厦门大学与山东师范学院开展肿瘤细胞及癌症免疫防治科学研究协议书》、厦门大学校教字〔1981〕100号《邀请吴大琨来校讲学函》。

7月6日 参加在厦门大学招待所二楼会议室召开的会议。其他参加人员有司守行、赵源、未力工等8人。

7月7日 签发厦门大学校教字〔1981〕107号《关于上报我校"申请授予学士学位的专业名单表"》。

7月8日 参加在厦门大学办公楼会议室召开的会议。其他参加人员有曾鸣、司守行、赵源等9人。

同日 签发《南京博物院、厦门大学、南京大学三单位发掘断山墩遗址协议书有关事宜》。

7月9日 参加在厦门大学招待所三楼召开的工作会议，研究授课任命书问题。其他参加人员有曾鸣、未力工等8人。

7月10日 参加在厦门大学招待所二楼会议室召开的会议，讨论"评优秀教学奖问题"。其他参加人员有曾鸣、司守行、谢白秋等20人。

同日 签发厦门大学校外字〔1981〕60号《关于厦门大学与澳大利亚国立大学学术交流协议事宜给教育部的文》。

7月11日 参加在厦门大学招待所二楼会议室召开的行政办公室会议，

讨论"基金计划问题"。其他参加人员有曾鸣、未力工等16人。

8月8日 参加在厦门大学招待所二楼召开的干部会议。其他参加人员有曾鸣、未力工等39人。

8月9日 参加负责筹办的教育部、团中央联合在北京召开的"纪念杨贤江同志逝世五十周年大会",并担任大会主持人之一。

同日 在《文汇报》上发表《传播马克思主义教育思想的教育理论家——纪念杨贤江同志逝世五十周年》一文。文章介绍了杨贤江生平及其思想发展过程、杨贤江教育思想。同时指出,我们今天学习杨贤江的教育著作,主要是学习其正确的理论,学习他革命的、战斗的精神,但也必须辨别他在某些理论上的缺点,当然这些缺点并不会减损我们对这位杰出的马克思主义教育家和革命先驱的崇敬。

8月15日 在《人民教育》1981年第8期上发表《杰出的青年运动领导人杨贤江》(与王增炳合作)一文。文章指出,认真学习杨贤江对青年指导的宝贵理论与经验,将对我们做好新时期的青年教育工作有所帮助。

同日 参加在厦门大学招待所二楼会议室召开的常委会,讨论"迎接联合国官员来校问题"。其他参加人员有田昭武、未力工等24人。

8月20日 参加在厦门大学办公楼小会议室召开的工作会议,讨论"迎接联合国官员事宜"。其他参加人员有曾鸣、吴修华等14人。

8月28日 参加在厦门大学招待所二楼会议室召开的会议。其他参加人员有曾鸣、谢白秋、赵源等5人。

8月29日 在《中国教育学会通讯》1981年第4期上发表《关于杨贤江教育思想若干问题之我见》一文。文章肯定了杨贤江的教育思想,认为其不仅在一定历史时期发挥了战斗作用,在今天仍具有一定的现实意义。同时就几个有争论的理论问题,也进行了探讨。

8月30日 签发厦门大学校生字〔1981〕24号《报送世界银行贷款第二批招标设备计划表》。

8月31日 参加在厦门大学办公楼会议室召开的办公室室务会议。其他参加人员有郑冬斯等2人。

9月1日 参加在厦门大学招待所三楼召开的会议,讨论"财政、金融专业及干训班问题"。其他参加人员有司守行、未力工等 13 人。

9月2日 参加在厦门大学招待所二楼召开的常委会会议,研究工资问题。其他参加人员有谢白秋、未力工等 11 人。

9月3日 签发厦门大学《关于授予 1981 届毕业研究生学位工作的通知》。

9月7日 签发批转闽科党〔1981〕24 号《关于聘任丘书院教授兼福建海洋研究所海洋生物科研工作的函》。

9月10日 参加在厦门大学招待所二楼会议室召开的常委会,讨论工作计划。其他参加人员有曾鸣、赵源、谢白秋等 9 人。

9月16日 签发〔1981〕130 号《关于接受外籍华人旁听的请示函件》。

9月18日 参加福建省人民政府在厦门举行的向模范教师林志强学习大会。林志强是厦门一中教师,一心扑在教育事业上。虽然身患肺癌,仍坚持工作,顽强地同死神争夺时间。除日常工作外,他还自采自编《学雷锋快报》、担任年段长等。

9月19日 参加在厦门大学举行的"福建省鲁迅诞辰一百周年纪念大会"。

9月24日 参加在厦门大学招待所二楼会议室召开的会议。其他参加人员有曾鸣、赵源、谢白秋等 14 人。

9月25日 参加在厦门大学办公楼会议室召开的会议。其他参加人员有曾鸣、赵源、司守行等 12 人。

9月26日 签发厦门大学校教字〔1981〕134 号《关于物化专业学制五年改为四年的请示报告》。

9月29日 签批转发教育部〔1981〕教高一 51 号《关于印发〈高等学校普通生物学教学讨论班纪要〉的通知》。

9月30日 参加在厦门大学招待所三楼会议室召开的常委会,讨论"人事问题"。其他参加人员有曾鸣、谢白秋、蒋林等 8 人。

9月 在《教育研究》1981 年第 9 期上发表《杨贤江的教育思想研究》一文。文章从哲学观点和革命理论、教育的本质、教育的效能和教师的任务、青年学习与学生运动四个方面论述了杨贤江的教育思想。

9月 推动学校全面实行学分制，试行助学金和奖学金相结合的评定办法。

10月6日 签批转发教育部〔1981〕教外选827号《速报一九八一年初选赴美预备研究生的通知》。

10月7日 签批转发〔1981〕教计高217号《关于编报一九八二年教育专业计划的通知》。

10月19日 签收国家统计局统教字208号《请收亚太研修所〈亚太地区发展中国家统计教育情况调查〉》。

10月23日 签发厦门大学校教字〔1981〕152号《报送我校1982年待选出国预备研究生34名计划》。

10月中旬 主持召开"全校第二次教学工作会议"。总结第一次教学工作会议以来的教学情况和经验，讨论通过了《关于进一步提高教学质量的几点意见》和《关于加强教师队伍建设的若干意见》。根据教育部《高等学校教师工作量试行办法》，参照本校实际制定补充条例，在全校全面推行教师工作量制度。

10月下旬 应邀到上海为华东高等学校干部进修班讲学。讲学内容：高等教育学导论。

11月11日 签发厦门大学校教字〔1981〕167号《关于厦门大学职工业余大学复办的报批报告》、厦门大学校教字〔1981〕166号《报送高等学校物理学科研究生培养工作经验交流会材料》。

12月10日 签发〔1981〕教外局综3401号《关于同尼斯大学签校际交流协议书》、厦门大学《关于我校与澳大利亚国立大学学术交流协议修订意见》、厦门大学校教字〔1981〕179号《拟聘李德才教授来校讲学》。

同日 国务院批准，厦门大学为首批博士学位授予单位。

12月11日 签批转发〔1981〕教计高268号《关于部层高等学校报送"五会"方案的通知》。

12月30日 签发厦门大学《关于修改与澳大利亚国立大学学术交流的协议条款给对方副校长洛教授的复信》。

12月 国务院批准全国首批博士、硕士学位授予单位，厦门大学可授予博士学位的学科、专业点共有 6 个，授予硕士学位的学科、专业点有 24 个。开始招收中国第一批高等教育学专业硕士研究生。

12 月 参与编著的《高等教育学及教育规律问题》由北京市高等教育研究会印发。

本年 发表《我的启蒙教师》一文。文章指出，杨贤江是"我"的马克思主义教育理论的启蒙教师。"我"对杨贤江的认识，经历了一个从抽象到具体、从理智到情感的过程。

1982 年　六十二岁

1 月 2 日 签发厦门大学校教字〔1982〕2 号《关于毕业班业务学习方面的学籍处理通知》、厦门大学校教字〔1982〕3 号《厦门大学七八级研究生质量分析和培养工作报告》。

1 月 3 日 签发厦门大学校教字〔1982〕2 号《关于毕业班业务学习方面的学籍处理通知》。

1 月 7 日 签批转发教育部、外交部〔1981〕教外字 1091 号《关于一九八二年接受外国留学生工作的通知》。

1 月 14 日 签批转发〔1981〕教高二 43 号《关于印发〈中国工业科技管理大连培训中心教学工作会纪要〉的通知》。

同日 主持制定厦门大学非教育专业毕业的高等教育学硕士研究生"补课"教学计划。

1 月 15 日 签发厦门大学校教字〔1982〕7 号《拟聘任郑楚材同志来校讲授"商品学专题"》。

1 月 22 日 签发厦门大学校教字〔1982〕10 号《报送新招学位研究生专业与导师简况表》。

1 月 23 日 签发厦门大学校教字〔1982〕13 号《报送我校 1981 年攻读硕士学位研究生第一批名单》。

1 月 25 日 签发〔1982〕教外局 59 号《关于部分外国留学生转入专业院校学习函》。

1月30日 签批转发〔1982〕教社4号《印发〈关于编审出版高等学校工科基础课程函授教材和自学用书的几点意见〉等文件的通知》、教育部〔1981〕教体19号、总参谋部参动〔1981〕35号、总政治部〔1981〕13号《关于高校学生军事训练工作几个问题的通知》。

1月 在征得有关单位的同意后，邀请上海市高教局杨德广、华东师范大学薛天祥、河北大学汪培栋、北京工业大学张树森四位学者参加《高等教育学》部分章节的编写。连同厦门大学高教室的王增炳、吴丽卿、王仁欣、罗杞秀，《高等教育学》的作者一共有9位。全书由潘懋元担任主编。

2月1日 参加在厦门大学招待所三楼会议室召开的常委组织生活会议。其他参加人员有曾鸣、谢白秋等8人。

2月6日 国务院学位委员会、教育部下达中国首批授予学士学位的高等院校名单，厦门大学名列其中。

2月10日 参加在厦门大学招待所三楼会议室召开的常委会，研究1982年上半年工作。其他参加人员有曾鸣、谢白秋等13人。

同日 签批转发〔1982〕教高一7号《关于厦门大学学位评定委员会组成的批复》。

同日 在《辽宁高等教育研究》1982年第1期上发表《蔡云培教育思想》一文。文章从政治活动和教育活动、基本思想及其根源、教育思想体系、关于高等教育的若干主张等方面论述了蔡元培教育思想。（备注：1955年10月初稿；1980年3月修改稿。）

2月12日 参加在厦门大学办公楼会议室召开的办公会，讨论函授学位工作问题。其他参加人员有曾鸣、司守行等11人。

2月13日 参加在厦门大学招待所三楼会议室召开的常委会，研究调选人员问题。其他参加人员有曾鸣、司守行等7人。

同日 签发厦门大学校教字〔1982〕26号《上报76级学生转入77级学习的情况报告》《陈晓航赴美（自费）留学回国就业证明书》。

2月14日 签发厦门大学校教字〔1982〕27号《报送出席高校公费教学经验交流会的代表》。

2月16日 签发厦门大学校教字〔1982〕31号《关于报送方德植编写的

〈解析几何〉(三稿)函》。

2月18日　参加在厦门大学招待所三楼会议室召开的常委会,"研究经济学院问题"。其他参加人员有曾鸣、司守行等8人。

2月19日　签发厦门大学校教字〔1982〕36号《关于修改〈社会主义经济核标与经济效果〉工作安排意见》。

2月21日　签发厦门大学《78级毕业实习初步计划初稿》。

2月23日　签发厦门大学校教字〔1982〕39号《同意罗铁九前往宣传理论干部哲学进修班讲学》。

同日　下午,参加在厦门大学招待所会议室召开的部署新学期工作会议。其他参加人员有常委、校长等人。

同日　参加在厦门大学办公楼会议室召开的会议,研究设置科学仪器与实验工程专业问题。其他参加人员有曾鸣、未力工等10人。

2月24日　签发厦门大学校教字〔1982〕42号《有关专业授予学位的报告》。

2月28日至3月10日　在福州参加福建省五届人大四次会议。大会通过《关于政府工作报告的决议》《关于1982年国民经济计划安排意见的报告》《1980年财政决算、1981年财政预算执行情况和1982年财政预算草案报告的决议》《福建省厦门经济特区条例》,补选项南为省人大常委会主任,项南在大会上做了《信心和力量》的讲话。

2月　制定并发布厦门大学《学生操行评定试行办法》《学生劳动教育的管理和考核若干意见》《奖学金试行条例》。

2月　在《高教研究》1982年第1期上发表《关于高等教育研究的几个问题》一文。文章介绍了国内外关于高等教育理论研究的情况;为什么要研究高等教育的理论、建立高等教育学这门新学科;高等教育研究方法中的若干问题。该文是根据作者在湖北省首次高等教育学术讨论会上所做的报告录音整理而成的。

2月　首次招收的新中国第一个高等教育学专业硕士研究生魏贻通正式入学。

3月11日　签批转发中宣部发文〔1982〕5号《关于正确对待外国留学

生、加强爱国主义和国际主义教育的通知》。

同日　签批转发闽公外〔1982〕10号《转发公安部〈关于对回国的高级知识分子发给多次出入境签证的通知〉的通知》、〔1982〕教高一26号《关于在生物教材编审委员会内分设编审小组和增聘委员的通知》。

同日　签发〔1982〕教社6号《商请安排一九八二年高等学校理科及工科基础课程教材会议》。

3月12日　参加在厦门大学招待所三楼召开的座谈机构体制改革问题会议。其他参加人员有曾鸣、谢白秋等11人。

同日　签发厦门大学校外字〔1982〕《关于厦门大学组团访问法国尼斯大学的报告》。

3月13日　参加在厦门大学招待所三楼会议室召开的常委会，讨论基建与选留82届毕业研究生问题。其他参加人员有曾鸣、司守行等10人。

3月14日　签发厦门大学《关于七八级毕业班增招生的学籍处理规定的通知》。

3月17日　签批转发闽编委〔1982〕30号《关于省直机关停止增设机构、增加编制的通知》。

3月20日　签批转发闽政外〔1982〕6号《关于邮寄护照和发往驻日使领馆签证通知事》、〔1982〕教高一44号《关于高等院校人口学者参加人口普查工作的通知》。

3月22日　签发〔1982〕学位4号《关于做好应届毕业研究生授予硕士学位工作的补充通知》。

3月23日　签批转发〔1982〕教高二10号《关于召开教育部部层高等学校数学学科研究生培养工作经验交流会的通知》。

3月25日　签批转发闽政外社〔1982〕2号《转发外交部"关于重申写私信不得谈国家机密的通知"》。

3月29日　签发〔1982〕教外局684号《复法国尼斯大学的三位教师研究函》，签批转发闽教中〔1982〕20号《转发教育部等十单位〈关于贯彻执行《保护学生视力工作实施办法（试行）》的联合通知〉的通知》。

3月30日　签批转发〔1982〕教高一11号《关于下达高校外语专业教

材编委会一九八二年工作计划的通知》、〔1982〕教高一12号《关于印发〈高等学校外语专业教材审稿实施办法〉的通知》。

3月　厦门大学学位评定委员会成立,任副主席,至1989年1月。委员共25人,蔡启瑞教授任主席。

4月3日　主持制定《厦门大学高等教育学专业硕士研究生培养方案》。

4月5日　签批转发闽政〔1982〕外319号《关于同意邀请国外专家参加"郑成功研究学术讨论会"的批复》。

4月8日　学校首次招收攻读博士学位研究生10名入学。

4月11日　签批转发闽政外〔1982〕8号《关于在港开设签证和邀请美客户的解码签证电报函》。

4月12日　签发批转〔1982〕学位办13号《关于进行博士学位授予工作问题的复文》。

4月15日　签发批转〔1982〕学位办21号《关于第二批授予学士学位的高等学校审定工作的通知》。

4月23日　签发批转〔1982〕学位办20号《关于发出硕士学位证书具体事宜的通知》。

同日　签批转发闽政〔1982〕151号《关于成立一九八二年福建省高等学校招生委员会的通知》。

4月28日　参加在厦门大学办公楼会议室召开的"出国人员回国后一席谈"会议。其他参加人员有潘潮玄等11人。

4月29日　参加在厦门大学办公楼会议室召开的"期中教学检查情况禀报"会议。其他参加人员有李少菁、未力工等11人。

同日　签发厦门大学校教字〔1982〕98号《报送硕士学位证书需数》。

4月30日　参加在厦门大学办公楼会议室召开的行政办公会。其他参加人员有曾鸣、未力工等14人。

4月　应邀到武汉为中南地区高等学校干部进修班讲学。讲课录音被整理成《高等教育学的若干问题》小册子,发行全国,并被多处翻印。

5月2日　为再次印刷的《高等教育学的若干问题》一书撰写"前言"。

5月4日　参加在厦门大学招待所三楼会议室召开的常委、校长、副校长

"研究培养人才规划"会议。其他参加人员有曾鸣、未力工等 8 人。

5 月 5 日 参加在厦门大学招待所三楼会议室召开的禀报 1982 年研究生招生工作情况会议。其他参加人员有曾鸣、未力工等 8 人。

5 月 7 日 参加在厦门大学招待所三楼会议室召开的行政办公会。其他参加人员有吴修华、未力工等 15 人。

同日 参加在厦门大学数学系办公室召开的数学系汇报有关工作会议。其他参加人员有方勤等 8 人。

5 月 8 日 签批转发厦政〔1982〕综 127 号《关于转发省人民政府对厦门市创办鹭江职业大学批复的通知》。

5 月 10 日 签批转发〔1982〕教高一 55 号《关于印发高教一司给部党组的报告的函》。

5 月 11 日至 6 月 3 日 邀请美国俄亥俄大学教授唐伯来厦门大学高等教育科学研究室做关于美国大学教育和美国教学、科研管理的系列讲座。

5 月 13 日 参加在厦门大学招待所三楼会议室召开的常委会,研究人事问题。其他参加人员有曾鸣、未力工等 7 人。

5 月 14 日 参加在厦门大学办公楼会议室召开的行政办公会。其他参加人员有曾鸣、未力工等 13 人。

同日 参加在厦门大学招待所三楼召开的兄弟院校经验座谈会。其他参加人员有曾鸣、未力工等 13 人。

同日 签发厦门大学校教字〔1982〕110 号《关于七八级毕业论文(或科研训练)的通知》。

5 月 17 日 签发厦门大学校教字〔1982〕111 号《关于做好八一、八二届本科毕业生授予学士学位的通知》。

5 月 18 日 签发厦门大学《经济学院增补五位院系负责人的通知》。

5 月 19 日 签发《转发教育部学生司〈关于开展高考研究的通报〉》。

5 月 21 日 签发厦门大学校教字〔1982〕120 号《首届授予硕士学位工作办法》、厦门大学《1982—1983 年第二学期授课任务书》。

5 月 26 日 签批转发闽编〔1982〕63 号《通知》。

5 月 27 日 签发厦门大学校教字〔1982〕125 号《关于学分制与学籍管

理的若干规定》。

5月28日　签发厦门大学《授课任务书（化学、生物、经济、外文）》、厦门大学校教字〔1982〕126号《报送〈关于开展学位制研究工作的具体方案〉（初稿）》、厦门大学校教字〔1982〕127号《关于推荐计算机科学系讲师张平为计算机软件编委候选人的函》。

5月29日　签批转发〔1982〕教高二20号《关于对研究生培养工作进行一次调查研究的通知》。

5月　在《民盟学习材料》1982年第5期上发表《教学法专题报告》一文。文章指出，教学过程是认识过程，但有其特殊性；教学过程必须在教师的主导下，充分发挥学生的主动性与积极性；在教学过程中，必须使学生既掌握知识又发展智能；要在传授科学知识的基础上加强对学生的思想政治和道德观念教育。

6月1日　签发厦门大学校教字〔1982〕130号《高校同等学力研究生考生复试问题》。

6月3日　签批转发〔1982〕教外局综1402号《关于增加中美基础科学合作领域的通知》、〔1982〕教计高76号《关于下达一九八二年高等学校、中等专业学校招生计划的通知》。

6月5日　到会听取福建省委书记项南向厦门大学师生员工所做的长篇讲话。

6月8日　签批转发〔1982〕教外来454号《关于外国留学生宿舍楼使用问题的通知》。

6月9日　签批转发〔1982〕教社厅24号《关于一九八二年转印外国教材的安排问题》、〔1982〕教外综390号《关于试行〈教育部专属高等院校出席国际学术会议工作细则〉的通知》。

6月10日　参加在厦门大学招待所三楼会议室召开的会议，讨论"关于进一步贯彻落实我校第三次政工会议精神的意见"问题。其他参加人员有曾鸣、未力工等11人。

6月14日　参加在厦门大学招待所三楼会议室召开的"78级毕业生工作问题"会议。其他参加人员有曾鸣、未力工等9人。

6月15日　签批转发闽教高〔1982〕81号《关于厦门大学举办外国人短期中文学习班暨学员外出旅游函》、闽教高〔1982〕78号《关于参加第一届全国大学生运动会乒乓球运动员名单和赛前集训的通知》。

6月16日　参加在厦门大学映二（207）召开的"部署评定职称工作"会议。其他参加人员有曾鸣、未力工、田昭武等26人。

6月18日　签发〔1982〕37号《关于增补金坚同志兼任业余大学副校长兼中学部主任的通知》。

6月19日　签批转发〔1982〕教高一59号《关于印发部署综合大学数学等九个专业教学计划一览表的通知》，签发厦门大学校教字〔1982〕141号《关于做好教师业务考核的通知》。

6月21日　签发厦门大学校教字〔1982〕142号《关于八二级学生军事训练时间安排的通知》。

6月22日　参加在厦门大学映二（207）召开的"全校第一次德育科学讨论会小结"会议。其他参加人员有曾鸣、未力工等人。

同日　参加在厦门大学招待所三楼会议室召开的常委会。其他参加人员有未力工等10人。

6月24日　参加在厦门大学招待所三楼会议室召开的常委会。其他参加人员有曾鸣、未力工等10人。

6月25日　参加在厦门大学办公楼会议室召开的行政办公会。其他参加人员有未力工等13人。

6月　主编的《杨贤江教育文选》一书由教育科学出版社出版。

6月　接待华东地区高校干部进修班第2期一行60人到厦门大学高等教育科学研究室访问、听课、座谈。

6月　为《杨贤江文选——青年修养与青年教育》（天津人民出版社1982年12月版）一书作序。序文指出，这本书集中选编了杨贤江关于青年修养和青年教育工作者的论述文章，对于弘扬老一辈革命家的光辉思想，对于当前加强思想道德教育、建设社会主义精神文明，无疑具有重大的指导意义。

7月3日　参加在厦门大学招待所三楼会议室召开的常委会，研究建立德育教研室问题。其他参加人员有曾鸣、未力工等9人。

7月5日 参加在厦门大学招待所三楼会议室召开的党政领导会议。其他参加人员有曾鸣、未力工等12人。

7月8日 参加在厦门大学招待所三楼会议室召开的常委会。其他参加人员有曾鸣、未力工等7人。

7月11日 签批转发闽政外〔1982〕17号《关于举办对外校会函电通知使领馆发签证函》。

7月14日 签批转发〔1982〕教外派512号《关于我留美人员行李被检查扣留文件的通报》。

7月 厦门大学学位评定委员会（任副主席）向81、82届2 118名本科毕业生颁发学士学位证书。这是新中国成立以来学校首次向本科毕业生授予学士学位。

7月 《高等教育学的若干问题》（第一册）由华中师范学院高教干部进修班印发。

8月14日 参加在厦门大学办公楼会议室召开的会议，讨论谁参加赴港代表团问题。其他参加人员有司守行、未力工等7人。

8月17日 参加在厦门大学招待所二楼会议室召开的常委会。其他参加人员有曾鸣、谢白秋等12人。

8月18日 参加在厦门大学招待所二楼会议室召开的校党委、校领导会，听"曾书记传达省委全体会议精神"。其他参加人员有司守行、未力工等16人。

8月21日 参加在厦门大学招待所三楼会议室召开的"汇报十万元专款问题"会议。其他参加人员有曾鸣、谢白秋等12人。

8月24日 参加在厦门大学招待所三楼会议室召开的行政办公会，研究新学年工作准备问题。其他参加人员有刘正坤等11人。

8月25日 签发厦门大学校教字〔1982〕167号《为参加教育部召开的"高等学校管理专业教育座谈会"给教育部高教一司的函》。

8月28日 签发厦卫〔1982〕70号《关于厦门大学海外函授学院聘请陈应龙院长等兼职教师、顾问的复函》。

8月30日 参加在厦门大学招待所二楼会议室召开的常委、校长、副校长联席会。其他参加人员有曾鸣、司守行等9人。

9月2日 参加在厦门大学招待所二楼会议室召开的"学习十二大精神"会议。其他参加人员有曾鸣、蒋林等6人。

9月7日 签发厦门大学校函字〔1982〕8号《关于我校函授生来校实习的报告》。

9月8日 签批转发〔1982〕教育二厅4号《转发〈关于国务院学位委员会学科建设组增补各分组成员的通知〉》。

9月9日 参加在厦门大学招待所二楼会议室召开的常委会。其他参加人员有曾鸣、司守行等9人。

9月11日 签批转发〔1982〕教高一78号《印发〈高等院校英语专业《英美文学史与英美文学选读》教学大纲（试行草案）〉的通知》、〔1982〕教外综759号《转发国家科委关于申请参加国际学术会议应注意事项函》。

9月16日 签发厦门大学校教字〔1982〕163号《复研究生培养工作调查暂无法完成》。

9月20日 签发厦门大学校函字〔1982〕10号《关于举行中医针灸讲习班函》、厦门大学校教字〔1982〕190号《推荐外文系80级研究生邢秀敏等三人向上海外语学院申请授予硕士学位》。

9月 招收胡建华、陈列、张国才3位高等教育学硕士研究生。入学后，连同2月入学的魏贻通一起，按照合作培养的协议，被送往华东师范大学学习一年。

10月 在中央教育行政学院（1991年更名为国家高级教育行政学院，2002年定名为国家教育行政学院）给全国校长培训班做《高等教育理论与实践》的报告，介绍了主编的《高等教育学》（讨论稿）第一章至第九章的编写提纲及核心内容。时任延边大学副校长张德江同志（2013—2018年任中共十八届中央政治局常委、十二届全国人大常委会委员长）参加了该期培训班的学习，并于1983年3月9日给潘懋元先生写信，希望邮寄高等教育学资料。

11月9日至23日 受教育部委托，率领中国教育代表团访问菲律宾。除访问该国教育部、菲律宾大学等单位之外，还到宿务等地会晤旅菲华侨。

12月13日 参加在厦门大学招待所三楼会议室召开的教务处汇报赴教

育部准备工作内容会议。其他参加人员有曾鸣、司守行等16人。

12月14日 参加在厦门大学招待所二楼会议室召开的"研究评审和晋升职称工作问题"会议。其他参加人员有曾鸣、司守行、谢白秋、未力工等人。

12月16日 参加在厦门大学招待所三楼会议室召开的常委会会议。其他参加人员有曾鸣、司守行等10人。

同日 签发厦门大学校教字〔1983〕9号《关于向省教育厅填报研究生授予硕士学位和本科生授予学士学位人数统计表》。

12月18日 签发《关于物理学、化学两专业恢复七九年原专业函》。

12月20日 签批转发〔1982〕教外字1098号《关于参加外事工作会议有关要求的函》。

12月21日 签发《关于向八二级本科生开设〈道德品质修养〉课和变动全校政治学习时间的通知》、厦门大学校教字〔1983〕9号《关于向省教育厅填报研究生授予硕士学位和本科生授予学士学位人数统计表》。

12月23日 参加在厦门大学招待所三楼会议室召开的常委会。其他参加人员有曾鸣、谢白秋等10人。

12月24日 签发厦门大学《关于向八二级本科生开设〈道德品质修养〉课和变动全校政治学习时间的通知》。

12月29日 签批转发〔1982〕教高一107号《关于重申将世界语作为第二外语的通知》。

12月30日 签发厦门大学校外字〔1982〕75号《报送同加拿大达尔豪两大学工商管理学院建立合作关系协议（草案）》。

12月31日 在《上海高教研究》1982年第4期上发表《高等学校管理干部的专业化问题》一文。文章论述了高等学校干部专业化应该具备的三个方面的条件：（1）具有某一学科领域的科学知识、学术水平；（2）具有领导才能、组织能力、管理经验；（3）懂得教育科学，能按教育规律办事。高等教育专业化干部的来源主要有三种途径：从现有的教育干部中培养；从教师中选拔；设置高等教育专业或教育管理专业，培养新生力量。

本年 被选为国务院学科评议组成员，至1985年。

1983 年　六十三岁

1月2日　签批转发福建省外事办公室〔1982〕教成42号《外交部转发〈上海市人民政府外事办公室关于美国学者克里铁斯尼夫妇关于留学生工作的一封信的柬文〉的通知》。

1月3日　参加在厦门大学招待所三楼会议室召开的常委、校长、副校长会议。其他参加人员有曾鸣、谢白秋等12人。

同日　签批转发〔1982〕教外字1106号《关于通过民间途径来华的外国留学生办理签证事宜的规定》。

1月2日至4日　接待华东地区高校干部进修班第3期一行40人到厦门大学高教研究室访问、听课,并在座谈会上发言。

1月7日　签发厦门大学校教字〔1983〕3号《我校1983年招收攻读硕士学位研究生报考情况统计表》。

同日　参加在厦门大学办公楼会议室召开的校务会议。其他参加人员有曾鸣、田昭武、谢白秋等15人。

1月9日　签发〔1983〕教研52号《关于印发〈一九八四年招收国内攻读硕士学位研究生计划〉和〈一九八四年全国高等学校研究生班招生计划〉的通知》。

1月10日　签发厦门大学校教字〔1983〕6号《报送研究生培养工作概况》。

1月14日　参加在厦门大学招待所二楼会议室召开的"评定职称工作"会议。其他参加人员有曾鸣、司守行、未力工等10人。

1月21日　签批转发〔1982〕教外局字3678号《关于申办因公出国人员护照、签证等事项的通知》。

1月22日　签发1095号《关于开设〈美学概论〉课程的通知》。

1月26日　参加在厦门大学招待所三楼会议室召开的会议,讨论"八二至八三学年度下学期工作意见"。其他参加人员有未力工、李维之等10人。

1月29日　兼任海外函授学院院长,蒋林、李燕棠为副院长。

同日 签批转发〔1983〕教电 6 号《印发〈第一次全国电化教育工作会议纪要〉和黄率白同志在第一次全国电话教育工作会议上的报告》。

1月31日 参加在厦门大学招待所二楼会议室召开的"各单位评职称主任、副主任会议"。其他参加人员有曾鸣、司守行等 4 人，以及各单位书记、主任。

同日 邀请加拿大罗伯逊教授向厦门大学高等教育科学研究室研究人员介绍和解读"合作教育"。

2月2日 参加在厦门大学招待所三楼会议室召开的会议，研究"八二年决算、八三年预算"。其他参加人员有谢白秋、未力工等 11 人。

2月3日 签发由学校外办报送的《关于举办外国人短期中文学习班的报告》，上报福建省教育厅高教处。

2月4日 签批转发〔1983〕教成 2 号《关于公布普通高等学校举办的函授部和夜大学名单的通知》、〔1983〕教研 1 号《关于印发〈一九八三年招收国内攻读硕士学位研究生计划〉的通知》。

同日 参加在厦门大学招待所三楼会议室召开的校务会议。其他参加人员有曾鸣、谢白秋等 15 人。

2月10日 参加在厦门大学招待所三楼召开的常委会会议，研究 1982 年上半年工作。其他参加人员有曾鸣、司守行等 13 人。

2月12日 参加在厦门大学办公楼会议室召开的办公会议，讨论"函授学位工作问题"。其他参加人员有曾鸣、司守行等 11 人。

2月13日 参加在厦门大学招待所三楼召开的常委会会议，研究调选人员问题。其他参加人员有曾鸣、司守行等 7 人。

2月16日 参加在厦门大学招待所三楼召开的常委会会议，研究经济学院问题。其他参加人员有曾鸣、司守行等 8 人。

2月17日至3月6日 受中国教科文委员会委派，赴泰国曼谷参加联合国教科文亚太地区高等教育合作计划国际讨论会，向大会提交了《中国高等教育政策》的论文。会前，考察了菲律宾、泰国的高等教育。

2月 被山东大学聘请担任山东大学高等学校干部进修班的教学工作。

3月8日 参加在厦门大学招待所三楼召开的常委会会议，研究经济学院问题。其他参加人员有曾鸣、司守行等 8 人。

3 月 9 日 参加在厦门大学办公楼会议室召开的会议，研究设置科学仪器与实验工程专业问题，部署新学期工作。其他参加人员有曾鸣、未力工等 10 人。

3 月 10 日 参加在厦门大学招待所三楼会议室召开的"座谈机构与体制改革问题"会议。其他参加人员有曾鸣、谢白秋等 11 人。

3 月 13 日 参加在厦门大学招待所三楼召开的常委会会议，讨论"基建问题与毕业研究生问题"。其他参加人员有曾鸣、司守行等人。

3 月 17 日至 19 日 参加学校召开的全校干部会议，听取了校党委书记曾鸣《学校管理体制改革的原则性意见》的报告。

3 月 28 日 签发厦门大学校教字〔1983〕67 号《关于安排 1983—1984 学年度开课计划的通知》。

3 月 31 日 签批转发〔1983〕279 号《关于召开全国第二次教育科学规划会议的预备会的通知》。

3 月 主持讨论、研究 1982 年制订的《厦门大学高等教育学专业硕士研究生培养方案》，制订出新的方案。该方案修改了培养目标、培养年限、课程设置，第一次提出了高等教育学研究生的培养方式，规定了教学实践的具体形式和要求，对学位论文提出了严格要求。这一方案得到实施，后来又进行了多次修改和完善，为高等教育学专业研究生的培养确定了一个基本模式。

3 月 接到时任延边大学副校长张德江同志 3 月 9 日写来的信函。信中写道："潘副校长您好！去年十月，我在中央教育行政学院学习期间，听了您关于高等教育学的报告，大开眼界，很受启发和教育。回校后，我做了宣传，大家很感兴趣。我所带回的您主编的《高等教育学》（讨论稿），大家争相传阅，一致以为您做了开创性的工作，填补了我国高等教育学的空白，都热切地期望这部著作早日出版发行。为了现在的学习和研究，我校教务处把我带回的《高等教育学》（讨论稿）一至九章做了翻印，可惜没有九章以后各章。麻烦潘副校长在百忙中抽空，让有关同志把九章以后部分给我们邮来一份，我们将不胜感谢！此致 祝身体好！张德江 三月九日。"

4 月 2 日 签发厦门大学校教字〔1983〕121 号《报送 1984 年招收攻读

硕士学位研究生 170 名计划》。

同日 在《高等教育研究》1983 年第 1 期上发表《高等教育学的若干问题（上）》一文。这是作者 1982 年 4 月在中南地区高等学校干部进修班的讲课录音整理稿。论文共分两讲：第一讲为"高等教育学引论"，主要论述了高等教育理论研究的必要性、高等教育的基本特点、高等教育学的基本体系和内容、高等教育研究方法中的若干问题等；第二讲为"教育的基本规律及其对高等教育的作用"，主要分析了教育基本规律与教育方针、教育目的、培养目标的关系，论述了教育的外部规律和内部规律。

4 月 5 日 参加在厦门大学办公楼会议室召开的会议，讨论"关于使用世界银行贷款出国人员问题"。其他参加人员有曾鸣、田昭武等 8 人。

4 月 9 日 参加在厦门大学招待所三楼会议室召开的常委会，研究教授职称评定问题。其他参加人员有曾鸣、谢白秋等 12 人。

同日 下午，参加在厦门大学招待所三楼会议室召开的常委会，讨论"评定教授职称问题（续）"。其他参加人员有曾鸣、谢白秋等 12 人。

4 月 11 日 签批转发〔1983〕教高一 39 号《关于印发〈高等学校外语专业教材审核实施办法〉（修订稿）的通知》。

4 月 12 日 参加在厦门大学招待所三楼会议室召开的常委会，讨论"研究生招录原则以及常委审核教授职称"问题。其他参加人员有曾鸣、谢白秋等 9 人。

4 月 15 日 参加在厦门大学招待所三楼会议室召开的常委会、校长、副校长联席会。其他参加人员有曾鸣、未力工等 9 人。

4 月 16 日 签批转发〔1983〕教干 21 号《关于进一步做好使用世界银行贷款选派教师出国进修工作的通知》。

4 月 17 日 签批转发〔1983〕学位 6 号《关于下达第二批博士和硕士学位授予单位审核工作三个文件的通知》、闽政〔1983〕综 172 号《关于福建省教育学院的地位、待遇问题的通知》。

4 月 19 日 签批转发《关于我省试行高等教育自学考试制度的意见（讨论稿）》。

4 月 21 日 签发厦门大学校教字〔1983〕79 号《根据省文教办通知对

"关于我省试行高等教育自学考试制度的意见"提出几点意见》，签批转发厦政〔1983〕31号《关于厦门市友好代表团回访英国加的夫市的请示报告》。

4月27日 签批转发福建省人民政府〔1983〕综196号《关于大力开办好广播电视大学的通知》。

4月28日 签批转发闽政〔1983〕综196号《关于大力办好广播电视大学的通知》。

4月30日 参加在厦门大学招待所三楼会议室召开的校领导讨论扩大招生的可能性会议。其他参加人员有谢白秋等10人。

4月 在《外国高等教育资料》1983年第2期上发表《菲律宾的高等教育》（与黄建如合作）一文。文章介绍了历史与现状、高等教育政策、公立与私立大学、招生与学位、高等教育的专业结构、教育经费、师资、存在的问题等方面内容。后收入《潘懋元高等教育文集》（新华出版社1991年6月版）一书。

5月3日 签发厦门大学《关于批准经济学院等增设"国际金融学"等六个专业的请示报告》。

5月4日 签发上报厦门大学校教字〔1984〕76号《关于申请设置国际金融学等六个新专业的报告》。

5月5日 撰写《高等教育学讲座》第一版前言。其中写道："我是提倡研究高等教育理论、在中国建立高等教育学这门新学科的。但提倡者自己未必已有研究，何况这门学科在我国正在形成之中，还谈不上有成熟的理论。这本小册子，无非是作为引玉的一块小砖。值得高兴的是，党的十一届三中全会之后，高等教育理论，尤其是高等学校管理理论的研究已蓬勃开展，相信不久，会有许多佳作问世。那么，这块小砖，也就完成了它的历史任务。"

5月6日至25日 应厦门友好城市——加的夫市政府的邀请，作为厦门市访英代表团成员，访问了英国加的夫市、伦敦、南威尔斯等地和加的夫大学学院。在访问威尔士大学加的夫大学学院（后改名加的夫大学）时，院长贝文教授盛情邀请厦门大学派出两名访问讲师帮助该校成立中国研究中心。回国后，潘先生即安排厦门大学教务处师资科配合相关院系选派教师。经厦门大学推荐，外文系的黄炎林和新闻系的方晓由国家教委专家处派出，于

1984年10月28日到加的夫大学学院任访问讲师3年，帮助成立加的夫大学学院中国研究中心，传播中国文化，促进中英经济文化交流。随后，厦门大学外文系的林纪熙、钟君玲、刘凯芳、傅似逸等相继连任。在此基础上，厦门大学与加的夫大学进一步合作，于2007年成立了加的夫大学孔子学院。外文学院的傅似逸成为第一任中方副院长。

5月28日至30日　至北京，在教育部召开的"中国高等教育学会成立大会"上做《关于中国高等教育学会筹备经过说明》的报告，并被选为中国高等教育学会常务理事。教育部部长蒋南翔任会长，何东昌、曾德林、季羡林、唐敖庆、李国豪、钱令希任副会长，于北辰任秘书长。

6月13日　签批转发〔1983〕侨教会13号《关于电视大学、函授大学、夜大学招生工作中对归侨、归侨子女给予照顾的意见》、〔1983〕教科76号《关于要求增设财经、政法、艺术教育三学院和将福清师专改为福建师大二部问题的函复》。

6月15日　签批转发〔1983〕教育一司82号《关于哲学社会科学研究机构和专职科研人员编制的发展方案（征求意见稿）》。

6月17日　签批转发职教〔1983〕21号《关于青壮年职工文化技术补课工作若干问题的补充意见》。

6月20日　参加在厦门大学办公楼会议室召开的研究"84、85年研究生招生计划"会议。其他参加人员有曾鸣、未力工等11人。

6月21日　签发厦门大学校教字〔1983〕121号《报送1984年招收攻读硕士学位研究生170名计划》。

6月22日　参加在厦门大学招待所三楼会议室召开的常委会。其他参加人员有曾鸣、未力工等9人。

同日　签发厦门大学校办字〔1983〕124号《上报职工业余大学图书馆、教育专业教学计划》。

6月23日　参加在厦门大学办公楼会议室召开的"毕业生质量分析"会议。其他参加人员有谢白秋等4人。

6月24日　参加在厦门大学办公楼会议室召开的办公会。其他参加人员有曾鸣、谢白秋等9人。

6月25日 签发厦门大学校办字〔1983〕20号《关于"厦门大学职工业余大学"改名为"厦门大学夜大学"的通知》。

6月27日 参加在厦门大学办公楼会议室召开的办公会。其他参加人员有曾鸣、谢白秋等11人。

7月2日 在《高等教育研究》1983年第2期上发表《高等教育学的若干问题（下）》一文。这是作者1982年4月在中南地区高等学校干部进修班的讲课录音整理稿。论文共分两讲：第三讲为"教学的基本规律和若干教学原则"，包括教学过程的特殊性、教学必须在教师主导下发挥学生的主动性和积极性、在教学过程中必须使学生既掌握知识又发展智力能力、在传授科学知识的基础上形成学生科学的世界观和共产主义道德品质四部分内容；第四讲为"课堂讲授"，包括课堂讲授的基本要求、课堂讲授的若干方法问题、备课等内容。

7月4日 参加在厦门大学办公楼会议室召开的校务会。其他参加人员有曾鸣、谢白秋等14人。

同日 签发厦门大学校字〔1983〕25号《关于设立"高等教育科学研究所"的申请报告》、厦门大学校字〔1983〕26号《关于筹办"高等教育学"专业的申请报告》。

7月5日 签发厦门大学校教字〔1983〕128号《增报1984年招收攻读硕士学位研究生3名计划》、厦门大学校教字〔1983〕130号《报选1983年招取攻读硕士学位研究生录取名单》。

7月6日 参加在厦门大学办公楼会议室召开的常委会，讨论"留校、调动毕业生的安排问题"。其他参加人员有未力工、刘正坤等8人。

7月11日 签发〔1983〕279号《上报1984—1985年高等教育专业发展计划（表三）》《上报1983—1985年成人高等教育事业发展计划》。

7月13日 签发《厦门大学招收1983年攻读博士学位研究生》、厦门大学校教字〔1983〕135号《法学理论研究生班培养方案（草案）》，签批转发教育部〔1983〕教高一41号《关于吉林大学等校设置新闻学等专业的批复》。

7月16日 签发厦门大学《1983—1985年函授生计划数》。

7月18日 签批转发〔1983〕教研司11号《关于印发〈研究生外国语

学习和考试的规定〉（试行草案）的通知》。

7月19日 签批转发〔1983〕教研司32号《关于召开研究生工作座谈会的通知》。

7月20日 签发厦门大学校教字〔1983〕141号《联系83级研究生代培问题》。

7月27日 参加在厦门大学办公楼会议室召开的常委会，讨论"审定讲师职称问题"。其他参加人员有曾鸣、谢白秋等8人。

7月30日 参加在厦门大学办公楼会议室召开的校务会。其他参加人员有曾鸣、谢白秋等14人。

同日 签发〔1983〕42号《印发〈关于制订中国古典文献学和历史文献学硕士学位研究生培养方案的几点意见〉的通知》。

7月 邀请BBC克拉克前来厦门大学高教研究室介绍英国的传播教育情况。

8月1日 被福建省人民政府聘请为福建省高等教育自学考试指导委员会副主任委员。

8月12日 参加在厦门大学办公楼会议室召开的常委、校长、副校长会议，讨论"今年招生录取工作问题"。其他参加人员有曾鸣、未力工等9人。

8月21日 签发厦门大学校办字〔1983〕124号《上报职工业余大学图书馆学、书法学专业教学计划》。

8月 所著的《高等教育学讲座》一书由人民教育出版社出版。该书是我国第一本正式出版的高等教育学的选讲专著，包括"高等教育学的研究对象和任务""教育的基本规律及其对高等学校教育的作用""教学的基本规律和若干教学原则""培养目标和教学计划""课堂讲授"五讲。

9月7日 签发厦门大学校教字〔1983〕156号《补报韩国磐教授博士授予权申请表》。

同日 签发厦门大学校教字〔1983〕157号《上报夜大学一九八三年新生名册》。

9月8日 签发厦门大学校教字〔1983〕156号《补报韩国磐教授博士授予权申请表协助指导教师力量》。

9月10日 参加在厦门大学招待所二楼会议室召开的常委、校学术委员会主任、副主任联席会会议,"审议中青年学术骨干名单问题"。其他参加人员有曾鸣、蒋林等5人以及各系学术委员会正副主任。

9月11日 签发厦门大学《关于进行专业调整工作的通知》。

9月12日 签发厦门大学校教字〔1983〕161号《补报海洋系海洋物理学专业指导教师》。

同日 参加在厦门大学招待所二楼会议室召开的常委会,听取"文、理科学术委员会主任、副主任向常委汇报评定职称工作情况"。其他参加人员有曾鸣、蒋林等11人。

9月13日 签发厦门大学校教字〔1983〕163号《关于推荐王光远同志参加高师、高校体育教材编审工作的函》。

9月 主编的《马克思主义教育理论家——杨贤江》一书由人民教育出版社出版。

9月 学校首次接受成批的国外留学生共20名,他们来自7个国家。

10月7日 签批转发教育部〔1983〕教所2号《关于成立全国教育科学规划小组的通知》。

10月10日 参加在厦门大学办公楼会议室召开的行政办公会。其他参加人员有曾鸣、未力工等15人。

10月13日 参加在厦门大学办公楼会议室召开的常委会,讨论"研究统战工作"。其他参加人员有曾鸣、谢白秋等11人。

10月19日 签发厦门大学校教字〔1983〕179号《上报高校工科专业目录修改意见等》。

10月21日 参加厦门集美学村举行的纪念陈嘉庚创办集美学校70周年大会和陈嘉庚铜像揭幕典礼。

10月27日 参加在厦门大学招待所三楼召开的常委会,讨论"全国高校政治思想工作预备会问题"。其他参加人员有曾鸣、谢白秋等11人。

10月28日 参加在厦门大学办公楼会议室召开的校务会。其他参加人员有曾鸣、司守行等10人。

10月 组织师生学习贯彻教育部颁发的《全日制普通高等学校学生学籍

管理办法》。

11月1日 签发厦门大学校教字〔1983〕186号《报送1984年攻读硕士学位研究生专业目录给教育部研究生司、外交局》。

11月2日 签批转发教育部〔1983〕教文材1号《关于推荐高等学校文科教材的通知》。

11月4日 参加在厦门大学办公楼会议室召开的校务会。其他参加人员有曾鸣、未力工等10人。

11月7日 签发厦门大学校教字〔1983〕192号《关于几个培训班颁发毕业证书的报告》。

11月8日 在《厦门大学学报》上发表《三位好同志的周年祭》一文,缅怀王再生、曾沧江、杨铮三位同志。文章通过对三位同志生前先进事迹的叙述,得出一个结论:"三位同志,各有不同的工作,各有自己的特点。但都有这么一个共同的好品质:默默地、辛勤地工作,用实际行动来为社会主义教育事业服务。"

同日 应西南师范学院聘请,为西南师范学院高等学校干部进修班讲授高等教育学。

11月14日至19日 出席教育部委托华中工学院朱九思院长在武汉主持召开的《高等教育学》(征求意见稿)教材听取意见座谈会,就所主编的《高等教育学》(征求意见稿)编写经过及若干问题进行了说明,并就大家提出的问题进行了答辩,提出了《高等教育学》的具体修改意见。出席座谈会的有国内有关专家和编写人员共33人。座谈会期间,教育部党组成员张健、武汉大学校长刘道玉等到会讲话。朱九思做了重要发言。

12月5日至7日 在北京参加国务院学位委员会第五次会议,审议通过了《第二批硕士学位授予单位及其学科、专业名单》,厦门大学的高等教育学专业被评为硕士学位授予点。

12月20日至23日 "福建省高等教育学会成立大会暨福建省高等教育科学研讨会"在福州举行,被选为福建省高等教育学会副会长(会长曾鸣)。

12月27日 签发厦门大学《关于召开高教科学论文报告会的通知》、厦门大学校教字〔1983〕219号《关于贯彻"国务院学位委员会、教育部1983

学位字通知"的通知》。

12月28日 签发厦门大学校教字〔1983〕224号《关于与复旦大学研究生部联系代培研究生等事宜》。

1984年 六十四岁

1月9日 签发《关于印发〈一九八四年招收国内攻读硕士学位研究生计划〉和〈一九八四年全国高等学校研究生班招生计划〉的通知》。

1月12日 参加在厦门大学校招待所三楼会议室召开的常委会。其他参加人员有曾鸣、未力工等10人。

1月13日 厦门大学高等教育科学研究室经国务院学位委员会批准,成为中国第一个高等教育学专业硕士学位授予点。潘懋元先生成为经国务院学位委员会批准的中国第一位高等教育学硕士研究生导师。

同日 参加在厦门大学办公楼会议室召开的办公会。其他参加人员有未力工等15人。

1月29日 签发《印发〈第一次全国电化教育工作会议记录〉和黄率白同志在第一次全国电化教育工作会议上的报告》。

1月 《高等教育学的若干问题(第二册)》由江苏省高校干部进修班印发。

2月8日 参加在厦门大学校招待所三楼召开的讨论校庆事宜会议。其他参加人员有曾鸣、未力工等11人。

2月9日 邓小平同志视察厦门大学。在建南大会堂前,与学校党政领导干部和部分师生代表一起,接受邓小平同志的接见并合影留念。

2月10日 参加在厦门大学校招待所二楼会议室召开的讨论工作计划会议。其他参加人员有曾鸣、未力工等16人。

2月16日 参加在厦门大学校招待所三楼会议室召开的常委会,研究组织、人事工作问题。其他参加人员有曾鸣、未力工等7人。

2月17日 参加在厦门大学办公楼会议室召开的办公会。其他参加人员有曾鸣、未力工等20人。

2月27日　中国第一个高等教育科学研究所——厦门大学高等教育科学研究所经教育部批准正式成立，并下达科研人员编制20名。被任命为所长（兼），吴丽卿、陈炳三为副所长。

2月　参加在华东师范大学召开的由郑启明、薛天祥共同主编的《高等教育学》大纲讨论会。中央教育行政学院党委书记、副院长于北辰主持会议。与会代表30多人。

3月1日　参加在厦门大学招待所三楼会议室召开的常委会。其他参加人员有曾鸣、未力工等9人。

3月15日　参加在厦门大学招待所三楼会议室召开的常委会。其他参加人员有曾鸣、未力工等4人。

3月16日　参加在厦门大学校映二（207）召开的"全校实验室工作会"。其他参加人员有未力工以及实验室代表等。

3月21日　参加在厦门大学召开的全国科技工作会议。

3月22日　上午，参加在厦门大学招待所三楼会议室召开的常委会。其他参加人员有谢白秋、未力工等6人。

同日　下午，参加在厦门大学办公楼会议室召开的"第十届科学讨论会第二次筹备会议"。其他参加人员有吴修华、潘潮玄等8人。

3月23日　参加在厦门大学办公楼会议室召开的行政办公会。其他参加人员有周彬、未力工等11人。

3月26日　签发厦门大学校教字〔1984〕41号《关于安排1984—1985学年第一学期开课计划的通知》。

3月29日　参加在厦门大学招待所三楼会议室召开的常委会。其他参加人员有曾鸣、未力工等6人。

3月　任《福建高教研究》主编和《福建自学考试》编委会主任。

3月　在《福建高教研究》1984年第1期上发表《高等学校教学原则体系初探》一文。从历史的角度列举了国内外教学原则体系，进而分析了确立高等学校教学原则应该以高等学校教学过程的特点以及高等教育的基本特点为根据，提出了高等学校教学原则体系：（1）科学性和思想性相结合原则；（2）理论联系实际原则；（3）知识积累与智能发展相结合原则；（4）在教师主导下发挥学生主动性、创造性与独立性原则；（5）专业性与综合性相结合原则；（6）教学与科学研究相结合原则；（7）量力性原则；（8）系统性与循序渐进原则；（9）少而精原则；（10）统一要求与因材施教相结合原则。

4月1日 在《高等教育研究》1984年第1期上发表《在〈高等教育学〉教材听取意见座谈会上的发言》一文。文章介绍了关于《高等教育学（征求意见稿）》编写经过、若干问题的说明和具体的修改意见。

4月3日 参加在厦门大学招待所三楼会议室召开的"第十届科学讨论会第三次筹备工作"会议。其他参加人员有谢白秋、潘潮玄等13人。

4月6日 参加在厦门大学办公楼会议室召开的行政办公会。其他参加人员有曾鸣、未力工等4人。

同日 收到人民教育出版社教育编辑室主任胡寅生的信件。信中表示：他将亲自担任《高等教育学》一书的责任编辑。

4月7日 签发厦门大学校教字〔1984〕47号《关于进行期中教学检查的通知》。

4月10日 参加在厦门大学招待所二楼会议室召开的中心组学习会议。其他参加人员有曾鸣、李维之等人。

4月11日 签发厦门大学校函字〔1984〕2号《关于1984年招生简章的报告》。

4月12日 参加在厦门大学校办公楼会议室召开的行政办公会议，讨论"第十届科学讨论会筹备工作"。其他参加人员有相关部门负责人等。

4月13日 签发厦门大学校教字〔1984〕49号《上报一九八四年分专业招生计划和委托培养招生计划（修订计划）》。

4月19日 参加在厦门大学招待所三楼会议室召开的校领导会。其他参加人员有曾鸣、司守行等10人。

4月21日 参加在厦门大学办公楼会议室召开的行政办公会。其他参加人员有司守行、未力工等21人。

4月 任《福建自学考试》编委会主任，在创刊号（1984年第1期）上发表《对参加自学考试者的期望》一文。文章对参加自学考试者提出了两点期望：（1）要有正确的认识，把考试看成督促与检查学生自学的手段。

（2）要善于自学。主要包括制订学习计划，着重理解，多思少背，学会一些自学方法等。

5月3日 签发《关于拟在经济学院相关的系增设"国际金融"等六个专业的请示报告》。

5月9日 签发《厦门大学莆田市科学技术协作议定书》。

5月12日 参加在厦门大学办公楼会议室召开的行政办公会。其他参加人员有刘正坤等11人。

5月12日至19日 出席厦门大学高等教育科学研究所与本校哲学系联合主持召开的全国综合大学心理学教学经验交流会和《心理学原理》大纲讨论会，并做了《德育是一门科学》的学术报告。

5月14日 签发厦门大学校教字〔1984〕73号《关于召开第三次教学工作会议的通知》。

5月14日至16日 邀请美国教授史太利夫妇为厦门大学高等教育科学研究所师生介绍美国高等教育发展状况。

5月16日 参加在厦门大学招待所二楼会议室召开的"申报政协落实政策、传达全国侨务工作会精神的会议"。其他参加人员有谢白秋、未力工等9人。

5月17日 参加在厦门大学招待所二楼会议室召开的"研究纪念陈嘉庚诞辰110周年有关事宜的常委会"。其他参加人员有未力工等9人。

同日 签发厦门大学校教字〔1984〕76号《关于申请设立国际金融等八个新专业的报告》。

5月18日 签批转发〔1984〕教育一司43号《关于征求对召开理科教学工作座谈会的意见》。

5月19日 参加在厦门大学专家楼会议室召开的"市长、副市长来校谈特区与厦大问题"会议。其他参加人员有李维之、刘正坤等9人。

5月25日 参加在厦门大学办公楼会议室召开的"第三次教学工作会讨论情况汇报会"。其他参加人员有未力工、刘正坤等13人。

5月30日 签发厦门大学《关于新生入学（八四）报到时间安排》。

5月31日 参加在厦门大学办公楼会议室召开的行政办公会，讨论"生物工程、环保、经济特区研究所经费分配政策问题"。其他参加人员有未力工、刘正坤等11人。

6月1日 签发厦门大学校教字〔1984〕88号《关于期末工作安排的通知》。

同日 参加在厦门大学招待所三楼会议室召开的常委扩大会。其他参加人员有未力工、刘正坤等7人。

6月4日 签发厦门大学校教字〔1984〕90号《转发校招生办〈关于八四年新生入学的时间安排〉的通知》。

6月5日 签发厦门大学校教字〔1984〕90号《转发校招生办〈关于八四年新生入学校的时间安排〉的通知》。

6月7日 签批转发〔1984〕教高一28号《关于开展高等财经、管理教育调查的通知》。

6月8日 签发厦门大学校教字〔1984〕93号《关于对召开理科教学工作座谈会的意见》。

6月9日 参加在厦门大学办公楼会议室召开的行政办公会,讨论"印刷厂改革、安全工作问题"。其他参加人员有未力工、刘正坤等17人。

6月12日 签发厦门大学校教字〔1984〕95号《报送"高等财经、管理教育调查计划"和调查提纲》。

6月13日 参加在厦门大学办公楼会议室召开的会议。其他参加人员有崔盈达、刘正坤等8人。

6月15日 参加在厦门大学招待所四楼会议室召开的常委会,"研究厦大如何办问题"。其他参加人员有曾鸣、未力工等5人。

6月16日 参加在厦门大学招待所二楼会议室召开的校系领导干部会,讨论"曾书记讲厦大如何办"问题。

6月17日 参加在厦门大学招待所四楼小会议室召开的常委会。其他参加人员有曾鸣、未力工等6人。

6月26日 参加在厦门大学办公楼会议室召开的行政办公会。其他参加人员有刘正坤、高扬等16人。

6月28日 参加在厦门大学招待所二楼召开的会议,听取"海外函授教育学院有关粤、港、澳教育情况的汇报"。参加人员有李维之等。

6月30日　参加在厦门大学办公楼会议室召开的校领导会议。其他参加人员有未力工、司守行等11人。

6月　在《福建高教研究》1984年第2期上发表《新的技术革命与制定高等教育对策的指导思想》一文。文章认为，新技术革命同高等教育发展与改革存在着内在的必然的联系。高等教育的对策，是为迎接新技术革命而制定的整个对策的重要组成部分。研究政策，首先必须有明确的指导思想，对此提出了四点看法：第一，必须以马克思列宁主义、毛泽东思想为指导；第二，要立足国情，面向世界，走中国自己发展教育的道路；第三，要立足现实，面向未来；第四，要用系统的观点，全面研究与解决高等教育发展中数量、结构与质量的关系。后发表于《高教战线》1984年第2期、《煤炭高教研究》1984年增刊。

7月12日　参加在厦门大学办公楼会议室召开的行政办公会。其他参加人员有未力工、司守行等9人。

7月27日　参加在厦门大学办公楼会议室召开的行政办公会。其他参加人员有未力工、李维之等11人。

7月　主编的中国第一部《高等教育学》（上册）由人民教育出版社、福建教育出版社联合出版，朱九思为该书撰写了热情洋溢的序言，标志着中国高等教育学科作为一门新兴独立学科的正式确立。该书第一次出版印刷了45 000册，旋即告罄，出版社只好再次印刷，以满足读者需求。

8月1日　参加在厦门大学办公楼会议室召开的部门工作会议。其他参加人员有司守行、刘正坤等18人。

8月12日　签发《三明市政府、厦门大学科技、经济协作议定书》。

8月17日　参加在厦门大学办公楼会议室召开的讨论工作要点会议。其他参加人员有未力工、司守行等9人。

8月20日　参加福建省委书记项南、省长胡平和厦门市委书记陆自奋来校调研召开的教育改革问题座谈会。

8月22日　签批转发〔1984〕教党155号《关于田昭武等同志职务任免的通知》。

同日 参加在厦门大学专家楼召开的"张承先同校领导座谈"会议。其他参加人员有吴修华、未力工等9人。

11月9日 参加在厦门大学办公楼会议室召开的校领导办公会。其他参加人员有未力工等人。

11月13日 参加在厦门大学招待所会议室召开的同厦门市领导座谈会议。其他参加人员有未力工等16人。

11月15日至20日 参加在厦大高教研究所召开的"全国教育史研究会第二届理事会"会议。

11月16日 参加在厦门大学校招待所三楼会议室召开的校领导研究政法学院问题会议。其他参加人员有未力工等7人。

11月20日 "全国高等教育管理研究会"在北京成立,被聘为第一届理事会顾问。

12月29日 被任命为厦门大学高等教育科学研究所所长(兼),吴丽卿、陈炳三为副所长。

12月 在《福建高教研究》1984年第4期上发表《关于新的技术革命与高等教育对策的若干意见》一文。文章认为,在新技术革命的浪潮中,要制定全面完整的高等教育对策还不成熟,于是从宏观和微观两个层面提出了一些初步意见。该文后发表在《湖南高等教育》1985年第1期上。

1985年　六十五岁

1月18日至19日 参加学校举行的首次教职工代表大会暨工会第十六届会员代表大会,推举李文清教授为工会主席。

1月20日 被《湖南高等教育》编辑部聘请为顾问。

1月 被聘为福建省人才研究会理事会顾问。

1月 在《厦大青年》(创刊号)1985年第1期上发表《新形势下大学生的学习方法》一文。文章指出,青年大学生要解放思想,具有创新精神,同时应该做到基础知识扎实,理科和文科之间的相关知识要尽可能多学一些。

1月 给厦门大学高等教育科学研究所硕士生授课。

2月16日　被聘为国务院学位委员会第二届学科评议组（教育学、心理学）成员。

2月　主编的《高等教育学》（下册）由人民教育出版社、福建教育出版社联合出版。

2月　被聘为1985年福建省高等教育自学考试指导委员会形式逻辑课程兼职教授。

2月　被上海交通大学系统工程研究所教学研究院聘请担任"高等学校教学质量评价指标体系研究"课题的咨询顾问。

2月　担任重新成立的校务委员会委员。委员共29人。

3月9日　组织召开高等教育科学研究所领导班子成员会议，研究确定了本所四个研究室（高教理论、心理学、高教管理学、外国高等教育）主任、资料室主任和办公室秘书人选。

3月29日至30日　参加学校召开的各系系主任会议，讨论"教学改革的十点意见"。

4月6日　参加"厦门大学建校64周年庆祝大会"。学校宣布设立教工"南强奖"，并首次颁奖。

5月1日　被福建省人民政府邀请参加福建省（1986—2000）科学技术发展规划编制工作。

同日　被厦门大学授予"从事教育工作35周年以上光荣证书"。

6月　为陈清法主编的《连家瑶老师纪念册》（福建惠安县政协编印1985年6月版）作序。序文简要介绍了连家瑶老师为人师表的教师形象，分析了他成功的三个条件："学识渊博，既兼通数理，又擅长文史；积累了丰富的教学经验，摸索到不少有效的教学方法；认真教学，高度负责。"落款为："后学潘懋元敬序"。

7月29日　学校审核高教研究所定编为25人，后又审定为26人。

7月　应邀为《我的大学生活》（天津人民出版社1985年7月版）一书撰写自传体文章《理想与追求》。文章共三部分：（1）理想·兴趣·困难；（2）学校生活；（3）知识上的缺陷苦恼着我。后收录于《潘懋元高等教育文集》（新华出版社1991年6月版）一书。

8月1日 撰写《高等教育学讲座》第二版前言。其中写道:"趁人民教育出版社准备再版的机会,我对全书作了一些修改,并将其后在华中师范学院、西南师范学院、中央教育行政学院等处所讲的教学原则、德育过程基本规律与原则等补充进去,这几讲也是在华中师范学院高等学校干部进修班所整理的初稿基础上修改的。"

8月4日至10日 参加中国高等教育学会在哈尔滨召开的第一届理事会暨学术讨论会。与会代表220人。中国高等教育学会会长蒋南翔主持会议。

8月18日 参加厦门大学高等教育科学研究所第一批高等教育学硕士研究生胡建华、陈列的学位论文答辩会。胡建华的论文题目是《新技术革命与高等学校职能的变化发展》(导师潘懋元);陈列的论文题目是《论高等学校教学过程的本质特点》(导师潘懋元、吴丽卿)。答辩委员会成员有张文郁(主席)、潘懋元、王增炳、吴丽卿,答辩委员会秘书刘海峰。由此,胡建华成为新中国教育史上第一位通过顺利答辩而获得学位的高等教育学硕士,后来成为南京师范大学教育科学学院院长、教授、博士生导师。

8月24日至26日 主持在浙江余姚召开的"杨贤江教育思想研究会第一届年会"。

8月29日 被福建省教育厅聘请为第一届福建省高等学校教师学衔委员会委员。

8月 参与《中国大百科全书·教育卷》的编撰工作,撰写13个条目。分别是:必修课,蔡元培,陈嘉庚,杨贤江,高等教育学,工具课,基础课,社会调查,生产实习,选修课,专业基础课,专业课,专业设置。

9月1日 任福建省东南亚学会顾问。

9月5日 被聘为第一届"福建省高等学校教师学衔委员会"1985年教育学、心理学学科评审组组长。

9月9日 参加厦门大学隆重举行的"庆祝我国第一个教师节大会",被授予"光荣执教45周年以上荣誉证书"。

9月13日 在厦门大学高等教育科学研究所主持召开1985级高等教育学硕士研究生和首届全日制研究生班开学典礼,专门就高等教育学的专业招生、培养和发展发表讲话。

9月至11月 根据学校要求，高等教育科学研究所举办"高等教育学培训班"，对全校青年教师进行培训，让他们不脱产地参加学习三个月，并进行期终考核。

9月 给厦门大学高等教育科学研究所硕士生授课。

10月16日至17日 邀请中央教育科学研究所副研究员金世柏来厦门大学高等教育科学研究所做有关国际比较教育、日本高等教育的讲座。

10月18日 参加厦门大学高等教育科学研究所第一批高等教育学硕士研究生张国才的学位论文答辩会。论文题目是《菲、泰两国高等学校毕业生供求问题探讨》（导师潘懋元、王增炳）。答辩委员会成员有金世柏（主席）、潘懋元、王增炳、罗杞秀。

10月28日 参加厦门大学高等教育科学研究所招收的第一个高等教育学硕士研究生魏贻通的学位论文答辩会。论文题目是《论高等教育管理的性质特点》（导师潘懋元、王增炳）。答辩委员会成员有饶元煦（主席）、潘懋元、王增炳、罗杞秀。

10月 参加在上海召开的高等学校师资管理国际研讨会，被聘为"全国高等学校师资管理研究会"顾问。

10月 被选为第二届国务院学位委员会教育学科评议组召集人，至1996年。

11月20日 推动实施"三学期制"，从1985—1986学年第二学期开始调整教学计划，第一个短学期于1986年8月11日至9月20日结束。

11月26日至29日 参加在福州召开的"福建高等教育学会第2届年会"并做学术报告。

11月 《高等教育学讲座（增订版）》由人民教育出版社出版。

12月9日 为纪念"一二·九"运动50周年，高教研究所师生员工骑自行车到前线驻军、农村走访慰问。

12月 为任宇所著的《高等教育学选讲》（高等教育出版社1986年5月版）一书作序。序文认为，从实际出发探索教学规律是研究高等教育的最好途径，评价该书具有"材料具体充实，理论联系实际，说理深入浅出"等优点。同时也指出，高等教育理论还不成熟，不能把理论当成定论，应多引导读者思考。

12月27日 被兵工高等教育研究编辑部聘请为《兵工高等教育研究》《高等文摘》顾问。

本年 在教学之余，逐渐形成了家庭"周末学术沙龙"的研究生教学模式，并作为研究生课堂教育的一种补充相对固定下来。

1986年 六十六岁

1月 给厦门大学高等教育科学研究所硕士生授课。

1月5日至7日 参加国务院学位委员会在京召开的学科评议组召集人会议，讨论第二届学科评议组成员名单；讨论第三批博士和硕士学位授予单位审核工作的改革意见。

2月19日至3月3日 应邀参加国家教委直属高等工业学校教育研究协作组在华侨大学召开的"第一次高等工程教育理论研讨会"，并在会上做了题为《高等学校的社会职能》的专题报告。报告从历史的回顾、"二战"后高校社会职能发展的趋势、对我国高等学校社会职能的考察三个维度分析了高等学校三大职能，得出四点结论：（1）高等学校三个职能的产生与发展是有规律的，先有培养人才，次有发展科学，再有直接为社会服务；（2）三个职能发展总的趋势是从单一化到多样化，从经院化到社会化；（3）不同层次、不同类型的高等学校，对于这三个职能以及每个职能的任务可以有所侧重，也应当有所侧重；（4）开展直接为社会服务的活动，要着眼于社会效益，要讲求国家的经济效益。报告稿发表于《高等工程教育研究》1986年第3期。

2月 在《福建高教研究》1986年第1期上发表《当前高等教育理论研究的若干问题》一文。文章深刻论述了高等学校的社会职能问题、高等学校教学过程问题和教学方法问题。

3月8日 晚上，在东村家中主持"周末学术沙龙"，参加人员为厦门大学高等教育科学研究所部分教师、硕士生。

3月15日 参加在高等教育科学研究所召开的厦门大学地下党座谈会，到会来宾有上海市区级人大代表何桂钦（华东师范大学王亚朴的夫人）等人。

3月20日　在多次调研的基础上，厦门大学决定从1986年起实行"三学期制"：将一个学年划分为"二长一短"3个学期，即每年以春节为轴心，前后各延伸18周，组成两个"长学期"，另在每学年的第一个学期前面确定6周为一个"短学期"，寒暑假周数不变。

3月22日　晚上，在东村家中主持"周末学术沙龙"，参加人员为厦门大学高等教育科学研究所部分教师、硕士生。

3月31日　与华中师范大学杨汉卿、杭州大学（现并入浙江大学）吴文侃一起，就他们正在主编的《比较教育学》和高等教育发展进行交谈与学术交流。

3月　在《电教理论研究专题讲座》1986年第3期上发表《电化教育与教学改革》一文。文章分析了电化教育对推动教育改革特别是教学方法改革的积极作用，并指出为了充分发挥这些作用，需要处理好以下关系问题：（1）电化教育方法与传统教学方法的关系问题；（2）人与机的关系问题；（3）视、听与思考的关系问题。

3月　在《福建论坛》1986年第3期上发表《高层次专门人才培养与研究生教育改革》一文。文章指出，高层次专门人才的培养是具有战略意义的重要问题。一方面，要改革研究生教育制度；另一方面，要开辟大学本科后的继续教育途径。为此，通过统筹规划并制度化，既有利于高层次专门人才脱颖而出，又可保证取得高层次专门职务者确实具有真才实学。后发表于《高等教育学报》1986年第3期，收录于《论中国高等教育》（北京师范大学出版社1987年版）一书。

3月　被华北师范大学高校干部进修班聘为兼职教授。

4月5日　晚上，在东村家中主持"周末学术沙龙"，参加人员为厦门大学高等教育科学研究所部分教师、硕士生。

4月6日　参加"厦门大学建校65周年庆祝大会"，颁发首届"嘉庚奖学金"。

4月8日　厦门大学校庆65周年期间，邀请回校的原教育系地下党老校友开座谈会，对师生进行光荣革命传统教育。

4月12日至17日　邀请日本国立教育研究所研究员大塚丰来厦门大学

8月29日　参加在厦门大学办公楼会议室召开的校领导会议，讨论"定编、评职称问题"。其他参加人员有司守行、刘正坤等10人。

8月31日　参加在厦门大学办公楼会议室召开的校领导座谈会。其他参加人员有未力工、谢白秋等7人。

8月　以特邀专家身份参加国务院学位委员会第一届第二次学科评审会。

9月1日　参加在厦门大学招待所二楼会议室召开的研究定编问题会议。其他参加人员有未力工等9人。

9月3日　在全校中层干部会议上，福建省委宣传部顾问孙泽夫代表省委，宣读中央教育部党组关于厦门大学党政领导的调整任命名单。潘懋元先生由副校长改任厦门大学顾问，至1989年9月。

9月5日至8日　在叶圣陶、胡愈之、吴亮平、李一氓、夏衍五位革命老前辈的敦促下，在胡乔木的指示下，"杨贤江教育思想研究会"与"杨贤江教育基金会"在北京成立，被推选为研究会理事长并被聘为基金会主席。

9月21日　参加在厦门大学办公楼会议室召开的"1984年秋季第三周办公会"。其他参加人员有未力工及其他部门代表。

10月2日　参加在厦门大学招待所三楼会议室召开的"领导成员分工问题的会议"。其他参加人员有未力工等7人。

10月12日　参加在厦门大学办公楼会议室召开的行政办公会。其他参加人员有曾鸣、周彬等16人。

10月20日　参加在厦门大学招待所三楼会议室召开的"申报成立技术科学学院"会议。其他参加人员有曾鸣、未力工等8人。

10月21日　参加福建省暨厦门市在集美举行的陈嘉庚先生110周年诞辰纪念大会。

10月23日至25日　参加"陈嘉庚先生110周年诞辰纪念大会暨学术讨论会"，并参加陈嘉庚铜像落成揭幕仪式。67位国内外学者和华侨史研究者到会。

11月8日　参加在厦门大学专家楼楼下会客厅召开的"张承先（全国人大常委会高教委员会副主任）同志到校检查工作"会议。其他参加人员有未力工等5人。

高等教育科学研究所进行学术访问,并介绍日本大学生的学习、生活情况。

4月12日　晚上,在东村家中主持"周末学术沙龙",参加人员为大塚丰研究员和厦门大学高等教育科学研究所部分教师、硕士生。

4月26日　晚上,在东村家中主持"周末学术沙龙",参加人员为厦门大学高等教育科学研究所部分教师、硕士生。

5月10日　晚上,在东村家中主持"周末学术沙龙",参加人员为厦门大学高等教育科学研究所部分教师、硕士生。

5月14日　被福建省职称改革领导小组聘请为福建省第一届高等学校教师(含研究)高级职务评审委员会委员。

5月21日至25日　邀请美国斯坦福大学顾问纳尔逊教授来厦门大学高等教育科学研究所访问讲演,并与师生座谈。

5月25日至6月2日　参加国务院学位委员会在北京召开的学科评议组第三次会议。这是国务院学位委员会第二届学科评议组组成后的第一次盛会,共532人参加。会议的主要任务是复审第三批文科、理科、工科和医科博士、硕士学位授予单位及其学科、专业和博士生指导教师。

6月4日　参加厦门大学高等教育科学研究所党支部大会,讨论通过吸收刘海峰、郝晓峰、乔明宏三人加入中国共产党,系本所发展的第一批党员。

6月7日　晚上,在东村家中主持"周末学术沙龙",参加人员为厦门大学高等教育科学研究所部分教师、硕士生。

6月10日　在《教育评论》1986年第6期上发表《〈高等教育学选讲〉序》一文。后发表于《辽宁高等教育研究》1986年第4期。

6月15日　被厦门大学团委聘为业余团校兼职教师。

6月17日　参加新校务委员会召开的第4次会议,专门讨论加强学风、校风建设问题。

6月21日　晚上,在东村家中主持"周末学术沙龙",参加人员为厦门大学高等教育科学研究所部分教师、硕士生。

6月25日　参加厦门大学高等教育科学研究所硕士研究生乔明宏的学位论文答辩会,其他答辩委员有陈国强(主席)、周济、王增炳、吴丽卿。

6月28日　晚上,在东村家中主持"周末学术沙龙",参加人员为厦门大学高等教育科学研究所部分教师、硕士生。

6月 在《电子高等教育》1986年第3期上发表《对转变教育思想中几个问题的看法》一文。文章分析与论述了"知识与智能""通才与专才""教师与学生"的关系问题。

6月 在《高等教育学报》1986年第3期上发表《高层次专门人才的培养与研究生制度的改革》一文。文章认为，鉴于高层次专门人才培养途径的多样化，其培养目标、学习与研究内容、培养方法以及办学形式、招生分配等，也必然要求相应的多样化。

6月 在《福建高教研究》1986年第3～4期上发表《王亚南的教育思想》一文。文章指出，在宏观教育方面，王亚南高瞻远瞩地论述了教育与经济基础的关系、科学与社会进步的关系；在微观方面，王亚南同志懂得人才的价值，提出了培养人才的原则。后发表于《厦门大学学报（哲学社会科学版）》1987年第2期。

7月1日至2日 参加"中共厦门大学第五次代表大会"。这是距1971年12月召开的第四次党代会14年之后举行的一次重要会议。大会以无记名投票方式选举产生了中共厦门大学第五届委员会委员22名和纪委会委员17名，潘懋元先生仍留任厦门大学顾问。

7月5日 晚上，在东村家中主持"周末学术沙龙"，参加人员为厦门大学高等教育科学研究所部分教师、硕士生。

7月19日 晚上，在东村家中主持"周末学术沙龙"，参加人员为厦门大学高等教育科学研究所部分教师、硕士生。

7月21日 上午，参加厦门大学高等教育科学研究所硕士生郝晓峰的学位论文答辩会。答辩委员会成员有盛年民（主席）、潘懋元、王增炳、吴丽卿。

同日 下午，参加厦门大学高等教育科学研究所章达友的硕士学位论文答辩会。答辩委员会成员有汪永铨（主席）、潘懋元、王增炳、吴丽卿。

7月28日 厦门大学高等教育科学研究所经国务院学位委员会批准成为中国第一个高等教育学博士学位授予点，潘懋元成为中国第一位高等教育学博士生导师并开始招收中国第一批高等教育学博士研究生。

7月 在《红旗》1986年第13期上发表《传统教育与教学改革》一文。文章提出,对传统教育要扬弃,不要全盘抛弃;要正确处理教学过程中诸如知识与智能、专才教育与通才教育、教师与学生等关系;要确立教师在教学过程中的主导作用,紧紧依靠广大教师,切实转变传统教育思想。《新华文摘》1986年第9期、《高教文摘》1986年第4期、《天津高教研究》1987年第3期分别全文转载。

7月 在《教育研究》1986年第7期上发表《要鼓励并支持教育理论工作者争鸣》一文。文章主要分析了高等教育研究中缺少有理有据的争鸣文章的原因:"唯书""唯上"的思想未彻底克服;学术讨论与政策执行的界限没有划清楚;有关部门对于教育科学研究重视不够。同时提倡要开展教育理论的争鸣,提供争鸣的园地。

9月20日 晚上,在东村家中主持"周末学术沙龙",参加人员为厦门大学高等教育科学研究所部分教师、硕士生。

9月27日 晚上,在东村家中主持"周末学术沙龙",参加人员为厦门大学高等教育科学研究所部分教师、硕士生。

9月 邀请英国加的夫学院院长贝文夫妇来厦门大学高等教育科学研究所讲学,与师生座谈。

9月 给厦门大学高等教育科学研究所硕士生授课。

10月9日 在《厦门大学学报》发表《王亚南的教育思想》一文。

10月11日 晚上,在东村家中主持"周末学术沙龙",参加人员为厦门大学高等教育科学研究所部分教师、硕士生。

10月15日至16日 参加厦门大学与中国社会科学院联合举办的"王亚南经济和教育思想学术报告会",纪念王亚南诞辰85周年。

10月21日至26日 参加在厦门大学召开的"特区与沿海开放城市高等教育发展战略研讨会",并做大会发言。国家教委教育发展研究中心主任郝克明出席会议并讲话。

10月 至西安,应邀到陕西师范大学、解放军政治学院讲学,并被解放军政治学院聘为兼职教授。

10月 被厦门大学校团委聘为业余团校老师。

11月8日 晚上，在东村家中主持"周末学术沙龙"，参加人员为厦门大学高等教育科学研究所部分教师、硕士生。

11月15日 晚上，在东村家中主持"周末学术沙龙"，参加人员为厦门大学高等教育科学研究所部分教师、硕士生。

11月18日至23日 邀请日本广岛大学高等教育研究中心喜多村和之教授来厦门大学高等教育科学研究所做《日本高等教育改革与发展》的专题报告。

11月22日 在厦门大学囊萤楼三楼阳台和高等教育科学研究所领导及部分教师一起，与高教所研究生篮球队员合影留念，庆祝本所篮球队获得厦门大学研究生篮球联赛冠军。

同日 晚上，在东村家中主持"周末学术沙龙"，参加人员为喜多村和之教授和厦门大学高等教育科学研究所部分教师、硕士生。

11月25日至28日 赴福州参加"福建高等教育学会第3届学术年会"。

12月6日 晚上，在东村家中主持"周末学术沙龙"，参加人员为寺崎昌男教授和厦门大学高等教育科学研究所部分教师、硕士生。

12月7日至12日 邀请日本东京大学寺崎昌男教授来厦门大学高等教育科学研究所讲《日本高等教育发展史》。

12月13日 晚上，在东村家中主持"周末学术沙龙"，参加人员为厦门大学高等教育科学研究所部分教师、硕士生。

12月27日 晚上，在东村家中主持"周末学术沙龙"，参加人员为厦门大学高等教育科学研究所部分教师、硕士生。

12月31日 在《高等教育研究》1986年第4期上发表《认真改进工作，努力办出特色》一文。这是作者给《高等教育研究》编辑部的一封信，对该刊给予了高度评价，并提出了关于办好一份高教理论刊物的几点意见：一是要面向广大高等学校的教师和干部；二是要敢于研究新问题；三是文章篇幅一般以6 000字左右为宜。

12月 在《外国高等教育资料》1986年第4期上发表《泰国高等教育的改革和发展》（与黄建如合作）一文。文章简要介绍了泰国高等教育的发展历史、现状、体制与管理制度、高等教育投资、高等教育的专业结构、培养人才的水平、师资、改革与发展、开放大学等。

本年 学校成立《厦门大学校史：第一卷（1921—1949）》编写委员会，任编委，并多次审改书稿。该书于1990年10月由厦门大学出版社出版发行。

本年 为福建高校电教研究会编著的《电教理论研究专题讲座》作序。序文围绕"电化教育是教学改革的一种推动力量""当前世界教育改革需要解决的重大问题""教学方法改革的条件""处理电化教育与教育改革关系的若干原则问题"展开讨论，提出了精辟见解。

1987年　六十七岁

1月8日 参加厦门大学高等教育科学研究所党支部大会，讨论通过吸收秦国柱加入中国共产党。

1月10日 为陈列、陆有德、袁君毅合著的《大学教学概论》（浙江大学出版社1987年11月版）一书作序。序文指出，该著作的出版，对于转变传统教育思想、指导高等教育的教学改革实践，具有很好的启发思考作用。同时，希望读者抱着探索、思考的态度阅读该著作。

1月中旬 给厦门大学高等教育科学研究所硕士生授课。

1月27日至2月4日 应邀参加联合国教科文组织在日本广岛大学召开的第三届亚洲高等教育国际研讨会，议题为"亚洲高等教育系统中的公立和私立体制——问题与展望"。在会上宣读了《中国高等教育管理——办学方式》的论文，首次提出中国私立大学必将发展的论点。会后，参观访问了东京大学、国立教育研究所等单位。

2月21日 晚上，在东村家中主持"周末学术沙龙"，参加人员为厦门大学高等教育科学研究所部分教师、硕士生。

2月28日 晚上，在东村家中主持"周末学术沙龙"，参加人员为厦门大学高等教育科学研究所部分教师、硕士生。

3月2日 主持全国第一个高等教育学博士研究生王伟廉（1986级）的复试工作。

3月7日 继续被任命为厦门大学高等教育科学研究所所长，陈炳三、刘海峰为副所长。

同日 晚上，在东村家中主持"周末学术沙龙"，参加人员为厦门大学高等教育科学研究所部分教师、硕士生。

3月14日 晚上，在东村家中主持"周末学术沙龙"，参加人员为厦门大学高等教育科学研究所部分教师、硕士生。

3月21日 海外函授学院与国际教育中心合并为"海外教育学院"，不再担任海外函授学院院长。

3月24日 全国高等教育自学考试指导委员会成立考试研究委员会，任主任；副主任为张厚粲、陈斌；委员为于信凤、卢正勇、郝德元、张国华、金一鸣、赵育生、谢小庆、漆书青。

3月28日 晚上，在东村家中主持"周末学术沙龙"，参加人员为厦门大学高等教育科学研究所部分教师、硕士生。

3月 为张光斗所著的《高等工程教育结构改革研究》（重庆大学出版社1987年3月版）一书作序。序文指出，研究高等教育规划问题，只从整体的需要与可能上研究数量与质量的关系过于笼统，必须重视对高等教育改革与发展中的关键环节"结构"的研究。"高等工程教育结构改革研究"的科研成果被很多高校所采用，这提供了科研与决策结合的范例，给我们以启示："决策者要有科学化、民主化的态度，把科学研究引进决策过程中；科研工作者要有实事求是的态度，重视科研成果的可行性。只有这样，才能把科研与决策两张皮紧密黏合在一起。"

3月 被《教育大辞典》领导小组聘为《教育大辞典》顾问。

4月1日至2日 邀请华中工学院前院长朱九思到厦门大学做报告、到高教所座谈。

4月2日 在《高教探索》1987年第1期上发表《在探索的道路上前进》一文。文章指出，作为"探索"，一般来说还处于"假设"阶段，有待理论的验证与实践的检验。理论的验证要重视科学性与可行性；而一切理论的论证，终归还是要通过实践的检验。

4月6日 参加"厦门大学建校66周年庆祝大会"。颁发"本栋奖学金"。

4月11日 晚上，在东村家中主持"周末学术沙龙"，参加人员为厦门大学高等教育科学研究所部分教师、硕士生。

4月25日 晚上，在东村家中主持"周末学术沙龙"，参加人员为厦门大学高等教育科学研究所部分教师、硕士生。

4月 主编的《高等教育学（上、下）》，荣获福建省人民政府颁发的"福建省哲学社会科学'六五'规划科研项目优秀奖"。

4月 全国高等教育管理研究会在华东师范大学召开高等教育管理理论体系研讨会。研究会副理事长余立宣读了潘懋元教授为这次研究会写的贺信。贺信希望研讨会所探讨的高教管理理论体系，是具有中国特色的，而不是照搬外国模式；是具有科学性的，而不是经验性的；是具有可行性的，而不是纸上谈兵的体系。

5月1日 在《高等教育学报》1987年第Z1期上发表《高教研究要重视科学性与可行性》一文。文章指出，研究成果的科学性与可行性应当是一致的，可行性必须建立在科学性的基础上，才能经得起实践的检验；科学性必须具有可行性，才能转化为"生产力"。对于社会科学的研究成果来说，"科学"的未必是可行的，"可行"的却不一定是科学的。简言之，科学性转化为现实的可行性，是有条件的。

5月4日 接受《厦门日报》记者关于"嘉庚奖学金"的采访。

5月5日 参加厦门大学高等教育科学研究所党支部大会，讨论通过吸收周川加入中国共产党。

5月9日 晚上，在东村家中主持"周末学术沙龙"，参加人员为厦门大学高等教育科学研究所部分教师、硕士生。

5月12日至15日 主持厦门大学高等教育科学研究所1987级高等教育学硕士研究生复试工作。

5月16日 晚上，在东村家中主持"周末学术沙龙"，参加人员为厦门大学高等教育科学研究所部分教师、硕士生。

5月22日至31日 参加国家教委直属高等工业学校教育研究协作组在华南工学院举行的第二次高等工程教育理论讨论会，并做了题为《现代教育与教育现代化》的学术报告。内容包括：现代教育与教育现代化的含义及其关系；西方现代教育的特点及其初步分析；社会主义教育现代化对现代教育的"认同"与"趋异"；对于社会主义教育现代化若干问题的思考。报告经整理后以《关于现代教育与教育现代化问题》为题，发表于《高等工程教育研究》1987年第4期、《教学研究》1987年第9期、《高等教育》（人大复印资料）1987年第11期。

6月6日 晚上，在东村家中主持"周末学术沙龙"，参加人员为厦门大学高等教育科学研究所部分教师、硕士生。

6月10日 被福建教育出版社聘请担任《陈嘉庚教育文集》顾问。

6月13日 晚上，在东村家中主持"周末学术沙龙"，参加人员为厦门大学高等教育科学研究所部分教师、硕士生。

6月17日 联系校友侯国光向厦门大学高等教育科学研究所捐资设立了"厦门大学国光高等教育科学研究奖"。

6月20日 被聘请为全国教育科学规划领导小组高等教育学科规划组成员。

6月25日至29日 参加在武昌召开的"全国教育史研究会代表大会暨学术研讨会"，被选连任第3届理事。

7月1日 参加厦门大学高等教育科学研究所党支部大会，讨论通过吸收徐俞加入中国共产党。

同日 为王桂生、关永琛主编的《医学教育学》（新疆人民出版社1987年10月版）一书作序。序文肯定了《医学教育学》编著与出版的必要性："由于教育学的形成和发展主要是以普通教育学为研究对象，所以用以指导不同层次和不同类型的教育实践是不适当的，医学教育的许多特殊问题都不是普通教育学和高等教育学所能解决的"，"该书将有助于医务工作者和教育工作者增长知识、扩大眼界"。

7月4日 晚上，在东村家中主持"周末学术沙龙"，参加人员为高等教育理论研讨班部分学员和厦门大学高等教育科学研究所部分教师、硕士生。

7月5日至30日 作为主讲教师之一，为厦门大学高等教育科学研究所举办的"高等教育理论研讨班"的60名学员授课。

7月13日 为肖宗六所著的《学校管理学》（人民教育出版社1988年6

月版)一书作序。序文指出,必须依靠科学管理学校,才能取得最优化的管理效益。虽然科学管理离不开经验和行政手段,但绝不仅限于经验和行政手段。科学管理是"在辩证唯物主义思想的指导下,在教育科学、心理科学、系统理论,以及其他有关科学的基础上,形成自己的理论体系"。

7月15日 被国家教育发展与政策研究中心聘为兼职研究员。

7月18日 晚上,在东村家中主持"周末学术沙龙",参加人员为理论研讨班部分学员和厦门大学高等教育科学研究所部分教师、硕士生。

7月 负责的"高等学校教学原理与方法"入选全国教育科学"七五"规划高等教育重点研究课题。

8月14日至16日 "中国高等教育学会第二次学术年会暨第二届代表大会"在北京召开,出席会议并做了《现代教育与教育现代化》的学术报告,连任常务理事。

8月24日至9月13日 赴新疆主持"全国高等教育自学考试研讨会",并到石河子、奎屯、喀什等地做学术报告。

9月19日 晚上,在东村家中主持"周末学术沙龙",参加人员为厦门大学高等教育科学研究所部分教师、硕士生、博士生。

9月22日 为赖志奎所著的《苏区教育史》(福建教育出版社1989年10月版)一书作序。序文指出,这本书内容丰富,具有系统性、综合性与一定的理论性特点,是当前一本比较完整的苏区教育历史专书。

9月22日至11月中旬 邀请菲律宾雅典耀大学心理学系主任布拉陶教授来厦大高教所讲授《临床心理学》。

9月26日 晚上,在东村家中主持"周末学术沙龙",参加人员为布拉陶教授和厦门大学高等教育科学研究所部分教师、硕士生、博士生。

9月 给厦门大学高等教育科学研究所硕士生、博士生授课。

10月10日 主编的《高等教育学(上、下)》荣获中国人民大学吴玉章基金委员会颁发的"吴玉章基金教育学优秀奖"。

10月12日 为周复昌、吴端阳、周启明编写的《高等师范专科教育概论》(浙江大学出版社1988年3月版)一书作序。序文充分肯定了该书编写与出版的意义,并指出:高等师范专科学校所提供的师资的数量和质量,直接关系到九年制义务教育的普及与提高；高等教育要注重探讨特殊领域的规律，扩大研究领域，丰富研究内容。

10月17日 晚上，在东村家中主持"周末学术沙龙"，参加人员为厦门大学高等教育科学研究所部分教师、硕士生、博士生。

10月23日 至北京，考察调研中央教育科学研究所，毕业学生柯佑祥、在读硕士研究生张宝昆陪同。

10月24日 参观卢沟桥和落成不久的中国人民抗日战争纪念馆，并题词留念，毕业学生叶之红、柯佑祥、在读硕士研究生张宝昆陪同。

同日 被福建省社会科学研究系列职称改革领导小组聘为福建省人才学、行政管理学人员中级职务评审委员会副主任委员。

10月27日 在天津主持召开"杨贤江教育思想研究会第二届年会"。

10月30日 被天津市教育科学研究院聘为兼职研究员。

10月 组织撰写的《马克思主义教育理论家——杨贤江》、负责选编的《杨贤江教育文集》，均荣获中国教育学会颁发的"中国杨贤江基金会荣誉奖"。

10月 应邀参加《教育研究》座谈会。做了题为《关于建设具有中国特色的教育科学体系问题》的学术报告。在报告中提出一方面要在传统教育基础上来批判传统教育，一方面要借鉴国外的现代教育，但又要清楚我们是社会主义的现代教育。报告稿后在《教育研究》1987年第10期上发表。

11月7日 晚上，在东村家中主持"周末学术沙龙"，参加人员为厦门大学高等教育科学研究所部分教师、硕士生、博士生。

11月14日 晚上，在东村家中主持"周末学术沙龙"，参加人员为厦门大学高等教育科学研究所部分教师、硕士生、博士生。

11月21日 在《汕头日报》上发表《随军杂忆》一文。文章回忆了1938—1939年期间作为"青年抗敌同志会"成员所参与的一些随军抗日活动，如劫后蕉山、夜援栖山、特殊任务、随军生活、宣传报道等。原载《潮汕党建史》1987年11月。

11月24日 在《中国教育报》上发表《中国社会主义教育要有自己的特色》一文。

11月28日 晚上，在东村家中主持"周末学术沙龙"，参加人员为厦门大学高等教育科学研究所部分教师、硕士生、博士生。

12月12日 晚上，在东村家中主持"周末学术沙龙"，参加人员为厦门大学高等教育科学研究所部分教师、硕士生、博士生。

12月15日 被国家教育委员会办公厅聘为顾问，指导编写《教育系统行政办公室工作研究》论文集。

12月18日至20日 参加在福州大学召开的福建省高等教育学会第二届会员代表大会。作为副会长，代表第一届理事会向大会做了工作报告。到会代表115人。曾鸣会长、叶品樵副会长分别主持会议。报告内容整理成《福建高教学会第一届理事会工作报告》一文，后发表于《福建高教研究》1988年第1期。

12月26日 晚上，在东村家中主持"周末学术沙龙"，参加人员为厦门大学高等教育科学研究所部分教师、硕士生、博士生。

12月30日 在《光明日报》上发表《〈中国高等教育结构研究〉评介》一文。文章认为，郝克明、汪永铨主编的《中国高等教育结构研究》（人民教育出版社1988年1月版）一书抓住了高等教育发展与改革中的关键环节——结构，从总结历史经验、调查当前现状、比较各国得失着手，探讨中国高等教育的合理结构及其变化规律，这对深化教育改革、制定教育发展战略，从宏观上控制与调整高等教育，推动高等教育事业的健康发展，具有重要的理论指导意义。对该书的特点进行了概括与总结。

12月 为华中工学院、湖南大学、南京航空学院合编的《大学教育思想研究》（湖南大学出版社1987年12月版）一书作序。序文对在长沙举行的"大学教育思想研讨会"给予较高评价，指出在社会主义教育现代化进程中，一方面要在继承中批判传统教育中不适应现代化要求的"腐朽"的东西，另一方面要在借鉴中澄清西方现代教育与社会主义教育现代化的含义及其关系。

1988年 六十八岁

1月9日 晚上，在东村家中主持"周末学术沙龙"，参加人员为厦门大学高等教育科学研究所部分教师、硕士生、博士生。

1月10日至14日 参加在福州举行的中国民主同盟福建省第八次代表大会。大会选举产生福建省民盟第七届委员会。

1月16日 晚上，在东村家中主持"周末学术沙龙"，参加人员为厦门大学高等教育科学研究所部分教师、硕士生、博士生。

1月23日 晚上，在东村家中主持"周末学术沙龙"，参加人员为厦门大学高等教育科学研究所部分教师、硕士生、博士生。

1月27日 主编的《高等教育学（上、下）》荣获中华人民共和国国家教育委员会颁发的"首届高等学校优秀教材一等奖"。

1月 至福州，参加福建省大学毕业生分配工作研讨会，做题为《毕业分配引进市场机制之后的问题及对策》的报告。报告指出，当前分配面临的问题是高等学校培养的人才能否与社会发展相适应，解决的途径有两条：人才预测和规划；引进市场机制。进而论述了引进市场机制后可能出现的情况，认为引进市场机制以后，总有毕业生未能立即就业，这是坏事也是好事。针对如何解决毕业生分配问题，也提出了自己的看法：（1）今后相当长的时期内要实行人才计划控制与人才市场调节相结合，指令性分配与不包分配相结合；（2）给学校、系主任和教师一些自主权；（3）对于一时未能就业的大学生，可以考虑设置待聘人员补助金。报告稿后发表于《福建高教研究》1988年第1期，《学术评论》1988年第5期、《福建论坛》1988年第5期转载。

1月 给厦门大学高等教育科学研究所硕士生、博士生授课。

2月16日（除夕） 潘先生和夫人与子女及孙辈共15口家人欢聚一堂，共庆佳节并合影留念。谈笑风生，其乐融融，喜享天伦之乐。

2月 被《英汉教育词典》顾问委员会聘请为《英汉教育词典》顾问委员会委员。

3月2日 参加学校召开的全体干部和教师会议，听取校党委书记兼副校长吴宣恭传达全国高等教育工作会议精神。

3月12日 晚上，在东村家中主持"周末学术沙龙"，参加人员为厦门大学高等教育科学研究所部分教师、硕士生、博士生。

3月16日 被中国人民解放军西安政治学院聘为兼职教授。

3月26日 晚上，在东村家中主持"周末学术沙龙"，参加人员为厦门大学高等教育科学研究所部分教师、硕士生、博士生。

3月 在《揭阳党史资料》1988年第1期上发表《在揭阳青抗会成立五十周年纪念大会上的发言》一文。

3月 主编的《东南亚教育》由江苏教育出版社出版。

4月2日 晚上，在东村家中主持"周末学术沙龙"，参加人员为厦门大学高等教育科学研究所部分教师、硕士生、博士生。

4月5日 在《厦大校刊》上发表《关于试行"三学期制"的看法》一文。文章认为，在当前教育改革过程中，试行"三学期制"有现实意义：（1）用釜底抽薪的办法，减少讲课时数，促使教学内容的精简与教学方法的改进；（2）解决实行选修制所带来的学生个别选修与班级集体教学活动的矛盾。

4月9日 晚上，在东村家中主持"周末学术沙龙"，参加人员为厦门大学高等教育科学研究所部分教师、硕士生、博士生。

4月20日至22日 参加国家教委直属高等工业学校教育研究协作组在南京工学院举行的第三次年会。主要议程是：听《高等工程教育研究》编辑部的工作报告；审定国家教育委员会直属高等工业学校教育研究协作组章程；审议"国际高等工程教育学术讨论会"筹备工作的有关问题；讨论落实国家"七五"重点项目"新时期高等工程教育人才培养规律及其应用研究"的分工协作任务；听取协作组第二次优秀论文评奖结果的报告。

4月27日至29日 参加"厦门大学第二届教职工代表大会"，听取和讨论了校长田昭武的《学校工作报告》。

4月30日 晚上，在东村家中主持"周末学术沙龙"，参加人员为厦门大学高等教育科学研究所部分教师、硕士生、博士生。

4月 联系厦门大学校友侯国光在高等教育科学研究所捐资设立了"国光中青年科研奖"。

4月 在《天津教育》1988年第2期上发表《杨贤江青年教育理论的现实意义——关于"全人生指导"的简介》一文。文章介绍了杨贤江"全人生指导"的含义、内容、原则、理论与实践及其理论意义和现实意义。

4月 至武汉，在华中理工学院（现为华中科技大学）做《教育的基本规律及其相互关系》的学术报告。

5月7日 邀请联合国教科文统计局局长纳西·蒙托来厦门大学讲学并访问高等教育科学研究所。

同日 晚上，在东村家中主持"周末学术沙龙"，参加人员为纳西·蒙托教授和厦门大学高等教育科学研究所部分教师、硕士生、博士生。

5月14日 晚上，在东村家中主持"周末学术沙龙"，参加人员为厦门大学高等教育科学研究所部分教师、硕士生、博士生。

5月17日至21日 主持在厦门大学高等教育研究所召开的"全国第二届大学生能力培养研讨会"开幕式。厦门大学副校长郑学檬到会讲话。出席会议的代表来自全国19个省、市的50多所院校，共85人。《光明日报》《中国教育报》对大会作了综合报道。

5月28日 晚上，在东村家中主持"周末学术沙龙"，参加人员为厦门大学高等教育科学研究所部分教师、硕士生、博士生。

5月 在《红旗》1988年第5期上发表《现代教育与教育现代化》（与叶之红合作）一文。文章对"现代"与"现代化"、"现代社会"与"社会现代化"两对概念进行了辨析，探讨了西方现代教育的特点，如以个人为中心的教育价值观、通才教育、终身教育、扩大高等教育职能、学术自由、学生生活个性化等，并结合教育的四种制约因素，分析了社会主义教育现代化对现代教育的"认同"与"存异"的类型。

6月7日 在《中国教育报》上发表《引进市场机制要超前研究对策》一文。文章认为，引进市场机制是解决毕业生不包分配的直接办法，提出了人才市场不开放的情况下会出现的问题。接着，分享了对市场机制影响分配制度的看法，最后提出迎接引进市场机制的挑战，就需要超前研究和超前制定相应的对策。

6月8日 在《光明日报》上发表《引进竞争机制 重视能力培养》一文。文章论述了引进竞争机制与教育的外部规律；引进竞争机制与教育的内部规律；高等学校要遵循教育规律，正确地引进竞争机制。

6月11日 晚上，在东村家中主持"周末学术沙龙"，参加人员为厦门

大学高等教育科学研究所部分教师、硕士生、博士生。

6月18日 晚上,在东村家中主持"周末学术沙龙",参加人员为厦门大学高等教育科学研究所部分教师、硕士生、博士生。

6月22日 在《光明日报》上发表《关于民办高等教育体制的探讨》一文。该文首次论证了民办高等教育发展的理论依据和实践意义。后《上海高教研究》1988年第3期、《新华文摘》1988年第8期、《高教文摘》1988年第5期分别全文转载。(编者注:潘懋元先生审阅本年表时,在此亲笔附言:"此文最主要的观点,是论证随着中国经济所有制的改革与发展,建立在非公有制基础上的民办教育必然要重新出现并快速发展。")

6月21日至25日 出席国家教委教育发展与政策研究中心在北京召开的"当代高等教育政策国际学术研讨会",并做了《民办高等教育体制探讨》的学术报告。报告认为,民办高等教育对于发展高等教育事业、培养社会主义现代化建设人才,具有重要的现实意义:(1)有利于鼓励社会各方面力量集资办学,广开财路,增办高校;(2)有利于调整高等教育结构,适应社会主义现代化建设的需要;(3)有利于开发智力资源,征聘所需师资。同时,也指出了建立民办高等教育体制需要探讨的主要问题:(1)民办高等教育的性质问题;(2)民办高等教育的质量问题;(3)民办高等教育的经费问题。

6月29日 参加厦门大学高等教育科学研究所党支部大会,讨论通过吸收高德鸿加入中国共产党。

同日 在《高等教育学报》1988年第Z1期上发表《十年来高等教育科学研究的进展》(与林叶枫合作)一文。文章论述了十年来高等教育科学研究对教育同经济和社会发展的关系、教育结构、高等学校思想政治教育、高等学校教学理论等问题的新认识。文中指出,针对当前高等教育研究的问题,应该注意如下几点:(1)坚持以马克思主义为指导思想,吸取传统的和西方的有效的科研成果;(2)高等教育理论研究必须紧密围绕高等教育改革进行;(3)要坚持定性研究和定量研究相结合的研究方法;(4)在研究中要重视科学性和可行性两个方面。后发表于《教育研究》1988年第11期,《高教文摘》1989年第3期全文转载,并收录于《中国教育科学的回顾与展望》(教育科学出版社出版1988年12月版)一书。

7月4日至8日 邀请香港中文大学教育学院院长杜祖贻客座教授来厦门大学高等教育科学研究所做学术讲座。

7月9日 晚上，在东村家中主持"周末学术沙龙"，参加人员为厦门大学高等教育科学研究所部分教师、硕士生、博士生。

7月16日 晚上，在东村家中主持"周末学术沙龙"，参加人员为厦门大学高等教育科学研究所部分教师、硕士生、博士生。

7月19日 在《中国教育报》上发表《办公室工作的科学化》一文。

7月22日 经过严格评审，厦门大学高等教育科学研究所高等教育学科被国家教委批准为全国教育学五个重点学科点之一，也是全国唯一的高等教育学国家重点学科。经过2002年和2007年两次国家验收，一直保持着国家重点学科称号。

7月25日 为宓洽群编著的《大学教学原理》（上海交通大学出版社1989年1月版）一书作序。序文指出，该书的特点就在于提出了许多存疑的问题，启发人们去思考、辨析、争论。

8月22日 组织召开厦门大学高等教育科学研究所领导班子成员会议，研究人事安排问题。

8月 在《世界知识》1988年第16期上发表《当前世界各国的高教改革有共同的发展趋势》一文。文章从学校与社会、办学形式和学制、人才培养、教学内容以及教学方法等方面论述了世界各国高教改革的共同发展趋势。

8月 在《南京大学学报》1988年第4期上发表《文化传统对高等教育的影响》（与邬大光合作）一文。文章指出，文化传统对高等教育的影响是一个复杂的过程：文化传统对高等教育的影响是顽强的；文化传统对高等教育的影响是无处不在的；文化传统对高等教育的影响是广泛和深远的；文化传统对高等教育的影响主要是通过教师和学生来实现的。

8月 组织编印了《厦门大学高等教育科学研究所十年研究成果目录汇编》（1978—1988）。

9月16日至17日 参加厦门大学召开的第六次校务委员会议，讨论《关于深化教育改革的几点意见》和《关于认真整顿学校秩序，继续加强学生管理的意见（草案）》两个文件。

9月17日　晚上，在东村家中主持"周末学术沙龙"，参加人员为厦门大学高等教育科学研究所部分教师、硕士生、博士生。

9月22日至24日　在厦门大学高等教育科学研究所举办的"建所十周年暨中国高等教育研究的进展及展望大会"上，做建所十周年工作报告。报告分历史与现状、战略部署、自我评价三部分，首次提出了从建所到2000年22年间三个战略阶段的总体战略部署，后被收录于厦门大学高等教育科学研究所编辑的《高等教育论文集》（厦门大学出版社1989年6月版）。大会由副所长陈炳三主持。会上颁发了首届"国光高等教育科研奖"。出席会议的有来自全国各高校的来宾20余人，本校全体党政领导干部，各院、系、所、室、部、处主要领导，本所历届毕业校友代表，专兼职科研人员和研究生共160余人。国家教委党组书记何东昌、福建省副省长陈明义等56个单位和个人发来贺信、贺电、贺礼。

9月24日　晚上，在东村家中主持"周末学术沙龙"，参加人员为参会校友和厦门大学高等教育科学研究所部分教师、硕士生、博士生。

9月30日　在《高等教育研究》1988年第3期上发表《教育的基本规律及其相互关系——1988年4月在华中理工大学的报告》一文。认为"教育的第一条基本规律即教育的外部关系规律，就是教育同社会的关系规律"；"教育的第二条基本规律，是内部规律，或者叫教育自身的规律"；"教育的内部规律和外部规律的关系是相互起作用的，办教育既要遵循外部规律，又要遵循内部规律，应把内、外部规律很好地统一起来，不能把它们分割开。具体地说，内部规律的运用要受外部规律的制约；外部规律必须通过内部规律来实现"。

9月　在《厦大新生手册》上登载《潘懋元教授谈当代大学生知识结构》一文，后收录于《潘懋元高等教育学文集》（汕头大学出版社1997年10月版）一书。

9月　给厦门大学高等教育科学研究所硕士生、博士生授课。

10月8日　晚上，在东村家中主持"周末学术沙龙"，参加人员为厦门大学高等教育科学研究所部分教师、硕士生、博士生。

10月15日　晚上，在东村家中主持"周末学术沙龙"，参加人员为厦门

大学高等教育科学研究所部分教师、硕士生、博士生。

10月22日 晚上，在东村家中主持"周末学术沙龙"，参加人员为厦门大学高等教育科学研究所部分教师、硕士生、博士生。

10月23日至26日 参加由南京大学和美国基督教亚洲高等教育联合董事会发起，在南京大学举办的"教育与社会进步中外学者研讨会"。来自美国、加拿大、日本和中国的35位专家学者，围绕"教育与经济发展""教育与文化观念的更新""教育与现代人才培养"等当代教育发展的重大课题，进行了深入讨论。在会上做了《文化传统与高等教育的理论思考》的报告，着重分析了高等教育与传统文化的相互作用，后发表于《高等教育研究》1989年第1期（与邬大光合作）。

10月24日至26日 赴南京大学参加"教育与社会进步中外学者研讨会"。

10月27日 出席在集美航海学院召开的"全省高等学校校风建设研讨会"开幕式并讲话。

10月29日至11月2日 参加在南京召开的由湖南大学、华中工学院、南京航空学院联合主办的"第二届大学教育思想研讨会"，并做了《高等教育主动适应商品经济与社会发展的理论思考》的总结性发言。该发言稿作为"代序"收录于南京航空学院高教研究室编写、1989年出版的《商品经济与高校教育思想》一书中。

10月30日 被福建省人民政府聘请为福建省高等与中等专业教育自学考试指导委员会第四届委员会副主任委员。

11月1日 被全国大学学习委员会聘为顾问。

11月5日 晚上，在东村家中主持"周末学术沙龙"，参加人员为厦门大学高等教育科学研究所部分教师、硕士生、博士生。

11月12日 晚上，在东村家中主持"周末学术沙龙"，参加人员为厦门大学高等教育科学研究所部分教师、硕士生、博士生。

11月16日 在《光明日报》上发表《文化传统与高等教育的理论思考》（与邬大光合作）一文。文章指出，我国的高等教育深受文化传统的影响。克服文化传统的消极影响，发扬文化传统的积极因素，实现传统文化与现代文化的融合、东方文化与西方文化的交流、文化观念与现代生产方式的融合，是高等教育改革向纵深发展的必由之路。后发表于《高等教育研究》1989年第1期，《高等教育》（人大复印资料）1988年第12期、《高教文摘》1989年第1期全文转载。

11月16日至21日 邀请日本广岛大学高等教育研究中心金子元久副教授来厦门大学高等教育科学研究所做《日本高等教育概况与改革》的学术讲座。

11月19日 晚上，在东村家中主持"周末学术沙龙"，参加人员为金子元久教授和厦门大学高等教育科学研究所部分教师、硕士生、博士生。

11月24日至27日 参加国家教委直属高等工业学校教育研究协作组在华中理工大学举行的理论工作会议。主要议题是讨论协作组的研究工作和理论队伍建设。

12月10日 晚上，在东村家中主持"周末学术沙龙"，参加人员为厦门大学高等教育科学研究所部分教师、硕士生、博士生。

12月17日 邀请杭州大学（后并入浙江大学）王承绪教授、南京大学袁相碗副校长参加厦门大学高等教育科学研究所高等教育学重点学科规划论证会。会议确定了高等教育理论、大学生心理学、高等教育管理学三个重点研究方向。

同日 晚上，在东村家中主持"周末学术沙龙"，参加人员为王承绪教授、袁相碗教授和厦门大学高等教育科学研究所部分教师、硕士生、博士生。

12月24日 晚上，在东村家中主持"周末学术沙龙"，参加人员为厦门大学高等教育科学研究所部分教师、硕士生、博士生。

12月30日 任福建省高等教育学会副会长。

本年 主编的《高等教育学》荣获华东地区优秀出版物一等奖。

本年 回揭阳参加庆祝青年抗敌同志会成立50周年纪念会，看到歌颂当年抗日老青年的"青春热血，昔岁晨呼称义勇"上联，当场对了一副"抗志深情，今宵晚会期英豪"的下联，以鼓励改革开放的新青年。在纪念会上做《我们当年为之奋斗的理想和青抗会的历史意义》的主题发言，既是对彼时生活的总结，也体现了对历史的反思。

1989年　六十九岁

1月7日　晚上，在东村家中主持"周末学术沙龙"，参加人员为厦门大学高等教育科学研究所部分教师、硕士生、博士生。

1月13日　厦门大学收到国家教育委员会《同意厦门大学由田昭武等23人组成第三届学位评定委员会》的批复。田昭武任主席，郑学檬、林祖庚任副主席，潘懋元等20人为委员。

1月　给厦门大学高等教育科学研究所硕士生、博士生授课。

2月18日　晚上，在东村家中主持"周末学术沙龙"，参加人员为厦门大学高等教育科学研究所部分教师、硕士生、博士生。

2月25日　晚上，在东村家中主持"周末学术沙龙"，参加人员为厦门大学高等教育科学研究所部分教师、硕士生、博士生。

3月2日　在《中国高等教育》1989年第2期上发表《文化传统与高等教育》（与邬大光合作）一文。文章指出，文化传统对高等教育的影响具有"强大的历史惯性""是一个广泛复杂的过程"，表现在培养目标和专业设置、教学内容等各个方面。但是，文化传统又具有积极和消极两重性，因而对待文化传统的影响应该采取全面的、辩证的态度和方法。后发表于《中国电力教育》1989年第2期。

同日　在《教育评论》1989年第1期上发表《高等教育主动适应经济与社会发展的理论思考——在第二届全国大学教育思想研讨会上的发言》一文。文章指出，教育与社会关系的客观规律决定了高等教育适应商品经济发展的必然性，要主动适应经济与社会的发展，遵循教育的内外部规律。

同日　在《江苏高教》1989年第1期上发表《引进竞争机制与教育规律的关系》（与王伟廉合作）一文。文章分析了引进竞争机制与教育的内外部规律之间的关系，进而提出在引进竞争机制的问题上，应该避免三种偏差：（1）只看到教育内部规律的作用而忽视或违反外部规律；（2）只看到教育外部规律的作用而忽视或违反教育的内部规律；（3）既要看到外部规律的作用，也应重视内部规律的作用。

2月　被福建省厦门第一中学校友会聘为第二届名誉理事长。

2月　撰写的《开展自考科研　促进自考改革与发展》一文，收录于全国高等教育自学考试指导委员会考试研究委员会编著的《自学考试研究论文集：第2集》（教育科学出版社1990年版）一书。

3月11日　晚上，在东村家中主持"周末学术沙龙"，参加人员为厦门大学高等教育科学研究所部分教师、硕士生、博士生。

3月18日　晚上，在东村家中主持"周末学术沙龙"，参加人员为厦门大学高等教育科学研究所部分教师、硕士生、博士生。

3月26日　应邀参加厦门大学研究生会举行的"南强梦"小型学术沙龙，发表演讲，十分认可"南强梦"作者们的构想，主张大学生既要有理想，又要有行动，"看问题既要用显微镜，又要用望远镜"。

3月　在《南强梦》上发表《谈"南强梦"》一文。文章指出，"南强梦"思考历史多了点，立足现实少了点，展望未来虚了点。

3月　为《高等教育研究在中国》（日本广岛大学出版社1989年5月版）一书作序，后发表在《高等教育学报》1989年第4期上。

4月5日　作为所长，为厦门大学高等教育科学研究所硕士研究生林侯军、邱邑亮、林金辉、朱新涛签署"同意继续攻读硕士学位"的中期考核意见。

4月6日　参加"厦门大学建校68周年庆祝大会"。

同日　主持的"教材建设与教学改革"项目荣获厦门大学"1989年优秀教学成果二等奖"。

4月8日　晚上，在东村家中主持"周末学术沙龙"，参加人员为厦门大学高等教育科学研究所部分教师、硕士生、博士生。

4月22日　晚上，在东村家中主持"周末学术沙龙"，参加人员为厦门大学高等教育科学研究所部分教师、硕士生、博士生。

4月27日　参加学校召开的"坚决反对和制止动乱"的党员干部会议。

4月30日　被国家教育委员会聘为全国教育科学优秀成果评选委员会委员。

4月　在《高等财经教育探索》1989年第2期上发表《应当重视教育未

来学的研究》一文。

5月1日 在《江苏高教》1989年第2期上发表《〈蔡元培教育论集〉读后》一文。文章指出："研究中国教育问题，不能不探讨中国教育历史；研究中国教育历史，不能不探讨蔡元培的教育思想与实践。"但由于蔡元培未写出一本教育专著，所以搜集和整理他的思想便具有重要的意义和价值。文章高度评价了高平叔为《蔡元培全集》（中华书局1984年9月版）和《蔡元培教育文选》（人民教育出版社1980年2月版）的编写所做出的贡献。

5月6日 晚上，在东村家中主持"周末学术沙龙"，参加人员为厦门大学高等教育科学研究所部分教师、硕士生、博士生。

5月27日 晚上，在东村家中主持"周末学术沙龙"，参加人员为厦门大学高等教育科学研究所部分教师、硕士生、博士生。

5月 出席并主持在南京召开的"21世纪高等教育国际研讨会"，并做了《文化传统与高等教育的理论思考》的学术报告。

5月 联系菲律宾爱国华侨蔡清洁先生在厦门大学高等教育科学研究所捐资设立了"蔡清洁高等教育科学研究基金"。

6月1日 主审并作序的《医学教育学》（新疆人民出版社1987年10月版）一书被新疆维吾尔自治区科委审定为"新疆维吾尔自治区科学技术研究成果"。

6月3日 晚上，在东村家中主持"周末学术沙龙"，参加人员为厦门大学高等教育科学研究所部分教师、硕士生、博士生。

6月11日至24日 应英国文化委员会邀请，受国家教委和全国高教自学考试委员会委托，率中国高教自学考试考察团一行七人赴英国伦敦、爱丁堡等地进行了为期两周的考察，访问了英国开放大学总校和东南区分校、伦敦和爱丁堡等地区的地方考试机构，以及牛津大学、爱丁堡大学、格拉斯哥大学的继续教育体系和附设的考试机构。这是中国开展高等教育自学考试以来，首次组团出国考察。

6月 在《研究生教育理论与实践》1989年第3期上发表《选才·培养·指引——我对博士生培养的一些看法和做法》一文。文章首先谈了自己对博士生选拔的看法，如博士生应该具备的素质、博士生选拔的程序与依据等，进而阐述如何从课程学习、学术活动、论文工作、思想修养等方面为博士生自我成才提供条件。他认为，对博士生的指导，重要的是方向上的指引、方法上的点拨以及人格上的影响，尊重和培养博士生的创新精神。最后也谈了自己在博士生培养工作中的困惑与苦恼，诸如如何扭转理论脱离实际的学风、如何解决培养经费问题，有些规定不合理等。

6月 在《福建高教研究》1989年第3期上发表《英国考试制度及开放教育考察报告》（与王昕、康乃美合作）一文。文章介绍了赴英考察的具体情况，列举了英国考试及其开放教育可资借鉴之处，提出了发展和改革我国自学考试的若干建议：要进一步明确我国自学考试的发展方向；要进一步深化我国自学考试体制改革；要进一步加强我国自学考试的基础建设。

6月 《高等教育论文集》由厦门大学出版社出版。

7月8日 晚上，在东村家中主持"周末学术沙龙"，参加人员为厦门大学高等教育科学研究所部分教师、硕士生、博士生。

7月15日 晚上，在东村家中主持"周末学术沙龙"，参加人员为厦门大学高等教育科学研究所部分教师、硕士生、博士生。

7月17日 为温梁华所著的《教育未来学》（云南大学出版社1989年10月版）一书作序。序文指出，教育未来学是一门新兴学科，其科学依据是：教育的发展具有客观规律性；教育发展的客观规律是可以认识的，根据教育发展的客观规律来预测未来教育模式是可能的。评价该书内容丰富、体系严谨，具有方法论上的重要意义。

7月 为王增炳、陈毅明、林鹤龄编写的《陈嘉庚教育文集》（福建教育出版社1989年7月版）一书作序。序文指出，该文集对于读者全面、翔实地了解陈嘉庚教育思想的价值具有重要意义，并谈了自己对陈嘉庚教育思想的体会：陈嘉庚教育思想是在一定历史条件下，继承中华民族文化传统中的精华，兼采西方现代文明思想而形成的，不但有历史的贡献，而且有现实的意义。

7月 为谢祖钊、傅雄烈主编的《高等工程教育概论》（北京航空航天大学出版社1989年12月版）一书作序。序文介绍了该书的编辑特点，评价了其多方面的优点，引申论述了教育管理工作者应该搞理论研究，并且能够搞好理论研究的观点。

8月29日 在《高等教育学报》1989年第4期上发表《正确对待商品经济对高等教育的冲击》一文。该文在分析了商品经济对高等教育冲击的必然性后提出："对待高等教育的改革和发展，首先要根据教育外部规律，必须适应商品经济的发展，同时，也必须根据教育内部规律，要符合我们教育自身的价值、特点、规律。"后发表于《高等教育研究》1989年第3期。

同日 在《教育评论》1989年第4期上发表《〈陈嘉庚教育文集〉序》一文。

8月 在《高教研究》1989年第4期上发表《重视大学教学管理》一文。

8月 在总结厦门大学高等教育科学研究所学期工作和布置计划时，根据实际情况着重提出：必须坚持社会主义的政治方向，坚持高等教育的研究方向，重申建设优良的所风和学风。

9月4日 国家教委党组对厦门大学党政领导班子进行了调整，潘懋元先生不再担任厦门大学顾问。

9月10日 收到福建省人民政府贺信："祝贺您为人民的教育事业服务三十周年"。

9月16日 晚上，在东村家中主持"周末学术沙龙"，参加人员为厦门大学高等教育科学研究所部分教师、硕士生、博士生。

9月20日 主编的《高等教育学（上、下册）》荣获光明日报社评审委员会颁发的"全国首届优秀教育理论著作优秀奖"。

9月23日 晚上，在东村家中主持"周末学术沙龙"，参加人员为厦门大学高等教育科学研究所部分教师、硕士生、博士生。

9月30日 晚上，在东村家中主持"周末学术沙龙"，参加人员为厦门大学高等教育科学研究所部分教师、硕士生、博士生。

9月 给厦门大学高等教育科学研究所硕士生、博士生授课。

10月14日 晚上，在东村家中主持"周末学术沙龙"，参加人员为厦门大学高等教育科学研究所部分教师、硕士生、博士生。

10月18日至21日 主持厦门大学高等教育科学所与北京大学高教所联合发起的在厦门大学召开的"第一届全国校际高等教育科学研究所（室）工

作研讨会",在会上做主题报告。内容包括如下四部分:(1)我国高等教育研究的回顾与展望;(2)高等学校中的高教研究所(室)的地位、作用、性质、任务以及队伍的建设;(3)如何促进高教研究成果在教育实践中起作用,为高等教育的改革与发展做出贡献;(4)关于校际高教研究所(室)今后如何沟通信息、协调工作的问题。北京大学高教所所长汪永铨教授做会议总结。与会代表50多人。报告经整理后发表于《福建高教研究》1989年第4期。

10月28日 晚上,在东村家中主持"周末学术沙龙",参加人员为厦门大学高等教育科学研究所部分教师、硕士生、博士生。

10月 《马克思主义教育家杨贤江》一文收录于孙培青、郑登云编的《杨贤江教育思想研究》(华东师范大学出版社1989年10月版)一书。

11月4日 晚上,在东村家中主持"周末学术沙龙",参加人员为厦门大学高等教育科学研究所部分教师、硕士生、博士生。

11月8日 参加厦门大学召开的教学工作会议,讨论《教师教学规范》,强调要稳定教学秩序,提高教学质量。

11月11日 晚上,在东村家中主持"周末学术沙龙",参加人员为厦门大学高等教育科学研究所部分教师、硕士生、博士生。

11月18日 晚上,在东村家中主持"周末学术沙龙",参加人员为厦门大学高等教育科学研究所部分教师、硕士生、博士生。

11月27日至30日 参加联合国教科文组织在北京召开的"面向21世纪教育质量问题"国际学术研讨会,并向大会提交了《中国高等教育地方化的理论探讨》的学术论文。

11月 在华中师范大学为高等学校干部培训班讲授《高等教育学》,并为华中师范大学学生做专题报告。

12月1日 参加厦门大学高等教育科学研究所学术例会,听刘海峰教授做《中国选择社会主义是历史的必然》的报告。

12月2日 晚上,在东村家中主持"周末学术沙龙",参加人员为厦门大学高等教育科学研究所部分教师、硕士生、博士生。

12月5日 被清华大学聘为《清华大学教育研究》编委会委员。

12月9日 晚上,在东村家中主持"周末学术沙龙",参加人员为厦门

大学高等教育科学研究所部分教师、硕士生、博士生。

12月16日 邀请厦门守备区原政委王湘生为厦门大学高等教育科学研究所全体师生员工做《抗大的优良传统和作风》的教育报告，将革命传统与抗大的优良作风以及高等教育史三者融会贯通，进行革命传统和优良作风教育。

12月20日 为刘花元、刘智运、娄延常编著的《大学教学管理引论》（武汉大学出版社1989年12月版）一书作序。序文认为，提高教学质量依赖于教学管理的科学化，即要按客观规律办学，用科学方法办事，并且要总结行之有效的实践经验，运用必要的行政手段。该书所具有的特点是：在总结我国大学教学管理经验的基础上，概括出教学管理的规律与原则，既不同于经验的罗列，也不是照搬西方的管理理论；立足于我国当前教学管理的实际，探讨教学管理改革的路径，而不是脱离实际，另搞一套"理想的"改革模式。

12月27日 为蔡祖卿、曾昭铎编著的《撒布革命火种：许虹遗作选集》（北岳文艺出版社1990年9月版）一书作序。作为许虹的挚友，在序文中写道："许虹性格开朗，胸怀坦荡，不拘小节，有点近乎狂，但狂而不傲；他说话写文章，宣而无忌，有点近乎粗，但粗中有细；他工作繁忙，往往不修边幅，但绝非落拓不羁；他生活坎坷，命途多舛，但豁达乐观，对未来充满信心。……不论他的学生或曾经受过他指导、帮助的青年，至今回忆起许虹，都怀着诚挚的感激深情。"

1990年 七十岁

1月6日 晚上，在东村家中主持"周末学术沙龙"，参加人员为厦门大学高等教育科学研究所部分教师、硕士生、博士生。

1月 在《教育史研究》1990年第1期上发表《致〈教育史研究〉编辑部的信》一文。信中指出，研究现实的教育理论与解决当前的教育改革实践问题，都需要探讨其历史渊源，了解其历史经验与教训，纵观历史发展趋势。信中向编辑部提出了如下几条建议：（1）纯史学研究和围绕教育改革现实问题的历史研究文章要有个适当的比例；（2）鼓励教育史学家关心教育改革现实问题，也支持广大的教育理论工作者以及教育改革实际工作者探讨有关的教育史问题；(3) 发表一些以前研究较少的领域，如科学教育、职业技术教育、高等教育、民族教育、民间教育等的历史资料或研究文章。

1月　给厦门大学高等教育科学研究所硕士生、博士生授课。

2月9日　在《光明日报》上发表《广阔的视野，严谨的学风——〈王亚南文集〉第五卷读后》一文。文章指出，王亚南关于文化、教育的理论，是从广阔的视野，抓住问题的本质，提出精辟的见解，因而，《王亚南文集（第五卷）》的出版，为进一步研究王亚南教育思想，从中汲取如何办好社会主义大学，搞好教书育人的理论与经验，提供了很好的资料。

2月10日至14日　国家教委副主任何东昌来厦门大学考察。其间，几次参加调研座谈会和单独交流，就综合大学文科改革问题提出意见和建议。

2月17日　晚上，在东村家中主持"周末学术沙龙"，参加人员为厦门大学高等教育科学研究所部分教师、硕士生、博士生。

2月24日　晚上，在东村家中主持"周末学术沙龙"，参加人员为厦门大学高等教育科学研究所部分教师、硕士生、博士生。

3月3日　晚上，在东村家中主持"周末学术沙龙"，参加人员为厦门大学高等教育科学研究所部分教师、硕士生、博士生。

3月10日　晚上，在东村家中主持"周末学术沙龙"，参加人员为厦门大学高等教育科学研究所部分教师、硕士生、博士生。

3月17日　晚上，在东村家中主持"周末学术沙龙"，参加人员为厦门大学高等教育科学研究所部分教师、硕士生、博士生。

3月24日　晚上，在东村家中主持"周末学术沙龙"，参加人员为厦门大学高等教育科学研究所部分教师、硕士生、博士生。

3月31日　晚上，在东村家中主持"周末学术沙龙"，参加人员为厦门大学高等教育科学研究所部分教师、硕士生、博士生。

3月　在《教育研究》1990年第3期、《高等教育》1990年第5期上发表《我国发展地区性高等教育的理论探讨》（与邬大光合作）一文。

4月2日　组织研究、确定高等教育科学研究所兼职研究人员为44人，讨论通过了《厦门大学高等教育科学研究所兼职研究人员暂行工作条例》。

4月6日 参加"厦门大学明培体育馆落成典礼"。该馆由菲律宾校友佘明培夫妇捐建。

4月7日 参加厦门大学高等教育科学研究所学术例会,听黄建如做《马克思主义的群众观点》的报告。

同日 晚上,在东村家中主持"周末学术沙龙",参加人员为厦门大学高等教育科学研究所部分教师、硕士生、博士生。

4月10日 编著的《高等教育学讲座》荣获中华人民共和国国家教育委员会颁发的"全国首届教育科学优秀成果奖一等奖"。

4月14日 晚上,在东村家中主持"周末学术沙龙",参加人员为厦门大学高等教育科学研究所部分教师、硕士生、博士生。

4月21日 晚上,在东村家中主持"周末学术沙龙",参加人员为厦门大学高等教育科学研究所部分教师、硕士生、博士生。

4月28日 晚上,在东村家中主持"周末学术沙龙",参加人员为厦门大学高等教育科学研究所部分教师、硕士生、博士生。

4月 在《福建高教研究》1990年第2期上发表《关于中国高等教育地方化的理论探讨》(与邬大光合作)一文。文章认为地方化是世界高等教育发展的一种趋势,并进一步分析了中国高等教育地方化的必要性与可行性,以及实现中国高等教育地方化的思考与对策。

4月 为《沈瑶珍老师纪念集》(福建人民出版社1990年4月版)一书作序。序文颂扬了一位数十年默默耕耘、出殡时海内外学生汇集吊唁的优秀教师,并在该书封二写一挽联:"蜡炬有心燃已尽,长留遗爱在人间。潘懋元敬挽。"

5月1日 在《厦门大学学报(哲学社会科学版)》1990年第2期上发表《教育外部关系规律辨析》一文。论文从三个方面进行了论析:一是"概念的辨析";二是"教育的外部关系规律的提出";三是"教育的外部关系规律的利用"。并且认为,教育外部关系规律的"外部"一词,是指范围、系统的外部,而不是相对于内在本质的表面现象的所谓"外部";教育外部关系规律,指的是教育系统与本系统之外的政治、经济、文化等系统(活动、现象)之间所存在的"本质之间的关系",而不是"非本质的不稳定的联系"。同时指出，不能以一般规律取代外部规律，以特殊规律取代内部规律，在认识和利用教育外部关系规律时，要全面适应而不是片面适应，要主动适应而不是被动适应。《教育研究》1992年第5期转载第一部分。

5月5日　为纪念五四青年节，向厦门大学高等教育科学研究所全体师生员工做《爱国·创业·期望》的人生教育报告，进行爱国主义教育。

5月5日至11日　赴杭州，参加大学教学原理研讨班。

5月12日　晚上，在东村家中主持"周末学术沙龙"，参加人员为厦门大学高等教育科学研究所部分教师、硕士生、博士生。

5月16日　组织召开厦门大学高等教育科学研究所兼职研究人员会议，讨论兼职暂行办法，征求意见。出席会议者25人。

5月19日　晚上，在东村家中主持"周末学术沙龙"，参加人员为厦门大学高等教育科学研究所部分教师、硕士生、博士生。

5月26日　晚上，在东村家中主持"周末学术沙龙"，参加人员为厦门大学高等教育科学研究所部分教师、硕士生、博士生。

6月9日　晚上，在东村家中主持"周末学术沙龙"，参加人员为厦门大学高等教育科学研究所部分教师、硕士生、博士生。

6月16日　晚上，在东村家中主持"周末学术沙龙"，参加人员为厦门大学高等教育科学研究所部分教师、硕士生、博士生。

6月23日　晚上，在东村家中主持"周末学术沙龙"，参加人员为厦门大学高等教育科学研究所部分教师、硕士生、博士生。

6月30日　晚上，在东村家中主持"周末学术沙龙"，参加人员为厦门大学高等教育科学研究所部分教师、硕士生、博士生。

6月　在《集美航海学院学报（高教研究版）》1990年第2期上发表《福建省发展高等教育的优势、问题与前景》（与魏贻通合作）一文。文章论述了福建省高等教育发展概况、优势、主要问题及前景。

7月5日　参加厦门大学高等教育科学研究所党支部大会，讨论通过吸收李泽彧、林侯军加入中国共产党。

7月7日　晚上，在东村家中主持"周末学术沙龙"，参加人员为厦门大学高等教育科学研究所部分教师、硕士生、博士生。

7月14日 晚上，在东村家中主持"周末学术沙龙"，参加人员为厦门大学高等教育科学研究所部分教师、硕士生、博士生。

7月16日至20日 在成都参加由中国教育学会和四川教育出版社联合召开的"第二届全国中青年教育理论工作者学术研讨会"，并做大会发言。会议主题是"教育与社会发展"，由中国教育学会副会长顾明远主持，与会代表80人，提交论文50余篇。中国教育学会副会长刘佛年、吕型伟和秘书长郭永福，著名学者王逢贤、潘仲茗、江山野、曹子方、胡德海、徐仲林、熊明安、曾欣然等，四川省委副书记冯元蔚、省政协主席廖伯康、副省长韩邦彦、省教委主任卢铁成等参加会议。

7月21日 晚上，在东村家中主持"周末学术沙龙"，参加人员为厦门大学高等教育科学研究所部分教师、硕士生、博士生。

8月1日至4日 参加在厦门大学召开的中国海关史第二次国际学术研讨会，提交了《同文馆与中国近代海关的关系》（与刘海峰合作）一文。文章不仅论述了同文馆与中国近代海关的关系，而且指出了同文馆对中国近代高等教育发展进步所具有的重要影响：（1）同文馆是中国新教育的肇端，是中国近代高等教育的发轫；（2）开创了近现代部门办学的先例；（3）影响到科举考试的改革；（4）促进了中国近代高等教育的确立。

8月3日 为廖泉文编著的《高等教育系统工程》（厦门大学出版社1990年10月版）一书作序。序文指出，《高等教育系统工程》是在历年讲课的基础上加工整理而成的，由于作者具有深厚的数理基础，因此在运用数量方法与信息技术方面具有独到见解。

8月20日至23日 作为中国高等教育管理研究会顾问，在丹东参加由中国高等教育管理研究会和辽宁省高等教育研究所联合召开的"坚持社会主义方向，深化高教管理改革"学术研讨会，并在会上做了题为《关于高教管理研究的几点看法》的报告。后以《关于深化高教管理改革及其理论研究的思考——在1990年全国高等教育管理改革研讨会上的发言》为题，发表于《辽宁高等教育研究》1991年第1期。

8月 到北京，参加国务院学位委员会第二届第四次学科评审会，任教育、心理学科评审组召集人。会后，赴石家庄解放军教育学院讲学并被聘为兼职教授。

8月　在《大学教育论坛》1990年第4期上发表《中国高等教育地方化的大趋势》（与邬大光合作）一文。文章认为，地方化是世界高等教育发展的一种趋势，分析了中国高等教育地方化的必要性和可行性，指出了中国高等教育地方化应该采取的对策：从国家利益和科学发展的需要统筹高等教育的整体优化；国家要加强宏观指导；国家应给予扶持和帮助。后发表于《教育史研究》1991年第2期。

9月8日　组织召开厦门大学高等教育科学研究所领导班子成员会议，研究人事安排问题。

9月10日　《我国发展地区性高等教育的理论探讨》（与邬大光合作）一文荣获福建省高等教育学会颁发的"1990年高等教育科学研究优秀论文一等奖"。

9月11日至20日　参加在华东冶金学院举行的高等工程教育第五次理论讨论会。主题是探讨"高等工程教育学"的内涵，加强高等工程教育理论队伍的建设。

9月22日　晚上，在东村家中主持"周末学术沙龙"，参加人员为厦门大学高等教育科学研究所部分教师、硕士生、博士生。

9月29日　晚上，在东村家中主持"周末学术沙龙"，参加人员为厦门大学高等教育科学研究所部分教师、硕士生、博士生。

9月　给厦门大学高等教育科学研究所硕士生、博士生授课。

10月3日至10日　邀请日本广岛大学高等教育研究中心长关正夫教授来厦门大学高等教育科学研究所做《日本高等教育改革和现状》的学术讲座。

10月6日　晚上，在东村家中主持"周末学术沙龙"，参加人员为关正夫教授和厦门大学高等教育科学研究所部分教师、硕士生、博士生。

10月10日至20日　邀请菲律宾雅典耀大学玛丽娅·拉莫斯来厦门大学高等教育科学研究所开设《心理咨询》讲座。

10月11日　与到厦门大学检查工作的国家教委副主任朱开轩座谈交流，对文科改革、学风建设等提出建议。

10月13日　晚上，在东村家中主持"周末学术沙龙"，参加人员为玛丽娅·拉莫斯教授和厦门大学高等教育科学研究所部分教师、硕士生、博士生。

10月27日 晚上，在东村家中主持"周末学术沙龙"，参加人员为厦门大学高等教育科学研究所部分教师、硕士生、博士生。

10月 任《厦门大学校史（第一卷）》编委会委员，编委会主任未力工。

11月3日 晚上，在东村家中主持"周末学术沙龙"，参加人员为厦门大学高等教育科学研究所部分教师、硕士生、博士生。

11月5日 参加在厦门大学召开的"1990年度陈嘉庚奖颁奖暨'陈嘉庚星'命名大会"。中共中央政治局常委、书记处书记李瑞环出席会议并讲话。莅会的有福建省委书记陈光毅，省长王兆国，中国科学院院长、陈嘉庚基金会会长周光召等。"陈嘉庚星"是中科院紫金山天文台在1964年11月9日发现、由国际小行星中心和小行星命名委员会于1990年3月11日命名的。

11月9日 被厦门大学学生未来研究社聘请，担任厦门大学学生未来研究社顾问。

11月10日 晚上，在东村家中主持"周末学术沙龙"，参加人员为厦门大学高等教育科学研究所部分教师、硕士生、博士生。

11月12日至17日 参加在华侨大学举行的国家教委直属高等工业学校教育研究协作组第七次专题研究会暨全国高等工程教育研究会筹备会，就研究会章程（讨论稿）、理事会组成、经费、成立大会等问题进行了讨论。

11月21日 任厦门大学教师职务评审委员会委员、哲学社会科学分委员会委员、教育心理学学科评议组组长。

11月24日 晚上，在东村家中主持"周末学术沙龙"，参加人员为厦门大学高等教育科学研究所部分教师、硕士生、博士生。

11月 为李兵等合著的《学习学入门》（成都科技大学出版社1990年11月版）一书作序。

12月1日 晚上，在东村家中主持"周末学术沙龙"，参加人员为厦门大学高等教育科学研究所部分教师、硕士生、博士生。

12月6日 参加厦门大学高等教育科学研究所第一届高等教育学博士研究生王伟廉、邬大光的学位论文答辩会，介绍两位学生的学习情况和在校表现。王伟廉的论文题目是《高等学校专业与课程改革理论研究》（导师潘懋元）；邬大光的论文题目是《高等学校教学改革四十年的理论研究》（导师潘懋元）。答辩委员会成员有王承绪（主席）、李放、李明德、郑学檬、潘懋元、张燮、吴丽卿。两人顺利通过答辩，成为新中国培养的第一批高等教育学博士。王伟廉毕业后历任厦门大学高等教育科学研究所副所长、学位与学科建设处处长、人事处处长、教务处处长，教授、博士生导师；2003年起先后任汕头大学教务处处长、人力资源总监，汕头大学党委常委、副校长。邬大光毕业后历任沈阳师范学院教育科学研究所副所长、所长；1997年调入厦门大学高等教育科学研究所，历任厦门大学高等教育发展研究中心常务副主任、教务处处长、副校长等职，教授、博士生导师。

12月8日 晚上，在东村家中主持"周末学术沙龙"，参加人员为厦门大学高等教育科学研究所部分教师、硕士生、博士生。

12月15日 晚上，在东村家中主持"周末学术沙龙"，参加人员为厦门大学高等教育科学研究所部分教师、硕士生、博士生。

12月22日 晚上，在东村家中主持"周末学术沙龙"，参加人员为厦门大学高等教育科学研究所部分教师、硕士生、博士生。

12月25日 被高等学校师资管理研究会聘为第二届理事会顾问。

12月29日 主持纪念许虹同志暨《撒布革命火种》（北岳出版社1990年9月版）首发仪式，并致开幕词。厦门市委常委、宣传部部长杜明聪，许虹同志亲属和生前好友、学生120多人出席了首发仪式。杜明聪做重要讲话。该书记录了许虹同志抗战前后和解放战争年代的战斗历程，反映了当时厦门的社会现实和学生运动的风貌。许虹同志子女为奖掖后人，以其父姓名在厦门一中设立了"许虹优秀作文奖"，以奖励学生作文方面的佼佼者。

12月 《必须扩大自学考试的范围》一文，收录于《自学考试研究论文集（第二集）》（经济科学出版社1990年12月版）一书。

12月 在《教育研究》1990年第12期上发表《"大而全"与"少而精"——〈教育大辞典〉评介》一文。文章指出，《教育大辞典》全书计12卷，分为25分册，集理论、历史、现状之大成，熔古今中外于一炉，洋洋大观，堪称巨著，其陆续出版，是我国教育理论界以至整个教育界的一件大事。《教育大辞典》（第一卷）（顾明远主编，上海教育出版社1990年6月版）的编纂，很好地把握了相得益彰的知识性、科学性与实用性。

12月　任福建省自学考试委员会名誉会长。

12月　《我国发展地区性高等教育的理论探讨》一文（与邬大光合作），荣获"中国高教学会高教科研优秀论文二等奖"。

本年　接受国家教委委托，领导厦门大学高等教育科学研究所进行"民办高等教育立法的前期研究"。

1991年　七十一岁

1月5日　晚上，在东村家中主持"周末学术沙龙"，参加人员为厦门大学高等教育科学研究所部分教师、硕士生、博士生。

1月11日至12日　参加厦门大学教育工会召开的第十八次代表大会。

1月16日　作为副会长，主持在厦门大学高等教育科学研究所召开的福建省高教学会"高教发展与改革座谈会"，副校长郑学檬到会讲话。

1月19日　参加厦门大学高等教育科学研究所党支部大会，讨论"通过吸收王姗姗加入中国共产党"。

1月　给厦门大学高等教育科学研究所硕士生、博士生授课。

2月2日　被"当代教育管理科学丛书"编辑委员会聘请为顾问。

2月16日　晚上，在东村家中主持"周末学术沙龙"，参加人员为厦门大学高等教育科学研究所部分教师、硕士生、博士生。

2月23日　晚上，在东村家中主持"周末学术沙龙"，参加人员为厦门大学高等教育科学研究所部分教师、硕士生、博士生。

2月28日　在《中国教育报》上发表《树立教育的综合效益观念》一文，最早提出对高等教育的评估需有综合效益的观点。

3月2日　晚上，在东村家中主持"周末学术沙龙"，参加人员为厦门大学高等教育科学研究所部分教师、硕士生、博士生。

3月5日　被云南大学书面聘请担任高教理论讲习班主讲。

3月9日　晚上，在东村家中主持"周末学术沙龙"，参加人员为厦门大学高等教育科学研究所部分教师、硕士生、博士生。

3月12日　参加汕头大学有关专业调查会议。

3月16日　晚上，在东村家中主持"周末学术沙龙"，参加人员为厦门大学高等教育科学研究所部分教师、硕士生、博士生。

3月20日至25日　邀请加拿大露丝·海霍（许美德）博士来厦门大学高等教育科学研究所做学术报告：《中国与加拿大的高教研究比较》《加拿大的高等教育研究》。

3月23日　晚上，在东村家中主持"周末学术沙龙"，参加人员为露丝·海霍（许美德）和厦门大学高等教育科学研究所部分教师、硕士生、博士生。

3月30日　晚上，在东村家中主持"周末学术沙龙"，参加人员为厦门大学高等教育科学研究所部分教师、硕士生、博士生。

4月2日　在《上海高教研究》1991年第1期上发表《关于我国高等教育科学研究的思考》一文。文章从高等教育理论研究的进展与问题出发，分析了高等教育研究的困惑与困难，展望了高等教育理论研究的广阔前景。

4月6日　冒雨参加隆重举行的"厦门大学建校70周年庆祝大会"，莅会各界代表3 000余人。钱伟长、卢嘉锡、贾庆林、王建双、何少川等莅临会议。会上分别向获奖师生颁发了"南强奖"和"嘉庚奖"。

4月7日　参加学校在建南大会堂举行的"厦大建校70周年暨第十一届科学讨论会"开幕式，听取了钱伟长和卢嘉锡以《新时期对高等教育和科学技术的挑战》为题的学术报告。

4月7日至9日　积极组织厦门大学高等教育科学研究所专兼职科研人员和研究生参加"厦大建校70周年暨第十一届科学讨论会"，提供论文31篇。

4月13日　晚上，在东村家中主持"周末学术沙龙"，参加人员为厦门大学高等教育科学研究所部分教师、硕士生、博士生。

4月15日至25日　在云南大学主办的高等教育理论讲习班上担任主讲教授。

4月19日　被云南工学院聘请为名誉院长。

4月22日　荣获厦门大学"建文资深教师奖励金"。

4月27日　晚上，在东村家中主持"周末学术沙龙"，参加人员为厦门

大学高等教育科学研究所部分教师、硕士生、博士生。

4月30日 参加厦门大学高等教育科学研究所硕士生胡振敏、张祥云、陈民、陈传林、张治库、邓耀彩的学位论文开题报告会。

5月10日至12日 赴北京,参加中国高等工程教育研究会成立大会暨第一届第一次理事会,被聘为研究会顾问,并在大会上做学术报告。该理事会由52所工科院校、17个部委教育司(局)、16个工业企业和《高等工程教育研究》学报编辑部的负责人组成,王冀生为理事长。

5月13日至6月4日 参加国家教委副主任朱开轩率领的中国教育代表团,赴莫斯科参加中苏教育合作工作小组第四次例会暨中苏高等教育改革研讨会,在会上宣读了《高等教育改革与社会主义商品经济》的学术论文。代表团成员还有清华大学教育研究所首任所长李卓宝教授等。

6月8日 晚上,在东村家中主持"周末学术沙龙",参加人员为厦门大学高等教育科学研究所部分教师、硕士生、博士生。

6月10日 被辽宁教育出版社聘请为"中国近现代教育家系列研究丛书"顾问。

6月15日 晚上,在东村家中主持"周末学术沙龙",参加人员为厦门大学高等教育科学研究所部分教师、硕士生、博士生。

6月22日 晚上,在东村家中主持"周末学术沙龙",参加人员为厦门大学高等教育科学研究所部分教师、硕士生、博士生。

6月28日 邀请离休老干部未力工(厦门大学党委原代书记)、范本昌(厦门大学原党委常委、工会主席)、方影树(高等教育科学研究所原外教室主任)与高等教育科学研究所全体师生员工座谈,进行革命传统教育。

6月29日 晚上,在东村家中主持"周末学术沙龙",参加人员为厦门大学高等教育科学研究所部分教师、硕士生、博士生。

6月 《潘懋元高等教育文集》一书由新华出版社出版。

7月1日 被评为"国家有突出贡献专家"并开始享受"国务院政府特殊津贴"。

7月3日至6日 主持在厦门大学高等教育科学研究所召开的"台湾高等教育研讨会",讨论台湾高等教育的快速发展与两岸高等教育的交流问题,做会议主题报告。参加会议的代表 30 余人。

7月13日　晚上，在东村家中主持"周末学术沙龙"，参加人员为厦门大学高等教育科学研究所部分教师、硕士生、博士生。

7月20日　晚上，在东村家中主持"周末学术沙龙"，参加人员为厦门大学高等教育科学研究所部分教师、硕士生、博士生。

7月27日　在《中国教育报》上发表《一项高教改革的重要科研成果——〈应用学科高层次专门人才培养研究〉评介》一文。该文主张扩大研究生教育的适应面，培养生产、管理部门适用的高层次专门人才。

7月28日至8月5日　在北京参加全国教育科学"八五"规划课题评审会。

7月　应邀赴西宁参加"西北高等教育管理学会年会"，并做《关于学科带头人的选拔与培养》的报告，后发表在《西北教育管理研究》1991年第3期上。报告指出，学科带头人是学术集体的领导者和科研课题的主持者。选拔学科带头人培养对象，必须注意如下素质：一是思维能力，尤其是创造性思维能力；二是对本门学科的价值有充分的认识，并有浓厚的兴趣；三是政治立场坚定，研究工作扎实；四是有一定的组织能力，善于发挥集体的力量和作用。培养学科带头人的总原则是"提供条件，自我成才"。

8月　在《福建高教研究》1991年第4期上发表《关于台湾高等教育研究的若干意见》一文。该文是作者在"台湾高等教育研讨会"开幕式和闭幕式上两次讲话的摘要。文章发表了对台湾高等教育研究现状的看法与意见。

9月14日　晚上，在东村家中主持"周末学术沙龙"，参加人员为厦门大学高等教育科学研究所部分教师、硕士生、博士生。

9月21日　晚上，在东村家中主持"周末学术沙龙"，参加人员为厦门大学高等教育科学研究所部分教师、硕士生、博士生。

9月28日　晚上，在东村家中主持"周末学术沙龙"，参加人员为厦门大学高等教育科学研究所部分教师、硕士生、博士生。

9月　给厦门大学高等教育科学研究所硕士生、博士生授课。

10月1日　在《上海高教研究》1991年第3期上发表《比较高等教育的产生、发展与问题》一文。文章梳理了比较教育和比较高等教育的产生与发展历程，论述了比较教育和比较高等教育研究中的若干问题，如意义、对象、观点和方法等。后发表于《外国高等教育资料》1991年第2期。

10月5日至8日 邀请美国纽约州立大学布法罗分校Hobbs教授来厦门大学高等教育科学研究所讲学、座谈、调研。

10月12日 晚上，在东村家中主持"周末学术沙龙"，参加人员为厦门大学高等教育科学研究所部分教师、硕士生、博士生。

10月19日 晚上，在东村家中主持"周末学术沙龙"，参加人员为厦门大学高等教育科学研究所部分教师、硕士生、博士生。

10月21日 参加厦门大学、福建省社科联举行的马克思主义经济学家、教育家王亚南90周年诞辰纪念大会。

10月26日 晚上，在东村家中主持"周末学术沙龙"，参加人员为厦门大学高等教育科学研究所部分教师、硕士生、博士生。

11月2日 晚上，在东村家中主持"周末学术沙龙"，参加人员为厦门大学高等教育科学研究所部分教师、硕士生、博士生。

11月7日至11日 赴成都，参加中国高等工程教育研究会组织召开的全国高等工程教育第一次学术讨论会。会议的主题是"在高等工程教育中深刻理解和全面贯彻新时期的教育方针"。到会代表165人，提交会议论文128篇。

11月16日 晚上，在东村家中主持"周末学术沙龙"，参加人员为厦门大学高等教育科学研究所部分教师、硕士生、博士生。

11月21日 全国省、市高教处处长会议在厦门召开，并到厦门大学高等教育科学研究所访问座谈，应邀在座谈会上做报告。副校长林连堂到会致欢迎词并简介厦门大学概况。

11月23日 晚上，在东村家中主持"周末学术沙龙"，参加人员为厦门大学高等教育科学研究所部分教师、硕士生、博士生。

11月30日 晚上，在东村家中主持"周末学术沙龙"，参加人员为厦门大学高等教育科学研究所部分教师、硕士生、博士生。

11月 《公私立高等教育体制的问题与展望》一文收录于《民办高等教育研究》（厦门大学出版社1991年11月版）一书。

11 月　主持在厦门大学高等教育科学研究所召开的"闽南地区高等教育与企业家"座谈会，做《社会参与是高校改革的必由之路》的学术报告。报告记录稿在《福建高教研究》1991 年第 3 期上发表。

12 月 7 日　晚上，在东村家中主持"周末学术沙龙"，参加人员为厦门大学高等教育科学研究所部分教师、硕士生、博士生。

12 月 14 日　晚上，在东村家中主持"周末学术沙龙"，参加人员为厦门大学高等教育科学研究所部分教师、硕士生、博士生。

12 月 21 日　晚上，在东村家中主持"周末学术沙龙"，参加人员为厦门大学高等教育科学研究所部分教师、硕士生、博士生。

12 月 24 日　参加学校召开的传达江泽民总书记视察厦门大学重要讲话精神的师生会议。

12 月 28 日　晚上，在东村家中主持"周末学术沙龙"，参加人员为厦门大学高等教育科学研究所部分教师、硕士生、博士生。

12 月 31 日　在《高等教育研究》1991 年第 4 期上发表《高等教育研究的比较、困惑与前景》一文。文章从高等教育学科的产生背景、课题、机构、队伍、方法等方面对中美高等教育学科发展做了详细的比较，指出了我国高教在领导、科研成果的应用、高教刊物和研究队伍的水平等方面面临的困惑和困难，并乐观而科学地提出了克服困难、开展高教研究的具体措施，如高教研究要面向广大的大学教师和干部，充分发挥各层次、各类型高教研究机构的特点与优势等。

12 月　被福建省高教学会学生管理研究会聘请为顾问。

本年　接受并组织调研国家教委委托的立项课题——"民办高等教育立法的前期研究"。

本年　《正确对待商品经济对高等教育的冲击》一文，被光明日报社等单位评选为"白鳍豚"优秀高教论文奖。

1992 年　七十二岁

1 月 11 日　晚上，在东村家中主持"周末学术沙龙"，参加人员为厦门大学高等教育科学研究所部分教师、硕士生、博士生。

1月23日 应邀参加"中共厦门大学第六次代表大会"开幕式。

1月24日 中华人民共和国国务院颁发证书:"潘懋元同志,为表彰您为发展我国高等教育事业做出的突出贡献,特决定从1991年7月起发给政府特殊津贴。"

1月 给厦门大学高等教育科学研究所硕士生、博士生授课。

2月10日 给日本名古屋大学教育学部马越彻教授写推荐信,举荐南京师范大学教育系副主任胡建华去该学部攻读教育学博士学位。

2月15日 晚上,在东村家中主持"周末学术沙龙",参加人员为厦门大学高等教育科学研究所部分教师、硕士生、博士生。

2月22日 晚上,在东村家中主持"周末学术沙龙",参加人员为厦门大学高等教育科学研究所部分教师、硕士生、博士生。

2月29日 晚上,在东村家中主持"周末学术沙龙",参加人员为厦门大学高等教育科学研究所部分教师、硕士生、博士生。

2月 被福建省厦门第一中学校友会推举为第三届校友会名誉会长。

3月7日 晚上,在东村家中主持"周末学术沙龙",参加人员为厦门大学高等教育科学研究所部分教师、硕士生、博士生。

3月14日 晚上,在东村家中主持"周末学术沙龙",参加人员为厦门大学高等教育科学研究所部分教师、硕士生、博士生。

3月21日 晚上,在东村家中主持"周末学术沙龙",参加人员为厦门大学高等教育科学研究所部分教师、硕士生、博士生。

3月28日 晚上,在东村家中主持"周末学术沙龙",参加人员为厦门大学高等教育科学研究所部分教师、硕士生、博士生。

3月 在《陈鹤琴纪念刊》上发表《陈鹤琴与幼儿教育》一文。

4月1日 在《高等教育研究》1992年第1期上发表《高教历史与高教研究》(与刘海峰合作)一文。论文分析了高教理论与高教研究的关系,指出"教育史是教育科学的基础学科,研究高等教育理论应有一定的高等教育史知识",同时论证了高教实践与高教历史之间"鉴古知今""古为今用""论从史出"和"以论论史"等的关系。

4月4日　晚上，在东村家中主持"周末学术沙龙"，参加人员为厦门大学高等教育科学研究所部分教师、硕士生、博士生。

4月11日　晚上，在东村家中主持"周末学术沙龙"，参加人员为厦门大学高等教育科学研究所部分教师、硕士生、博士生。

4月14日至16日　邀请美国哈佛大学费正清研究所博士后崔大伟教授来厦门大学高等教育科学研究所做《研究生培养》的学术报告。

4月18日至20日　同汪永铨教授一起主持在北京大学召开的"首届全国高等教育学科研究生培养工作研讨会"，并做主题发言。会议由厦门大学高等教育科学研究所倡议召开，会上交流了8所高校培养本学科专业研究生的情况和经验，讨论了研究生培养工作中若干共同关心的重要问题。

4月20日　被国务院学位委员会聘请为第三届学科评议组（教育学评议组）成员。

4月25日　晚上，在东村家中主持"周末学术沙龙"，参加人员为厦门大学高等教育科学研究所部分教师、硕士生、博士生。

4月　在《厦门教育》1992年第2期《教育史志》栏目上发表《厦大附小散忆》一文。

5月3日　参加厦门大学高等教育科学研究所硕士研究生金维才、王康平、熊火金、赵叶珠、胡四能的学位论文开题报告会。

5月9日　晚上，在东村家中主持"周末学术沙龙"，参加人员为厦门大学高等教育科学研究所部分教师、硕士生、博士生。

5月16日　晚上，在东村家中主持"周末学术沙龙"，参加人员为厦门大学高等教育科学研究所部分教师、硕士生、博士生。

5月23日　晚上，在东村家中主持"周末学术沙龙"，参加人员为厦门大学高等教育科学研究所部分教师、硕士生、博士生。

5月24日至27日　主持在厦门大学召开的"全国第一届比较高等教育研讨会"，并宣读了《比较高等教育的产生、发展与问题》的论文。会议还邀请美国纽约州立大学布法罗分校比较高等教育研究中心主任阿特巴赫教授和中央教科所副所长、全国比较教育学会秘书长周南照教授等在会上做学术报告，参加会议的全国代表有30多人。

5月29日 被华东师范大学聘请为教育原理专业谢安邦的博士学位论文答辩委员会委员。

5月30日 参加厦门大学高等教育科学研究所党支部大会，讨论通过吸收樊安群加入中国共产党。

同日 晚上，在东村家中主持"周末学术沙龙"，参加人员为厦门大学高等教育科学研究所部分教师、硕士生、博士生。

5月 应邀参加《教育研究》杂志社在北京召开的"科学技术是第一生产力与教育的战略地位和作用"学术座谈会。

5月 在《教育研究》1992年第5期上发表《"科学技术是第一生产力"与"教育为本"》一文。文章分析了教育在我国四个现代化建设中的战略地位，以及教育同科技的关系、生产力的关系、经济与社会发展的关系等。

5月 撰写的《董纯才的遗愿》一文收录于《董纯才纪念集》（教育科学出版社1992年5月版）一书。

6月6日 晚上，在东村家中主持"周末学术沙龙"，参加人员为厦门大学高等教育科学研究所部分教师、硕士生、博士生。

6月8日 为张圻福主编的《大学课程论》（江苏教育出版社1992年6月版）一书作序。序文认为，该著作框架完整、思路清晰，内容既紧扣中国课程改革的实际，又对课程理论有所阐发，可以作为学科建设的系统专著和开课的教材，也可以作为教师和教学管理干部的参考书。这部专著的出版，必将对深化教育改革起到促进作用。后发表于《大学教育论坛》1992年第3期。

6月13日 晚上，在东村家中主持"周末学术沙龙"，参加人员为厦门大学高等教育科学研究所部分教师、硕士生、博士生。

6月20日 晚上，在东村家中主持"周末学术沙龙"，参加人员为厦门大学高等教育科学研究所部分教师、硕士生、博士生。

6月27日 晚上，在东村家中主持"周末学术沙龙"，参加人员为厦门大学高等教育科学研究所部分教师、硕士生、博士生。

7月4日 晚上，在东村家中主持"周末学术沙龙"，参加人员为厦门大学高等教育科学研究所部分教师、硕士生、博士生。

7月11日 晚上,在东村家中主持"周末学术沙龙",参加人员为厦门大学高等教育科学研究所部分教师、硕士生、博士生。

7月15日 为忻福良所著的《高等专科教育学》(山西教育出版社1993年8月版)一书作序。序文分析了高等专科教育的特殊性及其发展的必要性,认为高等专科教育与本科教育,是高等教育系统中同一层次的两个并列的子系统,要想在经济改革和发展中更好地发挥高等专科教育的优势,需要专门的专科教育研究理论作支撑。

同日 为厦门大学高等教育科学研究所硕士生金维才、王康平、熊火金、赵叶珠、胡四能的论文开题报告签署"审核意见"。

7月18日 晚上,在东村家中主持"周末学术沙龙",参加人员为厦门大学高等教育科学研究所部分教师、硕士生、博士生。

8月31日 组织召开厦门大学高等教育科学研究所领导班子成员会议,研究人事安排问题。

8月 参加国家教委召开的"市场经济与高等教育改革"研讨会,并做大会发言。

9月1日 被南京大学聘任为高等教育研究所兼职教授。

9月19日 晚上,在东村家中主持"周末学术沙龙",参加人员为厦门大学高等教育科学研究所部分教师、硕士生、博士生。

9月22日至25日 参加在西北工业大学召开的中国高等工程教育研究会"全国高等工程教育第二次学术讨论会"。讨论会的主题是:"深化教育改革,全面提高教学质量。"到会代表152人,提交会议论文136篇。

9月26日 参加在西安交通大学科学馆举行的国家教委直属高等工业学校教育研究协作组成立十周年庆祝大会。盛赞:十一届三中全会以来,"高等工科院校的同志们在高等教育研究领域中最为活跃,研究成果也最为丰富",其中"协作组10年来所发挥的发动、带动、组织、协调的作用功不可没"。

9月26日至30日 参加在西安交通大学举行的国家教委直属高等工业学校教育研究协作组第八次专题研究会。中心议题是"社会主义高水平理工大学总体目标及其加速实施的研究"。

9月30日 在《高教探索》1992年第3期上发表《中国高等教育的地方

化与国际化》（与李盛兵合作）一文。文章从教育与经济的关系、教育与国际交流的关系两个方面来分析高等教育地方化与国际化概念，并分析了"二战"后世界高等教育"两化"的发展以及新中国成立后我国高教"两化"的推进及存在的问题。最后，结合我国国情，探讨了实现"两化"的对策。

9月　给厦门大学高等教育科学研究所硕士生、博士生授课。

10月5日至9日　出席并主持在南京召开的"首届中国高等教育自学考试国际学术研讨会"，宣读了《中国高等教育自学考试的性质、地位与作用》的学术论文。会议期间，到南京大学做学术报告。

10月10日　晚上，在东村家中主持"周末学术沙龙"，参加人员为厦门大学高等教育科学研究所部分教师、硕士生、博士生。

10月18日至19日　主持在上海召开的"第二届全国高教所（室）工作研讨会"，并在会上做了《高等教育研究的比较、困惑与前景》的学术报告。会后赴山东济南等地讲学，并在东营接受中国石油大学（华东）名誉教授聘书。

10月24日　晚上，在东村家中主持"周末学术沙龙"，参加人员为厦门大学高等教育科学研究所部分教师、硕士生、博士生。

10月27日　参加厦门大学高等教育科学研究所博士生樊安群的学位论文答辩会。答辩委员会成员有汪永铨（主席）、潘懋元、包国庆、黄良文、廖尔文、刘海峰。

10月31日　晚上，在东村家中主持"周末学术沙龙"，参加人员为厦门大学高等教育科学研究所部分教师、硕士生、博士生。

11月7日　晚上，在东村家中主持"周末学术沙龙"，参加人员为厦门大学高等教育科学研究所部分教师、硕士生、博士生。

11月10日　被聘请为中国学习科学学会"学习科学丛书"顾问。

11月14日至16日　作为特邀代表参加在北京召开的"第四次全国高等教育工作会议"，并在会上做了《市场经济与高等教育改革》的专题报告。国务委员李铁映、国家教委副主任朱开轩出席会议并讲话。

11月17日至20日　率研究生10余人赴江门，参加在五邑大学召开的"高等教育为沿海经济社会发展服务研讨会"，并做专题报告。

11月26日 在《中国高等教育》1992年第11期上发表《高等教育改革与社会主义市场经济的关系》一文。文章指出,近年来经济体制改革加快步伐,市场经济更快发展,对高等教育的冲击尤为激烈。各级各类高等学校以及学校中的系、科、所、室、处、办,都在为迎接经济体制改革与市场经济加快发展制定对策。但任何对策的制定,都必须有两个方面的依据:一是理论依据;二是现实条件。《科技导报》1992年第12期、《西北高等教育管理研究》1993年第1期、《新华文摘》1993年第3期全文转载。

11月28日 晚上,在东村家中主持"周末学术沙龙",参加人员为厦门大学高等教育科学研究所部分教师、硕士生、博士生。

11月 为周川所著的《科学的教育价值》(江苏教育出版社1993年9月版)一书作序。序文认为,科学最基本的意义是求真,或者叫作认识世界,因而科学的教育价值,最基本的是智育价值。该书的意义,就在于在我们面前展示了科学教育的价值,引导我们如何全面地认识、发掘、实现科学内在的教育价值,以培养全面发展的人。

12月5日 晚上,在东村家中主持"周末学术沙龙",参加人员为厦门大学高等教育科学研究所部分教师、硕士生、博士生。

12月12日 晚上,在东村家中主持"周末学术沙龙",参加人员为厦门大学高等教育科学研究所部分教师、硕士生、博士生。

12月19日至21日 中国高教学会、福建高教学会、厦门大学高等教育科学研究所联合主办的"全国第一届高等教育学科建设研讨会"在厦门大学召开。应邀做题为《关于高等教育学科建设的若干问题》的专题报告,厦门大学校长林祖赓、国家教委高教研究中心主任王冀生等在会上讲话,中国高教学会副秘书长罗宏述做会议总结。参会代表45人,收到论文30篇。该会探讨的基本问题有:高等教育学的学科性质、高等教育学的学科体系、高等教育学学科建设中的理论与实践之间的中介环节、高等教育学学科建设中一些基本概念与重大问题等。会上还决定成立全国高等教育学研究会筹备组,联络处设在厦门大学高教所。

12月21日 被高等学校毕业生管理专业委员会聘为第一届理事会顾问。

12月26日 晚上,在东村家中主持"周末学术沙龙",参加人员为厦门大学高等教育科学研究所部分教师、硕士生、博士生。

本年 在《西南高等教育管理研究》1992年创刊号上发表《关于高校为地方建设服务的若干问题》一文。

1993年　七十三岁

1月9日 晚上，在东村家中主持"周末学术沙龙"，参加人员为厦门大学高等教育科学研究所部分教师、硕士生、博士生。

1月 在《教育·管理·社会》（创刊号）1993年第1期上发表《絮语·贺忱》一文。

1月 给厦门大学高等教育科学研究所硕士生、博士生授课。

2月4日 被汕头厦门大学校友会聘请为名誉会长。

2月19日 在东村家中二楼书房与刚报到的来自江汉石油学院高教研究室的访问学者张应强亲切交谈，安排与叮嘱访学进修期间的有关事宜。1992级硕士生胡云陪同。

2月20日 晚上，在东村家中主持"周末学术沙龙"，参加人员为厦门大学高等教育科学研究所部分教师、硕士生、博士生。

2月27日 晚上，在东村家中主持"周末学术沙龙"，参加人员为厦门大学高等教育科学研究所部分教师、硕士生、博士生。

2月 被国家教育委员会聘请为专业技术职务任职资格评审委员会委员。

3月2日 在《中国高教研究》1993年第1期上发表《高等教育研究的新进展与展望》一文。文章主要从理论研究的新进展、分支学科的出现与进展、应用研究的新进展、高等教育研究的展望四个方面进行了介绍与论述。后发表于《中国电力教育》1993年第2期。

3月6日 晚上，在东村家中主持"周末学术沙龙"，参加人员为厦门大学高等教育科学研究所部分教师、硕士生、博士生。

3月13日 晚上，在东村家中主持"周末学术沙龙"，参加人员为厦门大学高等教育科学研究所部分教师、硕士生、博士生。

3月20日 晚上，在东村家中主持"周末学术沙龙"，参加人员为厦门

大学高等教育科学研究所部分教师、硕士生、博士生。

3月22日 在《苏州大学学报》1993年第2期上发表《〈科学的教育价值〉序》一文。

3月27日 晚上,在东村家中主持"周末学术沙龙",参加人员为厦门大学高等教育科学研究所部分教师、硕士生、博士生。

3月 在《华南高等工程教育研究》1993年第1期上发表《高等教育如何适应市场经济的问题》一文。

4月1日 被厦门市人民政府聘请为厦门市第二届社会科学优秀成果评选委员会委员。

4月3日 晚上,在东村家中主持"周末学术沙龙",参加人员为厦门大学高等教育科学研究所部分教师、硕士生、博士生。

4月10日 至北京,被聘请为教育大辞典合卷修订本编委。

4月11日至12日 参加在北京召开的"中国高等教育学会代表大会",被选为副会长。会前会后,分别到中央民族大学、沈阳师范学院讲学,并被沈阳师范学院聘为兼职教授。

4月17日 晚上,在东村家中主持"周末学术沙龙",参加人员为厦门大学高等教育科学研究所部分教师、硕士生、博士生。

4月21日 被厦门大学党委任命为高等教育科学研究所名誉所长、高等教育科学研究所学术委员会主任,不再担任厦门大学高等教育科学研究所所长职务,新任所长魏贻通、副所长刘海峰。

4月24日 晚上,在东村家中主持"周末学术沙龙",参加人员为厦门大学高等教育科学研究所部分教师、硕士生、博士生。

4月27日至29日 参加在福州召开的"福建省高教学会第三届会员代表大会暨高等教育改革与发展学术研讨会",做了题为《中国教育改革和发展纲要的学习》报告,并被选为福建省高等教育学会新一届理事长。

4月 在《福建高教研究》1993年第2期上发表《关于高等教育学学科建设的若干问题——在全国高等教育学学科建设研讨会上的报告》一文。文章详细阐述了高等教育学的学科性质问题,研究对象、范围与重点问题,高等教育学与高等教育学体系问题,高等教育理论研究的方法与价值问题。后发表于《高等教育研究》1993年第2期。

4月 为周川、黄旭主编的《百年之功——中国近代大学校长的教育家精神》（福建教育出版社1994年1月版）一书作序，指出该书"选取了中国近代这一历史时期，选取了大学校长这一教育家群体，记载了他们的办学主张、办学业绩和办学经验，从一个侧面为我们展示了中国高等教育现代化的曲折历程，为我们深入认识高等教育的发展规律提供了丰富而有说服力的线索和证据"。

5月8日 与厦门大学高等教育科学研究所全体师生员工一起，参观国防要地——厦门云顶岩，并与驻军联欢，进行国防教育。

5月15日 晚上，在东村家中主持"周末学术沙龙"，参加人员为厦门大学高等教育科学研究所部分教师、硕士生、博士生。

5月20日 应邀专程到坐落于山东省东营市的华东石油大学（现为中国石油大学[华东]，位于青岛）做关于教育思想与办学思路的学术报告，全校师生员工代表500余人听讲。

5月22日 晚上，在东村家中主持"周末学术沙龙"，参加人员为厦门大学高等教育科学研究所部分教师、硕士生、博士生。

5月29日 晚上，在东村家中主持"周末学术沙龙"，参加人员为厦门大学高等教育科学研究所部分教师、硕士生、博士生。

5月 担任主审的《高等学校教学改革的理论研究》（王伟廉、邬大光等著）一书，由云南教育出版社出版。

5月 在《求是》1993年第10期上发表《市场经济的冲击与高等教育的抉择》一文。文章指出，由于教育外部关系规律的影响，市场经济冲击高等教育具有必然性，这种冲击具有积极和消极两重性，这就要求高等教育必须主动适应市场经济，发挥主体的判断、选择作用：第一，每做出一个决策、采取一项措施，都要全面考虑它是否适应制约教育的各种社会因素；第二，要根据教育自身的规律进行鉴别，做出抉择。

6月5日 参加厦门大学高等教育科学研究所党支部大会，讨论通过吸收熊火金加入中国共产党。

同日 晚上，在东村家中主持"周末学术沙龙"，参加人员为厦门大学高等教育科学研究所部分教师、硕士生、博士生。

6月12日 晚上，在东村家中主持"周末学术沙龙"，参加人员为厦门大学高等教育科学研究所部分教师、硕士生、博士生。

6月18日至19日 听香港浸会大学校外进修学院院长尹叶芊芊教授在厦门大学高等教育科学研究所做《成人教育管理均衡之道》的讲座，并商谈联合召开"持续教育发展国际学术研讨会"的意向和计划。

6月19日 晚上，在东村家中主持"周末学术沙龙"，参加人员为尹叶芊芊教授和厦门大学高等教育科学研究所部分教师、硕士生、博士生。

6月26日 晚上，在东村家中主持"周末学术沙龙"，参加人员为厦门大学高等教育科学研究所部分教师、硕士生、博士生。

7月3日 晚上，在东村家中主持"周末学术沙龙"，参加人员为厦门大学高等教育科学研究所部分教师、硕士生、博士生。

7月8日 为杨移贻所著的《市场经济与高等教育》（广东高等教育出版社1993年8月版）一书作序。序文总结了该书的三个特点，认为该论文集虽非系统专著，但内容广泛，涉及市场经济与高等教育关系的方方面面，具有发人深思之处。

7月10日 晚上，在东村家中主持"周末学术沙龙"，参加人员为厦门大学高等教育科学研究所部分教师、硕士生、博士生。

7月17日 晚上，在东村家中主持"周末学术沙龙"，参加人员为厦门大学高等教育科学研究所部分教师、硕士生、博士生。

7月24日 晚上，在东村家中主持"周末学术沙龙"，参加人员为厦门大学高等教育科学研究所部分教师、硕士生、博士生。

7月 联系爱国华侨蔡清洁先生增拨专款，资助厦门大学高等教育科学研究所编著出版一套（12本）"蔡清洁高等教育研究丛书"。

8月4日至7日 至长春，参加在吉林工业大学召开的全国"建设有中国特色的社会主义高等教育理论研讨会"。担任"建设有中国特色社会主义高等教育理论研究课题组"副组长单位负责人，国家教委高教司司长周远清担任组长单位负责人。会前访问了东北师范大学、吉林工业大学、延边大学、吉林农业大学等高校，并举行了学术讲座。

8月23日 《市场经济的冲击与高等教育的抉择》一文荣获福建省高等教育学会颁发的"1993年高等教育科学研究优秀论文一等奖"。

9月5日至10日 参加在北京召开的"高等教育经费管理国际研讨会",并在会上宣读了与魏贻通合作提交的论文《市场经济与高校筹资政策》。

9月18日 晚上,在东村家中主持"周末学术沙龙",参加人员为厦门大学高等教育科学研究所部分教师、硕士生、博士生。

9月25日 晚上,在东村家中主持"周末学术沙龙",参加人员为约翰·A. 玛福教授和厦门大学高等教育科学研究所部分教师、硕士生、博士生。

9月26日至29日 邀请美国院校研究会主席、弗尼吉亚理工大学教授约翰·A. 玛福来厦门大学高等教育科学研究所讲学、座谈。

9月 《高等教育学讲座》(续订版)由人民教育出版社出版。该书内容扩增至11讲专题。

9月 撰写的《教育是未来的事业》一文被收录于《未来与教育》(人民教育出版社1993年9月版)一书中。

9月 给厦门大学高等教育科学研究所硕士生、博士生授课。

10月6日 根据《厦门大学和汕头大学联合举办高等教育学硕士研究生课程进修班招生简章》,作为高等教育学教师,讲授"高等教育学"课程。

10月9日 晚上,在东村家中主持"周末学术沙龙",参加人员为厦门大学高等教育科学研究所部分教师、硕士生、博士生。

10月16日 晚上,在东村家中主持"周末学术沙龙",参加人员为厦门大学高等教育科学研究所部分教师、硕士生、博士生。

10月19日至22日 赴上海主持在华东师范大学召开的"全国高等教育学研究会成立大会暨全国高等教育学科建设研讨会第二次年会"。会议以"建设有中国特色的社会主义高等教育理论体系"为主题,共有55名来自全国18个省市33所高校的高等教育研究专家出席会议,提交论文33篇。在开幕式上致"加强高等教育基本理论研究工作"的开幕词,提出了将高等教育研究重点从理论建构转向问题研究的主张。中国高教学会、上海市高教局、华东师范大学的有关领导出席了会议开幕式。会议经过反复酝酿,选举产生了全国高等教育学研究会的第一届理事会,选出理事34人,潘懋元先生被一致推选为理事长,闵维方、薛天祥、王冀生、杨德广为副理事长,理事会还聘请王承绪、刘一凡、朱九思、余立四位资深的高等教育家担任理事会顾问。研究会秘书处设在厦门大学高等教育科学研究所,王伟廉任秘书长。

10月28日至11月13日 与北京大学汪永铨、清华大学江权、中山大学吴福光、华中科技大学姚启和等一起,赴台湾参加并主持"21世纪海峡两岸高等教育学术研讨会",在会上做了《在经济改革和发展中,中国大陆高等教育的现在和未来》的学术报告。考察台湾高等教育发展情况,并参观了台湾"故宫博物院"。

10月28日 在《中国高教研究》1993年第5期上发表《中国高等教育的开拓者——〈百年之功〉序》一文。文章对周川、黄旭等编著的《百年之功——中国近代大学校长的教育家精神》(福建教育出版社1994年4月版)一书中的大学校长的特点做了归纳,评价了该书的价值,称赞它"有助于了解中国近代高等教育的发展概貌,了解中国近代高等教育中不同时期和不同阶段的不同特征"。

11月19日 参加厦门大学高等教育科学研究所党支部大会,讨论通过吸收范孝平加入中国共产党。

11月20日 晚上,在东村家中主持"周末学术沙龙",参加人员为厦门大学高等教育科学研究所部分教师、硕士生、博士生。

11月23日 为刘明浚所著的《大学教育环境论要》(航空工业出版社1993年12月版)一书作序。序文指出,这本书的价值在于尝试从基本理论上来解释与解决当前高等教育所面临的众多具体问题。

11月24日至28日 赴香港浸会大学参加"持续教育发展国际研讨会:中西宏观之异同"会议,共有美国、英国、澳大利亚、新西兰、中国等50余位学者出席。向大会提交了题为《中国继续教育的现状》和《继续教育在中国社会经济发展中所扮演的角色:理论探讨与未来展望》的会议论文。方晓、康乃美陪同。会议期间,与香港大学继续教育学院院长陈介明教授几次单独座谈交流。会后,康乃美写了一篇关于本次研讨会的综述与评论发表于《教育评论》1994年第2期。

12月11日 晚上,在东村家中主持"周末学术沙龙",参加人员为厦门大学高等教育科学研究所部分教师、硕士生、博士生。

12月18日 晚上,在东村家中主持"周末学术沙龙",参加人员为厦门大学高等教育科学研究所部分教师、硕士生、博士生。

12月24日 《市场经济的冲击与高等教育的抉择》一文荣获"中国高等教育学会第三届优秀高教科研成果一等奖"。

12月25日 晚上,在东村家中主持"周末学术沙龙",参加人员为厦门大学高等教育科学研究所部分教师、硕士生、博士生。

12月27日 在《中国高教研究》1993年第6期上发表《市场经济与高等教育筹资政策》(与魏贻通合作)一文。文章分析了这方面中国的问题和国外的经验,评析了当前一些创收活动与主张,最后提出了关于筹资政策的几点建议,认为在市场经济条件下,高等教育必须积极探索新路子,多渠道筹集资金,才能使我国教育规模有较大的发展。

12月31日 在《上海高教研究》1993年第4期上发表《必须重视专科教育研究》一文。文章指出,虽然高等专科教育发展迅速,但是存在的问题也很多,研究工作比较薄弱。在当前我国高等教育迅猛发展中,特别需要像《高等专科教育学》这样一部从理论到实际、从性质任务到措施办法、全面系统地论述专科教育的论著,以指导我们的教育实践。

12月 为沈国经主编的《中外著名教育家事典》(辽宁教育出版社1995年7月版)一书作序,并发表在《教育评论》1993年第6期上。

12月 在"建设有中国特色社会主义高等教育理论研讨会"上的主题发言被收录于《建设有中国特色社会主义高等教育理论研究》(高等教育出版社1993年12月版)一书。

12月 与刘海峰共同编辑的《中国近代教育史资料汇编·高等教育》由上海教育出版社出版。本书是《中国近代教育史资料汇编》分册之一,主要收集了1902年至1921年左右有关中国高等教育制度的资料。

12月 与黄建如合编的《新加坡国立大学》一书由湖南教育出版社出版。

12月 为黄宇智主编的《现代教育改革论》(汕头大学出版社1993年12

月版）一书作序。序文认为："这本专著能够比较全面地反映并评论多种理论观点，掌握更多的实际经验，进入教育现代化理论的深层，解释和解决教育改革过程中诸多理论和实际问题。"

12 月 为胡建华等著的《高等教育学新论》（江苏教育出版社 1995 年 10 月版）一书作序。序文指出，学科的科学理论体系，一般认为首先应当确定它的逻辑起点，从逻辑起点出发，借助逻辑手段，按照学科的内在规律，层层推导，逐步展开，从抽象上升为具体，构成严谨的逻辑体系。这部作为高等教育原理的"新论"，在这方面做了有益的尝试，攀上了一个新台阶。

12 月 被中国石油大学（华东）聘请为名誉教授。

本年 再度推选为国务院学位委员会教育学科评审组召集人。

1994 年　七十四岁

1 月 8 日 晚上，在东村家中主持"周末学术沙龙"，参加人员为厦门大学高等教育科学研究所部分教师、硕士生、博士生。

1 月 为李玉民、秦砖合著的《市场经济与高等教育改革》（天津社会科学出版社 1994 年 1 月版）一书作序。序文根据教育的外部关系规律和历史与现实的实际，论述了市场经济冲击高等教育的必然性、市场经济对高等教育冲击作用的两重性以及高等教育必须主动适应市场经济三个问题。

1 月 给厦门大学高等教育科学研究所硕士生、博士生授课。

2 月 10 日 为中国成人教育理论专著编纂委员会编著的《中国自学考试》（教育科学出版社 1994 年 12 月版）一书作序。序文指出，这本书表达准确、说理透彻、文字简练，不但具有规范性、权威性，而且具有可读性、可操作性。

同日 为何了然所著的《创造新知的艺术》（新华出版社 1994 年 12 月版）一书作序。序文简要介绍了何了然副研究员的写作过程以及治学风格，认为治学之道的精义，总是先要有法，然后从有法到无定法，也就是从必然王国到自由王国。

2 月 15 日 在《高等教育研究》1994 年第 1 期上发表《加强高等教育基

本理论的研究工作》一文。这是作者在全国高等教育学研究会成立大会暨第二届学术研讨会上的开幕词。文章介绍了全国高等教育学研究会的筹备和成立经过，指出高等教育的改革和发展离不开高等教育基本理论的指导，因而必须加强高等教育基本理论研究工作。

2月18日 在《中国高教研究》1994年第1期上发表《我国高等教育面临的主要挑战》（与朱国仁合作）一文。文章指出，世界范围内新科技革命的迅猛发展，我国建立社会主义市场经济体制目标的确立，是我国高等教育改革与发展面临的两大挑战，这两大挑战交织在一起共同作用于高等教育。要保持清醒的头脑，使高等教育的改革稳步进行，必须全面考虑高等教育面临的挑战，遵循教育规律，科学制定有关政策。

2月23日 为主编的《高等教育论文集》（第二卷）（厦门大学出版社1994年9月版）一书作序。

2月19日 晚上，在东村家中主持"周末学术沙龙"，参加人员为厦门大学高等教育科学研究所部分教师、硕士生、博士生。

2月26日 晚上，在东村家中主持"周末学术沙龙"，参加人员为厦门大学高等教育科学研究所部分教师、硕士生、博士生。

2月 为黄金陵所著的《八年大学校长》（厦门大学出版社1994年2月版）一书作序。序文写道："我是从事高等教育理论和中国近现代教育史研究的，对于大学校长的传记、经验、文章，出于专业的需要，自然比较重视，因为这是研究工作的第一手资料，可以从中了解大学的实际情况与问题、办学者的思想与作为，得到某些启迪，探索一些规律性的东西。"该书收录了黄金陵同志从事8年大学校长的传记、经验、论文等80余篇，提出了大学校长必须是有教育理论水平的教育家这一命题。

3月5日 晚上，在东村家中主持"周末学术沙龙"，参加人员为厦门大学高等教育科学研究所部分教师、硕士生、博士生。

3月8日 被武汉路石教育改革基金会聘为学术委员会委员。

3月19日 晚上，在东村家中主持"周末学术沙龙"，参加人员为厦门大学高等教育科学研究所部分教师、硕士生、博士生。

3月21日至3月30日 在汕头大学高等教育科学研究所讲课、座谈、指导学生论文和参加各种活动。同行授课教师还有刘海峰、王伟廉、黄建如、李泽彧,主要讲授《高等教育学》和《比较高等教育学》的相关内容。

3月22日 在汕头大学为高等教育科学研究所高等教育学硕士研究生授课。

3月24日 在汕头大学为高等教育科学研究所高等教育学硕士研究生授课。

3月26日 在汕头大学为高等教育科学研究所高等教育学硕士研究生授课。

3月30日 参加潘懋元教授聘任仪式暨汕头大学高等教育科学研究所成立大会,被聘请为汕头大学高等教育科学研究所名誉所长、教授,并发表重要讲话。广东省高等教育厅特拨给该所研究经费50万元予以资助。姜桐副校长介绍潘先生简历,林明维校长颁发聘书,黄宇智研究员主持聘任仪式。

同日 签署与汕头大学商定的《聘任协议书》。

3月 《市场经济と高等教育经费の调达政策》(与魏贻通教授合作)一文,收录于《现代の高等教育》[日本民主教育协会(IDE)主编]一书。

3月 为于忠正、史柳宝、宋捷主编的《自学考试管理学》(甘肃人民出版社1994年3月版)一书作序。

3月 在《高教探索》1994年第1期上发表《外国继续教育研究》一文。

4月10日 为黑龙江矿业学院学导式教学法研究室编著的《学导式教学法的理论与实践》(煤炭工业出版社1994年版)一书作序。序文指出,这本书将过去零散的经验集中起来,使之系统化;在原先朴素的思想上,吸收有关学科的理论与各个方面的意见,进行理论提高。它的出版,既可以进一步推广应用,又可以更广泛地征集意见。

4月13日 为周奉年等编著的《中国高等教育运行机制研究》(广东高等教育出版社1994年6月版)一书作序。序文认为,该书系统全面,重点突出,紧紧围绕运行机制中国家、社会、市场和学校四个因素的关系与作用展开,理论阐述有相当深度而不流于空泛,联系国内外实际紧密而善于概括提高。建议领导同志读一读此书,以期转变观念,加深认识。

4月16日 晚上,在东村家中主持"周末学术沙龙",参加人员为厦门

大学高等教育科学研究所部分教师、硕士生、博士生。

4月23日 晚上，在东村家中主持"周末学术沙龙"，参加人员为厦门大学高等教育科学研究所部分教师、硕士生、博士生。

4月30日 晚上，在东村家中主持"周末学术沙龙"，参加人员为厦门大学高等教育科学研究所部分教师、硕士生、博士生。

4月 邀请菲律宾克里斯蒂娜·J. 蒙迪尔博士来厦门大学高等教育科学研究所讲学。

5月7日 晚上，在东村家中主持"周末学术沙龙"，参加人员为厦门大学高等教育科学研究所部分教师、硕士生、博士生。

5月14日 晚上，在东村家中主持"周末学术沙龙"，参加人员为厦门大学高等教育科学研究所部分教师、硕士生、博士生。

5月15日 在《高教探索》1994年第2期上发表《继续教育在经济发展中所扮演的角色——理论探讨与未来展望》（与方晓、邓耀彩合作）一文。文章指出，由于继续教育具有直接、明显的经济功能，所以世界各国，不论发达国家或发展中国家，对它越来越重视。中国是发展中国家，除了面临一切国家所面临的共同问题和发展中国家所面临的特殊问题之外，还面临转换经济体制以及20世纪80年代以来经济持续快速增长的问题。这些问题，是挑战，也是机遇。如何抓住这个机遇，一个举足轻重的对策就是发展继续教育。

同日 在《高教探索》1994年第2期上发表《中国继续教育的现况》（与方晓合作）一文。文章分析了中国继续教育的含义，回顾了中国继续教育的发展，进而从主要类型、办学方式两个维度呈现了中国继续教育的现状。

5月21日 晚上，在东村家中主持"周末学术沙龙"，参加人员为厦门大学高等教育科学研究所部分教师、硕士生、博士生。

5月24日至25日 参加在湖南大学岳麓书院召开的第五届全国大学教育思想研讨会，主题是"文化选择与大学教育理想"。

5月27日至6月17日 应美国院校研究会主席约翰·A. 玛福教授的邀请，偕同汕头大学副校长姜桐教授、博士生秦国柱副教授赴美国参加院校研究会第34届国际年会，这是中国第一次作为正式代表参加该组织，受到该会理事会热烈欢迎。在会上，介绍了中国高等教育研究的现状与研究成果，并到玛福教授任职的弗吉尼亚理工大学和一所社区学院访问参观。回国后写成《访美散记》一文，发表在《外国高等教育资料》1994年第4期上，后收录于《潘懋元高等教育学文集》（汕头大学出版社1997年10月版）一书。

6月7日　参观美国白宫。

6月22日　上午，参加厦门大学高等教育科学研究所硕士生张超、洪艺敏的学位论文答辩会。答辩委员会成员有李明德（主席）、潘懋元、吴丽卿、王伟廉。

同日　下午，参加厦门大学高等教育科学研究所硕士生高迎春、郑宏的学位论文答辩会。答辩委员会成员有刘海峰（主席）、潘懋元、魏贻通、李泽彧。

6月23日　上午，参加厦门大学高等教育科学研究所硕士生钱兰英、王盛东的学位论文答辩会。答辩委员会成员有王仁欣（主席）、张燮、罗杞秀、林钟敏。

同日　下午，参加厦门大学高等教育科学研究所硕士生钟泉光的学位论文答辩会。答辩委员会成员有王仁欣（主席）、张燮、罗杞秀、林钟敏。

6月25日　晚上，在东村家中主持"周末学术沙龙"，参加人员为厦门大学高等教育科学研究所部分教师、硕士生、博士生。

6月下旬　在东村家中与前来告别的张应强就进修、考博事宜等亲切交谈，硕士生郑宏陪同。

6月　《邓小平教育优先发展战略思想形成逻辑初探》（与张祥云合作），被收录于《邓小平教育思想研究文集》（江西教育出版社1994年6月版）。文章指出，邓小平同志在提出建设有中国特色社会主义理论、制定经济与社会发展总战略的同时，也为教育发展指明了方向。人们所熟知的科学技术是第一生产力、教育是基础、把教育摆在优先发展的战略地位，以及教育改革与发展要坚持三个面向、要培养四有人才等，都是高瞻远瞩的教育发展战略。

6月　《比较高等教育的产生、发展与问题》一文荣获上海市高教学会、上海市高教研究杂志社联合颁发的"《上海高教研究》1990—1993年优秀论文一等奖"。

6月 组织编印了《厦门大学高等教育科学研究所大事记》（1978—1993）。

7月7日 为黄守忠主编著的《厦门教育之城规划及其研究》（厦门大学出版社1995年12月版）一书作序。序文追溯了厦门教育发展战略研究的过程，简要分析了全书的主要内容，并提出了自己的原则性意见。

7月9日 晚上，在东村家中主持"周末学术沙龙"，参加人员为厦门大学高等教育科学研究所部分教师、硕士生、博士生。

7月16日 晚上，在东村家中主持"周末学术沙龙"，参加人员为厦门大学高等教育科学研究所部分教师、硕士生、博士生。

7月23日 晚上，在东村家中主持"周末学术沙龙"，参加人员为厦门大学高等教育科学研究所部分教师、硕士生、博士生。

7月25日 为湖南大学主办刊物《机械工业高教研究》创刊十周年撰文《回忆·感谢·期望》，回顾与刊物交往的情谊，对新时期高教研究工作的发展方向提出重要观点，希望《机械工业高教研究》为社会主义高等教育现代化建设做出更多贡献。后发表于《机械工业高教研究》1994年第3期。

7月 在《高教研究与探索》1994年第2期上发表《加强高等教育学学科体系建设》一文。这是为胡建华等著的《高等教育学新论》（江苏教育出版社1995年10月版）一书所作序文。

8月21日 上午，参加厦门大学高等教育科学研究所博士生魏贻通、李凌的学位论文答辩会。答辩委员会成员有薛天祥（主席）、李明德、潘懋元、郑学檬、廖泉文、包国庆、黄强。

同日 下午，参加厦门大学高等教育科学研究所博士生李盛兵的学位论文答辩会。答辩委员会成员有薛天祥（主席）、李明德、吴水彭、包国庆、潘懋元、刘海峰、王伟廉。

9月1日 与刚到厦门大学高等教育科学研究所入学报到的博士生张应强、张德祥、别敦荣、张宝昆、何云坤亲切交谈，并请他们在厦门市中山路某酒店的露天平台同餐共饮。

9月10日 邀请菲律宾爱国华侨蔡清洁先生来厦门大学高等教育科学研究所，与师生共度第十个"教师节"。蔡清洁先生在高教所设立了"高等教育科研基金",用于资助出版高等教育研究专著。

同日　被中国高等教育学会评定为"优秀高教学会工作者"并颁发证书。

9月17日　晚上,在东村家中主持"周末学术沙龙",参加人员为厦门大学高等教育科学研究所部分教师、硕士生、博士生。

9月20日　中秋节晚上,与厦门大学高等教育科学研究所全体师生员工在囊萤楼三楼露天平台举行中秋"博饼"晚会,举行了谜语有奖竞猜活动,欢度佳节。先生从家里带来了笔记本、钢笔、领带之类的奖品,由他出教育学界和高教所师生的姓名或人名的谜语,猜对谜语者有奖,如谜语"万寿无疆"(谜底:刘佛年)、"千里眼"(谜底:顾明远)、"我必出人头地"(谜底:应强)等。据厦门大学教育研究院党委书记郑冰冰回忆,当年先生出了个谜语叫"南北极",谜底正是自己的名字——"正(郑)(对着)冰冰"。

9月24日　晚上,在东村家中主持"周末学术沙龙",参加人员为厦门大学高等教育科学研究所部分教师、硕士生、博士生。

9月　给厦门大学高等教育科学研究所硕士生、博士生授课。

9月　主编的《高等教育论文集(第二卷)》由厦门大学出版社出版。

10月8日　晚上,在东村家中主持"周末学术沙龙",参加人员为厦门大学高等教育科学研究所部分教师、硕士生、博士生。

10月11日至15日　参加在厦门大学高等教育科学研究所召开的由中国高等教育学会、全国高等教育学研究会、福建省高等教育学会、厦门大学高等教育科学研究所联合发起的"首届全国高等教育史学术讨论会",做《从高教理论建设看高教史研究的重要性》的学术报告。报告指出,教育理论的源泉有三条途径:第一条是教育史研究;第二条是比较教育研究;第三条是现实的教育实践经验的总结和提高。高等教育学科建设,需要高等教育理论工作者和高等教育史研究者的合作。与会代表30人,收到论文23篇。会议综述发表于《外国高等教育资料》1994年第4期。

10月12日　任福建省普通高等学校专业设置评议委员会第一届委员会委员。

10月15日　晚上,在东村家中主持"周末学术沙龙",参加人员为厦门大学高等教育科学研究所部分教师、硕士生、博士生。

10月20日　参加在厦门集美举行的陈嘉庚诞辰120周年纪念活动。

10月22日　晚上，在东村家中主持"周末学术沙龙"，参加人员为厦门大学高等教育科学研究所部分教师、硕士生、博士生。

10月29日　晚上，在东村家中主持"周末学术沙龙"，参加人员为厦门大学高等教育科学研究所部分教师、硕士生、博士生。

11月7日　在《光明日报》上发表《大学教师待遇偏低评析》一文。文章认为，中国高等学校机构臃肿，非教学人员远多于教师，这是教师待遇偏低的重要原因，并对此做了全面分析。该文被《新华文摘》1995年第2期等多家报刊全文转载。

11月10日　在国家教委会议室主持聘请美国卡内基教学促进基金会主席、当代著名教育家博伊尔博士为厦门大学高等教育学名誉教授仪式，并简要介绍了博伊尔的学术成就。厦门大学校长林祖庚为博伊尔颁发聘书。出席仪式的有国家教委副主任韦钰、国家教育发展研究中心主任郝克明、有关司局领导和在京厦大校友近百人。

11月12日　晚上，在东村家中主持"周末学术沙龙"，参加人员为厦门大学高等教育科学研究所部分教师、硕士生、博士生。

11月19日　被厦门市政协委员会聘请为政协厦门市第八届委员会顾问。

同日　晚上，在东村家中主持"周末学术沙龙"，参加人员为厦门大学高等教育科学研究所部分教师、硕士生、博士生。

11月26日　晚上，在东村家中主持"周末学术沙龙"，参加人员为厦门大学高等教育科学研究所部分教师、硕士生、博士生。

12月3日　晚上，在东村家中主持"周末学术沙龙"，参加人员为厦门大学高等教育科学研究所部分教师、硕士生、博士生。

12月10日　被华南师范大学聘为兼职教授。

12月17日　晚上，在东村家中主持"周末学术沙龙"，参加人员为厦门大学高等教育科学研究所部分教师、硕士生、博士生。

12月18日　在《中国高教研究》1994年第6期上发表《从高等教育理论建设看高等教育史研究的重要性——在高等教育史研讨会上的发言》一文。文章介绍了教育理论的来源渠道以及教育史的研究方法。

12月22日　被厦门市老年学学会聘请为顾问。

12月24日　晚上，在东村家中主持"周末学术沙龙"，参加人员为厦门大学高等教育科学研究所部分教师、硕士生、博士生。

12月26日　上午，参加汕头大学高等教育科学研究所会议。

同日　下午，参加汕头大学高等教育科学研究所会议，并介绍课题情况。

12月29日　参加汕头大学高等教育科学研究所会议，对课题报告提出修改建议。

12月31日　晚上，在汕头大学住处主持"周末学术沙龙"，参加人员为汕头大学高等教育科学研究所部分教师、硕士生。

12月　被福建省教育委员会聘请，担任福建省教育史第二届编纂委员会顾问。

1995年　七十五岁

1月4日至27日　在汕头大学高等教育科学研究所工作。

1月5日　参加汕头大学高等教育科学研究所会议，听课题报告并发表意见。

同日　被推选为厦门大学高等教育科学研究所与汕头大学高等教育科学研究所联合举办的高等教育学研究生课程进修班领导小组成员，其他成员有黄宇智、魏贻通。

1月　为李同明、刘晓娜所著的《社会主义市场经济条件下的高等教育》（中国地质大学出版社1996年6月版）一书作序。序文从研究视角、基本框架及内容等方面对该书做了简要概述，肯定了该书在建设中国特色社会主义高等教育理论体系、推进我国高等教育现代化改革方面的重要作用。

1月　参加汕头大学首届高教管理硕士课程班结业典礼并合影留念。

1月　给厦门大学高等教育科学研究所硕士生、博士生授课。

2月2日　携全家回揭阳老家探望，在祖屋前合影，并单独与姐姐潘和兰和弟弟陈章武交谈并合影。

2月15日　在《高等教育研究》1995年第1期上发表《高等教育的基本

功能：文化选择与创造》（与朱国仁合作）一文。该文首先分析了文化对高等教育改革与发展的作用，进而从文化选择和文化创造两个方面论述了高等教育的文化功能。文章指出，高等教育对文化选择的主要途径有：（1）通过培养目标选择文化；（2）通过课程和教材选择文化；（3）通过教师群体选择文化；（4）通过校园环境选择文化。高等教育具备创造文化的优势，通过渐进的、曲折的进程实现其文化创造功能。文章最后指出，高等教育的文化选择与创造功能是密切联系在一起的。当代中国高等教育的主要使命，是通过发挥文化选择与创造功能，推动中国社会主义现代化建设。

同日 在《高教探索》1995年第1期上发表《市场经济与教学改革问题的反思》（与王伟廉合作）一文。文章界定了教育改革与教学改革的概念，呈现了中国教育改革的现况，分析了教学改革落后的原因。同时指出，当前高等教育的教学理论，需要进行两个方面的研究：一是高等学校教学论自身的学科建设；二是在市场经济条件下教学改革的理论研究。

2月18日 晚上，在东村家中主持"周末学术沙龙"，参加人员为厦门大学高等教育科学研究所部分教师、硕士生、博士生。

2月25日 晚上，在东村家中主持"周末学术沙龙"，参加人员为厦门大学高等教育科学研究所部分教师、硕士生、博士生。

3月4日 晚上，在东村家中主持"周末学术沙龙"，参加人员为厦门大学高等教育科学研究所部分教师、硕士生、博士生。

3月11日 晚上，在东村家中主持"周末学术沙龙"，参加人员为厦门大学高等教育科学研究所部分教师、硕士生、博士生。

3月18日 晚上，在东村家中主持"周末学术沙龙"，参加人员为厦门大学高等教育科学研究所部分教师、硕士生、博士生。

3月22日 上午，参加汕头大学高等教育研究所会议，讨论"落实全国高等教育学年会的实际情况"。

3月22日至23日 参加在福州召开的福建省高等教育学会工作会议。

3月25日 晚上，在东村家中主持"周末学术沙龙"，参加人员为厦门大学高等教育科学研究所部分教师、硕士生、博士生。

3月27日至31日 参加由全国高等教育学研究会、广东省高教学会、汕头大学高等教育科学研究所联合主办的"全国高等教育学研究会第三届学术研讨会"。会议主题是："在当前形势下，需要重新认识高等教育基本理论问题。"作为理事长，在研讨会开幕式上做了《在新形势下需要重新认识的高等教育基本理论问题》的主题报告。报告回顾了前两次研讨会所取得的研究成果和未解决的问题，解释了第三次年会的主题，认为首先要做好建立学科体系的准备工作：一方面，要研究明晰高等教育学的基本概念、基本原理；另一方面，要组织各门学科的专家从各个学科的角度研究高等教育的基本理论问题。

4月8日　晚上，在东村家中主持"周末学术沙龙"，参加人员为厦门大学高等教育科学研究所部分教师、硕士生、博士生。

4月13日　在《中国高等教育》1995年第4期上发表《教学改革的核心地位不容动摇》（与王伟廉合作）一文。文章论述了教育改革与教学改革的关系，介绍了我国高等教育改革的现况，分析了教学改革落后的原因，提出了必须加强教学理论研究的建议。

4月16日至17日　与汕头大学高等教育科学研究所师生一起，同慕名前来的美国学校心理学访问团一行十余人座谈交流。

4月19日　参加汕头大学高教所1995年工作计划讨论会议。

4月29日　晚上，在东村家中主持"周末学术沙龙"，参加人员为厦门大学高等教育科学研究所部分教师、硕士生、博士生。

4月30日　在《机械工业高教研究》1995年第2期上发表《关于我国高等教育应遵循的基本原则——对高等教育法总则的探讨》（与李泽彧、邱邑亮合作）一文。文章介绍了国外高教法确立的原则，建议从三个层次上构建我国高等教育法总则：一是法律文本规范层次；二是特性原则层次；三是共性原则层次。同时，就高等教育法总则的主要内容和若干条款的具体编写提出了建议。

5月6日　晚上，在东村家中主持"周末学术沙龙"，参加人员为厦门大学高等教育科学研究所部分教师、硕士生、博士生。

5月13日　晚上，在东村家中主持"周末学术沙龙"，参加人员为厦门大学高等教育科学研究所部分教师、硕士生、博士生。

5月19日至23日 在南京参加由南京大学和美国基督教亚洲高等教育联合董事会举办的"第二次教育与社会进步中外学者研讨会"。会议围绕"亚太地区的高等教育在世纪之交面临的机遇和挑战"和"高等教育在社会现代化进程中的地位与作用"这两个主题进行了研讨。在会上做了题为《中国高等教育面临的挑战》的学术报告。报告指出，20世纪末到21世纪初，中国高等教育的发展面临着来自两个方面的挑战，即世界科技革命的挑战和计划经济体制向市场经济体制的转变，并且详细论述了这两个方面挑战的表现形式和应对策略。

5月 邀请英国Sheffield大学成人继续教育学院Hampton教授夫妇、美国俄亥俄大学副校长Janis C. Bryant博士夫妇、香港浸会大学校外进修学院院长尹叶芊芊博士来汕头大学高等教育科学研究所讲学、访问。

6月1日 参加汕头大学高等教育科学研究所"1995年工作计划"会议。

6月10日 晚上，在汕头大学住处主持"周末学术沙龙"，参加人员为汕头大学高等教育科学研究所部分教师、硕士生。

6月12日 邀请国家教委专职委员、高等教育司司长周远清来厦门大学高等教育科学研究所做报告，并专门召开高教理论座谈会，征询本所关于高等学校教学改革等问题的意见。参加座谈会的有50余人。

6月17日 晚上，在东村家中主持"周末学术沙龙"，参加人员为厦门大学高等教育科学研究所部分教师、硕士生、博士生。

6月20日 为周光迅、傅传亮主编的《社会主义市场经济与高校德育建设》（中国石油大学出版社1995年10月版）一书作序。序文指出，认识上的困惑和方法问题是制约学生思想政治及道德品质教育工作开展的主要问题，梳理了该书的写作思路，总结了主要特点，认为这部新作的出版有利于解决高等学校德育建设这一难题，有利于指导高等学校的德育工作。

6月24日 晚上，在东村家中主持"周末学术沙龙"，参加人员为厦门大学高等教育科学研究所部分教师、硕士生、博士生。

6月27日 上午，参加厦门大学高等教育科学研究所博士生黄福涛的学位论文答辩会。答辩委员会成员有顾明远（主席）、有本章（日本学者）、李明德、郑学檬、潘懋元、刘海峰、王伟廉。

同日 下午，参加厦门大学高等教育科学研究所博士生朱国仁、邓耀彩的学位论文答辩会。答辩委员会成员有顾明远（主席）、李明德、郑学檬、潘懋元、刘海峰、王伟廉。

6月 在《教育史研究》1995年第2期上发表《谈谈高等教育史研究的新问题》一文，这是根据作者在全国高等教育史研讨会上的讲话整理而成的。

6月 在上海《教育参考》1995年第3期上发表《高等教育必须迎接挑战》一文。

7月1日 被选举为国务院学位委员会常务理事、副会长。

7月8日 晚上，在东村家中主持"周末学术沙龙"，参加人员为厦门大学高等教育科学研究所部分教师、硕士生、博士生。

7月12日 为林蒲田主编的《华侨教育与华文教育概论》（厦门大学出版社1995年9月版）一书作序。序文指出，该著观点正确，材料丰富，厚积薄发，取精用宏，简明可读。该书的出版，对于提高人们对华侨华文教育的认识，坚定人们对发展华侨华文教育的信心，推动华侨华文教育的进一步发展，必将起到重要的作用。

7月15日 在《辽宁高等教育研究》1995年第4期上发表《中国高等教育面临的挑战——在教育与社会进步中外学者研讨会上的报告》一文。后发表于《南京大学学报》1995年第3期。

同日 晚上，在东村家中主持"周末学术沙龙"，参加人员为厦门大学高等教育科学研究所部分教师、硕士生、博士生。

7月18日 被全国民办高等教育委员会聘为高级顾问。

7月22日 晚上，在东村家中主持"周末学术沙龙"，参加人员为厦门大学高等教育科学研究所部分教师、硕士生、博士生。

7月23日 接受《厦门商报》记者张新国关于"情系故乡，发展高教"的采访。

7月27日 在《光明日报》上发表《关于"从无偿教育到有偿教育"》一文。

8月15日 在《高等教育研究》1995年第3期上发表《高等教育学学科建设的回顾与前瞻》一文。这是根据在全国高等教育学研究会第三次学术研讨会开幕式上的报告整理而成。

8月22日至25日 邀请英国社会心理学家约翰·瑞文来厦门大学高等教育科学研究所讲学。

8月23日 为黄宇智、杨锐、吴二持所著的《中国高等教育发展宏观背景研究》（广东高等教育出版社1995年9月版）一书作序。序文简要概述了全书框架，总结了全书特点，认为这本新著将各种影响因素与现实条件综合观察、全面系统地进行探索，意义重大。

9月1日 被浙江慈溪市实验小学聘为杨贤江教育思想实践研究顾问。

9月6日 被评为"厦门大学优秀研究生导师"并授予证书。

9月8日 在贺兰山下参观考察，并与朋友合影留念。

9月10日 全家齐聚，儿孙满堂，举行潘先生与夫人龚延娇的金婚庆典活动［结婚五十周年纪念（1945—1995）］。

9月16日 晚上，在东村家中主持"周末学术沙龙"，参加人员为厦门大学高等教育科学研究所部分教师、硕士生、博士生。

9月23日 晚上，在东村家中主持"周末学术沙龙"，参加人员为厦门大学高等教育科学研究所部分教师、硕士生、博士生。

9月28日 参加汕头大学高等教育科学研究所"九五"规划草稿讨论会议。

9月 被广东省学位委员会办公室聘请为广东省1995年新增硕士学科专业点通讯评议专家。

9月 与王伟廉教授共同主编的《高等教育学》由福建教育出版社出版。

9月 《关于大学教师待遇问题的思考》和《关于高等教育机构的举办者的权利、义务及举办者与办学者、行政管理者之间的关系的研究》（与魏贻通、张建奇合作）两文，收录于《建设有中国特色社会主义高等教育理论研究（第二集）》（兰州大学出版社1995年9月版）一书中。

9月 《跨世纪骨干教师选拔与培养问题》一文收录于《高等学校师资培训研究论文集》（西南师范大学出版社1995年11月版）。

9月 给厦门大学高等教育科学研究所硕士生、博士生授课。

10月7日 晚上，在东村家中主持"周末学术沙龙"，参加人员为厦门

大学高等教育科学研究所部分教师、硕士生、博士生。

10月10日至13日 作为研究会顾问,参加在水利电力大学举行的中国高等工程教育研究会第一届第三次理事会暨第二届第一次理事会会议。会议主要内容是:听取和审议第一届理事会的工作报告;总结"八五"课题,表彰优秀研究成果;讨论"九五"课题计划;修改研究会章程;进行换届选举。

10月16日 被私立松花江大学聘请为名誉校长、客座教授。

10月20日 被武汉工业大学聘为兼职教授。

10月28日 晚上,在东村家中主持"周末学术沙龙",参加人员为厦门大学高等教育科学研究所部分教师、硕士生、博士生。

10月31日至11月3日 受联合国教科文亚太地区办事处委托,厦门大学高等教育科学研究所在厦大召开"亚太地区私立高等教育国际研讨会"。会议的代表为政府官员和著名专家,分别来自印度、韩国、日本、马来西亚、蒙古、印度尼西亚、菲律宾、泰国、越南和中国10个国家与联合国教科文组织、东盟高等教育发展中心以及中央教育科学研究所等组织。在会上做了《立法——私立高等教育发展的保障》的主题报告。全国民办高校20多位校长作为观察员列席,开会期间被民办高等教育委员会聘为该会顾问。

11月6日 与前来厦门大学高等教育科学研究所访问的以日本国立博物馆馆长岛古先生为团长的日本文部省访问团一行5人座谈交流。

11月10日 被高等职业技术教育委员会聘为顾问。

11月16日 参加汕头大学高等教育科学研究所建设问题讨论会。

11月18日 参加汕头大学高等教育管理学研究生课程班结业合影留念。

11月23日 参加汕头大学高等教育科学研究所论文申报会议。

11月28日 应邀参加汕头大学举办的"高等教育管理学研究生课程班"结业仪式,并与部分教师和全体学员合影。

11月 与前来厦门大学高等教育科学研究所访问的美国宾夕法尼亚州立爱丁堡大学教授、美国中美精神心理研究所创办人李绍昆博士夫妇座谈交流。

11月 与王伟廉合著的《高等学校教学原理与方法》由人民教育出版社出版。该书充分吸收了20世纪80年代以来高等学校教学理论研究的新成果,结合高校教学改革的实际,系统探讨了大学教学论的研究对象和科学基础、大学生身心特征与教学、高校培养目标、教学过程、教学原则、课程、教学方法、教学改革、教学手段、学业成绩评价、教师素质以及教学管理等一系列理论问题。该书出版后，成为高校教师、干部培训的教材和研究高等学校教学理论的重要参考书。

12月9日 晚上，在东村家中主持"周末学术沙龙"，参加人员为厦门大学高等教育科学研究所部分教师、硕士生、博士生。

12月15日 《高等教育改革与社会主义市场经济的关系》一文，荣获中华人民共和国国家教育委员会颁发的"全国高等学校人文社会科学研究优秀成果奖二等奖"。

12月16日 晚上，在东村家中主持"周末学术沙龙"，参加人员为厦门大学高等教育科学研究所部分教师、硕士生、博士生。

12月18日 被厦门英才学校聘请为教育顾问。

同日 向前来厦门大学高等教育科学研究所视察的国家教委副主任韦钰汇报本所研究情况和发展规划。

12月23日 晚上，在东村家中主持"周末学术沙龙"，参加人员为厦门大学高等教育科学研究所部分教师、硕士生、博士生。

12月30日 晚上，在东村家中主持"周末学术沙龙"，参加人员为厦门大学高等教育科学研究所部分教师、硕士生、博士生。

12月 参加在福州大学召开的福建省高等教育学会年会，并做专题报告。会议期间，在李均陪同下专程到医院看望了厦门大学原党委书记曾鸣同志。

12月 被江苏省学位委员会聘为南京师范大学博士生指导教师资格评审专家组成员。

本年 作为汕头大学高等教育科学研究所硕士生导师招收高等教育学专业、高等教育理论方向的研究生。

本年 被厦门大学评为"优秀博士生导师"。

1996年　七十六岁

1月6日 被黄河科技大学聘请为长期顾问。

1月7日至9日 至郑州,参加并主持国务院学位委员会教育学科评审组召开的第三届第六次教育学组评审会。

1月25日 在《高等教育研究》1996年第1期上发表《立法:私立高等教育发展的保障》(与魏贻通合作)一文。文章分析了私立高等教育立法在办学宗旨、独立性与自主性、发展速度、教育质量等方面所面临的问题,指出私立高等教育立法应该注意的要点:必须明确高等教育的社会性质,确保其与国家的社会制度相一致;必须尊重私立高等学校的相对独立性、自主性和灵活适应性;必须公平对待,鼓励竞争;必须明确责任,建立评估制度。后刊发于《新华月报》1996年第4期。

1月 为担任顾问,由蔡祖卿、廖延豹主编的《鹭岛风云——许虹主编厦门〈星光日报〉副刊"星星"选集(1947.7—1949.4)》(星光日报社1996年9月版)作序。文中写道:"那时,我和许虹两家为邻,租住市郊曾厝垵的农民屋舍。有时夜深人静,我备完课,他编完《星星》,趁暇闲谈。他总是兴味盎然地谈他刚编完的《星星》,又将发表一篇尖锐揭露国民党黑暗统治的文章,或将发表一篇报道解放区文艺动态的通讯,哪一篇文章写得辛辣尖刻,哪一篇作品是青年作者的新作,如此等等。""本书的出版,也将为地方党史和地方文艺史留下宝贵的资料。"

1月 给厦门大学高等教育科学所硕士生、博士生授课。

1月 主持成立厦门大学高等教育科学研究所发展基金会,鼓励更多师生投身于中国高等教育学学科建设和高等教育研究事业,为中国高等教育改革和发展服务。基金会最初的经费,主要来源于潘懋元先生几年来在汕头大学兼职、稿酬和各种奖励所得的酬金20余万元。基金主要用于高教所师生的课题研究、著作出版、召开会议和对外交流等。

2月17日 晚上,在东村家中主持"周末学术沙龙",参加人员为厦门大学高等教育科学研究所部分教师、硕士生、博士生。

2月24日 晚上,在东村家中主持"周末学术沙龙",参加人员为厦门大学高等教育科学研究所部分教师、硕士生、博士生。

2月 在汕头大学为韩延明主编的《高校目标管理导论》(山东大学出版社1996年7月版)一书作序。序文评价该书"内容详尽,体系完整,文字简洁，易于应用。一书在手，可读可查，十分方便"，并强调指出："理论研究，必须在丰富的实践基础上进行概括提高。即使引述国外的理论，也必须结合中国的实际。"他在"序"中对"目标管理"进行了明确的"界定"："目标管理，是当前风行于世界各国的现代管理体制。这种体制的理论基础有其哲学的、心理学的规律为依据，最主要的是激励教职工的主动性、积极性，独立自主地朝向一定的目标，完成预定的任务，并在理论指导下，通过实践逐步建立起科学的操作程序与方法。"

2月 被聘为《中国社会力量办学大词典》编委会顾问。

3月1日至5日 赴泉州，参加由华侨大学与中国海外交流协会、泉州市政府举办的"东南亚地区华文教育学术研讨会"，做了《海外华文教育与弘扬中华优秀文化传统》的学术报告。来自马来西亚、菲律宾、泰国、印尼、韩国、新西兰等国和中国大陆、台湾的专家、学者90余人参加此次研讨会。

3月9日 晚上，在东村家中主持"周末学术沙龙"，参加人员为厦门大学高等教育科学研究所部分教师、硕士生、博士生。

3月10日 被民盟厦门大学总支聘为顾问，编写《民盟在厦大》。

3月16日 晚上，在东村家中主持"周末学术沙龙"，参加人员为厦门大学高等教育科学研究所部分教师、硕士生、博士生。

3月23日 晚上，在东村家中主持"周末学术沙龙"，参加人员为厦门大学高等教育科学研究所部分教师、硕士生、博士生。

3月25日 在《高等教育研究》1996年第2期上发表《改进高校德育工作的两个问题——〈社会主义市场经济与高等学校德育建设〉序》一文。文章指出，高校德育工作是一个不易解决的难题，其主要原因在于认识上存在的困惑，以及缺乏有效的方法或虽有而得不到推广应用。同时评价了该书的特点，认为这本新作的出版有利于解决高等学校德育建设这一难题，指导高等学校的德育工作。

3月28日 被聘请为广东省高等教育学会顾问。

3月 主编的《新编高等教育学》由北京师范大学出版社出版。该书是在1984年出版的第一部《高等教育学》的基础上进行修改与完善：一方面反映近年来中国高等教育研究的新进展；另一方面更加重视实践性与可操作性。

3月　在《教育研究》1996年第3期上发表《海外华人教育与弘扬中华优秀文化》（与张应强合作）一文。文章指出，中华文化是海外华人的民族文化之根，是人类的共同财富，中华优秀文化的人文精神是"通识教育"的宝贵教材，因而海外华文教育必须弘扬中华优秀文化。在具体操作层面上要注意，弘扬中华优秀文化不一定要公开宣传，要因地因时制宜，做到完成语言文字与文化教育并重，等等。后被收录于《东南亚地区华文教育文集》（暨南大学出版社1996年12月版）。

4月3日至5日　至北京，参加中美高等教育国际研讨会暨教育部教育发展研究中心成立十周年纪念会。

4月8日至9日　主持在厦门大学召开的"中美高等教育财政问题研讨会"并做发言。厦门大学校长林祖赓致开幕词。国家教委教育发展研究中心副主任蔡克勇教授和美国卡内基教学促进基金会代主席、代表团团长格拉西克博士分别讲话。

4月13日　晚上，在东村家中主持"周末学术沙龙"，参加人员为厦门大学高等教育科学研究所部分教师、硕士生、博士生。

4月20日　晚上，在东村家中主持"周末学术沙龙"，参加人员为厦门大学高等教育科学研究所部分教师、硕士生、博士生。

4月25日至27日　至北京，参加"21世纪高等教育课题研讨会"并做了《21世纪高等教育面临的挑战》的大会发言。

4月　主编的《高等学校文理基础学科课程与教学改革研究》一书由厦门大学出版社出版。该著作是在厦门大学高等教育科学研究所承担的全国社科"八五"规划青年社科基金课题研究成果的基础上扩展而成的，分为4部分、14章内容，以综合性大学文理基础学科的课程教学改革为切入点，着重对各类高校基础学科专业改革中的共性问题进行了探讨。

5月2日　参加汕头大学高等教育科学研究所讨论第六次高等教育会主题的会议。

5月9日　再次被汕头大学聘任为高等教育科学研究所名誉所长、教授。

5月15日　在《高教探索》1996年第2期上发表《走向21世纪的中国高等教育》（与吴岩合作）一文。文章提出了中国高等教育在21世纪所面临的新的挑战：高科技与低素质的矛盾；信息高速公路进入高等学校与传统教学过程的矛盾；高等教育大众化与政府教育投入不足、城乡发展不均衡的矛盾。针对这些新的挑战，高等教育在21世纪的新任务有：加强素质教育；变革教学模式；发展民办高等教育；促进高等教育通向农村。后发表于《研究动态》1996年第7期、《辽宁高等教育研究》1996年第3期、《教育改革》1996年第3期、《汕头大学学报》1996年第4期、《中国高教研究》1996年第3期。

5月18日　晚上，在东村家中主持"周末学术沙龙"，参加人员为厦门大学高等教育科学研究所部分教师、硕士生、博士生。

5月20日　被华中理工大学聘为兼职教授。

5月22日　被华中师范大学聘为名誉教授。

5月29日至30日　参加在重庆大学召开的重点工程院校协作组会议。在会上发言，充分肯定协作组对工科教育协调和研究的成绩，希望工科教育研究工作有更广更深的发展。

6月8日　晚上，在东村家中主持"周末学术沙龙"，参加人员为厦门大学高等教育科学研究所部分教师、硕士生、博士生。

6月11日　参加汕头大学高等教育科学研究所课题申报讨论会议。

6月15日　晚上，在汕头大学住处主持"周末学术沙龙"，参加人员为汕头大学高等教育科学研究所部分教师、硕士生、在职博士生。

6月22日　晚上，在东村家中主持"周末学术沙龙"，参加人员为厦门大学高等教育科学研究所部分教师、硕士生、博士生。

6月27日　参加厦门大学高等教育科学研究所博士生秦国柱、张建奇的学位论文答辩会。答辩委员会成员有黄宇智（主席）、李明德、潘懋元、刘海峰、王伟廉、张燮。

6月28日　为厦门大学高等教育科学研究所硕士生叶文梓、沈少龙、郑若玲、傅频、谭强的"研究生学籍总表"填写"导师意见"。

6月29日　晚上，在东村家中主持"周末学术沙龙"，参加人员为厦门大学高等教育科学研究所部分教师、硕士生、博士生。

6月　学校党委决定刘海峰任厦门大学高等教育科学研究所所长，王伟廉、李泽彧任副所长。

6月 以厦门大学高等教育科学研究所为依托的高等教育学科被评为全国唯一的高等教育学国家"211工程"重点建设项目。经过2001年7月和2006年6月两次国家验收,一直保持国家"211工程"重点建设项目称号。

7月2日至6日 到沈阳师范学院调研并参加该院教育科学研究所首届硕士生唐卫民、温松岩、姜凤春等的学位论文答辩会。答辩委员会成员有潘懋元(主席)、李放、邓晓春、张德祥、张维平、邬大光,答辩秘书由教科所教师赵婷婷担任。其间,考察辽宁高等教育情况。

7月11日 为李进才、娄延常主编的《方向　目标　对策:新时期高等学校办学方向论纲》(新华出版社1997年3月版)一书作序。序文分析了该书基本框架的三部分主要内容,认为全书逻辑严谨、纲举目张、中心突出,有较高的理论水平与实用价值。

同日 参加汕头大学高等教育科学研究所会议,讨论"省调研报告《粤港澳高等教育的对接与合作》"。

7月13日 为李泽彧、武毅英等编著的《战后台湾高等教育与经济发展》(厦门大学出版社1996年12月版)一书作序,对该书的理论价值与现实意义做了评价。认为该书深入考察了战后台湾经济发展与高等教育发展相互作用的历史,为大陆高等教育的改革与发展提供了重要参考,在增进海峡两岸高等教育界的相互了解上起了积极作用。

同日 晚上,在汕头大学住处主持"周末学术沙龙",参加人员为汕头大学高等教育科学研究所部分教师、硕士生、博士生。

7月20日 为曾仲、沈少龙、张克辉编著的《亚太地区高等学校招生制度研究》(广东高等教育出版社1997年4月版)一书作序。序文指出,该书系统地介绍了日本、新加坡、泰国、印度尼西亚、韩国、马来西亚等国和我国香港、台湾地区的高等学校招生制度,分析比较它们的改革历程,并结合中国高等学校招生的实际,提出若干值得思考的问题,对于正在改革中的我国高等学校招生制度具有开拓思路的作用。

同日 晚上,在东村家中主持"周末学术沙龙",参加人员为厦门大学高等教育科学研究所部分教师、硕士生、博士生。

7月21日　为秦国柱所著的《中国新大学运动——广东中心城市新办院校研究》（福建教育出版社1996年12月版）一书作序。序文介绍了该著作的写作背景，总结了主要内容，提出了参考建议，认为"作者所做的研究工作，无论是资料的搜集整理、观点阐述、理论的探讨，都是很有学术价值和重大现实意义的"。

7月22日　为庄善裕主编的《东南亚地区华文教育文集》（暨南大学出版社1996年12月版）一书作序。序文总结了"东南亚地区华文教育学术研讨会"的特点，并预测华文教育热潮仅仅是开端，本次研讨会的论文结集出版将对推动华文教育的研究，促进华文教育事业的兴旺发达起到积极的作用。

7月31日　为朱国仁所著的《西学东渐与中国高等教育近代化》（厦门大学出版社1996年11月版）一书作序。序文指出，该书从文化变迁的角度切入，以"西学东渐"为主线，寻找在东西文化交流、冲突、融合过程中，中国高等教育近代化的发展轨迹。概述了该书的主要内容，指出了研究中存在的有待进一步探讨的问题。序文后发表于《教育史研究》1996年第4期。

8月　为张小鹭所著的《现代美术教育理论与教学法：中日美术教学方法的综合比较》（厦门大学出版社1996年8月版）一书作序。序文介绍了作者的研究背景，从指导思想、内容、理论、方法等方面总结了该著作的主要特点，认为该专著可以作为美术院校或师范院校美术专业开设美术教育理论与方法课程的教材使用。

8月　在《当代名人寄语青少年》（21世纪出版社1996年8月版）一书中发表《机遇只偏爱那种有准备的头脑》一文，以自己的实践经验阐述机遇与准备的关系，鼓励青年人坚持学习与研究。

9月12日　参加汕头大学高等教育科学研究所1996年工作计划会议。

9月18日　参加汕头大学高等教育科学研究所报告会，听马凤顺做有关华东师范大学教育系学习和研究的报告。

9月20日　业绩被收录于当代中国人才库《中国专家人名词典》中。

9月21日　晚上，在汕头大学住处主持"周末学术沙龙"，参加人员为汕头大学高等教育科学研究所部分教师、硕士生。

9月28日　晚上，在东村家中主持"周末学术沙龙"，参加人员为厦门

大学高等教育科学研究所部分教师、硕士生、博士生。

9月 给厦门大学高等教育科学研究所硕士生、博士生授课。

10月3日 被广东省高等教育厅聘为华南师范大学"211工程"预审专家组专家。

10月5日至8日 为华东师范大学教育研究与管理高级理论研讨班讲课。

10月10日至15日 应邀参加在曲阜召开的由南京航空航天大学、华中理工大学和湖南大学联办、曲阜师范大学承办的"全国第六届大学教育思想研讨会"。会议代表99人。在开幕式上做了题为《面向21世纪的高等教育》的主旨报告。

10月14日 为曲阜师范大学处级以上干部和教育科学学院全体师生做了题为《关于素质教育的理论思考》的报告,被聘为曲阜师范大学兼职教授。报告强调指出:(1)素质教育的提出,丰富了全面发展教育的内涵;(2)素质教育要具有一定的可操作性;(3)素质教育使全面发展教育中那些若有若无的东西较为明确;(4)全面发展教育是一个更高层次的方针和总的指导思想,素质教育是全面发展教育的具体化;(5)素质教育是联系全面发展教育方针和具体教育实践过程中的中介。他强调,大学应树立素质教育思想,并在专业教育中体现素质教育理念。

10月16日 参观曲阜阙里"三孔"——孔府、孔庙、孔林,边参观边给大家讲解孔子的生平及其教育思想。曲阜师范大学教育科学学院院长韩延明等陪同。

10月17日 在韩延明、校医、研究生等陪同下,专程去泰安游览了泰山脚下的岱庙,攀登了五岳独尊的泰山。因那天有外国领导人登山游览,山下到中天门的旅游巴士停开。时年76岁的潘先生一语惊人:"走,我们爬上泰山去!"说要以泰山"挑山工"精神攀登泰山。他精神抖擞地带领大家徒步从岱宗坊红门攀爬到中天门,然后乘索道到达泰山玉皇顶。这是一条古老的传统线路,为古代帝王的最主要登山路线,沿途庙宇、石刻、古树、传说众多,雄伟险峻,景色壮美,但山高路陡,攀登较为吃力。先生边爬山边给大家讲解有关泰山的各种传说和故事。

同日 在《教育研究》1996年第10期上发表《引入堂奥,沐浴光辉——〈周恩来教育思想研究〉评介》一文。文章总结了《周恩来教育思想研究》（赵德强、高宝立、韦禾著，福建教育出版社1996年版）的几个特点：准确把握周恩来教育思想的精髓，引导读者进入周恩来教育思想宝库的堂奥；深入揭示周恩来教育思想的历史意义、现实意义与未来意义；文笔流畅，结构严谨，可读性强。

10月19日 晚上，在东村家中主持"周末学术沙龙"，参加人员为厦门大学高等教育科学研究所部分教师、硕士生、博士生。

10月23日至25日 参加华南师范大学"211工程"评审会。

10月 主持的"学习—研究—教学实践三结合的研究生课程教学方法"科研项目，获厦门大学教学成果一等奖，同年12月获福建省省级教学成果一等奖。

11月2日 晚上，在东村家中主持"周末学术沙龙"，参加人员为厦门大学高等教育科学研究所部分教师、硕士生、博士生。

11月9日 晚上，在东村家中主持"周末学术沙龙"，参加人员为厦门大学高等教育科学研究所部分教师、硕士生、博士生。

11月14日 在汕头大学高等教育科学研究所做题为《211学科论证报告——高等教育学》的报告。

11月17日 在《教育研究》1996年第11期上发表《全面深入地认识教育的文化功能》一文。文章指出，由于高等教育既具有一切教育共同的文化传承、文化评价与文化选择的功能，又具有文化交流与文化创造的特殊功能，所以，从高等教育的角度研究教育与文化的复杂关系及其交互作用，能够使我们较为全面深入地认识教育的文化功能。

11月18日至22日 到香港中文大学参加"通识教育"大陆、台湾、香港研讨会。在会上做有关文化与高等教育关系的报告。

11月28日至30日 在厦门大学高等教育科学研究所主持召开的"第二届全国高等教育学科研究生培养工作研讨会"上做了《总结经验，加强高教学科研究生培养工作》的主题报告。出席会议的有全国14个高等教育学专业和高等教育管理专业博士、硕士学位授予点的20位代表，国家教委学生司、学位办派员参加。

12月3日　被集美大学工商管理学院董事会聘请为第一届董事会董事。

12月6日至8日　邀请加拿大多伦多大学教授、香港教育学院院长露丝·海霍（许美德）来厦门大学高等教育科学研究所访问，并与师生座谈。

12月7日　晚上，在东村家中主持"周末学术沙龙"，参加人员为露丝·海霍（许美德）和厦门大学高等教育科学研究所部分教师、硕士生、博士生，济济一堂。

12月9日　被聘为国家教委"面向21世纪高等学校教学内容与课程体系改革"顾问组组长。

12月11日　参加汕头大学高等教育科学研究所会议，讨论研究生培养、高等教育科学研究所建设问题。

12月12日　在《厦门日报》上发表《为了厦门文化走向世界》一文。文中写道："厦门文化是中华民族文化的有机组成部分，它自身的历史虽然较短，却蕴含着中华民族悠久的、丰富的优秀文化精华，又具有自己的优势与特色：其一，它是一个海港城市，对于外来文化，得风气之先，有利于接纳、融合外来文化。……其二，厦门历史不仅是一个商埠，而且是一座文化城市。全国重点大学之一的厦门大学和全国著名的学村集美，已有七八十年的历史。……其三，厦门以及整个闽南，在方言、民俗、戏曲、音乐等民族文化标识上，都有自己的特色。"

12月19日　参加汕头大学高等教育科学研究所1996年年度会议，讨论与厦门大学联合培养研究生、研究生教育问题。

12月28日　晚上，在东村家中主持"周末学术沙龙"，参加人员为厦门大学高等教育科学研究所部分教师、硕士生、博士生。

12月　担任学术顾问的《走向21世纪的高等教育》一书由福建教育出版社出版。

1997年　七十七岁

1月3日　教学研究成果"学习—研究—教学实践三结合的研究生课程教学方法"（潘懋元、刘海峰、王伟廉、李泽彧、林金辉）荣获福建省教育委员会颁发的"福建省省级优秀教学成果一等奖"。

1月4日 晚上，在东村家中主持"周末学术沙龙"，参加人员为厦门大学高等教育科学研究所部分教师、硕士生、博士生。

1月11日 晚上，在东村家中主持"周末学术沙龙"，参加人员为厦门大学高等教育科学研究所部分教师、硕士生、博士生。

1月 给厦门大学高等教育科学研究所硕士生、博士生授课。

1月 收到英格兰剑桥国际传记中心签署并盖章的编入《大洋洲和太平洋国家名人录》的证明。

2月15日 晚上，在东村家中主持"周末学术沙龙"，参加人员为厦门大学高等教育科学研究所部分教师、硕士生、博士生。

同日 在《上海高教研究》1997年第2期上发表《教育基本规律及其在高等教育研究与实践中的运用》一文。文章在简述教育基本规律的基础上，以高等教育改革中遇到的问题为例论述教育基本规律在高等教育改革中的运用，涉及的问题主要有：市场经济与高等教育改革的关系；私立高等教育重新出现与发展；高等教育地方化问题；高等教育通向农村的预测等。最后澄清了在理论与实践中对教育基本规律的几种误解，为教育基本规律在高等教育研究与实践中的科学运用指明了方向。

2月22日 晚上，在东村家中主持"周末学术沙龙"，参加人员为厦门大学高等教育科学研究所部分教师、硕士生、博士生。

2月28日 在《清华大学教育研究》1997年第1期上发表《传统文化与中国高等教育现代化》（与张应强合作）一文。文章指出："传统文化与现代化关系是现代化研究领域中的核心问题，从高等教育领域来研究有其特殊意义：一方面，高等教育的文化功能就是文化的承传、评价、选择与创新，高等教育又是推进现代化的动力站，研究的视角由高等教育切入，可以使人们对传统文化与现代化关系的认识更为深入全面；另一方面，解决传统文化与现代化的关系问题，可以为我国高等教育的改革与发展提供理论指导，具有重要的实践意义。"

3月1日 晚上，在东村家中主持"周末学术沙龙"，参加人员为厦门大学高等教育科学研究所部分教师、硕士生、博士生。

3月8日　晚上，在东村家中主持"周末学术沙龙"，参加人员为厦门大学高等教育科学研究所部分教师、硕士生、博士生。

3月15日　晚上，在东村家中主持"周末学术沙龙"，参加人员为厦门大学高等教育科学研究所部分教师、硕士生、博士生。

3月22日　晚上，在东村家中主持"周末学术沙龙"，参加人员为厦门大学高等教育科学研究所部分教师、硕士生、博士生。

3月25日　在《高等教育研究》1997年第2期上发表《总结交流经验，加强高等教育学科研究生培养工作》一文，是作者在第二届全国高等教育学科研究生培养工作研讨会上的主题报告。论文回忆了第一次研讨会的情况，解释了第二次研讨会的召开背景，陈述了研讨会的任务：交流经验；探讨问题；相互了解，加强合作；汇总培养研究生的有关数据。

3月29日　晚上，在东村家中主持"周末学术沙龙"，参加人员为厦门大学高等教育科学研究所部分教师、硕士生、博士生。

4月5日　晚上，在东村家中主持"周末学术沙龙"，参加人员为厦门大学高等教育科学研究所部分教师、硕士生、博士生。

4月12日　晚上，在东村家中主持"周末学术沙龙"，参加人员为厦门大学高等教育科学研究所部分教师、硕士生、博士生。

4月14日至6月3日　邀请菲律宾Lota A. The博士来厦门大学高等教育科学研究所讲学。

4月19日　晚上，在东村家中主持"周末学术沙龙"，参加人员为Lota A. The博士和厦门大学高等教育科学研究所部分教师、硕士生、博士生。

4月27日至29日　主持在天津召开的由天津市教育科学研究院与全国高等教育学研究会共同举办的"全国高等教育学研究会第四届学术研讨会"，并在会上做了《高等教育理论研究必须更好地为实践服务》的主题报告。指出："全国高等教育学研究会有两大任务，一个是开展高等教育学的学科建设；一个是加强高等教育理论研究对高教实践的服务功能。两大任务实质上是相互联系、相互促进的，二者不可偏废。如果我们老是只围绕一个方面，即高等教育学的学科建设问题讨论下去，固步自封，而不去接触火热的高等教育实践，就会由于钻牛角尖走到死胡同。"该次研讨会的主题是："高等教育理论研究如何为中国高等教育改革和发展服务。"来自全国各地的70多位代表参加会议，一同发表讲话的还有国家教委高教司原司长王冀生、天津教卫工委书记王鸿江、市人大科教文卫副主任武善谋等。本次会议还选举产生了第二届全国高等教育学研究会理事会，潘懋元连任理事长。会后，分别到南开大学、河北大学做报告。

5月3日　晚上，在东村家中主持"周末学术沙龙"，参加人员为厦门大学高等教育科学研究所部分教师、硕士生、博士生。

5月10日　晚上，在东村家中主持"周末学术沙龙"，参加人员为厦门大学高等教育科学研究所部分教师、硕士生、博士生。

5月17日　晚上，在东村家中主持"周末学术沙龙"，参加人员为厦门大学高等教育科学研究所部分教师、硕士生、博士生。

5月23日　在《光明日报》上发表《为了高等教育管理科学化——读〈高等教育工作论稿〉》一文。评价该书的重要特色是实话实说，好的现象与不好的现象都实说，不因个人地位而光说好话，也不因个人情绪而光发怨言。实话实说，不仅能较好地反映情况，而且使作者和读者的思想感情拉近距离。同时，《论稿》中许多文章，出自作者的深刻体会，说理抒情，颇有感染力。（《高等教育工作论稿》一书的作者是山东省委高校工委副书记田建国教授，该书由山东教育出版社于1997年8月版）。后发表于1997年7月26日《中国教育报》《中国高教研究》1997年第3期、《青岛化工学院学报·高教研究》1997年第2期、《发展论坛》1997年第6期。

5月25日至6月3日　邀请英国拉夫堡大学教育系主任伊凡·里德教授来厦门大学高等教育科学研究所讲学。

5月25日　在《高等教育研究》1997年第3期上发表《可持续发展与高等教育改革》一文。文章阐释了可持续发展观的基本内涵，指出从可持续发展的角度研究高等教育的改革与发展，应该从两个方面进行探索：一是高等教育如何为经济与社会的可持续发展服务；二是高等教育自身可持续发展的规律。《新华文摘》1997年第9期全文转载。

5月27日至6月4日　赴南宁广西大学、广西民族学院、广西师范学院和广西师范大学做报告，并被聘为广西大学兼职教授。赴北海和越南芒市考察。

5月　被中华成功者研究会聘为高级顾问。

5月　参加汕头大学高等教育科学研究所与厦门大学高等教育科学研究所联合培养的第一届高等教育学硕士研究生学位论文开题报告。

5月　作为主持人的"多学科观点的高等教育研究"课题，被立项为全国教育科学"九五"规划国家级重点课题。

6月5日至10日　至广州，在中山大学为广东高校干部学习班讲课。

6月11日至13日　在北京参加高等教育思想研讨会。

6月17日至20日　在北京平谷参加"21世纪教学改革"讨论会。

6月28日　晚上，在东村家中主持"周末学术沙龙"，参加人员为厦门大学高等教育科学研究所部分教师、硕士生、博士生。

7月5日　晚上，在东村家中主持"周末学术沙龙"，参加人员为厦门大学高等教育科学研究所部分教师、硕士生、博士生。

7月11日　在汕头大学为汤重天所著的《地方院校的办学特征与教育定位——汤重天高教研究论文集（1987—1997）》（辽宁民族出版社1997年9月版）一书作序。序文指出，该书中的见解与建议，都是从实际出发提出问题、在实际中解决问题，实事求是且大多是切实可行的。

7月12日　《高等教育的基本功能：文化选择与创造》一文荣获"中国高等教育学会第四届优秀高教科研成果一等奖"。

7月19日　晚上，在汕头大学住处主持"周末学术沙龙"，参加人员为汕头大学高等教育科学研究所部分教师、硕士生、在职博士生。

7月22日　参加厦门大学高等教育科学研究所博士生张应强、别敦荣、张宝昆、张德祥的学位论文答辩会。答辩委员会成员有文辅相（主席）、李明德、黄宇智、郑学檬、潘懋元、刘海峰、王伟廉。

同日　参加厦门大学高等教育科学研究所博士生周川的学位论文答辩会。答辩委员会成员有文辅相（主席）、李明德、黄宇智、官鸣、潘懋元、刘海峰、王伟廉。

7月25日　至深圳，为广东省新任高等院校领导做报告。

同日　在《高等教育研究》1997年第4期上发表《高等教育理论研究必

须更好地为高等教育实践服务》一文。该文是作者在全国高等教育学研究会第四届学术研讨会上的主题报告。论文第一部分阐释了把"高等教育理论研究如何更好地为高等教育实践服务"作为研讨会主题的原因，从客观方面看是由于高等教育改革与发展进程中出现了许多问题需要理论指导，主观方面是为了克服理论研究中的"大、空、洋"倾向。第二部分分析了高等教育理论研究服务于高等教育改革与发展的难点：一是理论研究者没有认识到理论应用于实践的重要性；二是理论的抽象性、一般性与实践的具体性和特殊性之间的矛盾。第三部分指出，要克服理论转化为可操作性的知识与方法的困难，必须：（1）理论工作者树立理论研究既要求真又要求用的观念，实际工作者应尊重理论和规律，决策必须先经理论论证；（2）理论工作者与实践工作者要相互谅解，共同为理论向实践的转化架设中介桥梁。

9月1日 为王豪杰所著的《心系南强——特区高校思想工作实践与探索》（厦门大学出版社1997年9月版）一书作序。序文指出，该书是作者在厦门成为特区以来，尤其是20世纪90年代以来思想工作实践与探索的记录。立足特区的实践经验与理论探索，对全国也有一定的借鉴意义。

9月13日 晚上，在东村家中主持"周末学术沙龙"，参加人员为厦门大学高等教育科学研究所部分教师、硕士生、博士生。

9月16日（八月十五） 晚上，在汕头大学P座住所与汕头大学高等教育科学研究所师生共度中秋佳节。高教所黄宇智、秦国柱、李均等老师及部分研究生参加了聚会。

9月20日 晚上，在汕头大学住处主持"周末学术沙龙"，参加人员为汕头大学高等教育科学研究所部分教师、硕士生、在职博士生。

9月26日至30日 在中山市为广东高校教务处处长教育思想讨论班讲学；又到广州分别为中山大学、华南师范大学教师和干部做报告。

9月29日 参观孙中山故居。

9月 给厦门大学高等教育科学研究所硕士生、博士生授课。

10月6日至11日 到南京分别为南京理工大学、东南大学、南京大学教师、干部和研究生做报告。

10月7日至8日 参加在南京理工大学举行的"1997高等教育理论与实

践学术报告会暨潘懋元兼职教授授聘仪式",做了题为《转变教育思想,迎接21世纪新挑战》的专题报告。被授予南京理工大学兼职教授,并戴上了该校的校徽。李鸿志、郑亚、杨善志、汪信等校领导出席。

10月20日 在《教育评论》1997年第5期上发表《试论素质教育》一文。文章阐述了研究界对素质教育概念认识的发展,澄清了素质教育与全面发展教育的关系,指出实施素质教育必须从转变观念、采取措施和提高师资水平三个方面共同努力。《新华文摘》1998年第2期全文转载。

10月22日至24日 参加在南京师范大学召开的华文教育国际研讨会,做关于彰显中华文化的报告。

10月30日 受福建省高教学会委托,主持"厦门高教论坛",英国赫尔大学副校长罗伯特·哈利斯等来所访问并参加研讨会。

同日 与厦门大学高等教育科学研究所所长刘海峰一起,接待了由方晓博士陪同前来访问的英国赫尔大学副校长罗伯特·哈利斯教授。在会谈中,潘先生提议要加强双方院校的合作与交流,并探讨了合作的可能性。哈利斯教授应邀为高等教育科学研究所的师生做题为"Some Contemporary Issues on Politics of Higher Education"(《试论高等教育政治的当代问题》)的学术报告,由方晓博士翻译。哈利斯教授回答了潘先生和师生们提出的问题,引起了热烈的讨论。50多名师生到场听报告。

同日 在《人民政协报》上发表《学林经纶是风范》(原篇名《蔡元培与高平叔——〈蔡元培年谱长编〉读后有感》)一文。

10月 黄宇智教授主编的《潘懋元高等教育学文集》由汕头大学出版社出版。

10月 被湖南财经高等专科学校聘请为"普通高等专科教育培养模式的研究与实践"课题组顾问。

10月 为建设有中国特色社会主义高等教育理论研究课题组编写的《建设有中国特色社会主义高等教育理论要点》(高等教育出版社1997年10月版)一书作序。序文是参加研讨会的发言,主要围绕对这次研讨会意义的认识和对若干基本概念与论点的辨析和质疑两方面内容展开。

11月1日 在《中国教育报》上发表《集百人辛劳 成千篇大卷》

一文。

11月4日至6日 参加炎黄文化学会所主办的"福建与中西文化研讨会"并做学术报告。

11月8日 晚上,在东村家中主持"周末学术沙龙",参加人员为厦门大学高等教育科学研究所部分教师、硕士生、博士生。

11月15日 晚上,在东村家中主持"周末学术沙龙",参加人员为厦门大学高等教育科学研究所部分教师、硕士生、博士生。

11月21日 被集美大学工商管理学院董事会聘请为首届顾问委员会顾问。

11月22日 晚上,在东村家中主持"周末学术沙龙",参加人员为厦门大学高等教育科学研究所部分教师、硕士生、博士生。

11月29日 晚上,在东村家中主持"周末学术沙龙",参加人员为厦门大学高等教育科学研究所部分教师、硕士生、博士生。

11月 被全国大学学习科学研究会聘为第三届研究会总顾问。

12月6日至8日 在厦门大学高等教育科学研究所与前来访学的加拿大著名国际比较教育专家、香港教育学院院长露丝·海霍(许美德)座谈,交流中国高等教育改革与发展情况,以及个人的人生发展经历和教育发展见解。

12月10日 在《教学与教材研究》(南京大学学报专辑)1997年第6期上发表《可持续发展的高等教育改革》一文。文章指出,运用可持续发展的发展观、自然观、价值观、思维方式以及持续性、整体性、公平性、协调性等原则,探讨高等教育的改革与发展,要从两个方面进行分析:一是高等教育如何为经济和社会的可持续发展战略服务;二是高等教育自身如何根据可持续发展的理念与原则进行改革。《高教研究与探索》(南京大学学报专辑)1997年第4期和《广西大学学报》1997年第6期、《辽宁高等教育研究》1997年第4期全文转载。

12月12日 为吕家鸿、范程主编的《论地方高等师范院校改革》(江西高校出版社1997年12月版)一书作序。序文指出,该书调查翔实,现状分析精细,既有一定的理论深度,又有具体的建议以及实施方案,对于高等教育如何通向农村,提供了一份有价值的材料。

12月13日 晚上，在东村家中主持"周末学术沙龙"，参加人员为厦门大学高等教育科学研究所部分教师、硕士生、博士生。

12月20日 晚上，在东村家中主持"周末学术沙龙"，参加人员为厦门大学高等教育科学研究所部分教师、硕士生、博士生。

12月25日至28日 参加国家教委在厦门召开的高师课程与教学改革研讨会并发言，邀请湖南师范大学校长张楚廷、华南师范大学校长颜泽贤等8位知名师范大学校长到厦门大学高等教育科学研究所访问并座谈。

12月29日 莅临汕头大学指导。当天下午，邀请并陪同教育部副部长周远清到汕头大学高等教育科学研究所考察并座谈中国高等教育及高教所建设问题。张湘伟校长、汕大部分中层干部、高教所全体师生参加了座谈会。在座谈会上，先生明确提出汕头大学领导要重视高教所建设和高等教育研究问题。

1998年 七十八岁

1月2日 与汕头大学高等教育科学研究所全体师生在鮀浦共进晚餐。黄宇智、袁祖望、秦国柱、吴二持、陈彬、马凤岐、李均、黄洁华、石枫等老师及全体研究生参加。其间，潘先生对新的一年汕头大学高教所学科建设和研究生培养等工作提出了具体指导意见。

1月5日 被广东省嘉应教育学院聘为名誉教授。

1月7日 上午，主持汕头大学高等教育科学研究所1997级研究生高等教育学课程的结业考试。潘先生亲自出题，对高桂娟、黄亚之、马云桂三位研究生进行了答辩式的面试，题目涉及高等教育基本理论和中国高等教育改革的诸多重要问题。李均协助先生组织了这次结业面试工作。

1月10日 晚上，在汕头大学住处主持"周末学术沙龙"，参加人员为汕头大学高等教育科学研究所部分教师、硕士生、博士生。

1月15日 《高等教育的基本功能：文化选择与创造》一文荣获中国高等教育学会颁发的"中国高等教育学会第四届优秀高教科研成果一等奖"。

同日 在《高等教育研究》1998年第1期上发表《高等教育研究在中国

发展的轨迹——为〈高等教育研究在中国〉（英文版）而作》一文。文章首先回顾了中国高等教育发展轨迹的起点，然后综合、全面地介绍了近20年来中国高教研究在高等教育学及其分支学科的建设，以及结合中国高等教育改革与发展的实际而进行的应用性研究这两个方面的情况，最后总结了中国高教研究的特点、优势，并进行了美好的未来展望。

1月15日至20日 参加在厦门大学召开的"海峡两岸大学高等教育改革与发展学术研讨会"，16位台湾代表、37位大陆代表参加了会议。在会上做了题为《可持续发展的高等教育改革》的学术报告。后收录于《两岸大学教育学术研讨会论文集》（厦门大学出版社1988年11月版）一书。

1月 任福建省第三届社会科学优秀成果评奖学科评审组评委。

1月 为厦门大学高等教育科学研究所硕士生、博士生授课。

2月14日 晚上，在东村家中主持"周末学术沙龙"，参加人员为厦门大学高等教育科学研究所部分教师、硕士生、博士生。

2月21日 晚上，在东村家中主持"周末学术沙龙"，参加人员为厦门大学高等教育科学研究所部分教师、硕士生、博士生。

2月28日 晚上，在东村家中主持"周末学术沙龙"，参加人员为厦门大学高等教育科学研究所部分教师、硕士生、博士生。

2月 在厦门大学高等教育科学研究所成立了"考试研究中心"。

2月 为姜国才所著的《高等职业教育的研究与探索》（厦门大学出版社1998年8月版）一书作序。序文指出，这是一本理论与实际紧密结合、有现实意义与理论价值的新书，有利于引导我国高等职业技术教育的健康发展。

3月8日至21日 分别到广西干部学习班、广西民族学院、广东商学院等做报告，到深圳大学讨论有关课题合作事宜。被广东商学院、广东法商大学（筹）聘为客座教授。

3月12日 被广西民族学院聘为兼职教授。

3月24日至26日 至武汉，作为特邀代表参加教育部召开的"第一次全国普通高等学校教学工作会议"，并在大会上做《关键·核心·先导》的专题发言。分析了作为教育改革核心的教学改革滞后的原因，指出教学改革工作需要高等教育理论研究的指导，需要转变质量观、价值观和发展观等方面的教育观念。后以《教学改革是核心》为题，收录于《潘懋元论高等教育》（福建教育出版社 2000 年 6 月版）一书。

3 月 27 日 再次莅临汕头大学指导。当天晚上，在住所与高等教育科学研究所 1997 级研究生谈话，了解他们都修了什么课、准备选择什么研究课题等情况。他要求大家多读书、多了解高等教育改革的新情况、新问题。李均参加了这次谈话。

3 月 28 日 邀请汕头大学高等教育科学研究所到他居住的 P 座聚餐，让李均和刘志文负责买菜，还让每人都炒个菜，实际上是培养大家的劳动观念。聚餐期间，再次勉励大家要积极关注高教研究的新形势、新问题，要理论联系实际。参加这次聚餐的有李均老师和研究生刘志文、杨玉芝、黄亚之、高桂娟、马云桂等。

3 月 在厦门大学高等教育科学研究所成立了"民办高等教育研究中心"。

4 月 4 日 晚上，在汕头大学主持"周末学术沙龙"，参加人员为汕头大学高等教育科学研究所部分教师、硕士生、在职博士生。

4 月 10 日至 12 日 至慈溪，主持杨贤江思想讨论会。为浙江省重点文物单位"杨贤江故居"揭牌。

4 月 10 日 在《汕头大学学报》1998 年第 2 期发表《福建船政学堂的历史地位及其影响》一文。通过与京师同文馆的比较，论述了福建船政学堂在我国高等教育史上的地位。福建船政学堂不仅在创办时间上要早于京师同文馆的天文算学馆，而且在专业设置、课程体系上，更符合 18 世纪西欧所形成的近代性质的高等教育的特点。福建船政学堂的影响主要体现在其办学体制和办学模式上，为后来的高等学堂所仿效。该学堂在为国育才、推动社会近代化发展、促进中西文化交流等方面，发挥了积极作用。后发表于《教育研究》1998 年第 8 期。

4 月 18 日 晚上，在东村家中主持"周末学术沙龙"，参加人员为厦门大学高等教育科学研究所部分教师、硕士生、博士生。

4 月 20 日至 26 日 应陈嘉庚学会邀请，赴新加坡考察，访问新加坡国立大学、华侨中学等。

4月 组织编印了《厦门大学高等教育科学研究所十年研究成果目录汇编（1988—1998）》。

5月2日 晚上，在东村家中主持"周末学术沙龙"，参加人员为厦门大学高等教育科学研究所部分教师、硕士生、博士生。

同日 汕头大学高等教育科学研究所上报续聘潘懋元教授为高教所名誉所长、教授，同时聘请刘海峰教授等博士生导师来高教所从事研究和教学工作的申请报告。

5月5日 为厦门大学高等教育科学研究所硕士研究生刘志文、杨玉芝的《研究生论文评阅书》填写"导师评定意见"。

5月6日 为吴咏诗所著的《吴咏诗高等教育文集》（天津大学出版社1999年5月版）一书作序。序文对天津大学校长吴咏诗的这本文集给予了高度评价，认为它对中国特色社会主义高等教育事业的发展，必将大有裨益。

5月8日 为张建奇所著的《高等教育中女性地位研究》（中山大学出版社1999年1月版）一书作序。序文赞许该著作不仅对女大学生的地位而且对女大学教师的地位做出了研究，除进行历史的构建、现状的分析之外，还做出未来的预测并提出若干建议，期望该书的出版能引起社会尤其是决策者对女子高等教育问题的重视，以促使更多的妇女问题研究者关注女子高等教育的研究。

5月9日 为日本大塚丰教授著、黄福涛博士译的《现代中国高等教育的形成》（北京师范大学出版社1998年11月版）一书审校并作序。序文指出，"论从史出"，大塚丰教授在这本著作中，不厌其详地引述原始资料，虽着墨不多，却很有说服力。该书的出版，对于我们研究现代中国高等教育史，无论在资料或在论点上，都有重要的价值。

同日 晚上，在东村家中主持"周末学术沙龙"，参加人员为厦门大学高等教育科学研究所部分教师、硕士生、博士生。

5月15日 在《河北师范大学学报（教育科学版）》1998年第2期上发表《走向21世纪高等教育思想的转变》一文。文章认为，走向21世纪的高等教育，必须有针对性地转变教育价值观、教育质量观和教育发展观，即把唯社会价值观或唯主体价值观转变为在满足社会需要的前提下，充分尊重人的主体价值,使社会价值与主体价值协调平衡;把传统的知识质量观转变为包含知识、能力等智力因素与非智力因素全面发展的素质教育观;把急功近利的教育发展观转变为可持续发展的教育发展观。后发表于《嘉兴高等专科学校学报》1998年第4期、《赣南师范学院学报》1998年第5期、《辽宁高等教育研究》1998年第6期、《高等教育研究》1999年第1期、《教学与教材研究》1999年第1期、1999年1月9日《中国教育报》。

同日 在《高等教育研究》1998年第3期上发表《华文教育与中华传统文化现代价值的彰显》(与张应强合作)一文。文章指出,华文教育在海外日益受到重视,其原因在于华文教育通过对中华优秀文化的传承、弘扬与创新,促进了中华优秀文化现代价值的彰显;中华优秀文化对经济发展的促进作用,是华文教育得以兴盛的直接原因。而中华优秀传统文化人文和社会价值的彰显,将促进华文教育的全面兴盛。

5月16日 晚上,在东村家中主持"周末学术沙龙",参加人员为厦门大学高等教育科学研究所部分教师、硕士生、博士生。

5月22日 为厦门大学高等教育科学研究所硕士生王香丽的《研究生论文评阅书》填写"导师评定意见"。

5月23日 晚上,在东村家中主持"周末学术沙龙",参加人员为厦门大学高等教育科学研究所部分教师、硕士生、博士生。

5月27日 再次莅临汕头大学指导。上午,听了1997级中国高教史的课。1997级研究生黄亚之主讲《中国近代教会大学》,在课后给予了具体指导,认为教会大学对中国高等教育近代化影响很大,很值得研究。李均陪同听课和讨论。

5月28日 上午,在汕头大学高等教育科学研究所会议室为高教所1997级研究生讲授《高等教育史》课程。主要讲了三个问题:研究高等教育史的意义,研究高等教育史的方法,高等教育理论与高等教育史的关系。李均陪同听课和讨论。

5月30日 晚上,在汕头大学住处主持"周末学术沙龙",参加人员为汕头大学高等教育科学研究所部分教师、硕士生。

5月 组织编印了《厦门大学高等教育科学研究所中文图书藏书目录

（1978—1997）》。

6月4日至6日 应潮汕学院邀请前往考察，并访问高埕、泥沟等60年前任教的小学。

6月7日 和黄宇智所长带领汕头大学高等教育科学研究所一行多人到厦门大学参加学位论文答辩。汕头大学高等教育学首届研究生刘志文、杨玉枝为汕头大学和厦门大学联合培养。刘志文、杨玉枝在汕头大学完成学业后，到厦门大学参加学位论文答辩。两位研究生的指导教师均为潘懋元和黄宇智。

6月8日 上午，参加厦门大学高等教育科学研究所硕士生张艳霞、周蕾的学位论文答辩会。答辩委员会成员有黄宇智（主席）、潘懋元、邬大光、李泽彧、武毅英、史秋衡。

同日 下午，参加厦门大学高等教育科学研究所硕士生杨玉芝、刘志文的学位论文答辩会。答辩委员会成员有李明德（主席）、潘懋元、黄宇智、王威廉、邬大光。

6月9日 上午，参加厦门大学高等教育科学研究所博士生刘少雪、邱邑亮的学位论文答辩会。答辩委员会成员有孙培青（主席）、李明德、黄宇智、潘懋元、刘海峰、王伟廉、邬大光。

同日 下午，参加厦门大学高等教育科学研究所博士生吴岩、高耀明的学位论文答辩会。答辩委员会成员有徐辉（主席）、李明德、黄宇智、潘懋元、刘海峰、王伟廉、邬大光。

6月10日 参加厦门大学高等教育科学研究所硕士生王香丽的学位论文答辩会。答辩委员会成员有刘海峰（主席）、潘懋元、邬大光、武毅英、赵叶珠。

6月14日至25日 在黄福涛陪同下，应邀赴日本参加"亚太地区21世纪高等教育国际学术研讨会"，做《面向21世纪中国高等教育改革与发展》的学术报告，并在东京大学高等教育研究中心做关于中国高等教育研究的报告。还到名古屋拜访了名古屋大学教育学部教授、日本比较教育学会会长马越徹，并看望在名古屋大学留学且刚刚获得博士学位的胡建华。

6月15日 在《东南学术》1998年第3期上发表《中华优秀传统文化与高等教育现代化建设》一文。文章认为，中华优秀传统文化蕴含着丰富的人文精神，发掘、整理、弘扬传统文化的精神，以之作为教育资源，对大学生进行人文素质教育、培养高层次专门人才、促进中国高等教育现代化建设，具有重要意义。

6月 为李文长、朱国仁、秦国柱所著的《高等教育科学发展研究》（光明日报出版社2000年6月版）一书作序。序文认为，"高等教育科学发展研究"是一项元科学的研究，虽以历史和现状为线索，但涉及若干基本观念与方法论问题。本书所研究的问题是有意义的，所提出的观点或看法是值得参考的。

7月4日 晚上，在东村家中主持"周末学术沙龙"，参加人员为厦门大学高等教育科学研究所部分教师、硕士生、博士生。

7月11日至16日 在兰州参加全国高等教育学研究会、甘肃省高教管理研究会、兰州大学高教所共同主办的"高等教育理论转化为实践的中介"专题研讨会。会上做了有关高等教育理论与实践中介问题的报告。其间，应邀到西北师范大学做学术报告。会后和时年82岁的华中工学院（华中科技大学前身）原校长兼党委书记朱九思教授以及杨德广、张应强、韩延明、赵婷婷等部分会议代表一起，乘大巴沿丝绸之路经玉门关、嘉峪关至敦煌莫高窟进行考察。会议报告经整理后刊载于《高等教育研究》1998年第6期。

7月18日 晚上，在前埔家中主持"周末学术沙龙"，参加人员为厦门大学高等教育科学研究所部分教师、硕士生、博士生。

7月 组织编印了《厦门大学高等教育科学研究所大事记（1978.5—1998.6）》。

8月5日 为龚怡祖所著的《论人才培养模式》（江苏教育出版社1999年版）一书作序。序文总结了本书的基本内容及其逻辑顺序，最后指出："虽然是一本理论著作，却能引人入胜，易读易懂。当然，对于作为中介环节的人才培养模式的研究，这只是一种尝试。其中有些论点，可能还不够成熟。希望这本书的出版，能引起更多的高等教育工作者关注中介环节问题，共同促进高等教育理论向实践的转化。"

8月10日 为黄福涛所著的《欧洲高等教育近代化——法、英、德近代高等教育制度的形成》（厦门大学出版社1998年12月版）一书作序。序文简要介绍了该书的写作过程，指出该书的结论还有待于读者的鉴定、认可，但至少可以成为"一家之言"，从而有助于研究高等教育的现代化建设。

8月15日 在《上海高教研究》1998年第8期上发表《高等教育将走进社会中心》一文。文章指出，在知识经济时代，高等教育真正走进社会中心必须具备如下四个条件：（1）大学应具备适应知识经济社会的智力资源优势；（2）大学应能培养适应知识经济社会、具有创新能力的人才；（3）兴办知识型企业；（4）社会的支持、企业的认同和政府的重视。

8月19日至21日 应邀赴大连为辽宁高校领导干部学习班做报告。

8月26日至28日 应邀赴海南为海南高校领导干部学习班做报告。

8月31日 参加厦门大学高等教育科学研究所硕士生李桂红的学位论文开题报告会。

8月 名列其中的《大洋洲和太平洋国家名人录》由 Routledge 出版社出版。

9月10日 在厦门大学高等教育科学研究所办公室接待负笈千里前来求学、攻读博士学位的韩延明，向他提出了学习与研究的具体要求，并初步确定学位论文的研究方向为"大学教育理念"研究。

9月12日 晚上，在东村家中主持"周末学术沙龙"，议题是"关于大学教育理念问题"。参加人员为厦门大学高等教育科学研究所部分教师、硕士生、博士生。

9月19日 晚上，在东村家中主持"周末学术沙龙"，议题是"如何从哲学的视角研究大学教育理念"。参加人员为厦门大学高等教育科学研究所部分教师、硕士生、博士生。

9月22日至27日 参加由厦门大学高等教育科学研究所和华东师范大学师资培训中心在厦门大学举办的"21世纪与高等教育思想转变"高级研讨班，在开幕式上做了题为《走向21世纪高等教育思想的转变》的主题报告。

9月23日 厦门电视台播出了由潘懋元审稿、赵叶珠撰稿的《走向新世纪——厦门大学高教所成立20周年》电视专题片。

同日 应邀参加"厦门大学高教研究所建所20周年庆祝会"的华中理工大学（现华中科技大学）高教所所长文辅相教授，向潘懋元先生赠送一副

"领学科先锋 育时代英才"的贺联。

9月24日至25日 参加厦门大学隆重举行的"厦门大学高教研究所建所20周年庆祝大会",并作为名誉所长发表了语重心长的演讲。大会由厦门大学副校长潘世墨主持,教育部高教司司长钟秉林、厦门大学校长林祖赓、教育部教育发展研究中心副主任蔡克勇、福建省教科所副所长黄新宪、华东师范大学高教研究中心主任薛天祥、苏州大学教科部主任周川、曲阜师范大学教育科学学院院长韩延明等,先后在会上发表了热情洋溢的贺辞,厦门大学高等教育科学研究所所长刘海峰做建所20周年工作报告。250余人莅会庆贺,近百个单位发来贺电、贺信、贺礼。

9月26日 《厦门商报》以《厦大高等教育走上成功之路》为题,报道了厦门大学高等教育科学研究所成立20年来的发展成就。

9月28日 在囊萤楼办公室与韩延明座谈,就他所提交的博士学位论文《大学教育理念研究》的写作提纲和主要观点进行了充分的讨论,最后定名为《大学理念探析》。

9月 组织编印了《厦门大学高等教育科学研究所研究生学位论文摘要(1985—1998)》。

9月 为厦门大学高等教育科学研究所硕士生、博士生授课。

9月29日至10月2日 应邀到赣南师范学院讲学,为该院干部和骨干教师作了题为《走向21世纪高等教育思想的转变》的学术报告,后经整理发表于《赣南师范学院学报》1998年第5期。

10月1日 参观江西瑞金的中华苏维埃共和国临时中央政府驻地。

10月8日 为林毓锜所著的《大学学习学——学生成才学习理论》(西安交通大学出版社1999年1月版)一书作序。序文指出,本书反映了时代精神,充分汲取教育科学研究的新成果,广泛运用教育学、心理学、脑科学以及其他自然科学、社会科学、思维科学的理论。全书框架由粗而精,结构严密。

10月10日 晚上,在东村家中主持"周末学术沙龙",参加人员为厦门大学高等教育科学研究所部分教师、硕士生、博士生。

10月17日 晚上,在东村家中主持"周末学术沙龙",参加人员为厦门

大学高等教育科学研究所部分教师、硕士生、博士生。

10月20日至23日 参加在厦门大学召开的"中国高等教育管理研究会1998年学术年会",做学术报告。

10月31日 晚上,在东村家中主持"周末学术沙龙",参加人员为厦门大学高等教育科学研究所部分教师、硕士生、博士生。

10月 主编的《中国近代教育史资料汇编》(10册)荣获中国版协教育图书研究会颁发的"第四届全国优秀教育图书评奖一等奖"。

11月2日至5日 至深圳,参加"第七届全国大学教育思想研讨会",做关于知识经济与高等教育的报告。接受深圳大学名誉教授聘书并为部分师生做报告。

11月6日 赴广州考察,在私立华联学院接受中央电视台的采访。韩延明、李均陪同。

11月8日 安排韩延明为香港《中华成功者杂志》撰文,并拟订了基本的写作框架。该杂志主编向厦门大学高等教育科学研究所所约稿,希望在两周之内写出一篇介绍潘懋元教授的随笔式感悟性文章。韩延明以《我心目中的卓越成功者——潘懋元先生》为题撰文,经潘先生审定后刊登在该刊1999年第1期上。

11月13日 下午,与汕头大学高等教育科学研究所全体师生到澄海莱芜参观,在海边与高教所师生合影留念。秦国柱、吴二持、陈彬、马凤岐、李均、黄洁华、石枫等老师及研究生郑媛、高桂娟、马云桂、陈小红、严丽萍等参加。

11月14日 下午,在李均的陪同下,攀登桑浦山。徒步登到山顶,师生合影留念。先生一路讲解潮汕历史和宋代妈祖的故事。

11月15日 在住所召集汕头大学高等教育科学研究所部分师生座谈。黄宇智、秦国柱、马凤岐、李均等老师及部分研究生参加。

11月21日 为苏州大学师生做题为《知识经济时代的高等教育》的学术报告,阐释了知识经济的特征、知识经济对高等教育的挑战、知识经济时代高等教育进入经济循环的可能性与前景。报告引起与会者热烈反响和提问。

11月22日 应邀访问常熟高等专科学校,与许霆校长进行座谈,对常熟高等专科学校的发展定位及学科专业建设提出了一系列建设性意见。

11 月 28 日　晚上，在东村家中主持"周末学术沙龙"，参加人员为厦门大学高等教育科学研究所部分教师、硕士生、博士生。

12 月 1 日至 2 月 8 日　分别到福州大学、福建农业大学、福建师范大学、闽江职业大学做《高等教育改革形势》的报告。

12 月 10 日　主编的《高等学校教学原理与方法》荣获中华人民共和国教育部颁发的"普通高等学校第二届人文社会科学研究成果奖教育学二等奖"。

12 月 15 日至 17 日　到北京参加全国高等学校教学研究会成立大会暨教学研讨会，被聘请为研究会顾问。会议原则通过了《全国高等学校教学研究会章程》，选举产生了研究会第一届领导班子。其间，参观故宫并与一同前往的刘海峰、王伟廉、邬大光、叶之红、吴岩、韩延明、刘振天等合影留念。

12 月 15 日　在《中国高教研究》1998 年第 6 期上发表《〈一片丹心育英才〉读后感》一文。文章评论四川联大张琦女士所撰的《一片丹心育英才》一书：从书中读到了全国优秀教育工作者李心灿教授的先进事迹和崇高品德；更从这本书的背后读到张琦这位已退休的研究员为弘扬尊师重教优良传统所做出的真诚奉献；这是一本"论叙体裁的独具风格的""值得一读的好书"。

12 月 18 日　被全国高等学校教学研究会聘请为顾问。

12 月 26 日　周六约韩延明到东村家中吃午饭，并就其学位论文中存在的问题、需要修改的地方、需要增补的内容，特别是如何从哲学、政治学、历史学的角度研究理念和大学理念进行了点拨和指导。

同日　晚上，在东村家中主持"周末学术沙龙"，议题是："如何从政治学和历史学角度研究大学理念？"参加人员为厦门大学高等教育科学研究所部分教师、硕士生、博士生。

12 月　在《福建自学考试》1998 年第 6 期上发表《从本刊创办 100 期说起》一文。

12 月　为张应强所著的《文化视野中的高等教育》（南京师范大学出版社 1999 年 6 月版）一书作序。序文肯定了该著作以"文化、教育、人"的内在关系作为研究框架，揭示文化与高等教育的本质联系，诠释传统文化与现代化、市场经济与文化功能、文化转型与社会进步诸多关系的理论价值与实践意义。同时指出，作为系统研究的尝试，该书远不是成熟的理论，但对进一步的研究有很大启发，值得推荐。

本年　在《揭阳党史资料》1998年第1～2期上发表《和许虹在一起的日子里——怀念一位青抗的老同志》一文。文章指出，共同的爱好以及共同的理想让两个人结下了深厚的友谊，并且缅怀了与许虹相处的那些难忘的岁月。

本年　作为主持人的"自学考试功能的多视角研究"课题，确立为福建省教育科学研究重大项目。

1999年　七十九岁

1月9日　晚上，在东村家中主持"周末学术沙龙"，参加人员为厦门大学高等教育科学研究所部分教师、硕士生、博士生。

1月12日　被海南师范学院聘为兼职教授。

1月15日至17日　参加在澄海莱芜召开的首届"潘懋元高等教育思想研讨会"，在会上做专题报告，简介自己教育思想的发展过程。这次会议由汕头大学和厦门大学联合举办，收到研究潘懋元教育思想与理论的论文20余篇。刘海峰、王伟廉、邬大光、黄宇智、杨广云、史秋衡、韩延明、张亚群、章达友、柯佑祥、田建荣、唐德海、张彤、杨移贻、张祥云、马凤岐、李均、黄洁华等40余人参加了会议。

1月15日　在《教育发展研究》1999年第1期上发表《邓小平教育战略思想的形成逻辑与超前意识》一文。论文指出，邓小平教育战略思想的形成逻辑可以概括为：社会主义初级阶段的时代任务是以经济建设为中心的社会主义现代化建设；经济的发展主要决定于科学技术的先进性。提高科技水平，发展科技事业，必须尊重知识、尊重人才，其基础是教育，因而必须把教育摆在优先发展的战略地位。邓小平关于"教育优先发展"以及"科学技术是第一生产力"的论点都深富超前意识。后以《邓小平教育思想的形成逻辑及其超前意识》为题发表于《求是》1999年第3期。

1月 给厦门大学高等教育科学研究所硕士生、博士生授课。

2月14日（阴历腊月二十九） 特邀未回山东老家过春节的在读博士生韩延明一家（夫人、孩子）、调入厦门大学高等教育科学研究所工作不久的邬大光一家（夫人、孩子）到东村家中（小红楼）做客，师生把酒言欢，共庆新春佳节，其乐融融。

2月15日 在《华东冶金学院学报（社会科学版）》1999年第1期上发表《发挥大学中心作用 促进知识经济发展》（与刘振天合作）一文。论文指出，知识经济不仅改变着经济的性质和生产要素，也使大学进入经济运行过程，从经济社会边缘走向经济社会中心，成为知识经济发展的人才库、知识库、思想库、产业孵化器。大学的人文资源和文化环境还为知识经济发展提供价值导向。中国发展知识经济，必须依靠大学力量，要积极创造条件，解决大学外部因素以及内部自身变革问题，保证大学中心地位的落实和作用的发挥。后发表于《华北水利水电学院学报（社会科学版）》1999年第2期、《教学研究》1999年第2期、《教育发展研究》1999年第6期、《教育研究》1999年第6期。

2月20日 晚上，在东村家中主持"周末学术沙龙"，参加人员为厦门大学高等教育科学研究所部分教师、硕士生、博士生。

同日 在《有色金属高教研究》1999年第1期上发表《中国高等教育大众化之路》一文。文章阐释了大众化的概念，从起点、过程、终点、速度等方面分析了教育在大众化道路上所面临的问题。《新华文摘》1999年第5期全文转载。

2月22日 到北京参加英国赫尔大学（University of Hull）在中国国家留学基金委员会逸夫会议中心隆重举行的学位授予仪式，被授予英国赫尔大学名誉科学博士学位。首先由副校长罗伯特·哈利斯（Robert Harris）教授致辞，向第尔克斯校长介绍了潘懋元先生在中国高等教育领域所做的贡献。第尔克斯校长欣然接受哈利斯教授的提议，授予潘懋元先生赫尔大学名誉科学博士学位，同时颁发了名誉学位证书。他高度评价了潘懋元先生在高等教育研究方面所做出的开拓性工作，称他是一位"对中国教育做出了杰出贡献的学者"。英国副首相普雷斯科特（Presctor）发来了贺信说，"请允许我祝贺赫尔大学在北京举办学位授予仪式，特别要祝贺如此杰出的学者潘懋元教授被授予名誉学位"。教育部和中国留学基金会的有关领导、英国文化委员会的官员、国内部分大学校长、厦门大学校长林祖赓、厦门大学高等教育科学研究所的领导、部分师生及在京厦门大学校友共100余人参加了授予仪式。赫尔大学位于英格兰东部海滨城市——赫尔市，创建于1927年，是一所学科齐全、实力雄厚的综合性大学，下设5所学院，学生15 000余人，中国留学生100余人。至此，赫尔大学共授予3位中国学者荣誉博士学位，另外2位分别是香港大学校长和香港中文大学校长。

2月27日 晚上，在东村家中主持"周末学术沙龙"，参加人员为厦门大学高等教育科学研究所部分教师、硕士生、博士生。

3月6日 约韩延明去东村家中（二层小红楼书房），就其审改过的博士学位论文《大学理念探析》进行深入讨论，提出了一连串需要进一步澄清概念和深化研究的问题。

同日 晚上，在东村家中主持"周末学术沙龙"，参加人员为厦门大学高等教育科学研究所部分教师、硕士生、博士生。

3月13日 晚上，在东村家中主持"周末学术沙龙"，参加人员为厦门大学高等教育科学研究所部分教师、硕士生、博士生。

3月19日 为"21世纪大学教育发展趋势丛书"（山东教育出版社1999年12月版）作序。对该丛书中田建国所著的《大学教育科技经济一体化》、韩延明所著的《大学教育现代化》、周光迅所著的《大学教育综合化》，分别进行了点评。

3月20日 晚上，在东村家中主持"周末学术沙龙"，参加人员为厦门大学高等教育科学研究所部分教师、硕士生、博士生。

3月27日 晚上，在东村家中主持"周末学术沙龙"，参加人员为厦门大学高等教育科学研究所部分教师、硕士生、博士生。

4月1日 在《教育科学研究》1999年第2期上发表《21世纪：可持续发展的中国高等教育——兼论中国高等教育大众化》一文。文章论述了中国高等教育迎接21世纪的挑战，必须将急功近利的发展观转变为可持续发展的发展观。以中国高等教育大众化的问题为例,从理论与实际两个方面分析了大众化过程中所遇到的种种困难,着重讨论了如何解决政府资金投入不足与大学毕业生就业困难两大难题。论文的基本观点是:实现"科教兴国"战略,高等教育大众化是必然的选择;只有树立可持续发展的高等教育发展观,才能解决大众化过程中的困难。后发表于《中国农业教育信息》1999年第3期、《天津市教科院学报》1999年第3期、《黄河科技大学学报》1999年第3期。

4月3日 为袁祖望所著的《高等教育比较学》(厦门大学出版社1999年5月版)一书作序。序文认为该书另辟蹊径,以"学"为主,着重于分析比较和理论探讨,并为避免与原教育学的研究对象混淆,将约定俗成的"比较高等教育"中的"比较"和"高等教育"倒转过来,虽感觉有点拗口,却更突出了该书特点。后发表于《比较教育研究》2000年第5期。

同日 晚上,在东村家中主持"周末学术沙龙",参加人员为厦门大学高等教育科学研究所部分教师、硕士生、博士生。

4月10日 在《汕头大学学报(人文科学版)》1999年第2期上发表〈蔡元培与高平叔——《蔡元培年谱长编》读后有感〉一文。获悉高平叔先生逝世,撰写此文表示悼念。

4月17日 晚上,在东村家中主持"周末学术沙龙",参加人员为厦门大学高等教育科学研究所部分教师、硕士生、博士生。

4月21日至24日 "首届全国民办大学校长研讨会"在厦门大学隆重召开。会议由教育部教育发展研究中心、全国民办高等教育委员会、北京市教育科学研究院和厦门大学高等教育科学研究所联合主办。会议代表100余人。在会议首日的主题报告《当前对民办高等教育若干认识问题》中,提出了当前民办教育的四个重大理论问题:(1)民办高等教育的地位与作用;(2)民办高等教育与高等教育大众化;(3)民办高等教育的产业性;(4)民办高等教育的质量。报告得到了与会代表的一致赞同。

4月24日 晚上,在东村家中主持"周末学术沙龙",参加人员为厦门大学高等教育科学研究所部分教师、硕士生、博士生。

4月26日 将再次细致审改过的《大学理念探析》学位论文退还给韩延

明。其中改过的语句切中要害、发人深省，有的地方批改得密密麻麻，既有旁批、夹批，又有段批、尾批，颤动的笔迹中饱含着高尚的人格和高深的学问。

4月28日　被韶关大学聘为客座教授。

4月30日　被国家教育发展研究中心聘为咨询委员会委员。

5月5日至7日　出席在烟台师范学院召开的"全国高等教育学研究会第五届学术年会"，并作为理事长在开幕式上做了《知识经济与高等教育的改革和发展》的主题报告。报告回顾了前几届学术年会的召开情况，提出了知识经济时代高等教育需要思考的问题，如高等教育有什么新的使命、高等教育的功能将有什么变化、大学是否将从经济社会的边缘走向经济社会的中心、高等教育大众化与迎接知识经济挑战有什么关系、高等教育如何培养创新人才，以及教育体制、教学内容、教学方法与手段应当如何改革等。

5月8日至10日　至临沂，在韩延明和曹丞陪同下，应邀参观民办山东临沂双月园学校并做报告，被聘为名誉校长。还参观考察了书圣王羲之故居、智圣诸葛亮故居、银雀山汉代竹简墓、兰陵荀子墓等。

5月11日　在厦门大学囊萤楼高教所会议室对新报考的1999级博士生进行面试，面试考生有赵叶珠、王岚、胡弼成、刘承波、朱耀安等。

5月19日　被电子科技大学聘为《电子科技大学学报（社会科学版）》顾问。

5月21日　在中国高等教育学会成立20周年之际被评为中国教育学会系统先进工作者。

5月25日　在厦门大学囊萤楼办公室与韩延明讨论合作文章《关于发展我国民办大学的理性思考》一文的写作问题，就内容、结构、主要观点等提出了指导性意见。后发表于《中国高教研究》1999年第4期。

5月28日　参加汕头大学高等教育科学研究所99届硕士生学位论文答辩会。答辩委员会成员有邬大光（主席）、潘懋元、李平、黄宇智等。

5月　任厦门市老教授协会名誉会长（1999—2003）。

6月5日　晚上，在东村家中主持"周末学术沙龙"，参加人员为厦门大学高等教育科学研究所部分教师、硕士生、博士生。

6月10日 为吴岩所著的《中国大学科技体制改革论》（京华出版社2000年8月版）一书作序。序文认为，通过大学科技体制改革研究，改革旧体制，建立新体制，将有利于发挥科技工作者的积极性与创造力，有利于科技开发与转化，有利于增加科技的战略准备，使大学能成为科技的知识库、思想库、人才库、"孵化器"。序文还对作者的研究过程进行了说明，概述了全书的基本框架，肯定了该书的建议与理论对科技决策与科技体制改革所具有的重要意义。

6月12日 晚上，在东村家中主持"周末学术沙龙"，参加人员为厦门大学高等教育科学研究所部分教师、硕士生、博士生。

6月16日 为郑国强所著的《新世纪的技术与职业教育》（中国文联出版社2002年11月版）一书作序。序文总结了该著作的特点，简要分析了全书的三部分内容，认为合之成书，粗具体系；分之成篇，可供选读。

6月19日至28日 应邀访问牡丹江太敬专修学院，做《私立大学的过去、现在与未来》的报告；考察齐齐哈尔私立东亚大学，分别召开教师、学生座谈会，深入到学生的宿舍；还访问了哈尔滨私立北方联合大学、东方学院等院校。

6月20日 在《有色金属高教研究》1999年第3期上发表《自学考试应通向农村》一文。论文指出了高等教育自学考试通往农村的有利条件和面临的问题，提出了问题的解决方式："组织自学小组，发挥互学、互助、互相激励与监督的作用；聘请附近城市的职业技术学院、民办高等学校、成人高等学校的教师，定期到考生比较集中的地点短期助学；采用远距离助学形式。"

6月25日 被黑龙江东亚学团聘为高级顾问。

6月28日 被聘请为国家教育发展研究中心专家咨询委员会委员。

6月 被北京教育科学研究院聘请为民办教育研究咨询服务中心首席顾问。

7月3日 晚上，在东村家中主持"周末学术沙龙"，参加人员为厦门大学高等教育科学研究所部分教师、硕士生、博士生。

7月8日 携全家13口人游福建漳州南靖，并合影留念。

7月10日 参加厦门大学高等教育科学研究所博士生何云坤的学位论文

答辩会。答辩委员会成员有顾明远（主席）、周济、李明德、潘懋元、刘海峰、王伟廉、邬大光。

同日 参加厦门大学高等教育科学研究所博士生刘振天、赵婷婷的学位论文答辩会。答辩委员会成员有顾明远（主席）、李明德、潘懋元、刘海峰、王伟廉、邬大光、杨广云。

7月12日 被聘为《青岛化工学院学报（社会科学版）》顾问。

7月17日 参观甘肃马蹄寺。

7月18日 在《中国高等教育》1999年第13/14期上发表《对发展民办高等教育若干问题的认识》一文。文章指出：我国民办高等教育重现于80年代中期，1992年以来发展迅速。如今在校数上，已同全日制普通高校和成人高校鼎足而立。新近发表的《中共中央国务院关于深化教育改革全面推进素质教育的决定》明确提出"在发展民办教育方面要迈出更大的步伐"。可以预见，进入21世纪，我国的民办高教将有大的发展。但在发展的具体道路上，也会有诸多具体问题需要解决，我们应该以观念的转变为先导，积极探索民办高等教育发展新机制。

7月21日至25日 到吉林松花湖参加高校教学研究会第二次会议，做题为《高等教育大众化对教学研究的挑战》的学术报告。

7月25日 在《高等教育研究》1999年第4期上发表《民办高等教育的若干理论问题》一文。论文探讨的问题有：民办高等教育的定位问题；发展民办高等教育是中国高等教育大众化的必由之路；民办高等教育的产业化问题；民办高等教育的质量问题。

8月10日 为王冀生所著的《宏观高等教育学》（高等教育出版社2000年1月版）一书作序。序文指出，该书内容丰富、头绪繁多，论及了当前高等教育研究的许多前沿问题。

8月15日 被华中理工大学高等教育研究所聘为博士生肖海涛学位论文的答辩委员会主席。

8月18日 为杨移贻、张祥云、许建领编著的《问题及其出路——高等教育理论研究与实践探讨》（中央文献出版社2000年7月版）一书作序。序文认为，该书范围广，涉及的理论与实践问题很多，提出了许多精辟而尖锐的意见。虽然以一个个问题的研究为中心，前后难免有所重复，甚至有些观点前后不很一致，有些观点不成熟、不全面，但作为思想的火花，如能引燃争论火焰，未必不是一件好事。后发表于《高等教育研究》2000年第5期。

同日 在《中国高教研究》1999年第4期上发表《关于发展我国民办大学的理性思考》（与韩延明合作）一文。文章就世纪之交我国民办大学能否发展、怎样发展、我们应如何看待民办大学的发展等问题，进行了深入的分析和探讨。论文认为，民办大学的举办和发展，在中国高等教育现代化的进程中具有特殊的意义，应当努力为民办大学的发展创设一个公平竞争、健康发展的环境和条件。

8月20日 为先兄潘载和的著作《听雁楼诗文集》（潮声杂志社2000年3月版）一书作序。序文介绍，《听雁楼诗文集》是其先兄潘载和的一本结集，主要内容包括已经出版的诗作《夜心集》、已经发表的中篇小说《泡影》、未问世的抄稿《听雁楼诗草》以及《潮汕检音字表》《潮州府志略》的有关资料。这些资料对潮汕文史研究，将具有一定的史料价值。

9月4日 下午，在厦门大学高等教育科学研究所会议室为赵叶珠、王岚、胡弼成、刘承波、朱耀安等新录取博士生和部分硕士生讲开学第一课，介绍厦门大学校史传统等。

9月6日 为厦门大学高等教育科学研究所博士生及访问学者上课。精力充沛，全天授课；敬业精神，令人感动。博士生有赵叶珠、王岚、胡弼成、刘承波、朱耀安等，访问学者有华南师范大学卢晓中、广西大学黎琳。

9月9日 上午，为厦门大学高等教育科学研究所博士生、访问学者上课。

9月10日至14日 分别在华中理工大学、武汉冶金科技大学、中国地质大学、湖北函授大学、华中师范大学主持硕士生博士生论文答辩，做报告，座谈。

9月14日 在《中国教育报》上发表《成为教育家的"机遇"》一文。

9月15日 在《教育发展研究》1999年第9期上发表《高校毕业生应成为工作岗位的创造者》一文。论文指出，面对高等教育大众化，高校毕业生不仅是求职者，而且要成为工作岗位的创造者。其主要途径有：培养创新型人才，培养多样化人才，高等教育通往农村，等等。

9月18日 晚上，在东村家中主持"周末学术沙龙"，与新入校学生交流学习中存在的困难、问题等，传道解惑，并与众博士生、硕士生玩闽南"博饼"游戏，其乐融融。此次沙龙所涉及话题较多，有"新高职"、民办教育、义务教育、"3+X"高考改革等，直到夜里11点结束。

9月22日 上午，参加厦门大学高等教育科学研究所全体师生会议。受台湾百年未遇大地震影响，厦门也有震感。开会时，余震袭来，会议室地面及墙面都有明显震动，安慰大家说，囊萤楼石质结构坚固，大家不用担心。

9月23日（八月十四） 晚上，在囊萤楼与厦门大学高等教育科学研究所师生中秋同乐，开展"博饼"游戏、猜谜语等。

9月25日 在《高等教育研究》1999年第5期上发表《知识经济与高等教育的改革和发展——在全国高等教育学研究会第五届年会开幕式上的发言》一文。

同日 晚上，在东村家中主持"周末学术沙龙"，参加人员为厦门大学高等教育科学研究所部分教师、硕士生、博士

9月 为南开大学80周年校庆撰写《南开信史八十年》一文。文章指出，南开与厦大，不仅都是校史不断、校名如初，而且有许多相同、相似之处。两校的发展历程相似，规模相当，名师辈出，学术水平居于全国前列。后发表于《南开发展论坛》1999年第3期。

10月1日 上午，在东村家中与学生一同观看国庆50周年阅兵式。

10月9日 晨6点，电话通知博士生刘承波，让其转告其他学生有台风即将正面袭击厦门，叮嘱一定关紧门窗、注意安全。

10月10日 上午，厦门14号强台风稍停，校园一片狼藉。在厦门大中小学因台风都已停课的情况下，由胡弼成、刘承波陪同，趟过泥泞，由东村步行到囊萤楼，坚持给博士生上课。课上先由刘承波做专题报告《学术性与职业性——高等教育质量观》，然后引导学生对报告内容进行讨论。

10月11日 上午，在厦门大学高等教育科学研究所（囊萤楼）给博士生、访问学者上课。课上先由黎琳做专题报告《大学生的素质教育》，然后引导学生对报告内容进行讨论。

10月12日 上午,在厦门大学高等教育科学研究所给博士生、访问学者上课。课上先由访问学者卢晓中做专题报告《21纪世纪高等教育的视野与行动》,然后引导学生对报告内容进行讨论。

10月13日 晚上,在东村家中给博士生、访问学者上课。课上先由王岚做专题报告《从高等教育的角度评论教育的社会属性之争》,然后集体讨论。上课至晚上10点多,为学生准备小吃、莲子粥夜宵等。

10月14日 上午,在囊萤楼给厦门大学高等教育科学研究所博士生、访问学者上课。课上先由胡弼成做专题报告《知识经济与高等教育》,然后集体讨论。

10月15日 上午,在囊萤楼给厦门大学高等教育科学研究所博士生、访问学者上课。课上先由赵叶珠做专题报告《可持续发展——高等教育的发展观》,然后集体讨论。

10月16日 晚上,在东村家中主持"周末学术沙龙",参加人员为厦门大学高等教育科学研究所部分教师、硕士生、博士生。

10月19日至22日 至宁波,参加"面向21世纪高等教育"课题结题总结会议,参观宁波大学与万里学院。

10月23日 晚上,在东村家中主持"周末学术沙龙",介绍去宁波开会、参观万里教育集团等情况,其他议题有综合性大学办师范、外资合作办学等,其间,邬大光介绍北京开会会议精神以及北大进行教师薪金制度改革等情况。

10月27日 上午,参加厦门大学高等教育科学研究所学术例会,并详细介绍宁波会议情况。

10月30日 晚上,在东村家中主持"周末学术沙龙",至晚上11点一刻结束。讨论了私立学校、民办高校、大学合并、社会力量办学、民办公助、公立大学等若干概念及问题,并介绍了国外大学相关分类情况等。

10月 被聘为广西大学客座教授。

11月1日 上午,在厦门大学高等教育科学研究所请日本学者天野郁夫做学术报告,陈武元翻译。

同日 下午,与天野郁夫座谈,并赠予茶叶、书籍、印石等礼品。

同日 为唐佐明、黄国勋编著的《高校招生体制改革研究》(广西师范大学出版社 2000 年 7 月版) 一书作序。序文总结了该书的特点:"新"与"特";全书从历史到现状,从国外、区外到广西,从实践经验到理论提高,洋洋大观而层次分明;该书的出版,必将有利于读者提高对高招、高考的理性认识,推动高校招生体制改革进一步向纵深发展。

11 月 2 日 上午,在厦门大学高等教育科学研究所请天野郁夫夫人天野正子(御茶水女子私立大学教授)做报告。

11 月 13 日 晚上,在东村家中主持"周末学术沙龙",参加人员为厦门大学高等教育科学研究所部分教师、硕士生、博士生。

11 月 14 日 被选为厦门大学"恒安杯"首届创业计划大赛总决赛顾问,其他 3 位顾问为厦门大学党委书记陈传鸿、厦门大学校长林祖赓、厦门市市长助理江曙霞。

11 月 20 日 下午,在囊萤楼给厦门大学高等教育科学研究所博士生、进修生、访问学者上课。课上先由王岚做关于职业教育的专题报告,然后集体讨论。

同日 晚上,在东村家中主持"周末学术沙龙",参加人员为厦门大学高等教育科学研究所部分教师、硕士生、博士生。

11 月 21 日 上午,在东村家中给博士生、进修生、访问学者上课。课上先由胡弼成做专题报告《20 世纪高等教育回顾》,然后大家集体讨论。

同日 下午,携胡弼成、王岚、刘承波等众学生赴石狮育青私立学校调研,参加研讨会,当日返回。

11 月 22 日 上午,在囊萤楼给厦门大学高等教育科学研究所博士生、进修生、访问学者上课。课上先由卢晓中做关于学术自由、大学自治的专题报告,然后集体讨论。

11 月 23 日 上午,在囊萤楼给厦门大学高等教育科学研究所博士生、进修生、访问学者上课。课上先由赵叶珠做关于研究生教育的专题报告,然后集体讨论。

11 月 24 日 拟申请全国高等学校教学研究中心课题"21 纪世高等学校教学过程的变革及其运行机制",请卢晓中、刘承波参与,并作为后者博士论文选题参考。

11月25日 上午，在囊萤楼给厦门大学高等教育科学研究所博士生、进修生、访问学者上课。课上先由黎琳做关于大学理念的专题报告，然后集体讨论。

11月26日 上午，在囊萤楼给厦门大学高等教育科学研究所博士生、进修生、访问学者上课。课上先由刘承波做关于高等教育与文化关系的专题报告，然后集体讨论。

11月27日 晚上，在东村家中主持"周末学术沙龙"，议题是教育产业化问题，晚上11点多钟结束。参加人员有邬大光、陈武元、史秋衡，以及博士生、硕士生等。

11月 被聘请为厦门大学文科学术委员会委员（1999.11—2002.11）。

11月 由汕头大学出版社出版的《潘懋元高等教育学文集》再版。

12月4日 晚上，在东村家中主持"周末学术沙龙"，议题是高等教育通向农村问题等。根据胡弼成提议的湖南游学计划，讨论与学生一起乘火车前往长沙问题。

12月11日 晚上，在东村家中主持"周末学术沙龙"，议题是公办学校办民办二级学院等问题。

12月17日 赴梅州嘉应学院考察，李均陪同。

12月19日 晚上，在东村家中与学生收看澳门回归电视节目（1999年12月20日零时正式升国旗）。

12月21日至29日 带领博士生到长沙参加"高校创新教育与素质教育研讨会暨湖南省高等教育学会1999年学术年会"，并做《全面推进大学素质教育》的学术报告。指出大学素质教育应该具有三个层次：第一个层次是与普通教育一样有的全面素质教育；第二个层次是人文素质与科学知识、科学能力相结合；第三个层次是大学生的创新能力、实践能力、创新精神。同时指出，要正确看待推行大学素质教育与发展高等职业技术教育的关系，建议通过高考改革推进素质教育。

12月21日 带领学生赴湖南游学，同行有胡弼成、刘承波、王岚、赵叶珠等博士生，以及卢晓中、黎琳、陈坤华（湘潭工学院教师）等进修访问学者。在厦门至鹰潭火车上给学生上课。

12月22日　坐火车带众学生由鹰潭至株洲，中南工业大学派人带车接至学校。

12月23日　上午，在中南工业大学做报告。被中南工业大学聘为名誉教授。

12月24日　参观"千年书院"——岳麓书院，并在书院正门的对联"惟楚有才；于斯为盛"前留影。

同日　晚上，至湘潭大学。

12月25日　在湘潭大学做报告。被湘潭大学聘为名誉教授。

12月26日　湘潭大学派车送至张家界，与众学生入住宝峰大酒店。

12月27日　与众学生游览黄龙洞、宝峰湖、张家界等景点。

12月28日　乘车返回长沙，胡弼成、赵叶珠、王岚、刘承波等随行。

12月29日　由长沙乘机飞返厦门，刘承波、赵叶珠随行。

12月30日　参加厦门大学高等教育科学研究所举行的跨千年晚会，热情致辞，畅谈未来。

12月31日　三子潘世建负责建设的海沧大桥通车，前去参观，激情满怀。

同日　作为主持人的福建省社科"九五"规划（第二期）研究项目"以可持续发展理念探讨大学生素质教育"，顺利通过鉴定并结题。

2000年　八十岁

1月1日　晚上，在东村家中主持"周末学术沙龙"，议题是厦大历史人文等。

1月5日　上午，参加厦门大学高等教育科学研究所学术例会，介绍湖南之行的收获与感受。

同日　借春节之际，为杨叔子教授送去节日的祝福："同迈21世纪，共庆千年新禧，迎来龙年春节，遥祝万事如意！潘懋元敬贺"。

1月8日　被聘为《集美大学教育学报》名誉主编。

同日 晚上，在东村家中主持"周末学术沙龙"，议题是湖南之行的报告内容及参观考察的感想体会。

1月10日 为何云坤所著的《科学进步与高等教育变革史论》（岳麓书社2000年4月版）一书作序。序文指出，该书历史地、系统地分析科学进步、文化变迁同高等教育变革的内在联系及其互动作用，从而揭示两者之间的变化发展规律，"旁征博引，内容丰富，观点明确，思路新颖，分析缜密，论证有力，是一本值得推荐的学术专著"。后发表于《湘潭大学学报（社会科学版）》2000年第1期。

同日 被聘为《教育研究》杂志顾问。

1月15日 晚上，在家中主持本学期最后一次"周末学术沙龙"，要求大家借春节时机进行社会调查或从事社会实践。

1月18日 在《清华大学教育研究》2000年第1期上发表《高等教育大众化的教育质量观》一文。论文指出，高等教育大众化必须树立大众化教育思想，其中教育质量观的转变是核心，大众化高等教育的质量标准与精英高等教育有所不同，不能用传统的精英教育的质量标准来要求大众化阶段的不同层次不同类型的高等教育，应该树立多样化的高等教育质量标准，大力发展高等职业技术教育。后发表于《中国高教研究》2000年第1期、《江苏高教》2000年第1期。

1月26日至5月7日 应邀赴日本广岛大学"大学教育研究中心"兼任客座研究员，在该中心做研究工作，并为研究生开设《中国高等教育问题》课程。其间，分别在广岛大学大学教育研究中心、教育学部、九州大学人间教育研究中心、安田女子大学做报告。在东京大学召开座谈会，并调查访问私立修道大学、创价大学、樱美林大学、福冈大学等校。在日本期间，通过E-mail收到并批改99级博士生作业（专题报告），由在厦门大学高等教育科学研究所访问进修的日本学者米泽彰纯教授将批改后的作业带回所里，将修改意见反馈给诸生，进一步完善相关研究。

1月 以厦门大学高等教育科学研究所为依托，成立了高等教育发展研究中心，担任名誉主任，高教所所长刘海峰兼任主任。

1月 被聘为《中国农业教育》杂志名誉顾问。

1月　根据《厦门大学懋元奖评选办法》，厦门大学高等教育科学研究所发展基金会更名为潘懋元高等教育基金会。基金会的经费，主要来源于潘懋元先生几年来在汕头大学的兼职收入、各种奖励和在日本广岛大学合作研究中所得的酬金共20余万元，以及在潘先生影响下高教所部分教师的捐赠。截止到2000年6月30日，基金会经费共有29.7044万元人民币。其中，"懋元奖"是潘懋元高等教育基金的重要项目之一，也是高教所最高奖教奖学项目，旨在激励高等教育研究者秉承厦门大学"自强不息，止于至善"的校训精神，践履潘懋元先生多年来积极倡导并率先垂范的"板凳敢做十年冷，文章不写半句空"的学术精神和"敢为天下先"的创新精神。厦门大学潘懋元高等教育基金会第一届理事会成员有：潘懋元（理事长）、刘海峰（副理事长），以及理事邬大光、宋毅、谢作栩、史秋衡、杨广云、林金辉。

2月20日　在《有色金属高教研究》2000年第1期上发表《贯彻第三次全教会精神　全面推进大学素质教育》一文。根据在"高校创新教育与素质教育研讨会暨湖南省高等教育学会1999年学术年会"上的发言整理而成。

3月15日　在《海外华文教育》2000年第1期上发表《开拓理论研究新局面，促进华文教育的繁荣与发展》一文。文章指出，海外华文教育是海外华侨华人社会的必然产物。数百年来，它经历曲折、艰辛、顽强的发展过程，谱写了一部彪炳千古、可歌可泣的奋斗史。在上级有关部门和海内外广大华文教育工作者的关心和支持下，在主办单位的努力下，《海外华文教育》一定能办成高质量的、在海内外有较大影响的刊物，为推动华文教育研究的深入开展、促进海外华文教育事业的兴旺发达，发挥积极作用。

3月　被聘请为厦门大学海外华文教育研究所顾问。

4月14日　在日本为刘海峰主编的《高等教育自学考试比较研究》（福建教育出版社2001年5月版）一书作序。

4月20日　为韩延明的博士学位论文《大学理念探析》填写评语，在"导师对论文进行的情况、完成的质量及评定意见"一栏中写道（手写）："关于大学理念，历来研究者甚多，一些有关高等教育理论著作，也每有所涉及，但往往浅尝辄止，或仅就某一理念发表自己的见解。韩延明的《大学理念探析》，纵观古今中外，旁征博引，渊源嬗变，传统新兴，系统全面。论文首先辨析大学理念与相关概念，判别异同；其次对西方与中国古代、近代与现代的大学理念嬗变进行系统的考察，材料丰富，脉络清楚；最后评析传统的大学理念和当前有影响的新兴大学理念。论文有如下特点：（一）将大学理念的产生与变化，同一定的时代社会背景紧密联系，说明传统的经典的大学理念内涵随时代的变迁而不断变化。（二）不但考察西方传统大学理念，对于中国古代的'大学'理念及其近代演变也专章论述，这是一般研究大学理念的著述所忽视的。（三）将世界和中国面向21世纪的新理念进行概括，虽所概括四种理念并非都是理论界所共识，但言之成理、颇有新意。总之，文章深入浅出，行文流畅，析理精微，有许多精辟见解。反映作者有较高的学术造诣与独立科研能力，达到博士学位论文水平，同意推荐参加博士学位论文答辩。不足之处，是有些地方内容蔓枝较多，不够精练；有些地方，信马由缰，逻辑不够严谨。如拟公开出版，还需下一番整理功夫。潘懋元2000年4月20日。"

4月 被西安外事学院聘请为"七方教育丛书"顾问。

5月7日 由日本乘机经上海，晚上回到厦门。

5月9日 被海军工程大学聘为《海军院校教育》杂志顾问。

5月10日 在厦门大学高等教育科学研究所做访日报告及日本观感。安排博士生上课、讨论等事宜。

5月13日 晚上，在东村家中主持"周末学术沙龙"，以日本清茶招待大家。有教师、博士生、访问学者、硕士生等，还有广州工学院来进修的何秀成老师。

5月14日 上午，在囊萤楼给厦门大学高等教育科学研究所博士生、进修学者（何秀成等）上课。课上先由胡弼成做专题报告，然后集体讨论。

5月15日 上午，在囊萤楼给厦门大学高等教育科学研究所博士生、进修学者上课。课上先由卢晓中做关于高等教育国际化的专题报告，然后集体讨论。下课后与卢晓中、刘承波、胡弼成等学生在一条街温莎小镇共进午餐。

5月16日 上午，在囊萤楼给厦门大学高等教育科学研究所博士生、进修学者上课。课上先由刘承波做专题报告，然后集体讨论。下课后与刘承波、卢晓中、胡弼成等学生在一条街林家鸭庄共进午餐。

同日 下午，给苏州大学校庆发传真，全文如下："苏州大学教科院周川教授请转呈钱培德校长：承邀参加贵大学建校百年庆典。因另有他务，未能躬予盛会，特函致贺！苏州大学，作为知名学府，源远流长；作为新型大学，崭露头角。昔处人文荟萃之邦，今邻高新科技园区。集文史哲经理工农教于一校，纳五湖四海宿儒俊彦于斯堂。值此世纪之交，适逢千载之机，共庆百年业绩，预期更创辉煌！潘懋元敬贺2000年5月16日。"

5月18日 上午，在囊萤楼给厦门大学高等教育科学研究所博士生、进修学者上课。课上先由赵叶珠做关于高教法专题报告，然后集体讨论。下课后与赵叶珠、卢晓中、刘承波、胡弼成等学生在温莎小镇共进午餐。

5月19日 上午，在囊萤楼给厦门大学高等教育科学研究所博士生、进修学者上课。先由王岚做关于"文革"前十七年的高等教育专题报告，然后集体讨论。下课后与王岚、赵叶珠、卢晓中、刘承波、胡弼成等学生一起，请刚刚返回厦大上课的澳门学生朱耀安在热力屋共进午餐。

5月20日 上午，在囊萤楼给厦门大学高等教育科学研究所博士生、进修学者上课。先由黎琳谈关于新高职所做的调查，然后集体讨论。下课后与黎琳、王岚、赵叶珠、卢晓中、刘承波、胡弼成、朱耀安等学生在凤凰堂共进午餐。

同日 晚上，在东村家中主持"周末学术沙龙"，赠与诸生由潮声杂志社于2000年3月印刷出版的先兄潘载和诗文集《听雁楼诗文集》（其中有《潮州府志》、小说《泡影》等），并由此介绍了先兄潘载和的文学素养及其文史成就，还回顾了自己的人生发展历程。

5月21日 上午，在囊萤楼给厦门大学高等教育科学研究所博士生、进修学者上课。先由胡弼成做关于继续教育的报告，然后集体讨论。中午请大家在白城外的湘菜馆吃饭。

5月22日 上午，在囊萤楼给厦门大学高等教育科学研究所博士生、进修学者上课。先由何秀成做关于高等教育若干热点问题的报告，然后集体讨论。

5月23日 上午，在东村家中给博士生、进修学者上课。由朱耀安介绍澳门高等教育情况，然后集体讨论。中午留诸生在家中吃饭。

5月24日　下午，给博士生、进修学者上课。由刘承波主讲进入21世纪中国高等教育面对的挑战与对策，然后集体讨论。

5月25日　上午，给博士生、进修学者上课。由赵叶珠主讲关于"文革"以后到20世纪90年代中期大约17年的高等教育历史发展情况。

同日　夫人龚延娇病重住院。

5月27日　被民办潮汕职业技术学院聘为名誉教授。

6月3日　晚上，在东村家中主持"周末学术沙龙"，参加人员为厦门大学高等教育科学研究所部分教师、硕士生、博士生。与刘承波交谈博士论文题目问题。

6月5日　作为主持人的"21世纪高等学校教学过程变革及其运行机制"课题立项为《21世纪中国高等教育人才培养体系研究计划》项目。

6月8日　厦门大学高等教育科学研究所申请设立全国文科重点基地，接受教育部组织的专家审查，并获全票通过。

6月10日　晚上，在东村家中主持"周末学术沙龙"，参加人员主要是厦门大学高等教育科学研究所硕士生，还有博士生胡弼成、刘承波、王岚。

6月12日　为熊志翔等著的《广东高等教育现代化研究》（广东高等教育出版社2000年12月版）一书作序。序文概述了该书的基本框架和主要内容，认为全书涉及高等教育现代化过程中方方面面的问题，构成了一个完整的逻辑体系；总结了该书的主要特点，即高等教育现代化的基本理论和国际经验与广东的实际紧密结合；称赞理论与实际浑然一体，思路清晰，有理有据，具有说服力和可行性，可为各级政府和高等学校修订发展规划提供依据；同时指出某些具体的见解、建议，有可商榷之处。

6月15日　为厦门大学高等教育科学研究所硕士生傅凰的"学位论文开题报告审核表"填写"导师意见"。

6月16日　晚上，为奖励师生在全国文科重点基地验收工作中的辛勤付出，组织厦门大学高等教育科学研究所师生集体在第一招待所会餐。

6月17日　下午，在东村家中给博士生上课，有胡弼成、刘承波、黎琳、卢晓中、朱耀安、王岚等。由王岚主讲民办院校——华南女子学院办学问题。

同日　晚上，在东村家中主持"周末学术沙龙"，参加人员为厦门大学高等教育科学研究所部分教师、硕士生、博士生。

6月18日 上午，在东村家中给博士生上课。有胡弼成、刘承波、卢晓中、黎琳、王岚、赵叶珠等。由黎琳主讲高等教育大众化问题。看到刘承波感冒，送其"银翘"（金银花与连翘配成的中成药，用于流行性感冒引起的发热头痛、咳嗽、口干、咽喉疼痛等）。

6月19日 上午，在东村家中给博士生上课。有胡弼成、刘承波、卢晓中、黎琳、王岚、赵叶珠、何秀成等。由胡弼成主讲中国高等教育思想转变问题。中午请学生在清洁楼餐厅吃饭。

6月20日 上午，在东村家中给博士生上课。由卢晓中主讲国有民营学校办学问题，然后集体讨论。

6月24日 上午，在东村家中给博士生上课。由刘承波主讲一流大学问题，然后集体讨论。中午与学生在一条街餐馆吃饭。

同日 晚上，在东村家中主持"周末学术沙龙"，参加人员为厦门大学高等教育科学研究所部分教师、硕士生、博士生。

6月25日 下午，在东村家中给博士生上课。由黎琳做专题报告，然后集体讨论。

6月26日 上午，在东村家中给博士生上课。由王岚主讲考试问题，然后集体讨论。

6月27日 上午，在东村家中给博士生上课。由赵叶珠主讲关于高等教育通向农村问题，然后集体讨论。至此，本学期博士生课程结束。

同日 晚上，邀请从日本归来的黄福涛在大丰园吃饭，卢晓中、胡弼成、王岚、刘承波、赵叶珠等作陪。众弟子谈笑风生，其乐融融。

6月28日 为王增炳所著的《王增炳教育文选》（厦门大学出版社2000年12月版）一书作序。序文指出，虽然该文集所选编的大多是作者在自己的教育实践中总结实践经验的有感而发，时空性较强，但其中许多精辟见解，至今仍有现实意义。

6月 《潘懋元论高等教育》一书由福建教育出版社出版。中国教育学会会长、著名教育家顾明远先生在为该书所作的"序"中写道："潘懋元教授在高等教育领域中的研究范围很广，从历史到现实，从中国到外国，从外部到内部，从宏观到微观，都有许多独到的见解。特别是他对高等教育学的学科建设作出了巨大的贡献……他是我国教育界的泰斗。"

7月1日 晚上，在东村家中主持"周末学术沙龙"，参加人员为黄福涛和厦门大学高等教育科学研究所部分教师、硕士生、博士生。

7月3日 上午，邀请宁波万里集团徐亚芬到厦门大学高等教育科学研究所做报告。

同日 下午，与卢晓中在东村家中交流论文写作情况。

同日 晚上，在东村家中与刚从青岛来厦门的刘承波的爱人亲切交谈，并询问了刘承波近期的学习与论文进展情况。

7月5日 赴北戴河参加会议，访问学者卢晓中陪同。

7月6日至10日 在秦皇岛市燕山大学参加全国高等教育学研究会召开的"世界高等教育理念与中国高等教育改革小型研讨会"。

7月7日 在秦皇岛燕山大学主持全国高等教育学研究会常务会议，讨论第六次年会研讨主题与改选事宜。

7月15日 晚上，在东村家中主持"周末学术沙龙"，参加人员有张彤、唐德海、张亚群、刘承波、杨广云、谢作栩、武毅英、赵叶珠等。向大家介绍了此次北戴河、北京之行的收获和感受。

8月3日至17日 高等教育学博士生课程班开学，主讲"中国高等教育问题"博士生课程。

8月 王伟廉、杨广云主编的《潘懋元与中国高等教育科学》一书由中国华侨出版社出版。

8月 暑假期间去云南，至中甸、香格里拉等。

9月2日 晚上，在东村家中主持"周末学术沙龙"，参加人员有邬大光、陈武元、赵叶珠、刘承波等师生20余人。主要讨论99级博士生开题事宜。

9月5日 担任名誉主任的厦门大学高等教育发展研究中心被评为教育部人文社科重点研究基地，也是全国高等教育学领域第一个国家普通高等学校人文社会科学重点研究基地。

9月13日 上午，参加厦门大学高等教育科学研究所学术例会，听刘海峰访日见闻汇报。

同日 晚上,在囊萤楼参加厦门大学高等教育科学研究所迎新生活动。中秋师生同乐,与大家"博饼"、猜谜语等。

9月16日 晚上,在东村家中主持"周末学术沙龙",参加人员主要有2000级新博士生、林蕙青、阎志坚等。林蕙青谈高校合并、体制改革、高校扩招等。除新生外,还有刘承波等往届博士生。

9月21日 教育部专门为"潘懋元教授80华诞暨从教65周年"向厦门大学发了"贺信"。全文如下,"厦门大学:喜闻潘懋元教授80华诞并从教65周年,谨向潘懋元教授致以崇高的敬意和衷心的祝贺!潘懋元教授数十年呕心沥血,辛勤工作在高等教育战线。作为一位著名的教育理论家,教育理论研究硕果累累,为创建我国高等教育学学科,丰富和发展我国高等教育理论体系做出了重要贡献;作为一位杰出的教师,培养了大批高层次教育学人才,桃李满天下,为建设我国高等教育理论骨干教师队伍和研究队伍做出了重要贡献;作为一位优秀的教育活动家,对我国若干重要教育改革决策提出了许多宝贵的意见和建议,为我国高等教育宏观决策的科学化做出了重要贡献。值潘懋元教授80华诞暨从教65周年之际,衷心祝愿潘懋元教授健康长寿,祝贺他所从事的事业蓬勃发展。中华人民共和国教育部2000年9月21日"。

9月22日 上午,参加厦门大学高等教育科学研究所博士生韩延明、张亚群的学位论文答辩会。答辩委员会成员有杨德广(主席)、陈玉琨、李明德、刘海峰、王伟廉、王日根、杨广云。

同日 下午,参加厦门大学高等教育科学研究所博士生李泽彧、谢作栩的学位论文答辩会。答辩委员会成员有杨德广(主席)、陈玉琨、李明德、潘懋元、刘海峰、王伟廉、邬大光。

9月23日 参加厦门大学高等教育科学研究所博士生王康平、章达友的学位论文答辩会。答辩委员会成员有陈玉琨(主席)、李明德、潘懋元、刘海峰、王伟廉、邬大光、杨广云。

9月24日至25日 参加由厦门大学高等教育科学研究所主办的"中国高等教育百年学术研讨会"和"潘懋元先生从教65周年暨80华诞庆祝大

会"，发表了"八十感言"。与会议代表在图书馆前合影，中午在逸夫楼就餐。来自全国各地的知名学者、高等教育工作者 200 余人出席了会议。研讨会的内容主要分为两部分：我国高等教育百年历程的回顾和研究；潘懋元先生与中国高等教育科学。

9月26日　参加在高教所会议室举行的首届厦门大学"懋元奖"颁奖仪式，发表讲话并为获奖的师生一一颁发证书与奖金。奖教金获奖人员有，一等奖：邬大光，奖金 1 500 元；二等奖：郑若玲，奖金 1 000 元。奖学金获得者有，一等奖：田建荣、唐德海，每人 1 500 元；二等奖：彭旭、常小勇，每人 1 000 元。

9月28日　上午，参加厦门大学高等教育科学研究所会议并讲话，要求对在厦门召开的这次"中国高等教育百年学术研讨会"和"潘懋元先生从教 65 周年暨 80 华诞庆祝大会"情况进行认真总结，表彰先进。中午与 1999 级博士生在凤凰堂吃饭，谈及研究要专深一些，要有扎实学风。

9月30日　下午，在东村家中与刘承波讨论博士学位论文，进一步明确了信息时代高等学校教学过程变革及其运行机制的研究方向；与王伟廉、黎琳、洪艺敏、吴玫讨论教学内部管理的课题研究内容；接受厦门大学电视台专题片摄制组采访，海外教育学院领导同志随访。

同日　晚上，在东村家中主持"周末学术沙龙"，主要讨论胡弼成的博士论文等。其间，厦门大学电视台摄制组赶来录制节目。

10月7日　晚上，在东村家中主持"周末学术沙龙"，主要讨论厦门大学正在实行的岗位津贴问题。

10月8日　赴上海参加创新教育大会。

10月12日　上午，在厦门大学高等教育科学研究所参加硕士生李峰、曹迎霞的学位论文答辩会。

10月14日　晚上，在东村家中主持"周末学术沙龙"，参加人员主要有 2000 级博士生和张亚群、唐德海、刘承波、王建华等。讨论了知识经济、网络教学等问题，介绍了赴上海参加创新教育大会的具体情况。

10月15日　上午，在厦门大学出席教育部研讨班开幕式，同在主席台就座的还有教育部副部长周远清、福建省教育厅长朱之文、厦门市主管教育的副市长江曙霞、厦门大学校长陈传鸿、高等教育科学研究所所长刘海峰、高等教育司副司长林蕙青等。林蕙青主持开幕式。周远清做主旨报告。

10月21日　晚上，在东村家中主持"周末学术沙龙"，参加人员为厦门大学高等教育科学研究所部分教师、硕士生、博士生。

10月28日　晚上，在东村家中主持"周末学术沙龙"，参加人员为厦门大学高等教育科学研究所部分教师、硕士生、博士生。

10月　《对发展民办高等教育若干问题的认识》一文荣获福建省人民政府颁发的"福建省第四届社会科学优秀成果奖一等奖"。

11月3日　给厦门大学高等教育科学研究所2000级博士生授课。

11月4日　晚上，在东村家中主持"周末学术沙龙"，参加人员为厦大高等教育科学研究所部分教师、硕士生、博士生。

11月5日至9日　赴澳门参加学术会议，邬大光陪同。参观考察澳门大学、澳门科技大学等高校。

11月10日　被北京教育科学研究院聘请为顾问、兼职教授。

11月11日　晚上，在东村家中主持"周末学术沙龙"，参加人员为厦门大学高等教育科学研究所部分教师、硕士生、博士生。

11月18日　晚上，在东村家中主持"周末学术沙龙"，参加人员为厦门大学高等教育科学研究所部分教师、硕士生、博士生。

11月22日　在东村家中与来访的赵叶珠、王岚、刘承波亲切交谈。

11月23日　上午，参加厦门大学高等教育科学研究所学术报告会，听黄建副教授介绍新加坡教育情况，邬大光介绍澳门、北京、杭州之行见闻。

同日　下午，接待英国赫尔大学副校长，与他就有关高等教育研究情况进行交流。

11月24日　在武汉参加华中科技大学博士生学位论文答辩会。

11月25日　在《高等教育研究》2000年第6期上发表《坚持办好一份高水平的高教刊物》一文，文章是为《高等教育研究》创刊20周年所作。文章谈了该刊物能够越办越好的原因在于："起步早，起点高；紧密结合高等教育改革中的重大问题；在高等教育学和高等教育管理学学科建设中发挥了重要作用。"

同日　晚上，在东村家中主持"周末学术沙龙"，参加人员为厦门大学高等教育科学研究所部分教师、硕士生、博士生，介绍华中科技大学博士生培养和管理情况。

同日　被厦门广播电视大学聘请为厦门电大远程开放教育课题组顾问。

11月29日　赴福州。

12月1日　上午，在厦门大学高等教育科学研究所参加1999级博士生开题报告会。与刘承波、胡弼成、黎琳、王岚等在凤凰堂共进午餐。

12月2日　晚上，在东村家中主持"周末学术沙龙"，参加人员有刘承波、胡弼成、黎琳、王岚等，继续讨论博士生开题的话题，还谈论了台湾近来形势等社会问题。

12月9日　晚上，在东村家中主持"周末学术沙龙"，参加人员为厦门大学高等教育科学研究所部分教师、硕士生、博士生。

12月12日至13日　给厦门大学高等教育科学研究所2000级博士生授课。

12月16日　晚上，在东村家中主持"周末学术沙龙"，参加人员为厦门大学高等教育科学研究所部分教师、硕士生、博士生。

12月22日　在东村家中收拾整理书籍。

同日　被广西壮族自治区教育厅聘请为高等教育国家级教学成果奖鉴定会专家组成员。

12月23至24日　参加天津市教育科学研究院建院15周年系列学术报告会，并做了题为《中国高等教育科学：世纪末的回顾与前瞻》的学术报告。报告指出，中国高等教育科学研究，沿着两条并行而有所交叉的轨道发展：一条轨道属于基本理论或应用理论的研究，另一条轨道相当于应用性、政策性、开发性的研究。进入21世纪，高等教育应用性研究的热点问题主要有：高科技、高素质、创新能力、创业精神的人才培养问题；知识经济，以高等学校为核心，建立产学研一体化的新体制问题；高等教育大众化问题；发展民办高等教育问题；发展新型高等职业技术教育问题。

12月30日　晚上，在东村家中主持"周末学术沙龙"，参加人员为厦大高等教育科学研究所部分教师、硕士生、博士生，主要谈论硕士生段艳霞的论文选题问题。

12月31日 参加学生组织的野外活动，在曾厝安海边烧烤。因风大天冷，提前返回。

本年 与自己的博士生们承担了教育部"新世纪高等教育教学改革工程"本科教育教学改革项目《21世纪的高等教育思想研究》。

2001年 八十一岁

1月6日 晚上，在东村家中主持"周末学术沙龙"，参加人员主要是博士班学员。

1月10日 上午，在厦门大学化学报告厅参加民办高等教育工作研讨会，做主旨报告。与教育部高教司钟秉林司长、刘志鹏副司长、张大也处长、潘世墨副校长等一起在主席台就座。参加会议的还有来自全国的民办高校的校长等。张大也主持会议，钟秉林司长讲话。

同日 下午，在厦门大学逸夫楼听美国卡内基公司专家做报告。

1月22日 在《教育科学研究》2001年第1期上发表《中国高等教育办学模式的变化与走向分析》（与邬大光合作）一文。论文认为，高等教育办学模式是高等教育改革与发展中的重大课题。深入研究高等教育办学模式有关问题，无疑对我国构建新的高等教育办学模式具有重要的意义。在构成制约高等教育办学模式的三个要素——办学体制、投资体制、管理体制中，关键是办学体制。在一定意义上说，宏观层面的办学模式的改革，就是办学体制的改革。面向21世纪中国高等教育办学模式的变革必须着眼于三个现实：高等教育经费不足的现实；我国加入WTO后的教育现实；我国启动高等教育大众化的现实。

1月 被聘为厦门英才学校2001年至2003年度董事会董事。

1月 为厦门大学高等教育科学研究所硕士生、博士生授课。

2月17日 晚上，在前埔家中（从厦大东村住处搬到前埔新家不久）主持"周末学术沙龙"，参加人员主要是博士班学员。谈到教育的产业化问题，认为现在教育作产业已经成为趋势，英国、美国、澳大利亚等国便是用教育来赚钱。义务教育一般不谈产业问题，职业教育、高等教育才谈产业，但一般不谈教育产业化。

2月18日 在《中国高等教育》2001年第3期上发表《新世纪高等教育思想的转变》一文。文章指出，进入21世纪初期，中国高等教育所面临的挑战，基本上仍是来自两个方面——世界性的新科技革命和计划经济体制向社会主义市场经济体制的转变。

2月24日 上午，在前埔家中接待胡弼成与2000级博士生来访，中午留吃盒饭。

同日 晚上，在前埔家中主持"周末学术沙龙"，参加人员为厦门大学高等教育科学研究所部分教师、硕士生、博士生。

2月25日 为谢作栩所著的《中国高等教育大众化发展道路的研究》（福建教育出版社2001年7月版）一书作序。序文简介了该著作的基本内容，分析了该著作的重点，认为该书提出的实施对策，有的已被实践证明为正确的，有的虽不是很准确、完善，但有理有据，既有理论深度，又具有可行性，对教育理论工作者或教育领导决策者都有重要的参考价值。

2月26日 在厦门大学高等教育科学研究所听日本广岛大学的仙波教授与佐藤尚子教授（女）做报告。仙波教授做日本财政方面的研究报告；佐藤尚子教授做女性教育方面的研究报告。中午与胡弼成、朱耀安、黎琳、王岚、刘承波等共进午餐。

2月27日 上午，在厦门大学高等教育科学研究所与日本学者仙波和佐藤座谈，博士生全部参加。会后与刘承波交谈博士论文问题。

3月1日 上午，在厦门大学高等教育科学研究院听加拿大籍学者陈慰中教授做中西方大学生价值观比较的学术报告，并做点评。

3月2日 为胡建华所著的《战后日本大学史》（南京大学出版社2001年12月版）一书作序。序文指出，日本战后大学史，有许多值得中国高等教育改革与发展借鉴的政策和经验。该专著具有"占有详尽翔实的资料，来龙去脉，脉络清晰；史论结合"等特点，"对于高等教育正向大众化过渡的中国，既有历史价值，也有现实意义"。

3月3日 晚上，在前埔家中主持"周末学术沙龙"，参加人员主要是博士班学员。议题是"评论本周及上周日本学者和加拿大学者的报告"。谈到日本学者的研究非常严谨,他们搞一些数字的东西很是仔细认真,这是实证研究。实证研究进入 20 世纪以来有很大发展,但近年来人们也发现有不足之处,如一些数字太烦琐,又不加什么说明、分析、解读,这样就意义不大。

同日 在《中国高等教育》2001 年第 5 期上发表《抓住有利时机 实现民办高等教育可持续发展》一文。论文指出,当前我国大多数民办高校应以培养专科层次、高等职业技术类型为宜,要办成真正的"新高职",而不要像过去一些公办的老大专那样,片面追求所谓的"高学术水平",一心想把"大专"升格为"本科"。同样希望社会以"新高职"的培养目标和质量规格来评价公办和民办的高等职业技术院校的教育质量,鼓励"新高职"不断提高教育教学质量,办出自己的特色。

3 月 5 日 上午,在厦门大学高等教育科学研究所给 1999 级和 2000 级的硕士生讲如何准备论文。

3 月 7 日 参加厦门大学学术委员会会议。

3 月 8 日 上午,在厦门大学高等教育科学研究所听柯佑祥做关于民办高等教育的报告,然后听宋毅介绍校庆、刘承波布置下午拔河比赛等事宜。

3 月 10 日 下午,在前埔家中接受《厦门大学学报》记者、历史系 1999 级学生吕瑜洁的采访,刘承波、王岚、黎琳、王小钧随行。之后与王岚谈论她的论文写作问题。

同日 晚上,在前埔家中主持"周末学术沙龙",主要讨论博士学位论文问题。参加人员主要为厦门大学高等教育科学研究所博士生、硕士生。

3 月 12 日 上午,参加厦门大学高等教育科学研究所工作例会。

3 月 17 日 上午,去鹭江职业大学(现厦门理工学院)参加北京师范大学校友会活动。

同日 下午,在前埔家中与卢晓中等座谈,指导课题研究情况。

同日 晚上,在前埔家中主持"周末学术沙龙",主要谈论费改税对农村义务教育的影响问题。

同日 在《教育研究》2001 年第 3 期上发表《世纪之交中国高等教育办学模式的变化与走向》(与邬大光合作)一文。论文指出,我国高等教育模式基本上是国家和政府集中办学型，与市场经济的开放性、多元性、平等竞争、自主原则、效益原则等不相协调，因而必然在经济与社会转型过程中发生改变，表现为教育集团、大学城、国有民营二级学院、公立大学转制等办学模式的创新。

3月18日 为吴松、吴芳和主编的《WTO与中国教育发展》（北京理工大学出版社2001年5月版）一书作序。序文指出，中国加入WTO以后，教育面临着激烈的竞争和严峻的挑战，又为教育国际化发展跨上一个新台阶创造了机遇。该著作全面地从各个角度论述了WTO与中国各级各类教育的关系，紧紧扣住WTO对中国教育改革与发展的影响与作用，是一本具有一定超前价值的专著。

3月24日 在宁波参加"杨贤江教育思想国际学术讨论会"，做《素质教育思想的先驱：杨贤江的"全人生指导"思想》的主题报告，后发表于《教育史研究》2001年第3期。晚上参加杨贤江研究会理事会议。

3月25日 应邀访问宁波万里学院，与该校领导陈厥祥等人座谈。

同日 在《高等教育研究》2001年第2期上发表《试论从精英到大众高等教育的"过渡阶段"》（与谢作栩合作）一文。论文介绍了马丁·特罗高等教育发展阶段理论的内容、传播与修正过程，分析了我国高等教育所处的从精英教育向大众化教育转化的"过渡阶段"，并且对该阶段高等教育的发展特征做了描述，最后得出结论：从精英到大众化高等教育的"过渡阶段"具有普遍性意义。

3月26日 应邀第五次访问宁波大学，与该校领导聂秋华、忻正大、何心展、曹屯裕和校务委员会主任张钧澄交流了目前高等教育发展的新动向，特别是高职教育、教师教育的发展趋势。

3月28日 在《浙江树人大学学报》2001年第2期上发表《关于民办教育立法的三个问题》一文，是根据作者在全国民办高等教育研讨会上的报告整理而成的。论文围绕民办教育立法问题，着重阐述了民办高等教育的定位、产权和以什么作为出发点为民办教育立法三个问题。指出民办教育应定位为社会主义教育事业的重要组成部分，民办高校的产权关系应有相应的法律规定予以保障，因此，立法的出发点和重点应体现在对民办教育发展的保障与扶持方面。

3月30日 在《厦门日报》上发表《修订〈教育之城规划〉 优化教育资源配置》一文。

3月31日 晚上，在前埔家中主持"周末学术沙龙"，参加人员为厦门大学高等教育科学研究所部分教师、硕士生、博士生。

3月 在《教育研究》2001年第3期上发表《世纪之交中国高等教育办学模式的变化与走向》（与邬大光合作）一文。论文指出，我国高等教育模式基本上是国家和政府集中办学型，与市场经济的开放性、多元性、平等竞争、自主原则、效益原则等不相协调，因而必然在经济与社会转型过程中发生改变，表现为教育集团、大学城、国有民营二级学院、公立大学转制等办学模式的创新。

3月 《女子高等教育：文化变迁的寒暑表——中国女子高等教育的过去、现在和未来》一文收录于《日本大学论集》（2001年第3期日文）。该文是作者在日本安田女子大学的演讲稿，主要论述了三个方面：（1）过去：中国女子高等教育的产生与发展；（2）现在：中国女子高等教育的现况和问题；（3）未来：中国女子高等教育进一步发展的问题。后发表于《集美大学学报（教育科学版）》2001年第3期、《韶关学院学报（社会科学版）》2001年第10期。

4月3日 访问英才进修学院、育青职业技术学院和长兴职业技术学院三所民办学校，康乃美陪同。

4月6日 潘家四姐弟潘凯伦、潘世墨、潘世平、潘世建共捐赠10万元作为"懋元奖教奖学金"。

同日 借厦门大学漳州校区奠基兴建、众多名人来校之际，邀请中国教育发展战略学会会长郝克明等专家到厦门大学高等教育科学研究所指导。

4月7日 晚上，在前埔家中主持"周末学术沙龙"，参加人员为厦门大学高等教育科学研究所部分教师、硕士生、博士生。

4月14日 晚上，在前埔家中主持"周末学术沙龙"。听刘承波汇报北京查阅资料之行以后，评述厦门大学80年校庆期间杨福家、杨叔子、纪宝成、郑杭生等所做的报告内容。

4月15日至16日 在武汉参加江汉大学高等教育发展战略研讨会,并做简短发言。

4月15日 在《国家教育行政学院学报》2001年第2期上发表《走向社会中心的大学需要建设现代制度》一文,还发表了一组同名但内容不同的"笔谈"。论文分析了大学走向社会中心是历史的必然,走向社会中心的大学肩负着更多的历史使命,大学应成为知识发展的人才库和知识库,要成为知识产业的孵化器。为了完成这些任务,必须建立现代大学制度。后发表于《现代大学教育》2001年第3期。

4月18日 上午,在医院眼科做眼睛白内障手术。

4月20日 在《福建日报》第C02版上发表《探索21世纪的新学堂〈赛伯化学堂——网络与教育〉读后感》一文。文章指出,向来教育家所追求的美好而难以实现的教育理念,如学生的主体性、教育的个性化,正在成为现实。学生自主选择课程、教材,跨校、跨国选修课程,自行编制个人学习计划,包括在最适当的时间、采取最佳的方式方法进行学习,以及自由选择教师和同学,都将成为轻而易举之事。

4月21日 晚上,在前埔家中主持"周末学术沙龙",议题是"综合性大学办师范问题"。眼睛白内障手术后恢复良好,已无大碍。谈到美国没有专门的师范教育,师资乃是由大学中的教育学院或教育系来培养。还谈到新中国成立前的师范教育水平不低。位于江西与湖南交界处的"兰田",有个国立第一师范学院,也叫兰田师范,即钱锺书《围城》中所写的那个"三闾大学"(书中校长为高松年),当时院长为廖士诚,教务长是汪德耀,钱锺书在此教书。这所学校当时是很好的。

4月22日 为卢晓中所著的《当代世界高等教育理念及对中国的影响》(上海教育出版社2001年10月版)一书作序。序文认为,研究并阐释世界高等教育新理念、新精神,是高等教育工作者的任务。作者以当代重要的高等教育理念作为研究课题,对若干重要的典型理念进行理论探讨,并着重于这些新的理念对中国高等教育改革与发展的影响,是一项既有理论价值又有现实意义的研究工作。

4月24日 上午,参加在高教所会议室举行的"科学讨论会暨'懋元奖'颁奖会"开幕式,校长助理邓立平讲话,刘海峰致辞,靳希斌代表校外教授讲话。会上宣布获奖人员名单后,潘先生发表讲话并为获奖的师生一一颁发证书与奖金。第二届厦门大学高教所"懋元奖"奖教金获奖人员有,一等奖:王伟廉,奖金1 500元;二等奖:范孝平,奖金1 000元。奖学金获奖人员有,一等奖:刘承波,奖金1 500元;二等奖:柯佑祥、吴玫、周蕗,每人1 000元。颁奖仪式结束后听取北京师范大学靳希斌教授的学术报告。

同日 下午,听陆根书教授等做学术报告。

4月25日 上午,继续参加科学讨论会,听日本学者有本章教授、华中理工大学陈昌贵教授做报告。

同日 下午,在科学讨论会上做学术报告。

同日 在《天津市教科院学报》2001年第2期上发表《中国高等教育科学:世纪末的回顾与展望》一文。根据在"天津市教育科学研究院建院15周年"上的发言整理而成。

4月26日 下午科学讨论会结束,邬大光作会议小结,潘先生最后做总结讲话,谈到科学讨论会是由王亚南校长创立的学术研究传统。

4月28日 出席厦门市老教授协会6周年讨论会并做发言,会后同日本学者有本章教授讨论合作办学事宜。

同日 被湖北教育出版社聘为《英汉教育词典》顾问。

同日 晚上,在前埔家中主持"周末学术沙龙"。日本学者有本章参加,陈武元做翻译。

5月1日至4日 携全家赴福建上杭县古田村,参观"古田会议"会址。

5月5日 上午,在前埔家中给2000级博士生上课。

同日 晚上,在前埔家中主持"周末学术沙龙",议题是"关于新编写的《中国教育大百科全书》条目问题"。讨论博士生唐德海拟订的撰写"高等教育学"条目提纲。

5月8日 为傅进军编著的《大学校园文化》(上海交通大学出版社2001年8月版)一书作序。

5月12日 晚上,在前埔家中主持"周末学术沙龙",参加人员为厦门大学高等教育科学研究所部分教师、硕士生、博士生。

5月16日　乘机至广西南宁，与王伟廉一起，率2000级博士生至广西游学（学生乘车前往）。

5月17日　上午，为广西大学干部和师生做报告，与校领导座谈。

同日　下午，在广西大学给博士生上课，博士生林蕙青做关于高等职业教育的专题报告，然后集体讨论。

同日　晚上，博士生阎志坚做第三次全国教育工作会议有关素质教育的专题报告，然后集体讨论。

5月18日　在桂林电子科技大学为学校干部和师生做报告，与校领导座谈。

5月19日　上午，游览桂林七星岩公园、龙虎山等景点。

同日　下午，去博士生黎琳家。晚饭后赶回桂林。

5月20日　赶赴杭州开会。

5月21日　在杭州参加由全国人大教科文卫委员会、中国高等教育学会主办，浙江省高教学会、浙江大学教育学院和高等教育科学研究所承办的"中国民办高等教育学术研讨会"并做了题为《关于民办教育立法的三个问题》的专题报告。与会者还有全国人大常委、教科文卫委员会副主任汪家镠、教育部副部长吕福源、中国高教学会会长周远清、浙江省政协副主席陈文韶、浙江省教育厅厅长侯靖方、浙江大学副校长黄书孟、教育部高教司副司长刘凤泰、政法司副司长孙霄兵、社政司副司长靳诺等。中国教育学会会长顾明远、浙江师范大学校长徐辉、上海市教科院院长胡瑞文等也在大会上做专题报告。

5月22日　参加民办高等教育促进法初稿讨论会，参加几所民办大学校长报告会，晚间向王承绪教授90华诞祝寿。

5月24日至25日　赴华中科技大学，与几位高等教育学研究会副会长、秘书长商谈常务会准备事宜，召开高等教育学研究会常务理事会，讨论全国高等教育学研究会第六届年会日程与换届问题。

5月26日至28日　在武汉主持全国高等教育学研究会第六届年会，以"21世纪中国高等教育质量及其保障"为主题，讨论中国高等学校的教学改革问题，做主题报告。参会者有全国高校代表约300人。会议通过了新理事会名单，推选杨德广为新一届理事长，潘懋元任名誉理事长。

5月27日　上午参加分组讨论和常务理事会。下午到医院去看望已患癌症的姚启和教授。晚上与众学生进行学术沙龙。

5月28日　下午，到江汉大学做报告，参观了即将完工的江汉大学新校区。

5月29日　到武汉理工大学为教师和干部做报告。被聘为该校高教研究所兼职教授。

5月30日　为国防科技大学干部做报告。

6月1日　上午，在汕头大学图书馆会议室参加汕头大学2001届硕士研究生陈小红、严丽萍的学位论文答辩会。其中陈小红为先生与黄宇智合作指导，她也是先生在汕头大学指导的最后一位研究生。

6月2日　在黄宇智等陪同下参观潮汕学院。晚上，从汕头返回厦门。

6月3日　下午，与刘承波、刘铁来交谈博士学位论文问题。

6月6日　在《浙江教育信息报》上发表《论民办高校产权问题》一文。

6月7日　上午，在厦门大学高等教育科学研究所参加学术例会，介绍了近段时间内所参加的几个学术会议的基本情况。

6月9日　晚上，在前埔家中主持"周末学术沙龙"。先由郑若玲提出的考试地区不公问题引发讨论。此外，谈到《教育研究》组稿，要发一组文章，介绍国内的教育家，请大家提出建议。

6月11日　卢嘉锡在福州因病去世，享年85岁。火化后骨灰撒于厦门大学海域，与校领导前去告别。

6月12日　赴南昌，为南昌航空工业学院的教师和干部做报告。

6月13日　上午，访问民办蓝天职业技术学院，并为师生做报告。

同日　下午，访问民办航天科技职业技术学院，并与干部座谈。

6月15日　参加深圳大学"十五"规划论证会。

6月16日　晚上，从深圳赶回厦门。接着在前埔家中主持"周末学术沙龙"，主要介绍了此次去南昌及深圳的有关情况。谈到南昌有一所民办高校——蓝天职业技术学院（现为江西科技学院），所收学费不高，院长于果（后为中国教育集团控股有限公司董事会联席主席）虽为残疾人，但矢志办教育，荣获第 11 届"中国十大杰出青年"称号。深圳职业技术学院根据当地需要开设相应专业，办得很不错。

6 月 21 日 荣获厦门大学首届研究生学术活动节"良师益友"荣誉称号。

6 月 22 日 至山东临沂，应邀在临沂师范学院学术报告厅做题为《21 世纪中国高等教育面临的新形势和新问题》的学术报告，报告会由临沂师范学院副院长韩延明博士主持。报告内容：自 20 世纪最后 20 年至今，我国高等教育的发展始终面临着世界科技革命和我国由计划经济向市场经济转型的挑战。这就迫使我国高等学校在发展上必须切实解决好如下几个问题：一是解决好科技高度发展与人的低素质的矛盾，提倡"人文素质教育"，使高科技掌握在高素质的人的手中；二是解决好电子信息技术进入高校后与传统教育模式的矛盾，高校要适应时代的发展，既要以积极的态度迎接高科技进入高等教育领域，又要主动地发挥传统教育模式中的某些优势；三是解决好高等教育大众化与当前实际的矛盾，要克服高等教育扩大规模中遇到的各种困难，更新我们的某些观念，加快我国高等教育发展的步伐；四是要积极面对加入 WTO 以后我国高等教育遇到的挑战。

同日 被聘为临沂师范学院名誉教授。

6 月 23 日 拜谒了华东革命烈士陵园，参观了沂蒙山小调诞生处、孟良崮战役纪念馆、台儿庄大战纪念馆等。韩延明、曹丞、王文静等陪同。

6 月 24 日 为《临沂师范学院学报》100 期题词："弘扬传统文化精华，富有现代生活气息；立足沂蒙，面向全国，广征贤文，印刷精美，为国内学报上乘"。字美词雅，翰墨飘香，既有鼓励又有鞭策。

6 月 27 日 厦门大学高等教育科学研究所博士毕业生、原在新加坡工作的欧阳忆耘去世，通知刘承波以先生本人、厦门大学高等教育科学研究所和全体研究生的名义各送一个花圈，以示哀悼。

6 月 28 日 上午，在厦门大学高等教育科学研究所参加学术报告会，听 1999 级博士生朱耀安做开题报告。

同日 应邀前往宁夏大学讲学，被聘为该校客座教授，并为该校党政领导干部、各院（系）负责人做了题为《关于高等教育改革的若干问题》的报告。邬大光陪同。

6月29日 下午，与师生近20人，到厦门殡仪馆告别欧阳忆耘，她是因肝癌英年早逝的青年学者，令人惋惜。

6月30日 晚上，在前埔家中主持"周末学术沙龙"。与刘承波谈论博士论文，并嘱其准备全国高等学校教学研究中心课题的中期报告。还讨论了《求是》杂志约稿、为上海创新人才培养会议组织"创新创业教育笔谈"等。

6月 被全国高等教育学研究会聘请为第三届理事会名誉理事长。

7月2日 晚上，参加厦门大学高等教育科学研究所研究生会餐活动。

7月7日 晚上，在前埔家中主持"周末学术沙龙"，参加人员为厦门大学高等教育科学研究所部分教师、硕士生、博士生。

7月10日 为杨德广所著的《现代高等教育思想初探》（人民教育出版社2011年12月版）一书作序。序文指出，该书针对世纪之交中国高等教育在急剧变革与发展中出现的许多新问题进行了深入的研究，并提出了有理有据的创新见解；同时明确表达了自己对一些敏感问题的观点；对一些久难解决的老问题，提出了新的思路。

7月13日 为骆明所著的《文化传承——教育杂谭》（新加坡文艺协会2001年10月版）一书作序。序文指出，这本书不但有其历史价值，在某些方面可能还有其现实意义；不但对新加坡教育的发展有积极意义，对正在进行教育改革的发展中国家的教育，也有一定的借鉴作用。

7月14日 晚上，在前埔家中主持"周末学术沙龙"，参加人员为厦门大学高等教育科学研究所部分教师、硕士生、博士生。

7月21日 为李力所著的《现代远程教育论：知识经济时代的教育模式创新》（南方日报出版社2006年6月版）一书作序。序文认为该著作具有如下特色：打破学科界限，进行跨学科的沟通与整合，以交叉研究开辟新途径；注重科研的实践性；体现了一种解放思想、敢于创新的治学精神。

7月23日 《走向21世纪高等教育思想的转变》一文荣获中国高等教育学会颁发的"中国高等教育学会第五次优秀高校科研论文一等奖"。

7月25日 在《高等教育研究》2001年第4期上发表《走向大众化时代的高等教育质量——在全国高等教育学研究会第六届学术年会开幕式上的发

言》一文。论文指出，高等教育大众化进程包括量的增长与质的变化，两者呈非均衡性；高等教育大众化的前提是办学模式的多样化，其核心则是教育质量的多样化；高等教育大众化促使高等教育融入终生教育体系。在高等教育大众化的政策方面，应注意解决好规模速度、资金投入、资源的开发与合理配置、毕业生就业等问题。

7月23日至30日　与王伟廉、刘海峰一道赴长春至吉林大学，参加中国高等教育学会召开的高等教育学研究会议并做报告。被聘为吉林大学兼职教授，做简短发言，并参观了吉林大学分散于长春的10余处校园；为长春市大中小学的干部和教师1 500余人做报告。之后，游览净月潭、森林公园、长白山（小天池）等景点，并与王冀生、陈谟开、钟秉林、李进才、张笛梅等在净月潭合影留念。

7月30日　在《临沂师范学院学报》2001年第4期上发表《21世纪中国高等教育面临的新形势和新问题》一文。

同日　为陈谟开的《陈谟开教育文集》（吉林人民出版社2001年7月版）一书作序。序文指出，该文集内容丰富，涉及教育研究、教育管理、教育改革、教育发展等重要领域，全书具有知行结合的特点和开拓创新的精神。

7月　在《民办教育动态》2001年第7期上发表《我国产权制度改革——公民办高等教育的产权问题》一文。

7月　厦门大学高等教育科学研究所高等教育学科通过"211工程"第一期建设国家验收，顺利进入国家"211工程"重点建设项目第二期建设。

8月2日至3日　参加在大连大学召开的全国高校改革与素质教育研讨会并做学术报告。

8月4日至5日　参观沈阳师范学院新校区。在张德祥等陪同下游览玉佛寺和罗汉湖等景点；在邓晓春等陪同下游天桥、参观辽沈战役纪念馆。

8月8日　参观厦门南洋学院并做报告。

8月11日　为王一兵所著的《高等教育大众化、国际化、网络化和法人化：国际比较的视角》（云南大学出版社2002年1月版）一书作序。序文指出，该文集从世界性的视野，结合中国实际，着重讨论了新世纪的素质教育、高等教育大众化等内容，给人以启发和借鉴。文集为21世纪中国高等教育的改革与发展拓宽了视野，有助于我们做出正确的抉择。

8月25日 晚上，暑假期间，唐德海、刘承波等来家中看电视直播球赛，十强赛中国对阿联酋（为主场，在沈阳），结果中国以3∶0赢，先生大悦。接着谈论关于录取不公的问题，谈到青岛有3名考生状告教育部，涉及受教育权利不平等问题。

8月29日 到厦门大学高等教育科学研究所，将已批阅的全国教学研究会课题中期报告反馈给刘承波，将已修改的唐德海的一篇文章，反馈给其本人。

9月1日 晚上，在前埔家中主持"周末学术沙龙"，参加人员为提前到校的研究生，谈论暑假见闻。

9月3日 下午，在厦门大学高等教育科学研究所2001级新生迎新会上讲话。

9月8日 晚上，在前埔家中主持"周末学术沙龙"。兴致勃勃地谈论起民办教育，说现在民办学校有71所是可以给予学历、300多所是国家学历考试、1 000多所是将来参加自学考试的。

9月15日 晚上，在前埔家中主持"周末学术沙龙"，参加人员为硕士生、博士生。打开电视，先看新闻，7点30分看球赛，中国对乌兹别克斯坦，为主场，结果2∶0赢。先生兴奋地与大家分享快乐。

9月16日 晚上，与来访的卢晓中亲切交谈。

9月19日 上午，参加"中国高等教育大众化理论与政策学术研讨会"开幕式，做主题报告。听王一兵等做报告。出席研讨会（文科基地）的有王一兵、天野郁夫、杨德广、陈玉琨、卢乃桂、邬大光、刘海峰、吴水澎等。

同日 下午，听天野郁夫、杨德广、陈玉琨、刘海峰等做学术报告。

9月21日 上午，参加"中国高等教育大众化理论与政策学术研讨会"分组讨论。下午会议结束，邬大光做总结发言。

9月22日 晚上，在前埔家中主持"周末学术沙龙"。参加人员有刘承波、胡弼成、黎琳，还有咸阳西藏民族学院来进修的王学海副院长、南京理工大学访问学者吴锵等。畅谈关于西藏教育问题。

9月25日 参加厦门市政协第九届第五次会议开幕式。

同日 在《河北师范大学学报（教育科学版）》2001年第3期上发表《素质教育思想的先驱——杨贤江的"全人生指导"思想》一文。论文指出，杨贤江的"全人生指导"思想与素质教育思想的基本内涵是一致的，其思想有许多值得我们学习和借鉴之处，应该着重学习他的精神实质，结合今天的现实，创造和积累自己的经验。

9月29日（八月十三） 晚上，在前埔家中主持"周末学术沙龙"。参加人员有博士生刘承波、张慧洁以及硕士生陈文晶、张耀平等，还有新进教师陈建文博士。主要谈论关于内涵发展与外延发展、办学条件评估、民办学校发展等问题。谈到厦门大学高等教育科学研究所计划明年组织召开一个"公平与效率"的国际研讨会。之后，与大家"博饼"为乐，并到楼顶赏月。

9月30日 在《高教探索》2001年第3期上发表《〈现代远程教育论〉序》一文。

9月 主编的《多学科观点的高等教育研究》一书由上海教育出版社出版，为该书作"总论"。总论指出，高等教育是一个复杂的、多层结构的开放系统，必须从不同的学科观点，运用不同的学科方法，才能比较全面和深入地理解高等教育，掌握高等教育的内外部关系规律。多学科观点的高等教育研究，具有重要的方法论意义。该书为1997年批准立项的全国教育科学"九五"规划国家级重点课题的阶段性成果。

9月 为厦门大学高等教育科学研究所硕士生、博士生授课。

10月2日至4日 赴龙岩、武平、汕头等地考察。

10月6日 晚上，在前埔家中主持"周末学术沙龙"，参加人员为厦门大学高等教育科学研究所部分教师、硕士生、博士生。

10月12日 上午，应邀参加西安石油学院50周年院庆。

同日 下午，参加陕西省高教学会组织的"大学校长论坛"并做主题报告。

10月13日 应邀参观西安培华学院、西安外事学院、西安欧亚学院等3所民办高校，并在西安欧亚学院做有关民办高等教育发展的报告。

10月14日 应邀访问西安翻译学院和西京大学两所民办高校。

10月15日 受渭南高新中学校长王建学之邀，在邬大光、田建荣、鲁加升、周蔺等陪同下游览华山。在华山苍龙岭歇息，与王建学谈论"高中择校"问题和"普通高中特色发展"问题。认为"高中择校"问题在中西部地区有着深刻的社会原因和利益驱使，不可能在短期内根本解决，普通高中未来的发展应遵循特色发展之路。

10月16日 上午，为西北工业大学教师和干部做报告。

同日 下午，访问西安东方科技培训学院与西安思源学院两所民办高校。

10月17日 参加在西安召开的全国大学学习科学研究会第六届学术年会开幕式，做"大学学习学面临的新形势和新任务"的报告。

10月18日 参观西安交通大学校史馆和钱学森馆并做报告。

10月19日 在陆根书等陪同下经黄帝陵到延安，参观宝塔山。

10月20日 参观延安大学，游枣园、杨家岭、中央大礼堂等景点。

10月21日 赴长沙，为中南大学高教所研究生做报告。

10月22日 参加中国高教学会在长沙召开的"经济全球化与高等教育国际化国际学术研讨会"开幕式，做《精英教育与大众教育两个发展方向》的报告。

10月23日 在胡弼成等陪同下游南岳衡山，登最高峰——祝融峰。

10月24日 赴杭州，在浙江教育学院为校长培训班讲课。前去看望90岁高龄的浙江大学教授王承绪先生，共度重阳节。

10月25日 在长沙参加由中国高等教育学会和湖南省教育厅联合举办的"2001年高等教育国际论坛"，做题为《大众化理论与政策》的报告。来自海内外的100余名教育专家参加此次会议，其中包括美国、加拿大、澳大利亚、德国、日本、瑞士、泰国及香港地区的10多所大学的校长，北京大学、清华大学、中国人民大学、上海交通大学、浙江大学、四川大学、南京大学等20余所国内著名大学的校长，曲钦岳、张岂之、杨叔子等高等教育研究专家，教育部领导及有关部门负责人，湖南省高校的校长、书记等。此次会议的目的，是围绕经济全球化与高等教育这一主题，通过交流和讨论，分析21世纪初期国际国内高等教育面临的形势和挑战，预测高等教育的发展趋势，探求高等教育应采取的改革与发展对策。

10月26日 至武汉，在海军工程大学做《21世纪初中国高等教育面临的新形势和新问题》的报告，站在世界高等教育改革高度，系统阐述了中国高等教育面临的新形势、新问题。报告指出，随着以高新科技为核心的知识经济时代的到来，电子信息技术开始进入到高等教育领域中，将要对我们高等学校的教学过程起到强烈的冲击作用。大众化阶段中的我国高等教育，不仅要面向社会主义市场经济，还要面向经济的全球化，面向世界的市场经济。

10月27日至28日　到华中科技大学与研究生座谈。游武昌督军府和中山府等处。

10月30日至31日　至泉州，讨论泉州高等教育发展问题，参观泉州师范学院新校区、信息学院校区和泉州幼儿师范高等专科学校等处。

11月4日　偕同厦门大学高等教育科学研究所全体师生计70余人，赴南靖国家森林公园（亚热带雨林自然保护区）参观游览，游鹅仙洞等景点。

11月8日至9日　至上海，参加通识教育会议开幕式，提交了《关于通识教育与素质教育》的论文。游览上海黄浦江两岸夜景。

11月10日　在周川等陪同下参观考察周庄。

11月11日　在郭桂英等陪同下游广陵王天山汉墓、个园、史可法纪念馆等处。

11月12日　与扬州大学领导座谈，为该校干部做报告。

11月14日　应邀参观宁波教育学院，与学校领导干部座谈。下午游天一阁。

11月15日　参观宁波南区大学城——万里学院和服装学院。

11月16日　参加宁波大学城建设与管理研讨会开幕式，做题为《有关大学城走向社会中心》的报告。

11月18日　参加宁波大学城会议闭幕式。中午赴普陀山，游最高峰佛顶山、观音雕像、普济寺等景点。

11月22日　上午，在博二报告厅做报告，向学生介绍外出开会情况。

同日　下午，在厦门大学高等教育科学研究所与赵叶珠、刘承波、吴玫分别交谈论文，与刘承波谈留校工作事宜。

11月24日　为王康平所著的《高校学费政策的理论与实践》（厦门大学出版社2001年12月版）一书作序。序文认为，该书思维逻辑周密，理论与实际融成一片，历史与现实紧密衔接，对构成学费与资助制度的复杂因素做了周密研究；对从理论或实践中提出的种种问题，做了有理有据的评析。认为该书的出版对有关部门和公办、民办高等学校，都有重要的参考价值。

同日 晚上，在前埔家中主持"周末学术沙龙"。参加人员有唐德海、卢晓中、刘承波等近30人。谈到西安民办教育发达，现有民办高校100多所，5所比较不错的，学生规模都超过1万人，其中丁祖贻任校长的西安翻译学院有2万多人，资产达到4.6亿元。还谈到现在中山大学与中山医科大学的合并有点遗憾，中山医科大本身发展相当不错，由此失去了一个品牌。

11月25日 在《高等教育研究》2001年第6期上发表《中国高等教育大众化的理论与政策》一文。文章认为，高等教育大众化进程包括量的增长和质的变化，两者呈非均衡性；高等教育大众化的前提是办学模式的多样化，其核心则是教育质量的多样化；高等教育大众化促使高等教育融入终生教育体系。关于高等教育大众化的政策方面，应注意解决好规模速度、资金投入、资源的开发与合理配置、毕业生就业问题。后发表于《国际视野中的高等教育》2002年第5期。

11月27日 参加厦门大学高等教育科学研究所博士生史秋衡、柯佑祥的学位论文答辩会。答辩委员会成员有谢安邦（主席）、喻岳青、李明德、潘懋元、刘海峰、邬大光、李泽彧。

同日 参加厦门大学高等教育科学研究所博士生唐德海、田建荣的学位论文答辩会。答辩委员会成员有喻岳青（主席）、谢安邦、李明德、潘懋元、刘海峰、邬大光、李泽彧。

11月28日 参加厦门大学高等教育科学研究所博士生卢晓中、张彤的学位论文答辩会。答辩委员会成员有喻岳青（主席）、谢安邦、李明德、潘世墨、刘海峰、邬大光、李泽彧。

11月29日 上午，到厦门大学高等教育科学研究所，处理当年度博士学位论文答辩后的相关事宜。

11月30日 为黄国勋、席鸿建、曾冬梅著的《地方综合大学人才培养模式整体改革研究》（广西民族出版社2001年12月版）一书作序。

11月 在《教育信息报》2001年第11期上发表《大学城是高等教育通

向社会中心的途径》一文。

12月1日 晚上,在前埔家中主持"周末学术沙龙"。参加人员有刘承波、李均等十几位硕博生。谈到民办教育的营利问题和有关博士生答辩问题。然后,从电视上看世界杯抽签,中国队与巴西、土耳其、哥斯达黎加处于同一组。

12月4日 上午去厦门大学高等教育科学研究所,单独与1999级博士生刘承波谈将来工作单位意向问题,赞成他去教育部教育发展研究中心工作(现为该中心战略发展研究部主持工作的副主任、研究员)。

12月5日 得知1999级博士生王岚检查出肺部肿瘤,心情十分沉重。

12月8日 上午,在厦门大学克立楼参加钱伯海教授从教50周年纪念会。

12月9日 至北京,参加教育部教育发展研究中心第二届专家咨询会。

12月12日 参观顺德中职和高职。下午,参观顺德家具城。

12月13日 游广州白云山、摩星岭、越秀山,参观南越王墓。

12月14日 为华南师范大学干部和教师做《21世纪初精英、大众教育两个发展方向》的报告。

12月15日 到南海参观华南师范大学南海分校(南海学院),华南师范大学教育科学学院院长卢晓中陪同。

12月17日 赴梅州为嘉应大学师生做报告,与该校教务处、高教所干部和教师座谈,夜游梅江两岸。

12月18日 在《中国高教研究》2001年第12期上发表《精英教育与大众教育》一文。文章指出,从精英教育到大众教育,既是国际高等教育发展的共同趋势,也是中国高等教育发展的必然走向。然而在这一大趋势下,产生了诸多问题。文章主要针对几个重点问题谈了个人的认识与见解。

12月20日至22日 在汕头大学调研、座谈、做报告,受聘为汕头大学顾问、教授。徐小虎校长为先生颁发聘书。

12月23日 在由汕头大学返回厦门大学的路上,兴致勃勃地与博士生李均谈起中国高等教育学会、全国高等教育学研究会筹备成立的艰难过程,以及中国高等教育学科早年创建时期一些鲜为人知的具体情况,希望能有人把这段珍贵的历史资料整理出来。由此促成了李均《中国高等教育研究史》

一书的写作和出版（广东高等教育出版社 2005 年 8 月出版）。

12 月 29 日　晚上，在前埔家中主持"周末学术沙龙"，参加人员为厦门大学高等教育科学研究所部分教师、硕士生、博士生。

12 月　在《武汉教育学院学报》2001 年增刊上发表《制订高教发展战略应明确时代背景与发展理念》一文。文章认为，至少到 2020 年，在制定高等教育发展战略时必须研究新情况新问题，明确时代背景，同时可以引进可持续发展理念，不仅从当前实际情况出发，也要把未来发展的可能性作为考虑发展的前提。

12 月　主持的反映厦门大学高等教育科学研究所创建高等教育学科基本轨迹的"厦门大学高等教育学学科建设、人才培养与教学改革咨询"项目（潘懋元、王伟廉、刘海峰、杨广云、林金辉）荣获中华人民共和国教育部颁发的"国家级教学成果奖一等奖"。

本年　作为主持人，承担福建省自考办委托的科研项目"自学考试研究"。

2002 年　八十二岁

1 月 3 日至 5 日　携全家游漳州龙海云洞岩景区诸景点，并合影留念。

1 月 10 日　至青岛讲学。适逢刘承波之子当天下午出生，遂与别敦荣到医院探望。中国海洋大学宋文红陪同。

1 月 11 日　上午，为青岛大学教师和干部做关于高等教育发展新趋势、新问题的报告。

同日　下午，在中国海洋大学做高等教育发展报告。

1 月 12 日　由青岛返回厦门。

1 月 17 日　在《教育研究》2002 年第 1 期上发表《民办高校产权制度改革的若干问题》（与胡赤弟合作）一文。文章试图从产权的视角来探讨我国高等教育体制改革的深层次问题，主要从教育主权与学校产权、产权与立法、产权与行政权、自主权的辨析等方面探讨学校产权制度的改革和当前民办高校产权问题的解决途径。

1月20日　在医院做了另一只眼睛的白内障手术。

1月25日　在《高等教育研究》2002年第1期上发表《多学科观点的高等教育研究》一文。这是作者为主编的《多学科观点的高等教育研究》（上海教育出版社2001年出版）一书所写的总论。《新华文摘》2002年第6期全文转载。

1月　为厦门大学高等教育科学研究所硕士生、博士生授课。

1月　被中国地质大学聘为《中国地质大学学报（社会科学版）》学术顾问。

2月7日至8日　分别在《光明日报》和《中国教育报》上发表《一幅中国高等教育发展的战略图景——〈21世纪的中国高等教育〉评介》（与高新发合作）一文。文章指出，中国的社会转型是在工业化水平还不高的基础上进行的，既要提高工业化水平，又不能满足于建成一个以工业经济为主导的社会，必须同时发展知识经济。与此同时，中国社会还面临着独特的课题，那就是由计划经济体制向市场经济体制转型，全社会而不仅仅是经济系统，都面临着适应市场体制改革的任务。后发表于《中国高教研究》2002年第1期。

2月16日（正月初五）　电话叮嘱去福州王岚家中探望的刘承波，代他给王岚1 000元人民币，以示关切问候。

2月17日　下午，在家中与前来的刘承波、吴玫交谈。首先关切地询问了王岚的病情，付给刘承波1 000元。然后对吴玫的论文提纲进行了讨论。晚上带他们去南海渔村吃饭。

2月21日　参加厦门市政协第九届第六次会议并发言。

2月28日　在《煤炭高等教育》2002年第1期上发表《高等学校的素质教育与通识教育》（与高新发合作）一文。论文指出，通识教育和素质教育都以克服专业教育的狭隘性，培养德才兼备、知识广博、个性充分发展的人才为宗旨；虽然立足点和教育模式多有不同，素质教育仍然可以从具有长期实践的通识教育中借鉴许多有益的观念和方法：（1）明确通识目标，努力保持非专业教育与专业教育之间的平衡；（2）通过分模块的限制性选修课程，保障学生对人类文化遗产的总体把握；（3）促进知识内化；（4）坚持学业标准与适应学生个性相统一。同时，也指出了通识教育的问题。

同日 在《理工高教研究》2002年第1期上发表《精英教育与大众教育——21世纪初中国高等教育两个发展方向》一文。论文指出，精英教育与大众教育，并不是"非此即彼"的关系。大众高等教育阶段，包含了一定数量的精英教育。两者朝着不同的方向发展，都是"科教兴国"战略必要的组成部分。为保证大众化进程中的高等教育质量，需要考虑多样性和避免用一个统一的尺度来衡量高等教育质量。为促使精英教育与大众教育各自健康发展，在发展策略上要改变只走"内涵发展道路"为"内涵发展与外延发展并重"或以"外延发展为主"，使重点大学能集中有限的教育资源于提高学术型人才培养质量，从而吸引社会力量为高等教育大众化办新校；在发展速度上，要坚持适度超前的原则。

同日 在《石油教育》2002年第1期上发表《21世纪初中国高等教育面临的新情况和新问题》一文。后发表于《海军院校教育》2002年第1期。

2月 在《湖北招生考试》2002年第2期上发表《我对招生考试的基本看法》一文。论文认为，考试是指挥棒，这是客观存在的事实。因此，不是消极地批判、抵制或者削弱它的作用，而是积极地、恰当地运用这根指挥棒，推动、引导教学改革，以提高教育质量。

2月 为唐德海所著的《大学课程管理的理论与方法研究》（中国科学技术出版社2002年5月版）一书作序。序文分析了该书的写作维度，指出创新之处在于全面建构了大学课程管理的模式与过程，提出"大学课程管理的五条标准"；认为有些理论或构思虽不能说很完善，但有理有据，既具有相当的理论深度，也有一定的可操作性，对当今大学课程与教学改革具有一定的指导意义。

3月1日 在《求是》2002年第5期上发表《一流大学与排行榜》一文。论文指出，不能把大学排行榜作为一流大学的判断依据，一流大学需要具备如下几个特征：研究高深学问；有卓越的办学理念和办学实践且能一以贯之；形成自己的特色，对社会产生积极的影响；有社会公认的大师级的教师；毕业生的整体素质一般高于普通大学，并且有一批有突出贡献的著名校友，等等。

3月2日　晚上，在前埔家中主持"周末学术沙龙"。参加人员有刘承波、张慧洁等20余人。主要谈论了关于吉林大学等校的合校问题，喜忧参半。

3月7日　上午，在厦门大学克立楼参加"全国高等学校毕业生就业工作会议"开幕式，听教育部学生司瞿振元司长做关于学生就业方面的报告。

3月9日　参加"全国高等学校毕业生就业工作会议"闭幕式，并做总结性讲话。

同日　晚上，在前埔家中主持"周末学术沙龙"。谈到现在取消了派遣证，改为报到证，档案材料可留在学校里两年，这样有利于学生的安心学习和就业选择。

3月10日　为高耀明所著的《高等教育通向农村研究》（黑龙江人民出版社2002年5月版）一书作序。序文简述了高等教育通向农村对中国现代化建设的作用，分析了该著作的主要内容，认为该书的出版能引起决策者和更多高等教育理论工作者与实际工作者对高等教育通向农村问题的重视和探讨。

3月12日　为张淑娟等合著的《工科学生智能的培养与发展》（华南理工大学出版社2002年11月版）一书作序。序文总结了该书的主要章节内容，表示完全同意熊钰庆教授在评审中的意见：从全面推进素质教育的高度，论述工科学生智能培养和发展，对"大学物理"教学有直接的指导意义，对一般教学工作也有参考价值。

3月16日　赴南京，参加《教育大百科全书》条目讨论会。

3月17日　上午，参观南京紫金山天文台和国民政府总统府。

同日　下午，与东南大学高教所师生座谈并做报告。

3月23日　晚上，在前埔家中主持"周末学术沙龙"。主要介绍了赴南京参加会议和东南大学总体发展情况。

3月25日　在《高等教育研究》2002年第2期上发表《大学城的功能与模式》（与高新发、胡赤弟、张慧洁合作）一文。论文指出，大学城将是高等学校成为经济社会中心的重要基地，制订大学城发展战略时要考虑的问题主要有：大学城应当作为知识经济的产业来办；尽可能吸引国内外企业投资兴办大学城，不能完全依靠政府投资；要把政府、企业、学校的力量结合起来，给学校、企业以高度的自主性，政府主要起指导协调的作用而不能直接管理。大学城应坚持"大学是主体，企业是主要投资者，政府起支持、指导、协调作用，采取市场运作、推进高科技产业化经营、社会化服务的新模式"。

3月28日 参加"2003年研究生教改论坛"，发表了对目前研究生教育改革的意见，认为"研究生教育体制一定要创新，否则很难发展"，并指出："建立一个层次分明、类型多样、有效衔接的研究生教育结构，将是保证研究生质量的有效措施，也是研究生创新工程的重要内容。"

3月30日 在《现代教育科学（高教研究）》2002年第2期上发表《〈陈谟开教育文集〉序》一文。

4月1日 至宁波，接受浙江万里学院名誉院长聘书。

4月2日 参观宁波大学师范学院，并与该院师生座谈。

4月3日 赴北京，参加全国10所万人以上民办高校揭牌仪式，做有关民办高等教育发展问题的报告。

4月4日 访问教育部高教司、政策法规司、学位办公室、教育发展研究中心，讨论有关高等教育发展问题。

同日 晚上，在前埔家中主持"周末学术沙龙"。参加人员有刘承波、张艳辉、叶信治、高新发、张慧洁、李均、廖益等博士生。谈到此次北京一行的感受，谈了关于民办教育问题，说超过万人的民办学校已有12所，仅西安就有5所，北京海淀区1所等。现在有3所升了本科，其中就有浙江万里学院，再加上黄河科技大学共有4所本科民办高校了。

4月6日 参加在高教所会议室举行的"庆祝厦门大学建校81周年暨'懋元奖'奖教奖学金颁奖大会"。发表讲话并为获奖的师生一一颁发证书与奖金。第三届厦门大学高等教育科学研究所"懋元奖"奖教金获奖人员有：一等奖：谢作栩；二等奖：武毅英。奖学金获奖人员有：一等奖：高新发；二等奖：林莉。

4月9日 参加厦门大学文科学术委员会，讨论优秀中青年学者名单。

4月11日 为熊志翔等著的《高等教育制度创新论》（广东高等教育出版社2002年8月版）一书作序。序文概述了该书的基本逻辑框架，分析了全书的理论基础，认为此书逻辑比较严谨，有较高理论水平与创新见解。

同日 被全国产学研合作教育试点工作领导小组聘请为教育部"全国产学研合作教育九五试点"评估验收专家,并担任专家组组长。

4月13日 晚上,在前埔家中主持"周末学术沙龙"。参加人员有刘承波、王小钧、陈上仁、张丽等近20人。主要议题是"高校后勤社会化"。

4月14日 参加东南亚华文文学研讨会。该次研讨会是由厦门市东南亚华文文学研究会、亚洲华文作家文艺基金会与厦门大学东南亚华文文学研究中心、厦门大学海外教育学院、厦门大学东南亚研究中心、厦门文学杂志社联合举办的。来自海内外的专家、学者100多人到会,向大会提交论文140余篇。

4月17日 参加海峡两岸通识教育会议。

4月19日 参观苏州大学新老校区,参加该校有关部门参与的学科建设座谈会。随后游览盘门景区等景点。

4月20日 晚上,在前埔家中主持"周末学术沙龙"。参加人员有刘承波、王小钧等16人。主要议题是"新高职升本科的政策问题"。

4月23日 与生命科学学院林鹏教授一同被评为本年度厦门市劳动模范。厦门大学工会举行欢送潘懋元教授、林鹏教授赴厦门市参加劳模表彰大会的仪式,厦门大学党委副书记陈力文、高等教育科学研究所和生命科学学院的领导分别在会上讲话,对两位新获殊荣的劳模表示热烈祝贺,高度评价了潘懋元教授和林鹏教授几十年来在高等教育研究和红树林科学研究领域孜孜不倦、辛勤耕耘而取得的令人瞩目的业绩。潘懋元、林鹏教授怀着十分激动的心情各自回顾了自己作为老师又是劳动者的工作历程,感谢党的长期培养和学校的关怀,表示在今后教学、科研工作中再接再厉,为厦门大学的发展继续尽绵薄之力!潘懋元教授最后动情地说:"假如有来生,我还要当一名教师。"2002年4月25日《厦门大学学报》对此做了详细报道。

4月27日 晚上,在前埔家中主持"周末学术沙龙"。参加人员有刘承波、于国庆(外系)、葛喜艳及哲学系女生等。主要论述了"权利"与"责任"相对、"权力"与"义务"相对的问题。关于义务教育,既是父母的义务,又是政府的责任,因为政府得到了权利。

4月30日 与林鹏(刚被评为中国工程院院士)一起被评为厦门市劳动

模范，获 3 000 元奖金，晚上在大丰园请厦门大学高等教育科学研究所师生共进晚餐。

5月4日 在家整理书籍和近期论文。

5月8日 去北京领奖。

5月10日 得知学生王岚在医院病逝，神色黯然，久坐不语。

5月11日 为邱小云所著的《高校校园文化研究》（海风出版社 2002 年 6 月版）一书作序。序文总结了该著作的特点：第一，对大学校园文化的论述，全面系统；第二，探讨当前热点问题，有许多创新见解；第三，立足中国现实，以中国大学校园文化的实际为出发点，进行实证性的研究，以中国大学校园文化的发展战略为归宿。同时，认为有些观点还有可商榷之处，希望这是研究大学校园文化的起点而不是终点。

同日 晚上，在前埔家中主持"周末学术沙龙"。参加人员有刘承波、黎琳、张慧洁、段艳霞等。首先对王岚去世表示哀痛和惋惜。然后，主要对 4 月 28 日江泽民考察中国人民大学时关于哲学社会科学的重要讲话进行了解读。认为讲话突出了哲学社会科学对实现社会主义现代化和中华民族伟大复兴的战略意义，科学回答了我们应当建设什么样的哲学社会科学以及如何发展哲学社会科学等一系列重大问题，丰富和发展了马克思主义关于哲学社会科学的学说，是新世纪加快发展我国哲学社会科学事业的纲领性文献。

5月14日 参加上海工程技术大学合作教育课题评审会，任评审组组长。召开了教师和学生两个座谈会。随后参观艺术系的合作教育成就和上海市汽车维修中心。

5月15日至17日 参加复旦大学合作教育——社会实践课题评审会，任评审组组长。召开了教师和学生两个座谈会。参观人类学博物馆。

5月22日 考察韩山师范学院，在教师和干部座谈会上做简短发言。下午游览潮州湘子桥等景点。

同日 在《厦门商报》上发表《建立终身教育体系》一文。

5月24日 被聘为国家高级教育行政学院兼职教授。国家高级教育行政学院的主要任务是面向全国培训和培养高层次教育管理干部和专业人才；围绕国家教育改革和发展实际，开展科学研究工作与咨询工作。首批被聘的还有：北京大学党委书记兼副校长闵维方、中国人民大学教授罗国杰、中国社会科学院副院长李慎明、国家教委原副主任国家总督学柳斌、国家教育发展研究中心研究员谈松华、北京师范大学教授顾明远等。

5月30日 在《光明日报》上发表《民办高校适应西部开发要求》一文。

同日 在《法制日报》上发表《民办高等教育立法的几个问题》（与高新发合作）一文。

5月 带领厦门大学高等教育科学研究所2001级博士生及访问学者赴汕头大学考察，并讲授博士生课程。其间，还主持汕头大学硕士生论文答辩，为汕头大学教师做专题报告，并带领学生到潮州、南澳岛等地参观。

5月 撰写"Higher Education Research in China: Past, Present and Prospect"（与李均、陈小红合作）一文发表于 *CHANGE-TRANSFORMATION IN EDUCATION*（澳大利亚悉尼大学出版社2002年出版）。论文首先回顾了中国高等教育学科的建立和发展历程，进而从学科建设的进展和应用性研究的进展两个方面，描述20世纪90年代中期以来中国高教研究的新进展，最后展望未来，提出了21世纪初期中国高等教育研究的两大战略目标：一是中国高教研究将继续立足国内；二是中国高教研究力争走向世界。

5月 被湖南大学聘为《机械工业高教研究》编辑委员会顾问。

5月31日 在《厦门大学学报》上发表《繁荣大学哲学社会科学》（与高新发合作）一文。文章认为，哲学社会科学与自然科学同样重要，要高度重视哲学社会科学在治党治国和建设有中国特色社会主义事业中的巨大作用，我国现代社会的健康发展，需要努力实现人文社会科学与自然科学共同繁荣。繁荣大学哲学社会科学的具体措施有：第一，要营造良好的社会环境；第二，要加强学风建设，形成实事求是、敢于创新、严谨治学、博采众长的良好学风；第三，要加强重点学科建设，改进哲学社会科学教育。后发表于《现代大学教育》2002年第5期、《福建日报》2002年6月16日。

6月1日 晚上，在前埔家中主持"周末学术沙龙"。参加人员有刘承波等。这次主要是从电视上观看球赛，德国8：0狂胜沙特。然后针对球赛展开一番各抒己见的评论。

6月4日至5日　应陕西理工学院邀请，到该院考察并做报告。参观汉中地区的武侯祠、古栈道、汉王墓和韩信拜将台等景点。

6月8日　晚上，在前埔家中主持"周末学术沙龙"。参加人员有刘承波、吴玫、陈文晶、文新兰、罗奇萍、宋毅等。详细介绍了陕西汉中之行的收获和感悟。谈论吴玫的硕士论文。在电话上与杨广云商讨明天学生答辩事宜。

6月13日　上午，参加厦门大学高等教育科学研究所党支部大会，讨论刘承波入党问题，作为刘承波入党介绍人，写介绍人意见。讨论邓岳敏、陈文晶和江琴转正事宜。

同日　下午，与王伟廉、黎琳等去广西桂林开会。

6月15日　为广西师范大学部分师生做报告，谈高等教育学科建设问题。

6月19日　在厦大高教所与刘承波谈博士论文修改意见。

6月20日　乘机赴西安参加民办教育会议。

6月21日至24日　在西安外事学院参加民办教育高层论坛，做关于民办高等教育呼唤理论研究的报告。

6月25日　为张德祥和周润智所著的《高等教育社会学》（高等教育出版社2003年1月版）一书作序。序文分析了该著作的基本框架，概述了其特点，并对最后一章"高等教育与网络社会的关系"做出了较高的评价，认为该章提出的观点是高等教育科学领域刚开辟的前沿阵地。

6月26日　在厦门大学高等教育科学研究所给2001级博士生上课。因张莉身体不适没有上课，课后赶到宿舍探望。

6月27日　上午，参加厦门大学高等教育科学研究所学术报告会，介绍了广西会议和西安会议情况。

6月29日　晚上，在前埔家中主持"周末学术沙龙"，参加人员为厦门大学高等教育科学研究所部分教师、硕士生、博士生。

6月　主编的《学位与研究生教育比较研究》荣获中国学位与研究生教育学会颁发的"全国学位与研究生教育科学研究优秀学术著作三等奖"。

7月6日　晚上，在前埔家中主持"周末学术沙龙"。参加人员有刘承波、张宝蓉、陈昊、张丽谈、李均、廖益及妻女等。谈到关于中文系培养什么样的人的问题，认为不是作家而是文学家。论及高校可以分为三大类：一是按学科分类的研究型大学；二是按职业分类的高等职业院校；三是夹在中间的按行业分类的高等院校。商定8月底刘承波博士论文答辩。

7月7日 赴宁波，在宁波教育科学研究所对进修教师做题为《正确的方法，错误的运用》的学术报告。

7月8日 至南京，为南京经济学院院系领导干部做报告。

7月10日 赴陕西咸阳，参观考察西藏民族学院。

7月11日至15日 经西安进入西藏，到达拉萨，应邀参加西藏自治区首届硕士生毕业庆典。赴林芝考察西藏农牧学院，途中在海拔5 020米的米拉山口小憩并拍照留念，在林芝游览了雅鲁藏布江、色季拉山、柏树王、喇嘛庙等。在拉萨，考察了西藏大学、西藏藏医学院等，并在西藏大学做了《中国高等教育发展趋势》的学术报告，先后参观了布达拉宫、大昭寺、八角街、卢布林卡等景点。邬大光教授和西藏民族学院副院长工学海教授陪同。

7月17日 应邀访问四川大学西部开发研究院。四川大学党委书记兼校长、研究院院长卢铁城，校党委副书记、常务副院长罗中枢热情接待。与发展研究中心副主任曾诚、西部开发研究院副院长王益谦，以及研究院和发展研究中心部分研究人员进行座谈。就四川大学教育学科与专业的发展、西部大开发中的高等教育发展等问题，与该院有关研究人员进行了探讨。

7月19日 上午，参观民办高校——四川国际标榜学院。

同日 下午，乘机回到厦门。

7月20日 下午，在前埔家中前来送博士学位论文和《萨本栋100周年诞辰论文集》的刘承波亲切交谈。

7月24日 为江苏省高校校长、教务处处长学习班做报告。

7月25日 参加在厦门大学举行的"纪念萨本栋校长诞辰100周年暨萨本栋思想研讨会"，做重点发言，并在颂恩楼前同与会代表合影留念。在发言中旗帜鲜明地指出："我作为萨本栋校长主持校政时期的学生，又是高等教育理论工作者，有责任说一句实事求是的话：长汀精神就是本栋精神；或者说，厦门大学的长汀精神就是萨校长所树立、所形成的。本栋精神不但为厦门大学树立了自强不息的校风、南方之强的形象，为这所全国重点大学打下了坚实的基础，而且在抗战时期坚持办学，立下了爱国主义的历史丰碑。本栋精神是什么？就是'舍身治校'。"厦门大学党委已于2006年4月85周年校庆时郑重宣布：正式将"长汀精神"改为"萨本栋精神"。

同日 在《高等教育研究》2002年第4期上发表《浙江万里学院——一种第三部门高等学校的范例》（与邬大光、高新发合作）一文。文章认为，随着社会转型和政府职能的调整，第一部门高校的转型势在必行；随着民办高校的迅速发展，营利与非营利的分野愈显重要；第三部门正在成为我国高等教育发展的重要空间。浙江万里学院是一种第三部门高校的成功范例，对第一部门高校向第三部门转型、对公益性民办高校的发展，都有重要的借鉴意义。

8月4日 邀集家人在厦门白鹭洲（金秋豪园楼）莎诺法式经典西餐厅庆祝生日。

8月8日 为史秋衡所著的《高等教育产业的特殊性研究》（厦门大学出版社2002年8月版）一书作序。序文认为，该书澄清了高等教育产业化理论与实践中的几点认识：首先，强调产业化并不是把高校当营利性企业，高等教育产业不能借用传统企业的概念，不应将政府责任与高等教育产业化对立起来；其次，教育必须坚持计划性，但不应混淆计划职能与计划体制两个不同性质的概念；再次，教育的公益性有助于保护高等教育产业，应当积极探讨灵活多样的办学体制和教育产业运作方式。

同日 为陈笃彬主编的《台港澳高师教育比较研究》（厦门大学出版社2002年8月版）一书作序。序文认为："本书提供了大量翔实、详尽的原始资料，可读可查，既有利于读者掌握台港澳高师教育的全貌，也可供学者对三地高师教育的进一步研究，以推动大陆高师教育改革与发展。"

8月11日至12日 赴宁波，了解浙江万里学院近期发展情况。参观宁波职业技术学院、慈溪杨贤江中学新址。

8月16日 参加厦门市社会科学界联合会第四届选举会，被聘为名誉会长。

同日 为余小波所著的《普通高校成人学历教育质量研究》（湖南人民出版社2002年8月版）一书作序。序文认为，如何根据成人高等教育特点，构建成人高等教育质量保障体系，实施教育质量监控，是保证成人高教尤其是普通高校成人学历教育健康发展的关键。该书对此做了有益的探索。

8月20日　被《中国大学教学》编辑部聘请为顾问。

8月25日　乘机赴成都讲学。

8月26日　上午，在成都为清华大学举办的职业校长进修班讲课。

8月27日　上午，在厦门大学高等教育科学研究所开会，安排博士生答辩事宜。

8月28日　参加厦门大学高等教育科学研究所博士生刘承波的学位论文答辩会。答辩委员会成员有杨德广（主席）、李明德、潘懋元、刘海峰、王伟廉、邬大光、谢作栩。

同日　为韩延明所著的《大学理念论纲》（人民教育出版社2003年10月版）一书作序。序中写道："韩延明的《大学理念论纲》一书，首先从多个视角对理念与大学理念两个概念进行透析——从字义诠释到哲学思考、从思想史举证到实证性考察、从西方到中国、从正面到反面，反复推敲，由博返约，最终概括为'所谓理念，就是指人们对于某一事物或现象的理性认识、理想追求及其所形成的观念体系'。从而，'大学理念也就是指人们对大学的理性认识与理想追求，这种认识和追求形成了一定的观念体系'。我认为，这是迄今我所接触到的有关谈论'理念'概念中比较全面、准确、简明的界定。循着这一界定的产生和变化的历程，我们可以比较好地理解大学理念丰富的内涵。"

同日　为王继华所著的《校长职业化培训教程》（当代中国出版社2002年11月版）一书作序。序文提到，王继华教授作为校长职业化的首倡者，提出了3A能力的理念，策划了清华校长职业化的培训活动。在培训实践的基础上，融合他的理论研究成果，编著了《校长职业化培训教程》一书，内容丰富，视野开阔，百余万字，洋洋大观，既可作为职业校长培训教材，也可提供未能亲自参加培训的校长们自学参考。

8月31日　上午，参加厦门前埔中学揭牌仪式。

同日　下午，与离厦赴京到教育部教育发展研究中心工作的刘承波告别，对他提出了希望和要求。

9月1日　被聘为《复旦教育论坛》编辑委员会顾问。

9月6日　被厦门市人民政府聘请为厦门教育之城、科技之城、艺术之城建设规划课题组顾问。

同日　被聘为大型电视系列片《国本》总顾问。

9月13日　从厦门飞抵北京。

9月14日　上午，在北京为国防大学组织的全国军事高校校长学习班做报告。全军原有160多高校，后合并成60多所。

同日　下午，与前来国防大学看望的新到北京工作的刘承波、张洪亚、周蕳等亲切交谈。

9月16日至18日　赴安徽大学参加由教育部全国高等学校教学研究中心主办的"全国高等学校教学管理工作研讨会"，做关于高等教育质量观的专题报告。来自全国高教界的70余位专家、学者参加了研讨。对教育部教学工作评估、加强学校内部教学质量保证体系等热点问题以及教学管理工作实践中存在的难点问题进行了广泛讨论。对安徽大学高教研究室编辑的《高教研究周报》和《国内高等教育教学研究动态》两报及网上工作在全国高教改革中所起到的作用给予了很高的评价。会后游览包公墓园、包公祠、李鸿章故居等景点。

9月21日　晚上，在前埔家中主持"周末学术沙龙"，参加人员为厦门大学高等教育科学研究所部分教师、硕士生、博士生。

9月26日至28日　参加"公平与效率：21世纪高等教育国际学术研讨会"开幕式，做主题报告，并主持该次会议的闭幕式。

9月30日　在《高教探索》2001年第3期上发表《〈当代世界高等教育理念及对中国的影响〉序》一文。

9月　为章达友所著的《MBA教育质量控制系统研究》（厦门大学出版社2002年10月版）一书作序。序文简述了该书的主要内容，分析了该书的论证方式，认为其中许多理论性和方法性的创新见解，颇为中肯，很有价值。

9月　为厦门大学高等教育科学研究所硕士生、博士生授课。

10月12日　晚上，在前埔家中主持"周末学术沙龙"，参加人员为厦门大学高等教育科学研究所部分教师、硕士生、博士生。

10月14日 为黄藤主编的"七方民办教育丛书"(中国社会科学出版社 2003 年 5 月版)作序。序文指出,该套丛书的主编都是对民办教育研究有素的中青年教育理论工作者。他们从历史与国际比较,对民办教育的现状、政策、模式、评价进行多方位的理论探讨。当前民办教育的理论文章与专书虽不少,而这样计划庞大、全面系统的完整的丛书,还是第一套。该套丛书的出版,对民办教育尤其是民办高教的决策者、举办者、办学者,都有广泛的学习与参考价值。

10月15日 参观佛山科技学院,参加董事会会议,为师生做关于高教发展方向的报告,并被聘为客座教授。之后,游南海观音等景点。刘辉、吴玫、吕向红等陪同。

10月17日至30日 应香港中文大学教育学院院长钟宇平教授的邀请,前往香港中文大学教育学院访问教授工作室工作。博士生吴玫陪同。

10月30日 在《泉州师范学院学报》2002 年第 5 期上发表《借鉴价值的追寻——〈台港澳高师教育比较研究〉序》一文。

10月31日 乘船由香港至澳门,在澳门特别行政区政府高等教育辅助办公室主任朱耀安等陪同下,访问澳门科技大学、澳门旅游学院等,并游三岛、澳门海事博物馆等景点。吴玫随行。

10月 先后在香港大学和香港中文大学做题为《大学应当研究自己——中国大陆高等教育科学研究的发展与特点》的报告,并与两校师生座谈。

11月1日至3日 至海口,赴海南博鳌参加"第九届大学教育思想研讨会",做关于 21 世纪高等教育发展的第三个方向的报告。

11月4日 应邀对海南师范大学的教师、干部和教育系学生做报告。游览海口西海岸公园。喻立森、傅凰、张超、吴玫等陪同。

11月9日 晚上,在前埔家中主持"周末学术沙龙",参加人员为厦门大学高等教育科学研究所部分教师、硕士生、博士生。

11月16日 晚上,在前埔家中主持"周末学术沙龙",参加人员为厦门大学高等教育科学研究所部分教师、硕士生、博士生。

11月23日 晚上,在前埔家中主持"周末学术沙龙",参加人员为厦门大学高等教育科学研究所部分教师、硕士生、博士生。

11月26日 参加杨贤江中学新校舍落成典礼，为杨贤江中学师生做报告。

11月28日至29日 参加在苏州会议中心召开的"第二届21世纪教育论坛暨民办教育高峰会"，在开幕式上做民办高等教育定位与发展方向的报告。

12月5日 在《光明日报》上发表《教育如何产业运作》一文。文章指出，高等教育应否产业化、能否产业化，是高等教育进一步发展，尤其是实现高等教育大众化和发展民办高等教育必须解决的问题。虽然高等教育的许多领域已经自觉地按产业化运作，甚至有的已按企业经营，但其是非得失，仍应在理论上有个说法。否则，制订政策缺乏理论支持，也不利于高等教育改革和发展。

12月7日 晚上，在前埔家中主持"周末学术沙龙"，参加人员为厦门大学高等教育科学研究所部分教师、硕士生、博士生。

12月12日 至西安，参加在西北工业大学召开的全国本科院校高职教育协作会第四次学术年会开幕式，做《中国高职教育走向》的专题报告。来自全国80多所高等学校的170余名代表参加会议。

12月13日 出席厦门市电视大学培养人才模式试点评审会。

12月14日 晚上，在前埔家中主持"周末学术沙龙"，参加人员为厦门大学高等教育科学研究所部分教师、硕士生、博士生。

12月16日至26日 赴汕头大学，指导硕士研究生论文工作，为2002级硕士研究生讲课。

12月20日 被聘请为《北京大学教育评论》编辑委员会名誉编辑委员。

同日 被淮北煤炭师范学院聘为兼职教授。

12月28日 晚上，在前埔家中主持"周末学术沙龙"，参加人员为厦门大学高等教育科学研究所部分教师、硕士生、博士生。

12月 任《中国高教学会高教研究信息中心》优选论文专家组专家。

12月 在《民办教育通讯》（内刊）2002年第12期上发表《民办高等教育的定位与发展》一文。

本年 在《民办教育研究》（内刊）2002年创刊号上发表《民办高等教

育的发展需要理论研究支持》一文。

本年 参与教育部委托厦门大学高等教育科学研究所等单位起草《关于加强高等教育研究所（室）建设的意见（讨论稿）》的工作。

2003年 八十三岁

1月5日 至上海，在"复旦教育论坛"上做《高等学校分类与定位》的学术报告。

1月7日 赴福州，参加福建省高等职业教育研究会，做有关高等职业教育发展问题的报告。

1月8日 参观闽江大学新校舍，并到福州职业技术学院做报告。

1月10日 参加教育部政法司在厦门大学召开的"世贸组织与教育发展"研讨会，做有关教育主权与教育产权的报告。

同日 在《北京大学教育评论》2003年第1期上发表《公平与效率：高等教育决策的依据》一文。论文指出，公平与效率是人类社会永恒的理念，但在现实中，则是适时的行动准则。高等教育当前许多重大的改革与发展问题，都应当把公平与效率的原则作为决策的依据。公平与效率，是两个密切相关的概念，在一定情况下产生矛盾，需要在两者之间寻求它们的平衡点，进行适度的协调。在经济与社会转型期，对改革与发展问题，一般采取效率优先、兼顾公平的原则。但公平的价值高于效率的价值，效率优先，最终是为达到更高层次的公平。对公平与效率的认识是主观的，但有其相对的客观标准：公平的标准是大多数人的公平，效率的标准是国家的、社会的、个人的长远效益。两者在发展中得到统一。《高等教育（人大复印资料）》2003年第3期全文转载。

1月20日 被聘请为中国工程院——北京航空航天大学高等工程教育研究中心学术委员会委员。

1月28日 到厦门市教育局向全市中小学校长做题为《21世纪的校长：从职务校长到职业校长》的报告。

1月 为厦门大学高等教育科学研究所硕士生、博士生授课。

2月6日　在《中国青年报》上发表《大方向与可行性》一文。论文认为，大学与一般社会机构不同之处在于，它是一个学术性组织，其教学和科研都属于学术性事业，其管理也必须按学术性组织的特点与规律来运作。《新华文摘》2003年第9期全文转载。

2月18日　在《中国高等教育》2003年第2期上发表《谈高等教育的公平与效率》一文。论文认为，公平与效率是相对的，只有相对的标准。公平的相对标准是对大多数人的公平，效率的相对标准是对国家、对社会、对个体长远的效益。

2月27日至29日　参加江苏省学位与研究生教育会议，做报告。

3月8日　晚上，在前埔家中主持"周末学术沙龙"，参加人员为厦门大学高等教育科学研究所部分教师、硕士生、博士生。

3月14日　为黄福涛所著的《外国高等教育史》（上海教育出版社2003年11月版）一书作序。序文认为，该书特点是史料充实、分清历史源流、重视课程演变。该书的编写弥补了我国高等教育领域对外国高等教育的缺失，是一件令人高兴的事，虽然在翻译编写方面仍然存在不足之处，但瑕不掩瑜，值得我们深入学习与思考。

3月15日　晚上，在前埔家中主持"周末学术沙龙"，参加人员为厦门大学高等教育科学研究所部分教师、硕士生、博士生。

3月18日　在《中国高等教育》2003年第6期上发表《教育主权与教育产权关系辨析》（与黄建如合作）一文。论文指出，教育产权的种种性质与特点与国家教育主权的权威性、利益性、独立性等特征有某些相似之处，但教育产权和教育主权是属于不同范畴的概念，有必要对两者加以区分，重新审视教育主权的概念及其理论，分清主权与非主权权利，特别是要分清主权与产权的区别是基本理论研究的任务。

3月22日　晚上，在前埔家中主持"周末学术沙龙"，参加人员为厦门大学高等教育科学研究所部分教师、硕士生、博士生。

3月25日　在《深圳高等职业技术学院学报》2003年第1期上发表《〈高等职业技术研究与探索〉序》一文。

3月28日　上午，在厦门大学参加由全国信息与电子学科研究生教育委员会主办的"2003春季研究生教改论坛",做关于研究生教育制度创新的报告。报告指出,当前社会对高层次人才的需求日益增长和多样化,高等教育大众化的进程也日益加快。因此,能否满足社会需求成为衡量研究生教育质量的重要标准,研究生教育已不再单纯是一个探索高深学问和专注科研的场所,而应与专业性和职业性相结合,研究生的培养应实现从目标到课程等各个环节的多样化。如积极发展各类专业学位,培养应用型人才,各高校根据不同特点承担不同类型的研究生教育,实现本科生与硕士生、硕士生与博士生之间的课程衔接。

同日 下午,与王伟廉到北京开会,住清华招待所甲所。

3月29日至30日 参加由清华大学发起的"一流大学的理论与实践学术研讨会",并做大会主题发言。我国高等教育学界知名学者和部分重点高校负责人50多人聚首清华大学,围绕"什么是一流大学,如何建设一流大学"这一主题建言献策。

3月30日 在《医学教育论坛》2003年第1期上发表《公平与效率:21世纪的高等教育》一文。论文指出,高等教育的公平与效率问题是一个既具有理论价值又极具现实意义的重要课题。在处理教育公平与教育效率的关系时,必须在正确认识两者关系的前提下,根据实际情况权衡利弊、做出取舍,同时不能忽视教育公平与效率的主观认识与客观标准。

3月31日 与王伟廉、史秋衡一起,到教育部教育发展研究中心,同周满生副主任等交流、商讨关于与香港大学合作办学事宜,刘承波陪同。之后与史秋衡返回厦门。

3月 为王义遒所著的《文化素质与科学精神——谈学论教续集》(北京大学出版社2003年3月版)一书作序。序文认为,文集的堂奥是"论教",论教的重点是论教学与科研,篇幅约占三分之二。这些论文与报告,对全国正在进行的教学科研的改革与发展,具有特殊的现实意义。该书是一本文情并茂的文集,也是一份可以带进21世纪的可贵礼物。

4月5日 晚上,在前埔家中主持"周末学术沙龙",参加人员为厦门大学高等教育科学研究所部分教师、硕士生、博士生。

4月6日 参加在高教所会议室举行的"庆祝厦门大学建校82周年暨

'懋元奖'奖教奖学金颁奖大会"。发表讲话并为获奖的师生一一颁发证书与奖金。第四届厦门大学高等教育科学研究所"懋元奖"奖教金获奖人员有，一等奖：张亚群；二等奖：范孝平。奖学金获奖人员有，一等奖：张慧洁；二等奖：裴云。

4月10日 在《光明日报》上发表《社会学眼光研究高等教育》一文。该文是为张德祥和周润智所著的《高等教育社会学》（高等教育出版社2003年1月版）一书所作的序言。

4月12日 晚上，在前埔家中主持"周末学术沙龙"，参加人员为厦门大学高等教育科学研究所部分教师、硕士生、博士生。

4月16日至21日 与史秋衡教授带领高教中心（高等教育科学研究所）2002级全体博士生18人赴宁波调研。先后前往宁波大学、宁波万里学院、宁波高等职业技术学院、宁波服装职业技术学院、宁波大红鹰职业技术学院等5所代表着宁波高等教育概貌的院校调研，与师生座谈，并参观新建的大学园区。此外，还与宁波市教育局的领导亲切会谈。本次调研旨在深入认识和研究宁波市在高等教育大众化过程中的实践探索和独特发展模式。

4月18日 在《中国教育报》第3版上发表《一流大学不能跟着"排名"转》（与左春明合作）一文。文章指出，与其去考虑排名，不如对世界著名的大学集中进行研究、分析；分析、研究他们如何从不著名到著名。尤其是对一些新出名的大学，研究他们如何从不著名到著名，或者说如何从非一流到一流，这样可能比较实在。当然，别人的东西也只能够做参考，不能照搬。

4月24日 参加厦门大学高等教育科学研究所学术例会，听博士生张艳辉做《高等学校教师与课程建设》、硕士生杨旭辉做《福建高校人才培养质量的现状与对策》的报告。

4月26日 晚上，在前埔家中主持"周末学术沙龙"，参加人员为厦门大学高等教育科学研究所部分教师、硕士生、博士生。

5月10日 晚上，在前埔家中主持"周末学术沙龙"，参加人员为厦门大学高等教育科学研究所部分教师、硕士生、博士生。

5月17日 晚上，在前埔家中主持"周末学术沙龙"，参加人员为厦门大学高等教育科学研究所部分教师、硕士生、博士生。

5月18日 为厦门大学高等教育科学研究所硕士生石慧霞的"学位论文开题报告审核表"填写"导师意见"。

5月20日 在《复旦教育论坛》2003年第3期上发表《高等学校分类与定位问题》（与吴玫合作）一文。文章参考多种高校类型分类方案，结合我国高等学校实际，将我国高等学校分为三种类型：综合性研究型大学、多科性或单科性专业型大学或学院、多科性或单科性职业技术型学院。并且指出，如何引导全国高校分类发展、解决多样化的社会需求与单一化的发展目标的矛盾，是当前中国高等教育事业发展中急待解决的问题，也是一项复杂而困难的工作。

5月24日 晚上，在前埔家中主持"周末学术沙龙"，参加人员为厦门大学高等教育科学研究所部分教师、硕士生、博士生。

5月31日 晚上，在前埔家中主持"周末学术沙龙"，参加人员为厦门大学高等教育科学研究所部分教师、硕士生、博士生。

5月 在《老教授论坛》2003年第5期上发表《重订教育之城规划的若干意见》一文。文章为厦门市重订教育之城规划提出了五点参考意见。

6月1日 《高等教育大众化的教育质量观》一文收录于《回顾与展望——1983年至2003年高教研究论文集》。

6月7日 晚上，在前埔家中主持"周末学术沙龙"，参加人员为厦门大学高等教育科学研究所部分教师、硕士生、博士生。

6月8日 携夫人和全家共10人一起，参观厦门大桥、海沧大桥等，并合影留念。

6月10日 访泉州信息学院和仰恩大学新校区。

6月12日 参加厦门大学高等教育科学研究所博士生刘清华、刘铁的学位论文答辩会。答辩委员会成员有李明德（主席）、潘懋元、刘海峰、王伟廉、谢作栩、李泽彧、史秋衡。

6月14日 晚上，在前埔家中主持"周末学术沙龙"，参加人员为厦门大学高等教育科学研究所部分教师、硕士生、博士生。

6月19日 为毛大龙、黄立鹏、王爱民著的《高职院校思想政治教育工作创新研究》（浙江人民出版社 2007 年 1 月版）一书作序。序文认为，该书有如下特点：史料充实、分清历史源流、重视课程演变。它的出版不仅可以作为宁波服装职业技术学院素质教育的好教材，对全国高职学生来说也是一本有益的好读物。

同日 为黄立鹏主编的《高职学生就业百题》（中国科学文化出版社 2003 年 8 月版）一书作序。序文指出："《百题》内容，选题广泛，题材多样。对年青学生谈理想、谈修养、谈学习、谈就业、谈社交、谈爱情……并非每篇都是精品，但都贴近生活，贴近心理，用简洁明快的语言交流思想，寓殷切期望于师生平等对话，情理交融，谆谆引导。"

6 月 21 日 晚上，在前埔家中主持"周末学术沙龙"，参加人员为厦门大学高等教育科学研究所部分教师、硕士生、博士生。

6 月 25 日 在《清华大学教育研究》2003 年第 3 期上发表《一流大学不能跟着"排名榜"转》一文。论文指出，不能简单地用排行榜来衡量一流大学，这样会产生一些副作用和误导。一流大学应该具备一些特征，如有自己行之有效的办学理念，有名师，能培养出优秀的学生，为社会所承认等。

6 月 28 日 晚上，在前埔家中主持"周末学术沙龙"，参加人员为厦门大学高等教育科学研究所部分教师、硕士生、博士生。

6 月 为张彤所著的《中国高等教育改革与可持续发展》（厦门大学出版社 2003 年 6 月版）一书作序。序文对可持续发展进行了阐述，总结了该书的写作方式与主要内容，认为它的出版，一方面可以丰富中国高等教育发展理论，引起教育工作者尤其是高等教育工作者的重视；另一方面可以为政府有关部门和高校领导的决策提供参考。

7 月 3 日 《潘懋元论高等教育》一书荣获中华人民共和国教育部颁发的"第三届中国高校人文社会科学研究优秀成果奖教育学二等奖"。

7 月 5 日 晚上，在前埔家中主持"周末学术沙龙"，参加人员为厦门大学高等教育科学研究所部分教师、硕士生、博士生。

7 月 12 日 晚上，在前埔家中主持"周末学术沙龙"，参加人员为厦门大学高等教育科学研究所部分教师、硕士生、博士生。

7 月 17 日 全国部分重点高校发展战略规划工作研讨交流会在厦门大学

召开。针对精英大学要不要承担大众化教育的任务这个很多代表关心和困惑的问题，在会上做了题为《大众化阶段的精英教育》的演讲。指出，高等教育应当分类发展，无论从理论上，还是从其他国家的经验看，研究型大学都不应该承担大众化教育任务。

7月18日至20日 经大连至哈尔滨，参观黑龙江科技学院校园，邬大光夫妇陪同。为黑龙江科技学院教师和干部做《关于21世纪高等教育发展方向与二级学院问题》的报告。被黑龙江科技学院聘为兼职教授。之后，游虎园。

7月22日至24日 赴齐齐哈尔，在齐齐哈尔高等职业学院分别举行了教师、干部和学生两个座谈会。会后，经大兴安岭进入呼伦贝尔大草原，到达海拉尔、呼伦湖、满洲里等地。

7月25日 在哈尔滨访问黑龙江东方学院。游览极乐寺，在中央大街欣赏俄式建筑。

7月26日 至锦州，参观渤海大学新老校区，与师生座谈。

7月27日 游义县奉国寺、万佛堂石窟、兴城、宁远卫城、文庙等景点。

7月28日 至朝阳，与朝阳师范专科学校党政干部座谈，邬大光、高晓杰陪同。

7月29日至31日 至沈阳，与沈阳师范学院党政干部座谈。

7月 为程静主编的《高校人才培养模式多样化：诠释与应对》（北京工业大学出版社2003年7月版）一书作序。序文介绍了21世纪人才培养的背景，总结了该书的主要特色，认为该书的价值并不在于为读者提供某种最优化的人才培养模式，而是向读者提出一种探讨多样化人才培养模式的思路。

8月2日 为柯佑祥所著的《适度盈利与民办高等教育发展》（南京师范大学出版社2003年12月版）一书作序。序文认为，该书在《民办教育促进法》实施前夕出版是非常有意义的，也是非常及时的，肯定了书中的一些精辟的创新见解。

8月3日 在家人陪同下赴鼓浪屿，故地重游。

8月8日 为栾开政主编的《山东高等教育发展史1840—2000》（山东教育出版社2003年9月版）一书作序。序文指出："这本地方教育史志专著，以山东高等教育100多年来的历史发展为主线，系统地考察了山东高等教育历史发展的轨迹，全面总结了山东高等教育发展的经验，是开展区域高等教育发展历史研究的有益尝试。"

8月15日 为叶春生所著的《二十年的实践与探索——高等职业技术教育论文集》（高等教育出版社2004年5月版）一书作序。序文指出，大多数论文虽以江苏一省作为主要研究对象，而所剖析的现象、所总结的经验、所概括的理论，对全国高等职业教育的改革与发展，都有重要的参考价值与指导意义。

8月16日 为陈雅芳所著的《树人之道——在百年女校里探索》（厦门大学出版社2004年4月版）一书作序。序文提到，这部教育论文集林林总总，跨度很大。该论文集的出版，既非就事论事，又非夸夸其谈，它为泉州幼师转型升格发展探明了方向。

8月20日 至深圳市南山区，为中小学校长做《从职务校长到职业校长》的报告。参观明斯克航空母舰。

8月21日 考察深圳大学城，与大学城管委会主任张宝泉及管委会工作人员座谈大学城发展问题，张祥云、李均陪同。

8月28日 被福建省炎黄文化研究会聘为第三届理事会顾问。

8月31日 参加厦门大学高等教育科学研究所博士生张慧洁、杨丽娜、叶信治的学位论文答辩会。答辩委员会成员有杨德广（主席）、周川、潘懋元、刘海峰、王伟廉、邬大光、谢作栩。

8月 在《研究生教育》2003年第8期上发表《关于研究生教育创新的若干问题》（与吴玫合作）一文。文章认为，当前我国硕士层次教育存在定位不明确的问题，而且对学位的标准往往侧重的是学术水平。随着社会和高等教育自身的发展，这种标准已变得有些不合时宜。研究生教育的发展和研究生培养的目标，应是多样化的，即研究生的专业结构和课程设置应同社会经济结构、职业结构、人才需求结构的发展结合起来考虑，而不应仅仅从纯科学探索、从学科自身发展的角度来考虑。我国的研究生培养模式已很难适应规模扩张、类型多样的研究生教育之现实，为此必须调整和改革。

8月 主编的《中国高等教育百年》由广东高等教育出版社出版。在该书"前言"中，提出了"史书有不同写法"的观点。

9月4日　至沈阳，参加教育部教育发展研究中心第四次专家咨询会，对2020年发展纲要发表意见，就农村教育发展问题做专题报告。

9月6日　游览新修北陵，参观沈阳工业学院与沈阳建筑学院。

9月10日　在《中国大学教学》2003年第9期上发表《基础课程教学也能出名师》一文。文章肯定了基础课程教师的地位，认为基础课教师是启蒙者，是大学生全面素质发展的引导者，加强基础课程建设，提高基础课程质量，是推进素质教育的基础工程。在培养高级专门人才上，基础课教师地位的重要性、任务的光荣性，不亚于专业课教师。评选与表彰基础课名师这一活动是应当充分肯定的，但对于基础课名师评选的条件，似应从基础课程的特点出发，而不应与一般优秀教师的评选条件雷同。

9月13日　晚上，在前埔家中主持"周末学术沙龙"，参加人员为厦门大学高等教育科学研究所部分教师、硕士生、博士生。

9月15日　在《黄河科技大学学报》2003年第3期上发表《写在〈民办教育促进法〉即将实施之前》一文。文章指出，《民办教育促进法》是一部当前所能达到的较好的政策法规，它具有相对的合理性与可行性。但有许多不完善之处。实施细则可以有所补充、完善，以利于《民办教育促进法》的正确运用。

9月17日　为厦门大学高等教育科学研究所新生做《校史与研究生学习》的报告。

9月20日　晚上，在前埔家中主持"周末学术沙龙"，参加人员为厦门大学高等教育科学研究所部分教师、硕士生、博士生。

9月22日　参加厦门大学高等教育科学研究所学术例会，听邬大光教授做《高等教育与资本市场的联姻——兼论高等教育的几个理论问题》的学术报告。邬大光教授于2002年9月至2003年7月在美国加州大学伯克利分校做富布莱特访问学者。

9月27日　晚上，在前埔家中主持"周末学术沙龙"，参加人员为厦门大学高等教育科学研究所部分教师、硕士生、博士生。

9月30日　在《高教探索》2003年第3期上发表《关于〈民办教育促

进法〉及其实施》一文。

同日 在《集美大学学报》2003年第3期上发表《职称回归学衔 提高学术权力》一文。文章认为，北京大学的人事改革只是教师评聘制度的改革而非整个人事制度的改革。因此，在可行性上，具有一定的平稳性，但是忽视了传统观念的问题，导致人们的过多争议。文章指出，教授、副教授、讲师、助教等本来意义上不是职称而是学衔，是终身拥有的称号，所以应该使"职称"回归"学衔"，还其学术水平的本来意义。期望"真正摆正学术权力与行政权力的关系""制定能真正体现不同学衔学术水平的评审标准""防止鼓励竞争的措施使人急功近利"。

9月 为厦门大学高等教育科学研究所硕士生、博士生授课。

9月 南京大学中国社会科学研究评价中心发布的"作者论文在若干学科论文中被引用次数排序"统计信息中，潘懋元教授名列第三。

9月 为薛锡振所编写的《大学语文》（厦门大学出版社2003年9月版）一书作序。序文指出了"大学语文"课程的性质、任务和应有的人文素质教育价值。

10月4日至5日 赴东营，应邀参加中国石油大学（华东）建校50周年庆典，为石油大学教师和干部做《21世纪高等教育发展方向》的报告。

10月7日至9日 赴武汉作客《湖北招生考试》杂志社，就高等教育在新世纪的发展和高校招生改革等问题接受采访。邬大光、张应强、别敦荣、张亚群等陪同。

10月12日 参加全国学生公寓研讨会并做报告。

10月17日至20日 在北京参加"庆祝中国高等教育学会成立20周年大会暨2003年高等教育国际论坛"。与会代表200余人。论坛的主题是：加强教育科学研究，促进高等教育创新。"论坛"对坚持教育创新，特别是高等教育创新的内涵、目的、现状、问题、途径、措施以及重要理论和现实意义进行了深入的探讨。厦门大学、华中科技大学、华东师范大学、北京师范大学、南京师范大学、北京大学等6所大学的博士生代表，在大会上分别进行了博士论文综述。

10月20日 晚上，在北京与吴岩、刘振天、赵婷婷、刘承波、阎志坚、叶之红、高宝立、周蔺、张洪亚、陈昊、朱国仁、史秋衡,华东石油大学刘华东、深圳教科院叶文梓、李均、廖益,以及王建华、吴玫、林莉、张宝蓉等众位学生欢聚、交谈。

10月21日 上午,在北京教育科学研究院做报告。下午乘机返回厦门。

10月23日 经中华人民共和国人事部和全国博士后管理委员会批准,担任名誉所长的厦门大学高等教育科学研究所设立教育学一级学科博士后科研流动站,为人才培养和科研攻关的进一步发展拓展空间。

10月25日 晚上,在前埔家中主持"周末学术沙龙",参加人员为厦门大学高等教育科学研究所部分教师、硕士生、博士生。

10月27日 参加厦门大学高等教育科学研究所学术例会,听博士生王学海做《浅析"高考移民"现象》、博士生闫月勤做《一流大学的形成与发展》的报告。

10月31日 参加厦门大学高等教育科学研究所学术例会,听日本广岛大学高等教育研究开发中心副教授黄福涛做《大学课程国际化》和《法人化与日本国立大学内部组织与机制改革》的报告。

10月 在《杨贤江与中国教育现代化》(浙江大学出版社2003年10月版)一书中发表《素质教育的先驱——杨贤江"全人生指导"思想》一文。

10月 为刘光临主编的《高教理论与管理实践》(湖北人民出版社2003年10月版)一书作序。序文认为,该书内容包含高教理论与高教管理,涉及高等教育工作的各个方面,重点是理论与实践的结合,所设栏目是高等教育改革和发展的重要领域,所选论文分别从不同的角度对所研究的问题进行了比较深入的探讨和论述,所以,从理论的角度看,该书的研究成果对高等教育理论有积极贡献。

11月1日 晚上,在前埔家中主持"周末学术沙龙",参加人员为厦门大学高等教育科学研究所部分教师、硕士生、博士生。

11月8日 晚上,在前埔家中主持"周末学术沙龙",参加人员为厦门大学高等教育科学研究所部分教师、硕士生、博士生。

11月10日 参加厦门大学高等教育科学研究所学术例会,听杨广云副教授做《俄罗斯高等教育层次分类》的学术报告。

11月15日至17日 至珠海,参加在中山大学珠海校区召开的全国高等教育学研究会10周年庆典暨第7次年会,会议主题为"现代大学精神与教育制度创新"。在开幕式上做中国高教学会与研究会筹备、成立经过的发言。下午做主题报告。

11月16日 参加中山大学珠海校区第4次讨论会和华南师范大学大学城新校区建设讨论会。

11月17日 在《教育研究》2003年第11期上发表《人文万里 以生为本——试析浙江万里学院的办学理念》(与高晓杰合作)一文。文章主要论述了浙江万里学院办学理念的确立、实践情况以及办学成绩等问题。

11月19日 至佛山科学技术学院,与师生座谈。下午到中山大学做报告。

11月20日 到广州大学与师生座谈。

11月21日 赴上海,参加在上海工程技术大学举行的八校产学研合作教育试点验收。下午参观松江大学园区。

11月25日 在《高等教育研究》2003年第6期上发表《大众化阶段的精英教育》一文。这是作者在部属重点大学规划会议上的发言稿。论文围绕着大众化阶段的精英教育论述了三个问题:一是精英教育机构不应承担高等教育大众化的任务。为减轻大众化给精英教育机构带来的压力,在高等教育增长的规模速度和增长方式上,应变"控制发展"或"加快发展"为"适度超前发展",变"内涵式发展"为"外延式发展"或两者并重,以外延式发展为主。二是高等学校的定位和分类发展。不同类型的学校应合理定位,办出特色,在各自层次和类型中争创一流。三是关于创建一流大学问题。《高等学校文科学报文摘》2004年第1期全文转载。

11月30日至12月2日 参加在上海召开的"中国高等职业技术教育研究会第六届二次理事会暨第九次学术年会",在开幕式上做《关于全国高职发展形势与定位问题》的报告。

12月3日 赴西安,为西北工业大学干部和西安其他高校干部做报告。

12月4日至5日 参加在西北工业大学召开的全国本科院校高职教育协作会第四次学术年会,并做《中国高等教育走向》的主题报告。

12月13日 参加厦门大学高等教育科学研究所博士生高新发的学位论文答辩会。答辩委员会成员有谢安邦（主席）、李明德、潘懋元、刘海峰、邬大光、谢作栩、李泽彧。

12月20日至23日 参加由厦门大学高等教育发展研究中心和香港大学华正中国教育研究中心联合主办的"中华高等教育改革"国际学术研讨会，并做《精英与大众：21世纪初中国大陆高等教育的两个发展方向》的大会报告。来自美国、英国、德国、新西兰、芬兰、挪威、澳大利亚、俄罗斯以及中国内地和中国香港、澳门、台湾等高等教育研究专家和大学校长共150多人参加了会议。

12月24日 在嘉庚三/9层会议室参加厦门大学教育研究院学术报告会，听俄罗斯教育科学院院长尼康德洛夫教授做《俄罗斯高等教育改革》的学术报告，并进行了点评。报告结束后，特别邀请尼康德洛夫院长与全体与会人员在会议室合影留念。

12月27日 晚上，在前埔家中主持"周末学术沙龙"，参加人员为厦门大学高等教育科学研究所部分教师、硕士生、博士生。

12月30日 在《高等职业教育（天津职业大学学报）》2003年第6期上发表《当前高等职业教育发展的几个主要问题》一文。文章主要就如下三个方面做了探讨：正确的战略决策和不配套的政策措施的矛盾；高职的定位与发展方向；高职的教育质量与创新制度。

12月 在《湖北招生考试（理论版）》2003年第12期上发表论文《从选拔性到适应性——高等教育大众化阶段的高考制度》（与覃红霞合作）。文章指出，随着我国高等教育从精英教育阶段向大众化阶段发展，高考必将由选拔性考试转变为适应性考试，既适应多样化的高等教育选择合适的新生，又适应考生的需求，为考生提供准确而详尽的、能鉴别个人在知识、能力、素质上的个别差异的手段和方法，使考生能够更好地选择合适的高校和专业。

12月 为撰著的《高等教育：历史、现实与未来》（人民教育出版社2004年10月版）一书作《自序：成为教育家的"机遇"》。序文强调，高等教育要改革、要发展，就需要理论，尤其是中国特色的社会主义高等教育理论。

12 月　应邀到汕头大学讲学和调研,到高等教育科学研究所指导、座谈。黄宇智、王伟廉、魏贻通、秦国柱、马凤岐、冯用军等参加。

2004 年　八十四岁

1月7日　赴泉州,考察仰恩大学。

1月10日　为董大奎所著的《示范性高等职业技术院校建设》(同济大学出版社 2004 年 3 月版)一书作序。序文认为,该书在广采示范性高等职业技术院校实践经验的基础上,进行理论分析与概括,其中包含了一些作者独到的见解。

同日　晚上,在前埔家中主持"周末学术沙龙",参加人员为厦门大学高等教育科学研究所部分教师、硕士生、博士生。

同日　在《中国大学教学》2004 年第 1 期上发表《新时期中国高等教育的质量战略》一文。文章认为,新时期我国高等教育质量,既有真实的下降也有虚假的下降。教育质量真实的下降是由于学生数量增长和教育资源增长的不平衡造成的,必须采取政策性措施解决,如采取"适度超前发展"和"内涵式发展与外延式发展并重,以外延式发展为主"的战略;扩充教育资源;政府履行财政性经费增长的承诺,鼓励社会力量投资教育;放宽民办高校审批条件,促使民办学院成为真正的民营独立院校。教育质量虚假的下降是由于人们主观认识的原因,必须改变教育质量观,以新的质量观指导高等教育实践。将传统的知识质量观转变为包含知识、能力在内的素质质量观,并着重创新精神、实践能力的培养;将传统的单一的精英教育质量观转变为包含精英教育在内的多样化的大众教育质量观。

1月21日　夫人龚延娇在厦门病逝,享年 85 岁。

1月25日　在《中国教育报》上发表《〈中国高等教育百年〉——教育史的一种写法》一文。文章介绍了《中国高等教育百年》一书的写作方法,并概述了本书的主要框架及内容。

1月30日　在《煤炭高等教育》2004 年第 1 期上发表《关于当前研究生教育体制创新的若干问题——兼论信息与电子学科研究生教育的发展问题》

（与吴玫合作）一文。文章指出，我国硕士层次教育存在定位不明确、标准侧重学术水平的问题。

1月　为厦门大学高等教育科学研究所博士生授课。

1月　所作《刘佛年教授与高等教育学科建设》一文收录于《常在明月追思中——刘佛年纪念文集》（江西教育出版社2004年1月版）一书。

2月9日　主持和组织厦门大学高等教育发展研究中心全体教师提出《高等教育法》九个方面的修改意见。

2月20日　邀请香港中文大学及美国密歇根大学教育讲座教授杜祖贻先生和新加坡南洋学会会长、世界银行科研项目负责人魏维贤教授访问厦门大学高等教育科学研究所，并与师生进行了亲切座谈。座谈会后，潘先生和两位教授互赠著作，并合影留念。会后，潘世墨副校长设晚宴欢迎两位教授。

2月23日　上午，参加厦门大学高等教育科学研究所学术例会，听硕士生游玉华做《硕士研究生数量增长的模型——未来10年我国硕士研究生招生规模的理论分析与实证研究》的报告。

2月28日　上午，参加厦门大学高等教育发展研究中心副主任谢作栩教授主持的全国教育科学"十五"规划的国家重点课题"高等教育大众化与缩小社会阶层高等教育差异的研究"的开题论证会。

2月29日　赴北京，参加北京师范大学校友会会议，参观北京师范大学附属中学。

2月　在《高等技术教育研究》2004年第1期上发表《中国高职教育走向》一文。

3月1日　上午，参加厦门大学高等教育科学研究所学术例会，听2003级博士生余小波做《成人高等教育质量监控体系和构建与实施》、高见做《治道变革与大学科层制重构——兼谈大学的学术权力和行政权力》的报告。

3月6日　晚上，在前埔家中主持"周末学术沙龙"，参加人员为厦门大学高等教育科学研究所部分教师、硕士生、博士生。

3月7日　为刘金桂、史秋衡所著的《高等职业教育发展研究》（厦门大学出版社2004年5月版）一书作序。序文从认识、定位、质量、就业等方面分析了我国高等职业技术教育存在的问题，职业技术教育已经进入到高等教育领域，成为高等教育的重要组成部分，但是它的体系尚未构成。认为《高等职业教育发展研究》一书能使读者比较完整地了解高等职业技术教育的体系，对于高职院校的办学者，有理论指导和实践参考价值。

3月10日 为陈厚丰所著的《中国高等学校分类与定位问题研究》（湖南大学出版社2004年4月版）一书作序。序文指出，高等学校分类是一个世界性的难题，并关系到中国高等教育能否持续发展的问题，对此做了分析。接着，简要概括了该书的主要内容，认为内容庞大而逻辑严谨，是国内第一部关于论述高等学校分类与定位的全面系统的专著。

同日 在《教育发展研究》2004年第3期上发表《对接资本市场——在民办高等教育与资本市场高级论坛上的发言》一文。论文从举办者的角度、资金投入来源等角度分析了中国民办高等教育的三个发展时期遇到的理论问题，并指出了民办高等教育要进入资本市场，面临的既有认识上的问题也有当前的实际困难，如所谓公益性与营利性的矛盾，对于不得以营利为目的的误解或者不恰当解读，以及生源困难问题、质量问题、就业问题，等等。

3月12日至14日 赴珠海，参加北京师范大学珠海分校性质、任务及发展方向的专家讨论会。

3月15日 上午，参加厦门大学高等教育科学研究所学术例会，听邬大光教授向全所师生做"日本学术访问之行"的汇报。2003年12月27日至2004年3月5日，邬教授在日本参加了"亚洲大学新生经历发展论坛""全球化与私立高等教育管理论坛"和"亚洲国家开展FYE的可能性"三个国际会议。

3月20日 晚上，在前埔家中主持"周末学术沙龙"，参加人员为厦门大学高等教育科学研究所部分教师、硕士生、博士生。

3月22日至24日 应邀参加在大连外国语学院举办的中国高等教育改革与发展学术报告会，为该校处级以上领导干部、市高校工委、部分高校领导做了题为《中国当前高等教育发展的若干问题》的专题报告，对高等教育发展的规模速度问题、高等教育分类定位与发展方向问题、高等教育质量问题、高校毕业生就业问题以及民办高等教育发展问题等，进行了深入的阐述和精辟的讲解。

3月23日　在《中国大学生就业》2004年第3期上发表《从高等教育结构看大学生就业问题》（与吴玫合作）一文。文章指出，大学生就业难是由多种原因导致的，争论最多的是高等教育大众化是否导致就业率下降；同时也对高校专业设置不当、培养目标错位、大学生就业观念以及用人单位竞相追求高学历、形成人才高消费现象等提出质疑。

3月24日　参观大连东软学院和极地海洋博物馆。

3月26日　下午，在厦门大学颂恩楼220室参加教务处组织的如何建设世界一流大学系列讲座的第一场报告会，听牛津大学教育学系高级研究员Dr. Colin Brock做《世界一流大学的理念：剑桥大学、华威大学案例》的学术报告。报告重点探讨了全球化背景下高等教育的标准和质量保障问题。

3月27日　晚上，在前埔家中主持"周末学术沙龙"，参加人员为厦门大学高等教育科学研究所部分教师、硕士生、博士生。

3月28日　为厦门大学高等教育科学研究所硕士研究生游玉华的"研究生中期考核表"填写"导师审核意见"。

3月　主编的《高等教育大众化的理论与政策》一书由福建教育出版社出版。

4月3日　晚上，在前埔家中主持"周末学术沙龙"，参加人员为厦门大学高等教育科学研究所部分教师、硕士生、博士生。

4月5日　上午，参加厦门大学高等教育科学研究所学术例会，听挪威科技大学教授Peter Van Marion做《挪威的教师教育》、Gunnar Engvik教授做《挪威对新合格教师的指导》的学术报告。报告从不同的角度较为全面地介绍了挪威教师教育的情况。

同日　下午，与刘海峰、杨广云一起，与挪威科技大学教师教育学院院长Peter Van Marion教授、挪威科技大学高等教育研究中心主任Gunnar Engvik教授和挪威奥斯陆大学Arild Tjeldvoll教授一行三人洽谈未来学术交流与合作事宜，并签订了合作意向书。

4月6日　上午，在厦大嘉庚主楼220会议室参加"厦门大学教育研究院揭牌仪式"，发表了语重心长的演讲，任名誉院长。厦门大学高等教育科学研究所更名为"厦门大学教育研究院"，下设高等教育发展研究中心、高等教育科学研究所、教师教育部、教育学公共教学部四个单位。另挂靠有厦门大学考试研究中心、厦门大学高教质量与评估研究所、厦门大学中外合作办学研究中心。刘海峰任教育研究院院长。

  同日 下午,在厦门大学颂恩楼主楼220室参加教育研究院第一届博士课程班结业证书发放仪式和小型学术研讨会,为完成学业的博士生们颁发结业证书,并和全体课程班学生合影留念。仪式结束后,听上海教科院院长胡瑞文教授、全国高等教育学研究会理事长杨德广教授、挪威科技大学Peter教授、Engvik教授和中国石油大学(华东)刘华东教授等分别做学术报告。

  4月7日 上午,参加在教育研究院会议室举行的"庆祝厦门大学建校83周年暨教育研究院'懋元奖'奖教奖学金颁奖大会"。发表讲话并为获奖的师生一一颁发证书与奖励。奖教金获奖人员有,一等奖:史秋衡;二等奖:林金辉。奖学金获奖人员有,一等奖:李均;二等奖:高晓杰、宁顺兰、姚加惠。

  4月10日 被西北工业大学聘为兼职教授。

  4月12日 上午,参加邬大光教授为教育研究院全体师生和学校教务处工作人员所做的"对《普通高校本科教学工作水平评估指标体系》的解读"的报告会。在讨论环节中指出,评估中对思想品德状况、办学理念、校园文化、学风、管理队伍等软指标不够重视,应将软指标的比重加大。要实实在在地搞一些实习基地,要在评估中全员互相配合等。

  4月15日 在《光明日报》上发表《分类与定位:高校可持续发展的关键》一文,是为陈厚丰的《中国高等学校分类与定位研究》(湖南大学出版社2004年4月版)一书所写的序言。

  同日 在《光明日报》上发表《探索教育创新》一文。

  4月17日至19日 赴武汉,参加"民办高等教育与资本市场高级论坛",做《对接资本市场》的主题报告。参加武汉大学和江汉大学座谈会。在江汉大学做报告。

  4月22日 参与起草和讨论修改工作的《教育部办公厅关于进一步加强高等教育研究机构建设的意见》,经教育部长周济审批,由教育部办公厅印发全国。

同日 为陈笃彬所著的《开拓与发展——新建地方性本科院校办学之路》（厦门大学出版社 2004 年 10 月版）一书作序。序文认为，该书不是理论著作，也不是工作总结，而是在实践中提出问题，从理论与实际结合上剖析问题、解决问题。它的出版，将有助于新建本科院校找准自己的定位，明确自己的发展方向。

4 月 24 日 晚上，在前埔家中主持"周末学术沙龙"，参加人员为厦门大学教育研究院部分教师、硕士生、博士生。

4 月 27 日 赴杭州参加由浙江大学城市学院发起并主办的"2004 中国成长型大学——独立学院峰会"，并做题为《独立学院的崛起、问题及前景》的学术报告。近 140 所教育部直属院校和地方院校的独立学院负责人约 300 人参加会议，探讨独立学院办学模式、管理体系与发展目标，研究解决发展道路上遇到的问题。会议围绕"独立学院办学模式的现实意义、存在问题及发展前景""独立学院小学特色、专业定位的思考以及师资队伍建设的重要性""独立学院办学融资途径与国家相关政策、国家财政支持的作用""塑造新一代大学生形象，提高就业竞争力与独立学院学生管理特点的研究"四大主题进行了分组讨论。

4 月 28 日 赴南京，到南京财经大学座谈，讨论南京财经大学的发展和问题，随后参观该校仙林新校区。

4 月 为陈达辉主编的《不倦的求索：福建省自学考试二十周年论文集》（福建教育出版社 2004 年 11 月版）一书作序。序文指出，论文集精选了近年来从不同的角度探讨自学考试的性质与任务、自学考试与助学经验的论文，不只是福建省 20 年来自学考试的工作总结或成绩展示，更重要的是探讨了自学考试发展的前景。

5 月 2 日 为厦门大学教育研究院硕士生游玉华的"学位论文研究计划"签署"导师意见"。

5 月 8 日 晚上，在前埔家中主持"周末学术沙龙"，参加人员为厦门大学教育研究院部分教师、硕士生、博士生。

5 月 10 日至 19 日 率领厦门大学教育研究院 2003 级博士研究生 20 余人前往西安调研民办高等教育。调研西安外事学院、西安思源学院、西安欧亚学院、西安翻译学院、西京学等 5 所全国知名的民办高校，并参观或访谈陕西省教育厅、陕西师范大学、西北工业大学、西安东方亚太职业技术学院等单位。在西安外事学院、西北工业大学做报告。

5月18日　被厦门国际会展职业学院聘请为高级顾问。

5月22日　下午，赴北京，刘承波、陈昊到首都机场迎接，入住京丰宾馆。晚上一同用餐。

5月23日至24日　在北京参加中国高等教育学会等单位组织的教师教育讨论会，做题为《从师范教育到教师教育》的报告，并参加小组讨论。

5月25日至26日　至重庆，参加中国高等教育研究文献信息网络研讨会。会后到重庆大学与师生座谈。到重庆工商大学参观校园。

5月29日　赴北京，为全国民办高校 20 强颁奖。

5月　为龚润洁、胥青山合著的《中国电力高等教育》（武汉大学出版社 2004 年 5 月版）一书作序。序文介绍了电力高等教育的背景，分析了该书的主要内容及观点。

6月2日　赴长沙，与湖南大学高教所报刊社全体成员座谈（《机械工业高教研究》杂志社主办）。

6月3日　接受湖南大学名誉教授聘书，做《当前高等教育若干问题》的报告。下午访问民办涉外财经学院，与校长张楚廷教授等人座谈。

6月4日　到中南大学与部分师生座谈。下午到长沙理工学院做报告。

6月5日至7日　携吴枚、温松岩到湖南大学讲学，在陈厚丰、余小波、彭拥军等陪同下，实地考察吉首大学，赴湘西凤凰古镇参观，游石头城堡、沈从文故居、猛洞河、芙蓉镇等景点，欣赏吊脚楼。

6月11日　参加厦门大学教育研究院博士生陈上仁、胡弼成、鲍嵘、李兵的学位论文答辩会。答辩委员会成员有张楚廷（主席）、潘懋元、刘海峰、王伟廉、邬大光、谢作栩、李泽彧。

6月18日　为刘智运所著的《高等学校教育评估与督导概论》（高等教育出版社 2005 年 9 月版）一书作序。序文指出，该书把高等学校教育评估和高等学校教育督导两者结合起来，并作为该书创新要点，粗看不难理解，深思则令人困惑。

6月19日 晚上,在前埔家中主持"周末学术沙龙",参加人员为厦门大学教育研究院部分教师、硕士生、博士生。

6月20日 被聘请为《国际教育大百科全书》学术指导委员会委员。

同日 在《职业技术教育》2004年第5期上发表《我对高等职教的看法》一文。文章指出,高职高专的教学不是按照普通高校那样去做,而是根据培养职业技术人才的方式来确定的,尤其是在实习、实训方面,高职高专办学模式应区别于以前那种老大专的办学模式。

6月22日 参加在厦门大学克立楼三楼报告厅举行的"厦门大学2004年研究生培养工作会议"并做重要报告。报告中,潘先生回顾了教育研究院培养研究生的20多年的历程,并向大家介绍了教育研究院在研究生培养中所取得经验和成就。重点介绍了教育研究院首创的"学习—研究—教学实践三结合的研究生课堂教学方法",同时介绍了近年来开发的"实地考察"的高等教育学科的教学方式。此外,还介绍了教育研究院为研究生营造的自由的学术环境和浓厚的学术氛围,特别是长期以来坚持的每周学术例会制度及每周六晚上在潘先生家及其他导师住所举行的沙龙。报告引起了在座的领导和研究生导师的强烈共鸣。

6月26日 上午,参加厦门大学教育研究院学术报告会,听日本高等教育学会会长矢野真和教授做《日本的大学与就业市场——市场变化中的大学教育》、东京大学金子元久教授做《高等教育的市场化——国际比较的视点》的学术报告。对两位教授的报告给予高度评价,同时对金子元久教授在中国高等教育发展问题上的准确表述提出参考建议。

同日 晚上,在前埔家中主持"周末学术沙龙",参加人员为厦门大学教育研究院部分教师、硕士生、博士生。

6月28日至30日 与邬大光教授一同到宁夏大学讲学,被聘为该校客座教授,并做了题为《关于高等教育改革的若干问题》的报告。会后,游青铜峡、108塔、古汉墓群等景点。

6月30日 在《高等职业教育(天津职业大学学报)》2004年第3期上发表《〈高等职业教育发展研究〉序》一文。

7月1日 为刘宏煊所著的《毛泽东教育思想研究》(解放军出版社2004

年7月版)一书作序。序文指出,刘宏煊教授的这一研究成果,实事求是地以分析毛泽东同志正确的教育思想为主而不讳言其晚年的某些错误,这是符合历史的。

7月3日 晚上,在前埔家中主持"周末学术沙龙",参加人员为厦门大学教育研究院部分教师、硕士生、博士生。

7月4日至6日 赴南京,同南京经济学院领导干部座谈,探讨该校定位与发展问题。会后,游鸡鸣寺、玄武湖和雨花台等景点。

7月5日 在《江苏高教》2004年第4期上发表《〈20年的实践与探索——高等职业技术教育论文集〉序》一文。序文认为,开展高职教育研究,剖析问题,提高认识,探索高职发展的道路,应是实施科教兴国的重要一环。序文介绍了叶春生的高职教育研究历程,指出论文集所剖析的现象、所总结的经验、所概括的理论,对全国高等职业技术教育的改革与发展,都有重要的参考价值与指导意义。

7月10日 晚上,在前埔家中主持"周末学术沙龙",参加人员为厦门大学教育研究院部分教师、硕士生、博士生。

7月16日至18日 参加由《扬子晚报》等单位组织召开的民办高校校长论坛,做报告。访南京理工大学。

7月18日 在《中国高等教育》2004年Z2期上发表《独立学院的兴起及前景探析》(与吴玫合作)一文。论文首先阐述了独立学院的兴起及存在的问题,最后对独立学院的前景进行预测,指出要使这一高等教育体制试办成功,必须做好以下三点:首先,政府和普通高校应严格遵守《关于规范并加强普通高校以新的机制和模式试办独立学院管理的若干意见》的规定;其次,政府应该放开对独立学院的专业设置和招生的限制;最后,从相对独立到完全独立。

7月20日 为朱懿心主编的《高职高专教师必读》(上海交通大学出版社2004年10月版)一书作序。序文指出,这是一本比较完备的教材,既可以作为培训高职高专教师之用,也可以作为在职干部、教师办学与教学的参考书。

7月24日 晚上,在前埔家中主持"周末学术沙龙",参加人员为厦门大学教育研究院部分教师、硕士生、博士生。

7月28日 在《中国高教研究》2004年第7期上发表《从师范教育到教师教育》（与吴玫合作）一文。论文认为，从师范教育到教师教育，不仅仅是概念的转变，更蕴含着观念的更新和制度的变革。专业、开放、一体化是教师教育区别于传统师范教育的几个显著特征。围绕着这几个特征，教师教育的各项改革已经、正在并将继续进行下去。文章通过比较师范教育和教师教育观念上的不同和转变，分析了当前教师教育领域的一些改革措施，并提出了一些具体建议。

7月31日至8月2日 至福州，参加"应用型人才培养研讨会"，做关于高校定位、分类的报告。

8月1日 主编的《传承与变革："中华高等教育改革"国际学术研讨会论文集》一书由厦门大学出版社出版。

同日 在《民办教育研究》2004年第4期上发表《关于民办高等教育发展的问题：资本市场、质量评估与就业现状》一文。文章从实践的层面和理论的高度，对我国民办高等教育经历的三个发展阶段及其遇到的主要问题进行了分析概括，特别对当前中国高等教育大众化发展过程中的重大问题——教育质量和就业问题进行了深入分析，并进一步提出了大众化教育阶段的质量标准和解决就业问题的基本思路。

8月3日至5日 至贵阳，参加全国高等教育学研究会小型学术会议，讨论科学发展观问题。会后，游黄果树瀑布和天星湖等景点。

8月23日至24日 至北京，在人民大会堂参加"高等教育北京论坛"开幕式和分组会议，做《依附、借鉴、创新——中国高等教育学科建设之路》的发言。

8月27日至30日 至大连，参观大连艺术职业学院，与师生座谈。游金石滩国家度假区、星海广场、棒棰岛、老虎滩等著名景点。

8月 在《湖北招生考试》2004年第8期上发表《邓小平恢复高考的战略意义》一文。文章回顾了邓小平提议恢复高考的经过，指出邓小平"恢复高考，力排众议，坚持正确的改革方针，形成果断的决策，采取有力的措施"，这些都需要从教育战略的高度去解读。

8月　被聘为《高等农业教育》编委会名誉顾问。

9月3日　在《中国教育报》上发表《中国高等教育学科建设之路》（与陈兴德合作）一文。文章指出，在经济全球化进程中，文明和谐与共同繁荣是文化交流与合作的主题。中国高等教育要在继承与发扬本民族优秀文化传统的同时，向他国学习、借鉴某些先进的理论与有益的经验，通过相互理解、平等合作，从学习走向创新，由借鉴达到超越。《新华文摘》2004年第24期全文转载。

9月6日至7日　至福州，参加"师德论坛福州分论坛"，做即席简短发言。

9月11日　晚上，在前埔家中主持"周末学术沙龙"，议题是"独立学院的发展背景、现状及未来走势"。参加人员为厦门大学教育研究院部分教师、硕士生、博士生。

9月18日　晚上，在前埔家中主持"周末学术沙龙"，参加人员为厦门大学教育研究院部分教师、硕士生、博士生。

9月25日　晚上，在前埔家中主持"周末学术沙龙"，参加人员为厦门大学教育研究院部分教师、硕士生、博士生。

9月27日至29日　至天津，在南开大学、天津大学、天津师范大学等单位做报告。

9月　为胡泽民所著的《远程高等教育：理念与模式》（中国人事出版社2004年9月版）一书作序。序文概括了该书特点：建立在反思的基础上研究和论述问题；运用跨学科的研究方法；借鉴经济学和管理学领域的研究成果；提出了"学习用户"的理念，并在此基础上构建了"学习用户"理念指导下的远程高等教育的运行模式。同时，希望作者对本书涉及的问题进一步深入探索和研究，坚持不懈，循此前进。

9月　为厦门大学教育研究院博士生授课。

9月　被天津市教育招生考试院聘为《考试研究》编辑委员会顾问。

10月9日　到北京参加英国赫尔大学（University of Hull）在逸夫会议中心举办的学位授予仪式并发言。作为赫尔大学在中国大陆唯一的名誉博士，与赫尔大学代表团成员，包括校长大卫·杰·朱鲁瑞（David J. Drewry）教授、商学院院长迈克·杰克逊（Mike Jackson）教授、物质地理学教授林·福洛斯蒂克、助理教务长方晓博士、商学院教师雪伦·克兰拉汉（Sharon Clannachan）和戴安娜·巴丽，以及中国留学服务中心主任邵巍博士一起登上主席台，共同祝贺40名毕业生荣获赫尔大学学位。朱鲁瑞教授讨论了有关中英高等教育的学术交流与合作问题。在京期间，应邀访问了中华女子学院并与全国妇联副主席兼中华女子学院党委书记莫文秀及该院各部门党政领导进行了座谈。

10月10日至10月11日 参加在北京国家教育行政学院校长大厦召开的由中国高教学会主办的"落实《关于进一步加强高等教育研究机构建设的意见》"的会议，并做大会报告。提出了三点意见：第一，该文件是我国高教研究界20多年企盼的结果，是我国高教研究领域的一个重要的里程碑，对推动全国高教研究机构的建设将起到重要的影响。第二，各高教研究机构应进行分类，按各自定位发展。全国高教研究机构大致可以分为两类，第一类是以高等教育学科的基本理论，及中国高等教育发展中的重大理论问题和现实问题为研究对象，这只是少数研究机构的任务；第二类可称为院校研究机构，这类机构应更多地以各自学校发展过程的问题作为研究的对象，并以此赢得各自机构生存和发展的空间。第三，中国高等教育发展过程中出现了大量问题，这是中国高教发展的好事情。有发展，才有问题；有问题，高教研究人员才有了作为的广阔空间。而研究的成果迟早会得到各部门和上级领导的重视和采纳。我们要对高教研究充满信心。邬大光教授和杨广云副教授陪同。

10月16日 晚上，在前埔家中主持"周末学术沙龙"，参加人员为厦门大学教育研究院部分教师、硕士生、博士生。

10月17日 在《教育研究》2004年第10期上发表《高等教育理论呼唤高等教育史研究》（与陈兴德合作）一文。文章认为，高等教育史是高等教育学科领域的组成部分，是高等教育学的分支学科，是高等教育学与历史学的交叉学科；对黄福涛主编的《外国高等教育史》（上海教育出版社2003年11月版）和贺国庆等著的《外国高等教育史》（人民教育出版社2006年6月版）进行了比较和点评，两本外国高等教育史专业著作的体例有各自不同的风格和特点，这为读者提供了更加广域的视角。

10月22日 在《厦门大学学报》上发表《殚精竭虑兴教，矢志不渝育人》一文，缅怀厦门大学创办人陈嘉庚先生。文章强调："陈嘉庚先生在中国近现代教育史上，占有一个特殊的地位。这不仅是由于他毕生致力于教育事业，树立捐资兴学的典范；更是由于他形成具有现代中国特色的、对中国教育事业有着深远意义的教育思想。"

10月23日至24日 至桂林，为广西师范大学漓江学院领导做报告。参观广西师范大学，与该校教科院研究生座谈。

10月25日 在家中，接受《开放教育研究》（记者希建华）专访。

10月27日至11月6日 至台湾，率教育代表团参加在淡江大学召开的"台海两岸私立高等教育比较研究"学术研讨会，做了《中国大陆民办高等教育基本情况与发展中的若干问题》的专题演讲。其间，访问世新大学、辅仁大学、嘉义大学、吴凤职业技术学院、朝阳科技大学、育达商业技术学院、慈济大学、开南管理学院等高校，参观故宫博物院、阿里山、观日平台、太鲁阁等景点。

10月30日 被北京科技职业学院聘请为高级顾问。

10月 著作《高等教育：历史、现实与未来》一书由人民教育出版社出版。

11月8日至10日 赴苏州，参加由厦门大学高等教育发展研究中心与苏州大学教育学院联合主办的"高等教育与社会发展"学术研讨会，做大会主题报告。会议收到论文90余篇，编入大会论文集近80篇，120余人参加了会议。中国教育学会会长顾明远教授、苏州市副市长朱永新教授、联合国教科文组织亚太地区教育局高等及远程教育专家王一兵教授、全国高等教育学研究会理事长杨德广教授、台湾淡江大学高等研究评鉴中心主任杨莹教授等10多位高等教育专家做了大会发言，厦门大学高等教育发展研究中心主任刘海峰教授做了大会总结报告。会议围绕当前我国社会发展与高等教育改革密切相关的若干重大问题，从理论和实践上展开了深入的探讨。

11月9日 至宁波，主持浙江万里学院申报优秀教学成果奖论证会。作为名誉校长，视察浙江万里国际学校小学。参观了校园后，对新校区的硬件设施、校园环境以及学校所取得的成果给予了很高的评价。

11月11日至12日 赴珠海,参加由中国高等教育学会、广东省教育厅、中山大学联合举办的"2004年高等教育国际论坛",并做《21世纪国家的核心竞争力——"教育—人才"的合理结构》的首场主题报告。指出一个国家的综合国力,是由诸多因素按照一定的关系所构成的,没有一种因素可以单独形成一个强国。例如,GDP或人均GDP是很重要的,但是富国不一定是强国,有的石油输出国,国富民也富,但不强。其所以不强或不够强,就在于科技。参加该论坛的有中外著名大学的校长、教育理论家、一线的教育工作者以及高等教育学博士生共220多人。会上,表彰了中国高等教育学会首届高等教育学优秀博士学位论文。因指导的2000届博士谢作栩的论文《中国高等教育大众化发展道路的研究》获奖,潘先生荣获"优秀指导教师奖"。

11月15日 上午,参加厦门大学教育研究院学术例会,听新加坡南洋理工大学Kai Yung(Brain)Tam博士做"Going Global — Preparing to Lead in the Global Education Market"(大学教育国际化)的报告。在师生的发言讨论中,对大家的意见进行了分析和总结,认为这场报告拓展了视野,同时也增进了对高等教育国际化的进一步理解,并提出了这一发展过程中可能会产生的冲突与矛盾。

11月20日 上午,参加厦门大学教育研究院博士生胡赤弟、朱新涛、张艳辉的学位论文答辩会。答辩委员会成员有王英杰(主席)、潘懋元、刘海峰、王伟廉、邬大光、谢作栩、史秋衡。

同日 下午,参加厦门大学教育研究院博士生李均、康乃美的学位论文答辩会。答辩委员会成员有王英杰(主席)、潘懋元、刘海峰、王伟廉、谢作栩、李泽彧、史秋衡。

同日 晚上,在前埔家中主持"别开生面"的"学术沙龙",49人"济济一堂",创下历史新高。参加人员有史秋衡、武毅英、范怡红、肖海涛、徐花萍、李均、张艳辉、殷小平等。沙龙结束时,刚刚通过博士学位论文答辩的李均、张艳辉感恩地向先生深鞠一躬,令人动容。

11月23日至25日 至广州,参加白云高职国际会议,做关于建立高职独立体系的报告。随后参观了白云高职、深圳高职和广州大学城。

11月26日 对广州大学松田学院、城建学院和华软软件学院进行了专题调研，指出：广州大学的独立学院及正在申办的独立学院，办学方向明确，管理规范，符合教育部关于规范并加强普通高校以新的机制和模式试办独立学院管理的要求，是名副其实的独立学院。

11月　主编的《中国高等教育发展的宁波模式：博士论文篇》由浙江人民出版社出版。

11月　主编的《高等教育大众化的理论与政策》由福建教育出版社出版。

12月4日　晚上，在前埔家中主持"周末学术沙龙"，参加人员为厦门大学教育研究院部分教师、硕士生、博士生。

12月7日至8日　至北京，参加民办高等教育论坛，做大会发言。会后参观北京科技职业学院。

12月11日　晚上，在前埔家中主持"周末学术沙龙"，参加人员为厦门大学教育研究院部分教师、硕士生、博士生。

12月15日　至广州，参加华南师范大学远程教育优秀教学成果奖评审会。

12月17日　至上海，参加教育部教育发展研究中心第5次专家咨询会，参观浦东张江开发区。

12月18日至19日　至桂林，参加桂林电子科技大学创新基地优秀教学成果奖评审会。在大雾中登象山。

12月20日　参加广西师范大学地方高校师资培训优秀教学成果奖评审会。

12月21日　受广西壮族自治区教育厅委托，作为专家组组长，对广西师范大学承担的"地方高校教学质量保障体系的建构与运行"课题进行鉴定。

12月24日　至西安，参加西安第四军医大学优秀教学成果奖评审会。

12月25日　至上海，参加上海松江大学园教学资源共享优秀教学成果奖评审会。

12月26日　至南宁，参加广西大学地方办学有关教学工作优秀教学成果奖评审会。

12月27日　被中国高等教育学会聘请为全国产学研合作教育研究与推

广中心专家指导委员会名誉顾问。

12月29日 参加厦门大学教育研究院"聆听花开 神采飞扬"元旦晚会，并在会上发表演讲，诉说衷肠，提出希望。

12月30日 在《西安交通大学学报（社会科学版）》2004年第4期上发表《〈学习风格与大学生自主学习〉书评》一文。论文指出，影响教育质量的因素不仅有教育资源的问题，也有大学生自身学习上的问题。长期以来，我们忽视了对作为教育主体的大学生学习的研究，忽视了从教学的本源上去解决质量问题。《学习风格与大学生自主学习》（陆根书等著，西安交通大学出版社2003年11月版）实证地分析了大学生学习风格与学习结果之间的关系，总结出"自我管理及意义导向的学习风格""缺乏管理及再现导向的学习风格"和"学习过程外部管理及情景导向的学习风格"三种类型的大学生学习风格，并深入研究了影响学习风格的因素，对于高校管理者、教师、大学生本人及其家长而言，都是一本值得认真学习和修读的好书。

同日 在《大学教育科学》2004年第4期上发表《中国当前高等教育发展中的若干问题》一文。论文指出，我国高等教育正处于蓬勃发展的大好形势下，与此同时高等教育领域涌现出了许多值得深入探讨的理论问题和急需解决的实践问题，如高等教育发展的规模速度、高等教育的分类定位与发展方向、高等教育质量等方面的问题，都深刻地影响着我国高等教育的发展。

12月 经教育部批准，厦门大学教育研究院建立了高等教育研究"985工程"——"中国特色高等教育体系"哲学社会科学创新I类基地，成为全国唯一的高等教育研究"985工程"基地。潘懋元教授任基地名誉主任，谢作栩教授任基地主任。

2005年 八十五岁

1月7日至8日 至龙岩，参加福建省自考办组织的华东六省一市自学考试主任会议和课题讨论会，做《自考的挑战与应对》的报告。

1月10日 在厦门大学囊萤楼高教所办公室给学生修改论文。

同日 在《北京大学教育评论》2005年第1期上发表《依附、借鉴、创新——中国高等教育学科建设之路》（与陈兴德合作）一文。论文首先分析了中国教育理论领域依附理论出现的原因，指出依附理论的基本概念、立场和研究方法值得商榷；高等教育研究套用依附理论的合理性值得质疑；将中国教育近代化笼统归结为"依附性发展"，忽视了百年来中国教育在引进与借鉴西方教育模式中的主体自主创新。作者认为，中国高等教育学科建设为我们提供了一个中国高等教育自主创新的典型案例，在全球化进程中应进一步扩大高等教育对外合作与交流，积极吸纳人类一切先进的文明成果，进一步重视本民族文化传统，增强文化自觉意识。

1月13日至15日 赴广东顺德，出席由《教育研究》杂志、《南方日报》报业集团和顺德职业技术学院联合举办的"高等职业技术教育人文论坛"研讨会和"顺德职业技术学院'十一五'发展规划"战略咨询会。会上做了《建立高等职业技术教育独立体系刍议》的学术报告。报告从我国当前"专升本"热潮引发反思，指出中国当前只有单一的理论性普通本科，"专升本"意味着从职业技术教育转变为理论性普通高等教育。这既不符合我国现代化建设的人才结构的需要，也不符合世界高等教育发展的趋势。然后列举了德国、英国以及我国台湾地区等高等教育结构中可资借鉴的正反面实例进行论证，并从世界高等教育的一般结构出发，提出建立中国高等学校三种基本类型及其体系的构想：（1）综合性研究型大学；（2）多科性或单科性专业型大学或学院；（3）多科性或单科性职业技术型或技能型专科学校或学院。针对如何构建这三种基本类型和体系，提出了若干政策性意见与建议。报告经整理后发表于《教育研究》2015年第5期。

1月20日 在《复旦教育论坛》2005年第1期上发表《高等教育与社会的协调发展》一文。这是作者在苏州召开的由厦门大学高等教育发展研究中心和苏州大学教育学院联合主办的"高等教育与社会发展"学术研讨会上的主题报告。论文指出，中国高等教育的发展必须在政府与市场统一中发展，必须树立协调发展的观念，既要坚持传统的优秀的文化所形成的大学理念，也要考虑到人才市场的需要和政府的支持力度等现实方面的问题。

1月24日 为孙孔懿所著的《论教育家》（人民教育出版社2006年6月版）一书作序。序文认为，本书内容丰富而生动，文笔精练而流畅，理性思维而热情洋溢。更由于许多久积心中的困扰,得到恰切的解惑,使人有豁然开朗的舒爽。推荐其作为广大教育工作者和准备作为教师、教育管理干部的大学生、研究生的读物。

1月25日 在《高教发展与评估》2005年第1期上发表《〈高等学校教育评估与督导概论〉序》一文。

1月 在《民办教育通讯》2005年第1期上发表《民办高校在高教发展中的定位与政策选择》一文。

1月 给厦门大学教育研究院博士生授课。

2月1日至2日 参加在北京邮电大学召开的《中华人民共和国高等教育法》修订工作第一次工作会议。

2月16日 在《人民政协报》上发表《民办高等教育发展面临新台阶》一文。文章强调指出,民办高等教育若要越过"高原"、获得持续发展,需要提高教育质量,吸引民间资金,正确处理不同类型的民办高等教育关系。

2月19日 晚上,在前埔家中主持"周末学术沙龙",参加人员为厦门大学教育研究院部分教师、硕士生、博士生。

2月24日 参加厦门大学教育研究院学术报告会,听美国教育研究会国家教育数据库研究组主席、宾州印第安那大学心理中心主任严文蕃教授做题为"Equal access to higher education: from social capital perspective"的学术报告。

2月25日 应潘懋元先生的邀请,"2004年度教育与人类发展杰出贡献奖"荣膺者、国家教育发展研究中心创始人、中国教育发展战略研究会理事长、全国教育科学规划领导小组副组长郝克明教授莅临厦门大学教育研究院,并为2004级博士生做了题为《中国劳动者学习培训的现状问题与政策建议》的学术报告,得到潘先生的高度认同和评价。会后,与郝教授在办公室亲切交谈,并赠送新著。

2月28日 在《高等教育研究》2005年第2期上发表《自学考试制度研究》(与康乃美合作)一文。文章认为,自学考试制度是我国独创的教育基本制度,但目前尚未形成相对独立和颇具特色的理论研究体系。论文以自学考试制度的过去、现在和未来为研究线索,以自学考试制度的历史、理论和实践为研究内容,以回答什么是自学考试制度、自学考试制度的发展状况怎样、如何完善和建设自学考试制度为研究目的，并着重对自学考试制度未来向何处去、走哪条道路和如何走好等问题进行了探讨，尝试构建自学考试制度研究的基本框架。

3月1日至3日 在北京参加中国高等教育学会组织的会议，讨论高等教育学硕士生教学用书事宜。周川、谢作栩陪同。

3月1日 在《中国青年报》上发表《面对问题，共同关注》一文。

同日 在《黄河科技大学学报》2005年第1期上发表《高等学校分类与定位问题》（与吴玫合作）一文。文章指出，如何引导全国高校分类发展，解决多样化的社会需求与单一化的发展目标的矛盾，是当前中国高等教育事业发展中急待解决的难题，也是一项复杂而困难的工作。类型划分，是高校定位及确定发展方向的前提。治本之法，一是转变观念，二是推向市场；治标之法，一是分类评估，二是政府协调。

3月2日 上午，接受《中国青年报》记者的采访。刘承波、林蕙青先后到下榻宾馆拜访、交谈。

同日 在《中国青年报》发表《面对问题，共同关注》一文。

3月5日 晚上，在前埔家中主持"周末学术沙龙"，参加人员为厦门大学教育研究院部分教师、硕士生、博士生。

3月8日 为陈雅芳所著的《治校之道——女校长的管理文化与心理素质》（厦门大学出版社2005年6月版）一书作序。序文写道，这本书是写给女校长读的。其实，我认为男校长们也不妨读一读。这里所论述的管理文化，所剖析的心理素质，虽以女性校长为研究对象，都反映了共性的管理理论与新的管理理念。虚心的男校长们，可以从中倒射男性校长的优势与弱点，从中得到有益的启示。

同日 为贺祖斌所著的《高等教育生态论》（广西师范大学出版社2005年8月版）一书作序。序文指出，该书的出版一方面可以丰富中国高等教育发展理论，同时为高等教育问题的分析增添了一个新的研究视角；另一方面该书研究所得出的一些结论，可以为有关部门和高等学校的决策提供参考。当然，高等教育生态研究是一种新的尝试，研究中还存在一些不够成熟的地方，需要进一步探讨。

3月11日　为李熙泰所著的《望海楼札记》（厦门大学出版社2005年12月版）一书作序。序文指出，李熙泰老师的一生，怀志而不露，默默奉献而无阁，用切实的工作为厦门文化事业的繁荣做出了重要的贡献。这本《望海楼札记》，将是留给人间的一份"永恒的纪念"。

3月12日　晚上，在前埔家中主持"周末学术沙龙"，参加人员为厦门大学教育研究院部分教师、硕士生、博士生。

3月15日　在《顺德职业技术学院学报》2005年第1期上发表《建立高等职业技术教育独立体系的思考》一文。论文强调，发展高等职业技术教育，是推进高等教育大众化的必然选择。高职高专学校的数量已占普通高校总数的58%，现代化建设的人才需求和世界高等教育的发展都表明，有必要而且可以构建高等职业技术教育的独立体系。该体系是指多科性或单科性技术型或技能型专科学校或学院。一所高职院校中，应当允许有不同层次的专业存在，可以"专升本"，但不能一哄而上。

3月19日　在前埔家中接受肖海涛、殷小平关于"教育口述史"的专题访谈。

同日　晚上，在前埔家中主持"周末学术沙龙"，参加人员为厦门大学教育研究院部分教师、硕士生、博士生。

3月21日　参加厦门大学教育研究院学术例会，听台湾淡江大学大陆研究所杨景尧教授和台北大学师资培训中心邱祖贤教授为全体师生做题为《公平的追求与迷失》的学术报告。

3月26日　晚上，在前埔家中主持"周末学术沙龙"，参加人员为厦门大学教育研究院部分教师、硕士生、博士生。

3月28日至30日　至宁波，在宁波大红鹰学院做报告，并与吴国良院长等探讨民办高等教育发展问题。

同日　在《中国高教研究》2005年第3期上发表《21世纪国家的核心竞争力——"教育—人才"的合理结构》一文。论文认为，进入21世纪知识经济时代，知识是经济的基础，科学技术是第一生产力，掌握知识、掌握科技的人才是核心力量。人才是通过教育成长的，因此，"教育—人才"形成21世纪综合国力的核心竞争力。这种核心竞争力及其作用的发挥，不仅要求数量够、质量高，还应当优化结构。就整个高等教育系统而言，必须有科学的分类，以构成与社会人才需求相适应的教育体系；就每所高等学校而言，院校及其所设置的学科、专业，必须在高等教育体系中找准自己的"定位"。

4月1日 在《中国教育报》上发表《构建多样化的本科教育》一文。文章指出："每所高校，在考虑发展战略、制订发展规划时，可以实事求是地根据自己的主客观条件定位；根据自己的优势与特点，在各自类型中争创一流：高职高专学生，也可以在各自就读的院校（或同类型的院校）中升本、考研，保持学业的连贯性，满足追求高学历、学位的愿望。"

同日 在《民办教育研究》2005年第2期上发表《中国大陆民办高等教育基本情况与发展中的若干问题》一文。文章指出，中国大陆民办高等教育大致经历了恢复和发展两个阶段，虽然道途迂回曲折，但仍然取得了事业上长足的发展和理论上的巨大进步，必将大步迈向可以预期的未来。

4月2日 晚上，在前埔家中主持"周末学术沙龙"，参加人员为厦门大学教育研究院部分教师、硕士生、博士生。

4月4日 上午，参加厦门大学教育研究院学术例会，听2004级博士生张宝蓉做《无边界高等教育：西方发达国家高等教育发展的新概念——以英、美、澳为例》的学术报告。最后对报告进行了点评。

4月6日 上午，参加在教育研究院会议室举行的"庆祝厦门大学建校84周年暨教育研究院'懋元奖'奖教奖学金颁奖大会"，发表讲话并为获奖的师生一一颁发证书与奖励。奖教金获奖人员有，一等奖：谢作栩；二等奖：钱兰英、叶燕。奖学金获奖人员有，一等奖：覃红霞；二等奖：王建华。

4月7日 出席厦门大学84周年校庆之际举办的"高考改革——中学校长论坛"并做专题报告。全国各地200多名重点中学校长参加。

4月8日 为徐绪卿所著的《新时期中国民办高等教育发展研究》（浙江大学出版社2005年7月版）一书作序。序文指出，该文集反映了民办树人大学2000年以来的发展历程，也从一定程度上反映了全国民办高等学校发展的历程。

4月9日 接待香港中文大学、美国密西根大学杜祖贻，讨论合作研究弘扬中华文化与国际化的关系问题。

4月10日 至宁波，与大红鹰职业技术学院师生座谈，做《2020年民办高等教育前瞻》的报告。被聘为学院顾问。

同日 在《福建工程学院学报》2005年第2期上发表《分类·定位·特点·质量——当前中国高等教育发展中的若干问题》一文。论文重点分析了当前中国高等教育发展中存在的分类、定位、特点、质量问题。指出：要使高等学校定位明确，应当做好分类指导工作；每所高校，在制定发展战略时，都必须实事求是地根据学校所处的客观环境、社会需要状况和自己的特点、优势，在各自的层次和类型中争创一流。

4月11日至12日 至慈溪，参加"杨贤江同志诞辰110周年纪念大会暨杨贤江思想国际学术研讨会"，在会上做主题发言。会议由中国教育学会、中央教科所、宁波市教育局、慈溪市人民政府联合举办，并邀请研究杨贤江思想的日本友人参加。会议期间，与会专家、来宾还参观了杨贤江中学、杨贤江故居、杨贤江小学时期的母校——余姚市泗门镇中心小学。

4月13日 在宁波参观诺丁汉大学在建新校舍。

4月14日 至浙江树人大学，同该校领导班子座谈，向该校教师做题为《2020：民办高等教育发展前瞻》的报告。

4月16日至17日 作为评委，在北京（国家行政学院）参加教育部组织的"2005年高等教育国家级教学成果奖"评审，肖海涛博士随行。获奖成果于7月15日公示，共评出国家级教学成果特等奖3项、一等奖59项、二等奖537项。

4月17日 晚上，与林蕙青、吴岩、别敦荣、韩延明、刘振天、朱国仁、肖海涛等座谈交流，共进晚餐并合影留念。

4月18日 在《文汇报》上发表《2020：中国民办高等教育前瞻》（与林莉合作）一文。文章通过对我国高等教育宏观环境的分析和与亚洲若干国家高等教育的比较，预测民办高等教育发展。如果政策到位，到2020年多种办学模式的民办高等学校及其学生数量，可能有很大增长，并将有若干所民办高校成为各自定位的一流院校。《浙江树人大学学报》2005年第3期、《民办高等教育研究》2005年第4期全文转载。

4月18日至20日 至上海，参加由《文汇报》主办、上海建桥学院协办的"文汇民办高等教育论坛"，并在论坛上发表演讲。参加论坛的还有来自全国的数十位教育专家和知名民办高校负责人，以及30多所民办高校的代表。与会者就"我国民办高等教育的现状""当前民办高等教育面临的问题""中国民办高等教育前瞻"等主题展开讨论。教育部教育发展研究中心副主任韩民代表教育部副部长吴启迪致辞,上海市教委副主任张民选到会致辞。教育部中国民办高校产权现状调查与研究课题负责人方铭琳、上海市教育科学研究院院长胡瑞文、华东师范大学高等教育研究所所长唐安国、厦门大学高等教育发展研究中心副主任邬大光、厦门大学高等教育科学研究所教授史秋衡、临沂师范学院院长韩延明等专家、学者在论坛上发言。

4月23日　晚上,在前埔家中主持"周末学术沙龙",参加人员为厦门大学教育研究院部分教师、硕士生、博士生。

4月30日　晚上,在前埔家中主持"周末学术沙龙",参加人员为厦门大学教育研究院部分教师、硕士生、博士生。

4月　主编的《马克思主义教育理论家杨贤江》一书由光明日报出版社出版。

4月　《国家教育行政学院学报》2005年第2期(总第86期)刊发《教育学学人剪影——潘懋元教授》一文。

5月1日　被全国高职高专协作会聘请为名誉理事长(2005.5—2008.5)。

5月2日　携家人一起,游福建太姥山,并合影留念。

5月7日　晚上,在前埔家中主持"周末学术沙龙",参加人员为厦门大学教育研究院部分教师、硕士生、博士生。

5月9日至20日　率厦门大学教育研究院2004级博士研究生和访问学者一行24人,乘京广线列车到北京调研民办高等院校,参观北京科技职业学院、北京吉利大学、北京城市学院、首都师范大学科德学院、北京人文学院,并到国家教育行政学院和北京教育科学研究院做报告。

5月14日至26日　在京感冒发烧,引发肺炎,住进北京军区261医院治疗。

5月17日　在《教育研究》2005年第5期上发表《建立高等职业技术教育独立体系刍议》一文。

5月20日　在《中国大学生就业》2005年第10期上发表《21世纪国家

的核心竞争力——人才的教育与配置》（与余斌合作）一文。文章指出，进入21世纪知识经济时代，知识是经济的基础，科学技术是第一生产力，掌握知识、掌握科技的人才是中坚力量，而人才是通过教育成长、通过就业合理配置发挥作用的。

5月21日　任厦门市老教授协会第三届理事会名誉会长。

5月26日至6月2日　在厦门大学附属中山医院康复疗养。

6月2日　从医院办理出院手续，回家休息。

6月5日　恢复工作。

6月9日　参加厦门大学教育研究院硕士生游玉华的学位论文答辩会。答辩委员会成员有谢作栩（主席）、米红、张亚群、乔连全。

6月11日　晚上，在前埔家中主持"周末学术沙龙"，参加人员为厦门大学教育研究院部分教师、硕士生、博士生。

6月12日　携家人一起，参观厦门人居展，并合影留念。

6月17日　上午，参加厦门大学教育研究院博士生覃红霞、王建华、高晓杰、彭拥军的学位论文答辩会。答辩委员会成员有吴康宁（主席）、潘懋元、刘海峰、邬大光、谢作栩、史秋衡、王洪才。

同日　下午，参加厦门大学教育研究院博士生张丽、陈小红、赵叶珠的学位论文答辩会。答辩委员会成员有吴康宁（主席）、潘懋元、刘海峰、邬大光、谢作栩、史秋衡、范怡红。

同日　晚上，参加厦门大学教育研究院博士生刘华东的学位论文答辩会。答辩委员会成员有吴康宁（主席）、刘海峰、李泽彧、史秋衡、王洪才、范怡红、陈工。

6月18日　晚上，在前埔家中主持"周末学术沙龙"，参加人员为厦门大学教育研究院部分教师、硕士生、博士生。

6月25日　晚上，在前埔家中主持"周末学术沙龙"，参加人员为厦门大学教育研究院部分教师、硕士生、博士生。

7月2日　晚上，在前埔家中主持"周末学术沙龙"，参加人员为厦门大学教育研究院部分教师、硕士生、博士生。

7月9日　晚上，在前埔家中主持"周末学术沙龙"，参加人员为厦门大学教育研究院部分教师、硕士生、博士生。

7月16日 晚上，在前埔家中主持"周末学术沙龙"，参加人员为厦门大学教育研究院部分教师、硕士生、博士生。

7月23日至25日 赴北京，参加由中国未来研究会、中国管理科学研究院、北京大学教育学院和河南科技大学共同主办的"中国科学家教育家企业家论坛年会"（简称"三家论坛"），做《民办高等教育前景》的报告。

7月25日 在《教育发展研究》2005年第7期上发表《我国高校产权制度改革的若干问题——兼论公、民办高校产权问题》一文。论文以产权制度为研究视角，对我国现行公、民办高校产权关系问题做了较为系统的研究。认为在坚持教育主权独立性的前提下，必须改革我国现行学校的产权制度，以适应国际竞争的需要；只有协调好学校产权与法权的关系，才能大力推进教育机构的立法工作；明晰学校产权是落实学校办学自主权的前提条件。

7月31日至8月2日 莅临右江民族医学院考察、讲学。

8月1日 为李泽彧、姚加惠、朱景坤合著的《我国巨型大学的管理与组织模式研究》（厦门大学出版社2005年10月版）一书作序。序文简述了有关巨型大学研究的相关问题，简要介绍了全书的章节内容，认为该书是至今研究中国巨型大学组织管理与制度建设最为全面的著作。

8月4日至8日 在浙江省舟山市桃花岛过85岁生日，游桃花寨。到绍兴，参观鲁迅故居、三味书屋、百草园和柯岩等景点。赴宁波，参观宁波市建设展览馆。

8月13日 参加厦门大学中文系1960级同学毕业40周年纪念活动。

8月17日 厦门市第六次社会科学优秀成果评选揭晓，潘懋元教授的《中国高等教育百年》荣获专著一等奖。

8月25日 《传承与变革——"中国高等教育改革"国际学术研讨会论文集》荣获厦门市人民政府颁发的"厦门市第六次社会科学优秀成果专著二等奖"。

8月27日 接待拍摄厦门大学抗战时期资料的厦门电视台工作人员。

8月28日 至北京，入住昌平商务会馆，与邀请单位中国政法大学领导共进晚餐。学生周孟奎、刘承波、高晓杰等前来拜见。

8月29日　在北京为中国政法大学中层以上干部做《关于精英教育》的报告。

8月30日　在《江汉大学学报（人文科学版）》2005年第4期上发表《介入资本市场：高等学校融投资体制的一种尝试》（与邬大光合作）一文。论文指出，中国高等教育在2003年进入大众化阶段之后，要实现进一步提升其核心竞争力、建设高水平大学的目标，面临的突出问题是：教育领域的非财政性筹资制度尚不健全，高等教育融投资制度或政策不能满足高等教育发展的需求。在此背景下，该文就高等教育介入资本市场的必要性和现实性、可行性与现状、资本市场的制度完善和高等教育介入资本市场的政策选择等方面进行了有益的探索，以期对重构中国公共高等教育制度和现代大学制度、建立新的高等教育融资渠道有所贡献。

8月　为李均所著的《中国高等教育研究史》（广东高等教育出版社2005年8月版）一书作序。序文概括了该著作的基本框架四方面的主要内容，肯定了该著作的意义，认为该著作以翔实的资料证明了中国高等教育理论，并非依附理论；并且保留了一些原始资料与访谈记录，这是不可代替的意义与价值所在。该著作对推动中国高等教育研究事业的持续、健康、繁荣发展，具有重要的理论意义和现实意义。

9月2日至4日　参加在厦门大学召开的"科举制与科举学国际学术研讨会"，并做大会发言：《科举盖棺未定论》。

9月10日　晚上，在前埔家中主持"周末学术沙龙"，参加人员为厦门大学教育研究院部分教师、硕士生、博士生。

9月11日　上午，参加厦门大学教育研究院博士生徐洁、吴玫的学位论文答辩会。答辩委员会成员有劳凯声（主席）、刘海峰、邬大光、谢作栩、李泽彧。

同日　上午，参加厦门大学教育研究院博士生林金辉的学位论文答辩会。答辩委员会成员有劳凯声（主席）、潘懋元、刘海峰、邬大光、李泽彧。

9月12日　上午，参加厦门大学教育研究院博士生温松岩、吴光辉的学位论文答辩会。答辩委员会成员有劳凯声（主席）、潘懋元、王伟廉、谢作栩、李泽彧。

9月13日 至北京，向国家教育行政学院捐赠图书。被聘为国家教育行政学院兼职教授。

9月17日 晚上，在前埔家中主持"周末学术沙龙"，参加人员为厦门大学教育研究院部分教师、硕士生、博士生。

9月20日 在厦门大学教育研究院参加教育部"十一五"规划国家重点项目"中国高等教育大众化的结构与体系变革"结题汇报会。

9月23日至25日 参加在南京理工大学举行的江苏省高教学会成立20周年庆典大会暨第五次会员代表大会并做学术报告。会议期间，参加了高教强省建设高层论坛。

9月24日 被南京审计学院聘为荣誉教授，并做了题为《特色是审计学院生存和发展之根本》的学术报告。报告从高等教育发展规律及国内国际高等教育的发展态势出发，针对特色是该校生存与发展之根本的主题，围绕定位、特色、质量及质量保障等方面阐述了高等院校生存和发展的方向。之后，参观在建的南京审计学院新校区，游览秦淮河等景点。

9月26日 上午，在厦门大学教育研究院会议室参加学术报告会，听邬大光教授以厦门大学为例，参照哈佛大学的课程安排，就学分制和教学资源配置之间的关系问题所做的学术报告。在问题的讨论环节，适时地进行点评，并一针见血地指出问题的关键所在。

9月 给厦门大学教育研究院博士生授课。

10月8日 为黄国勋、曾冬梅合著的《特色办学，以改革促发展——广西大学产业结构优化与人才培养模式整体改革》（广西师范大学出版社2005年11月版）一书作序。序文简介了广西大学近年来的主要成就，认为该文集具有定位明确、特色鲜明、理论指导实践、实践丰富理论的特色，为开展院校研究提供了一个很好的范例。

同日 晚上，在前埔家中主持"周末学术沙龙"，参加人员为厦门大学教育研究院部分教师、硕士生、博士生。

10月10日至14日 率领厦门大学教育研究院10名师生到挪威德隆海姆挪威科技大学主持"第三届高等教育质量国际学术研讨会"，做《中国高等教育质量研究》的大会报告。会议期间，举行《潘懋元——一位中国高等教育学科的创始人》（英文版）首发式。该书是由挪威奥斯陆大学教授阿里·谢沃在厦门大学教育研究院做访问学者期间就开始着手准备、历经两年精心写成的。

10月15日至22日 考察了挪威奥斯陆大学、荷兰莱顿大学、法国巴黎高师，并历经丹麦、卢森堡、德国等北欧与西欧国家。在马克思的故乡——德国摩泽尔河畔的特里尔古城参观了马克思故居展览馆。

10月25日 在《浙江树人大学学报》2005年第5期上发表《民办高等教育大有作为》一文。

10月29日至30日 与厦门大学教育研究院60多名师生到福建长汀，参观厦门大学抗战时期校园旧址。到龙岩参观龙岩学院新校区。

10月29日 在长汀萨本栋校长旧居仓颉庙前留影。

10月30日 在《中国地质大学学报（社会科学版）》2005年第5期"科举研究"专栏上发表《百年之际看科举》一文，并对一组科举研究论文作点评，指出了这些文章的共同特点：在从不同角度不同程度地肯定科举制度的历史意义与现实影响的同时，深层次挖掘值得人们谨记的真理：不能适应社会发展的事物必将消亡。

10月31日 上午，在厦门大学嘉庚三220报告厅参加教育研究院周一学术例会，听参加赴欧高教考察团的师生做以"欧洲六国之旅"为主题的报告。在赖峥博士生以一个奇迹、两个主题、三校合办、四所高校、五个视角、六国之旅等八个缩略词，吴薇硕士生以"会议聚焦""潘先生风采""高校风光""欧洲风情"为不同板块分别做了精彩汇报，部分老师做了补充后，对这次"欧洲六国之旅"做了总结性回顾，指出六国之行是教育研究院规模最大的一次国际学术交流活动，为教育研究院的进一步发展奠定了坚实的基础。对旅行过程中考察团师生所表现出的互助互学、相互关心、团结协作等优良品质给予了充分肯定，最后鼓励师生说："要把厦门大学教育研究院的高等教育研究推上一个新的台阶，就必须大力加强国际学术交流与合作。"

11月2日 到上海，参加晚上在上海交通大学召开的全国高等教育学研究会常务理事会。

11月2日至5日 参加在上海交通大学召开的全国高等教育学研究会第

8次学术年会。被聘为研究会终身名誉理事长。在开幕式上做《关于高等教育学研究会两大任务——学科建设与问题研究》的报告。中国高等教育学会会长周远清、上海交通大学校长谢绳武、上海市教委副主任张民选等出席。

11月4日 出席上海建桥学院民办高等教育论坛并做报告。

11月8日至10日 到河南洛阳参加"第四次全国新建本科院校教学工作研讨会议",做《关于新建本科院校的定位、特色和发展方向》的报告。与洛阳师范学院干部座谈,被聘请为办学指导委员会顾问。参观校园,游龙门石窟与"天子六驾"等。

11月12日至13日 至北京,参加在国家教育行政学院举行的"全国校际高教研究所(室)工作研讨会",做《关于高等教育研究所(室)协作的回顾与今后任务》的报告,提倡各校高教研究所(室)应着重推广院校研究(校本研究)。会上对69个高等教育研究机构表彰并颁奖。

11月14日至17日 至宁波,在宁波工程学院为部分师生做报告。参加教育部教育发展研究中心专家咨询年会,讨论全国"十一五"教育规划纲要和宁波市"十一五"教育规划。

11月19日至20日 在南昌理工学院参加2005年全国百名优秀中学校长"素质教育与科技创新"论坛,并做主旨报告。该论坛围绕"面向新世纪国家科技创新体系建设的大学、中学科普教育与素质教育"主题进行了深入研讨。

11月21日 参加在厦门大学召开的教育部本科教学工作水平评估专家组会议。

11月24日 作为专家组组长,在泉州师范学院主持由史秋衡教授负责的全国教育科学规划课题"市场资讯不对称性与高等教育政策的行动框架"鉴定会。宣布该课题研究成果已达到国内领先水平,一致同意通过鉴定,并代表专家组向史秋衡颁发了课题鉴定证书。

11月25日至26日 参加在泉州师范学院召开的"两岸私立(民办)高等教育比较研究学术研讨会",做《2020:大陆民办高等教育前瞻》报告。参加会议的近百名专家、学者,就两岸私立(民办)高等教育有关问题进行了深入研讨。

11月28日 上午,在厦门大学教育研究院会议室参加学术例会,听台湾淡江大学教育政策与领导研究所教授兼高等教育研究与评鉴中心主任杨莹做《台湾地区大学评鉴的实施》的学术报告。参与讨论并点评，还代表全院师生向杨教授表达谢意和赠送礼品。

同日 被厦门城市职业学院聘请为首席顾问。

11月 为卢晓中主编的《现代高等教育发展论纲》一书（广东教育出版社2005年11月版）作序。序文认为，本书为我国高等教育学科领域的发展做了一些开拓性的工作，主要体现在理论体系、理论概念、理论观点三个方面。同时，希望作者在已有研究的基础上继续努力，取得更多研究成果，为繁荣我国高等教育发展理论、进一步推进科学发展观的贯彻落实做出贡献。

12月3日 晚上，在前埔家中主持"周末学术沙龙"，参加人员为厦门大学教育研究院部分教师、硕士生、博士生。

12月8日 晚上，在前埔家中主持"周末学术沙龙"，参加人员有前来讲学的德国凯姆尼茨技术大学普通教育、职业教育与媒体教育研究所所长罗兰德·舍恩教授，以及教育研究院的30多名师生。舍恩谈了目前德国大学所面临的问题和发展趋势，大家进行了深入的学术交流，气氛热烈，彼此获益良多，给舍恩教授留下深刻印象。他说，德国100年前有类似的学术沙龙，现在已经失去了这种传统，他回去后会建议学校和教授们恢复这种学术研究传统。

12月9日 参加厦门大学教育研究院博士生胡泽民、唐滢的学位论文答辩会。答辩委员会成员有丁钢（主席）、李明德、潘懋元、谢作栩、史秋衡。

12月10日 至西安，参加陕西省高校教学校长会议代表和陕西师范大学教师教育论坛，就《中国当前高等教育发展中的若干问题》做专题报告。从大学生量的增长、高校办学形式多样化、高等教育质量某些方面有所提高、高等教育经费快速增长四个方面，阐述了中国高等教育进入21世纪后呈现出良好的发展态势。同时，指出和分析了目前我国高等教育存在的诸如发展的规模与速度、分类定位与发展方向、教育质量偏低、生均经费下降等有待研究、解决的问题。

同日 在《中国大学教学》2005年第12期上发表《中国高等教育的定位、特色和质量》一文。文章指出，分类不清、定位不明是当前中国整个高等教育发展中的一个令人困惑的问题,现在急需解决的问题就是定位问题,定位后要从学校历史、客观环境和主观条件三个方面锻造特色。要用大众化的质量观看待高等教育的质量。

12月12日 上午,参加厦门大学教育研究院学术例会,听范怡红教授就其在挪威科技大学担任访问教授期间的考察和工作情况做《挪威科技大学教学质量保障体系——多学科、全方位合作与创新学习模式》的报告。最后,在点评中指出:(1)由于范教授深入了解西方社会文化和实际,对"大学教学质量保障体系"的理解能从积极主动的角度出发,抓住了"保障"的关键在于学生学习模式的改进和教师水平的提高。(2)中国在质量保障方面也已有了充分的理论准备,但实践不如挪威来得充分到位。(3)挪威科技大学正在开展的"导学小组"符合了当前跨学科交叉学习的要求。这和我们的高等教育研究相似,面对社会问题、生产问题靠单一的学科学习是很难解决的。(4)我们如何结合中国实际来开展和组织新型的学习模式和教师发展项目是个亟待解决的问题。

12月17日 晚上,在前埔家中主持"周末学术沙龙",参加人员为厦门大学教育研究院部分教师、硕士生、博士生。

12月21日 游素有"南国蓬莱"美称的莆田湄洲岛各景点,并拍照留念。

12月24日 广东省人事厅在华南师范大学隆重纪念博士后制度建立20周年,首次表彰有突出贡献的博士后研究人员和博士后工作先进单位、先进个人。在表彰会上,给博士后们做了《敢为天下先》的学术讲座。根据博士后研究工作的特点,结合自己科学研究和创建高等教育学科的经历和切身体会,阐述了博士后从事科学研究要做到敢为天下先、敢于失败、敢坐冷板凳、敢抓机遇、讲究创新方法及敢于持恒,并寄期望于博士后们。

12月26日至28日 至上海,参加上海工程技术大学"2005年产学合作教育总结表彰暨雇主单位签约、揭牌仪式",被聘请为上海工程技术大学合作教育咨询专家。与该校领导、教育部高教司原副司长朱传礼、上海师范大学原校长杨德广一起,为各学院涌现出的合作教育优秀协调员、优秀学员、优秀业务报告作者及获奖论文作者进行颁奖,并在讲话中指出:上海工程技术大学是全国第一所以"合作教育"名称进行产学合作教育试点的高等院校。在 20 年的发展过程中，学校发扬开拓创新、敢为天下先的精神，不断用自己踏踏实实的工作作风，走出了一条主动依托地区经济、嫁接社会优良教育资源、适应学校发展的新路子。

12 月 31 日 晚上，在前埔家中主持"周末学术沙龙"，参加人员为厦门大学教育研究院部分教师、硕士生、博士生。

本年 作为主持人，承担中央教育科学研究所委托的科研项目"教育大众化研究"、香港中文大学委托的科研项目"中国高教发展道路"、中国高教学会委托的科研项目"高等教育研究方法"教材等。

本年 多次接受肖海涛、殷小平的采访，口述自己的教育人生，为《潘懋元教育口述史》提供详实材料。

2006 年 八十六岁

1 月 7 日 晚上，在前埔家中主持"周末学术沙龙"，参加人员为厦门大学教育研究院部分教师、硕士生、博士生。

1 月 11 日至 12 日 至深圳，与谢维和、程介明等一起，参加深圳市教育发展规划论证与评审。

1 月 20 日至 21 日 至上海，为上海电机学院干部和教师作《关于高等院校定位》的报告，并被聘为上海电机学院顾问。

1 月 26 日至 27 日 参加深圳大学"十一五"规划论证会。晚上在麒麟山庄与深圳部分高教所校友座谈。

1 月 经国务院学位委员会评审批准，厦门大学教育研究院获得教育经济与管理、教育史两个学科专业的博士学位授予权。

1 月 在《素质教育简报》2006 年第 1 期上发表《试论素质教育》一文。文章主要从对素质教育概念的发展、素质教育与全面发展教育、如何实施素质教育三个方面进行了阐述。

1 月 撰著的《中国当代教育家文存·潘懋元卷》由华东师范大学出版社出版。

1月　为厦门大学教育研究院博士生授课。

2月14日　发传真祝贺原华中科技大学校长、著名高等教育家朱九思教授九十华诞。

2月18日　晚上，在前埔家中主持"周末学术沙龙"，参加人员为厦门大学教育研究院部分教师、硕士生、博士生。

2月20日　在《高教论坛》2006年第1期上发表《高等教育的生态可持续发展之路——〈高等教育生态论〉序》一文。

2月25日　为刘智运所著的《大学教育哲学》（人民教育出版社2008年9月版）一书作序。序文指出，该专著是对实际问题的理论探索与提升，文笔流畅，并无晦涩的话语，这也是该专著有别于一般哲学著作的特点之一。

同日　晚上，在前埔家中主持"周末学术沙龙"，参加人员为厦门大学教育研究院部分教师、硕士生、博士生。

2月28日　在《国家教育行政学院学报》2006年第2期上发表《新时期中国高等教育的质量战略》一文。文章指出大学扩招后，我国高等教育一片繁荣，但问题也很多，主要包括三大问题：一是教育资源不足，二是教育质量下降，三是就业困难。如果这三个问题解决不了，中国的高等教育大众化就"化不了"。如果不能实现高等教育大众化，中国因此也就不能进入全面小康社会，也更不可能说我们已经建设好了社会主义现代化。其中高等教育质量问题上连资源问题、下连就业问题，是三大问题的核心。

同日　在《上海电机学院学报》2006年第1期发表《论新建本科院校的定位问题》一文。文章指出，新建本科院校"专升本"之后面临着重新定位的问题，正确定位对于高等教育具有重要意义；认为"专升本"之后的新建本科院校大多数（不是所有）都应走应用型本科或高职本科之路，培养高水平的应用技术型或职业技能型人才；高职应该建成独立的高等教育体系。

2月　在《湖北招生考试》2006年第2期发表《从科学发展观看高考改革》一文。文章指出，高考制度的改革势在必行，但中国的统一高考制度，已形成一套相当完整而牢固的体制和运行机制，积累了许多有益的经验。变革不能像100年前废止科举制那样，立刻取消高考。当今中国的高考改革，只能采取渐进方式，朝着既定目标，对高考的体制、机制与管理，全方位地、经过试点后逐步推进。

3月1日 为唐德海等合著的《东部—西部边境地区教育对口支援发展研究》（广西师范大学出版社2006年4月版）一书作序。序文总结了该书的亮点所在，认为该书内容新颖、论据充足，对不同读者都能"开卷有益"，是一本信息量大、值得品味的专著。

3月1日至3日 审阅《厦门大学校史》（第二卷）（厦门大学出版社2006年3月版），撰写意见。

3月4日 参加厦门市软科学研究会召开的顾问恳谈及理事扩大会并作大会发言。

同日 晚上，在前埔家中主持"周末学术沙龙"，参加人员为厦门大学教育研究院部分教师、硕士生、博士生。

3月6日 上午，参加厦门大学教育研究院学术例会，听博士生刘小强做题为《多学科研究方法与高等教育学科建设》的学术报告。点评中肯定了研究高等教育研究方法的重要意义，指出这一报告的价值在于引起大家重视研究方法的研究。高等教育学的学科建设必须走开放、包容、合作和多学科研究的路径。

3月11日 参加厦门市老教授协会会议，做关于民办高等教育的报告。

3月18日 晚上，在前埔家中主持"周末学术沙龙"，参加人员为厦门大学教育研究院部分教师、硕士生、博士生。

3月20日 在厦门大学教育研究院听2003级博士生付八军作题为《高等教育的产业性与公益性之关系》的学术报告。在点评中指出，高等教育的产业化不等于企业化，更不是彻头彻尾地成为企业，而是高等教育由于在某些方面存在着不足，需要进一步改进的方向，这与"大众化""国际化"等概念是一样的道理。认为高等教育产业性与公益性的关系不应当被视为对立关系，两者都是高等教育的重要属性，因为事物的属性可以有很多个。只不过高等教育的公益性是根本属性，是高等教育的目的，而产业性则不是。后者是在一定时期和社会条件之下体现出来的，是手段。在某些情况下，公益性和产业性之间可能会存在冲突，但我们不能因此就简单地一概否认手段的作用。研究这一问题首先必须介入其运作的过程中，因为高等教育的产业性与公益性的关系是由于高等教育介入了产业运作中而产生的，与高等教育公益性之间的一些矛盾也由此产生。

3月24日 上午，在厦门大学教育研究院会议室听日本广岛大学高等教育研究开发中心副教授黄福涛做题为《大学通识教育的发展与变革——历史与比较的视角》的学术报告。点评中指出，"通识教育"始终是国内外高等教育学界共同关注的热点话题，应进行认真研究，并谈了自己对大学通识教育的理解和困惑。

3月25日 晚上，作为专家组组长，参加在龙岩学院举行的李泽彧教授主持的全国教育科学规划"十五"重点课题"我国巨型大学的管理与组织模式研究"鉴定会。专家组成员还有：华中科技大学张应强教授、华南师范大学卢晓中教授、福建师范大学李明德教授、龙岩学院郑庆升教授等。

3月26日至27日 参加龙岩学院承办的"福建省新建本科院校办学定位与特色学术研讨会"，在开幕式上做题为《新建本科院校的定位与发展方向》的主题报告。

3月29日 为史秋衡、刘文华合著的《我国民办高校评估指标体系研究》（陕西人民教育出版社2006年8月版）一书作序。序文指出，用以公立高校为依据所制定的评估指标体系来规范民办院校，不符合民办院校的现状，也难以起到以评促改的作用。因此，急需制定一套切合当前民办高等院校的特点与实际情况，能对民办院校起鼓励、促进作用的评估指标体系。该书不仅为民办高校评估体系的制定提供具体的方案，也对一般的评估工作者和民办高教研究者有参考价值。

3月30日 在《高等教育研究》2006年第3期发表《高等教育分类的方法论问题》（与陈厚丰合作）一文。文章指出，高等教育分类是为了更好地认识、研究和引导高等教育发展而将高等教育系统划分成不同的类型和层次，从而确定高等教育系统中各子系统及各要素间相互关系的过程；高等教育分类要运用系统论和分类学原理，将不同类型的高等教育机构整合为统一、开放的系统。

3月31日 为厦门大学教育发展基金和厦门大学教育研究院"懋元奖教奖学基金"捐款25万元人民币。

3月 为《高等教育学博士文库》（中国海洋大学出版社2006—2014年出版）撰写"丛书总序"。序文写道："博士学位论文，由于是在学术造诣高的博士生导师指导下，有的还有相当丰富的高教实践经验的博士生专心致志、殚精竭思的研究成果，并经多位专家评审、通过答辩的论文。一般来说，能够较好地保证其理论水平与论文质量。有的在高等教育理论的前沿有所创新，有的能深入实际发表真知灼见。这些研究成果，通常比浮光掠影的泛泛之论或就事论事的经验之谈具有较高的理论价值与现实意义。当然，其中难免水平高低不同，并非篇篇都是佳作。"

4月1日 参加在北京召开的中国高等教育学会第五次会员代表大会，被聘请为中国高等教育学会顾问。

4月4日 下午，与厦门大学教育研究院书记宋毅、副院长杨广云等一起，在会议室会见来访的英国赫尔大学（Hull University）校长大卫·杰·朱鲁瑞（David J. Drewry）教授及夫人和助理教务长方晓博士。首先向访问代表团介绍了教育研究院的基本情况，并向朱鲁瑞校长赠送两本专著，朱鲁瑞校长也向潘先生赠送礼物以做纪念。然后双方就共同感兴趣的教师教育等问题进行了深入交流。

4月6日 上午，参加在教育研究院会议室举行的"庆祝厦门大学建校85周年暨教育研究院'懋元奖'奖教奖学金颁奖大会"。发表讲话并与院长刘海峰、书记宋毅等一起，为获奖的师生颁发证书与奖励。除教研院师生外，北京《科学时报》副主编郑千里、龙岩学院院长李泽彧、福建广播电视大学校长康乃美、香港大学吴玫博士后也参加了颁奖仪式。本年度奖教金获奖人员有：一等奖：张亚群；二等奖：李泽彧、史秋衡。奖学金获奖人员有：一等奖：殷小平；二等奖：张宝蓉、冯典。

4月7日 在厦门大学85周年校庆召开的"中外大学校长论坛"上作题为《精英型大学发展战略的抉择》的演讲，从定位、培养目标、教学资源和教学方法等方面，分析了中国精英型大学在大众化阶段的发展现状和存在问题，进而得出结论：精英型大学承担大众化高等教育的任务弊大于利，这是当前和今后中国精英型大学在制定发展战略时应当注意的重要问题。应邀出席论坛的有来自美国、英国、法国、荷兰、澳大利亚、加拿大和日本等世界一流大学的30多位校长，10多位中国香港、中国澳门、中国台湾地区大学校长，30多位我国内地知名大学校长。

4月8日 晚上，在前埔家中主持"周末学术沙龙"，参加人员为厦门大学教育研究院部分教师、硕士生、博士生。

4月10日至12日 和邬大光教授一起被宁波大红鹰职业技术学院聘为顾问。在受聘仪式上，俞瑞钊院长宣读了聘任文件并颁发了聘书，宁波市教育局副局长黄士力代表市教育局发表了热情洋溢的讲话。受聘仪式之后，与邬大光教授分别为学院全体教师做了《关于高等职业技术教育和民办教育》的学术报告。

4月15日 在北京高等教育出版社参加"中国大学文化百年学术研讨会暨文化研究课题组成立大会"。

同日 为孔繁敏所著的《建设应用型大学之路》（北京大学出版社2006年7月版）一书作序。序文指出，该专著是在实践的基础上形成的系统理论，对我们高等学校分类定位的研究者，无疑是重要的参考资料；对于全国应用型大学与学院，也有重要的参考、借鉴价值。

4月16日至17日 在北京参加"大学文化百年论坛"，做《关于福建船政学堂与中西文化交流》的报告。

4月18日 在教育部二楼报告厅参加教育部高等教育学评估中心召开的本科生评估会议。

同日 在《中国高等教育》2006年第8期发表《民办高等教育发展的困境与前瞻》（与姚加惠合作）一文。文章分析了目前我国民办高等教育发展中所面临的困境，从外部环境和学校自身两个层面，并从国内客观环境、国际私立高等教育发展的经验，论述了我国民办高等教育将拥有一个美好的前景。后发表于《民办教育研究》2006年第4期。

4月22日 晚上，在前埔家中主持"周末学术沙龙"，参加人员为厦门大学教育研究院部分教师、硕士生、博士生。

4月23日 为陈笃彬主编的《台港澳私立大专院校比较研究》（厦门大学出版社2006年7月版）一书作序。序文总结了本课题最重要的理论研究成果，认为研究成果和所提出的建议，有借鉴、参考的价值，同时指出了本课题研究的不足之处。

4月27日　参加宁波大红鹰职业技术学院战略研讨会。

4月28日　上午，参加宁波大红鹰职业技术学院建校五周年校庆庆典。下午，参观宁波诺丁汉大学。

4月29日　参加宁波职业技术学院"核心竞争力与高职教育发展论坛"，并作题为《高职院校的核心竞争力》的主旨报告。

4月30日　在《龙岩学院学报》2006年第2期发表《规模速度、分类定位、办学特色——中国当前高等教育发展中的若干问题》一文。文章宏观阐述了高等教育发展的形势，提出了"十一五"期间教育发展战略，划分了当前高等院校的三大类型，论述了新建本科院校确立自身定位必须考虑的重要因素以及如何打造自身特色等问题。

4月　在《中国教育科研报告》2006年第4辑发表《论教育家》一文。

5月6日　晚上，在前埔家中主持"周末学术沙龙"，参加人员为厦门大学教育研究院部分教师、硕士生、博士生。

5月11日　上午，与院长刘海峰、副院长谢作栩、杨广云等一起，在厦门大学教育研究院会议室会见前来进行学术访问的挪威奥斯陆大学教育学院院长 Bente E. Hagtvet 一行8位教授。宾主双方分别就共同感兴趣的高等教育研究、教师发展、学生交换以及教育技术的应用等问题进行了深入的座谈交流，并签署了合作意向书。中午，潘世墨副校长代表学校设宴款待客人。

5月12日至14日　应杭州电子科技大学邀请，率学生一行4人对该校进行访问并与校领导进行座谈。在听取了学校建设发展情况的介绍后，站在高等教育学宏观发展的战略高度，结合科学发展观，分析了中国高等教育的发展现状、存在问题和未来发展方向。对该校的办学成果给予充分肯定，并就加快应用型人才培养、提高办学质量、注重学术梯队建设等方面提出了指导性意见。为学校题词："寄语杭州电子科技大学学子：敢为天下先。"

5月15日　上午，参加厦门大学教育研究院学术例会，听2005级博士生刘小强为全院师生做题为《开展大学文化研究，推动大学文化创新》的报告。根据潘先生的建议，刘小强重点介绍了教育部高等教育出版社立项课题"中国大学文化百年研究"。

5月19日 晚上，应厦门大学研究生会邀请，在图书馆五楼报告厅做题为《敢为天下先——谈自己的体验，寄希望于研究生》的励志报告。

5月20日至27日 率领厦门大学教育研究院2005级博士研究生和访问学者一行22人，赴四川成都调研高等教育。访问考察了四川师范大学影视学院、四川国际标榜职业学院、成都东软信息技术学院、四川天一学院等，并应四川师范大学邀请，作了两场内容不同的报告。

5月22日 下午，应邀在四川大学工学图书馆报告厅做了题为《高等教育大众化阶段的精英教育》的学术报告，认为在大众化阶段，精英教育不但存在，而且应该发展。

5月23日 为四川师范大学东校区题词："敢为天下先，祝愿四川师范大学东校区持续发展！"

5月27日至29日 至长沙，在长沙理工学院做《大众化阶段我国高等教育面临的若干问题》的学术报告；在国防科技大学做《大众化阶段的精英教育问题》的学术报告。

5月30日 上午，参加湖南大学"十一五"发展规划座谈会，针对湖南大学"十一五"期间的定位、特色及发展方向阐发了自己的见解。

5月31日 在《光明日报》第6版发表《从科学发展观看高考改革》一文。文章认为，在这么大的国家中，面向数百万考生的高考改革，一定要通过理论论证和实践试点，行之有效，逐步推进，逐渐完善。

6月1日 作为面试组组长，在嘉庚三9楼参加厦门大学教育研究院2006年博士研究生招生专业课面试。

6月3日 晚上，在前埔家中主持"周末学术沙龙"，参加人员为厦门大学教育研究院部分教师、硕士生、博士生。

6月9日 参加厦门大学教育研究院博士生饶爱京、何雪莲的学位论文答辩会。答辩委员会成员有陈玉琨（主席）、龚放、潘懋元、史秋衡、王洪才。

6月10日 参加教育部专家组到厦门大学开展实地验收工作会议，高等教育学科建设顺利通过教育部验收。

同日 晚上，在前埔家中主持"周末学术沙龙"，参加人员为厦门大学教育研究院部分教师、硕士生、博士生。

6月12日　参加厦门大学教育研究院博士生洪艺敏、王伟宜的学位论文答辩会。答辩委员会成员有顾明远（主席）、潘懋元、刘海峰、邬大光、李泽彧。

6月17日　晚上，在前埔家中主持"周末学术沙龙"，参加人员为厦门大学教育研究院部分教师、硕士生、博士生。

6月18日　携家人一起，参观翔安隧道动工、五缘湾，并合影留念。

6月19日　上午，参加厦门大学教育研究院学术报告会，听原福建省人事厅厅长潘潮玄研究员做题为《创世界一流大学之我见》的学术报告。在点评中指出，潘研究员以学者的独特眼光、丰富的实践经验以及对中美大学的深入了解来分析世界一流大学的成功之处，同时也指出中美一流大学的差距所在，并对如何缩小这一差距阐述了自己的观点与看法，开拓了对于创世界一流大学这个问题的思考空间，使大家受益匪浅。然后阐发了自己对世界一流大学主要特征的见解：（1）学术领先、科技创新；（2）一流人才创一流大学，名师高徒是相辅相成的；（3）一流大学不仅硬件优越，而且软件如校风、学风也具有无穷魅力。

6月21日　参加"民办学校危机管理研讨会"并做报告。

6月24日　晚上，在前埔家中主持"周末学术沙龙"，参加人员为厦门大学教育研究院部分教师、硕士生、博士生。

6月30日　在《集美大学学报（教育科学版）》2006年第2期发表《敢为天下先——在广东省博士后工作20周年纪念大会上的讲话》一文。文章最后写道："我深信，只要敢为天下先、敢于失败、敢坐冷板凳、敢抓机遇、敢于持恒，你们就一定能够开创出我国科学之花鲜艳灿烂的春天！"

同日　在《民办教育研究》2006年第3期发表《〈我国民办高校评估指标体系研究〉序》一文。

6月　厦门大学教育研究院高等教育学科顺利通过"211工程"国家验收，进入"十一五""211工程"建设阶段。

6月　为陈炳三编著的《囊萤之光》（中央文献出版社2006年6月版）一书作序。序文写道："古人以囊萤、映雪，喻刻苦学习，励志成才；厦门大学以囊萤之光，喻星星之火，可以燎原。多少学子，在囊萤楼微弱的灯光下，孜孜探索，自强不息，报效祖国；多少革命志士，从囊萤楼出发，将火种点燃八闽大地。囊萤楼是一座屹立于祖国东南海岛上的革命灯塔、永远的丰碑。"认为该书为厦门大学师生提供了一份真实、珍贵的思想政治教育教材。

7月1日 晚上，在前埔家中主持"周末学术沙龙"，参加人员为厦门大学教育研究院部分教师、硕士生、博士生。

7月3日 参加厦门大学教育研究院博士后黄朝阳和钱建状的开题报告会，这是教研院历史上第一次博士后开题报告。黄朝阳的开题报告题目是《我国高校的逻辑学教育》，钱建状的开题报告题目是《两宋科举与文学》。在点评中充分肯定了两篇报告研究的现实意义，建议黄博后进一步分析我国高校不重视逻辑教育的原因，并对其研究方法提出了可行性建议。

7月8日至19日 作为荣誉博士，赴英国参加赫尔大学（Hull University）本年度学位授予典礼。其间，由赫尔大学助理教务长兼国际办公室副主任方晓、国际开发经理周海亮、赫尔大学厦门办公室周海明等陪同，参观考察赫尔大学的图书馆、教育学院、商学院、化学系、实验室及赫尔水族馆（Deep）；访谈有关行政部门；同校长、中国留学生座谈。还参观了牛津大学和一些庄园。

7月21日至23日 在北京科学会堂参加"科学家、教育家、企业家论坛"，作《关于民办高校的问题与前景》的报告。其间与高宝立、周孟奎、高晓杰、刘承波等会面交谈并共进晚餐。

7月30日 在《高等教育研究》2006年第7期发表《论我国高等教育学制改革——基于专升本的视角》（与肖海涛合作）一文。文章首先分析了近年来愈演愈烈的专升本热潮所折射出的我国高等教育学制上的弊端。专升本热潮的形成有其复杂的社会原因，解决之途应"导"而不应"堵"。应改革高等教育学制，适当发展职业技术教育本科，使职业教育与普通教育有机结合，从而有效解决专升本问题并拓展升学渠道。

同日 在《中国大学教学》2006年第7期发表《船政学堂的历史地位与中西文化交流——福建船政学堂创办140周年纪念》一文。文章从福建船政学堂在中国近代高教史上的地位、船政学堂的体制及其办学模式，以及为国育才、推动社会近代化发展、促进中西文化交流等几方面的重要影响进行了论述。

同日 在《浙江树人大学学报》2006年第4期发表《民办高等教育可持续发展问题》一文。文章介绍了当前我国民办高等教育的基本情况和面临的问题，如招生、师生待遇、评估、行政管理、优惠政策不到位等外部环境问题，生源、师资、资金、质量、办学思想与学校管理等成长中的问题。就民办高等教育如何走出困境这一问题，分别针对已经取得学历授予权的民办高校和未取得学历授予权的民办高等教育机构提出了理论建议。

8月4日 在宁波，与厦门大学教育研究院宁波院友一起庆生。

8月12日至14日 至南京，为"黄炎培高职教育思想研讨班"做题为《黄炎培职业教育思想对当前高等职业教育的启示》的学术报告。报告分析了当前我国高等职业教育所面临的形势：机遇与挑战并存，战略与战术矛盾。主张高等职业教育必须采取措施，改革不配套的战术措施：改变"低投入、高收费"的政策；改变"先本后专"的招生和就业制度；改变专业设置方式，让学校依市场需求自主设置专业；通过制度变革来改变社会对高等职业教育的传统认识。高等职业教育发展路径，应从数量增长转变到质量提升。认为在高职院校发展的目标上，当前不宜提倡"专升本"，也不宜一刀切地限制"专升本"，可以升为职业技术教育本科。衡量高等职业教育质量，应以知识、技能是否与社会对技术人才的要求相适应为标准；合格的技术人才应是全面发展的职业技术专门人才。近代著名职业教育家黄炎培的职业教育思想和实践，迄今对我们仍有启迪和教益。

8月17日 在《人民日报》上发表《研究生教育如何看》一文。文章主要分析和阐述了如下三个问题：怎样认识导师带研究生过多的问题，关于研究生培养年限的问题，发表论文与学位能否画等号的问题。

8月20日 携家人一起，赴金门游览。

8月25日至28日 至长春，考察吉林华桥外国语学院，与学校部分领导、行政干部座谈。

8月30日 在《龙岩学院学报》2006年第4期发表《新建本科院校的现状分析与准确定位》（与姚加惠合作）一文。文章指出，新建本科院校蓬勃发展，在高等教育大众化过程中承担了繁重的扩招任务。这些院校在发展过程中存在定位不明的问题。该文在分析新建本科院校自身特点和所处环境的基础上，从办学理念、办学类型和层次、职能、服务面向等方面阐述了新建本科院校应如何合理定位的意见。

同日 在《国家教育行政学院学报》2006年第8期发表《21世纪初我国高等教育研究的进展与问题》（与刘小强合作）一文。文章指出，在21世纪初，伴随着我国高等教育规模的迅速扩大和改革步伐的加快，高等教育研究在两条轨道、三个方面取得了新的成果，但同时也存在一些新的问题。回顾历史与考察当前的现实，今后的高等教育研究要注意如下问题：正确处理理论研究与实践研究的关系，对研究机构和人员进行合理分工，正确处理数量与质量的关系，正确处理国际化与本土化的关系。

8月 为叶文梓所著的《可能与抉择——探寻深圳教育现代化之路》（学林出版社2006年9月版）一书作序。序文认为，该著作具有视点较高、抓住关键、重点突出、可读性强的特点，同时也指出了不周之处，希望以后拓宽视野，为实现深圳教育现代化，进一步研究教育发展的薄弱环节和前沿问题。

8月 为黄磐石等编著的《杰出师表连家瑶》（中国文化出版社2006年9月版）一书作序。序文指出，连家瑶老师具有个人特色的教学方法，不但符合于现代教学原则，而且对于今天普通学校教育所提倡的以学生为主体的课程改革，也有先行者的启发意义。该书的出版发行，必将更好地激励更多学校的教师，以连家瑶老师为楷模，成为良师、名师。像连老师那样，为培育人才、振兴国家做出杰出的贡献。落款为："后学潘懋元敬序"。

9月9日 晚上，在前埔家中主持"周末学术沙龙"，参加人员为厦门大学教育研究院部分教师、硕士生、博士生。

9月10日 参加厦门大学教育研究院硕士生余斌的学位论文答辩会。

9月11日 上午，参加厦门大学教育研究院博士生林蕙青、庞振超的学位论文答辩会。答辩委员会成员有张楚廷（主席）、杨德广、刘海峰、谢作栩、李泽彧。

同日 下午，参加厦门大学教育研究院博士生阎志坚、邹晓平的学位论文答辩会。答辩委员会成员有张楚廷（主席）、刘海峰、谢作栩、李泽彧、王洪才。

同日 晚上，参加厦门大学教育研究院博士生刘志文的学位论文答辩会。答辩委员会成员有张楚廷（主席）、邬大光、李泽彧、张亚群、范怡红。

9月12日 上午，参加厦门大学教育研究院博士生陈兴德、李立峰的学位论文答辩会。答辩委员会成员有杨德广（主席）、潘懋元、谢作栩、李泽彧、张亚群。

同日 下午，参加厦门大学教育研究院博士生林莉、徐丹的学位论文答辩会。答辩委员会成员有杨德广（主席）、张楚廷、潘懋元、王洪才、范怡红。

9月13日 赴北京，晚上与中国农业大学党委书记瞿振元等交谈并共进晚餐，林蕙青、邬大光、叶之红、高晓杰、王小梅、刘承波等陪同。

9月14日 在北京参加中国高等教育学会召开的"高等教育学"优秀博士学位论文专家复议评审会暨中国高等教育学会"十一五"教育科研规划课题评审会。

9月15日 参加教育部教育发展研究中心郝克明研究员主持的国家社科基金"十五"规划重点课题"建设终身学习体系和学习型社会研究"课题鉴定会。

9月16日 乘机返回厦门。

9月18日 参加厦门大学教育研究院教职工行政例会。

9月23日 参加厦门大学教育研究院学术报告会，听日本教育家、东京大学教育学院原院长天野郁夫做《高等教育大众化——日本的经验与教训》的报告。

同日 晚上，在前埔家中主持"周末学术沙龙"，参加人员为天野郁夫和厦门大学教育研究院部分教师、硕士生、博士生。

9月25日 参加厦门大学教育研究院学术报告会，听日本教育家天野郁夫作《日本的大学评价》的报告。

同日 被聘为中央教育科学研究所主办的学术期刊《大学、研究和评价》杂志的第一届编委会顾问。

9月26日 至成都，参加高等教育自学考试与终身教育体系研讨会，并为成都广播影视学院学生作题为《敢为天下先》的报告。

9月27日 拜访朱九思先生，在一起亲切交谈。

9月28日至29日 分别为武汉科技大学校领导和教授、中层干部做报告。被聘为武汉科技大学荣誉教授。为华中科技大学教育科学研究院博士生做报告。

9月30日 在《中国地质大学学报（社会科学版）》2006年第5期发表《中国高等教育研究的历史与未来》一文。文章认为，20多年来，中国高教研究走出了一条本土化、自主发展之路，并初步形成了自己的特色。在从高等教育研究大国向高等教育研究强国转变的过程中，我国高等教育研究要把握好质与量、学与用、古与今和土与洋等若干辩证关系。

9月 为黄亲国所著的《中国大学科技园发展研究》（江西人民出版社2006年9月版）一书作序。序文首先分析了目前我国大学科技园的发展状况，接着概述了该著作的主要内容以及写作思路，认为书中提出的有针对性的理论和建议，对正在兴起的中国大学科技园建设与发展有着重要的指导意义。

9月 为厦门大学教育研究院博士生授课。

10月3日至9日 到日本广岛参加亚洲国际高等教育会议，做题为《合作共建——中国精英学校发展模式》的大会报告。作为嘉宾在会议晚宴上致辞，祝贺中国的中秋佳节。会后，由博士生闫飞龙陪同赴北海道参观、考察。

10月10日 参加厦门大学教育研究院学术报告会，听台湾交通大学教育研究所教授、人文社会学院院长戴晓霞做《学术卓越的追求与世界一流大学之特质》的报告。肯定了戴晓霞使用量化的研究方法，认为量化法比较细致、周密，值得我们学习。从学术性的角度出发，提出该论文的主要问题在于价值取向，即价值观和价值论证的一致性问题。

10月11日 参加厦门大学教育研究院学术报告会，听台湾交通大学校长张俊彦做"The role of university in the 21st century"的报告。

10月14日 晚上，在前埔家中主持"周末学术沙龙"，参加人员为厦门大学教育研究院部分教师、硕士生、博士生。

10月15日 指导的李均论文荣获中国高等教育学会第二届高等教育学优秀博士学位论文。

10月17日 参加厦门大学教育研究院学术报告会，听挪威科技大学

OLE K. Solbjorg 教授做《基于网络的学习管理系统》、Kristim H. Andersen 教授做《课程管理系统和教学质量保障系统：以挪威科技大学为例》的报告。

10月18日至19日 由挪威科技大学、立陶宛科技大学和厦门大学教育发展研究中心联合举办的"以大学教师发展"为主题的"第四届高等教育质量国际学术研讨会"在厦门大学召开。来自中国、挪威、立陶宛、美国、英国、荷兰、芬兰、瑞典和日本等9个国家的高等院校领导、专家学者和研究生共150余人参加会议，做《大学教师发展简论》的主题报告。报告指出，中国约有46万名任职未满3年的新教师的发展，是目前中国大学发展工作的重点。中国高校目前的重要任务之一，就是培训这部分新教师。该报告首先对大学教师发展的概念进行了详细的辨析，进而论述了大学教师发展的内涵、方式选择和动力等问题。

10月21日至23日 至天津，参加中国高等教育学会组织的高等教育与创新型国家学术论坛和高等教育博士生论坛，在论坛闭幕式上做关于教师发展的报告；在博士生论坛上讲述创建高等教育学的历程，鼓励博士生们要以"敢为天下先"的精神和勇气从事科学创新工作。其间，参加中国高等教育学会优秀博士学位论文颁奖典礼，指导的两篇博士学位论文获奖。

10月23日 对指导的博士生李均的论文《中国高等教育研究史》所做点评刊登在《中国教育报》上。点评指出，论文以翔实的历史资料论证了中国高等教育学科的创立与发展所走的是一条自主创新的道路；论证了发展中国家的科学与学术并非只能处于"边缘"而依附于作为"中心"的西方。论文对西方的经验与理论虽有所借鉴，但始终以本土化为立足点，追踪中国高等教育的现实问题，在反映中国高等教育体制与解决中国高等教育现实问题的过程中，创立富有本土气息的理论框架，并逐渐推向国际化。

10月25日 至石家庄，应邀在河北师范大学教育学院讲学，为该校干部和教师做了题为《规模、速度、质量、特色——中国当前高等教育发展中的若干问题》的专题报告。报告站在高等教育学科前沿和制高点上，从中国高等教育当前的发展形势入手，重点阐述了中国高等教育发展中的规模速度问题和分类定位与发展方向问题，对中国高等教育进行了深入分析和论述。报告会由副校长王长华主持。校党委书记李建强为潘懋元先生颁发了兼职教授聘书。

10月28日 晚上，在前埔家中主持"周末学术沙龙"，参加人员为厦门大学教育研究院部分教师、硕士生、博士生。

10月29日 被聘为《高等农业教育》第十一届编委会名誉顾问。

10月29日至11月1日 赴宁波参加"高等教育与经济联动发展"国际学术研讨会，做了《教育服务经济社会解读》的主题报告，强调教育服务经济社会是教育外部关系规律的命题；地方高等教育必须立足地方，面向地方经济；不论什么层次、类型的高校都应办出自己的特色，争创一流。邬大光教授陪同参会并做重点发言。

10月30日 在《医学教育探索》2006年第10期发表《得天下英才而教育之》一文。文章指出，在高等教育学博士研究生的招生培养中，选好人才是成功的一半。导师要积极为博士生们提供条件，创设一个师生互敬、教学相长的学术环境，激励他们自我成才，让他们在治学上达到深入浅出、由博返约的境界。文末饱含深情地写道："我一生最为欣慰的是，我的名字排在教师的行列里；假如我有第二次生命，那我想选择的职业还是教师。"

10月 挪威学者阿里·谢沃所著的《潘懋元——一位中国高等教育学科的创始人》一书的中文版（高晓杰等译）由高等教育出版社出版。

11月1日 在杭州参加浙江树人大学学科建设规划评审会。

11月2日 参加厦门大学教育研究院学术报告会，听加拿大不列颠哥伦比亚大学高等教育政策研究中心主任Hans Schuetze教授做"University-industry collaboration in western (CEOD) countries policies, practice and problems"（《西方国家（OECD）大学与产业界合作的政策、实践与问题》）的报告。

11月3日 参加厦门大学教育研究院学术报告会，听北京师范大学教育经济研究中心主任王善迈教授做《当前教育经济前沿问题》的报告。

11月4日 晚上，在前埔家中主持"周末学术沙龙"，参加人员为厦门大学教育研究院部分教师、硕士生、博士生。

11月11日 晚上，在前埔家中主持"周末学术沙龙"，参加人员为厦门大学教育研究院部分教师、硕士生、博士生。

11月13日　参加厦门大学教育研究院教职工行政例会。

11月17日　以首任院长的身份参加厦门大学海外教育学院50周年院庆。回顾50年前创建厦门大学华侨函授部至今的历史演变，并对今后发展做了展望。

11月18日　晚上，在前埔家中主持"周末学术沙龙"，参加人员为厦门大学教育研究院部分教师、硕士生、博士生。

11月20日　参加厦门大学教育研究院学术报告会，听王洪才教授做《论教育研究的维度和视角》的报告。

11月24日　为杨德广所著的《高等教育学》（高等教育出版社2009年6月版）一书作序。序文指出，这部新的《高等教育学》，是作为研究生（主要是硕士生）学习用书编撰的。在学习本书时，应尊重历史、立足现实、探索未来、勇于创新。

11月25日　晚上，在前埔家中主持"周末学术沙龙"，参加人员为厦门大学教育研究院部分教师、硕士生、博士生。

11月27日　参加厦门大学教育研究院学术报告会，听赵叶珠副教授做《厦门大学妇女——性别研究与培训基地与2006年中国妇女研究会介绍》、张灵芝博士生做《后现代主义课程观与高等教育课程改革》的报告。

12月2日　晚上，在前埔家中主持"周末学术沙龙"，参加人员为厦门大学教育研究院部分教师、硕士生、博士生。

12月4日　参加厦门大学教育研究院学术报告会，听殷小平博士生做《通识教育的哲学思考》、樊本富博士生做《生态环境与高等教育发展》的报告。

12月7日　参加厦门大学教育研究院硕士生任志新、杨经葵的学位论文答辩会。答辩委员会成员有范怡红（主席）、赵叶珠、乔连全。

12月8日至10日　至西安，做客陕西师范大学教师教育论坛，并作题为《中国当前高等教育发展中的若干问题》的报告。

12月11日　在厦门大学教育研究院学术报告会上做《从宏观背景理性地考察国学潮》的学术报告。报告主旨是治理时要尊孔，革命时要反孔。之后，听日本早稻田大学临床教育科学研究所所长陈文权教授做《海外华人向世界科学、教育的挑战》的报告。

12月14日 主编的《多学科观点的高等教育研究》（上海教育出版社2001年9月版）荣获中华人民共和国教育部颁发的"第四届中国高校人文社会科学研究优秀成果奖教育学二等奖"。

12月15日 在《海外华文教育》2006年第4期（总第41期）发表《海外教育学院历史杂忆》一文。这是为厦门大学海外教育学院50周年庆典撰写的回忆文章，深情回顾了海外教育学院从1956年10月1日成立"华侨函授部"到改称"海外函授部"再20世纪80年代升格为"海外函授学院"直至更名为"海外教育学院"（兼任院长）的历史发展、演变过程和显著成绩。

12月16日 晚上，在前埔家中主持"周末学术沙龙"，议题是"高等教育大众化背景下教育质量是否下降？"围绕这一论题，大家展开了激烈的讨论。最后潘先生阐述了自己对这一问题的深刻见解："对一个复杂的问题，不能简单地说是与非、上升与下降。扩招以后，最重要的是师资问题；经费也是一个大问题，从近几年的经费投入总量看是增多了，但是人均经费确实大大减少了；高职学生的动手能力、实践能力、创业能力较差，不适应市场的要求和社会经济发展的需要。但是，教育质量也有提高的方面，譬如大学生的外语水平、计算机水平、知识面及国际视野等方面就比以前大学生明显地提高了；看问题要着重从大的趋势看，要辩证地看，不能简单地下结论！"在谈到如何对待教育改革时，语重心长地说："发展是硬道理！我国的高等教育是有大发展的，虽然存在一些问题，甚至有些是较大、较严重的问题，但这些是改革中的问题，只有通过深化改革才能更好地解决这些问题；要像邓小平所说的那样'摸着石头过河'，不断总结改革中出现的问题与教训；同时要不断完善我们重大教育政策的决策、执行和政策评估的制度，不断提高教育决策的科学性。"

12月18日 参加厦门大学教育研究院学术报告会，听加拿大约克大学教育学院查强博士做《中国与加拿大高等教育的比较》、美国马里兰大学林静博士做《在全球化背景下中国高等教育的角色——从传统哲学的视角》的报告。

12月19日至22日 至北京,应邀参加由中国高教学会公共关系教育专业委员会举办、在北京化工大学召开的"高校形象建设论坛"。本届论坛的主题是"搞好高校形象建设,促进高等教育跨越式发展"。出席开幕式,并推荐湖南吉首大学,介绍该校树立形象的成功经验在于形象与内容实质一致。

12月23日 参加教育部召开的教育名词规范筹备会,与顾明远教授同被聘为教育名词规范委员会顾问。

12月24日 应邀参加在北京化工大学召开的"北京市大学生学情调查"研究成果报告会,并做大会报告。首先,充分肯定了通过问卷调查、数据统计进行高等教育实证研究的方法,强调教育研究光凭经验是不够的,要有充分可靠的数据,该项研究是近年来学习科学的重要成果。其次,建议该项目有必要在如下方面再进行深入研究:一是定量统计方面要扩大,二是通过质的研究方法进一步揭示现象背后的原因是什么,三是要关注新教育教学理论对传统教育教学的挑战。此外,还谈到了目前素质教育和信息科技对高等教育的影响等问题。

12月25日 参加厦门大学教育研究院学术报告会,听李国强博士生做《现代化进程中高等教育与传统文化的关系》、毛勇博士生做《日本私立高校在教育市场中竞争的公平性问题探讨》的报告。

12月27日 作为开题指导教师组组长,参加厦门大学教育研究院硕士生张涵、常亮、吕春座、欧阳小红、刘志平、李月华、刘晓芳等7人的学位论文开题报告会。其他指导教师有邬大光、范怡红、林金辉、乔连全、赵叶珠、朱宇。

12月28日 被江苏大学聘请为《高校教育管理》杂志首届编辑委员会副主任委员。

12月30日至31日 至南宁,为广西财经学院教师做《关于新建本科院校定位》的报告。被广西财经学院聘为客座教授。在聘任仪式上,院长席鸿建颁发了聘书。仪式由学院党委书记王春明主持,学院领导莫亦飞、韦良、李海出席了仪式。

12月 《飞腾在没有时空的天堂》一文收录于《热血与坚忍——郑道传纪念文集》(当代中国出版社2006年12月版)一书中。文章是对厦门大学校友郑道传教授的追忆,强调他的眼睛虽然已经看不见光彩绚烂的世界,"但我深知他的心里是亮堂的,心情是爽朗的。……他无怨无悔地离开人间,飞腾在没有时空的天堂"。

2007年 八十七岁

1月1日至3日 携家人一起,赴越南游览。

1月5日 至南宁,参加广西7所新建本科院校发展战略研究会。就广西7所新建本科院校面临的形势与任务做报告,并逐一对各校的发展规划做简短的点评。

1月6日 应邀到广西大学,做了题为《规模、速度、质量、特色——中国当前高等教育发展中的若干问题》的专题报告,站在高等教育学科前沿和制高点上,对中国高等教育进行了深入的分析和论述,重点阐述了中国高等教育发展中的规模速度问题和分类定位与发展方向问题。

1月8日 参加厦门大学教育研究院全体教师会议。

同日 为厦门大学教育研究院硕士生张涵的《学位论文开题报告审核表》填写"导师意见"。

1月11日至12日 至北京,参加北京教育科学研究院举办的"普及化的首都高等教育发展高层论坛"。

1月15日 参加厦门大学教育研究院博士后开题报告会。

同日 在《深圳大学学报(人文社会科学版)》2007年第1期发表《大学教师发展与教育质量提升》一文。这是作者在第四届高等教育质量国际学术研讨会上的发言稿,深入分析和论述了大学教师发展的概念、内涵、方式和动力。

1月17日 参加厦门大学教育研究院学术报告会,听香港大学教育学院白杰瑞教授做《全球化视角下的中国高等教育》的报告。

1月18日 参加厦门大学教育研究院学术报告会,听林金辉教授做《中外合作办学合作研究项目总体框架和基本思路》、香港大学白杰瑞教授做《中外合作办学合作研究》、张宝蓉博士生做《宁波诺丁汉大学办学模式分析》的报告。

1月25日 在《河北师范大学学报（教育科学版）》2007年第1期发表《规模、速度、质量、特色——中国当前高等教育发展中的若干问题》一文。文章指出，当前中国高等教育发展形势大好，具体表现在：其一，学生数量的增长；其二，办学形式多样化；其三，教学质量在某些方面有所提高；其四，高等教育经费快速增加。但与此同时，高等教育发展过程中也存在诸多有待解决和研究的问题。比较突出的问题有：一是高等教育发展的规模速度问题；二是如何看待高等教育质量的问题；三是高等学校的分类、特点与发展方向问题。后表于《临沂师范学院学报》2007年第5期。

1月26日 赴北京参加"中央教育科学研究所建所50周年庆典"并发表讲话，回顾了当年在中央教科所工作时的情景，评价了中央教科所的发展成就，并提出了希望和要求。会后，探视当年共事的中央教科所老同志金世柏、高贵山等。

同日 在《中国教育报》上发表《如何奠定未来民办高教发展的现实基础》一文。文章分析了全国高等学校中出现的分类不清、定位不明、发展方向趋同的现象，认为引导高等学校科学定位，以便分类指导，使各就各位、科学发展、办出特色，是摆在制订国家中长期教育改革和发展规划纲要面前一个亟待解决的问题。

1月27日 在北京参加"全国校际高教研究所（室）工作研讨会"。

1月28日 在《教育与考试》（原《福建自学考试》）2007年第1期发表《教育与考试——目的与方法》一文。文章指出，教育是目的，考试是方法，不能把两者之间的关系本末倒置。

1月30日 在《中国大学教学》2007年第1期发表《高校教师发展简论》（与罗丹合作）一文。论文指出，优良的高校教师发展制度是保障教师质量、提高高等教育质量的必然要求。教师发展与教师培训不同，它强调教师的自主发展和自我提高，其内涵包括学术水平的提升、教师职业知识和技能的发展以及师德修养的提高。当前在中国，建立高校教师发展制度，既要注重向西方国家借鉴和学习，也必须重视实际情况，加强对新教师的培训，改革培训的方式方法；发挥院校在教师发展中的组织主体作用；采用多种方式调动教师自我发展的积极性。

同日　在《教育研究》2007年第1期发表《黄炎培职业教育思想对当前高等职业教育的启示》一文。

1月　潘懋元口述，肖海涛、殷小平整理的《潘懋元教育口述史》一书由北京师范大学出版社出版。

1月　为厦门大学教育研究院博士生授课。

2月2日　为林金辉所著的《高等学校创造教育的理论研究》（厦门大学出版社2007年10月版）一书作序。序文指出，通过该专著，可以比较清楚地回答高等学校创造教育的本质是什么；对如何构建创造教育可以有一个总体上清晰的轮廓和清醒的认识。

2月5日　主持在厦门大学召开的"借鉴与超越：中国高等教育发展的自主性路径研究"学术研讨会，并同全体与会者合影留念。

2月6日　被聘请为教育学名词审定委员会顾问。

2月7日　被聘请为新世纪教学研究所专家委员会顾问，任期两年。

2月18日至21日　春节，接待访客。

2月22日　携全家赴龙岩武平，深入到潘世墨、潘世平当年上山下乡的大禾乡邓坑村，受到老乡的热烈欢迎，男女老少齐聚小学校，敲锣打鼓放鞭炮，场景令人感动！

2月26日　参加厦门大学教育研究院全体教职工会议。

2月28日　主持厦门市老教授协会评审会，为已退休仍工作的副教授确认教授职称并颁发确认证书。

2月　在《高教公关》2007年第1期发表《对吉首大学的点评》一文。

3月3日　晚上，在前埔家中主持"周末学术沙龙"，参加人员为厦门大学教育研究院部分教师、硕士生、博士生。

3月5日　参加厦门大学教育研究院学术报告会，听邬大光教授做《高校贷款的理论思考与解决方略》、郑若玲副教授做《访美学术汇报》的报告。

3月10日　至宁波，同浙江万里学院有关学生管理工作人员、商学院、法学院领导座谈。

3月12日　参加厦门大学教育研究院学术报告会，听张彤博士做《中国教育领域人力资源开发的有效性和均衡性研究》、王超博士生做《博洛尼亚高等教育资格框架的一体化进程评介》的报告。

3月17日 晚上,在前埔家中主持"周末学术沙龙",参加人员为厦门大学教育研究院部分教师、硕士生、博士生。

3月19日 参加厦门大学教育研究院学术报告会,听王洪才教授做《全球化:澳洲印象》、闫飞龙博士生做《高等教育的第四职能》的报告。

3月22日 为广东汕头华侨中学题词:"发扬优秀传统,培育现代新人。"

3月24日 携家人一起,参观福建厦门同安湾大桥修建,并合影留念。

同日 晚上,在前埔家中主持"周末学术沙龙",参加人员为厦门大学教育研究院部分教师、硕士生、博士生。

3月26日 应邀赴宁波参加"宁波职业技术学院工学结合人才培养模式专家咨询会"。在会议发言中,细致分析了宁波高职为何能够入选示范性高职的原因,对宁波高职的办学实践予以了肯定,并希望他们继续发扬自己的优点。同时,也对宁波高职将来的发展提出两点建议:一是要加强"有意的"示范性,为高职教育树立典范;二是结合本地经济发展,进一步研究如何加强与企业的密切合作。与会的专家学者还有:中国工程院院长潘云鹤院士、朱高峰院士、翁史烈院士,中国高教学会周远清会长,装甲兵工程学院原校长刘世参少将,教育部高教司张尧学司长。

3月27日 上午,作为面试组组长,在嘉庚三9楼参加厦门大学教育研究院2007年博士研究生招生专业课面试。

同日 下午,参加在厦门大学教育研究院会议室与英国南安普顿大学高等教育管理与政策研究中心主任约翰·泰勒(John Taylor)教授的学术合作座谈会,刘海峰、史秋衡、范怡红等参加会谈。双方就高等教育体制、高校发展战略、高校质量保障、高校教师发展、高校管理等问题做了交流,并在合作研究、开发合作课程、互派交流师生、互通研究资料和成果方面进行了洽谈。最后,刘海峰院长与约翰·泰勒主任签署了合作意向书。

3月28日 参加厦门大学教育研究院学术报告会,听英国南安普顿大学高等教育管理与政策研究中心主任约翰·泰勒教授做《关于欧洲高等教育历史与发展》的学术报告。

3月29日 为王家新所著的《审计高等教育研究与探索》（高等教育出版社2007年4月版）一书作序。序文指出，该书是在"大审计"平台上，以南京审计学院为实践基地，对审计领域的拓展与转变，对审计学科专业与课程的建设，进行了全面的探索。

3月31日 晚上，在前埔家中主持"周末学术沙龙"，参加人员为厦门大学教育研究院部分教师、硕士生、博士生。

同日 在《高等教育研究》2007年第3期发表《多国高等教育大众化模式比较研究》（与罗丹合作）一文。论文认为，根据经费来源的不同把世界各国高等教育大众化的模式归纳为四种：美国模式、西欧模式、东南亚以及拉丁美洲模式、转型国家模式。总结和比较不同模式的特点，可以发现：充分利用民间资金是解决高等教育大众化过程中经费难题的根本途径；高等教育质量的高低，与办学体制并没有必然联系，相反，民办高等教育的发展，有利于激活竞争机制、更好地培养适应社会需求的人才。

4月1日 著作《潘懋元论高等教育》由福建教育出版社出版。

4月2日 参加厦门大学教育研究院学术报告会，听姜传松博士生做《高等教育多学科研究若干问题——必要性、误区及走向探析》、董立平博士生做《试论教育的公益性与产业性》的报告。

4月3日 至天津，与天津工程师范学院教职工座谈。下午，为部分教师和干部做报告。

4月4日至5日 至长沙，参加由湖南大学举办的"大学职能体系发展与高等教育质量学术研讨会"，做关于高等教育功能、高等学校职能以及重点大学和示范性高职应该发挥什么样的作用等内容的报告。报告将功能和职能做了清晰的界定，并进一步强调了培养人才是大学的本质属性，指出重点大学和示范性高职应该充分发挥引领作用，不但引领高等学校的发展，而且要引领社会的进步等。与会代表有教育部副部长赵沁平、国务院学位办主任杨玉良院士等领导和北京大学、清华大学、厦门大学等重点大学的校长、专家、学者。

4月6日 参加在教育研究院会议室举行的"庆祝厦门大学建校86周年

暨教育研究院'懋元奖'等奖教奖学金颁奖大会"。发表讲话并与院长刘海峰、书记宋毅等一起，为获奖的师生颁发证书与奖励。奖教金获奖人员有：一等奖：林金辉；二等奖：郑若玲。奖学金获奖人员有：一等奖：吴根洲、薄云；二等奖：卢彩晨、毛勇、管弦、肖娟群、刘希伟。

4月7日 晚上，在前埔家中主持"周末学术沙龙"，参加人员为厦门大学教育研究院部分教师、硕士生、博士生。

4月11日 在《中国信息报》上发表《特色是高校形象的重要标志》一文。

同日 下午，应邀出席英国赫尔大学（Hull University）在厦门宾馆举办的学位授予典礼。作为赫尔大学在中国的唯一一位名誉博士，身着赫尔大学玫瑰红博士长袍，头戴圆边博士帽，与赫尔大学校长大卫·杰·朱鲁瑞（David J Drewry）教授、赫尔大学商学院院长迈克·杰克逊（Mike Jackson）教授、赫尔大学助理教务长方晓博士等一起步入礼堂，登上主席台，共同祝贺在学位授予典礼上荣获赫尔大学硕士学位和博士学位的中国学者和研究生。在庆典上，赫尔大学朱鲁瑞校长发表讲话后，厦门大学党委副书记兼副校长潘世墨教授代表福建省副省长汪毅夫教授致贺辞。应邀参加庆典的还有厦门市委组织部部长黄笑影、厦门市外事办主任陈爱京及其他相关部门的领导。

同日 晚上，应邀参加英国赫尔大学校长大卫·杰·朱鲁瑞（David J Drewry）教授在厦门举办的晚宴。出席晚宴的赫尔大学代表团成员有校长夫人吉尔·朱鲁瑞（Gill Drewry）、商学院院长迈克·杰克逊（Mike Jackson）教授和夫人宝琳·杰克逊（P·Jackson）、助理教务长兼国际办公室副主任方晓。赴宴的厦门领导有厦门市委书记何立峰、副市长裴金佳、组织部部长黄笑影、外事办主任陈爱京；高校领导和学者代表有厦门大学党委副书记兼副校长潘世墨教授、管理学院院长翁君奕教授、招生办主任詹心丽教授、国际合作交流处处长毛通文教授、集美大学党委书记张向中教授、厦门城市职业学院党委书记兼常务副校长潘世平教授。

4月14日 晚上，在前埔家中主持"周末学术沙龙"，参加人员为厦门大学教育研究院部分教师、硕士生、博士生。

4月16日至20日 在广州、东莞、佛山、梅州等地，分别对广州大学、华南师范大学、广州城市职业学院、东莞理工学院、佛山科学技术学院、嘉应学院的教师、干部、研究生做报告5场，召开座谈会4场。

4月21日　晚上，在前埔家中主持"周末学术沙龙"，参加人员为厦门大学教育研究院部分教师、硕士生、博士生。

4月24日　出席在厦门举办的"陈美祥书法展开幕式"。

4月25日　出席郑道传逝世50周年纪念文集《热血与坚忍——郑道传纪念文集》首发式。

4月27日　参加厦门大学漳州校区百科系列讲座，听郑若玲副教授做《放眼域外　立足国情——我们能从美国高校招生制度中借鉴什么？》的报告。

4月28日　晚上，在前埔家中主持"周末学术沙龙"，参加人员为厦门大学教育研究院部分教师、硕士生、博士生。

4月30日　参加厦门大学教育研究院科研工作会议。

4月　主编的《高等教育学》一书由福建教育出版社出版。

4月　编著的《中国近代教育史资料汇编·高等教育（续）》一书由上海教育出版社出版。

5月5日　晚上，在前埔家中主持"周末学术沙龙"，参加人员为厦门大学教育研究院部分教师、硕士生、博士生。

5月12日　被福建省厦门第一中学校友会推荐为第五届理事会名誉会长。

5月13日　上午，参加北京师范大学厦门校友会2007年年会并讲话。

5月14日　参加在厦门大学教育研究院会议室举行的学术例会，听2006级博士生樊明做《我国教育投入的财政能力分析》的报告，并进行了点评。

5月17日至19日　至济南，应邀参观山东经济学院，为该校师生做题为《中国高等教育发展中的若干问题——形势、规模、质量、特色》的学术报告。参加教育部人文社会科学研究项目"情感、激励、嫁接三结合育人机制研究"和山东省软科学研究项目"高等院校和谐校园建设研究"专家鉴定会。为该校题词："创建和谐校园，培育优秀人才。"会后，分别到中国石油大学（华东）和山东科技大学参观并做报告。

5月20日至22日　到中国石油大学（华东）讲学，并为该校书写了其校训"惟真惟实"的横幅。还为弟子刘华东博士（该校副校长）特别书写了

《尚书·大禹谟》中的箴言:"人心惟危,道心惟微;惟精惟一,允执厥中。"

5月23日 下午,与全国教育科学规划领导小组办公室常务副主任曾天山、厦门大学社科处处长陈武元等一起,在临沂师范学院对韩延明主持的全国教育科学"十五"规划重点课题"东部欠发达地市高校在农村小康社会建设中的角色认知与机制创新研究"进行课题鉴定,并代表全国教育科学规划办为韩延明颁发了鉴定为"优秀"的结题证书。

5月24日 上午,至临沂,应邀到临沂师范学院讲学,被聘为临沂师范学院教学学术委员会首席顾问。在该校新校区报告厅做题为《形势、规模、质量、特色——中国当前高等教育发展中的若干问题》的学术报告,临沂师范学院院长韩延明主持会议。该校校领导、正副处级干部、教授、教研室主任及部分师生代表500余人参加了报告会。首先,指出进入21世纪,中国的高等教育形势大好;其次,指出在高等教育发展的大好形势下,出现了诸多不容忽视的问题。着重分析了高等教育发展的规模、速度、质量、特色与发展方向几个方面表现出的问题,并提出了相应的解决对策。

同日 下午,参观王羲之故居、银雀山汉墓竹简博物馆等景点,韩延明等陪同。尤其对银雀山汉墓竹简博物馆,潘先生考察细致、兴味盎然,颇有点流连忘返。他仔细观看,探幽洞微,赞叹不已,还兴致勃勃地给随行人员讲了几个相关的历史故事。

5月26日 晚上,在前埔家中主持"周末学术沙龙",议题是"听取陈小伟硕士生 SPSS 相关分析及其应用的报告"。

5月28日 参加厦门大学教育研究院学术报告会,听加拿大多伦多大学安大略教育研究院教授、香港教育学院荣誉校长露丝·海霍(许美德)做"China's universities, cross-border education, and the dialogue among civilization"的报告。

5月29日至30日 到上海松江大学城,在上海工程技术大学召开的"高等学校产学研合作教育骨干教师高级研究班"上做报告。

6月3日 被全国高等学校教学研究会聘为第二届理事会顾问。

6月5日至6日 至南京,参加"民办高等教育改革发展与规范高层论坛"。在开幕式上做《民办高等教育的可持续发展》的主题报告。

6月7日 至湖北荆门,参观荆楚理工学院,与学校领导及高等教育科学研究所工作人员座谈。其间,考察三峡大坝。

6月8日 上午,在武汉华中科技大学教育科学研究院主持本年度博士论文答辩会。

6月9日 上午,参加厦门大学教育研究院博士生廖益、洪彩真的学位论文答辩会。答辩委员会成员有叶澜(主席)、胡建华、刘海峰、邬大光、谢作栩。

同日 下午,参加厦门大学教育研究院博士生彭志武的学位论文答辩会。答辩委员会成员有叶澜(主席)、胡建华、刘海峰、谢作栩、王洪才。

6月10日 参加厦门大学教育研究院博士生卫荣凡、赖铮的学位论文答辩会。答辩委员会成员有叶澜(主席)、李泽彧、刘海峰、邬大光、张亚群。

6月16日至17日 在武夷山参加"教育与考试座谈会"。参观朱熹故居。

6月18日 参加厦门大学教育研究院全体教职工会议。

6月23日 晚上,在前埔家中主持"周末学术沙龙",参加人员为厦门大学教育研究院部分教师、硕士生、博士生。

6月25日 在《大学(研究与评价)》2007年第6期发表《从恢复统一高考三十周年说起》(与陈厚丰合作)一文。文章认为,恢复高考的历史功绩不可磨灭,但统一高考制度必须要改革。高考制度要改革,首要前提是必须转变观念。"素质测试+套餐考试"是一种可供探讨的合适的高考改革模式。

6月30日 晚上,在前埔家中主持"周末学术沙龙",参加人员为厦门大学教育研究院部分教师、硕士生、博士生。

7月2日 至延吉市,参加教育名词规范第二次会议,讨论各组提出的词条。会后,游览长白山。

7月4日 在《诚诚恳恳为人民》(香港威雅出版贸易公司2007年8月版)一书上发表《此情可待成追忆——悼念谢高明同志逝世十周年》一文。文章指出,在这段记忆犹新的交往中,我深深地感到高明同志是一位原则性很强而又能虚心倾听他人意见的领导干部,也是一位富有实践经验而又勇于探索的教育工作者。

7月5日 至镇江,为江苏科技大学干部和教师做报告。

7月7日 晚上,在前埔家中主持"周末学术沙龙",参加人员为厦门大学教育研究院部分教师、硕士生、博士生。

7月8日 携家人一起,游厦门环岛路,并合影留念。

7月9日 参加厦门大学教育研究院学术报告会,听黄建如副教授做《东盟国家的高等教育国际合作与交流》的报告。

7月12日 参加厦门华天涉外职业技术学院第一届毕业生毕业典礼,并发表讲话。

7月14日 参加由厦门大学高等教育发展研究中心和《中国青年报》联合举办的"1977—2007:纪念中国恢复高考30年高峰研讨会"。

7月15日至22日 在厦门鼓浪屿干部疗养所度假。

7月23日 为王冀生所著的《大学理念在中国的发展》(高等教育出版社2007年9月版)一书作序。序文指出,该书不仅把理性思维与现实功利结合起来,而且把西方大学理念与中国传统文化、理论探讨与教育方针政策宣传结合起来,古今中外的教育观点并陈,思辨和质性方法并用。

同日 参加厦门大学教育研究院期末教学、科研工作总结会。

7月25日 在《荆门职业技术学院学报》(教育学刊)2007年第7期发表《新建本科院校的办学定位与特色发展》一文。论文对新建本科院校的办学定位、办学特色、发展模式等重大战略问题,提出了诸多睿智独到的思想和见解。

7月27日至28日 至深圳,与钟秉林、谈松华、香港科技大学创校校长吴家玮等著名学者一起,参加南方科技大学筹建办学方案专家论证会。

8月4日 邀集大家庭在厦门五缘湾湿地公园庆祝生日。

同日 为李健荣、邱伟光编著的《高校公共关系教程》(上海中医药大学出版社2007年9月版)一书作序。序文指出,该书构建了公共关系学完备的基本框架,反映了现代公关的新发展,突出了高等学校的公共关系教育问题,具有理论性、实践性和创新性等特色。该书的出版,必将促使高校的公共关系教育在大学群体尤其是大学生的成长中发挥积极作用。

8月10日 为胡赤弟所著的《教育产权与现代大学制度构建》(广东高

等教育出版社 2008 年 6 月版）一书作序。序文回顾了作者对教育产权问题的研究过程，同时指出在教育产权、大学独立法人地位等方面还有很多问题尚待解决，理论工作者任重道远，并提出了自己的期望。

同日 在《教育发展研究》2007 年第 Z1 期发表《我看应用型本科院校定位问题》一文。根据在"应用型本科教育学术研讨会"上的讲话整理。文章提出我国全日制普通高等学校三种类型：第一种类型是综合性研究型大学，第二种类型是多科性或单科性专业型大学或学院，第三种类型是多科性或单科性职业技术型院校（高职高专）。在这三种类型中，第一种类型以传统大学模式为主，不过需要进行现代化改造。第二种类型高等学校的定位问题情况复杂，门类繁多，历史或长或短，水平高低不一：既有数十年老校，又有新建本科院校；既有全国性、行业性高校，更多的是地方院校；少数保留单科性，多数改为多科性。这类学校长期受第一种类型的影响，重理论轻应用；新建校也受到一定的影响，很多学校刚建立不久，就想往学术型方向发展，轻视应用，定位不合理。这正是需要研究的类型。

8 月 15 日 参加在厦门宾馆举行的"首届海峡两岸中小学校长论坛"并在开幕式上讲话。

8 月 16 日 上午，与刘海峰院长一起，在厦门大学教育研究院会议室参加台湾教育学者一行六人访问团座谈会，并致欢迎辞。双方就台湾地区当前高等教育发展问题、技职教育研究等话题进行了讨论，并希望今后进一步加强合作，共同促进两岸教育事业的发展。台湾学者访问团成员有：台湾淡江大学教育政策与领导研究所讲座教授杨朝祥、嘉南药理科技大学医疗咨询管理研究所讲座教授吴铁雄、致远管理学院讲座教授陈伯璋、致远管理学院讲座教授兼幼教系主任卢美贵、台湾崇善文教基金会执行长李耀淳先生。

8 月 17 日至 20 日 参加北京航空航天大学人文学院组织召开的"高等教育学学科建设系列研讨会"。

8 月 22 日 给亚洲终身教育学会会长尹叶芊芊教授写信，热烈祝贺该会成立八周年！高度评价与衷心希望："亚洲终身教育学会成立八周年以来，为推动终身教育的研究、交流、合作做出了重要贡献。希望贵会继续努力，秉承学会宗旨，为推动我国乃至世界终身教育事业的发展做出更大贡献！"

8月23日 在北京参加"第六届中国科学家教育家企业家论坛",做题为《产学研结合的几个理论问题》的报告。

8月24日 参加北京航空航天大学建立博士点咨询会。

8月25日 返厦门,参加由中国高等教育学会主办、在集美大学召开的"陈嘉庚教育思想研讨会",并做了题为《教育事业家——陈嘉庚教育思想新探》的主题报告。报告中提出,陈嘉庚先生在中国现代教育史上占有一个特殊地位,办实业、兴教育的报国思想是陈嘉庚教育思想的核心,也是他"毁家兴学"的动力源泉。陈嘉庚教育思想不仅继承了中华优秀文化传统的精华,且兼采西方文明以净化传统文化中的糟粕。

8月31日 在《高等教育研究》2007年第8期发表《现代高等教育思想演变的历程——从20世纪到21世纪初》(与肖海涛合作)一文。文章从五个方面展开论述:(1)20世纪高等教育思想回眸;(2)20世纪西方教育流派及其高等教育思想;(3)21世纪初的高等教育思想;(4)21世纪初高等教育思想的影响与高等教育发展的趋势;(5)中国高等教育的选择与回应。

8月 主编的《大学教师发展》一书由福建教育出版社出版。

9月8日 上午,与到厦门大学教育研究院视察的教育部副部长章新胜、教育部港澳台办副主任张栋、国家汉办副主任马箭飞、教育部国际司司长助理徐永吉等一行座谈、汇报。就精英教育、高等教育大众化后的多样化问题等目前中国高等教育中的热点和难点问题,与章新胜副部长进行了深入探讨。校领导朱之文、朱崇实、潘世墨、陈力文、杨勇、陈国凤、庄宗明等陪同视察。

9月10日 上午,参加厦门大学教育研究院博士生姚加惠、余小波的学位论文答辩会。答辩委员会成员有杨德广(主席)、许明、刘海峰、邬大光、王洪才。

同日 下午,参加厦门大学教育研究院博士生张耀萍、吴根洲的学位论文答辩会。答辩委员会成员有杨德广(主席)、许明、潘懋元、史秋衡、张亚群。

9月11日 参加厦门大学教育研究院博士生朱平、张宝蓉的学位论文答辩会。答辩委员会成员有杨德广(主席)、许明、潘懋元、史秋衡、王洪才。

9月14日 全国人大常委会委员、教科文卫委员会委员柳斌率领《中华人民共和国高等教育法》修订调研组一行在厦门大学组织召开《高等教育法》修订调研座谈会。与谢作栩教授、史秋衡教授一同应邀参加了《高等教育法》修订研讨座谈会并做重点发言,对《高等教育法》的修订提出了很多建设性意见,受到了与会代表的极大关注。

9月15日 晚上,在前埔家中主持"周末学术沙龙",参加人员为厦门大学教育研究院部分教师、硕士生、博士生。

9月16日 为晋江市安海医院(该院1957年由归国华侨倪端仪女士发起成立,将于9月23日举行建院50周年庆典)请柬一事给蔡尔鸿先生复信:"蔡尔鸿先生台鉴:承邀参加安海医院建院50周年庆典,并惠示《行素集》与有关资料。令先慈倪端仪女士,热心公益,造福桑梓,诗情爱意,长留人间。本当亲来致意、祝贺、寄怀,无奈宁波市'大学校长与企业家高峰论坛'邀约在前,时间冲突,歉难分身。特此道歉致谢!《行素集》为先生珍藏品,随函奉还,其余复印资料,留为纪念。"

9月17日 参加厦门大学教育研究院全体教师行政会议。

9月18日 参加厦门大学教育研究院举行的"2007级研究生开学典礼"并讲话。

9月22日 应宁波市政府、宁波市教委邀请,与邬大光教授共同赴宁波参加2007年中国宁波"大学校长与企业家高峰论坛"。会上,对宁波市教育局局长黄士力和浙江万里学院执行校长兼书记陈厥祥的报告进行了点评,提出创新型经济要以教育创新为基础,教育创新要依靠经济创新,两者之间的紧密结合已经在宁波得到了实现。认为高等教育的"宁波模式"在我国高等教育改革发展过程中十分典型,宁波高等教育的很多经验值得深入研究和学习推广。

9月23日至24日 参加宁波教育科学研究所建所20周年庆典和"中国教育科研的时代使命高端论坛"。在浙江万里学院讨论万里学院体制现代化的问题。

9月27日 应邀参加"中共厦门大学第九次代表大会"开幕式。

9月28日 被国家教育行政学院聘为兼职教授。

9月　7篇学术论文发表于"Chinese Education and Society"2007年第3期。7篇论文构成一个专辑，题为《潘懋元和中国高等教育》，涵盖了潘先生创建高等教育学科和各个时期关于中国高等教育问题最主要的学术思想。该专辑的内容主要有"必须开展高等教育的理论研究——建立高等教育学科刍议""教育基本规律及其在高等教育研究与实践中的运用""走向21世纪的高等教育思想的转变""关于民办高等教育体制的探讨""中国高等教育大众化之路"等。

9月　为厦门大学教育研究院博士生授课。

10月6日至12日　带领厦门大学教育研究院的师生代表，赴立陶宛参加由厦门大学、挪威科技大学和考纳斯科技大学三校合办，立陶宛教育与科学部协办，考纳斯科技大学主办的以"变革中的大学文化"为主题的"第五届高等教育质量国际学术研讨会"，做题为《文化创新——大学教授处于十字路口》的学术报告，引起了与会者的强烈共鸣。来自英国伦敦大学、挪威科技大学、中国厦门大学以及立陶宛多所大学的专家学者，就不断变化的社会环境特别是全球化、知识经济等因素对大学文化的挑战展开了广泛而深入的探讨。赴立陶宛途经莫斯科、圣彼得堡，参观莫斯科大学和圣彼得堡大学。因途遇大雪，在莫斯科郊外总统酒店困守两天。

10月13日　晚上，在前埔家中主持"周末学术沙龙"，参加人员为厦门大学教育研究院部分教师、硕士生、博士生。

10月15日　参加厦门大学教育研究院学术报告会，听张彤博士做《当前职业教育结构和职业选择对高等教育的影响》、周国平博士生做《社会资本与民办高校体制资源的获得》的报告。

同日　在《中国高教研究》2007年第10期发表《教育事业家陈嘉庚教育思想新探》一文。文章指出，陈嘉庚的教育实践和教育思想，在中国现代教育史上，占有一个特殊地位，不仅有其历史贡献，而且具有现实意义。研究、弘扬其教育思想，对于推进教育现代化、建设和谐社会具有深远的意义。

10月17日至21日　赴沈阳，参加由中国高等教育学会和辽宁省人民政府主办，辽宁省教育厅、辽宁省高等教育学会承办的"2007年高等教育国际论坛——建设和谐文化与中国高等教育"，并参加第三届博士生论坛。来自6

个国家和地区的高等教育专家、国内部分高校的高等教育专家、学者以及学校的领导、科研人员和从事高等教育研究的博士生共计350人参加了大会。辽宁省副省长鲁昕出席论坛并讲话。

10月22日 参加厦门大学教育研究院教工党支部会议。

10月24日至26日 参加由厦门大学教育研究院和荷兰莱顿大学教学研究院、荷兰特文特大学工商管理学院联合举办的"促进创新创业型高等教育国际研讨会",做题为《文化创新——大学教授的艰难选择》的主题报告。来自荷兰17所高校的24位专家学者和来自国内12所高校的30多名参会代表,达成了促进创新创业型高等教育发展的主要共识。

10月27日 晚上,在前埔家中主持"周末学术沙龙",参加人员为厦门大学教育研究院部分教师、硕士生、博士生。

10月29日 参加厦门大学教育研究院学术报告会,听张亚群教授做《教育与文化之旅——第五届大学教育质量发展国际论坛侧记》的报告。最后,潘先生对在欧洲期间的整个活动做了总结。

10月 主编的《高考改革的理论思考》一书由华中师范大学出版社出版。

11月3日 参加由厦门老教授协会和中华职业教育社联合召开的厦门民办高等教育会议。

11月5日 参加厦门大学教育研究院学术报告会,听冯典博士生做《2007年高等教育国际论坛博士生分论坛综述》,陈素娜、刘真珍、肖秋萍硕士生做《促进创新创业型高等教育学术研讨会综述》的报告。

11月6日 为王前新、刘欣合著的《新建本科院校运行机制研究》(科学出版社2007年11月版)一书作序。序文指出,该书以运行机制的突破为切入点,运用系统科学、教育科学、战略管理理论和非均衡发展理论,就新建本科院校的办学理念、办学定位、办学特色、发展模式等重大战略问题,以及运行机制的特征与原理、结构与功能、运行与保障机制等问题进行了深入探讨,令人不乏启迪。

11月10日 晚上,在前埔家中主持"周末学术沙龙",参加人员为厦门大学教育研究院部分教师、硕士生、博士生。

11月12日 参加厦门大学教育研究院学术报告会,听刘艳博士生做《教育观念和实践——对文化的反思》、董立平博士生做《东北教育考察侧记》的报告。

11月13日至14日 参加教育部在福建省三明市三明学院召开的全国新建本科院校第七次工作研讨会,并做《新建本科院校的定位与发展战略》的专题报告。指出新建本科院校不同于传统大学,不能照搬传统大学的办学模式,要在科学发展观的指引下,不断探索出新的发展道路;院校要坚持升本以前所形成的宝贵办学理念和经验,积极进行适应、改造和创新,并在经费、师资、学科专业建设、实验实训基地建设、管理体制改革等方面制定出新的发展战略。研讨会以"新建本科院校的教育质量、特色与创新"为主题。来自全国23个省(自治区、直辖市)的78所新建本科院校的205位代表参加了大会。

11月15日至16日 至北京,参加北京科技职业学院10周年纪念大会。

11月19日 参加厦门大学教育研究院学术报告会,听乔连全博士做《两岸高等教育发展论坛侧记》的报告。

11月20日 在厦门大学国际学术交流中心出席由全国高校校友工作研究会主办、厦门大学校友总会承办的第十四次全国高校校友工作研讨会开幕式并做了主题发言。回顾了20世纪80年代初校友会的工作模式,指出在今天以人为本、建立和谐社会的新形势下,校友工作具有至为重要的意义,是大学丰富的、潜在的教育资源,学校应更加重视校友的无形资源。校友会的工作是大学教育的继续,是为校友服务,而不只是作为募集捐款的机构。中国高等教育学会领导和来自全国110多所高校的120余位高校校友工作者出席了会议。

11月21日至23日 赴无锡参加在江南大学举办的"高等学校本科教学质量论坛",并作为新世纪教学研究所顾问做了《产学研合作教育的几个问题》的大会主题报告。报告指出,产学研合作是应用型本科院校保证人才培养质量的重要方针,分别从产学研三结合是现代社会发展的规律、产学研的时代性、产学研的矛盾统一、产学研合作教育的若干原则等方面进行了阐述,引起与会代表的广泛关注。该论坛由中国高等教育学会、全国高等学校教学研究中心、新世纪教学研究所联合主办，无锡市人民政府和江南大学共同承办，有关领导和大学代表158人出席论坛。

11月24日　晚上，在前埔家中主持"周末学术沙龙"，参加人员为厦门大学教育研究院部分教师、硕士生、博士生。

11月26日　参加厦门大学教育研究院学术报告会，听挪威奥斯陆大学比较教育学家阿里·谢沃教授作"University Tigers in Confucian Lands"的报告。

11月30日　被聘请为《中国高等教育》顾问。

同日　在《黄河科技大学学报》2007年第6期发表《关于民办高等教育持续发展问题的报告》一文。文章指出民办高等教育在整体上的发展成绩显著，但也面临外部环境与自身成长的发展困境，最后给出普通民办高等教育如何走出困境的建议。

12月1日　晚上，在前埔家中主持"周末学术沙龙"，参加人员为厦门大学教育研究院部分教师、硕士生、博士生。

12月3日　参加厦门大学教育研究院学术报告会，听曾天山、杨莉做《博士后进站开题报告》。

12月4日　上午，作为评审专家组组长，在厦门大学教育研究院会议室参加由谢作栩教授主持的全国教育科学"十五"规划国家重点课题"高等教育大众化与缩小社会阶层高等教育差异的研究"结题报告会，并为课题主持人谢作栩颁发了结题证书。评审组专家还有全国教育科学规划领导小组办公室常务副主任曾天山教授、福建省教育科学研究所所长黄新宪教授、福建师范大学科研处处长许明教授、集美大学教师教育学院院长施若谷教授等。

12月7日至9日　在北京参加中国教育发展战略专家咨询会。会后分别到中国传媒大学和中央党校校长学习班做《以科学发展观指导中国高等教育发展》的报告。

12月9日　为杨德广所著的《教育新视野新理念》（上海教育出版社2007年12月版）一书作序。序文指出，该书的出版能够引起许多读者的共鸣，对教育政策的制定、教育实践的引导具有重要作用。

12月10日　上午，参加厦门大学教育研究院博士生王立科、何宏耀的学位论文答辩会。答辩委员会成员有史静寰（主席）、李泽彧、潘懋元、谢作栩、张亚群。

同日 下午，参加厦门大学教育研究院博士生高宝立、邓岳敏的学位论文答辩会。答辩委员会成员有史静寰（主席）、李泽彧、刘海峰、史秋衡、王洪才。

12月14日 为刘向信所著的《高校育人新机制探索：情感、激励、嫁接三结合》（人民出版社2008年7月版）一书作序。序文指出，"情感、激励、嫁接三结合"的育人机制，从生活层面、精神层面和知识层面有机结合、相互促进，既有理论依据，又在实践上证明其切实可行，是一条培养学生全面发展和促进学生进步成才的有效途径，充分体现了以人为本的教育理念，具有创新性、可操作性和推广价值。

12月15日 晚上，在前埔家中主持"周末学术沙龙"，参加人员为厦门大学教育研究院部分教师、硕士生、博士生。

12月18日至19日 至江门，参加由广东省江门市委宣传部、市社科联和五邑大学联合主办的"岭南大讲坛·五邑论坛"开讲典礼暨首场报告会，应邀为五邑大学师生做题为《树立科学发展观，提高高等教育质量》的演讲。从高等教育发展的现状、出现的问题以及解决对策等方面，阐述了中国高等教育发展的基本思路。

12月20日至21日 作为特邀嘉宾，参加了由厦门市教育局和厦门城市职业学院联合主办的"厦门市首届高等职业教育教学改革研讨会"，并做了《关于应用型本科和高职院校发展中若干问题的探讨》的专题报告。报告指出，当前高职高专院校面临的形势是机遇与挑战并存——形势大好，困难与阻力很大；面临的基本问题是战略目标与战术措施矛盾——政策不配套，其深层原因在于认识上的偏差。认为高等教育进入大众化阶段，精英教育仍应存在和适当发展，必须改革不配套的政策，建立与普通高等教育并行的高等职业技术教育独立体系。

12月22日 晚上，在前埔家中主持"周末学术沙龙"，参加人员为厦门大学教育研究院部分教师、硕士生、博士生。

12月23日 为赵叶珠所著的《美日中三国女子高等教育比较研究》（厦

门大学出版社2007年12月版）一书作序。序文介绍了著者研究女子高等教育问题的过程，称赞其所完成的研究成果不但内容丰满、翔实，而且有不少资料比较珍贵，非一般从网络上匆忙下载、粘贴急就的时文所可比拟。同时指出，著者提到的美国、日本、中国女子高等教育模式的观点，是值得进一步深入探讨的创新性观点。

12月24日 参加厦门大学教育研究院学术报告会，听车如山博士生做《特色型大学在高等教育中的地位与作用》和《"高等教育结构优化和谐发展战略研讨会"综述》的报告，并进行了点评。

12月28日至30日 应邀赴广州增城，参加在广东工业大学华立学院举办的"工学结合、校企合作"办学模式论坛并做报告。报告指出，"产、学、研"结合是现代社会发展的规律。学是传承知识，研是创新知识，产是应用知识，"产、学、研"结合要遵守互利性、协调性、教育性三原则。对高职院校课程设置提出建议，要按照市场需求设置课程体系。陈萦、吴滨如随行。

12月 担任名誉院长的厦门大学教育研究院被批准设立全国首家教育部研究生教育创新计划（高等教育学）研究生访学基地。2007—2008学年第二学期招收了首批4名校外博士访学生。

本年 主编的《高等教育大众化研究丛书》一套4部，即《现代高等教育思想的演变——从20世纪至21世纪初期》（2008年版）、《中国高等教育大众化的理论与政策》（2008年版）、《中国高等教育大众化的结构与体系》（2009年版）、《中国高等教育学校制度系统改革》（2011年版），被列入"十一五"国家重点图书出版规划。

本年 作为主持人，承担新世纪教学研究所委托的科研项目"21世纪初我国研究型大学的本科教学质量研究"。

2008年　八十八岁

1月1日 参加在建南大会堂举行的厦门大学恢复高考30周年纪念大会。当年2 400名1977级、1978级学生中，有1 800名返回母校纪念这个难忘的日子。

1月5日　偕同厦门大学教育研究院师生数十人在厦门参加我国第一座以教育为主题的开放式园林——中华教育园揭幕仪式暨中华教育传统座谈会，会议由厦门市副市长潘世建主持。教育部赵沁平副部长、中国人民大学纪宝成校长、潘懋元教授等专家就如何在促进经济社会发展和扩大国际交流的时代背景下，大力弘扬和创新中华教育的优良传统，进行了深入探讨。专家学者高度赞扬了厦门市建设中华教育园这一远见卓识的举措，对教育研究院张亚群教授参加的教育园独具匠心的设计、丰富典型的内容给予了充分肯定，从不同视角对教育传统进行了独到、精辟的论述。

1月7日　参加厦门大学教育研究院学术报告会，听谢作栩教授做《厦门大学博士生培养质量的调查报告》《本院高等教育研究数据库使用介绍》的报告。

1月11日至13日　至北京，参加由中国高等教育学会主办的"全国高等教育研究机构协作组会暨第二届全国优秀高等教育研究机构表彰会"。会议在国家教育行政学院专家楼隆重召开。厦门大学教育研究院继2005年之后，再次荣获"全国优秀高等教育研究机构"称号。此次评选活动于2007年底展开，重点考察各研究机构在2004年12月至2007年11月期间的教育科研课题及成果，学科、专业建设及人才培养情况，推动群众性高等教育研究的情况，为教育行政部门和高等学校决策提供的有效服务，以及为地方经济和社会发展服务的情况等。

1月14日　参加厦门大学教育研究院教职工期末工作总结会议。

1月23日　曾孙潘继潮诞生。

1月28日　至翔安，考察厦门华天涉外职业技术学院和厦门南洋职业学院。

1月30日　为邹晓平所著的《地方院校战略规划论》（广东高等教育出版社2009年10月版）一书作序。序文指出，该专著从战略思想与方法、战略环境、战略能力、战略目标、发展模式与特色、战略规划评价、战略进程控制以及战略规划文本等多维角度，研究了高等教育发展理论与规划制定机制，力求将地方院校的战略规划置于科学化的基础之上，颇具启发和借鉴价值。

1月　主持"高等教育应用型创新人才培养研究"课题，立项为全国教育科学"十一五"规划国家社科基金重点课题。

1月　为厦门大学教育研究院博士生授课。

1月　主编的《高等教育大众化研究丛书》之一《现代高等教育思想的演变——从20世纪至21世纪初期》由广东高等教育出版社出版。

2月1日　为卫荣凡所著的《高校教师师德自律论》（中国社会科学出版社2008年8月版）一书作序。序文阐述了相关政策背景以及高校教师素质的三方面内涵，分析了该书的论述方式，肯定了该书的出版价值。

2月6日　为熊志翔所著的《本科院校质量保障体系研究》（广东高等教育出版社2008年5月版）一书作序。序文认为，该著作力图构建整个高等教育质量保障体系的框架，对质量管理、质量监控、质量认证等均有论及，并对全国本科教学工作评估活动也有比较深入的研究与评论，提出许多精辟的创新见解，对当前构建切实有效的高等院校质量保障体系做了有益探索。

2月7日　给韩延明发送短信，内容是："谢谢问候，来厦大参加院庆三十周年啊！"因为系韩延明认识潘先生十几年来接到的第一个短信，又是春节期间破天荒的意外惊喜，所以韩延明曾在一篇回忆文章中称为"惊人之语"。

2月15日　在《江苏科技大学学报（社会科学版）》2008年第1期发表《高校现代化发展中有待探讨的若干问题》一文。文章指出，高等教育发展定位一定要明确，特色一定要鲜明，这是大学管理者的共识。定位与特色要体现在学科与专业建设上，坚持产、学、研结合，深化素质教育，强化师资队伍建设，这是高校教育教学内涵发展的重要保障。

2月22日　与到访的台湾师范大学教育评鉴与发展研究中心主任彭森明教授座谈并邀请其做学术报告。

2月25日　参加厦门大学教育研究院学术报告会，听罗丹博士生做《教育研究院博士生培养质量评价报告》的报告。讨论中，潘先生就大家关心的理论问题，结合报告提出了三个问题供广大师生思考：博士生质量是入学把关严好还是过程把关严好？博士生培养的成果是用一些标志性的成果来衡量还是培养学生的能力？博士生的课程是开得多好还是开得少好？引发了大家的高度关注和思考。

3月1日 晚上，在前埔家中主持"周末学术沙龙"，参加人员为厦门大学教育研究院部分教师、硕士生、博士生。

3月3日 参加厦门大学教育研究院学术报告会，听连进军博士生做《美国社区学院的管理系统》的报告。

3月8日 晚上，在前埔家中主持"周末学术沙龙"，参加人员为厦门大学教育研究院部分教师、硕士生、博士生。

3月9日 在厦门大学教育研究院参加并主持"借鉴与超越：中国高等教育自主发展路径研究"课题结题暨成果汇报会。课题顾问杜祖贻、刘海峰、史秋衡、陈武元及课题组成员参加了会议。课题组向与会专家全面汇报了课题的形成背景、研究过程、主要成果、主要结论与政策建议等项内容。经过近三年的研究，课题组围绕中国高等教育自主发展下的"学术理念""学术语言""学术评价"等问题形成了课题总报告和专题研究论文15篇。与会专家对课题成果给予了高度评价，并对成果出版及后续研究提出了有价值的建议。

3月10日 上午，参加厦门大学教育研究院学术报告会，听美国密歇根大学资深教授杜祖贻、香港中文大学生物系及教授麦继强、新加坡南洋学会会长魏维贤教授做以"教育生物学：一个教育科学研究的新领域"为主题的精彩报告，并进行了点评。认为三位教授的报告融学术性和趣味性于一体，严谨客观而诙谐幽默，生动活泼而富有启发性。教育生物学和脑科学的方法对于拓展教育研究空间、促进教育理论运用的科学性，具有重要的指导意义。

同日 为主编的"高等教育大众化研究丛书"（共4部，广东高等教育出版社2008—2011年出版）撰写"总序"。序文指出，高等教育大众化是社会生产和人民生活发展到一定阶段必然出现的社会需求，也是中国实施科教兴国战略的必由之路。这对于中国这样的发展中大国来说，是一条前景辉煌、风光无限而挑战不断、困难重重的道路。如何走通、走好这条现代化的大道，要有坚定的信心、正确的政策和妥善的制度安排。"信心""政策""制度安排"不能只靠拍脑袋和传统的办学经验，要有宽阔的视野和理论的指引。

3月13日 下午，参加厦门大学教育研究院学术报告会，听英国赫尔大学校长大卫·杰·朱鲁瑞（David J. Drewry）教授做《英国高等教育面临的挑战》的学术报告，并进行了点评。对朱鲁瑞校长表示了感谢，希望今后进一步加强这种面对面的学术交流。

3月15日 晚上，在前埔家中主持"周末学术沙龙"，参加人员为厦门大学教育研究院部分教师、硕士生、博士生。

同日 在《教育研究》2008年第3期发表《文化的创新与保守——大学教授的艰难选择》（与刘小强合作）一文。论文指出，文化创新是知识经济时代的强音，引领社会文化创新与发展成为大学的重要使命。大学承担着传承文化和创新文化的双重职能，大学是保守性和创新性的统一。大学教授徘徊在创新和保守的十字路口，面临艰难的选择。走出困境，要树立坚定的信念，以引领社会文化创新和发展为己任。化解文化创新与文化传承的矛盾，关键在于运用辩证的思想方法。

同日 在《中国大学教学》2008年第3期发表《产学研合作教育的几个理论问题》一文。文章认为，在当前社会大量需要应用型人才的情况下，产学研合作是培养应用型人才、提高教育质量的重要途径。其深层次意义在于，它不仅是高等教育的方针、政策，而且是现代社会发展的普遍规律。围绕着知识运行，产学研存在内在的本质联系。伴随着知识经济时代的到来、市场经济的发达、高等教育大众化的实现，产学研结合具有一定的时代特点。为了推进产学研合作教育，应遵循互利性原则、协调性原则和教育性原则。

3月22日 作为面试组组长，在嘉庚三9楼参加厦门大学教育研究院2008年博士研究生招生专业课面试。

3月29日 晚上，在前埔家中主持"周末学术沙龙"，参加人员为厦门大学教育研究院部分教师、硕士生、博士生。

3月30日 在《佛山科学技术学院学报（社会科学版）》2008年第2期发表《〈本科院校质量保障体系研究〉序》一文。

3月31日 参加厦门大学教育研究院学术报告会，听陈武元副教授做《论私立高等教育发展的制度环境》的报告。点评中指出，这一规律（国家主导型的私立高等教育，在高等教育从精英走向大众的过程中，会遵循从政府"排斥"到"不得已接受"再到"接受乃至完全接受"的发展轨迹）的提出，将具有重要的意义，鉴于研究案例的选择主要是美国和日本，建议陈老师将此研究继续下去，通过增添其他国家的案例，更有说服力地论证这一规律。

3月31日至4月1日 参加厦门大学2008年度科研工作会议。

3月 被江门职业技术学院聘请为顾问。

4月5日 晚上，在前埔家中主持"周末学术沙龙"，参加人员为厦门大学教育研究院部分教师、硕士生、博士生。

4月6日 上午，参加在教育研究院会议室举行的"庆祝厦门大学建校87周年暨教育研究院'懋元奖'等奖教奖学金颁奖大会"。发表讲话并与书记宋毅、副院长史秋衡等一起，为获奖的师生颁发证书与奖品。奖教金获奖人员有：一等奖：王洪才；二等奖：郑若玲。奖学金获奖人员有：一等奖：罗丹、肖娟群；二等奖：周国平、李国强、陈小伟、陈为峰、宋玉霞。

同日 在厦门大学教育研究院的院庆筹备会上，再次捐款20万元作为"懋元奖教奖学金"的基金。

4月12日 晚上，在前埔家中主持"周末学术沙龙"，参加人员为厦门大学教育研究院部分教师、硕士生、博士生。

4月14日 参加厦门大学教育研究院学术报告会，听杨广云副教授做《俄罗斯高等教育近况》的报告。

4月15日 在《国家教育行政学院学报》2008年第4期发表《特色型大学在高等教育中的地位与作用》（与车如山合作）一文。文章认为，举办多样化的高等教育是满足多样化人才培养的需求。大学应根据自己的传统、特色、优势以及经济社会发展的需求，进行科学定位，实施特色办学，在各自的学科领域培养具有特色的各类人才。特色型大学的特色，表现在其人才培养目标、学科专业设置、课程与教学模式和科学研究等方面。发展特色型大学有利于应用型人才的培养，有利于教、学、研的结合，有利于大学生的就业。后发表于《大学教育科学》2008年第2期。

4月16日 带领厦门大学教育研究院2007级博士生参观泉州理工职业学院、泉州信息工程学院两所民办高校。

4月19日 晚上，在前埔家中主持"周末学术沙龙"，参加人员为厦门大学教育研究院部分教师、硕士生、博士生。

4月21日 参加厦门大学教育研究院学术报告会，听厦门大学公共事务学院刘优良博士生做《凭单制在高等教育中的应用》的报告，并进行了点评。

4月23日至24日 至武汉，为华中师范大学教育学院师生做有关高等教育理论研究的报告。为全校教师和干部做了题为《科学发展观——高等教育发展的回顾与问题》的学术报告。

4月25日至26日 至杭州，参加在浙江树人大学召开的民办本科院校多类型评估讨论会。

4月28日 参加厦门大学教育研究院学术报告会，听厦门大学台湾研究院博士生刘澈元做《当前台湾的政治生态、经济发展与两岸关系走向》的报告。点评中就近期台湾与大陆之间的关系问题与刘澈元进行了探讨。最后，代表厦门大学教育研究院向刘澈元同学赠送了讲座纪念品以表示感谢。

4月29日至30日 至北京，应邀出席中国高等教育学会在北京交通大学召开的"建设高等教育强国专题座谈会"，受聘为高等教育学会课题咨询专家。会议邀请全国40多位高等教育研究知名专家和学者，共商建设高等教育强国课题的相关事宜。座谈会围绕以下三个问题展开热烈讨论：（1）什么是高等教育强国；（2）怎样建设高等教育强国；（3）为什么要建设高等教育强国。厦门大学教育研究院的邬大光教授、2007级博士研究生车如山和余斌同学陪同参加了座谈会。

5月4日至6日 至天津，参加在天津师范大学举行的中国教育学会杨贤江教育思想研究分会2008年会，做题为《与时俱进：杨贤江教育思想研究》的学术报告。报告简要地回顾了杨贤江教育思想研究56年的工作历程，指出研究杨贤江教育思想要结合现实社会与时俱进，认为其思想对当前我国青少年的素质教育在理论和实践上具有现实指导意义，并对中国教育改革发展具有积极意义。用"变与不变"的辩证思想，进一步阐述了杨贤江教育思想研究与时俱进的重要性，强调对杨贤江教育思想研究应抓住不变的社会主义教育性本质，适应不同时代变化的特点。"变"是为了更好地坚持"不变"，要进一步学习、宣传、研究、实践杨贤江教育思想，弘扬杨贤江精神，使这份宝贵的精神财富为中国教育改革发展、为建设中国特色社会主义教育理论体系发挥独特的作用。同时，被聘为第六届理事会名誉理事长。

5月10日 晚上，在前埔家中主持"周末学术沙龙"，参加人员为厦门大学教育研究院部分教师、硕士生、博士生。

5月17日 被聘请为中国民办教育协会顾问。

5月17日至18日 参加在厦门大学隆重召开的"厦门大学教育研究院建院30周年庆典暨大学教育质量的理论与实践研究"国际学术研讨会。在17日上午召开的30周年庆祝大会上,作为名誉院长,发表了题为《三十年回顾与感悟》的演讲,谈了30年悟出的两点道理:(1)"敢为天下先";(2)"要第一,不要唯一"。提出厦大教育研究院第四个阶段的主要战略任务是进一步推进中国高等教育学科的国际化。与会者有中国高等教育学会会长周远清、中国教育学会会长顾明远、北京师范大学校长钟秉林、英国伦敦大学教育学院高教中心主任 Ronald Barnett 教授、东京大学教育学院院长金子元久教授、荷兰莱顿大学教育研究院院长 Nico Verloop 教授等,来自中国、英国、俄罗斯、日本、美国等9个国家的专家学者和厦门大学教育研究院院友共400余人出席了本次会议,共同回溯高等教育学科30年的发展历程,展望未来高等教育学科的发展趋势,同时就大学教育质量的主题展开深入探讨,收获了丰硕的学术成果。在厦门大学教育研究院30年的历程中,已向国内高校和研究机构输送了大批高质量毕业生,已培养博士106人、硕士259人。

5月18日 在厦门大学教育研究院建院30周年之际,亲书自己的座右铭"板凳敢坐十年冷,文章不写半句空"赠予学生共勉。

5月19日 参加厦门大学教育研究院学术报告会,听英国伦敦大学教育学院 Ronald Barnett 教授做"From knowledge to competence: mass higher education in the UK"的报告。最后点评道:从知识到能力是高等教育大众化过程中面临的共同问题,在世界范围内,不是所有国家都能够很顺利地解决好这个问题,英国与中国都属于比较难解决这个问题的国度,解决的过程还有赖于合适的哲学与价值观;但是,中国目前在大力解决这个问题,尤其是在哲学层面要先行,当然还涉及技术与方法上的问题有待解决。

5月21日 在《厦门大学学报》上发表《30年回顾与感悟》一文。根据在厦门大学教育研究院成立30周年大会上的发言整理而成。

5月24日 晚上,在前埔家中主持"周末学术沙龙",参加人员为厦门大学教育研究院部分教师、硕士生、博士生。

5月26日 参加厦门大学教育研究院学术报告会,在群贤二号楼204室听谭继镛教授做《从中外学报比较研究看中国学术标准：事实？偏见？》的报告。点评时，提出了很多建设性意见。希望大家加强学术道德修养，杜绝学术腐败，净化中国的学术环境，营造良好的学术空间和氛围。

同日 在群贤二号楼204室参加建院30周年庆暨国际学术研讨总结会，做总结性发言。

5月28日至29日 至宁波，上午参加大红鹰职业技术学院专升本揭牌仪式；下午做《新建本科院校的定位、特色与发展》的报告。会后，参观宁波职业技术学院和浙江纺织服装职业技术学院。

5月31日 晚上，在前埔家中主持"周末学术沙龙"，参加人员为厦门大学教育研究院部分教师、硕士生、博士生。

同日 在《高等教育研究》2008年第5期发表《中国高等教育大众化结构与体系变革》（与肖海涛合作）一文。文章认为，中国高等教育结构与体系在大众化进程中正经历着深刻的变革，这种变革反过来又影响着中国高等教育大众化的发展道路。分析这种变革，有利于促进中国高等教育结构与体系适切高等教育大众化的发展。文章从三方面展开：（1）中国高等教育大众化结构体系变革的现实基础和指导思想；（2）中国高等教育大众化进程中结构与体系的演变；（3）中国高等教育大众化结构与体系若干问题研究。

6月2日 在《中国教育报》上发表《民力民智推进高等教育事业大发展》一文。该文是作者接受《中国教育报》的采访稿，主要谈论过去三十年中发生的、影响深远的高等教育改革、发展的三件大事，并就高等教育投资体制改革、民办高等教育的复兴、高等教育研究的发展三方面发表了见解。

同日 参加厦门大学教育研究院学术报告会，听李俊访学博士生做《制度变迁视角下的地方高校发展困境与政策调适》、彭荣础访学博士生做《当前社会公众对高等教育改革不满的社会学解释——以相对剥夺感为中心的考察》、李昕访学博士生做《90年代以来日本大学改革——教育个性化的选择》、任初明访学博士生做《我国大学院长的角色冲突状况研究》的报告。

6月7日 上午，参加厦门大学教育研究院博士生郑宏、闫月勤的学位论文答辩会。答辩委员会成员有眭依凡（主席）、龚放、李均、王洪才、张亚群。

同日 下午，参加厦门大学教育研究院博士生刘小强、王超的学位论文答辩会。答辩委员会成员有龚放（主席）、眭依凡、李均、邬大光、王洪才。

6月8日 参加厦门大学教育研究院博士生周国平、徐平的学位论文答辩会。答辩委员会成员有顾明远（主席）、邬大光、龚放、李均、武毅英。

6月10日 参加厦门大学教育研究院学术报告会，听李仙飞博士后做《反思中国建设世界一流大学若干重要问题》的报告。

6月11日 至北京，参加中国高等教育学会召开的"遵循科学发展　建设高等教育强国"课题开题报告会。承担"做强地方本科院校"子课题。

6月12日至20日 率领"高等教育应用型创新人才培养研究"与"做强地方本科院校"两个课题的部分成员，分别在北京联合大学应用文理学院和湖北荆楚理工学院进行调研，并分别为两院做有关制定发展规划的报告。其间，应邀到中央教育电视台做"教育人生"的访谈录像。

6月23日 参加厦门大学教育研究院学术报告会，委托车如山博士生代表课题组做题为《高等教育应用型创新人才培养研究》《地方本科院校发展的理论与实践研究》的调研报告。

6月25日 在《教育发展研究》2008年第12期发表《关于民办高校评估的思考及建议》一文。"建议之一是要把评估从管理工具转向服务。……建议之二是要从政府主导的评估转向社会中介的评估。……建议之三是从统一评估转向个性化评估。建议之四是从横向评估转向纵向评估。"后发表于《浙江树人大学学报（人文社会科学版）》2008年第4期。

6月28日 晚上，在前埔家中主持"周末学术沙龙"，参加人员为厦门大学教育研究院部分教师、硕士生、博士生。

6月30日 参加厦门大学教育研究院学术报告会，听刘海峰教授做《台湾访问研究报告》。

6月 加拿大多伦多大学安大略教育学院露丝·海霍（许美德）著、周勇等译的《思想肖像：中国知名教育家的故事》一书由教育科学出版社出版。其中"潘懋元：中国高等教育研究的奠基人"一节对潘懋元教授进行了长篇介绍与评价。

7月2日 为《中国高等教育学中青年学者论丛》（中国海洋大学出版社

2009年1月版）撰写了题为《30年来中国高等教育研究的发展轨迹与成就》的总序。序文指出，中国高等教育的开展，同西方一样，都是因应高等教育现代化的需要而产生的。但所走的道路却有所不同：西方只是把高等教育作为一个研究领域，开展高教问题的研究，在研究过程中，逐渐形成有别于普通教育学的理论体系；而中国的高等教育研究，则是以学科建制为发轫，30年来，沿着两条并行而有所交叉的轨道前进。……该套丛书的出版，可以认为是中国高等教育学界新锐学术力量前沿研究成果的集中展示，具有对全国高等教育学科的引领作用，也为中国高等教育研究从大国走向强国、从国内走向国际打下坚实的基础。

7月5日　由中国共产党中央委员会组织部颁发"自愿一次缴纳特殊党费计人民币两千元整，用于支援2008年四川汶川大地震救灾工作"的证书。

同日　晚上，在家中在前埔家中主持"周末学术沙龙"，参加人员为厦门大学教育研究院部分教师、硕士生、博士生。

7月6日　携家人一起，参观集美大桥，并合影留念。

7月12日　晚上，在前埔家中主持"周末学术沙龙"，参加人员为厦门大学教育研究院部分教师、硕士生、博士生。

7月25日　在《荆门职业技术学院学报》（教育学刊）2008年第7期发表《再论新建本科院校的定位、特色与发展》一文。文章从新建本科院校的产生背景、新建本科院校如何科学定位、新建本科院校如何办出特色三个方面展开了论述，为新建本科院校的发展提供了可鉴思路。

7月31日　至南宁，考察百色学院，召开干部教师座谈会并就新建本科院校的建设和发展提出了独到见解。参观广西烈士纪念馆等地。

8月1日　为夏建国编著的《理想与现实：技术本科教育的发展》（上海教育出版社2008年9月版）一书作序。序文指出，该书内容不但可作为当前200多所新建本科院校发展的借鉴，而且对技术本科教育的发展和现状，提供了一个比较完整的认识；对于高等职业技术院校的办学者，也有理论指导和实践参考价值。

8月2日　至北京，在鸟巢观看奥运会开幕式第二次彩排。

8月8日　为曾冬梅、唐纪良所著的《协同与共生：大学"学科—专业"

一体化建设研究与探索》（北京理工大学出版社 2008 年 8 月版）一书作序。序文指出，全书论点明确、思路清晰、虚实结合，既有理论的深度与说服力，又有实践的可操作性，表明作者对高等教育理论的掌握和对高等教育改革实际的洞察，都颇具功力。

8 月 9 日 全国教育科学规划办下达国家重点课题"高等教育应用型创新人才培养研究"。

8 月 16 日 与家人一起游福建省宁德市屏南县白水洋，并合影留念。

8 月 27 日 在前埔家中接受石慧霞关于抗战时期厦门大学在长汀办学的采访，讲了当时学校"严把注册关"的有关规定。称赞萨本栋校长"令出必行，建立诚信"。

8 月 为林华东所著的《趋势与策略——地方性高校本科人才培养的理论与实践》（厦门大学出版社 2008 年 8 月版）一书作序。序文指出，该书的现实意义，在于不仅从理论上阐释、论证了地方本科院校的培养目标与发展趋势，而且具体化为课程建设、学科建设、师资队伍以及实践平台建设等策略性的措施。

9 月 3 日 参加厦门大学教育研究院硕士生张涵（导师潘懋元）、刘晓芳的学位论文答辩会。答辩委员会成员有王洪才（主席）、连进军、王璞。

9 月 4 日 上午，参加厦门大学教育研究院博士生陈然的学位论文答辩会。答辩委员会成员有张楚廷（主席）、卢晓中、刘海峰、谢作栩、王洪才。

同日 下午，参加厦门大学教育研究院博士生李枭鹰、俞俏燕的学位论文答辩会。答辩委员会成员有张楚廷（主席）、卢晓中、潘懋元、史秋衡、武毅英。

9 月 5 日 参加厦门大学教育研究院博士生罗丹、黎琳的学位论文答辩会。答辩委员会成员有张楚廷（主席）、卢晓中、潘懋元、谢作栩、武毅英。

9 月 6 日至 7 日 出席在厦门大学召开的"第二届海峡两岸大学校长论坛"。该论坛以"大学办学理念与社会责任"和"两岸大学的交流与合作"为主题。来自两岸的 90 余所高校，其中包括国内 28 所 985 高校和台湾排名前 10 位高校的校长（副校长）和专家学者济济一堂，共议大学改革与发展之举，并通过了《第二届海峡两岸大学校长论坛宣言》。

9月13日 晚上，在前埔家中主持"周末学术沙龙"，参加人员为厦门大学教育研究院部分教师、硕士生、博士生。

9月15日 分别为集美大学90周年校庆、厦门华厦职业学院15周年校庆、厦门市社科联28周年庆典题词。

9月20日 晚上，在前埔家中主持"周末学术沙龙"，参加人员为厦门大学教育研究院部分教师、硕士生、博士生。

9月22日 参加厦门大学教育研究院学术报告会，听牛津大学教育系喻恺博士生做《欧盟职业与高等教育：五十年发展述评》的报告。

9月27日 晚上，在前埔家中主持"周末学术沙龙"，参加人员为厦门大学教育研究院部分教师、硕士生、博士生。

9月 为厦门大学教育研究院博士生授课。

9月 主编的《高等教育研究方法》一书由高等教育出版社出版。该书乃中国第一本高等教育研究方法专著，旨在为高等教育学的学科建设提供认识论工具和逻辑证明。

10月1日 为朱玉所著的《树人探究》（浙江大学出版社出版2009年2月版）一书作序。序文指出，该书是一本校本研究的佳作，对民办高校和新建本科院校都有借鉴意义，也为民办高等教育研究者提供了有价值的原始资料。

10月4日至5日 至上海，应邀参加"上海电机学院第四届战略咨询委员会成立大会暨第一次咨询会议"，受聘为名誉主席。参加上海电机学院55周年校庆暨"新技术、新理念——高层次技术型人才培养模式创新国际研讨会"。所主持的两个国家级重点课题"高等教育应用型创新人才培养研究"和"地方应用型本科院校发展的理论与实践研究——基于建设高等教育强国的视角"在上海举行开题论证会。参加会议的除课题组部分成员外，还有课题四个合作单位——北京联合大学应用文理学院、湖北荆楚理工学院、上海电机学院、西安文理学院的子课题负责人。邀请了上海交通大学高等教育研究院刘少雪博士和上海师范大学高耀明博士对课题进行论证。

10月11日至12日 至北京，应邀参加在北京师范大学英东学术会堂演讲厅隆重举行的"顾明远教授从教60周年庆典暨教育思想研讨会"。在庆典上致辞，对我国著名教育家、中国教育学会会长、北京师范大学资深教授顾明远先生从教 60 周年表示诚挚祝贺，赞扬了顾明远先生献身教育事业的精神，高度评价了顾先生的学术成就，特别是他在比较教育研究领域做出的突出贡献。黄福涛教授、博士生陈萦等随行。

10 月 13 日 参加厦门大学教育研究院学术报告会，听张彤副教授做《中国教育政策分析的新框架》的报告。

10 月 15 日 在《教育研究》2008 年第 10 期发表《中国高等教育思想发展 30 年》（与肖海涛合作）一文。文章指出，改革开放 30 年来，中国高等教育的精神面貌发生了深刻变化。30 年来中国高等教育改革与发展所取得的每一项成就，都以思想解放为前提。中国高等教育思想的丰富与发展包括如下历程：解放思想，重新认识高等教育的性质；转变思想，建立现代高等教育思想体系；继往开来，21 世纪高等教育思想的多元化发展。

10 月 16 日 至苏州，应邀参加在苏州大学举行的"中国大学文化百年研究系列丛书"个案研究成果汇报论证会，负责对清华大学的课题纲要进行点评，充分肯定了清华大学纲要的全面性和思想性，同时提出四个值得进一步思考的问题：一是如何处理全面与重点的关系，二是如何面对大学历史上一些负面事件，三是大学的重要人物是分散写还是集中写，四是丛书的可读性问题。这四个问题也是该课题必须共同面对的问题，给了所有与会者很大启发。

10 月 17 日 至南京，参加华中科技大学、湖南大学和南京航空航天大学三校联袂召开的"第十二届大学教育思想研讨会"。

10 月 18 日至 19 日 参加在上海举行的 2008 年亚太国际教育会议，并以《融入终身教育体系的高等教育——一个教育未来学的命题》为题做主题发言，对高等教育未来发展趋势进行推论，提出了高等教育有可能在将来融入终身教育体系而消失的假设。报告反响热烈，会后嘉宾纷纷表示从报告中得到许多启发。会议由联合国教科文组织总部及其亚太地区教育局、联合国教科文组织亚太国际教育与价值教育联合会、中国联合国教科文组织全国委员会、上海市教育委员会、华东师范大学等国内外机构联合主办。来自中、美、英、日等 20 多个国家共约 140 名专家学者参加了会议。

10月20日 参加集美大学90周年校庆。

10月21日 《海峡导报》对潘懋元先生提出的"高校应凸显办学特色"思想进行了宣传报道。

10月22日至31日 应台湾高等教育学会和淡江大学教育学院的邀请,与厦门大学教育研究院郑若玲教授等人赴台湾参加"第五届两岸高等教育论坛"并以《民力民智推进高等教育事业的转型发展》为题做了大会的专题演讲。会后,参观访问淡江大学、政治大学、台湾暨南大学、亚洲大学、朝阳大学、中正大学、嘉义大学、致远管理学院、成功大学、高雄应用科技大学等10所高校。

10月24日 在《光明日报》第10版发表《简评〈高校育人新机制探索:情感、激励、嫁接三结合〉》一文。文章介绍与分析了情感育人机制、激励育人机制和嫁接育人机制的内涵和意义。

10月31日 在《高等教育研究》2008年第10期发表《改革开放30年中国高等教育思想的转变》(与肖海涛合作)一文。论文指出,改革开放30年来,中国高等教育所取得的伟大成就,莫过于思想的解放、观念的变革,因为每一项成就都离不开高等教育思想的指导。30年来中国高等教育思想的发展变化,涵盖了高等教育思想体系的方方面面,而影响最为深刻的是:高等教育价值观从社会本位向社会发展和个人发展相统一转变;高等教育发展观从急功近利向追求可持续发展、科学发展理念转变;高等教育质量观从片面知识观向素质主导的多元化质量观转变。

10月 主编的《现代高等教育思想的演变——从20世纪至21世纪初期》入选新闻出版社总署第二届"三个一百"原创图书出版工程。

10月 在《厦门大学学报(哲学社会科学版)》2008年第5期发表《长汀时期的厦门大学与西南联大之比较》(与石慧霞合作)一文。文章认为,长汀时期的厦门大学,在艰难的历史时期创造出了安定而自由的学术环境,吸引和汇集了大批学术大师和优秀学生,而且几任校长的教育理念同中有异。文章还就几个方面与西南联大进行了相应的比较。

11月1日 晚上,在前埔家中主持"周末学术沙龙",参加人员为厦门大学教育研究院部分教师、硕士生、博士生。

11月3日　参加厦门大学教育研究院学术报告会，听厦门大学人文学院副院长彭兆荣教授做《人类学知识体系与方法》的报告，并进行了点评。

11月4日　为李泽彧所著的《高等学校转型：我国新建本科院校视角》（陕西师范大学出版社2008年11月版）一书作序。序文指出，该书在有关管理、服务的转型上进行了实证性的研究，积累了成功的经验，做出了可喜的贡献，其现实意义不言而喻。

11月8日　晚上，在前埔家中主持"周末学术沙龙"，参加人员为厦门大学教育研究院部分教师、硕士生、博士生。

11月10日　参加厦门大学教育研究院学术报告会，听英国伦敦大学教育学院郭华博士生做《高等教育与社会分层》的报告。

11月12日　被赣南师范学院聘请为顾问、名誉会长。

11月13日　率领厦门大学教育研究院2008级博士生考察厦门南洋职业学院和厦门华天涉外职业技术学院。在座谈会上，充分肯定了这两所民办院校取得的办学成绩，指出民办院校是我国高等教育发展与改革的希望，鼓励办学者克服困难，继续坚持下去。并提出，厦门作为经济特区，当前世界性的金融危机将对其产生一定影响，进而会影响到民办院校，希望民办院校对此做好应对准备。

11月16日　被江苏大学聘为《高等教育管理》编辑委员会副主任委员，聘期两年。

11月16日至22日　带领2007级博士生调研参访团到赣南师范学院、井冈山大学、龙岩学院参观调研，在赣南师范学院做了题为《以科学发展观指导中国高等教育》的学术报告。着重调研地方性本科高校如何为地方服务，培养应用型人才。

11月24日　参加厦门大学教育研究院学术报告会，与郑若玲教授一同做了题为《两岸叶梅相映红——访台学术乐旅散记》的报告。

11月26日　主持厦门市老教授协会评审会，确认第三次晋升教授职称人员。

11月28日　在《教育与考试》2008年第6期发表《高等教育自学考试制度改革的成就与展望》（与覃红霞合作）一文。论文简要回顾了我国自学考试制度改革的两个阶段，概述了我国自学考试制度改革 25 年来的基本成就，在反思基础上提出了我国高等教育自学考试制度的发展战略。

11月28日至30日 在广州主持华南师范大学首届高等教育学博士论文答辩会。以座谈会形式为华南师范大学教育科学学院教师讲解世界金融危机对高等教育的影响。

11月 在《上海教育》2008 年第 21 期发表《高教应融入终身教育体系》一文。文章指出，如有必要，高等教育仍将作为终身教育体系、学习型社会的重要组成部分；高等学校仍将作为独立的阶段性教育机构，高等教育概念成为终身教育概念的下位概念。如不必要，可以在家庭中或工作单位，根据工作或生活需要，通过远程教育或各种形式的培训班，在学习型社会中学习；高等学校不再作为独立的阶段性教育机构而为各种教育组织或各种教育活动所替代；高等教育概念将融入终身教育概念而消失。

12月1日 考察东莞职业技术学院，并进行座谈。博士生陈萦、吴滨如随行。

12月2日至4日 在北京参加并主持清华大学所承担的全国教育科学"十五"规划重点课题"一流大学建设的理论与实践研究"成果鉴定会。博士生汤晓蒙随行。

12月6日 晚上，在前埔家中主持"周末学术沙龙"，参加人员为厦门大学教育研究院部分教师、硕士生、博士生。

12月8日 参加厦门大学教育研究院学术报告会，听香港大学教育学院教育政策与社会科学系主任白杰瑞教授做《东亚国家和地区高等教育之间的合作办学以及香港在其中的角色和作用》的报告。最后，潘先生对报告予以高度评价，并对白杰瑞教授长期以来与厦门大学教育研究院的合作以及对教育研究院的关心和支持表示衷心的感谢。

12月9日 为四川大学中美大学战略规划研究所编著的《大学发展》（巴蜀书社 2009 年 1 月版）发表题为"对《大学发展》的祝贺与期望"的贺辞。肯定了《大学发展》作为一个交流学术研究成果的国际平台，对于推进高等教育国际化必将起到重要的作用。同时，希望《大学发展》能够承担国际比较教育三个层次的任务，即相互借鉴、增进理解和探讨规律。

12月13日　晚上，在前埔家中主持"周末学术沙龙"，参加人员为厦门大学教育研究院部分教师、硕士生、博士生。

12月15日　为许为民、林伟连、楼锡锦等著的《独立学院的发展与运行研究》（浙江大学出版社2008年12月版）一书作序。序文指出，全书分为背景篇、定位篇、路径篇、保障篇四大部分，内容丰富，具有五个突出特点：一是研究视野的开阔性，二是理论研究的前瞻性，三是研究内容的系统性，四是研究态度的客观性，五是研究成果的实践性。该书的出版，将会对指导独立学院实现内涵发展产生积极的影响。

同日　参加厦门大学教育研究院学术报告会，听车如山、陈萦博士生做《2007级博士生闽赣两省调研访学汇报》的报告。

12月16日　为刘沧山主编的《中外高校思想教育研究》（人民出版社2008年12月版）一书作序。序文认为，该书内容相当完备，既有理论依据，又有实证资料，还提出了一些建设性的意见和建议。高校的思想教育工作人员和教师，可系统阅读，也可重点查阅。该书的出版，对当前提高高等学校思想教育的质量，必将起到一定的促进作用。

12月19日　上午，作为开题指导教师组组长，参加厦门大学教育研究院博士生石慧霞、夏琍、周群英、余斌、曹如军等5人的学位论文开题报告会。其他指导教师有邬大光、史秋衡、林金辉、武毅英、范怡红。

同日　下午，作为开题指导教师组组长，参加厦门大学教育研究院博士生吴雪、陈萦、刘艳杰、薄云、王连森（博士后）等5人的学位论文开题报告会。其他指导教师有邬大光、史秋衡、林金辉、武毅英。

12月20日　参加厦门华厦职业学院成立15周年纪念会。

同日　晚上，在前埔家中主持"周末学术沙龙"，参加人员为厦门大学教育研究院部分教师、硕士生、博士生。

12月22日　参加厦门大学教育研究院学术报告会，听访学博士生汤晓蒙做《日本国立大学法人化》的报告。

12月23日　在北京参加《国家中长期教育改革和发展规划纲要（2010—2020年）》第一次全体咨询专家会议，博士生董立平陪同。

12月24日至25日　赴北京参加国务委员刘延东召开的高等教育座谈

会，并在高等教育出版社参加新世纪教学研究所"高等学校本科教学质量研究"项目中期检查汇报评审会。邬大光教授、博士生董立平随行。

12月27日 晚上，在前埔家中主持"周末学术沙龙"，参加人员为厦门大学教育研究院部分教师、硕士生、博士生。

12月28日 参加厦门市社会科学研究院成立大会。

12月29日 参加厦门大学教育研究院学术报告会，听访学博士生孙存昌做《中国近代大学教师专业发展研究》的报告。最后，潘先生对报告内容提出了自己的意见与建议，令大家受益匪浅。

12月 主编的"高等教育大众化研究丛书"之一《中国高等教育大众化的理论与政策》由广东高等教育出版社出版。

本年 作为主持人，承担中国高等教育学会重大研究项目"做强地方本科院校"。

2009年 八十九岁

1月1日 为康乃美所著的《自学考试制度研究》（湖北人民出版社2006年4月版）一书撰写简介。总结原作者精心设计和构建了"六大组合"的研究框架，认为"这本专著，在理论探索上，独辟蹊径，颇具新意；在发展前途的预测上，合乎规律，能加强广大自学考试参加者和管理者的信心。值得一读，特此简介"。并指出，《自学考试制度研究》一书从国家教育制度层面，深入探讨中国独创的自学考试制度基本问题和发展规律，并总结了该书"六大研究组合"的特点。第一，从思维逻辑、实践经验和理论创新等层面，提出了自学考试制度的"三个相贯通"和"六个有机结合"的新概念；第二，从历史和现实、国内和国外、内因和外因等方面，对自学考试制度的法规政策、业务规范、管理体制和组织机构四大系统的变迁路径进行考察，揭示自学考试制度的演变轨迹；第三，从教育学、考试学和社会学等视野出发，对自学考试制度的要素、结构、功能和机制等基本问题进行理论思考，提出教考要素组合方式论、组合方式论和运行机制论，以及自学考试双重属性论、双向功能论、要素构成论等；第四，从规模、速度、结构、质量和效益等方面，运用定性和定量、个别与一般相结合的研究方法，对自学考试制度的发展状况进行了实证分析，绘制了自学考试发展的"趋势曲线""变动曲线""分布曲线"，探索了自学考试学习群体性别构成、年龄构成、职业构成和学历构成等图表；第五，运用终身教育和学习型社会理论的基本原理和观点，分析自学考试制度与建设学习型社会的内在联系及其制约因素，探索了自学考试制度由于内力和外力的驱动，必将向终身教育体系迈进的未来取向、发展路径和发展对策；第六，从立法实践和法律学的角度，同时借鉴国外相关法规的经验，分析了国务院《高等教育自学考试暂行条例》修订的必要性、可行性和操作性等问题。先生写过很多书序和书评，但给他人写书的简介可能尚属首例，显得尤为珍贵。

1月3日 晚上，在前埔家中主持"周末学术沙龙"，参加人员为厦门大学教育研究院部分教师、硕士生、博士生。

1月5日 参加厦门大学教育研究院学术报告会，听日本广岛大学高等教育研究开发中心黄福涛教授做《课程改革理论与日本实践——历史与比较的视角》的报告。对此次学术报告进行了精彩点评，并为黄福涛教授颁发了厦门大学高等教育发展研究中心兼职教授聘任证书。

同日 《中国教育报》以《金融危机对我国高等教育发展产生什么影响》为题，整版刊登厦门大学教育研究院博士生对金融危机与高等教育关系研究的系列学术成果。潘懋元教授在我国教育理论界率先提出"金融危机与高等教育关系"的问题，并以历史的眼光、国际化的视野，组织博士生对该问题进行了多角度的分析，为理论研究和相关部门的决策提供了重要参考。他认为，针对本次金融危机，目前报刊上仅仅关注一些直接的、当前的、表层的问题，如大学生就业、"国十条"教育拨款等，这是不够的，还必须深入研究金融危机给高等教育带来的间接的、长期的、深层的影响，以期引起学界注意和重视，为相关部门决策提供学术建议和理论指导。为此，他统领全局、制定提纲、带领厦门大学教育研究院的博士生们进行了系列研究。

同日 在《江苏高教》2009年第1期发表《应用型人才培养的历史探源》（与石慧霞合作）一文。文章认为，应用型人才是大学人才培养的一种类型，并指出中世纪大学以应用学科为主，其课程和教学内容充满实用性，毕业生主要从事非学术性、研究性工作，大学的主要任务是培养和训练专业性应用型人才；中国近代第一所高等学校福建船政学堂，实行厂校一体的办学体制，目标是培养造船与驾驶人才，毕业生多成为我国船政事业的骨干，其人才培养过程符合近代高等教育分系科、专业培养应用型人才的特点。

1月9日 被评为"改革开放30年中国教育风云人物"，被授予"中国教育风云人物"称号。收到由中国教育电视台网站、腾讯网、中国教育新闻网、中国青年网寄发的评奖结果通知和奖牌。该评奖活动自2008年11月6日开始历时一个月，共有92 568人实名注册参与评选，评选页面点击率累计达700多万人次，网友留言6 000余条。评选活动加深了各界人士对教育领域人物的认识，取得了很好的社会效果。

1月10日 晚上，在前埔家中主持"周末学术沙龙"，参加人员为厦门大学教育研究院部分教师、硕士生、博士生。

1月21日 在《科学时报》上发表《关于深度解读大学扩招》的文章。

1月31日 为王建华所著的《高等教育学的建构》（广东高等教育出版社2009年10月版）一书作序。序文认为，高等教育作为一门学科和作为一个研究领域，并不存在非此即彼的问题。高等教育的学科建制，是中国高等教育的特点，也是中国高等教育研究的优点；两条轨道并行而有所交叉符合中国高等教育研究发展的实际。该书通过对许多关键性概念的辨析，最终阐释和论述高等教育研究所涉及的问题。

1月 为厦门大学教育研究院博士生授课。

2月5日 在《江苏教育研究》2009年第2期发表《教育基本规律及其在教育研究中的运用》一文。文章指出，教育作为一种社会活动，要遵循一定的客观规律。教育最基本的规律有两条：一条是关于教育与社会发展关系的规律，称为教育的外部关系规律；一条是关于教育和人的发展关系的规律，称为教育的内部关系规律。

2月11日至13日 至杭州，参加全国优质民办高校建设专题研讨会。倡议民办高校自强自立、严以自律、规范办学，建设优质民办高校；呼吁管理部门进一步贯彻落实《中华人民共和国民办教育促进法》，在建设高等教育强国的进程中，高度关注民办高校。会议由民办高校浙江树人学院、西安外事学院和江西蓝天学院共同发起，全国 19 所知名民办高校共同参与，以优质民办高校建设为主题。参会的民办高校成立"优质民办高校 2·11 协作会"，共同签署了"强化社会责任、加强内涵建设"的倡议书和"关于加快民办高校建设，推进国家民办高校示范校建设"的建议书。

2 月 15 日至 18 日　至北京，作为中国民办教育协会顾问参加在北京国谊宾馆举行的中国民办教育协会 2009 年第一次会长办公会，为网站开通仪式揭幕。办公会审定了中国民办教育协会主持的《国家中长期民办教育改革和发展研究》调研报告，审定了协会 2008 年工作总结和 2009 年工作要点，讨论决定了协会重要人事事项，举行了中国民办教育协会官方网站（http://www.cange.org.cn）开通仪式。

同日　在《教育研究》2009 年第 2 期发表《关于高等学校分类、定位、特色发展的探讨》（与董立平合作）一文。文章指出，当前，由于思想准备不足、理论研究滞后、政策引导不到位，全国高等学校出现了分类不清、定位不明、发展方向趋同的现象。正确定位的前提是科学的、恰当的分类。从社会发展的根本要求来说，社会分工对高校培养人才类型的要求是高等学校类型划分、定位的最终依据。论文的一些重要观点被吸收进《国家中长期教育改革和发展规划纲要（2010—2020 年）》之中。

2 月 16 日　在《中国教育报》第 3 版上发表《合理分类　正确定位　科学发展　办出特色》（与董立平合作）一文。文章作为栏目主旨文章刊发，是为正在制定的《国家中长期教育改革和发展规划纲要（2010—2020 年）》所作，针对当前"类型定位重学轻术、层次定位层层攀高、学科定位综合求全、目标定位北大清华"的局面，提出每一类型都应该有重点高校，都可以培养不同层面的拔尖人才、一流人才，都可以成为国内（省内）知名、国际（国内）有一定影响的"一流大学"。该文指出，在分类指导、正确定位、科学发展、办出特色上，教育部门的政策导向与制度保证亦很重要。

2 月 23 日　参加厦门大学教育研究院学术报告会，听在站博士后徐萍做《中国高等教育演变的制度伦理分析》的报告。最后，进行了精彩点评，并将讨论的话题由科举延伸至今天的高考制度，拓宽了大家的视野。

2 月 26 日　在厦门大学教育研究院与俄罗斯后贝加尔车尔尼雪夫斯基国

立人文师范大学访问团会谈并签订了合作意向书。合作的项目包括：就中俄高等教育发展问题互相交换科研资料和信息、共同进行教育合作研究、互派访问学者及互邀参加对方举办的国际学术研讨会等。

2月 在《船政》2009年第1期发表《船政学堂办学模式的现实意义——在船政教育模式研讨会上的发言》一文。文章认为，福建船政学堂作为中国近代第一所高等职业学校，其办学理念和教育模式，为洋务运动时期及其后各省兴办水师学堂以及实业学堂所效仿。它引进西方近代高等教育模式，结合中国实际而有所变通，体现了自立自强的办学理念、自主办学的灵活机制、厂校一体化的办学体制和富有成效的思想道德教育模式。研究船政学堂的成功经验和富有中国特色的办学模式，具有重要的现实意义。

3月2日 参加厦门大学教育研究院学术报告会，听朱宇助理教授做《参照刺激对基于电脑生词卡的汉字记忆的影响：双重编码理论再探》的报告。最后，进行了精彩点评，拓宽了大家的视野。

3月7日 所主持的国家社会科学基金"十一五"规划2008年教育学重点课题——"高等教育应用型创新人才培养研究"和"做强地方本科院校"，由于启动超前，中期研讨会提前在厦门大学教育研究院会议室举行。参加研讨会的有中国高等教育学会叶之红副秘书长、厦门大学教育研究院院长刘海峰教授、副院长史秋衡教授和高等教育发展研究中心主任谢作栩教授。会议由潘懋元教授主持，刘海峰教授致欢迎辞。

同日 晚上，在前埔家中主持"周末学术沙龙"，参加人员为厦门大学教育研究院部分教师、硕士生、博士生。

3月9日 参加2009年全国教育科学"十一五"规划课题预申报会。

3月11日至13日 至广州，访问华南农业大学，为该校两项优秀教学成果做鉴定，并在该校"教育思想与本科人才培养模式研讨会"上做了《金融危机挑战 高等教育应对 农业院校机遇》的报告。

3月14日至15日 出席在厦门大学召开的"2009年中国高等教育学会全国高等教育研究机构协作组会议"，并在开幕式上做题为《中国高教研究机构协作的回顾与前瞻》的主题报告，内容包括历史的回顾、现状的描述和对协作提出的一些建议。该会议由中国高等教育学会全国高等教育研究机构协作组和厦门大学教育研究院联合主办,主题为"新形势下高教研究机构建设与高等教育研究",重点探讨新形势下高等教育的研究范式变化。全国各省各高等学校高等教育研究机构负责人,共计143个单位的173名代表参加。

3月15日 在《中国大学教学》2009年第3期发表《从高校分类的视角看应用型本科课程建设》(与周群英合作)一文。文章认为,课程建设是实现高校分类发展、提高教育质量的重要环节。重构课程理念、吸纳校外人士参与人才培养方案的编制、建设知行融合的教材体系、构建专业学习共同体、面向实践能力的学业成就评价,是落实应用型本科课程建设的一系列活动。

3月16日 参加厦门大学教育研究院学术报告会,听赵叶珠副教授做《厦门大学教师工作满意度调查报告》的报告。最后,充分肯定了此次报告的意义,并做了精彩点评。

3月19日至20日 参加厦门大学2009年科研工作会议。

3月21日至22日 参加在顺德职业技术学院举办的"海峡两岸高校文化素质教育通识教育论坛",并在大会上做了题为《金融危机与素质教育》的报告。从"金融危机对素质教育的挑战""高等职业技术院校素质教育的特点和途径"两个方面展开,分析了高职院校在金融危机背景下的机遇与挑战,以及适合高职院校进行人文素质教育的途径。参加这次论坛的有两岸26所高校的60多位专家学者和顺德职业技术学院的200多名师生。论坛不仅加深了海峡两岸文化与教育的交流,而且也对我国文化素质教育、通识教育产生了深远影响。

3月26日至29日 至深圳,参加南方科技大学首任校长遴选会议和深圳大学新校区发展规划论证会。其间,在下榻宾馆与深圳大学高等教育研究所师生座谈。

3月28日 在《教育与考试》2009年第2期发表《中国独创的教育基本制度——〈自学考试制度研究〉简介》一文。

3月30日 参加厦门大学教育研究院学术报告会,听厦门大学党委宣传部副部长徐进功教授做《深刻理解科学发展观的历史地位、科学内涵和根本要求》的报告。

3月31日 上午,作为面试组组长,在嘉庚三9楼参加厦门大学教育研究院 2009 年博士研究生招生专业课面试。

同日 下午，作为面试组组长，在嘉庚三 9 楼参加厦门大学教育研究院 2009 年博士研究生招生专业课面试。

4 月 4 日 晚上，在前埔家中主持"周末学术沙龙"，参加人员为厦门大学教育研究院部分教师、硕士生、博士生。

4 月 6 日 在《中国教育报》上发表《金融危机应引起对人文素质教育的反思》一文，是根据作者在"海峡两岸高校文化素质教育通识教育论坛"上的报告录音整理而成的。文章强调："必须以对金融危机深层次的反思为契机，将加强人文素质教育、职业道德教育作为中国高等教育的当务之急。"

4 月 7 日 上午，参加在教育研究院会议室举行的"庆祝厦门大学建校 88 周年暨教育研究院'懋元奖'等奖教奖学金颁奖大会"。发表讲话并与院长刘海峰、书记宋毅、副院长史秋衡、高等教育发展研究中心主任谢作栩等一起，为获奖的师生颁发证书与奖励，并与获奖者合影留念。奖教金获奖人员有：一等奖：郑若玲；二等奖：覃红霞、冯波。奖学金获奖人员有：一等奖：樊明成、陈为峰；二等奖：闫飞龙、董立平、张存玉、曾华、陈汉强。

4 月 8 日 "学术沙龙：情理交融中的人才培养实践"项目（潘懋元、刘海峰、谢作栩、史秋衡、杨广云）荣获"2009 年厦门大学教学成果奖一等奖"。9 月份又荣获福建省教育厅颁发的"福建省教学成果奖二等奖"。同时荣获教育部颁发的"国家级教学成果奖二等奖"。

4 月 10 日 至北京，在教育部会议室参加《国家中长期教育改革和发展规划纲要（2010—2020 年）》第二次全体咨询专家会议。上午，在高等教育小组中发言；下午，在战略组中发言。其间，与袁贵仁部长多次交谈。

同日 在《教育发展研究》2009 年第 7 期发表《金融危机对高等教育的挑战》一文。文章指出 2008 年 9 月开始的金融危机对我国高等教育形成了巨大挑战，浅层次问题包括：第一，毕业生就业比较困难；第二，经费问题；第三，招生问题。深层次问题包括：第一，高校师资队伍建设问题；第二，专业调整和课程内容改革问题；第三，素质教育问题。

4 月 13 日 参加厦门大学教育研究院学术报告会，听王洪才教授做《科学发展观与中美大学办学理念比较》的报告。

4月15日　为蔡映辉所著的《大学互助学习的理论与实践研究》（中国文史出版社 2009 年 6 月版）一书作序。序文阐明了互助学习的内涵，分析了该书的写作思路，并有针对性地提出了四点意见和建议。

4月18日　参加泉州理工职业学院新校区奠基仪式。参加"两岸四地"私立（民办）高等教育比较研究学术研讨会。博士生陈萦随行。

4月20日　参加厦门大学教育研究院学术报告会，听谢作栩教授做《现代中国高等教育发展探析——科学发展观的视角》、张亚群教授做《从实事求是到科学发展观——新时期党的重大战略思想解析》的报告。

4月24日至28日　参加"宁波职业技术学院院庆暨高职教育可持续发展学术研讨会"，做主题报告《逆流而上：金融危机与高职发展机会》。会后分别到浙江大学宁波理工学院和浙江传媒学院做报告。

4月28日至30日　会同课题组成员荆楚理工学院王前新教授、厦门大学博士研究生车如山等，赴河南南阳理工学院进行调研。本次调研旨在探索应用型本科教育的人才培养模式，重点调研南阳理工学院在人才培养方案、专业设置、课程教材建设、教学方法、教学管理、师资建设、产学结合、实验实训等方面的具体做法及所遇到的困难与困惑，以期为地方本科院校人才培养模式提供理论和实践指导。调研期间，为南阳理工学院教师干部做有关学习实践科学发展观的报告，提出学习实践科学发展观不仅要学习理论，还要注重实践，时代在发展，学习实践科学发展观也要与时俱进。要充分认识到我国高等教育目前所处的阶段。21 世纪的高等教育是大众化的高等教育，其教育理念、教育目标、教育内容都应不同于 20 世纪精英化教育，其培养的主体应该是数以千万计的专业人才。只有这样，中国高等教育所培养的人才才能真正适应社会发展趋势。

5月2日　晚上，在前埔家中主持"周末学术沙龙"，参加人员为厦门大学教育研究院部分教师、硕士生、博士生。

5月8日　参加中国教育学会杨贤江教育思想研究分会在厦门召开的"实践基地建设研讨会"。

5月11日　参加厦门大学教育研究院学术报告会，听张彤副教授做《高校学生学习与发展的保障趋势研究》，鄢晓、翁海霞硕士生做"Web2.0 tools and platforms for learning and research"的报告。

5月13日至14日 应邀到武汉商贸职业学院进行调研，为处级干部做报告，并和该院学生代表见面、对话。

5月17日 《楚天都市报》报道：教育泰斗潘懋元先生走进本报高校大讲堂（第7期），称赞潘先生"矢志不渝战乱年代负笈求学，穷经皓首耄耋之年眷恋讲坛"。活动中，听众全部站起来，为即将迎来90大寿的潘先生齐唱《生日歌》，场面热烈，令人感动。

5月18日 参加厦门大学教育研究院学术报告会，听雷松岭、范怡红教授做《Moodle（课程管理系统）在高校教学与研究中的应用》、车如山博士生做《参加澳门"中国和平发展：机遇与挑战"国际学术研讨会汇报》的报告。

5月23日 晚上，在前埔家中主持"周末学术沙龙"，参加人员为厦门大学教育研究院部分教师、硕士生、博士生。

5月25日 参加厦门大学南强学术讲座，听美国教育哲学学会会长、哥伦比亚大学师范学院David Hansen教授做"Cosmopolitanism and higher education today"（世界主义与当今高等教育）的报告。

5月27日 参加厦门大学教育研究院学术报告会，听加拿大多伦多大学安大略教育学院露丝·海霍（许美德）教授、查强教授做《脱颖而出的中国大学模式》的报告。

5月30日 《新编高等教育学》（修订本）修订完稿，交北京师范大学出版社出版。

同日 晚上，在前埔家中主持"周末学术沙龙"，参加人员为厦门大学教育研究院部分教师、硕士生、博士生。

5月31日 在《高等教育研究》2009年第5期发表《略论应用型本科院校的定位》（与车如山合作）一文。作为国家重点课题"高等教育应用型创新人才培养研究"的研究成果之一，文章从七个方面论证了应用型本科院校的定位，勾画了应用型院校发展的基本理论框架，被多家重要媒体转载，被多所院校指定为学习材料。

6月1日 参见厦门大学教育研究院学术报告会，听英国牛津大学教育系

Hubert Ertl 博士做"Transitions between vocational and higher education in the UK-findings from a research council funded project"、英国牛津大学教育系 Stephanie Wilde 博士做"14-19 education in the eyes of higher education staff-evidence from focus group research in England"的报告。

6月5日 上午，参加厦门大学教育研究院博士生傅凰、李青霞的学位论文答辩会。答辩委员会成员有杨德广（主席）、顾建民、邬大光、史秋衡、李泽彧。

同日 下午，参加厦门大学教育研究院博士生陈厚丰、董立平的学位论文答辩会。答辩委员会成员有杨德广（主席）、顾建民、史秋衡、李泽彧、林金辉。

6月6日 晚上，在前埔家中主持"周末学术沙龙"，参加人员为厦门大学教育研究院部分教师、硕士生、博士生。

6月13日 晚上，在前埔家中主持"周末学术沙龙"，参加人员为厦门大学教育研究院部分教师、硕士生、博士生。

6月15日 参加厦门大学教育研究院学术报告会，听张继平访学博士生做《普通高校本科教学工作水平评估运行模式研究》、王庆如博士生做《陕西民办高等教育：问题、对策与展望》的报告。

6月20日 晚上，在前埔家中主持"周末学术沙龙"，参加人员为厦门大学教育研究院部分教师、硕士生、博士生。

6月22日 参加厦门大学教育研究院学术报告会，听刘志强访学博士生做《越南末代科举》、赵峻岩访学博士生做《民国时期大学区制的历史命运研究》的报告。

6月26日 参加杜祖贻教授捐赠华侨大学四端文物馆开馆仪式。

6月28日至29日 至北京，参加北京师范大学教育学部成立大会，作为专家和校友代表发言。

6月30日至7月2日 至福州，参加福建船政学堂模式研究会，并做有关船政学堂模式的历史价值与现实意义的报告。参观福建交通职业技术学院。

7月4日 晚上，在前埔家中主持"周末学术沙龙"，参加人员为厦门大学教育研究院部分教师、硕士生、博士生。

7月6日 参加厦门大学教育研究院学术报告会，听谢亚兰博士生做《大学排名对大学的影响研究》的报告，并做点评。

7月8日 在厦门市园林局和施工单位相关领导的陪同下，前往厦门杏林湾园博园中的"名校风华园"施工现场，实地考察后提出若干改进建议。"名校风华园"是"中华教育园"的二期建设项目，由厦门市政府委托厦门大学教育研究院张亚群教授主持承担策划、设计和文本撰写，潘懋元先生与刘海峰院长担任该项目学术顾问。

7月10日 在《高教探索》2009年第4期发表《金融危机的挑战 高等教育的应对 农业院校的机遇》一文。这是根据作者在3月13日华南农业大学"教育思想与本科人才培养模式研讨会"上的报告录音整理而成的。

7月11日 晚上，在前埔家中主持"周末学术沙龙"，参加人员为厦门大学教育研究院部分教师、硕士生、博士生。

7月13日 参加厦门大学教育研究院学术报告会，听美国马萨诸塞大学波士顿分校教育领导系主任严文蕃教授做《美国教育博士专业学位教育的新发展》的报告。

7月14日至16日 到泰宁大金湖，到永安寻访当年就读的"福建中等师资养成所"旧址。博士生吴滨如、陈䓍、余斌、葛喜艳随行。

7月28日 被泉州儿童发展职业学院聘请为高级顾问。

7月31日 在《高等教育研究》2009年第7期发表《"依附发展"与"借鉴—超越"——高等教育两种发展道路的比较研究》一文。文章认为，中国高等教育依附发展的讨论既凸显了学界对于中国建设高等教育强国的热切愿望，同时也折射出中国与世界高等教育强国之间的差距及缩小这种差距的现实困难。近年来较流行的中国高等教育"依附发展"观点从前提到结论都有可商榷之处，其实质是混淆了高等教育"依附发展"与"借鉴—超越"两种发展道路的根本区别。中国高教强国建设应当在"借鉴—超越"思想指导下，通过文化自觉与自主创新，努力构建高等教育现代化的中国模式。

8月4日 邀集家人在厦门大丰园（厦大店）举行庆生晚宴。

8月6日 被中央教育科学研究所聘请为《大学》（学术版）杂志编委会顾问。

8月16日至18日 应邀到皖西学院做《应用型本科院校建设问题》专题报告，提出进行应用型本科院校建设要突出解决转变观念和课程建设两大问题。博士生周群英、夏珇等随行。

8月28日至29日 在北京大学参加"大学文化与思想解放高层论坛"，做题为《文化创新——大学教授艰难的选择》的学术报告。从"文化创新是时代的强音""大学的双重性：大学教授徘徊于创新与保守的十字路口""大学的使命：引领社会文化的创新与发展"三个方面进行了论析。

8月29日 就《潘懋元教授纪事年表》搜集、整理、修改、定稿和出版问题，在北京与参会的编著者韩延明进行了认真细致的座谈讨论。

8月31日 考察北京科技职业学院，与该院执行院长周孟奎等亲切交谈。在对北京科技职业学院八达岭校区、沙河校区考察后，对北京科技职业学院近年来蓬勃发展的势头给予充分肯定，同时对学校如何进一步提高水平、促进发展提出殷切希望。

9月1日 《谈谈高等教育史研究的几个问题——在全国高等教育史研讨会上的讲话》一文收录于《纪念〈教育史研究〉创刊二十周年论文集（1）——教育史学理论及史学史研究》。

9月2日 被聘请为《西北工业大学学报（社会科学版）》第三届编辑委员会顾问，任期三年。

9月4日 《现代高等教育思想演变的历程——从20世纪到21世纪初》（与肖海涛合作）一文荣获教育部颁发的"高等学校科学研究优秀成果奖三等奖（人文社会科学）"。

9月14日 访问北京科技职业学院，参观学校沙河校区和八达岭的奥运展览馆等，并就学校的改革和发展发表了自己的见解。博士生陈絮、吴滨如等随行。

同日 陈彬、崔雪芹、杨欢撰写的《潘懋元：文化创新是大学教授艰难的选择》一文在《科学时报》发表。

9月18日 在《中国高等教育》2009年第19期发表《高等教育研究60年：后来居上 异军突起》（与李均合作）一文。论文回顾了新中国高等教育研究的发展历程，总结了新中国高等教育研究的主要经验，并对未来中国高等教育研究进行了一定的分析和展望。

9月19日 晚上,在前埔家中主持"周末学术沙龙",参加人员为厦门大学教育研究院部分教师、硕士生、博士生。

9月21日 参加厦门大学教育研究院新学期第一场学术报告会,听赵凤娟博士生做《金融危机下的多赢:推进高校毕业生通向农村》、高燕博士生做《俄罗斯国立高校三种入学考试制度之博弈》的报告。

9月26日 晚上,在前埔家中主持"周末学术沙龙",参加人员为厦门大学教育研究院部分教师、硕士生、博士生。

9月28日至30日 至昆明,参加"中国高等教育学会高等教育学专业委员会2009年学术年会",并做了《高等教育发展:数量增长与质量提高》的专题报告。在报告中指出,20世纪是世界高等教育数量增长时期,而21世纪将是世界高等教育质量提高的时期。其间,到昆明市区看望了厦门大学老同事,李均陪同。

9月 为厦门大学教育研究院博士生授课。

10月3日 晚上,在前埔家中主持"周末学术沙龙",参加人员为厦门大学教育研究院部分教师、硕士生、博士生。

10月8日 "潘懋元教授从教75周年庆典暨高等教育研究的社会责任学术研讨会"第1号通知发布,拟定会议时间为2010年10月8日至10日。

10月10日 晚上,在前埔家中主持"周末学术沙龙",参加人员为厦门大学教育研究院部分教师、硕士生、博士生。

10月12日 参加厦门大学教育研究院学术报告会,听刘海峰教授、张亚群教授做《东瀛行:学术盛会,非诚勿扰——第五届科举制与科举学国际学术研讨会剪影》,林上洪博士生做《主体教育与教育主体》的报告。

10月18日至21日 至长沙,应邀出席"中国民办教育发展大会暨中国民办教育协会2009年年会",并在大会上做了题为《民办高教逆流而上》的发言。通过翔实而严密的数据,展示了近年来民办高等教育的发展状况,尤其是在受到金融危机的影响之后,民办高等教育仍然保持了增长势头。同时,为民办高等教育发展指出了可行之路:在国家的法律框架之下,通过争取地方政府的支持,最大可能地寻求民办高等教育发展的地方性突破。

10月20日　应邀与湖南大学教育科学研究院的师生座谈。以"高等教育发展的宏观趋势"为主题对高等教育的发展做了回顾和展望，分析了教育质量的内涵和高等教育质量的价值取向，提出了一系列提高质量的途径，并现场回答了师生们的提问，和大家分享了他从事学术研究工作的心得体会。

10月23日　偕同张亚群教授带领厦门大学教育研究院在校的2007级、2008级、2009级博士生畅游厦门园博园教育园，特别是曾参与指导的名校风华园，为学生讲述名校历史。

10月25日　赴石家庄，应邀为河北师范大学部分干部和教师做题为《规模、速度、质量、特色——中国当前高等教育发展中的若干问题》的专题报告，并接受兼职教授的荣誉聘书。

同日　指导的刘小强论文荣获中国高等教育学会第五届高等教育学优秀博士学位论文。

10月26日至27日　参加由中国高等教育学会和浙江省人民政府在杭州联合举办的"2009年高等教育国际论坛"，并做了题为《做强地方本科院校与建设高等教育强国》的大会报告。来自全国28个省（自治区、直辖市）的200余所高校和教育科研机构的专家学者，来自中国香港、澳门地区的代表及美国、日本的专家学者等近500人参加了本次论坛。全国人大常委会副委员长陈至立、浙江省省长吕祖善、中国高等教育学会会长周远清出席开幕式并讲话。在主席台前，陈至立同志向获得高等教育学优秀博士学位论文指导教师的潘懋元教授颁发了荣誉证书。

10月28日　参加在厦门大学召开的"第六届海峡两岸高等教育学术研讨会"，并以《两岸高等教育互动的新阶段》为题进行了首场主题演讲。对两岸高等教育学术互动进行了历史回顾和现状分析，指明了两岸互动的五个阶段，对新阶段两岸高等教育进一步加强互动的必要性和问题进行了详细分析，最后提出了对互动交流的新设想。

10月29日　下午，参加在厦门大学教育研究院会议室召开的第六届两岸高等教育学术研讨会部分台湾代表和教育研究院师生对话座谈会并做重点发言。台湾代表有亚洲大学杨国赐教授、淡江大学杨莹教授等15人，厦门大学代表有潘懋元教授、刘海峰教授等13人，以及《中国教育报》记者和厦门大学宣传部等媒体代表。

10月31日 晚上，在前埔家中主持"周末学术沙龙"，参加人员为厦门大学教育研究院部分教师、硕士生、博士生。

10月 主编的《大学教育质量的理论与实践研究》一书由广东高等教育出版社出版。

11月3日 参加厦门大学教育研究院学术报告会，听日本学者三浦秀一做《再谈策论的魅力：〈天一阁藏明代科举录选刊·会试录〉试补》的报告。

11月7日 晚上，在前埔家中主持"周末学术沙龙"，参加人员为厦门大学教育研究院部分教师、硕士生、博士生。

11月9日 参加厦门大学教育研究院学术报告会，听王洪才教授做《澳门学术会议随想》、吴雪博士生做《英国高等教育质量管理制度变迁实证研究》的报告，给予了充分肯定。

11月11日至17日 带领厦门大学教育研究院2008级的20余名博士生对武汉科技大学中南分校探索实施的大学成功素质教育进行专题调研。报告会上，直指一些应用型大学办学过程中出现的误区。同时，受聘为武汉科技大学中南分校顾问，并接受湖北卫视等媒体采访。希望武汉科技大学中南分校成为一所以成功素质教育为特色的高水平大学，在成功素质教育的培养下使得更多学生将来成为社会的成功者。此行还参访了文华学院、武汉商贸职业学院、华中科技大学武昌分校等，并与华中科技大学教育科学研究院师生座谈。

11月16日 接受大通社记者王珊珊、刘格格专访。就独立学院发展、教育家办学、大学理念等问题集中回答了记者的提问。其中认为，教育家不是培养出来的，而是自我成长起来的。只有自己的理念成果得到社会的认可，才可能被称为是一个教育家。教育家只靠外在的环境是培养不出来的。

11月21日 至广州，参加广东技术师范学院团委主办的"学者视野—周末科技文化艺术系列讲座"（第200期），并做题为《敢为天下先——谈自己的体验，寄希望于大学生》的专题报告。从"敢于失败""敢坐冷板凳""机遇偏爱有准备的头脑""讲究创新方法""敢于持恒"五个方面阐述了如何才能做到"敢为天下先"。

11月22日 作为特邀专家,在广州出席由中山大学、北京大学、哥伦比亚大学教育学院、岭南基金会主办的"研究型大学国际化:机遇与挑战"国际学术研讨会,并在会上做了《发展中国家高等教育国际化:从不均衡到均衡》的报告。报告从"高等教育国际化与民族化的关系"和"发展中国家高等教育国际化的不均衡"两个方面展开,并对后者进行了详细阐述。强调要清醒认识发展中国家高等教育国际化进程中所面临的挑战,坚定发展中国家的信心,即发展中国家的高等教育已经逐渐形成了自己的优势和特色,不应该放弃自主发展的权利。

11月23日 参加厦门大学教育研究院学术报告会,听2008级博士生做《2008级博士生武汉考察汇报》的报告,并发表了自己对调研情况的分析与见解。

11月25日 在厦门大学接受四川外语学院高教所国际化办学考察组的访问。在听取了副所长彭江等人对川外的发展历史、发展现状的简要介绍后,就核心竞争力、学校品牌和国际化办学三个方面为川外的发展提出了建议。最后将川外的发展之路总结为:"要用特色来创名牌,用错位来提升国际化水平。"

同日 作为主持人的"在终身教育体系平台上的多种教育模式研究",立项为教育部人文社会科学重点研究基地重大项目。

11月27至28日 出席由广东省教育厅主办、广东省高等教育学会协办、广东白云学院承办的"应用型本科院校人才培养模式改革与创新论坛",并做了"什么是应用型本科"的演讲。博士生陈紫、吴滨如随行。其间到吴玫、李盛兵博士家中做客。

11月29日 上午,应邀考察、访问广州番禺职业技术学院,参观了该校艺术设计学院、珠宝学院、蓝光电视台及校园景观。对该校办学成果给予充分肯定,并就高职教育的出路在于示范性建设、要进一步增强高职教育的核心竞争力、注重办学定位和特色发展等方面与该校党委书记焦兆平、院长张连绪等进行了热烈讨论,充分交换了意见。广州番禺职业技术学院是首批被教育部、财政部确定为"国家示范性高等职业院校建设计划"的28所立项建设院校之一。

11月30日 参加厦门大学教育研究院学术报告会，听武毅英教授等做《2009年高等教育国际论坛（杭州会议）汇报》的报告。

11月 主编的《现代高等教育思想的演变——从20世纪到21世纪初期》荣获福建省人民政府颁发的"福建省第八届社会科学优秀成果荣誉奖"。

12月1日至2日 在盐城师范学院出席了"全国新建本科院校联席会议暨第九次工作研讨会"，并做了题为《应用型本科院校建设问题》的主题报告。指出：在大众化高等教育发展的背景下，高校应分类发展，同时结合近几年来在全国各地实地调研考察的情况，对如何建设应用型本科院校提出了自己的真知灼见。博士生陈絮随行。

12月2日 会议期间，听韩延明对《潘懋元教授纪事年表》编撰进展情况的详细报告，并就《年表》中的部分疑惑问题和重要历史事件进行了讲解、补充和订正，使《年表》更趋准确和完善。

12月3日 在淮阴师范学院做了题为《应用型本科院校发展》的学术报告。在简要回顾当今中国和世界高等教育变革发展过程的基础上，结合世界高等教育的发展规律和中国高等教育的实践情况，提出了应将我国高等学校根据人才培养模式的不同划分为综合性研究型、多科性或单科性专业型和多科性或单科性职业技术型三种类型。报告重点阐述了多科性或单科性专业型大学办学定位问题。

同日 听石慧霞关于受萨支唐先生之托撰写《萨本栋传》的想法和计划，同意并提出了一些具体要求和写作建议。

12月5日 晚上，在前埔家中主持"周末学术沙龙"，参加人员为厦门大学教育研究院部分教师、硕士生、博士生。

12月7日 被聘为厦门大学附属实验中学学术顾问。在聘请仪式的讲话中指出，实验中学应当在课改的大规定中，以校本教研、校本研究和培养学生的创新意识为突破口，努力做好"实验"这个大文章。认为厦大附中的条件很好，又有管委会和厦门大学的支持，有利于做好教育实验。希望全体教师努力工作，争取做到既不降低学生的应试能力又能培养学生的创新能力。

12月10日 参加厦门大学教育研究院博士生李国强、黄建如的学位论文答辩会。答辩委员会成员有周川（主席）、董泽芳、史秋衡、王洪才、武毅英。

12月12日 晚上，在前埔家中主持"周末学术沙龙"，参加人员为厦门大学教育研究院部分教师、硕士生、博士生。

12月14日 参加厦门大学教育研究院学术报告会，听荷兰莱顿大学教师教育研究院 Henk Frencken 教授做 "Competence based curriculum development in professional education in europe"（以能力为基础的课程开发）、莱顿大学教师教育研究院 Dineke Tigelaar 博士做 "Competence assessment in teacher education"（教师教育中的胜任力评价）的报告。

同日 被评为"厦门大学2007—2009年度优秀理论报告员"。

12月16日 作为开题指导教师组组长，参加厦门大学教育研究院博士生冯晓玲、葛喜艳、吴滨如、高燕、王刚、周孟奎、张维红、蔡明星、陈小伟等9人的学位论文开题报告会。其他指导教师有邬大光、谢作栩、郑若玲、范怡红。

12月17日 与中国人民大学校长纪宝成教授、华中科技大学教科院副院长沈红教授一起，就"高教改革需要大手笔"专题，接受《光明日报》记者采访。指出："适应社会需求与大学的内在精神品质应该是统一的。但大学适应社会的需求应该是一种主动的内在的适应，不是被动的适应，不能把适应社会的需要简单地理解成迎合社会的需求。"

12月18日至20日 至上海，参加教育部新世纪教学研究所在华东政法大学召开的该所专家委员会第四次会议暨换届会议，并连任教育部新世纪教学研究所专家委员会顾问。对"2009年高等学校教学方法改革"研究立项评审、"2008年高等学校教学资源建设"研究立项项目中期检查和"2007年高等教育本科教学质量"研究立项项目结题检查进行了研讨与评审。

12月20日 在《中国高教研究》2009年第12期发表《做强地方本科院校——地方本科院校的定位与特征研究》一文。文章认为，地方本科院校已成为我国高等教育的中坚力量，是本科教育的重要基地。根据我国地方本科院校的办学历史、办学规模、办学类型、办学布局、办学条件等方面的差异，大多数地方本科院校应定位于应用型，其主要任务是面向地方服务，培养大批应用型专门人才。

12月21日 搜狐教育网报道：潘懋元先生被列入"中国教育60年60人候选名单"。

12月23日 被聘请为《高等农业教育》第十二届编委会名誉顾问。

12月26日 晚上，在前埔家中主持"周末学术沙龙"，参加人员为厦门大学教育研究院部分教师、硕士生、博士生。

12月28日 为张铁明所著的《中国教育经营论》（广东高等教育出版社2011年3月版）一书作序。序文认为，虽然作者是把中国民办教育作为教育产业和经营理论研究的主要切入点，"但公办教育，也应具有经营理念，掌握经营方法，包括成本核算，招生与就业的人才市场调查，预测与规划，对学生家长、社会各有关部门以及企业界搞好公关工作等等"。

12月27日至28日 在广东白云学院召开的"应用型本科院校人才培养模式改革与创新论坛"上发表演讲。

12月29日至31日 至北京，参加"中国民办教育协会高等教育专业委员会成立大会暨民办高等教育发展报告会"，被聘为委员会顾问。新成立的民办教育专业委员会的工作重点，是促进民办高校提高办学质量和管理水平，为政府部门的民办教育决策提供咨询服务。

12月 由潘懋元、刘海峰任主编，史秋衡、谢作栩任副主编的"国家'985工程'中国特色高等教育体系研究丛书"陆续在广东高等教育出版社出版。

2010年　九十岁

1月2日 携家人一起游厦门同安孔庙，并合影留念。

同日 晚上，在前埔家中主持"周末学术沙龙"，参加人员为厦门大学教育研究院部分教师、硕士生、博士生。

1月4日 参加厦门大学教育研究院学术报告会，听覃红霞副教授做《时代与个人的互动：一个偏远村庄教育决策行为的田野调查》、华南师范大学教育科学学院访学博士生白玫《高等师范院校教育院系的危机与转型：教育学专业本科人才培养为例》的报告。在点评中指出，覃红霞副教授的报告之所以能引起大家强烈反响和激烈争论,在于报告从现象和问题入手的研究意识、文献分析的独特方法、基于深度访谈的细致调查,这些方面值得大家学习,并就需要改进和完善之处如辍学的定义问题等提出了自己的见解。同时对教育学专业的界定、"3+1"人才培养模式做了比较系统的讲解,令在场研究生受益匪浅。

1月9日　晚上,在前埔家中主持"周末学术沙龙",参加人员为厦门大学教育研究院部分教师、硕士生、博士生。

1月10日　在《高教探索》2010年第1期发表《什么是应用型本科?》一文。该文根据在广东白云学院的一次演讲录音整理而成。文章认为,应用型本科有三个特点:第一,以培养应用型的人才为主;第二,以培养本科生为主;第三,以教学为主。同时提出了培养应用型人才要解决的问题:第一,转变观念;第二,课程建设;第三,教材建设;第四,要落实到教学工作,也就是要在产学研这方面大力落实;第五,师资队伍建设。

1月11日　参加厦门大学教育研究院学术报告会,听蒋友梅博士生做《大学学术组织结构和学者行为之间的关系》、喻濯珂博士生做《英国大学及博士教育》、孟凡博士生做《利益相关者视角下的大学学生评教制度研究》的报告。

1月15日　在《井冈山大学学报(社会科学版)》2010年第1期发表《做强地方本科院校　建设高等教育强国》一文。文章认为,地方本科院校是本科院校的主要组成部分,也可以说是高等教育强国的中坚力量。做强地方本科院校,首先应研究地方本科院校的定位问题。一般来说,地方院校的人才目标应定位于培养应用型人才。

1月16日　在前埔家中接受石慧霞关于萨本栋校长办学与教学的采访,谈到自己听取萨本栋教授关于"共振原理"讲座的事情。称赞他讲得"既有趣,又容易理解,并能记住不忘"。

1月17日　带领厦门大学教育研究院在校博士生赴厦门同安,参观孔庙、罗汉山、同安影视城。

1月21日　参加并主持博士后汤晓蒙等人的研究报告开题会。

1月22日　为杨德广教授"从教45周年暨《杨德广教育文选》《我的教

育人生》首发式"题词祝贺:"写文章,言人所不敢言;办学校,做人所未能做。在理论与实践的结合上,创新高等教育理念,推动高等教育发展!"

同日 向厦门大学图书馆捐赠《现代高等教育思想演变的历程——从20世纪到21世纪初期》《潘懋元教育口述史》等7种7册专著。

1月23日 晚上,在前埔家中与厦门大学教育研究院教育理论研究所所长王洪才、副所长赵叶珠等全体成员一起召开首次办公会议,共商教育理论研究所的发展大计。在听大家分别陈述了对教育理论研究所发展的一些认识后指出,教育理论研究所的基本任务无疑应关注高等教育的基本理论研究,诸如高等教育哲学、高校课程与教学的基本理论,以及高等教育研究方法的基本理论等。认为当前可在如下两个方面开展工作:一是关注高等教育学硕士生的培养问题,思考如何通过培养目标以及课程与教学的改革,提高高等教育学硕士生的培养质量;二是结合2010年10月份召开的"高等教育研究的社会责任研讨会",对这一主题予以高度关注,并撰写论文进行深入研讨等。

1月 为厦门大学教育研究院博士生授课。

1月 主编的"中国高等教育女博士后学术研究丛书"陆续由广东高等教育出版社出版。

2月4日 潮汕风情网(人物词条)以《潘懋元:独立学院自力更生才能生存》为题,报道了大通社记者采访潘先生的情况。内容摘录:"潘懋元教授认为,现在的独立学院必须自力更生,发愤图强,提高质量,办出特色,才能生存。"

2月8日 为郑宏所著的《厦门大学文化的历史与解读》(厦门大学出版社2010年10月版)一书作序。序文指出,该书"清晰地描绘出厦门大学近百年来文化发展的脉络,并从厦门大学的环境文化、精神文化、制度文化、行为文化四个维度,以丰富的资料、实证的方法,发微钩沉,解读厦门大学的文化历史,突出嘉庚精神这条主线,提出应该以文化自觉意识进一步推动厦门大学的文化建设"。

2月18日 携全家人一起,游祖籍广东揭阳,并合影留念。

2月28日 在《大学教育科学》2010年第1期发表《高等教育发展趋势

座谈录》一文。该文是根据作者在湖南大学接受的一次采访录音整理而成的。

3月1日 参加厦门大学教育研究院教育理论研究所首次会议，介绍了教育研究院的发展历史，并对教育理论研究所今后的发展提出了期望。

3月3日 在《中国高等教育》2010年第5期发表《从高等教育分类看我国特色型大学发展》（与王琪合作）一文。文章主要分析并论述了高等教育的分类、特色型大学的定位、当前我国特色型大学存在的问题及发展思路等。

3月6日 参加厦门大学教育研究院学生会在自钦楼举办的"高教话题辩论会"，与王洪才等四位教师一同担任辩论赛评委。比赛结束后，就辩论主题做总结发言，并为表现突出的辩手颁奖。辩论会总策划为2009级博士生冯用军。

3月8日 出席厦门大学教育研究院举办的《国家中长期教育改革和发展规划纲要（2010—2020年）》学习讨论会，并发表了自己的看法："《规划纲要》既体现了政策的连续性又反映了形势的创新性。一方面，《规划纲要》与上世纪八九十年代提出的政策一脉相承，如二十字方针；另一方面，它又有许多论点与具体措施的创新，比如普及学前教育、高等教育应用型等新提法。"

同日 参加厦门大学教育研究院学术报告会，听《学习讨论〈规划纲要〉》的报告。

3月10日 在《高教探索》2010年第2期发表《关于地方院校战略规划的优秀论著——〈地方院校战略规划论〉序》一文。

3月13日 晚上，在前埔家中主持"周末学术沙龙"，参加人员为厦门大学教育研究院部分教师、硕士生、博士生。

3月15日 参加厦门大学教育研究院高教讲座（第1期），听美国哥伦比亚大学师范学院教育评估中心主任、富布莱特学者Madhabi Chatterji教授做"Models of higher education assessment and Indicators of quality US institutions"的报告。

3月20日 晚上，在前埔家中主持"周末学术沙龙"，参加人员为厦门大学教育研究院部分教师、硕士生、博士生。

3月21日 作为课题组主要成员，参加在厦门大学教育研究院会议室举行的向以教育部教育发展研究中心副主任范文曜教授为组长的课题鉴定组汇报结题成果会，并就相关问题做了解释和说明。课题组主持人史秋衡教授主要汇报，部分师生在场旁听。鉴定组成员有：厦门大学副校长邬大光教授、北京大学教育学院副院长阎凤桥教授、厦门大学教育研究院教育理论研究所所长王洪才教授等。专家组对该课题组研究给予了较高评价，一致同意该课题通过鉴定，同意结题。

3月22日 参加厦门大学教育研究院高教讲座（第2期），听教育部教育发展研究中心副主任范文曜教授做《建设中国特色现代大学制度》的报告。

3月23日 上午，为上饶师范学院"名师讲坛"做首场开坛学术报告。着重介绍了《国家中长期教育改革和发展规划纲要（2010—2020年）》公开征求意见稿的出台背景、基本框架、创新亮点、全国"两会"代表和社会各界讨论、反响及建言献策等情况，并就《规划纲要》的贯彻实施、体制机制和保障体系从理论与实践方面进行了深入阐述，提出了建设性意见。

3月23日至26日 参观始建于宋代的鹅湖书院，并游览婺源及三清山。陈紫、吴滨如、王刚随行，厦门大学教育研究院院友、时任上饶市政协副主席饶爱京全程陪同。

3月29日 上午，作为面试组组长，在嘉庚三9楼参加厦门大学教育研究院2010年博士研究生招生专业课面试。

同日 下午，作为面试组组长，在嘉庚三9楼参加厦门大学教育研究院2010年博士研究生招生专业课面试。

3月30日 赴深圳，应邀出席中国民办教育协会2010年第一次会长会议。在会上做了简明扼要的发言，对民办教育协会未来的工作提出了三点建议：一是做好《规划纲要》的宣传工作；二是重视民办教育的国际化问题；三是协会应利用会员参政议政的有利条件，推动地方立法来保障《规划纲要》的贯彻与实施。博士生陈紫、吴滨如随行。

3月31日 赴深圳大学高等教育研究所，与高教所师生畅谈高等教育的改革与发展。认为《国家中长期教育改革和发展规划纲要（2010—2020年）》（征求意见稿）有不寻常的意义：第一，问计于民；第二，增进了政府与人民之间的相互沟通与理解；第三，强化了政府的责任心和群众监督力度。会后，与深圳大学章必功校长和李凤亮副校长在高教所进行了交谈。博士生陈紫陪同。

4月1日 被聘请为《西安交通大学学报（社会科学版）》学术顾问。

4月2日至4日 作为国家社会科学基金"十一五"规划重点课题"做强地方本科院校"项目的负责人参加西安文理学院"地方本科院校发展建设研讨会"，并在会上做了《〈国家中长期教育改革和发展规划纲要（2010—2020年)〉与地方本科院校的发展》的主题报告。分析了《规划纲要》的意义、当前教育热点问题，并为该校提出了许多意见和建议。会后，为该校题词："在应用型高校中争创一流"。游览西安大唐芙蓉园，赴青龙寺赏樱花。课题组成员车如山、陈紫、余斌、周群英等随行。

4月6日 上午，参加在厦门大学嘉庚主楼220会议室举行的"庆祝厦门大学建校89周年暨教育研究院奖教奖学金颁奖大会"。发表讲话并与刘海峰院长、宋毅书记、高等教育发展研究中心主任谢作栩、副院长史秋衡、杨广云等一起，分别为获奖的师生颁发证书与奖品，并与获奖者合影留念。奖教金获奖人员有：一等奖：张亚群、陈兴德；二等奖：范孝平。奖学金获奖人员有：一等奖：石慧霞、杨倩；二等奖：车如山、林上洪、蔡虹焰、杨宁、黄敏。

4月8日 在厦门大学颂恩楼9楼办公室接受广州番禺职业技术学院高职教育研究所所长张翠玲一行的专访。后张翠玲赋诗一首《春访懋公》记下专访感悟："天歌春雨乘春行，颂恩九重访懋公。心如白鹭绝尘飞，神若普陀济苍生。开山高教千松起，布水职苑万花红。运斤生骨惊海波，金言墨宝浴春风。"

4月10日 晚上，在前埔家中主持"周末学术沙龙"，参加人员为厦门大学教育研究院部分教师、硕士生、博士生。

4月12日 参加厦门大学南强学术讲座，听荷兰教育研究协会主席、莱顿大学教师教育研究院前院长 Nico Verloop 教授做 "Research on teaching in higher education: for what purpose?"（大学教学研究的目的何在?）的报告。

同日 写信向厦门市软科学研究会苏庆灿会长致贺，祝贺其被评为"第三届厦门市优秀中国特色社会主义事业建设者"。

4月13日 参加"厦大—港大中外合作办学中心"成立仪式；听香港大学教育学院白杰瑞教授做"Cross – border cooperation in higher education: assessing past experience and future prospects"（《高等教育跨境合作：经验反思与未来展望》）中英双语学术报告。

4月14日 为陈小红所著的《大学通识教育课程研究》（汕头大学出版社2010年6月版）一书作序。序文认为这本书有两大贡献，研究对象虽只限于境内外的大学，尤其是综合大学的通识教育课程，但就其基本内涵在于培养"全人"的意义来说，适用于所有教育；而其课程的目标、内容、实施，对高等教育（包括职业技术教育），也有参考价值。

4月16日 做客由共青团厦门市委员会主办、厦门大学研究生会承办的学术类高端访谈活动——"名师下午茶"，与同学们品茗畅谈、共话人生。分享了对"幸福"一词的人生体悟。在互动环节，就高等教育目前存在的问题给予学生详细的解答。

4月17日 晚上，在前埔家中主持"周末学术沙龙"，参加人员为厦门大学教育研究院部分教师、硕士生、博士生。

4月18日 为陈厚丰所著的《高等教育分类的理论逻辑与制度框架研究》（广东高等教育出版社2011年9月版）一书作序。序文总结了著作的特点，指出，"这本新著较之第一本著作，资料更加丰富而并不臃肿，引述的理论、分析的案例、有关的头绪更多而并不杂乱。层次较为分明，文字更为简约。……相信这本新著的出版，对落实《国家中长期教育改革和发展规划纲要（2010—2020年）》所提出的建立'高等学校分类体系，实行分类管理'，'引导高校合理定位，克服同质化倾向'，将有进一步的贡献"。

4月19日 在《中国教育报》第5版上发表《应用型人才培养呼唤知行体系教材》（与周群英合作）一文。文章指出，现行两种体系教材难以满足应用型人才培养需要，并分析了两种教材（理论体系、工作体系或经验体系）各自的优缺点，而应用型人才培养需要"知行体系教材"。接着论述了编写知行体系教材存在的四大困难，提出了解决办法。

同日 参加厦门大学教育研究院学术报告会，听高燕博士生做《第二届世界教育科学大会汇报》、孙凯博士生做《高等教育拨款制度研究》的报告。

在点评环节，充分肯定了这场学术报告的价值，也提出了一些精辟的结论，如内涵丰富的大学往往其貌不扬，而一些富丽堂皇的大学没什么实质内容等，引发了大家对大学文化内涵的思考。另外，他指出理论研究者今后应该多加关注和研究高等教育拨款，为我国高等教育改革献计献策，这也是理论工作者的职责所在。

4月20日 为李维民所著的《民办教育的回顾与展望》（陕西人民出版社2010年9月版）一书作序。序文提到，"在李维民的著作中，充满了对中国民办高等教育发展的乐观和信心。他的期望与追求，也就是陕西以及全国无数民办教育工作者的期望与追求。值得欣慰的是许多期望，已经被采纳并写进《国家中长期教育改革和发展规划纲要（2010—2020年）》中"。

4月21日 邮件回复香港中文大学通识教育研究中心主任张灿辉教授关于担任《大学通识报》评审委员的邀请，表示荣幸受邀，但因平时工作较忙，每年评审请勿超过两篇，并予相应的时间宽限。

4月22日至25日 赴杭州、宁波参加由中国民办教育协会高等教育专业委员会主办、浙江树人大学承办的"第四届中外民办高等教育发展论坛"，围绕民办高等教育发展和民办高校内部管理体制问题，提出了自己的见解和建议。考察宁波大红鹰职业技术学院杭州湾校区并与学校代表座谈。参加宁波职业技术学院"高职教育的经验——官产学研合作座谈会"及"特色与品牌——高职院校发展论坛"。博士生陈紫、吴滨如随行。

4月26日 参加厦门大学教育研究院学术报告会，听杨院博士生做《吸纳与超越：高校课程改革与后现代主义思想的关系》、冯建民博士生做《人文与科学：高等教育发展的抉择》的报告。

4月27日至28日 与史秋衡教授应邀到宿迁学院考察指导工作。28日下午，实地考察后，与学院教师代表座谈。在解读《国家中长期教育改革和发展规划纲要（2010—2020年）》基础上，从理论和实践方面为宿迁学院的新一轮发展做了指导。博士生陈紫、吴雪，硕士生文静随行。

4月30日 应邀赴徐州，为徐州师范大学干部和教师做题为《关于〈中长期教育规划纲要〉的理解和实践问题》的学术报告。

4月 为严春宝所著的《一生真伪有谁知：大学校长林文庆》（福建教育

出版社2010年4月版）一书作序。序文指出，在林文庆校长主持厦门大学的16年间，他苦心经营，鞠躬尽瘁；广邀各门学科第一流学者，群贤毕至；培养数以千计俊彦，英才辈出，使一所私立大学成为南方之强。这应该是一位大学校长最高的荣誉。该书能够使我们从紧贴时代背景的叙事式研究和所提供的翔实资料中，获得对林文庆校长更为深入的新认识。

5月7日 厦门大学根据中国科学技术信息研究所和万方数据股份有限公司编制、科学技术文献出版社出版的《2009年版中国期刊高被引指数》发出公告：潘懋元教授名列"学科高被引作者榜"（教育类）榜首。

5月8日 晚上，在前埔家中主持"周末学术沙龙"，参加人员为厦门大学教育研究院部分教师、硕士生、博士生。

5月10日 参加厦门大学教育研究院学术报告会，听林培锦博士生做《教师教育模式的变革及反思》、斯日古楞博士生做《少数民族预科生学习策略的调查》的报告。最后总结中，指出林培锦的报告一是让大家了解了当前我国教师教育模式的情况，从封闭到开放的模式发展等；二是以自己的实践为基础，带有半实证的研究性质。斯日古楞的报告很有价值，很有意义，原因有二：一是进行实证研究，二是从心理学角度。但也指出得出结论背后的原因分析不够，还有少数民族预科生是什么样的群体，国家设立少数民族预科生这个制度的目的是什么、怎么做、怎么教等问题需要向大家说明一下。

5月12日 给香港中文大学通识教育中心主任张灿辉教授复信，同意参加《大学通识报》评审委员会。复信如下："张灿辉教授：承邀参加《大学通识报》评审委员会，不胜荣幸并表遵命。但因平时工作较忙，每年评审请勿超过两篇，并予以相应时间宽限。此复，并致谢忱。即颂席安！中国高等教育学研究会名誉理事长潘懋元"

5月13日 上午，应厦门大学老教授协会邀请，为退休老教授做题为《关于〈中长期教育规划纲要〉的理解与实践问题》的报告。认为《规划纲要》的制订是"不寻常的过程，具有不寻常的用意"，体现了政府问计于民、与人民的相互沟通与理解。《规划纲要》中"优先发展、育人为本、改革创新、促进公平、提高质量"体现了政策的连续性；"两基一进入"的战略目标体现了教育改革发展的时代性。在对《规划纲要》的理解与实践上，指出还有一些问题需要认真探讨,并对高等教育规模扩大的问题、教育经费投入问题、高校去行政化问题、师资队伍建设问题、高等学校的分类发展问题等提出了自己的看法。在两个多小时的报告中,一直精神饱满、声音洪亮。

5月15日 《浙江树人大学学报(人文社会科学版)》2010年第3期刊发《民办高校内部管理体制改革与发展研究——第四届中外民办高等教育发展论坛演讲摘编》(潘懋元、徐辉、邬大光、胡卫、徐绪卿、郭建如)一文。

同日 晚上,在前埔家中主持"周末学术沙龙",参加人员为厦门大学教育研究院部分教师、硕士生、博士生。

5月17日 参加厦门大学教育研究院学术报告会,听游淑芬博士生做《国际化与高等教育发展研究》、王琪博士生做《研究方法是一种什么知识?》的报告,并进行了精彩点评。

5月20日至21日 至深圳,受聘担任深圳大学高等教育研究所学术委员会主任委员,并担任硕士论文答辩委员会主席,主持答辩会。这是深圳大学高教所第一届硕士毕业生的论文答辩。博士生陈萦随行。

5月22日 晚上,在前埔家中主持"周末学术沙龙",参加人员为厦门大学教育研究院部分教师、硕士生、博士生。

5月24日 在北京,参加《国家教育行政学院学报》杂志社工作座谈会并题词。就高校扩招等问题提出了自己的见解,认为衡量高等教育质量的标准应与高校的实际相适应。不同阶段、不同类型、不同学科的高校,相应标准也要有所变化,不可一刀切。博士生陈萦随行。

同日 向中国人民大学图书馆捐赠《中国当代教育家文存·潘懋元卷》等10种15册专著。

5月25日 赴北京石油化工学院,做题为《关于中长期教育规划纲要的理解与实践问题——兼论应用型本科教育》的学术报告。围绕《国家中长期教育改革和发展规划纲要(2010—2020年)》,介绍了纲要的制定过程以及纲要所体现的政策连续性和规划创新性的特点,并分别从理论与实践的层面剖析和解答了纲要中提出的问题。会后,在学校领导陪同下参观了该校重点实验室。博士生陈萦随行。

5月26日 为林金辉、刘志平合著的《高等教育中外合作办学研究》

(广东高等教育出版社2010年7月版)一书作序。序文认为,该书视野开阔,思路清晰。它的出版,为全国刚起步的中外合作办学研究开辟了探索之路,同时也为政府部门提供决策参考,为办学者提供了理论支撑。

5月28日 接受国家标准频道采访,就网友对中国尚未有世界一流大学的种种质疑做出解释。从学校排名量化和大学特性两个方面,论述为何以"大学排名榜"来判断是否是一流大学的科学性有待商榷。认为排名一流大学,不如排一流专业或学科更为客观和科学。

5月29日至6月1日 至福州,参加由全国高等学校教学研究中心主办、福建工程学院承办的"全国应用型本科院校教学改革与发展研讨会",做题为《做强地方本科院校,建设高等教育强国》的报告,对高等学校在建设高等教育强国过程中的地位、作用、现存的问题和解决的思路,提出了自己独到的见解。来自全国22个省(自治区、直辖市)的97所应用型本科院校的200多位代表参加了会议。博士生陈紫、吴滨如等随行。

6月2日 收到教育部高等教育司发布的2010年下半年精品课程师资培训计划的通知:潘懋元教授将于10月19日至20日就高校教学理念、教学方法与实践专题(分为文科、理工科两个研修班)进行讲授。

6月5日 晚上,在前埔家中主持"周末学术沙龙",议题是"厦港合作办学"。参加人员为厦门大学教育研究院部分教师、硕士生、博士生。

6月7日 参加厦门大学教育研究院博士生周群英、薛成龙的学位论文答辩会。答辩委员会成员有冯向东(主席)、龚放、邬大光、李泽彧、林金辉。

6月8日 厦门大学潘懋元高等教育基金会颁发修订后的《厦门大学潘懋元高等教育基金会章程》,共分"总则""业务范围""组织机构、负责人""财产的管理和使用""终止和剩余财产处理""附则"六章,计44条。2010年潘懋元先生从教75周年暨90华诞之际,许多校友和社会人士热心捐赠"潘懋元高等教育基金"。截至2011年4月,基金会共收到捐款260.924 052万元。其中,潘懋元先生个人捐款60余万元,潘先生子女捐款10万元,日本广岛大学有本章教授捐款5万日元,一位不愿透露姓名的厦门大学校友捐款80万元。

6月11日 带领厦门大学教育研究院2009级博士生到漳州参观全国首家

茶专业高校——天福茶学院，院长周巨根和董事黄国辉等主持座谈会。座谈中，对该校的办学理念、办学特色、发展前景等方面表示肯定，对其发展提出了建议。建议天福茶学院坚持自己的特色道路，不断加强与兄弟院校间的交流，扬长避短，逐步扩大学院的影响力和竞争力。

6月14日　参加厦门大学教育研究院学术报告会，听石慧霞博士生做《钱穆的校友观及其对新亚书院之影响》、蒋馨岚访学博士生做《2007年师范生免费教育政策的价值》的报告。

6月21日　参加厦门大学教育研究院学术报告会，听朱艳博士生做《制度理论视角下中国高等教育结构优化研究》的报告。指出制度与结构是有密切关系的，从制度的视角研究高等教育结构是正确的。

6月26日至28日　在北京会议中心参加由北京教育科学研究院举办的"中国高等教育区域发展理论与实践研讨会"，并做题为《高等教育地方化的可行性探讨》的学术报告：在充分肯定地方高校对区域经济和社会发展做出重大贡献的同时，也一针见血地指出了地方高校面临的现实问题：第一，定位不明，同质化倾向严重；第二，发展方向不明，为地方服务的意识不强、力度不够；第三，行业特色的淡化与消失；第四，地区经济发展不平衡，导致了地区高校发展的不平衡；第五，优质教育资源不足，尤其是师资队伍水平偏低、结构不合理，"学术型"较多而"技术型"较少。教育部党组副书记、副部长陈希，中国高等教育学会会长周远清，教育部高等教育司司长张大良等专家学者近70人出席了会议。

6月28日　教师教育视频网以《潘懋元：中国高等教育的思索者》为题，就潘懋元教授的主要贡献、主要著作、生平、教育思想和教育实践等方面进行了报道。

同日　参加厦门大学教育研究院学术报告会，听访学博士生李欣做《美国高利害测验项目：通往卓越教育的荆棘路》的报告。

7月1日　被中共厦门大学委员会授予"优秀共产党员"称号。

7月8日　出席并主持福建省人大代表王育森、陈宜安、林良章等到厦门大学教育研究院就民办教育、终身教育问题进行调研的座谈会。

7月10日　晚上，在前埔家中主持"周末学术沙龙"，议题是"终身教育课题进展的状况"。参加人员有李国强、汤晓蒙、张涵、徐魁鸿、薛成龙、车如山、杨莉、董立平等。大家踊跃发言后，总结认为：每一阶段教育在终身教育体系中处于什么地位、存在什么问题，确实需要研究。

7月15日 《光明日报》第2版以《教育家潘懋元：教师评价体系改革势在必行》为题，报道了记者高建进在福州的采访内容："潘老认为，当前应用型高校的改革和发展，关键在于师资队伍的建设——要建设一支包括专、兼职在内，有充分实践经历与能力的应用型教师队伍：既要有一定数量的高学位、高职称的教师，又要有相当数量具有实践经历与能力的专、兼职工程师、技术员、经理等。"关于教师评价体系改革，"潘老着重提到以下两点：一是评聘教师不应只看发表论文的篇数和是否刊载在核心刊物，对应用型教师应根据其实践经历和实践能力做出评价；二是选派教师进修，不能只是为了获取学位，应用型教师应多到有关实训基地挂职锻炼，学校也可与有关企事业单位合作，共同培训应用型师资"。

7月17日 晚上，在前埔家中主持"周末学术沙龙"，议题是"讨论《国家中长期教育改革和发展规划纲要（2010—2020年）》组稿"，参议人员有邱小云、董立平、夏琍等。大家踊跃发言后，总结认为：高等教育走进农村还没有进入高层领导的视野和思想，目前，农村发展需要高等教育，社区高教的发展可以是通向农村的较好途径。

7月28日 教育部致信：值此潘懋元教授从教75周年暨90华诞之际，谨向潘先生致以崇高的敬意，衷心祝福潘先生健康长寿！

同日 在《集美大学学报（教育科学版）》2010年第3期发表《关于〈国家中长期教育改革和发展规划纲要（2010—2020年）〉的理解与实践问题》一文。文章指出，《国家中长期教育改革和发展规划纲要（2010—2020年）》的制定经历了一个不寻常的过程，具有不寻常的意义。在内容上，《国家中长期教育改革和发展规划纲要（2010—2020年）》体现了政策的连续性和创新性，还需要在理解与实践上下功夫。建议不同类型的高校应根据《国家中长期教育改革和发展规划纲要（2010—2020）》合理定位，结合自身实际制定科学的发展规划。

7月 在为即将出版的《潘懋元文集·卷六·讲课录》所拟的"前言"

中写道:"我为博士生开设的课程,主要是'高等教育学专题研究'和'中国高等教育问题研究',采用'学习—研究—教学'三结合的教学方法:即先由我拟出若干专题,逐一作简单的解读,解读或简略、或稍详,只是阐述个人的理解,不求周全;然后提出对该专题的研究要求,供博士生参考。这两门课程是全体博士生必修的学位课程。"

8月4日 在家人陪同下游厦门天竺山,并举行九十寿宴。

8月13日 上午,参加厦门大学教育研究院学术报告会,听俄罗斯教育科学院院长尼康德罗夫做报告,并做点评。报告会结束后,全体参会人员与尼康德罗夫和潘先生合影留念。

8月15日 在《国家教育行政学院学报》2010年第8期发表《对〈教育规划纲要〉的理解与研究——兼谈高等教育研究者的社会责任》一文。文章认为,《国家中长期教育改革和发展规划纲要(2010—2020年)》的制定经历了一个不寻常的过程,具有不寻常的意义。内容上体现了政策的连续性和创新性;实践中还需要在理解与实践上下功夫。高等教育研究者应当承担起应有的社会责任,为《教育规划纲要》的顺利施行和教育改革的深入开展做出贡献。

8月18日至19日 为江西财经大学2010年领导干部培训班做题为《关于〈国家中长期教育改革和发展规划纲要〉的理解与实践》《高水平特色型大学的建设》两场报告。紧密结合江西财经大学高水平特色型建设的战略发展目标,深入分析了特色型大学的办学优势与存在问题,并提出了特色型大学未来发展的建议。会后参观上海世博会。博士生夏琍、陈紫随行。

8月21日至25日 应邀考察哈尔滨理工大学远东学院和哈尔滨商业大学广厦学院。受聘为哈尔滨理工大学远东学院顾问。其间赴漠河参观。博士生陈紫、周孟奎随行。

8月23日 撰写《九十感言》发表于《潘懋元文集》(广东高等教育出版社2010年9月版)之中。其中写道:"我于十五岁时就在家乡一所私立小学当教师。1935年至今,对我来说,不是一条虚线,而是一条教师生活绵延不绝的实线。在读高中师范、大学本科时,我就一边读书,一边教书;新中国成立之初院系调整时,厦门大学教育系调离,我仍然能开教育学、教学法等公共课程；其后连教育学等公共课程也被取消了，我就毛遂自荐到中文系、经济系以及其后的哲学系开逻辑学课程。我在相当长的一段时间里担任教学行政工作，但这种没有直面自己的学生的日子是空虚与寂寞的。六十岁之后，我终于找到可以培养高等教育学研究生的园地。75年来，值得欣慰的是，我当过小学生、中学生、大学生、硕士生、博士生的老师。学生既是我的教育对象，也是我的精神支柱与生活源泉。正是在同年轻的学生相处的日子里，才让我不觉老之已至。"

8月25日 应邀为黑龙江省各高校的领导干部做题为《关于〈国家中长期教育改革和发展规划纲要〉的理解与实践》的学术报告。对《规划纲要》进行了全面深入的分析与解读，特别针对民办高等教育以及独立学院的未来发展阐述了自己的观点。邬大光教授陪同。

同日 应邀考察黑龙江工程学院。博士生陈絮随行。

8月28日 至北京，邀约到中央电视台科教频道（CCTV10）《大家》栏目录制对话节目，谈中国高等教育发展的形势与问题。厦门大学教育研究院杨广云副院长陪同，博士生陈絮、吴滨如随行。

9月1日 应邀赴龙岩学院为其教育科学学院的成立揭牌。仪式结束后，与教育科学学院的教师进行了座谈。在听完李泽彧校长及教育科学学院院长郑先如介绍该院学科建设与专业发展的基本情况后，结合《国家中长期教育改革和发展规划纲要（2010—2020年）》谈了自己对教育科学学院的发展、专业建设等问题的看法并就教师们提出的在工作中遇到的理论与实践问题，一一作了回答。博士生陈絮、吴滨如随行。

9月3日 参加厦门大学教育研究院高教讲座（第6期），听浙江大学教育学院原院长田正平教授做《西方影响与中国近代教育——以教会大学与中国教育现代化为个案》、东北师范大学副校长柳海民教授做《创新人才培养的困境与出路》的报告。

9月14日 中央电视台栏目组来录像，议题是"国际教育标准分类法"。参议人员有董立平、陈小伟、王琪、孙凯。大家踊跃发言后，潘先生总结认为：高校分类只是一个手段，目的是看哪类高校发展更快。师范院校就其课程来说是5A，就共同目标来说是5B，应按研究的目标放在5A或5B中。

9月28日 被聘为国家教育行政学院第四届兼职教授。国家教育行政学院所聘任的兼职教授均为学界享有盛名的专家学者或在管理实践中进行卓有成效探索的优秀管理者。

9月 林金辉任主编、白杰瑞任副主编的《潘懋元高等教育思想》由广东高等教育出版社出版。

9月 《潘懋元文集》8卷10册由广东高等教育出版社出版。

9月 为厦门大学教育研究院博士生授课。

10月1日 被《高等理科教育》杂志推选为"2010年度封面人物"。

10月9日 中央电视台《大家》栏目播出对《国家中长期教育改革和发展规划纲要（2010—2020年）》解读的专访报道，就人才观、教师观、高校行政化以及教育公平等方面发表了见解。

同日 接受华东师范大学高等教育研究所为"潘懋元先生从教75周年暨90华诞"而赠送的贺匾。行书贺词是："鲐背之年笔耕不辍满园芬芳催桃李，七十五载苦心孤诣一片丹心育英才。"

10月9日至10日 潘懋元教授从教75周年庆典暨"高等教育研究的社会责任学术研讨会"在厦门大学举行。在这次庆典上，被中国高等教育学会授予"高等教育科学研究特别贡献奖"，周远清会长宣读了颁奖决定。教育部高教司副司长刘贵芹宣读了教育部贺信："潘懋元先生是我国著名的教育家。75年来，潘先生胸怀祖国，服务人民，无限热爱教育事业，兢兢业业，教书育人，培养了大批高层次优秀人才。潘先生长期致力于高等教育理论研究，成果丰硕，为创建我国高等教育学学科，丰富和发展我国高等教育理论体系做出了重要贡献。潘先生对高等教育事业改革发展积极建言献策，提出了许多宝贵的意见和建议，为我国高等教育宏观决策的科学化发挥了重要作用。"会上，潘先生做了题为《高等教育研究的社会责任》的主旨报告。众多学界名流回顾了潘懋元教授从教75年来在人才培养和高等教育学科建设与发展方面的重大成就与贡献，并就"高等教育研究的社会责任"的大会主题展开了丰富的研讨，形成了丰硕的学术成果。全国高等教育学研究会理事长杨德广教授称潘先生为"高教泰斗，学人楷模"。

10月16日 晚上，在前埔家中主持"周末学术沙龙"，议题是"布置、说明2010级博士生上课情况，大家可以根据自己的情况提问"。参加人员有董立平、王晓勇、文静、汪洋等。大家踊跃发言后，总结认为：现代化不等于西化，应着重从教育的角度分析民族文化与现代化。教育是一种产业，但不能谈教育产业化。此外，评估只是质量保障的一部分，而质量保障是教学质量中学科专业等的反映。

10月19日至20日 作为教育部全国高校教师网络培训中心的特聘主讲教授，为教育部高等教育司和人事司组织、教育部全国高校教师网络培训中心实施的"高校教学理念、教学方法与实践专题"骨干教师高级研修班授课，主题为"高等学校教学法专题"，王琪陪同。

10月20日 在《高等理科教育》2010年第5期发表《高等教育地方化的可行性探讨》一文。文章认为，我国正处于高等教育发展的重要时期，实现高等教育区域发展具有重大意义。文章指出，高等教育地方化既有理论依据，又有国家经验，只要我们按照教育规律办事，认真借鉴他国经验，处理好地方高等教育面临的问题，高等教育地方化将成为我国高等教育发展的必然趋势。

10月下旬至11月中旬 为厦门大学教育研究院博士生授课。

10月24日 晚上，在前埔家中主持"周末学术沙龙"，议题是"南京大学'2010年高等国际论坛博士生分论坛'预演"。参加人员有孙凯、王琪、杨院、王刚、蔡明星、董立平、冯用军等。大家踊跃发言后，总结认为：高等教育从精英到大众，拨款制度却未有改变。四个问题、四个对策很容易形成一一对应的印象，四个问题也要抓重点谈，不能平均用力。此外，解放后的研究生制度和解放前的不一样，解放前的模式保留在台湾。

10月25日 参加厦门大学教育研究院高教讲座（第8期），听中国高等教育学会副会长、上海师范大学原校长杨德广教授做《我的教育人生》《改革开放以来中国高等教育理念的变革与创新》两场报告。结合杨德广教授的经历，告诫在座的学生如何进行研究：从实践中发现问题，进行理论的思考，才能使理论不至于脱离实际。

10月29日 向厦门大学图书馆捐赠《潘懋元文集》一套10册。

10月29日至30日 参加在南京举行的、由中国高等教育学会和江苏省教育厅联合主办的"2010年高等教育国际论坛"。开幕式上，中国高等教育学会宣布了关于授予王承绪、潘懋元、汪永铨教授"高等教育科学研究特别贡献奖"的决定。

10月30日 晚上，在前埔家中主持"周末学术沙龙"，议题是"制约近现代高等教育价值追求的两大思潮流派：人文主义、科学主义"。参加人员有陈兴德、石慧霞、黄朝阳、邱小云、郑宏、汤晓蒙、欧颖等。

11月1日 参加厦门大学教育研究院学术报告会，听李国强助理教授做《高校贷款相关问题解析》、林敏助理教授做《心理学的研究范例——认知、期望对行为的影响》的报告。

11月6日 晚上，在前埔家中主持"周末学术沙龙"，议题是"西藏传统文化和高等教育现代化、西藏的高等教育研究"。参加人员有巴果、唐嘉彦、鲁花、董立平、石慧霞、葛喜艳、冯用军等。大家踊跃发言后，总结认为：整个西藏的高校不能定位于应用型，如藏经、藏医的研究不能仅定位于应用型。藏学研究需要学术型人才。西藏职业教育目前应该重点发展中职，但也不能忽视高职人才的培养，因为当大量的丰富资源被开发后就需要高层次人才去发展科技。此外，要解决新的"读书无用论"问题，国家必须藏富于民，提高人民生活水平，增加社会购买力，提高大学生工资待遇。

11月8日 为刘小强、周远清合著的《学科建设：元视角的考察——关于高等教育学学科建设的反思》（广东高等教育出版社2011年1月版）一书作序。序文指出，刘小强博士所提出的高等教育学学科建设思路，在理论论证上可以成立，但是在未经实践检验、未能提出最优化的学科理论体系并证实其具有普适性之前，只能认为这是一种假设，假设只要言之成理、持之有故，就可以成立，就应当予以支持。

11月10日 在《高教探索》2010年第6期发表《九十感言》一文。

11月13日 晚上，在前埔家中主持"周末学术沙龙"，议题是"英国赫尔大学的研究"。参加人员有方晓、董立平、林亚辉、文静、葛喜艳等。大家踊跃发言后，总结认为：博洛尼亚大学想让欧洲的课程标准化，但实际上很难达到。此外，金融危机对非义务教育的影响很大。同样是应对金融危机，英国削减教育经费，中国却还要增加经费投入。

11月14日 为付八军所著的《大学教师的培养与成长》（中国社会科学出版社2010年12月版）一书作序。在序中强调了"加强教师队伍建设"的重要性，探讨了教师专业发展的基本路径，肯定了该论著逻辑体系的创新性与合理性。

11月15日 参加厦门大学教育研究院学术报告会，听范怡红教授、徐岚助理教授、吴薇助理教授做《国际视野下的大学教师发展：西班牙大学考察与国际教育发展大会参会报告》。最后总结中，谈到了教师发展的三个阶段：师范教育、教师教育和教师发展。同时，指出教师教育到教师发展的转变是从注重教师培训的、外在的需要到注重教师个体自身发展内在需要的转变，我国在实现从教师培训到教师发展的转变方面还任重道远。

11月17日 回复教育部高等教育司《关于本科教学评估工作报告》，提出要区分"本科教学工作"评估和"本科教学评估"工作两者内涵和方法的不同等7条意见。

11月20日至21日 出席"宿迁学院中长期发展规划咨询会"，并任咨询会首席专家。史秋衡教授陪同，博士生文静、陈萦随行。

11月22日 至临沂，作为课题鉴定专家组组长，对临沂大学校长韩延明教授主持的全国教育科学"十一五"规划重点课题"从大学文化建设的视角探大学的和谐发展"进行了课题鉴定，并提出了进一步深化研究的具体要求。

11月23日 在临沂大学做题为《当前高等教育改革与发展的若干趋势》的报告。全面分析了当前我国高等教育改革发展中面临的问题及对策，阐述了关于当前高等教育改革与发展的若干趋势的三个命题。报告会由校长韩延明博士主持，临沂大学副处级以上干部、副教授以上教学学术骨干以及教育学院师生代表600余人聆听了报告。

同日 被聘为临沂大学发展顾问。向临沂大学图书馆赠送从厦门带来的由广东高等教育出版社2010年9月出版发行的8卷10册《潘懋元文集》。

11月24日 赴平邑参观"天宇自然博物馆"。该馆被称为"全省唯一的、全国少见的、世界一流的博物馆"，总投资2亿元，占地面积2.3万平方米，建筑面积为1.38万平方米。馆藏展品已达39万件，主要分为古生物化石标本、典型矿物标本和现代生物标本三大类,集科普教育、博览展示和标本珍藏于一体。在该馆馆长(兼任临沂大学地质与古生物研究所所长)郑晓廷引领和讲解下,潘先生兴致勃勃,边看边问,边听边议,不知疲倦地用3个多小时走遍了藏品丰富、琳琅满目的7个楼层28个展厅的每个角落。韩延明等陪同。

11月27日 参加厦门大学教育研究院学术报告会,听曾天山博士后做《我国社会科学研究质量标准体系建设研究》的报告。

同日 晚上,邀请在站博士后曾天山教授做客家庭沙龙,谈全国教育科学规划课题申报的一些注意事项。

11月29日 参加厦门大学教育研究院高教讲座(第9期),听荷兰莱顿大学教师教育研究院Dr. Dineke Tigelaar副教授做"Fostering students reflections: the role of teachers practical knowledge"(促进学生反思:教师实践知识的作用)的报告。潘先生对Dr. Dineke Tigelaar给全院师生带来的精彩报告表示感谢,并提出了自己的问题和看法,并特别强调了报告对我国教师发展的启示意义和作用。

12月4日 晚上,在前埔家中主持"周末学术沙龙",议题是"民族危机中的大学认同,以1937—1945厦大为例""2009级学生预开题"。参议人员有石慧霞、董立平、汤晓蒙、陈小伟、黄朝阳、邱小云、车如山、杨院等。大家踊跃发言后,总结认为:大学是学术团体,大学认同的基础应是学术认同。但这个时期比较特殊,根据现有的资料,这个时期的学生比之前之后的学生更认同母校,并且更强烈。同时,对西南财大师范生必修逻辑课提出了自己的见解,认为提高人才素质中的逻辑素质很重要,建议中学要有逻辑学选修课,大学可以根据专业不同,考虑逻辑课的修读方式。

12月6日 上午,参加厦门大学教育研究院高教讲座(第10期),听浙江大学社科院常务副院长周谷平教授做《公共服务均等化视角下的教育均衡发展》的报告,并进行了点评和总结。

同日 下午,参加厦门大学教育研究院博士生石慧霞的学位论文答辩会。答辩委员会成员有周谷平(主席)、李泽彧、刘海峰、张亚群、郑若玲。

12月11日 晚上,在前埔家中主持"周末学术沙龙",议题是"2009

级开题""2009级调研之行"。参议人员有王琪、黄珊、董立平、葛喜艳、冯用军等。大家踊跃发言后,总结认为:职业教育与普通教育的衔接,必然会发生碰撞。此外,西欧国家比如德国、法国大学不收费,而社会主义国家先前也是不收费的,"文革"后开始实施"双轨制"学制后,成绩差的需收费。

12月12日至14日 到上海参加由中国高等教育学会高等教育学专业委员会主办、上海师范大学承办的"中国高等教育学会高等教育学专业委员会第五届会员代表大会暨2010年学术年会"并致辞,被选举为终身名誉理事长。在第一分会场上做即兴发言,指出去行政化不是不要行政系统而是反对行政权力至上。大会由中国高教学会高等教育学专业委员会第四届理事会副理事长谢安邦教授主持、理事长杨德广教授致开幕词,上海师范大学校长李进发表了欢迎辞。会后,参观游览崇明岛。杨广云、别敦荣、王洪才、郑若玲、董立平陪同。

12月16日 作为开题指导教师组组长,参加厦门大学教育研究院博士生黄珊、王琪、李青合、张宁的学位论文开题报告会。其他指导教师有王洪才、林金辉。

12月18日 晚上,在前埔家中主持"周末学术沙龙",议题是"2009级博士生近期去广州番禺职业技术学院调研"。参议人员有杨院、吴滨如、林上洪、冯用军、葛喜艳、杨慧芬、董立平等。大家踊跃发言后,总结认为:高职升本后进入教育部评估系统,必须按此标准做,结果高职升本变成普通本科后,就业困难。升本就得搞理论准备,学生升本就得多学理论课程、少学职业课程。

12月19日至23日 赴香港,访问香港大学,做题为《从〈国家中长期教育改革和发展规划纲要(2010—2020年)〉看大陆高等教育变革趋势》的学术报告,并赠书予港大教育学院。林金辉、吴滨如随行。

12月20日 《中国高教研究》2010年第12期发表姜华等撰写的《2007—2009年高等教育期刊文献计量与可视化研究》一文,通过对11种重要高等教育期刊在2007—2009年所刊论文进行文献计量研究,同时利用CiteSpaceⅡ可视化软件进行了关键词共现分析、文献共被引分析和作者共被引分析,在"2007—2009年高等教育期刊文献作者被引频率分布"中,潘懋元先生名列第一,被引频率达 190 次。

12 月下旬至翌年 1 月中旬　为厦门大学教育研究院博士生授课。

12 月 25 日　晚上,在前埔家中主持"周末学术沙龙",议题是"南方科技大学的困境"。参加人员有董立平、王晓勇、石慧霞、葛喜艳、李国强、李雄鹰、唐嘉彦、吴滨如等。大家踊跃发言后,总结认为:南方科技大学一是教育部的正式批准;二是高中生源困境,对于打开先河后的连锁反应,政府应慎重考虑。

12 月 26 日至 29 日　率厦门大学教育研究院 2009 级博士生赴广州番禺职业技术学院进行为期 3 天的专题调研考察。在座谈会中,对该校的办学思路与方向给予了肯定,并就其"一技之长 + 综合素质"的办学特色和未来发展提出建议。其间,组织大家利用晚上的时间举办沙龙,一方面促进了大家对当天调研内容的理解,另一方面为下一步调研工作的开展提供指导。

12 月　主编的《中国高等教育评论》(第 1 卷)由教育科学出版社出版。其中有其发表的《两岸高等教育互动的新阶段》一文(与张宝蓉合作)。文章认为,改革开放 30 多年来,两岸高等教育互动已经历了四个阶段,即单方推动阶段、互动起步阶段、互动发展阶段和震动发展阶段,并分析了影响两岸教育互动的因素。

12 月　据有学者统计,仅在 2001 年至 2010 年的 10 年间,潘先生为扶掖后生撰写的序文就达到 122 篇,有的序文长达 5 000 多字。

本年　多次接受石慧霞关于"抗战时期的厦门大学"与"萨本栋校长办学精神"的采访。

2011 年　九十一岁

1 月 5 日　在《人民政协报》教育周刊上发表新年贺词:2011 年是《国家中长期教育改革和发展规划纲要(2010—2020 年)》实施的第一年。这是一份一定程度体现"从群众中来"的决策文件,也是人民比较满意的规划。人们担心的是,那些体现民意的决定能否实现?实现到何种程度?在实施过程中会否走偏方向或仍走老路?教育周刊在《规划纲要》制定过程中起了反映民意的作用，希望在实施过程中，及时地起上下沟通、舆论监督的作用，指引、推动《规划纲要》排除干扰，朝着预定方向稳步前进。

1月8日 晚上，在前埔家中主持"周末学术沙龙"，议题是"关于教学与生产的问题"。参加人员有董立平、李青合、王琪、冯建民、马鹏媛、吴滨如、孙凯等。大家踊跃发言后，总结认为：在教学与生产的问题上，教学应由简单到复杂、由浅及深，学习是一个完整的流程；生产只是生产流程的一部分，是一个重复的过程。教学与生产的基本矛盾不能扩大，"文革"前开门办学的高楼深院就有所体现，开门办学是一个错误的典型产品。

1月 为厦门大学教育研究院博士生授课。

2月10日 在《临沂大学学报》2011年第1期发表《当前高等教育改革与发展的若干趋势》一文。文章指出：当前，高等教育改革与发展有三个趋势，一是从数量增长到质量提高；二是从单一化价值追求到多元化分类发展；三是从求大求全到苦练内功——以教师发展为中心。并预见今后一段时间，高等教育发展的各项工作将围绕质量提高与保障而展开。

2月12日 晚上，在前埔家中主持"周末学术沙龙"，议题是"吉首大学的办学特色"。参加人员有吉首大学校长李民和刘一彬、王晓勇等。大家踊跃发言后，潘先生总结认为：吉首大学很有特色，如立信会计的专科院校对中国会计贡献很大，又因其在少数民族地区，其民族学的研究很突出、很全面。

2月19日 晚上，在前埔家中主持"周末学术沙龙"，议题是"全国'十二五'规划的课题指南及课题申报"。参加人员有陈武元、谈松华以及厦门大学教育研究院部分博士、硕士研究生。大家踊跃发言后，总结认为：课题的申报要结合教育部课题的申报工作，重点课题的招标要涉及网评和会审。另外，介绍了全国"十二五"规划的课题指南中包括的10个重点招标课题以及一般课题内容。

2月21日 参加厦门大学教育研究院高教讲座（第12期），听日本广岛大学高等教育研究开发中心黄福涛教授做《日本国立大学法人化：变化与问题》的报告，并进行了点评。

2月26日 晚上，在前埔家中主持"周末学术沙龙"，议题是"国家课题进展情况汇报:终身教育平台下各种教育发展""陆根书教授来沙龙""管理大科类的发展"。参加人员有史秋衡、陆根书、叶澜、董立平、李国强等。大家踊跃发言后,总结认为:管理大科类的发展是一个由只有企业管理到财政金融、行政管理、政法学院到医疗管理再到教育管理的过程。2004年以前,经济类学位授予数多,现在向管理学位发展。而在12类大科类中,工科最大,其次是财金和管理。

2月28日 参加厦门大学教育研究院高教讲座(第13期),听西安交通大学高等教育研究所陆根书教授做《课堂学习环境与大学生发展》的报告。听后总结说:"整个报告不单给我们呈现了学习理论相关的研究内容,更是一堂很好的教育研究方法课。"

3月5日 晚上,在前埔家中主持"周末学术沙龙",议题是"高等教育研究是学科还是领域"。参加人员有王琪、刘泽琴、孙凯、吕文慧、葛喜艳、董立平等。大家踊跃发言后,总结认为:有部分年轻学者认为高教研究走偏方向,不注重研究理论和学科建设,而只注重现实问题研究。此外,学科理论建设有庞大的学科群,理论的研究作为逻辑起点,如生物学从细胞到基因,经济学的商品,隐没在其身后的深刻含义及其联系;纯理论角度探究难以取得更大进展。

3月7日 参加厦门大学教育研究院学术报告会,听王刚博士生做《英国私立高等教育机构类型及其质量保障体系探析》的报告。

3月11日 应邀为演武小学(其前身为厦门大学附小)全体教师做了一场题为《回顾创校历史 弘扬演武精神》的报告。在报告中深情地说道:"69年后,演武小学终于'重回'厦大。"与大家分享了他担任厦大附小校长时的三大经验和三大办学举措,还与大家分享了由他自己作词、王振声作曲的《国立厦门大学附属小学校歌》,回答了教师们的提问。

3月12日 晚上,在前埔家中主持"周末学术沙龙",议题是"大家感兴趣的、不了解的'两会'中的话题"。参加人员有袁贵仁、纪宝成、朱清时、顾秉林、顾海良、周绪宏、王琪、董立平等。大家踊跃发言后,总结认为:在教师待遇问题上,让讲课好的做讲师,而高级讲师不愿意干,要做副教授,这种做法是较失败的,适合的做法是让无科研成果但讲课很好的去做教授。此外，在去行政化方面有些不乐观的地方。官位不是行政化本质所在，行政化本质是行政权力凌驾于学术权力之上，是既得利益的利益相关者。故而，应重视'两会'的信息，这样也可以推动政策。

3月14日 参加厦门大学教育研究院学术报告会，听史秋衡教授做《英国高等教育感言》的报告。

3月19日 晚上，在前埔家中主持"周末学术沙龙"，议题是"吴滨如上海调研感受"。参加人员有吴滨如、虞宁宁、汤晓蒙等。大家踊跃发言后，总结认为："三独立标准"即理论体系、特定的研究方法、研究对象。在理论考虑上，从各种各样的"学"，例如生物学、物理学、化学、天文学、地质学、数学这类自然科学以及经济学、哲学、社会学、伦理学这类社会科学出发，进而总结出不可替代的研究对象是最基本的要素，系统的理论体系也是必要的。此外，具体的方法、方法论是建立在多学科基础之上的，是跨学科、多学科的研究方法。

3月26日 晚上，在前埔家中主持"周末学术沙龙"，议题是"中外合作办学、民办教育发展"等问题。参加人员有吴滨如、虞宁宁、汤晓蒙等。

3月28日 参加厦门大学教育研究院学术报告会，听荷兰莱顿大学教师教育研究院 Henk Frencken 顾问做"Professional development of university staff: how can we Improve the quality of our teachers"（大学教师的专业发展：如何改善教师质量）的报告。

同日 在《厦门大学学报（哲学社会科学版）》2011年第2期发表《长汀时期的厦门大学：大学认同的建构》（与石慧霞合作）一文。文章分析了长汀时期大学认同主体，认为研究长汀时期厦门大学的大学认同，不仅可以增强人们对这所大学独特文化及历史的理解和认识，而且对建构现代大学认同具有重要启迪。

3月 主编的《南方之强——厦门大学文化研究》一书由高等教育出版社出版。

3月 主编的《应用型人才培养的理论与实践》一书由厦门大学出版社出版。

4月2日 为2010级 Ed. D. 博士生授课，指出研究高等教育结构具有重要的方法论意义。研究高等教育结构，能够更好地理解高等教育的功能与效益，可以比较准确地发现问题，预测高等教育可能的发展方向，进而引导高等教育健康发展。

同日 参加厦门大学教育研究院学术报告会，听博士后王燕做《中国学生在数学课堂中身份形成研究》的开题报告。

4月6日 上午，参加在厦门大学嘉庚主楼220会议室举行的"庆祝厦门大学建校90周年暨教育研究院奖教奖学金颁奖大会"。发表讲话并与刘海峰院长、宋毅书记、史秋衡副院长、杨广云副院长和1945级院友曾六雍老师、1994级院友张德祥教授等一起，分别为获奖的师生颁发证书与奖品，并与获奖者合影留念。奖教金获奖人员有：一等奖：郑若玲、林金辉；二等奖：赵叶珠、肖娟群。奖学金获奖人员有：一等奖：冯用军、杨院、张廷朝；二等奖：王琪、汤晓蒙、张森、潘赛、刘毳、孙平、李玲玲、万圆。

4月11日 参加厦门大学教育研究院学术报告会，听王洪才教授做《新形势与延安精神》的报告。

4月18日 参加厦门大学教育研究院学术报告会，听郑若玲教授做《自主招生改革何去何从》的报告。听后对报告做了精要的总结，并认为我国高考应该倡导多元考试和套餐式考试制度。

4月25日至26日 作为面试组组长，在嘉庚三9楼参加厦门大学教育研究院2011年博士研究生招生专业课面试。

5月1日 赴福建泉州安溪品茶。

5月5日 向临沂大学建校70周年题词致贺："蒙山红旗，沂水春风，古圣今贤，大学泱泱。"

5月7日 晚上，在前埔家中主持"周末学术沙龙"，议题是"高等教育研究：是一门学科，还是一个领域？"。参加人员是唐德海、李枭鹰、郑宏、方泽强、王琪等。大家踊跃发言后，总结认为：教育学被承认是从赫尔巴特开始的，是建立在心理学基础上的，也有人认为是从夸美纽斯开始的。此外，"民族教育学"列为目录外的二级科目，比20年前更成熟了。理论体系的完善是学科成熟的标志。

5月9日 参加厦门大学教育研究院学术报告会，听林金辉教授、赵叶珠副教授做《越南、印度、以色列国际合作办学考察报告》，并与大家分享了他当年访问印度、越南时的趣闻趣事。

5月14日 晚上，在前埔家中主持"周末学术沙龙"，议题是"2010级博士生调研安排"。参加人员有史秋衡、余斌、夏玳、尹宁伟、冯晓玲等。在听完余斌博士的调查安排后，提议大家到宁波大学科技学院看一看，重点是工商学院。

5月15日 参加厦门大学教育研究院"关于博士学位论文送审工作及博士生奖学金评定讨论会"。

5月16日 在厦门大学教育研究院会议室参加教育部考试中心"关于自学考试改革相关专题的调研座谈会"。提出，随着大众化进程的加快，以学历教育为主的自学考试已经完成其使命。当前主要是专升本的考试，维持时间不会太长，自学考试必须转型。第一，要转向职业资格证书考试；第二，要转向为终身学习服务。

5月20日 被厦门市老教授协会聘请为第四届理事会名誉会长。

5月23日 参加厦门大学教育研究院学术报告会，听刘希伟博士生做《中国历史上的"高考移民"：清代科举冒籍研究》、李国强副研究馆员做《高等教育学外文数据库讲座》的报告。

5月 任刚成立的厦门大学教师发展中心（学校直属机构）顾问、教授。2012年被确立为国家级教师教学发展示范中心；2013年被教育部评为全国7个教师发展中心建设示范项目单位之一。

6月2日 参加厦门大学教育研究院中外合作办学国际会议筹备会。

6月6日 参加厦门大学教育研究院学术报告会，听华东师范大学教育科学学院院长、终身教授丁钢做《浮世绘影：教育风俗图说》的报告。

6月18日 在《中国高等教育》2011年第6期发表《微言启大义——简评陈浩〈微言评高教〉》一文。文章对陈浩的《微言评高教》做出了全面解读，并且给予较高评价，同时指出存在的一些问题：由于写作于不同的时间段，针对不同的情境与问题，有的情境已经转移；对问题的剖析也深浅不同，有的鞭辟入里，有的还可进一步探讨。

6月20日至21日 在厦门大学参加"中外合作办学：规范办学、依法管理、可持续发展国际学术研讨会"。在发言中结合中外合作办学面临的机遇和挑战,提出中外合作办学机构要有清晰的愿景和明确的定位,为自己创造存在的价值和生存的空间,借助国际化平台创新育人模式,形成可持续性竞争力和综合实力。

6月25日 晚上,在前埔家中主持"周末学术沙龙",议题是"2008级博士生汇报论文写作进展情况"。参加人员有夏琍、尹宁为、冯晓玲、葛喜艳、李国强、林上洪等。

6月26日 参加在集美大学行政大楼学术报告厅举办的"厦漳泉龙四地民盟高等教育研讨会",并做了题为《分类定位与一般高等本科院校的发展问题》的学术报告。对我国不同类型高校如何避免"千校一面"与"同质化"、办出自己特色进行了论述,阐述了高校"同质化"现象及深层次原因,并为我国如何从高等教育大国变为高等教育强国提出了许多意见和建议。会后,接受厦门电视台政协专栏报道《民众当前关注的高等教育热点问题》的专访。郑若玲、董立平、王琪等陪同。

6月30日 《高等教育研究》2011年第6期"高等教育学科博士学位论文提要"栏目刊发《学科建设:元视角的考察——关于高等教育学学科建设的反思》(厦门大学博士生刘小强,导师潘懋元)一文。

7月2日 参加厦门大学教育研究院党政联席会,讨论教师教育中心及培训事宜。

同日 在家中与萨本栋校长之子、美国国家工程院院士、中国科学院外籍院士萨支唐先生和《萨本栋传》作者石慧霞博士亲切交谈,并合影留念。

同日 晚上,在前埔家中主持"周末学术沙龙",议题是"高等教育研究是学科还是领域?"。参加人员有刘海峰、王洪才、王建华、方泽强、董立平等。大家踊跃发言后,总结认为:高等教育研究的属性之争,是我国高教研究所特有的,实质是国家层面的教育资源以"学科"方式配置。

7月4日 在《中国教育报》第2版上发表《高校办学应避免同质化》一文。核心观点如下:评价体系中,最重要的衡量参数是学校规模、层次和学位点数量,由于评价标准单一,高校之间实际上比的是"大",而不是"学",这也导致了高校盲目求大求全。要克服同质化、推进高等教育科学发展,任重而道远。后发表于《教书育人》2012年第12期。

同日 参加厦门大学教育研究院教工行政例会。

7月5日 主持汤晓蒙博士后出站报告《中国终身教育发展的现实基础与宏观路径研究》答辩会。其他答辩委员有史秋衡、张亚群、王洪才、郑若玲。

7月8日 上午,在厦门大学教育研究院接受福建省人大教科文卫委主任王豫生、福建省全民终身教育促进会副理事长陈宜安、福建师范大学福清分校人文科学系主任林良章一行就民办教育与终身教育课题进行的调研专访,分别从我国民办教育和民办高等教育的历史发展进程、民办教育立法、民办教育产权与合理回报、政府对民办教育认识等多个视角给予详尽分析解读,并建议福建省及厦门市在了解《国家中长期教育改革和发展规划纲要(2010—2020年》文件精神的基础上,争取在地方立法上为福建省民办教育发展获得更有利、更健康的空间。指出,终身教育的发展,首先必须解决一个认识问题,即终身教育是否包含国民教育体系?终身教育是一种教育理念,实质是素质教育,是素质教育的主要组成部分。从"全人"素质的角度,以自己为例,年过九旬仍一直坚持学习,活到老、学到老,倍感人生的意义与生活的愉悦。

7月9日 晚上,在前埔家中主持"周末学术沙龙",议题是"民办教育""石慧霞撰写《萨本栋传》"。参加人员有吴滨如、王琪、汤晓蒙等。大家踊跃发言后,总结认为:民办教育对我国最大的贡献,不是分担国家教育资源而是竞争,使我国高等教育更有活力。此外,分析了《萨本栋传》的读者对象,概括了此书的主要内容,指出此书最好采用摆事实不做分析的写法,让读者自己分析,不追求高深学问,做到有可读性、学术性和教育性就好。

7月10日 写信向浙江万里学院董事长徐亚芬致贺,祝贺其入选"建党90周年以来宁波最具有影响的30位先进人物"。

7月11日 在《光明日报》第16版上发表《高教的中心任务是培养人才》一文。文章认为,《微言评高教》一书分析深入浅出,富有时代感,对改革创新人才培养模式、提高人才培养质量,能起到积极的推动作用。

7月12日 参加厦门大学教育研究院高教讲座(第14期),听加拿大多伦多大学安大略教育学院露丝·海霍（许美德）教授做"A bridge too far? Inspiration from St. Paul and confucius"的报告。在互动环节中，就高校排行榜对世界高等教育的发展是促进还是干扰这一世界高教界普遍关注的问题，和许美德教授交流了看法。潘先生指出，高校排行榜的榜单数据简单明了，但高校的第一任务是人才培养而不是科研。排行榜数据压力，势必会干扰高校按教育规律办学、影响高校多元化发展，从而导致同质化现象严重。同时，就许美德教授提出的我国高校多元化发展问题，进行了深刻而独到的补充和说明。会上，潘先生向许美德教授赠送《潘懋元文集》，许美德教授向潘先生赠送（CIES）2011年度学术年会礼物。

7月13日 在《人民日报》第12版上发表《大学不应只比"大"不比"学"》一文。核心观点是：高等职业教育与普通高等教育的趋同及特色专业被"稀释"，都是高校同质化的表现。造成同质化的原因很多，最关键的是现行的高校考评模式和评价标准存在问题。后发表于《职业技术教育》2011年第27期。

7月18日 为2010级Ed.D.博士生授课，讲授校园文化、隐性课程等专题。

8月25日 参加厦门大学教育研究院行政例会，讨论组织开设"大学生心理健康"课程的问题。其他参会人员有刘海峰、史秋衡、杨广云、陈文、林金辉。

同日 在《中国教育报》第8版上发表《微言启大义》一文。文章写道："《中国高等教育》是教育部主办的刊物，宣传党的教育方针政策，诠释主管部门的规划、文件精神，是其被赋予的职责。这必然要求文章不能离开政策，而又不能单纯重复政策而成为政策摘录。特别是《中国高等教育》正处于从刊登文件和传播经验为主的机关刊物，向学术研究及理论探索型刊物转型的过程中，注重发表理论上有所探索、有所创新的文章，又不能都用学术研究的方式来表达，其中的署名短评更可以而且有必要用个性化的方式阐发见解，使大义蕴含于微言之中。全书120余篇'微言'，大多署名发表在《中国高等教育》每期的'卷首微言'栏目上。《微言评高教》所蕴含的大义，即作者在引介新理念过程中，着力体现'深度思想，简约表述'。我认为全书有两个重点：一是阐发科学发展观在高等教育改革与发展中的意义及其运用；二是呼吁加强教学改革和素质教育的力度，提高人才培养质量。"

8月 主编的"高等教育大众化研究丛书"之一《中国高等教育学制改革》由广东高等教育出版社出版。

9月4日 上午，参加厦门大学教育研究院博士生夏琍的学位论文答辩会。答辩委员会成员有冒荣（主席）、张楚廷、邬大光、别敦荣、郑若玲。

同日 下午，参加厦门大学教育研究院博士生王学海的学位论文答辩会。答辩委员会成员有张楚廷（主席）、冒荣、别敦荣、王洪才、张亚群。

9月10日 晚上，在前埔家中主持"周末学术沙龙"，议题是"教师节的由来"。参加人员有别敦荣、董立平等。大家踊跃发言后，畅谈了教师节的由来历程：1931年，6月6日被认为是民间的教师节，因为这个日期符合群众心理；1939年，把孔子诞辰日8月26日确立为教师节；1985年第六届全国人大常务委员会第九次会议上，将9月10日定为教师节。然而，每年9月8日在厦门举行的中国国际投资贸易洽谈会，由于和教师节只相差两天，多少冲淡了人们对教师节的关注程度。

9月11日 给旅居于美国的潘潮玄先生（曾在厦门大学工作，后任福建省人事厅厅长）回信。内容如下："潮玄兄：明月今宵圆，千里共婵娟。遥祝旅外健康愉快！夏间接到辞行短讯后，多次电话未通。按短讯邮址亦不知曾否到达。下次回国到厦时请告知，以便趋候。潘懋元"。

9月16日 参加厦门大学教育研究院办公会。

9月17日 晚上，在前埔家中主持"周末学术沙龙"，议题是"阿尔特巴赫来厦的相关准备"。参加人员有别敦荣、武毅英、李国强、王琪、谢冉等。大家踊跃发言后，总结认为：他并不赞成高等教育研究是领域而不是学科这一观点。高等教育的职能不仅包括就业，还有流动升迁功能。在国外，有许多关于毕业后各专业学生就业变化情况的研究。根据麦可思调查，高等职业院校毕业的学生毕业后选择创业的人数占毕业生人数比例高。就业好，升迁不好；就业不好，升迁好。而这两种情况都需要大学去思考自身的专业设置和教学效果。

9月18日 中国高等教育学会高等教育学专业委员会2011年学术年会在

戈壁明珠新疆石河子大学召开。基于探索我国高等教育研究范式的需要和高等教育学学科建设面临的新形势,未能到会的名誉理事长潘懋元先生建议本次会议主题为"高等教育研究的使命与挑战",并书面建议:"要对会议的组织形式进行适当的改革,应保证充分的交流研讨时间",并阐述了他对高等教育理论研究与实际问题研究两者关系的基本看法。

9月19日 上午,参加厦门大学教育研究院学术报告会,听冯用军博士生做《云南高校面向GMS"走出去"战略研究》的报告。

9月20日 在《中国高教研究》2011年第9期发表《国际论坛与国际话语》一文。文章肯定了由中国高等教育学会举办的高等教育论坛取得的成绩,肯定了其在国内的影响,同时认为还存在一定的发展空间。

9月23日至29日 偕同史秋衡副院长率厦门大学教育研究院2010级博士生调研团一行共26人,在浙江工商职业技术学院开展了一次大规模调研活动,其间还到宁波大红鹰职业技术学院、宁波大学科学技术学院以及宁波职业技术学院进行了参访、学习。整个调研以"宁海产学研基地规划、余慈产学研基地规划"为主题,旨在帮助浙江工商职业技术学院打造"宁海产学研基地"品牌,制定"宁海产学研基地"的"十二五"发展规划及其三年实施计划,同时构建"余慈产学研基地"框架。此次调研主要以小组分工进行访谈和参观的方式进行,实行小组长负责制。

9月25日 偕同史秋衡教授率领厦门大学教育研究院2010级博士生赴宁波大红鹰职业技术学院调研考察,向该校赠送了《潘懋元文集》和锦旗。座谈会上,对该校升本后仍然坚持面向中小企业培养应用型人才的办学定位表示赞许。结合前段时间在安徽省多所大学的调研情况,强调民办高校办学一定要找准办学定位,要有自己的办学特色,紧跟人才市场走。

9月26日 上午,偕同史秋衡教授带领厦门大学教育研究院2010级博士生赴宁波大学科学技术学院调研,向该院赠送了锦旗和《潘懋元文集》。座谈中,对该院近年来在人才培养模式改革、教学改革实践等方面取得的成绩给予了充分肯定,并同与会人员就独立学院办学的相关问题等进行了深入讨论,认为独立学院今后的发展,必须要加强自身的"内功"建设,自力更生,走应用型本科人才培养的道路。参观了学生们做项目的场景,并对宁波大学科技学院"项目驱动"的人才培养模式给予了高度评价。

同日 下午，应邀赴宁波大红鹰职业技术学院，做了题为《当前高等教育改革与发展的若干趋势》的报告，从高等教育数量增长到质量、高等教育从单一化价值追求到多元化分类发展、以教师发展为中心三方面阐述了当前高等教育改革与发展的趋势。该校领导、副高职称以上教师、各职能部门和教研室负责人到会聆听报告。

9月27日 偕同史秋衡教授率领厦门大学教育研究院2010级博士生赴宁波职业技术学院调研考察，向该院赠送了锦旗和《潘懋元文集》。座谈中，对该院的"三三模式"予以高度赞赏，同时对该院在服务地方经济、加强东西部合作、职工技能培训、产学研合作等方面所取得的成绩予以充分肯定。

9月30日 在《高等教育研究》2011年第9期发表《高等教育管理的价值问题研究》（与董立平合作）一文。文章从价值论的视角，以马克思主义为指导，运用文献研究、思辨研究和多学科（高等教育学、管理学、哲学、伦理学、价值学、组织学、历史学等）的研究方法，对高等教育管理的价值问题进行较为系统深入的研究。

9月 为厦门大学教育研究院博士生授课。

10月1日 《福建船政学堂的历史地位与中西文化交流》一文收录于由福建省炎黄文化研究会主编的《中华文化与地域文化研究——福建省炎黄文化研究会20年论文选集》（第三卷）（鹭江出版社2011年10月版）。

10月8日 在宁波举行"学术沙龙"，议题是"宁波调研工作小结（浙江工商职业技术学院）"。大家踊跃发言后，总结指出：一是专业班缺乏强有力的领导；二是宁海产学研基地存在缺乏资金、体制中管理层面以及师生对产学研基地态度消极的问题等。

10月10日 参加厦门大学教育研究院学术报告会，听张劲英博士生做《流动的飨宴——哥伦比亚大学教育学院访学回顾》的报告，并做了精彩点评。

10月12日至13日 至上海，参加由上海电机学院主办的"地方应用型本科院校改革发展高层论坛"，做大会主题报告。

10月14日至16日 参加由中国高教学会高等教育管理研究会主办、厦门大学承办的"中国高教学会高等教育管理研究会 2011 年学术年会"开幕式并致辞。来自全国各地 300 多名大学校领导和高等教育管理研究界专家学者共襄盛会。

10 月 15 日　晚上，在前埔家中与兰州理工大学相关人员举行"学术沙龙"，议题是"对于兰州理工大学的定位和当前民办教育现状的分析"。参加人员有曹永安、柴御清（台湾中州科技大学副校长）、马勤（兰州理工大学高教所所长、法规处处长）等。大家踊跃发言后，总结认为：大众化时期我国需要应用型人才，兰州理工大学以理工科为主，将其建设成应用型地方院校，要在立足本地区的基础上，才能产生全国性的影响。1993—1994 年中国办起 124 所高等职业院校，但在教育界却看不起职业大学，导致"高等职业院校"变质为普通大学，这对学校发展有利，而对社会发展不利。应用型高校研究机构应先研究本校，多专注于微观领域的研究，比如课怎么教、如何组织教师开展教学等。

10 月 17 日　参加厦门大学教育研究院学术报告会，听方泽强博士生做《大学文化范式变革刍议》、文静博士生做《质量文化调查：欧洲高校内部质量保障强化的新路径》的报告。

10 月 19 日　晚上，在前埔家中主持"周末学术沙龙"，议题是"重庆高等教育国际论坛参会介绍，阿尔特巴赫报告、座谈感想"。参加人员有刘国和、董立平、谢冉等。大家踊跃发言后，总结指出：在参加过的几次高等教育国际论坛中，曾有两次包含共同的话题。所谓的共同话题是指那些具有针对性的、国际化的话题。然而，这连续三年的"高等教育强国"主题并非是世界性的问题。既然是国际论坛就应该关注国际性、世界性的问题，但在这方面中国没有发言权。在论坛中，我国缺乏大国气派与思想，若想在国际平台上拥有自己的话语权，就要求我们要有前瞻性的理论思维，并且应该走出去。

10 月下旬至 11 月中旬　为厦门大学教育研究院博士生授课。

10 月 24 日　参加厦门大学南强学术讲座，听美国著名比较教育家、比较高等教育专业研究创始人、美国波士顿学院国际高等教育研究中心主任阿尔特巴赫教授做"Globalization, internationalization and multinationalization in higher education"（高等教育的全球化、国际化和多极化）的报告。报告会后，潘先生向阿尔特巴赫教授赠送了《潘懋元文集》以及厦门大学—香港大学中外合作办学研究中心林金辉教授在中外合作办学方面的研究新著。

10月30日 为程水源所著的《大学运筹深思录》（高等教育出版社2012年1月版）一书作序。序文指出这本著作以中国高等教育大众化为时空背景，以黄冈师院为主要实践基础，既论述了大学观念、大学制度、大学功能等"大学是什么"的基本理论，又论述大学决策机制、师资学工队伍建设、财务后勤经营以及内部管理体制等"怎样办大学"的现实问题。是一本介于院校（校本）研究和高等教育理论研究之间的著作。

10月31日 参加厦门大学教育研究院学术报告会，听文静博士生、方泽强博士生、谢冉博士生做《2011高等教育国际论坛：概况及分享》的报告，并做点评。

10月 主编的《发达国家高等教育体系变革比较研究》一书由广东高等教育出版社出版。

11月6日 接受《世界教育信息》编辑熊建辉专访。

11月7日 参加厦门大学教育研究院学术报告会，听王洪才教授、郑若玲教授、乔连全助理教授做《中德、中日高教论坛与中国高等教育学会高等教育学专业委员会2011年学术年会汇报》，高燕博士生做《美国马萨诸塞大学波士顿分校访学汇报》的报告。

11月12日 晚上，在前埔家中主持"周末学术沙龙"，议题是"什么是优质的办学资源"。参加人员有别敦荣、洪志忠、林金辉、赵叶珠等。大家踊跃发言后，总结指出：目前，国家进行中外合作办学的重点放在了"985"院校，但理应放给地方性院校。中外合作办学引进优质教育资源可以采取机构、项目两种形式。所谓的优质资源不只是来自美国，也不仅仅来自于研究型大学，只要能符合自身需要的、能学得来的都是优质资源。学校在引进优质教育资源时，应照顾到地方需要，并应适当引进优质网络课程。就中外合作机构的布局来说，重点应放在中西部地区。

11月14日 参加厦门大学教育研究院"讨论深入开展推进繁荣哲学社会科学发展计划"的会议。其他参会人员有刘海峰、宋毅、史秋衡、杨广云、陈文、郑若玲。

11月18日 下午，乘机赴北京，邬大光、别敦荣、陈武元、王琪等陪同。

11月19日 上午，作为课题组顾问，参加别敦荣教授以首席专家申报的教育部哲学社会科学重大攻关项目"民办教育分类管理改革研究"的现场答辩会。

同日 晚上，在北京西三环金龙潭大酒店会见多位在京或赴京学生，与刘海峰（进京参加教育部高考专家咨询委员会会议）、邬大光、别敦荣、吴岩、张应强（从新疆开会赶来）、刘承波、唐景莉、陈武元、高晓杰、赵婷婷、闫飞龙、曾天山、刘振天、杨雅文、叶之红、周川、何雪莲、樊本富、李雄鹰、王琪、卢彩晨、王超、洪艺敏、周孟奎等欢聚、交谈，并共进晚餐。

11月20日至21日 参加在合肥安徽大学举办的"第四届中国大学教学论坛"，并做了题为《高素质应用型人才培养中的课程体系与教学内容改革》的专题报告。

11月20日 入选"2011（第三届）中国杰出人文社会科学家"名单。

11月23日 就厦门大学社科处《关于征集全国教育科学研究"十二五"规划2012年度课题指南的通知》提出建议，建议将"高等学校章程建设研究"纳入选题。

11月28日 参加厦门大学教育研究院学术报告会，听别敦荣教授做《大学战略规划的理论与实践》的报告。

11月 论文《世纪之交中国高等教育办学模式的变化与走向》和《"科学技术是第一生产力"与"教育为本"》均被《教育研究》杂志评为"《教育研究》创刊30周年杰出论文"。

11月 为贺祖斌等著的《区域高等教育发展论——广西省域经济与区域高等教育发展研究》（广西人民出版社2011年11月版）一书作序。序文简要介绍了为贺祖斌教授两本著作（《高等教育生态论》《区域高等教育发展论——广西省域经济与区域高等教育发展研究》）写序的基本情况，认为第二本著作是第一本著作的理论延伸与应用，作者在研究中的一些观点，对制定区域高等教育发展战略有借鉴价值。

12月5日　参加厦门大学教育研究院学术报告会，听谢冉访学博士生做《后现代视角下的自由教育》、张湘韵博士生做《高师教师教育课程改革探析——后现代主义视角》的报告。

12月8日　参加厦门大学教育研究院高教讲座（第15期），听浙江大学教育学院肖朗教授做《近代中国高等教育交流的典范：沃尔特·威廉与中国大学新闻学教育的发端》的报告。

12月10日　晚上，在前埔家中主持"周末学术沙龙"，议题是"别敦荣老师介绍厦门大学与马来西亚合作办学的情况"。听完介绍后，总结提出：东南亚对厦大的认识较深，这是在东南亚办厦门大学分校的有利条件。经济发展促进了文化的发展，具有代表性的是孔子学院，这也是我国走出去办学、国际化办学的重要体现。

12月12日　参加厦门大学教育研究院高教讲座（第16期），听台湾《通识教育在线》杂志社常务副主编林孝信教授做《新时代挑战下高等教育新面向：通识教育的改革》的报告。

同日　参加厦门大学教育研究院高教讲座（第17期），听美国马萨诸塞大学波士顿分校教育领导系主任严文蕃教授做《高校教师综合评价体系：设计与操作中的问题与挑战》的报告。

12月13日　被厦门市社会科学界联合会聘为名誉主席。

12月16日　作为开题指导教师组组长，参加厦门大学教育研究院博士生巴果、方泽强、刁瑜、杨倩、李慧、孟艳、张继明、鄢晓的学位论文开题报告会。

12月17日　参加厦门大学教育研究院"985工程"教育学科建设项目2012年度建设任务书讨论会。其他参会人员有刘海峰、邬大光、史秋衡、宋毅、杨广云、别敦荣、王洪才、武毅英、郑若玲。

同日　晚上，在前埔家中主持"周末学术沙龙"，议题是"就业率60%能否成为一个专业的生死线""就业与高教发展的关系"。参加人员有王连森、董立平、苏茂才、吴滨如、田书清等。大家踊跃发言后，总结认为：每年9月至10月份公开就业率是计划经济时代的思维，在英国，3个月以上没有签约才算失业。学校应自主考虑专业问题，教育主管部门不应强制规定，公办高校更是如此。中国之前的就业国情是博士就业率最高，紧接着的是硕士、本科，而现在是高等职业院校的毕业生就业率最高。

12月19日 参加厦门大学教育研究院学术报告会，听国兆亮访学博士生做《美国"卓越绩效教育准则"及对我国高校质量管理的启示》、曾华博士生做《从美国经验看我国营利性大学的发展》的报告。

12月下旬至翌年1月中旬 为厦门大学教育研究院博士生授课。

12月24日 晚上，在前埔家中主持"周末学术沙龙"，议题是"黄福涛教授谈日本高等教育国际化"。大家踊跃发言后，首先介绍了黄福涛教授的个人情况，然后对中日高等教育国际化进行比较分析，提出我国的国际化道路应是走出去与引进来相结合。

12月26日 上午，参加厦门大学教育研究院学术报告会，听赴南非斯坦陵布什大学担任孔子学院中方院长的谢作栩教授做《孔子学院的发展机遇与面临的挑战——兼谈南非斯坦陵布什大学孔子学院》的报告。

12月31日 参加厦门大学教育研究院学术报告会，听晏成步博士生做《浅议高等教育财政与大学公共性的关系——从达特茅斯学院案谈起》、李木洲博士生做《元教育学若干基本问题研究综述》的报告。

12月 主编的《中国高等教育评论》（第2卷）由教育科学出版社出版。其中有其发表的《高等教育研究的社会责任》一文。文章从"问责制"引入理论工作者的社会责任，认为与问责制所规定的责任不同，社会责任属于道德理性责任，重在自我问责。论文着重从研究与政策的关系、研究与实践的关系、研究与应用的关系三个方面，明晰了高等教育研究者应负的社会责任。

2012年 九十二岁

1月7日 晚上，在前埔家中主持"周末学术沙龙"，议题是"高校选聘人员对第一学历（"985""211"）的要求"。参加人员有董立平、葛喜艳、王琪、冯晓玲等。大家踊跃发言后，总结指出：教育的本质是培养人，是推进社会与个人的发展。"985""211"高校的科研水平比较高，在培养研究生方面颇具优势，但在本科生培养、教学重视程度、教授给本科生上课方面，有学校做得不够好。高校选聘人员要求第一学历必须是"985""211"高校毕业，这是中国根深蒂固的"血统论""门第论"，是建立现代大学教育制度的一种退步，不利于应用型人才的培养和特色人才的选拔。

1月9日 在《中国教育报》第5版上刊登《民办高等教育发展需要有更多的路径》（与邬大光、别敦荣合作）一文。文章指出，"两分法"带来的问题，提倡以"第三条道路"促进民办高等教育的发展，呼吁"第三条道路"需要国家政策的支持。

1月10日 为石慧霞所著的《抗战时期的厦门大学——民族危机中的大学认同》（厦门大学出版社2012年6月版）一书作序。序文写道："以爱国华侨陈嘉庚精神办学的厦门大学，其成员群体由于对陈嘉庚的敬仰与感恩，认同度较高，尤其是在民族危机的抗战时期，在校师生、校友的认同度更高。我是当年的在读学生，家在沦陷区，四年寒暑，都生活在校园中，厦大于我，既是国的具体化，又有家的温馨感。本书作者石慧霞博士，对厦大历史研究有素，与历届毕业校友有着广泛联系，尤其是对抗战时期的厦大历史和当年的校友，情有独钟。她用力发掘并精心整理了这段时期大量的原始档案资料，对当年的毕业校友进行了深度访谈，深入研究了校长、教师、学生、校友等不同主体对厦大认同的历史过程及内在机理，并将这所学校的历史置于中国近代社会变迁的宏大背景下进行考察。……本书是著者在其博士学位论文的基础上又经过一年多的反复切磋、研磨修改而成的。"该书2015年9月由河南大学出版社再版，书名为《抗战烽火中的厦门大学》。

1月15日 参加厦门大学教育研究院应聘教师职务的面试。其他参加人员有刘海峰、史秋衡、宋毅、陈文、王洪才、张亚群、郑若玲、林金辉、武毅英。

1月20日 手写新年贺卡："值此旧岁新年之际，敬祝汕头大学高教所全体师生生活幸福、学术繁荣！"

同日 在《现代大学教育》2012年第1期上发表《区域高等教育发展的新视野——〈区域高等教育发展论〉序》一文。

1月 春节前夕，收到厦门大学校长朱崇实等校领导的新春祝福。

1月 将先兄潘载和以"虮髪"为笔名出版的诗集——《夜心集》原版

1册赠送给汕头大学图书馆收藏。

1月　给厦门大学教育研究院博士生授课。

2月16日　参加厦门大学教育研究院领导办公会。

2月18日　晚上，在前埔家中主持"周末学术沙龙"，议题是"石慧霞新疆挂职锻炼汇报""许琦红介绍外地调研情况"。参加人员有董立平、许琦红、宫毅敏等。大家踊跃发言后，总结认为：新疆是个好地方，物产丰富，但教育还比较落后，国家应加大支持力度。关于外地调研，龙岩学院的校园风景优美，地处客家中心（梅县）；井冈山大学地处红色根据地；赣南学院地处交通要道，适应当地经济发展及形势；嘉应学院地处南方文化发达的地方，文化发展有优势，但由于商业不发达，经济上不去。浙江树人学院，高教做得很好，泉州的民办教育比厦门好。

2月20日　参加厦门大学教育研究院学术报告会，听李雄鹰博士生做《现代课程理论视域中的我国大学课程改革》、周剑清博士生做《背离与扭曲十年高考语文之痛》的报告。最后，对整场报告进行了点评和总结。

2月25日　晚上，在前埔家中主持"周末学术沙龙"，议题是"2011级博士生《高等教育学专题研究》课程作业回馈"。参加人员有蔡培瑜、包水梅、莫玉婉等。听完大家的汇报后指出：这次作业绝大多数写得都很好，看问题深入，展现出一定的创新性以及较高的思维能力与文字水平，也存在个别作业顶替现象。存在的问题有：（1）主要是思辨研究，实证不足，理论推导居多，举例较少；（2）批判高教问题时，易流于空洞，脱离现实；（3）高等教育的适应性问题。

2月27日　参加厦门大学教育研究院学术报告会，听日本广岛大学高等教育研究开发中心黄福涛教授做《高等教育国际化的新趋势》的报告。

3月2日　参加厦门大学教育研究院学术报告会，听吴凡博士生做《本科生学业挑战度的调查研究》、唐嘉彦博士生做《台湾地区高等教育结构发展与现况》的报告。

3月12日　向中国人民大学捐赠《潘懋元文集》一套10册。

3月18日　参加厦门大学教育研究院"2012年度省社科规划课题申报讨论会"，其他参会人员有刘海峰、邬大光、史秋衡、杨广云。

3月19日 参加厦门大学教育研究院学术报告会，听王洪才教授做《论大学创新教学的三要素》的报告，并进行了点评，对"什么是创新"做了富有哲理而又幽默的解答。

3月24日 晚上，在前埔家中主持"周末学术沙龙"，议题是"高等教育学科体系""2011博士论文开题准备"。参加人员有方泽强、张继明、范哗、董立平等。大家踊跃发言后，总结认为：大学课程建设，只有理论体系，难以解决问题；由实际到理论，有助于问题的解决。普通教育与高等教育的最大区别是高校的课程与教学，高校有特殊的教育理论。高教面临的环境比较复杂，变动性大，高教的专业教育性与时代、环境的结合，在未来会有所变动。跨学科研究不仅会有很多值得研究的问题领域，并且还会推动两学科的发展。

3月31日 晚上，在前埔家中主持"周末学术沙龙"，议题是"校庆91周年——厦大校史、文化"。大家踊跃发言后，总结指出：厦大高教国际化在推动中国高教国际化中起到了应有的重要作用，并介绍了几位校长对厦大发展的重要作用：（1）林文庆：担任校长16年，是厦大的奠基之人，主张"尊孔弘儒"，经历了厦大由私立转为公立、内迁长汀阶段。郁达夫评价他为"真正的儒者"。（2）萨本栋：在厦大内迁长汀后担任校长，成为南方之强，强调教学。（3）汪德耀：主张兼收并蓄，1945年成为正式校长。（4）王亚南：民主进步人士，重视科学研究，最先成立研究部。周一学术例会，每周的学术沙龙、学术报告，都受益于王亚南。

4月1日 为徐绪卿所著的《我国民办高校内部管理体制改革和创新研究》（中国社会科学出版社2012年10月版）一书作序。序文写道："在这本新著中，作者以国内知名的民办高校——浙江树人大学的实践为基础，深入调研全国30多所不同层次与类型的民办高校，广泛搜集全国和国（境）外民办（私立）高等教育资料，运用有关理论如教育规律理论、法人治理理论、教育产权理论等，进行分析研究，构成这部论述全面、结构严谨、理论与实际结合的专著，同时它也是一本系统的教材。"

4月5日 参加厦门大学教育研究院"院招生与教务工作"会议。其他参会人员有刘海峰、宋毅、杨广云、陈文、林金辉、武毅英、范怡红。

4月6日 参加厦门大学建校91周年暨教育研究院奖教奖学金颁奖大会，为大家讲述厦门大学每年四月六日进行校庆活动的难忘往事以及厦大校长林文庆的办学事迹。同时强调，以研究高等教育为己任的教育研究院不能不懂厦大历史、不能不知厦大文化，要数典而不忘祖。然后，与刘海峰院长、宋毅书记、郑宏博士等一起，分别为获奖的师生颁发证书与奖励，并与获奖者合影留念。奖教金获奖人员有：一等奖王洪才、林金辉；二等奖张亚群、赵叶珠。奖学金获奖人员有：一等奖晏成步、斯日古楞、李玲玲；二等奖李雄鹰、方泽强、冯用军、李优晶、向桂君、朱贺玲、吕文惠。

4月7日 晚上，在前埔家中主持"周末学术沙龙"，议题是"谈谈潘懋元高等教育思想"。参加人员有董立平、石慧霞、李小静、方泽强、郑宏等。提出："后人肯定将我的思想定为功利主义，因为我提出了教育要适应社会发展的需要。"最后强调指出，高等教育研究要尊重规律，要结合规律去思考问题；要包容，不要轻易否定新生的思想。

4月9日 参加厦门大学教育研究院学术报告会，听荷兰莱顿大学教学研究院 Henk Frencken 顾问做《大学和中学如何合作来促进素质教育：以中国和荷兰为例》（How Universities and Secondary Schools can cooperate to promote quality education: examples from China and the Netherlands）的报告。

4月15日 在《西安欧亚学院学报》2012年第2期上发表《大学教授要做学术文化传承和创新的引领者》一文。文章指出，大学教授是文化传承和文化创新的承担者，体现在两个方面：（1）大学教授要通过培养人才来传递社会的传统文化，优秀的传统文化不仅是人类历史的珍贵宝藏，而且是促进年轻一代凝聚精神力量、延续社会生命的优质资源，由此可以认为大学教授是学术文化的保守者。（2）大学教授处在文化科学的前沿，有责任引领和促进社会文化科学发展。因此，大学教授在文化传承与创新中应保持平衡，运用正确的思想方法，辩证地处理保守与创新的矛盾统一关系。

同日 在《黄冈师范学院学报》2012年第2期上发表《大学教育的沉思》一文。该文是阅读《大学运筹沉思录》的见解，对该著作做了较高评价，赞赏程水源教授是能够在实践经验基础上力图向理论提升并凝练为理念的少数校长之一。

4月16日 参加厦门大学教育研究院学术报告会，听访学博士生王连浵做《俄罗斯高等教育改革现状》的报告。

4月18日 接受厦门大学党委书记杨振斌、校长朱崇实的走访慰问。

4月23日 参加厦门大学教育研究院学术报告会，听张亚群教授做《经典的魅力——美国核心文本与课程协会第十八届年会汇报》、李国强助理教授做《近期图书馆试用数据库及 Note Express 软件试用介绍》的报告。

4月28日 上午，参加厦门大学教育研究院博士招生工作会议，其他参会人员有刘海峰、史秋衡、李泽彧、王洪才、张亚群、林金辉、武毅英、郑若玲、宋毅、杨广云。

同日 上午，作为面试组组长，在嘉庚三9楼参加厦门大学教育研究院2012年博士研究生招生专业课面试。

同日 下午，作为面试组组长，在嘉庚三9楼参加厦门大学教育研究院2012年博士研究生招生专业课面试。

同日 晚上，作为面试组组长，在嘉庚三9楼参加厦门大学教育研究院2012年博士研究生招生专业课面试。

4月29日 上午，作为面试组组长，在嘉庚三9楼参加厦门大学教育研究院2012年博士研究生招生专业课面试。

同日 下午，作为面试组组长，在嘉庚三9楼参加厦门大学教育研究院2012年博士研究生招生专业课面试。

同日 晚上，作为面试组组长，在嘉庚三9楼参加厦门大学教育研究院2012年博士研究生招生专业课面试。

4月30日 在《高等教育研究》2012年第4期上发表《我国民办高等教育发展的第三条道路》（与邬大光、别敦荣合作）一文。文章是对1月9日《中国教育报》上发表的《民办高等教育发展需要有更多的路径》一文的进一步深入探讨，共分为三大部分：二分法的困境与第三条道路；如何认识第三条道路的合理性；积极开拓民办高校发展的第三条道路。

5月5日 晚上，在前埔家中主持"周末学术沙龙"，议题是"文化传承创新与建设高等教育强国""研究生论文开题"。参加人员有别敦荣、董立平、方泽强、汪雅霜、唐嘉彦等。大家踊跃发言后，总结认为：中国是高等教育研究大国,但理论界存在不自信、文化自我殖民、高等教育研究自我边缘化的问题。此外,对于硕士论文开题,要做到标题简明扼要,少用副标题;研究思路很重要;不要显示"研究的章节、目录",要把研究重点摆出来。界定核心概念,写论文是系统工程,是一项综合训练,不能以发明成果代替论文。

5月7日　参加厦门大学教育研究院学术报告会,听郑若玲教授做《临海听风两岸近　一苇杭之同胞亲——访台学术乐旅散记》、宋巧燕博士做《〈红楼梦〉中文学教育与科举关系探析》的报告。最后,就报告中一些细节问题提出了宝贵的意见,引发了各位师生的积极思考。

5月14日　参加厦门大学教育研究院学术报告会,听博士后李欣《加拿大高校招生考试制度研究》的开题报告。

5月17日　参加厦门大学教育研究院"关于繁荣发展三个子文件的反馈意见讨论会"。

5月18日　《中国教育报》"新闻·人物"版刊登《潘懋元:高等教育学的"名片"》一文。文章以倒叙方式,娓娓报道了先生卓越的学术造诣,高度赞扬了先生积极乐观的人生态度,科学严谨的研究态度,淡泊名利、甘于奉献的豁达胸襟,为我们走近先生、了解先生提供了重要信息。

5月19日　晚上,在前埔家中主持"周末学术沙龙",议题是"博士生论坛"。参加人员有董立平、方泽强、张继明等。大家踊跃发言后,总结认为:《软实力强国与大学的批判》选题具有较强的现实性,但对高等教育与软实力的关系描述不够清楚。另外,高等教育的软实力除批判功能外,还包括很多内容,比如创新功能,从创新这一角度作为切入点,可能会更贴切。《模仿与变革:中国世界一流大学建设的路径探微》应该举出高等教育自主性意识增强的例子,比如用南方科大、高职院校的自主招生来作例。《普通高中面向境内学生开展国际课程研究问题》首先要理清"高中是什么"。

5月20日　参加厦门大学教育研究院"2012年教学、招生院务会"。

5月21日　参加厦门大学教育研究院学术报告会,听李国强助理教授做《高等教育与中国文化改造》的报告。

5月28日　参加厦门大学教育研究院高教讲座(第18期),听德国多特蒙德工业大学高等教育与教师发展研究中心主任 Dr. h. c. Johannes Wildt 做

《德国大学教师发展：方法和实践经验》("Academic Staff Development at German Universities: Approaches and Experiences")的报告。

6月2日 为吴端阳所著的《吴端阳教育研究文集》（厦门大学出版社2012年9月版）一书作序。序文写道："这本文集的意义，既是为高等教育现实问题的研究添砖加瓦，更为重要的是体现一位高等教育实际工作者，如何进入研究领域，以锲而不舍的精神和成就，影响更多的实际工作者参加理论研究，壮大理论研究的队伍，是理论与实践更好地结合。"

同日 晚上，在前埔家中主持"周末学术沙龙"，议题是"潘潮玄旅美留学介绍"。参加人员有冯用军、王琪等。听完介绍后后，首先补充了美国加州大学的情况，针对美国硅谷印度人和华人谁多的问题发表了观点与见解。

6月4日 参加厦门大学教育研究院南强学术讲座，听北京师范大学教育管理学院名誉院长、中国教育学会会长顾明远教授做《中国教育的文化基础》的报告。

6月5日 参加厦门大学教育研究院博士生葛喜艳、王琪的学位论文答辩会。答辩委员会成员有顾明远（主席）、陆根书、潘懋元、邬大光、别敦荣。

6月6日 参加厦门大学教育研究院博士生李青合、杨院的学位论文答辩会。答辩委员会成员有顾明远（主席）、陆根书、潘懋元、邬大光、别敦荣。

6月8日 参加厦门大学教育研究院高教讲座（第19期），听北京师范大学教育学部徐勇教授做《国学经典教育的意义和价值》的报告。

6月9日 晚上，邀请别敦荣教授做客沙龙，探讨"高等教育学科分类问题"。大家踊跃发言后，总结认为：高等教育学科分类研究，不能按老套的标准来进行（如新学科的产生），研究方法也应摆脱过去的几个标准。

6月15日 与潘世墨、邬大光、别敦荣、陈武元等率厦门大学教育研究院2011级全体博士研究生和2010级部分博士研究生一行26人前往泉州信息职业技术学院，展开此次学术调研首站的考察与交流活动。潘先生充分肯定了郭小平董事长提出的关于非营利民办高校办学制度改革的思路，赞赏了泉州信息职业技术学院取得的成就。

同日 带领访学团前往华光摄影艺术职业学院，参观了华光摄影艺术职业学院校园、郎静山先生纪念馆、"天籁之厅"——"吴文秀音乐厅"与

"大师墙"等。在学术交流讨论中，肯定了华光摄影艺术职业学院所取得的办学成绩，指出当前发展亟须主动探讨切实可行的民办高职发展路径，坚持突出与优化特色建设，在追求更高的办学层次的过程中，更要高度重视打造办学特色。

6月16日　带领访学团考察泉州理工职业学院。在学院领导陪同下，考察了新校区建设工地、老校园、实训基地等，此后在丰泽校区举行访学座谈会，针对学校发展的机遇和挑战，提出了自己的意见和建议。

6月17日　带领访学团前往泉州幼儿师范高等专科学校。以幼儿师范教育发展历史为线索，分析了幼儿师范高等教育所面临的机遇与挑战，强调了幼儿教育资源中师资培养的重要性，指出当前"幼儿教育小学化"的倾向值得注意。谈及泉州幼儿师范高等专科学校未来建设与发展，提出应针对所存在的问题，努力走内涵发展和特色发展道路，探索发展"学前特殊教育"路径。

6月23日　接受著名画家、摄影师潘楚予教授给自己的油画坐像，十分高兴，连致谢意。

同日　晚上，在前埔家中主持"周末学术沙龙"，参加人员有吴滨如、汪雅霜、张湘韵等。大家踊跃发言后，总结认为：在泉州有8所民办学校、9所公办学校，民办学校占的比例大，这是一个特点。从泉州民办高职学校的现状可以看出办学者对民办高职的热爱，也应看到民办高职办学者们的辛苦。民办高校追求效率，是公办高校改革的参照。一些独立学院提出了"公有性民办学校"的主张，但要意识到民办学校"公办化"是不可行的。

6月28日　上午，出席厦门大学2012届毕业生典礼大会，全程站立为毕业生拨穗授礼。

6月28日　下午，参加厦门大学教育研究院领导办公会。

6月30日　晚上，在前埔家中主持"周末学术沙龙"，议题是"毕业生畅谈毕业典礼感言"。参加人员有董立平、王琪、杨院、冯建民、虞宁宁等。大家踊跃发言后，总结认为：博士生去高职院校发展前景一定会很好，首先高职是半边天，高职有许多博士生的用武之地，在那里可以做很多实事。在工作过程中要将高职当成事业而非跳板。此外，在教务处和教学研究岗位上，应当搞一些院校研究,坚持做应用本科研究。

7月2日 为王琪题写毕业赠言:"没有理论引导的实践是盲目的,缺乏实践基础的理论是苍白的,要在理论与实践的结合上下功夫。书此祝贺王琪同学荣获博士学位。"

7月4日 以全国普通高校人文社会科学研究优秀成果奖一等奖获得者身份,入选福建省2012年度高校领军人才。

7月7日 晚上,在前埔家中主持"周末学术沙龙",议题是"现代职教体系建设背景下的高职院校课程开发"。

7月14日 晚上,在前埔家中主持"周末学术沙龙",议题是"美国、英国、瑞典、韩国、中国台湾终身教育政策比较"。

7月15日 在《西安欧亚学院学报》2012年第3期上发表《合理分类 正确定位 科学发展 办出特色》一文。文章认为,在国家宏观指导下,高校应全面落实部署学校的发展方向和战略任务,呼吁高校应从我国的地域特点、社会经济发展需要和学校实际情况出发,从本校所处的客观环境、本地区人才需求以及自身的条件、特点出发,确定相对稳定、发挥优势、办出特色、有所发展、大有作为的目标定位。最后还指出,在分类指导、正确定位、科学发展、办出特色上,教育部门的政策导向与制度保障非常重要。

7月20日 主编的《高等教育学》《市场经济的冲击与高等教育的抉择》《多学科观点的高等教育研究》荣获中华人民共和国教育部颁发的"全国教育科学研究突出贡献奖"。同时获得此奖的还有其他10位著名学者:顾明远、黄济、鲁洁、吕型伟、南国农、瞿葆奎、沈德立、汪永铨、张厚粲、郝克明。

7月21日 晚上,在前埔家中主持"周末学术沙龙",议题是"终身教育体系中的链接"。

7月22日 作为开题指导教师组组长,参加厦门大学教育研究院博士生吴雪慧、孙巧平、洪文建、黄友泉、李京肽的学位论文开题报告会。其他指导教师有刘海峰、史秋衡、林金辉、武毅英、郑若玲。

7月24日 被郑州大学西亚斯国际学院聘请为客座教授。

7月 被聘请为黄淮学院荣誉教授。

8月1日 被福州外语外贸学院海峡终身教育学院聘请为名誉教授。

8月4日　邀集大家庭在厦门大丰园（厦大店）聚会庆生。

8月11日至12日　中国高等教育学会高等教育学专业委员会2012年学术年会在吉林大学召开，主题是"大学治理的理论与实践"。名誉理事长潘懋元先生写了书面致辞，希望"作为全国高等教育学研究会的成员和高等教育理论研究者，在注重关注高等教育问题研究的同时，时刻不应忘记自己的理论研究使命，要注重学科基础理论的研究，要以深刻的高等教育研究理论引领高等教育改革的实践"。

8月23日　为黄藤所著的《中国民办教育思考与实践》（西安交通大学出版社2012年9月版）一书作序。序文指出黄藤先生的研究具有两个特点："其一，理论与实践互动。实践立足于西安外事学院的办学实际，理论则面向全国民办高等教育界，面向整个民办教育事业。其二，与时俱进。每在民办教育发展的转折时期，几乎都有黄藤的论文，针对当时的主要问题，运用理论，分析研究，发表精辟见解。"

8月25日至28日　赴北京，参加"中国高等教育学会第六次会员代表大会"，国家教育部袁贵仁部长出席，被聘请为中国高等教育学会常务理事会顾问。其间参加北京院友小聚。博士生陈萦、吴滨如随行。

9月5日　获得"福建省第三届杰出人民教师"荣誉称号，并将奖品奔驰商务车一台兑现为20万元奖学金分发给厦门大学教育研究院师生。

9月12日　参加厦门大学教育研究院博士生冯晓玲、唐卫民的学位论文答辩会。答辩委员会成员还有方展画（主席）、刘宝存、别敦荣、王洪才、武毅英。

9月13日　参加厦门大学教育研究院博士生陈为峰、马鹏媛的学位论文答辩会。答辩委员会成员有程方平（主席）、刘宝存、潘懋元、刘海峰、张亚群。

9月15日至16日　至西安，参加由中国高等教育学会、西北大学等联合举办的"西北联大和中国高等教育发展论坛"，提交了《薪火传承，文化中坚——西北联大的办学特色及其启示》（与张亚群合作）的论文，并作大会报告，高度评价了西北联大的历史价值及其研究意义，指出：抗战时期为保存民族文化命脉和高等教育中坚力量，我国高校实施战略大迁移。西南联大、西北联大以及屹立于抗战前线小后方、老苏区长汀的厦门大学等内迁高校，都向世界宣誓中国大学坚强不屈的精神和中华民族光辉文化的延续。西北联大存在时间虽短，但在中国近代高等教育史上有其重要的地位。会后，《光明日报》（2012年9月19日）发表潘先生等一组演讲稿，并配演讲照片。

9月23日　晚上，在前埔家中主持"周末学术沙龙"，议题是"2012级博士汇报""Ph. D. 提问""Ph. D. 课程安排"。参加人员有赵新平、李玲玲、刘丽建、辛均庚等。大家踊跃发言后，总结认为：每一个学科都应该有独立方法，高等教育是多学科，因此把多种方法融合起来才能全面。关于学术权力与行政权力关系问题，认为目前存在学术权力弱化、行政权力强化，完全的学术权力被行政权力取代，青年研究者生存压力巨大等问题。

9月24日至30日　携家人赴韩国济州岛、釜山、首尔游览、考察。

9月　给厦门大学教育研究院博士生授课。

10月8日　参加厦门大学教育研究院学术报告会，听李国强助理教授做《中国教育的当代责任》的报告。最后，在肯定李老师报告观点的基础上，对多元文化现实中明晰和树立社会主义主流文化观念进行了观点补充，并对高等教育参与社会主义文化建设的途径作了进一步细致讲解。

同日　参加厦门大学教育研究院领导办公会。

10月9日　参加厦门大学教育研究院"三重一大"工作检查会，其他参会人员有陈国风、曾天山、刘海峰、宋毅。

10月12日　在《高校教育管理》2012年第6期上发表《论高等教育研究的社会责任》（与方泽强合作）一文。文章从为什么要探讨高等教育研究的社会责任、高等教育研究应负什么社会责任和高等教育研究者如何负起社会责任三个大的方面发表见解。《人大报刊资料·高等教育》2013年第1期全文转载。

10月13日　晚上，在前埔家中主持"周末学术沙龙"，议题是"关于各年级学生学习安排讨论"。

10月15日　参加厦门大学教育研究院学术报告会，听博士生包水梅做《高等教育多学科研究之解读与反思》的报告。最后，充分肯定了该报告的价值，并对高等教育多学科研究进行了进一步的阐释。同时，强调厦门大学教育研究院正是以高等教育理论研究见长，希望在座师生在基本理论上做足功夫，在以后的研究中能勇于挑战这类理论性较强的课题。

同日　在《辽宁教育》2012年第22期上发表《大学校长最好不要脱离学术工作》一文。文章指出，中国的大学校长与其放弃教学、科研，疏离学术工作与学术群体，不如带头改变行政作风，在简政放权上下功夫。

10月20日至22日　至长沙，参加"第十四届大学教育思想研讨会暨湖南高等教育学会2012年学术年会"，在开幕式上致辞。参加研究生组的讨论，并做点评。向与会研究生提出三点希望：一是希望研究生们由博返约，提高做报告的水平；二是希望研究生们要坚持自己的学术观点，只要言之成理、持之有故，就应坚持；三是希望研究生们积极地对一些高等教育的实践难题进行深入研究，例如高等教育质量标准问题、民办高等教育分类管理问题。

10月下旬至11月中旬　给厦门大学教育研究院博士生授课。

10月26日　参加厦门大学教育研究院领导办公会。

10月27日　晚上，在前埔家中主持"周末学术沙龙"，议题是"广西农业职业技术学院领导来访"。参加人员有刁瑜、方泽强、罗先锋、刘丽建、辛均庚、李玲玲以及2011、2012级博士生。听来访者介绍了行业特色学校如何保持特色的办学经验和思考后，总结指出：院校不是为特色而特色，是为了生存和发展而成长起来的行业特色，并举例谈及了南京财经大学和南京审计学院。同时针对高职发展的两个阶段指出，高职不是培养工匠，是培养职业技术人才，高职也要素质教育，考虑到人的全面发展。高职的专业链要对接产业链，我们培养的人才要能发展产业，高等教育在适应产业发展的同时，还能够促进产业发展。

10月29日　参加厦门大学教育研究院学术报告会，听杨玉兰博士生做《我国少数民族研究生政策的理论与改革》、莫玉婉博士生做《从行业到学科：论行业特色型大学的转型》的报告。

11月2日　参加厦门大学教育研究院领导办公会。

11月5日　参加厦门大学教育研究院学术报告会，听吴薇助理教授作《第九届国际教育发展联盟大会参会报告》，陈小伟博士生做《波士顿听课记——赴美国马萨诸塞大学波士顿分校教育领导系访学汇报》，熊晶晶、马杰、罗俊艳硕士生做《第八届亚洲比较教育学会年会参会报告》的报告。

11月7日 参加在厦门大学举行的"第六届两岸四地教育史论坛",在开幕式上致辞:"教育理论的源泉有三条:第一条就是教育史的研究;第二条是比较教育研究;第三条是现实的实践经验的总结与提高。理论来源于实践,教育史是研究过去的实践,比较教育是研究外国的实践,但是还要结合现实的实践。今天比较成熟的教育理论,可以说都是从教育史或比较教育的研究中获得,并经过现实的教育实践的检验而被确认的。许多教学原则,可以从中国或外国的教育史上找到其根源。"

11月9日 晚上,在前埔家中主持"周末学术沙龙",议题是"高职教育独立体系问题"。参加人员有罗先锋、王毓、陈迎红、王婧、黄云碧、刘志军、周琬謦等。沙龙伊始,开宗明义便要求思考以下问题并撰写论文:(1)高职(含本科)是独立系统好,还是现在系统好?(2)如果构成独立系统,哪些高校可以先试点?(3)试点会有哪些阻力和困难,试点究竟要自愿还是统一指定?最后总结道:职业本科在已经有学校实践的情况下,能否在政策上予以肯定。很多职业院校愿意走职业教育的道路,但是独立学院和新建本科院校却还没有想好。另外,职业型本科和应用型本科的区别是什么,究竟是走应用型还是职业型,需要进一步调查、访谈,进行研究。

11月12日 参加厦门大学教育研究院学术报告会,听文静博士生做《美国大学生学习满意度测评:现状与机制》、史秋衡教授做《访美汇报》的报告。听后感慨道:学生的学习是非常重要的,学生是评估中最重要的利益相关者,所以学生应该在评估里占重要位置。

同日 参加厦门大学教育研究院领导办公会。

11月17日 晚上,在前埔家中主持"周末学术沙龙",议题是"2011级汕头大学调研准备"。参加人员有别敦荣、汪雅霜、莫玉婉、党亭军等。首先从汕头大学总体调研主题和准备工作两个方面提出了要求。总体调研方面,要求重点关注卓越工程师培养、至诚书院、学校教育管理体制;准备工作,要求对CDIO相关文献、事务性工作及日程安排等方面分组协调。

11月28日 在《浙江树人大学学报(人文社会科学版)》2012年第6期上发表《大力推进民办高校内部管理体制创新》一文。文章指出:目前我国民办高等教育的发展面临新的机遇与挑战，如何促使民办高校从外延扩张转向内涵发展是一个重要课题。内部管理是高校内涵建设的基础，必须积极进行内部管理体制改革和创新，以实现高校健康持续发展。

11月30日 作为开题指导教师组组长，参加厦门大学教育研究院博士生柴御清、汪雅霜、张湘韵、吴姿音、包水梅、莫玉婉的学位论文开题报告会。其他指导教师有史秋衡、王洪才、林金辉。

同日 晚上，在前埔家中主持"周末学术沙龙"，议题是"日本广岛大学黄福涛教授来访"。参加人员有董立平、刁瑜、方泽强、罗先锋等。首先向大家介绍了黄福涛教授的基本情况，并建议他介绍日本国立大学法人化实行情况和日本右翼势力不断强大的民众看法两方面的内容。

12月3日 参加厦门大学教育研究院学术报告会，听赵叶珠教授做《台湾考察报告》的报告。

12月8日 至上海，参加由上海电机学院高等教育学会、上海电机学院高等技术教育研究所联合主办的"技术本科教育发展论坛"，对全天会议做总结演讲。来自全国各高校、科研院所的专家学者以及新闻媒体的记者参加了会议。会后成立了"技术本科教育研究协作会"，由潘懋元、朱高峰、杨金土担任名誉会长。

12月9日 应执行校长顾佩华教授之邀，率领厦门大学教育研究院16位博士生访问汕头大学，开展为期五天的学术调研。该校高等教育科学研究所/教师发展与评估中心负责安排，别敦荣陪同前往。

12月10日 上午，出席汕头大学教育教学改革情况汇报会，并接受汕头大学"教师发展与教育评估中心高级顾问"聘书。介绍了厦门大学与汕头大学的历史渊源，对汕头大学CDIO（构思、设计、实现、运行）、课程教学改革及至诚书院全人教育模式等特色教育改革项目表示赞许，要求博士生调研团分三组对汕头大学三项特色改革项目进行深入调研。

同日 下午，在科技楼205为汕头大学师生做了题为《敢为天下先——谈自己的体验，寄希望于研究生》的专题报告。以自己的从教经历、人生历程和创建高等教育学科的过程为实例，同与会师生分享了感悟和经验，解释了"敢为天下先"的内在含义。

12月11日至12日 率领厦门大学教育研究院博士考察团在汕头大学开展CDIO改革调研,至诚书院住宿学院全人教育模式情况以及课程教学改革组与教务处讨论调研安排。其间,参观学校新图书馆、高等教育科学研究所。

12月13日 率领厦门大学教育研究院博士考察团参观澄海、潮州。

同日 被聘请为厦门市社科联第六届委员会名誉主席。

12月14日 带领厦门大学教育研究院考察团参加汕头大学"高校教师发展与评价"研讨会,做了题为《大学教师发展与高校教育质量》的报告。阐释了大学教师发展的必要性、当前大学师资队伍建设的具体措施、大学教师发展的概念及内涵、大学教师发展的方式和动力等问题,引发了在场师生的思考,参会专家们对大学教师发展的内涵、发展、动力、问题等进行了研讨。

12月20日 为郑若玲所著的《高考思辨》(经济科学出版社2013年4月版)一书作序。序文指出,厦门大学教育研究院是全国科举制与高考理论研究的重镇之一,处于重镇中的郑若玲教授是其中造诣较高、成就卓著的中青年优秀人才。《高考思辨》涉及高考的社会功能与教育功能、高考的科举渊源与域外的高招比较,以及高考改革中广受关注的种种问题。序文还指出作者的基本思路是以公平为圭臬,以历史为照鉴,深入现实之中提出精辟见解。该书有理有据,侃侃而谈,视野宽阔、见解深邃,是非得失的权衡十分严谨,但也应视为作者的观点与意见,而不必求全责备、强求一致。

12月下旬至翌年1月中旬 给厦门大学教育研究院博士生授课。

12月22日 晚上,在前埔家中主持"周末学术沙龙",议题是"汕头大学调研汇报"。参加人员有汪雅霜、蔡映辉及2011和2012级其他博士生等。

12月23日 被聘请为《高等农业教育》第十三届编委会名誉顾问。

12月24日 参加厦门大学教育研究院学术报告会,2011级5位博士生代表做《汕头大学调研报告》的报告,对此次调研及汇报给予高度评价,充分肯定了调研团的组织管理能力及调研成绩。

同日 作为主持人的"现代终身教育理论与中国教育发展"课题,立项为教育部哲学社会科学研究普及读物项目。

12月29日 晚上,在前埔家中主持"周末学术沙龙",议题是"现代职教体系建设背景下的高职院校课程开发"。

12月31日 参加厦门大学教育研究院学术报告会，听薛栋访学博士生做《技术哲学"经验转向"与中国职业教育发展》、张立娟访学博士生做《弗莱克斯纳现代大学观的哲学解读》、王丽访学博士生做《美国学术评价中的"学"与"术"的张力研究》、陈梦访学博士生做《美国大学校长遴选制度研究》的报告。

12月 主编的《借鉴与超越：中国高等教育自主发展路径研究》一书由高等教育出版社出版。该书是由美国密歇根大学教育学院、香港中文大学医学院杜祖贻教授提供资助的课题研究最终成果。

12月 接受《中国教育报》专访。回顾了2012年中国高等教育的进展情况和主要问题，盛赞我国高等教育开始注重质量的提升，大学开始走内涵式发展道路，同时对高等教育的一些问题也感到忧虑。新华网、人民网、中新网、凤凰网、中国广播网、环球网、新浪网与腾讯教育等众多主流网站纷纷关注和转载了采访的内容。

12月 主编的《中国高等教育评论》（第3卷）由教育科学出版社出版。其中有其发表的《高等教育研究在中国发展的轨迹》一文。文章分为两部分：第一部分，论述作为主干学科的高等教育学及其学科群的形成、发展和主要研究成果；第二部分，简介教育改革中的应用问题研究，分别介绍20世纪末改革开放初期和21世纪初进入大众化时期主要的研究领域与问题。

2013年　九十三岁

1月6日 参加厦门大学教育研究院教工行政例会。

1月7日 参加厦门大学教育研究院高教讲座（第22期），听广西广播电视大学校长贺祖斌教授做《高等教育生态系统及其管理》的报告。

同日 为廖益所著的《大学学科专业评价》（广东教育出版社2014年8月版）一书作序。序文概括了本书的基本内容、中心思想及学科专业评价体系的思维结构，最后总结指出："本书在理论与实践的结合上，还有很多精辟见解，恕不一一罗列。当然，由于学科专业是一个比较复杂的领域，涉及理论、实践、操作及评价主客体的不同见解诸多方面，也涉及高等教育学、哲学、心理学、管理学、统计学等多个学科，尽管作者非常努力，仍然有诸多问题需要进一步探讨。"

1月9日 在接受《中国教育报》采访时表示，中国高等教育目前存在的一个问题让他感到忧虑：一方面高考报名人数在减少，有很多弃考的考生；另一方面一些学生考上了大学也不去上，这些都与新的"读书无用论"在抬头有关，而更深层次的原因是大学毕业生收入低。要从根本上解决这一问题，就要逐步提高大学毕业生的待遇。

1月11日 参加厦门大学教育研究院领导办公会。

1月12日 晚上，在前埔家中主持"周末学术沙龙"，议题是"终身教育理念：如何贯彻并指导实践"。参加人员有郑宏、方泽强、罗先锋、陈涛、李玲玲、刘志忠、黄真晶、徐岚等。听大家各抒己见后指出：终身教育是个理念，每一种教育都要贯彻终身教育理念。在终身教育平台上发展各类各级教育，终身教育形成了终身学习和学习型社会。但是，很多人把终身教育看成是成人教育和继续教育的事情，我们要研究各级各类教育如何落实终身教育理念的问题。

1月14日 参加厦门大学教育研究院学术报告会，听美国马萨诸塞大学波士顿分校教育领导系主任严文蕃教授做"Research Methods for Comparative Education：Trends and Implications"（《比较教育的研究方法：趋势与启示》）的报告。最后，对教育研究院提出了期望，要不断加强国际联系、深化比较高等教育研究，促进中国高等教育研究的国际化。

1月15日 在《西北大学学报（哲学社会科学版）》2013年第1期上发表《薪火传承 文化中坚——西北联大的办学特色及其启示》（与张亚群合作）一文。文章介绍了国立西北联合大学及其分立各校的突出特点，并总结了其历史启示。

同日 在《河北师范大学学报（教育科学版）》2013年第1期上发表《教育史是教育理论的源泉》一文。文章指出，教育理论的源泉有三条：第一条是教育史的研究；第二条是比较教育研究；第三条是现实的实践经验的总结与提高。

1月19日　晚上，在前埔家中主持"周末学术沙龙"，议题是"院校研究及高等教育的社会分层功能"。参加人员有别敦荣、董立平、罗先锋、刘丽建、刘志忠、刘梦今、吴滨如等。就院校研究方面指出，重视院校研究，就是为全国的高等教育研究所寻找出路。高等教育研究机构为本校服务就要进行院校研究。中国研究能不能遵循院校研究的规律，能不能科学研究本校的问题和总结经验，需要做到凭借理论、客观反映和独立自主以及有量化的数据支撑。

1月27日　在《光明日报》第5版发表《大学校长的教育视界——〈大学校长访谈录〉评介》一文。文章认为，该书的许多谈话内容，既有理论层面的深刻剖析，又有现实层面的明确解答；既肯定了中国高等教育发展过程中可资借鉴和大力弘扬的好经验、好做法，又挑明了目前高等教育发展过程中存在的某些误区和偏差。从一定意义上说，该书为读者提供了一桌"问计高等教育改革"的盛宴。

1月　总部设在荷兰莱顿的布里尔出版社将在全球出版发行潘懋元先生著作。布里尔出版社成立于1683年，是一家有着300多年历史的独立出版公司，一直以为学界服务为鲜明特色，在世界上颇有声望。

1月　为厦门大学教育研究院博士生授课。

2月20日　为韩延明、徐愫芬所著的《大学校训论析》（人民教育出版社2013年8月版）一书作序。序文指出："这是一部研究大学校训的力作：搜集大学校训数以千计，从历史到现状，从国内到国外，内容丰富，框架恢弘；论述校训功能，剖析校训问题，品评校训优庸，诠释校训渊源，索隐钩沉，见解精辟。我用了几整天的时间，读完了书稿，在古今中外、雅俗并陈的校训之林驰骋了一回，长了不少见识，也解决了我久萦脑际的一些问题。……总之，优秀的校训，无论其制订、作用、形式，都是不拘一格的，这是我读了这部专著的一点感想和体会。"

2月28日　参加厦门大学教育研究院领导办公会。

3月5日　上午，出席厦门市老教授协会、厦门市职教社与厦门大学教育研究院在建文楼老教授会议室联合召开的"厦门市8所民办高校调研计划"协调会。在会上就我国民办高等教育发展的现状与存在问题做了深刻分析。

指出当前我国民办高等教育面临着两大困难：一是关系生死存亡的招生不足；二是制约其健康发展的师资流失。在这些困难背后，深层次原因在于：社会对民办教育的不公正看法、政府的歧视政策。对如何扶持民办高等职业教育发展问题，认为要转变重学轻术、重理论轻实践的思想观念，提高民办高等职业教育的办学质量，提升毕业生的就业能力。最后，建议此次调研应采用深度访谈、问卷调查、数据分析等方法进行。

3月7日　参加厦门大学教育研究院领导办公会。

3月9日　被福建省老年教育理论研究基地、福州大学老年教育研究所聘请为顾问。

3月11日　参加厦门大学教育研究院学术报告会，听日本广岛大学高等教育研究开发中心黄福涛教授做《大学教师的国际化——中、日、韩的比较研究》的报告。最后，与黄福涛教授进行了探讨与交流，使大家对高等教育国际化中的教师国际化内容以及比较研究的作用与意义有了更深入的认识与反思。

3月15日　在《教育研究》2013年第3期上发表《论民办高校的公益性与营利性》（与别敦荣、石猛合作）一文。文章认为，民办高校办学具有非商业投机性、公益性、社会效益外溢性、营利性的特点。营利是其生存与发展的必要条件，有利于实现公益性办学目的。民间投资办学具有公共投资替代性，应当制定激励而非限制性政策，鼓励民间资金投资办学，给予民办高校一定的盈利空间，提高民间投资办学的积极性，以促进民办高等教育持续、健康、快速发展。

3月18日　参加厦门大学教育研究院学术报告会，听博士后李欣做《加拿大高等教育的发展历程与现状透视》、汪雅霜博士生做《博士生求学动机类型的实证研究——基于探索性和验证性因子分析的方法》的报告。最后，分别就两个报告提出意见与建议。

3月22日　主编的《现代高等教育思想的演变——从20世纪至21世纪初期》荣获"教育部第六届高等学校科学研究优秀成果奖（人文社会科学）教育学一等奖"，并名列第一位。

3月23日　前往福州大学参加老年教育研究所揭牌活动，被聘请为研究所顾问。仪式结束后举办了"老年教育发展战略座谈会",在讲话中阐述了发展老年教育的重要意义:一是发展老年教育,有利于拉动老年产品的消费;二是发展老年教育,有利于老年人通过各种渠道发挥聪明才智,继续为社会做出贡献;三是发展老年教育,有利于实现家庭幸福安康,维护社会稳定。会后,参观了福州著名的文化景点——三坊七巷。

3月26日　与别敦荣、蔡金萱、黄强等一起,赴厦门南洋学院调研。上午,参观了校园,重点考察实训室;在会上交流时着重指出,民办高等教育是我国高等教育大众化的一支重要推动力量;民办高校办学机制灵活,有利于开展各项改革,希望南洋学院发挥民办高校的优势,灵活办学。下午,参加学生访谈活动,与学生就课堂教学、实训条件、生活服务等方面进行交流。

3月29日　到厦门华厦职业学院参观访问。在该校领导的陪同下参观了学院校史馆;被聘任为华厦学院顾问。在座谈会上,就学院在升本后的办学定位、服务面向、特色专业等方面发表了意见。随后,参观了学院检验科学与技术系的实训室,肯定了学院注重培养学生实践动手能力的做法,建议学院在未来办学中突出药品质量检测技术、食品分析与检验等专业的优势,打造特色专业群,特色办学。

3月30日　晚上,在前埔家中主持"周末学术沙龙",议题是"民办高校发展与2013年考博情况"。

4月1日　参加厦门大学教育研究院学术报告会,听中山大学原校长黄达人教授做《关于调研现代大学制度的一些体会》的报告。最后,向黄达人教授赠送"潘懋元文集"丛书。

4月6日　参加厦门大学建校92周年庆祝大会,在主席台就座。

同日　在厦大人文学院报告厅参加以"感念先贤、感恩母校、感悟责任"为主题的"庆祝厦门大学建校92周年暨教育研究院奖教奖学金颁奖大会"。发表讲话并与刘海峰院长、郑冰冰书记、陈文副书记、别敦荣副院长等一起,分别为获奖的师生颁发证书与奖励,与全体获奖师生在人文学院正门合影留念。奖教金获奖人员有:一等奖,吴薇、郭建鹏;二等奖,李国强、徐岚。奖学金获奖人员有:一等奖,包水梅、李欣、杨岭;二等奖,文静、巴果、范哗、杨倩、熊晶晶、唐汉琦、赵琳琳、陈芳烁、刘亮。管理服务奖获奖人员有：叶燕。

4月8日 参加厦门大学教育研究院学术报告会，听范晔博士生做《乡、会试筵宴与传胪谢恩》的报告。最后，就报告中出现的一些问题提出了意见与建议。

4月13日 晚上，在前埔家中主持"周末学术沙龙"，议题是"网络与高等教育国际化"。参加人员有林善辉、刁瑜、方泽强、辛均庚、刘丽建、罗先锋等。大家踊跃发言后，总结指出：网络是实现高等教育国际化的良好平台和媒介，通过创建月刊来记录中心新闻以及学术动态，使学习者可以更好地把握其发展变化。更好的方法，是把月刊内容电子版上传至网页，将其中内容做适当删减，取其精华，去其糟粕，作为主要更新内容，以供大家进行学习参考以及研究。

4月15日 参加厦门大学教育研究院学术报告会，听周序助理教授做《一个旁观者眼中的比较教育研究》的报告。最后总结中，认为在比较研究的三个阶段当中，周序老师将"和而不同"应作为第一阶段"借鉴"的哲学基础和方法论观点阐释得十分到位，并赞赏与肯定了富有深度的报告内容、生动有趣的报告语言。

4月16日 在前埔家中接受董立平博士关于全国高等教育学专业委员会科学运行和中国高等教育学科创新发展的访谈。恳切希望"全国高等教育理论研究者要以全国高等教育学专业委员会为依托，以每年的学术年会以及中国高等教育学会一年一度的'高等教育国际论坛'和湖南大学、华中科技大学、南京航空航天大学三所高校组织的两年一次的'大学教育思想研讨会'为平台，围绕中国高等教育改革与发展中的重大问题和高等教育基本理论研究中的基本问题进行研究，在高等教育科学理论的指导下从火热的高等教育改革实践中发现问题、研究问题，不断丰富、发展和创新中国特色社会主义高等教育理论，遵循实践研究与理论研究、问题研究与学科建设并行不悖而有所交叉的路线，发展与完善高等教育学科群的建设；加强中国高等教育现代化体系的研究，加强院校研究，加强学校自身内涵建设的研究，加强课程与教学的研究，注重人才培养过程与模式的改革研究，积极探索人才培养质量提高的研究"。最后指出："现在，我们可以自豪的是，'土生土长'而又

'土里土气'的富有中国特色的高等教育研究理论已经屹立于世界高等教育研究理论丛林之中。在不久的将来，作为世界高等教育研究大国的中国必将成为世界高等教育研究的强国，实现中国高等教育研究者之梦！"

4月18日　参加厦门大学教育研究院领导办公会。

4月20日　晚上，在前埔家中主持"周末学术沙龙"，议题是"高等教育适应论"。参加人员有王洪才、董立平、李国强及2011和2012级博士生等。大家踊跃发言后，总结认为：首先，就读者对象而言，要根据他们专业性、研究方向的不同做具体的分析；其次，解决问题首先要明确问题是什么，然后尽量找出原因所在，这样才能更好地明白如何做，找到良好的解决方法，案例分析也是寻找问题的好方法；再者，问题研究要深入浅出，通过搜集案例和故事，挖掘内在含义和寓意，而非停留在表层；最后，社会生产力的提高，必然对教育有更高的要求，人类接受更高层级的教育之后便会追求更高层次的幸福。

4月22日　参加厦门大学教育研究院学术报告会，听南洋学院创办者、现任董事长鲁加升做《南洋学院办学过程的反思》的报告。最后，对此次报告做了精彩总结，高度评价鲁加升董事长的无私奉献、不懈追求的办学精神，并对民办高等教育未来发展前景寄予殷切期望。

4月27日　参加厦门大学教育研究院学术报告会，听李国强助理教授做《高校扩招前后的那些人、那些事》的报告。最后总结中，指出这次报告很好、很生动，并对扩招是偶然的还是必然的、是否符合教育规律这两个问题，提出了见解和补充意见。

同日　晚上，在前埔家中主持"周末学术沙龙"，议题是"高等教育适应论""2012级主题调研讨论"。参加人员有李国强以及方泽强、刘志忠、刘丽建、辛均庚、罗先锋等博士生。大家踊跃发言后，总结认为：应当把"适应论"当成一种工具，论点落足于有利于建设世界一流大学。此外，教育具备两个功能，促进社会的发展和人的发展。而知识的传承多在中小学，大学更多的是传承与创新。

5月4日　晚上，在前埔家中主持"周末学术沙龙"，议题是"高等教育适应论"。参加人员有王洪才、方泽强、辛均庚、董立平、石慧霞等。大家踊跃发言后，总结认为：大学的本质是知识的再生产。在当前，公开谈为知识而知识较少，思想分歧主要表现在人本主义和科学主义或理性主义和功利主义上。对于学术的自由性，要注重规律的作用与反作用以及两条规律的关系，外部规律通过内部规律起作用而内部规律受制于外部规律，对此我们应主动地适应。

5月7日　上午，作为面试组组长，在嘉庚三9楼参加厦门大学教育研究院2013年博士研究生招生专业课面试。

同日　下午，作为面试组组长，在嘉庚三9楼参加厦门大学教育研究院2013年博士研究生招生专业课面试。

5月8日　上午，作为面试组组长，在嘉庚三9楼参加厦门大学教育研究院2013年博士研究生招生专业课面试。

同日　下午，作为面试组组长，在嘉庚三9楼参加厦门大学教育研究院2013年博士研究生招生专业课面试。

5月11日　晚上，在前埔家中主持"周末学术沙龙"，议题是"如何培养、提升学术思维"。参加人员有陈武元、别敦荣、董立平及2011级和2012级博士生。

5月13日　参加厦门大学教育研究院学术报告会，听巴果博士生做《西藏高等教育的昨天、今天和明天》的报告。进行会议总结时，希望巴果作为第一个专门研究西藏高等教育的藏族博士生，毕业返藏后一定要全身心投入到研究西藏高等教育的有益的事业中，为西藏高等教育的拓荒性研究工作贡献自己的智慧和力量。

5月16日　作为主持人的全国教育科学"十一五"规划国家重点课题"高等教育应用型创新人才培养研究"顺利通过鉴定，鉴定结果为"优秀"。

同日　参加厦门大学教育研究院学科评议组会议、院聘委员会会议和领导办公会，其他参会人员有刘海峰、别敦荣、陈武元、张亚群等。

5月18日　晚上，在前埔家中主持"周末学术沙龙"，议题是"校长治校与教授治学"。参加人员有赵叶珠及陈涛、刘志军、董晶晶等2011级和2012级博士生。大家踊跃发言后，总结指出：其一，必须理性看待治校方略，而现实是党政会议决定重大事项；过去是教授治校，现在是校长治校、教授治学，有道理吗？学术自由、学校自治、教授治校、教学科研应有机结合。不可否认，科层制是高等教育的一种进步，但教授应领导学术；其二，在校长治校、教授治学以及治权和治学协调问题上，因为教授没有学术权力，所以教授无权治学，学术委员会应有学术权，而不是咨询权，但现实中却很难实现。校长代表的是行政权力，校长不搞课题，其精神可嘉，但有可能脱离实践。

5月23日 参加厦门大学教育研究院领导办公会。

5月25日 主持的中国高等教育学会重大研究项目"做强地方本科院校"课题鉴定会在厦门大学校友总会会议室举行，进行结题汇报，顺利通过鉴定。鉴定专家组成员有：李延保（组长）、史静寰、谢桂华、雷庆、卢晓中。高教学会领导有：会长瞿振元、名誉副会长赵书生、学术部主任高晓杰。

同日 晚上，在前埔家中主持"周末学术沙龙"，议题是"2012级博士生开题讨论"。参加人员有瞿振元、高晓杰、别敦荣、陈武元、董立平及2011和2012级博士生等。大家踊跃发言后，总结认为：第一，日本的高考制度主要是选拔性考试，中国台湾有关于高职招生考试的研究；第二，关于高职招生问题，目前就是一种歧视态度，要研究政府能力，并进行测量，从中国国情出发，可借鉴法国经验，对高职毕业生进行人事制度改革；第三，应考虑设置本科高职；第四，在大学属性问题上，私立和公立的划分无意义，可以用营利性和非营利性来划分。民办教育具有改革创新的优势，值得学习。

5月27日 参加厦门大学教育研究院学术报告会，听胡永红博士生做《日本高职教育的历史与特点》的报告。最后，对报告进行了重要补充，并提出了一些意见和建议。

5月30日 参加厦门大学教育研究院学科评议组会议、领导办公会。

5月 被聘请为泉州幼儿师范高等专科学校《儿童发展研究》校刊编辑部高级学术顾问。

6月1日 晚上，在前埔家中主持"周末学术沙龙"，议题是"巴果、方泽强预答辩""2012级调研讨论"。大家踊跃发言后，总结认为：小组要突出调研企业，访谈企业领导。方泽强的预答辩内容存在软肋，应避开学前教育学、普通教育学、高等教育学等都应成为一级学科这一问题；教育贸易应转变为教育交流；高等教育学成为一级学科的现实需求。

6月2日 与邬大光副校长、郑冰冰书记、别敦荣副院长一起，率2012级博士生调研团共19人赴上海电机学院，开展为期7天的学术调研。首站抵达上海师范大学，听张民选校长做高等教育发展愿景的报告。

6月3日 上午，在上海电机学院黄兴华副校长带领下，参观该校工业技术中心和学生事务中心，参加专题介绍会。

同日 下午，指导厦门大学教育研究院2012级博士调研团在上海电机学院开展各类调研活动，参加调研座谈会。

6月5日 在上海师范大学徐汇校区会议中心做题为《两条规律与"认知理性"》的报告。其一，深刻阐述了教育"两条基本规律"的几层含义，指出规律中的"相互关系"在活动上是"相互适应"，包括"受制约"与"起作用"两个方面，并非简单地被动适应；其二，从教育史上人文主义与科学主义、理性主义与功利主义思潮之争来探讨为学术而学术的"理性视角"的局限性。

6月6日 应邀到上海交通大学高等教育研究院，为全院师生做了一场题为《敢为天下先》的学术讲座。回顾大半个世纪的教学生涯，深情地说"我的理想就是当教师，当一个好老师"，在小学执教之初即立志要做一名优秀的教师，"一生最为欣慰的是：我的名字排在教师的行列里"，"如果再让我选择一次，我还会选择教师这个职业"。此外，还特别谈到，做学术研究要有坐"冷板凳"的精神，敢于失败和勇于接受失败；也要有创新精神，认真学习科学知识，培养丰富的想象力，积极参与实践。一个多小时的报告结束后，回答了现场同学的提问，使上海交通大学师生受益匪浅。

6月7日 参加在上海电机学院临港校区图书馆会议室举行的调研反馈会，做题为《两条基本规律》的学术报告。同时，以"两个感谢""一个祝贺"表达了自己的心情。对上海电机学院即将到来的建校60周年表示热烈的祝贺。

6月9日 在厦大逸夫楼房间与刚由临沂调到济南工作、应邀作为答辩委员前来参加博士生答辩会的韩延明亲切交谈，详细了解了他申请调动的情况、目前新岗位适应和熟悉工作的情况，为其履新乐业出谋划策，鼓励他尽快适应、熟悉、融入新的工作岗位，并继续在高等教育研究领域发挥作用、发表成果。体现了对学生的深切关怀。

6月10日 上午，参加厦门大学教育研究院博士生方泽强、巴果的学位论文答辩会，介绍了自己指导的博士生方泽强、巴果的学习情况，并发表了一些相关的学术见解。答辩委员会成员还有杨德广（主席）、韩延明、李泽彧、邬大光、别敦荣。

同日 下午，参加厦门大学教育研究院博士生刘文霞、杨倩的学位论文答辩会。答辩委员会成员有杨德广（主席）、潘懋元、韩延明、刘海峰、林金辉。

6月11日 参加厦门大学教育研究院高教讲座（第24期、第25期），听上海师范大学前校长杨德广教授作《对当前高教研究中几个争论问题的思考》，临沂大学前校长、中共山东省委党史研究室一级巡视员韩延明教授作《创新思维漫谈》的报告。最后做了总结性学术点评。

6月14日至15日 赴北京，应邀参加中国高等教育学会召开的"中国高等教育学会成立三十周年暨表彰大会"（又称"加强社团建设，服务改革发展"学术研讨会），并做了重点发言，还为被评选上的30位"从事高教工作逾30年高教研究有重要贡献学者"颁发了荣誉证书。

6月15日 晚上，与在京和参会的厦门大学教育研究院博士毕业生张德祥、胡建华、别敦荣、吴岩、叶之红、韩延明、刘振天、赵婷婷、刘承波、高宝立、高晓杰、朱国仁、朱建新、洪艺敏、张洪亚、唐景莉、刘自团、游玉华、卢彩晨、阎飞龙、郭君、王超、刁瑜、肖海涛等在紫光大厦宴铭园座谈交流，畅谈高等教育研究新发展，并共进晚餐。

6月18日 应邀参加"中共厦门大学第十次代表大会"开幕式。

6月20日 在《中国高教研究》2013年第6期上发表《"协同创新"的高等教育研究》一文。文章指出，高等教育的改革、提高、创新、发展是一个不断探索前进的过程，也是一个理论前沿的课题。目前教育部启动的"2011计划"，对协同创新中心的构建，有比较明确的要求，并且特别重视以哲学社会科学为主体，通过高校、科研院所等，建设面向文化传承创新的协同创新中心，提升国家文化软实力。该文对中国高等教育研究的历史脉络进行了总结、回顾、梳理，并为开启今天的中国特色高等教育思想体系研究提供了理论准备。后发表于《中国教育科研参考》2013年第14期。

6月22日 晚上，在前埔家中主持"周末学术沙龙"，议题是"2012级博士生上海调研汇报"。参加人员有别敦荣、刘志忠、胡永红、李玲玲、罗先锋、刘丽建等。大家踊跃发言后，总结认为：要考虑调研报告的内容概要和结构布局，理论是从实践中引出的例证。此外，要重视素质教育。

6月24日 为厦门市思明区红十字会爱心工程捐款人民币1200元整。

6月25日 为梁燕玲翻译的《美国高等教育的历程》（教育科学出版社2012年10月版）一书撰写评论《〈美国高等教育的历程〉（第2版）——一部实践理性的教育史》。文章认为，该著作把社会发展历程与高等教育发展历程结合起来，运用教育发展的内外部关系规律，分析历史现象，探讨历史问题，以问题为主线，运用统计数字、报刊资料、教育政策、法庭判例、前人的研究成果和作者所接触的实例，描述了美国高等教育各种教育理念、模式、事件的盛衰兴替历程。

6月27日 参加厦门大学教育研究院领导办公会。

6月28日 在厦门大学教育研究院接见广西幼儿师范高等专科学校校长袁旭率领的考察团，并就如何提高学前教育专业的人才培养质量等问题进行了交流。

6月30日 上午，出席在湛江师范学院举行的，由中国高等教育学会高等教育学专业委员会主办、湛江师范学院与台中教育大学联合承办的"教授治学与大学治理"两岸高端论坛，并在论坛上做题为《理想与现实：教授治学与大学治理》的主题发言，从现代大学制度建设的角度出发，充分肯定了本次论坛主题的现实价值，并向大家提出两个问题：一是教授治学主张的准确性、科学性和可行性问题，二是在中国大学制度框架下教授治学如何实现的问题，为论坛的学术研讨提供了重要的指引。

同日 下午，听分论坛报告。

7月1日 参加分组讨论及论坛闭幕式。在闭幕式的讲话中，对本次论坛进行了总结，提出了教授治学与大学治理在"理想与现实"上的分殊，阐述了教授治学的特定意涵，肯定了与会者的优异表现。论坛闭幕后，在湛江师范学院罗海鸥院长的提议下，93岁高龄的潘先生及与会专家参加了植树活动，在新区种下一棵香樟树以示纪念。

7月2日 上午，因台风突袭，航班取消。在所住房间与张应强、韩延明、陈廷柱、刁瑜促膝交谈，谈治学，谈人生，谈社会，谈个人的成长经历，并就《潘懋元教授纪事年表》续编之事与韩延明交换了意见，进行了具体指导。

同日 下午，参加"潘懋元先生荣誉教授聘任仪式暨学术沙龙论坛"，被院长罗海鸥授予湛江师范学院荣誉教授。聘任仪式结束后，就"技术是否能带领教育走得更远"这一主题同与会者开展座谈讨论。张应强、韩延明、陈廷柱与湛江师范学院领导、各二级学院教授代表出席了受聘仪式和座谈会。

7月3日 考察中国人民解放军海军南海舰队湛江基地，并登上两艘护卫舰参观。同行人员有张应强、韩延明、陈廷柱、梁燕玲、范冬清、刁瑜等。

7月4日 福建省委教育工委、省教育厅、省财政厅联合发出通知，确定并公布了2012年度福建省高校领军人才资助人选名单，潘懋元先生名列其中。根据《福建省高等学校百名领军人才资助计划实施办法》，潘先生以全国普通高校人文社会科学研究优秀成果奖一等奖获得者获得资助。

7月5日 为袁旭、李艳荣、张文军所著的《幼儿教师教育一体化模式创新与实践框架》（教育科学出版社2013年10月版）一书作序。序文认为，该书以教育一体化的理论为依据，对幼儿教师发展进行全方位、多层次、多维度的论述，充分体现了系统论的方法论与一体化的理念。从两个方面阐述了该书的价值所在：在理论创新上，提出总体理论模型，包括构建幼儿教师的胜任力模型、职业能力形成模型和不同阶段的能力图谱；在实践框架创新上，提出分层分类培养培训整体方案。

7月6日 为韩延明所著的《大学文化育人之道》（高等教育出版社2013年10月版）一书作序。序文指出："大学文化宛如一首无言的诗、无声的歌，像空气一样包围着受教育者，使其不知不觉地、心甘情愿地接受其熏陶。大学文化育人的魔力就在于它能让自然环境人格化，让墙壁说话，让石头唱歌，让流水吟诗，让花草作画……使天然的、人造的环境都透视出一种理念，编织成一种特色，展现出一种独特的人文精神！大学文化育人是濡染的、绵延的，影响久远。……读完整本书稿，感觉有以下突出特点：新颖、严谨、文笔流畅。新颖，是指全书的结构体系和内容颇有独到之处，给人以新鲜之感；严谨，是指全书的整体框架、各章的顺序排列，有较强的逻辑性；文笔流畅是作者的一贯文风，作者饱读文史，深受中国优秀传统文化的濡染，有着宽厚的文化底蕴。"

7月11日 参加厦门大学教育研究院领导办公会。

7月15日 为车如山所著的《甘肃高等教育近代化研究》（科学出版社2014年4月版）一书作序。序文认为：车如山博士的《甘肃高等教育近代化研究》，是从纵剖面论述区域高等教育的近代发展历程，探讨发展规律。"观今鉴古"，历史的经验、规律对现实的研究有重要的参照意义。希望继《甘肃高等教育近代化研究》之后，作者本人或同他人合作研究"甘肃高等教育的现代化历程"。

7月22日 出席在厦门市委党校举行的厦门大学首届青年骨干教师培训班开班仪式，并做题为《大学教师发展的理念、内涵、方式、动力》的首场专题报告，深刻阐明了大学教师发展与大学教师培训的区别；深入剖析了大学教师发展的三个内涵，即学科专业水平、教师职业知识技能以及师德；深透分析了促进大学教师发展的动力因素，并就如何扩展教育大学教师的方式与学员进行了热烈探讨；最后饱含深情地说："我的事业是什么？是学生。""我的追求，就是我的学生能够很好地成长。"

7月25日至27日 应邀参加由中国石油大学（华东）主办的"全国高等教育高层论坛"和"第十届石油高校本科教学工作研讨会"。开幕式上，做了题为《大学教师发展的概念、内涵、方式、动力》的报告。

7月26日 晚上，到会的弟子为潘先生庆贺九十三岁生日，同唱"祝你生日快乐"歌，共祝先生"福如东海长流水，寿比南山不老松"。潘先生起立发表了致辞："同学们，你们说什么人最幸福？"还不等大家反应过来，他接着说："我说老师最幸福。在人类中，最受人景仰的有三种人：一是接生婆，迎来生命；二是医生，救死扶伤；三是教师，育人成长。而教师培养的是正在成长中的个体，而这些个体又是未来的栋梁和希望，所以教师最幸福。教师是天底下最幸福的人！"

7月28日 在《大学教育科学》2013年第4期上发表《研究大学校训，弘扬大学精神——〈大学校训论析〉序》一文。

7月31日 在《中华读书报》第23版上发表《实践理性的美国300年高等教育史书》一文。文章总结了亚瑟·M.科恩《美国高等教育的历程》这本著作的特点：（1）把社会发展历程与高等教育发展历程结合起来，运用教育发展的内外部关系规律，分析历史现象，探讨历史问题；（2）每一个阶段的高等教育发展基本上分为院校、学生、教师、课程（教学）、管理、财政6个项目进行研究，以问题为主线，运用统计数字、报刊资料、教育政策、法庭判例，以及前人研究成果和本人所接触的实例，有血有肉地刻画了美国300多年的高等教育，尤其是近半个多世纪来美国高等教育的演变；（3）每个阶段的最后一部分为"成效"，概括本阶段高等教育发展变化的特点。

8月1日至6日 携儿女及孙辈飞往台湾澎湖列岛旅游。

8月22日 为《严雪怡文集》（上海教育出版社2013年9月版）一书作序。序文认为，严雪怡先生的职业技术教育思想，贴近实际而广博精深，在职业教育领域有广泛影响；虽然严雪怡先生的实践与研究主要在职业技术教育领域，但他许多创新的理论与精辟的见解，对于普通高等教育，也有重要意义。

8月26日 为董立平所著的《高等教育管理价值通论》（厦门大学出版社2014年5月版）一书作序。序文指出，价值是作为主体的人对作为客体的事物在行为上的意义、指向与目的追求。高等教育管理，是办学者的行为。它的价值，体现其行为的意义、指向与目的追求。这是高等教育管理的核心问题，也是管理研究的深层次理论问题，属于管理哲学的范畴。对于管理价值的不同理解，必将导致不同的管理行为和管理方式，达到不同的管理效果。因此，管理价值的研究具有重要的现实意义。该专著吸纳了哲学、历史学、伦理学、法学、管理学以及高等教育学诸多学科观点，对价值、管理价值、高等教育管理价值进行了多层次、不同角度的研究。

同日 撰写纪念中国现代教育学家、心理学家、哲学家陈元晖先生100周年诞辰的文章——《一位教育与哲学双辉的学者》。文章回顾了与陈元晖先生多年的交往与情谊，简述了陈元晖先生的人格魅力及学术贡献。最后指出：

"陈元晖同志以一位革命老干部而专心从事研究工作，在学术界具有崇高的声望和地位。……正是由于他对高等教育科研的重视，促成了高等教育学作为教育学门类的二级学科的建制，使高等教育学科在中国能够顺利地发展。如今，陈元晖同志虽然已离开人世18年了，仍然活在我和许多后学者心中。"后收录于《教育学家之路——陈元晖100周年》一书（东北师范大学出版社2013年10月版）。

9月9日 在第29个教师节来临之际，接到福建省委书记尤权的书面问候。

9月14日 晚上，在前埔家中主持"周末学术沙龙"，议题是"暑假见闻"。大家踊跃发言后，总结指出：农村并校可节省开支，但小学生住宿问题难以解决，只有深入基层，才能真正了解农村及偏远地区的教育现状。中职教育的发展具有历史阶段性，从世界范围来看，二战前重视中职，二战后重视高职。在中国，以厦门大学为例，高职教育仍旧发展缓慢，东盟国家的发展主要还是依靠高职。

9月16日 上午，为厦门大学教育研究院新生作题为《认识你自己》的入学教育致辞。首先，从词源学的角度区分了学术型博士与教育博士；其次，指出硕士生教学培养计划，包括教学目标、培养规格等方面都需要适时进行修订；最后，鼓励大家在研究生学位教育领域进行积极探索。

9月17日 上午，参加由贵州师范大学承办的"中国—东盟教育和人才可持续发展研讨会"并在开幕式上做主旨发言，认为中国与东盟国家要在彼此的学习中相互发展，这对人才培养和教育可持续发展有很大的好处，并从高等教育大众化、职业技术教育、民办教育（私立大学）和教育国际化四个方面进行了论述。会后，与东盟国家代表合影留念。郑冰冰、史秋衡、黄建如陪同，刁瑜随行。

同日 下午，到贵州师范大学教育科学学院与师生们进行座谈交流。回顾了贵州师范大学的发展历史以及与厦门大学深厚的历史渊源，肯定了贵州师范大学在贵州的重要地位，并就贵州省教育学博士点建设问题提出了具体的建议和意见，强调教师发展与教师培训的重要性。贵州师范大学党委副书记邓惠宾，教育科学学院党委书记杨建原以及师生代表共计80余人参加了座谈会。

9月23日　参加厦门大学教育研究院学术报告会，听洪志忠助理教授做《大学史上的谋杀案：林文庆的枯荣与浮沉》的报告。

9月25日　被评为厦门大学首届"我最喜爱的十位教师"。颁奖词如下："十五从教，他历80载春秋，鲐背之年仍居教学科研第一线。爱生如子，他关怀晚辈，作育英才，桃李遍天下。敢为人先，他开创新学，尊为中国高等教育学科奠基人。杏坛传道，他著作等身，荣膺中国高等教育研究终身成就奖。从教乐教，他治学严谨，无愧中国教育界的师范楷模。一心研学，他薄名精艺，当仁治学先锋，新学泰斗。"

9月26日　应厦门市社会科学院之邀，携张亚群、刘丽建一起，参加重建"同文书院"揭牌仪式。参观了同文书院图片展，听取厦门市文史专家做厦门书院历史报告，并做点评，还就科举考试中"八股文"的写作规范问题作了发言。

9月28日　晚上，在前埔家中主持"周末学术沙龙"，议题是"2013年高等教育国际论坛（区域高等教育）"。参加人员有文静、刘丽建、董立平、罗先锋等。大家踊跃发言后，总结认为：从历史文化因素看，黑龙江、陕西两省高等教育发展远超过其经济发展，但黑龙江高等教育是人为干预的方式形成的，陕西高等教育是自然形成的。研究区域高等教育只考虑经济因素是不够的，还要考虑社会因素。高等教育要均衡经济、社会与内在价值三者发展。学科专业调查和产业发展要注意一定的数据分析。

9月30日　参加厦门大学教育研究院领导办公会。

9月　在《西安欧亚学报》2013年第3期上发表《高等学校学术带头人的选拔与培养》一文。文章首先从"选谁""谁来选拔""如何选拔"展开论述，围绕这三个方面阐述了高等学校学术带头人的选拔问题；接着从"培养原则""培养方法"两个方面论述了高等学校学术带头人的培养问题，提出课程学习、学术活动、论文工作、思想修养是培养学术带头人的具体方法。

9月　给厦门大学教育研究院博士生授课。

10月4日　为周仲高所著的《教育人口学》（社会科学文献出版社2014年5月版）一书作序。序文分析了研究教育人口学的背景、该书的基本框架，认为该书所涉及的研究领域十分宽广，后续研究工作繁重，希望作者能在今后的研究之中，不断加以充实、完善，取得更加深入的研究成果。

同日 为黄福涛博士参加浙江大学长江学者讲座教授候选人评选撰写推荐信。简要介绍了黄福涛博士求学经历，着重说明了其学术成果，认为黄福涛博士的学术影响和专业经验将有助于浙江大学教育学院的国际化建设和高等教育学学科发展。

10月5日 至上海，出席由上海电机学院承办的"大学生态与人才培养"国际论坛，并在总结点评环节中做主旨发言。发言指出，生态学的观点与方法实质是可持续发展的观点与方法，并以上海电机学院为例进行了具体阐述。博士生吴滨如随行。

10月6日 参加上海电机学院庆祝建校60周年大会，受聘为第五届发展战略咨询委员会名誉主席，荣获上海电机学院第二届"终身成就奖"。为答谢在该校60年发展历程中做出突出贡献的学者、专家和单位，上海电机学院评选出每五年一届的"终身成就奖"，用于表彰忠诚于党的教育事业，德高望重，在关爱学生、教书育人、管理育人等方面成就卓著，对该校发展做出里程碑式贡献，在社会各界具有广泛认同和良好声誉的人士。

10月10日 在《河南教育（高教）》2013年第10期上发表《现代大学校长的教育视界——黄琦〈大学校长访谈录〉评介》一文。

10月12日 晚上，在前埔家中主持"周末学术沙龙"，议题是"2013年高等教育国际论坛参会报告（续）"。参加人员有辛均庚、罗先锋、刘丽建、胡永红、李玲玲、刘志军等。

10月14日 参加厦门大学教育研究院学术报告会，听参会博士生做《2013中国高教学会博士生论坛赴会论文报告》。

10月15日 下午，至济南，韩延明和济南大学副校长蔡先金一起，去济南机场迎接并带领参观市区。一路上，望着车外的景观侃侃而谈：一是谈到了山东的巨大变化，对济南近几年的市区改造大加赞赏；二是谈到了山东的特色文化，比如稷下学宫、泰山、黄河、三孔、山东快书、山东梆子等；三是谈到了山东的高等教育，认为山东是高等教育大省，也应该成为高等教育强省。

10月16日 上午，出席"济南大学高等教育研究院揭牌典礼暨齐鲁高等教育高峰论坛"。受聘为专家指导委员会顾问，并和山东省教育厅郭建磊副厅长、济南大学范跃进书记、程新校长一起为济南大学高等教育研究院揭牌。在致辞中，从大学设立高等教育研究机构的意义谈起，认为大学要取得显著发展，需要有一个良好的研究平台。成立高等教育研究院，对于济南大学抓住高等教育大发展的历史契机、实现创建高水平大学的战略目标，具有重大意义。同时，对高等教育研究院的发展也提出了建议和期望。别敦荣、胡建华、阎光才、陈廷柱、韩延明等应邀出席。

同日 下午，在韩延明、蔡先金等陪同下，去趵突泉公园和大明湖游览。和弟子们一边欣赏，一边交谈，一边拍照，游兴甚浓，十分开心。并见景生情，以渊博的知识，给大家讲了与趵突泉、大明湖、济南府等相关的一些历史名人及其逸闻趣事，夹叙夹议，史论结合，甚为惬意。

10月17日 上午，在别敦荣、韩延明陪同下，赴山东英才学院进行访问、讲学。在总结发言中阐述了我国民办高等教育存在和发展的理论与现实依据，肯定了英才学院取得的成就，指出我国民办教育发展有两个重大的意义：一是利用社会的资金来发展教育，减少国家财政负担，有利于教育事业的多元发展；二是民办学校、民办教育立足教育现代化，主动适应社会发展需求，探索现代教育制度，可以为我国教育改革和发展提供借鉴。

同日 下午，赴山东交通学院进行访问、讲学。在报告中提出了一系列值得深思的问题，包括为什么要重提应用型人才培养这个问题，其针对性是什么，蔡元培关于"研究高深学问"的大学观是否普遍可行。指出高等教育主要培养两类人才：一类是认识世界的人才；一类是改造世界的人才。前者的需求是少量的，而后者却大量需要。山东交通学院鹿林院长主持会议并致欢迎辞。

10月19日 晚上，在前埔家中主持"周末学术沙龙"，议题是"上海电机学院总结汇报"。对胡天佑关于上海电机学院总结汇报、李家新关于技术本科人才培养模式以及刘丽建突出产学研特色的研究，分别做出了具有针对性的建议与指导。

10月21日 上午，参加厦门大学教育研究院高教讲座（第26期），听英国赫尔大学副校长帕斯比（Ian Robert Pashby）教授做题为"Developments in Transnational Education"的报告，由赫尔大学助理教务长兼国际办公室副主任方晓翻译。会上，与帕斯比教授探讨了高等教育国际化的模式与发展趋势等问题。

同日 下午，参加厦门大学教育研究院领导办公会。

10月下旬至11月中旬 给厦门大学教育研究院博士生授课。

10月25日 至武汉，参加在华中科技大学举办的中国高等教育学会高等教育学专业委员会成立20周年庆典暨2013年学术年会，并做题为《在高等教育学科中，如何对待变与不变》的主旨发言。发言指出，变与不变，虽然是体现在实践层面的现实问题，但许多问题，根子在高等教育的基本理论——价值观，质量观，发展观，高等教育功能，高等学校职能，等等。这是高等教育学科建设不能回避的问题，也是高等教育理论工作者的社会责任。

10月26日 出席在华中科技大学举行的《高等教育研究》编辑部征求意见专家研讨会。高度褒奖《高等教育研究》创办已取得的成绩与荣誉，对该学刊坚持不收版面费的做法给予充分的肯定，热情寄语"坚持刊出高水平的学术文章"。会议由高等教育学专业委员会理事长、华中科技大学教育科学研究院院长张应强教授、《高等教育研究》副主编曾伟共同主持。

10月27日 参加由张应强理事长主持的"庆祝中国高等教育学会高等教育学专业委员会成立20周年座谈会"。

10月28日 至厦门，参加澳大利亚西悉尼大学教育研究院三位教师与厦门大学教育研究院的座谈会。

10月30日 作为开题指导教师组组长，参加厦门大学教育研究院博士生罗先锋、黄云碧、陈迎红、岳峰、钟焜茂、周琬謦等6人的学位论文开题报告会。

10月 为李进金主编的《地方高校教师教育改革与发展研究》（厦门大学出版社2013年12月版）一书作序。序文分析了该研究的时代背景，指出一书四册涉及义务教育均衡发展的方方面面，相信这些研究成果的出版，对全国地方师范院校的教师教育和县域义务教育的均衡发展，都有参考、借鉴的价值。

10月　主编的《高等教育学》一书由福建教育出版社出版。

10月　应邀为《高等教育评论》题词："高等教育评论创刊致贺　深化高等教育改革　给力高等教育发展。"

10月　为主编的《做强地方本科院校的理论与实践研究》（高等教育出版社2016年4月版）一书撰写前言。文中写道："强国必先强教，强教重在高教。把地方本科院校做强，不仅是地方本科院校的愿望，更是高等教育强国所提出的使命。做强地方本科院校的核心在于提高人才培养质量，造就大批应用型人才，解决我国高等教育应用型创新人才不足的问题。做强地方本科院校需要一个长期建设的过程，要在明确办学定位基础上，不断改革创新，探讨解决专业设置、课程体系、教学方法、产学研合作、教材建设、教师专业发展以及评价指标体系等关键环节的问题，使地方本科院校的应用型教育落到实处，从而推动我国高等教育由大到强。"

11月1日　向厦门市思明区红十字会捐款人民币1700元整。

11月2日至3日　至宁波，参加由中国高等教育学会主办、宁波市教育局承办、宁波大学协办的2013年高等教育国际论坛。论坛主题为"改革·质量·责任：高等教育现代化"。2日晚，为博士生导师报告会暨闭幕式做总结发言。其一，肯定了此次国际论坛取得的显著成果。论坛为国内外专家学者搭建了高水平的交流平台，也为加深了解相互间高等教育的改革发展提供了一个学术窗口；论坛所形成的理论成果，对于我国高等教育的改革实践将会产生积极的影响；其二，提出了自己对目前我国高等教育发展的担忧，涉及博士生培养与民办教育发展问题。闭幕式后，同与会者合影留念。

11月4日　参加厦门大学教育研究院学术报告会，听东北师范大学信息技术教育研究所所长董玉琦教授做《教育技术学研究新范式及其在高等教育中应用的可能性》的报告。

11月8日至9日　赴梅州出席由嘉应学院承办的"两岸四地教师教育发展"学术研讨会。被授予嘉应学院荣誉教授。做题为《大学教师发展的理念、内涵、方式、动力》的报告，从"教师培训"与"教师发展"的区别与联系、大学教师发展的内涵、大学教师发展方式以及大学教师发展的动力四个方面做了论述。来自两岸的学者以及国内外高校的知名专家100余人参加了该论坛。

11月11日 参加厦门大学教育研究院学术报告会，听2012级博士生做《上海电机学院调研报告》。

11月12日 接受王洪才教授就"教育内外部关系规律"所进行的专访。后以《教育内外部关系规律学说：中国教育学发展的一面镜子》为题，发表于《苏州大学学报（教育科学版）》2013年第1期。

11月16日 作为开题指导教师组组长，参加厦门大学教育研究院博士生潘军、许琦红、徐晓丹、王贺元的学位论文开题报告会。

同日 晚上，在前埔家中主持"周末学术沙龙"，议题是"陈兴德、覃红霞访美报告""十八届三中全会文理取消分科，如何评价"。参加人员有吴岩、吴雪慧、文静等。

11月17日 受厦门大学教师发展中心和人事处等邀请，为厦门大学新进教师做了题为《大学教师发展的理念、内涵、方式、动力》的学术报告。

11月18日 参加厦门大学教育研究院高教讲座（第27期），听台湾亚洲大学杨国赐教授做《大学教师专业发展：台湾经验的分享》的报告。

同日 参加厦门大学教育研究院高教讲座（第28期），听台湾淡江大学教育政策与领导研究所所长杨莹教授做《台湾教学卓越计划对教师专业成长的影响途径》的报告。最后向两位教授赠书并合影留念。

11月19日至20日 至泉州，应邀为泉州信息学院干部和部分师生做题为《应用型本科建设问题》的报告，从人才培养类型、高等教育分类定位问题谈起，根据应用型本科定位建设要求，提出注重转变观念、课程建设和师资队伍建设等应对策略。泉州信息学院副董事长陈笃彬教授、院长林东教授、党委书记曾亚雄教授、常务副院长黄克安教授以及学院各部门的负责人和全校教职员工参加了报告会。博士生陈斌随行。

11月23日 晚上，在前埔家中主持"周末学术沙龙"，议题是"广州科技职业技术学院崔英德院长等介绍高职情况"。

11月25日 参加厦门大学教育研究院学术报告会，听辛均庚博士生做《高等教育：知识经济的财富》的报告。

11月29日 携厦门大学教育研究院2013级博士生访学团赴泉州理工职

业学院参观调研。上午，在泉州理工职业学院董事长吴金营、院长臧树良教授等校领导的陪同下，先后参观了学院的教学楼群、实验实训设备、汽车文化馆、永不止步展馆、学生宿舍及学院的空中网球场、游泳池，并与该校领导合影留念。

同日 下午，带领访学团参加泉州理工职业学院举办的民办高校战略发展研讨会，接受校董事会董事聘书。在座谈中，对该校在办学过程中形成的两大特色、吴董事长高度重视科学研究的理念给予了高度评价和肯定，指出未来高等教育的希望在民办，希望学院百尺竿头，更进一步，实现跨越式发展。

11月30日 晚上，在前埔家中接待了深圳大学高教所全体师生。当晚沙龙的主题为"深大高教所张祥云等专访""科层制与行政化问题"。

11月 因承担的教育部"新世纪高等教育改革工程"重点项目研究成果《现代高等教育思想的演变——从20世纪至21世纪初期》（广东高等教育出版社2008年版）一书，荣获教育部第六届高等学校科学研究优秀成果奖（人文社会科学）著作一等奖，给参与者柯佑祥、赵婷婷、高新发、卢晓中、张彤、肖海涛写信，请告知银行卡号，以便汇送奖金。

12月2日 应邀出席在厦门大学科学艺术中心三楼报告厅隆重举行的蔡启瑞院士百岁生日暨厦门大学催化学科创立55周年庆祝大会。出席大会的嘉宾还有杨裕生院士、何鸣元院士、李灿院士、中科院福建物构所党委书记洪茂椿院士、陈懿院士、包信和院士、陈小明院士、梁文平教授、中科院田昭武院士、张乾二院士、黄本立院士、万惠霖院士、赵玉芬院士、郑兰荪院士、田中群院士，以及厦门市副市长黄强等人。化学化工学院党委书记林辉主持大会。

12月8日 上午，参加厦门大学教育研究院博士生张劲英、刘莹的学位论文答辩会。答辩委员会成员有卢晓中（主席）、阎凤桥、潘懋元、史秋衡、张亚群。

同日 下午，受邀参加中外合作办学国际顾问委员会暨第一次成立大会。会上，介绍了中外合作办学的宗旨、任务和组织机构，肯定了中外合作办学中心取得的可喜成绩，指出教育质量是办学的生命线，中外合作办学要朝保持高质量、可持续发展方向迈进。受聘为厦门大学中外合作办学研究中心第一届国际顾问委员会委员、名誉主席。

12月9日 参加教育部国际合作与交流司为会议支持机构,厦门大学中外合作办学研究中心、福建省教育厅、中国高教学会中外合作办学研究分会(筹)主办的第四届全国中外合作办学年会——"中外合作办学质量建设"国际学术研讨会,并做大会主题发言。指出中外合作办学质量建设的核心问题在于优质的师资和优质的课程,并对此进行了详细论述。认为随着MOOCS的到来,在中外合作办学的过程中还有许多新的问题有待研究。

12月10日 在《临沂大学学报》2013年第6期上发表《探讨大学文化育人之道,提高大学文化育人之效——〈大学文化育人之道〉序》一文。

12月14日 晚上,在前埔家中主持"周末学术沙龙",议题是"院友来访及2012级Ph. D. 开题预报告"。参加人员有张德祥、周川、张应强、胡建华、别敦荣、韩延明、卢晓中、陈武元、刘少雪及2012和2013级博士研究生等。大家踊跃发言后,总结指出:论文选题应注重国内外已有的研究成果,尽量详细说明研究思路,论证采取的研究方法,探寻可能存在的创新点以及研究者和研究过程遇到的有利条件、困难和问题。

12月15日 参加由中国高等教育学会高等教育研究机构协作组、厦门大学教育研究院主办的"高教研究的走向与高教研究机构的责任——高教研究的智库建设高端论坛",并在闭幕式上做总结发言。肯定了"请懂得智库的人谈智库、请专家来漫谈智库"的会议形式及各位专家对高教研究智库建设的集思广益。提出智库是对重大问题提出有理有据的建言献策;智库主要是事前的,但不排除在决策后的解读;应允许层次性智库的存在,学校智库满足微观的校本研究,地方性智库满足地方性决策需要,全国性智库满足国家宏观问题研究的需求;高教学会应主持全国性智库的建设,实现重大协同创新。

12月16日 参加邬大光主持的中国高等教育学会重大研究课题"高等教育强国的内涵、本质与特征"结题鉴定会,最后发言指出,要注意课题的"顶层设计",之后齐头并进。高教强国的内涵、本质与特征,应该是高教强国的灵魂、依据。要准确阐释高等教育强国的定义。此外,要注意分类、综合,要使用最新的数据,要有充分的比较,要注意团队作战,有协作精神等。

课题鉴定专家组成员有王英杰（组长）、眭依凡、瞿振元、韩延明、马陆亭。

12月19日 受厦门大学教师发展中心邀请，为新疆高校研究生教育改革与发展高级研修班做了题为《研究生培养的理论与经验》的报告。围绕选拔人才的要求、考试与考核、选拔与录取三个方面展开论述，强调要关心研究生的思想、感情、生活、爱好，但不宜干涉私生活。

同日 在《高校教育管理》2014年第1期上发表《对我国应用型本科院校发展战略的思考——潘懋元先生访谈录》一文。

12月21日 晚上，在前埔家中主持"周末学术沙龙"，议题是"2012级博士生开题预演"。参加人员有露丝·海霍（许美德）、冯生、黄鸿鸿等。大家踊跃发言后，总结认为：在儒家思想对高等教育的影响与西方宗教对高等教育的影响上，西方大学发展关键在于工业革命而非宗教因素。中国虽有洋务运动，但工业始终未有效发展。在研究生的培养上，要教然后知困，知困然后能自强；师不必贤于弟子，弟子不必不如师；得天下英才而教育之。最后指出，高等教育和课程改革的主要问题，是课程主要关注研究型大学，而忽视了地方高校。

12月下旬至翌年1月中旬 给厦门大学教育研究院博士生授课。

12月23日 参加厦门大学教育研究院学术报告会，听刘志忠做《后现代课程观视域下的高校课程改革》、陈涛做《高等教育"学科专业目录"的形成、问题与逻辑》的报告。

12月25日 作为开题指导教师组组长，参加厦门大学教育研究院博士生刘丽建、辛均庚、李玲玲、刘志忠、蔡怡豪等5人的学位论文开题报告会。

12月27日 主编的《中国高等教育自主发展路径研究——学术理念、学术语言与学术评价的视角》荣获福建省人民政府颁发的"福建省第十届社会科学优秀成果二等奖"。

12月28日 上午，赴汕头大学参加"以整合思维为特色的先进本科教育模式综合改革"的结题报告会，并担任课题评审专家组组长，担任课题评审的专家还有大连理工大学副校长李志义教授、华南理工大学校长助理李正教授、广东省教育厅高等教育处郑文处长和汕头大学工学院副院长熊光晶教授。

12月30日 参加厦门大学教育研究院学术报告会，听李连梅访学博士生做《高校教师准入制度的域外经验与本土化改革》、蒲波访学博士生做《县校合作：现状、困境与出路》、汤小静访学博士生做《后殖民语境下：中国近代教会大学转向的个案研究》的报告。

12月 主编的《中国高等教育评论》（第4卷）由教育科学出版社出版。

本年 多次接受《萨本栋传》作者石慧霞关于"萨校长办学理念与办学成就"的采访。

2014年　九十四岁

1月1日 主编的《理论自觉与实践建构：高等教育的历史、现实与未来》一书，作为"当代中国教育学家文库"丛书之一由北京师范大学出版社出版。全书共40万字左右，包含上下两篇，上篇为"高等教育理论"，由高等教育学及学科建设、高等教育学基本原理两部分构成；下篇为"高等教育的改革与发展"，由教学改革与体制改革、高等教育的发展两部分构成。

1月4日 晚上，在前埔家中主持"周末学术沙龙"，议题是"大学留级现象漫谈"。参加人员有厦门大学高等教育研究院2012、2013级Ed. D.、Ph. D.。大家踊跃发言后，总结认为：其一，学分绩点。学分绩点是评估学习成绩的一种方法，目前国内大部分高校是以学分绩点来评价学生的成绩；其二，新中国成立前无所谓年级之说，因为没有年级的划分，也就不存在留不留级的问题。

1月6日 主编的《高等教育研究方法》一书荣登《中国教育报》2013年度教师喜爱的100本书第12位。

1月10日 为厦大承办的贵阳学院研修班做题为《大学教师发展的理念、内涵、方式、动力》的学术报告。

同日 受《高校教育管理》盛邀，为该刊题词："希望《高校教育管理》办成一份高境界、宽视野、有创见、敢领先、学术与实践紧密结合的刊物，为高等教育的改革发展做出贡献。"《高校教育管理》是中国高教管理研究会协办的学术性专业期刊，是中文社会科学引文索引（CSSCI）扩展版来源期刊、人大"复印报刊资料"重要转载来源期刊、全国高校优秀社科期刊,在国内高教领域享有一定的声誉。

1月11日 晚上,在前埔家中主持"周末学术沙龙",议题是"台湾教师发展访学报告"。参加人员有徐岚、吴凡、吴薇、吴滨如及部分台湾学生。大家踊跃发言后,总结指出:台湾教师发展研究做得很好,很值得大陆高校学习。目前,我们要关注应用型大学转型发展问题,注重地方高等教育发展。此外,教师发展中心需要做,更需要研究。针对厦门大学教师发展目前的具体情况,需要不同科系共同研讨促进教师的发展。

1月14日 参加厦门大学教育研究院高教讲座(第32期),听台湾中华大学人文社会学院院长戴晓霞教授做《高等教育国际招生的发展与趋势》的报告。

1月18日 晚上,在前埔家中主持"周末学术沙龙",议题是"高校教师发展课题及寒假见闻"。参加人员有吴薇、徐岚、吴凡、魏晓燕等。大家踊跃发言后,总结认为:首先,政策不配套,妨碍高职等特色发展。其次,应用型、技能型高校使用研究型大学研发的教材,本身就是一种悖论。最后,针对"高校教师发展",要从历史脉络中理解苏联高等学校教育学(教学、德育)。

1月24日 为贺祖斌所著的《思考大学》(北京大学出版社2015年8月版)一书作序。序文指出,该书多数文章从实践出发,追踪大学历史,考察大学文化,思考大学问题,沉思大学理念,比较中外大学,评论大学改革,发扬大学精神,鉴古而不泥古,前瞻而不脱离现实。

1月31日 《高等教育评论》2014年第1期刊发《题词》(潘懋元)。

1月 同钟秉林一起,应邀担任中共山东省委高校工委主管的教育类学术期刊《山东高等教育》顾问。

1月 为厦门大学教育研究院博士生授课。

2月11日 在前埔家中接受《中国教育报》山东记者站副站长张兴华、厦门记者站记者熊杰的采访,主题是"民办高等教育的现状、困境与发展"。后以《民办高等教育的困境与出路——访著名教育家潘懋元先生》为题发表于《山东高等教育》2014年第2期。

2月15日（正月十六） 携全家一起，在前埔家附近的蒙古包会餐、赏月。

2月23日 晚上，在前埔家中主持"周末学术沙龙"，议题是"大学教师发展问题"。听取了大学教师发展课题组成员的研究进展情况汇报之后，在课题的研究内容、组员配合、研究方法和时间进度等方面提出了进一步的高标准和严要求。此外，还听取了辛均庚博士的学位论文进展汇报，师生们畅谈了寒假见闻。

2月24日 参加厦门大学教育研究院学术报告会，听王洪才教授做《学生评教的"鸡肋现象"的多视角透视》的报告。听后充分肯定了报告选题的现实意义和研究价值，运用自己任厦门大学教务处处长时学生评教的实例讲解今昔的不同，并提出"可否学术人员缺场或行政人员缺场"的观点。

同日 参加厦门大学教育研究院领导办公会。

2月 为巴果所著的《西藏高等教育学科专业结构研究》（西藏人民出版社2014年12月版）一书作序。序文指出，这是一本基于民族传统和生态背景的区域高等教育发展研究专著，简要分析了本书的基本框架和主要内容，肯定了作者的一些精辟见解。

3月1日 晚上，在前埔家中主持"周末学术沙龙"，议题是"黄珊欧洲之行"。参加人员有黄珊、石慧霞、董立平及2012级和2013级博士生等。

3月5日 参加厦门大学教育研究院领导办公会。

3月6日 参加厦门大学教育研究院领导办公会。

3月8日 被广西壮族自治区教育厅聘请为"以教学过程强化为抓手，以教学方法改革为重点，全面提高课程教学质量的探索与实践"申报国家级教学成果奖鉴定专家组组长。

3月9日 上午，前往广西财经学院参加"应用人才培养与青年教师发展"座谈会，做题为《大学教师发展的理念、内涵、方式、动力》的报告。广西财经学院党委书记王春明，校长席鸿建，副校长蒙丽珍、夏飞，以及各主要职能部门的相关负责人参加了座谈。

同日 下午，在广西教育学院视频会议室做题为《大学教师发展的理念、内涵、方式、动力》的报告。学院领导、各部门领导以及厦门大学教育研究院部分院友 50 余人聆听了报告。讲座结束后，与部分教师就教师在发展过程中如何培养专业情感、大学教师发展的评价机制、大学教师如何引领社会文化等问题进行了讨论。

3 月 10 日 到南宁学院参观、访问。在校监郑学勤等领导的陪同下，参观了该校的校园建筑。在座谈会上，充分肯定了该校长期以来坚持以工科为主的办学特色以及建设全国一流应用性技术大学的发展目标，对该校近几年来所取得的成绩给予了高度评价。建议该校应继续坚定应用技术大学办学方向，均衡本专科发展，加大宣传力度，不断提高该校的知名度与美誉度。此外，还对该校的师资建设、校企合作等方面提出了建议。随行人员有厦门大学教育研究院院友卫荣凡教授、唐德海教授、李枭鹰教授、孙存昌副教授、朱平副教授、博士生陈斌。

3 月 15 日 晚上，在前埔家中主持"周末学术沙龙"，议题是"讨论卢晓中论高等教育变革背景下高等教育发展研究"。参加人员有董立平、吴滨如及 2012 级、2013 级博士生。大家踊跃发言后，总结认为：反映本质的理论不能变，"高等教育"概念不能变，但到大众化阶段，仍为"精英"模式；变革中多样化是一种必然；理论研究要有社会责任——引领作用；用"解剖麻雀""院校研究"论证多样性、存在方法论问题，是致命伤；外延一般包含特殊，而内涵一般蕴含在特殊之中；同质化就是因为政策趋同，应该是"和而不同"。

3 月 17 日 参加厦门大学教育研究院高教讲座（第 33 期），听英国赫尔大学教育学院院长 Dr. Dina Lewis 和该院研究生项目主任 Dr. Catherine Montgomery 做 "Internationalization of the Curriculum in Higher Education: Policy, Perspectives and Transformation" 的报告。

3 月 20 日 参加厦门大学教育研究院高教讲座（第 34 期），听新加坡南洋理工大学（NTU）常务副校长兼教务长梅彦昌（Prof. FREDDY BOEY）做 "How NTU has managed to quickly grow into a top research intensive university" 的报告，文静负责翻译。

3 月 22 日 晚上，在前埔家中主持"周末学术沙龙"，议题是"大学校长职业化问题"。在听取了日本广岛大学高等教育研究开发中心黄福涛教授的主讲之后，指出大学校长职业化是世界高等教育发展的一个重要趋势，是进一步促进大学校长专业化、事业心和责任感的有效举措。但是，这也需要因地制宜、逐步推进。

3月24日 参加厦门大学教育研究院高教讲座（第35期），听日本广岛大学高等教育研究开发中心教授黄福涛做《高等职业技术教育模式的变迁与改革动向——历史与比较的视角》的报告，就相关问题进行了提问，并做了10分钟左右的点评。

3月27日 参加厦门大学教育研究院高教讲座（第36期），听德国弗莱贝格工业大学前副校长 Horst Brezinski 教授做 "Accreditation in Germany: Emergence, Targets and Process of Accreditation" 的报告。

3月29日 上午，作为面试组组长，在教育研究院新办公楼（原"海外楼"）401室参加厦门大学教育研究院2014年博士研究生招生专业课面试。

同日 下午，作为面试组组长，在教育研究院新办公楼（原"海外楼"）401室参加厦门大学教育研究院2014年博士研究生招生专业课面试。

3月30日 上午，作为面试组组长，在教育研究院新办公楼（原"海外楼"）401室参加厦门大学教育研究院2014年博士研究生招生专业课面试。

4月4日 参加厦门大学教育研究院领导办公会。

4月6日 在厦门大学93周年校庆典礼上，被授予"厦门大学第二届南强杰出贡献奖"。

同日 参加在厦门大学嘉庚三215室举行的"庆祝厦门大学建校93周年暨教育研究院奖教奖学金颁奖大会"。发表讲话并与厦门大学1943级校友、菲律宾著名实业家和教育家、厦门大学菲律宾校友会理事长邵建寅先生和佘淑好女士、刘海峰院长、郑冰冰书记、陈文副书记等一起，分别为获奖的师生颁发证书与奖励，与全体获奖师生合影留念。奖教金获奖人员有：一等奖：王洪才、武毅英；二等奖：林金辉、周序。奖学金获奖人员有：一等奖：莫玉婉、胡天佑、马杰；二等奖：刘志忠、杨玉兰、陈涛、陈春梅、刘李春、耿雅津、刘盾、柳建兴。管理服务奖获奖人员：吴晓君。

4月12日 晚上，在前埔家中主持"周末学术沙龙"，议题是"大学教师发展课题开题""2013级成都调研计划"。参加人员有郑冰冰、2013级博士生等。大家踊跃发言后，总结认为：第一，学生工作中，学术与非学术不可分开；第二，调研中要尽可能凸显该校特色，突破研究框架；第三，从具体现象、实际出发，探讨问题的原因；第四，调查方法上，要注重深度访谈、观察、追踪学生思想、价值观。

4月14日　参加厦门大学教育研究院学术报告会，听李玲玲博士生做《学历社会抑或能力社会——论高等教育在人力资源配置中的作用之演变》、李家新博士生做《技术哲学视野下的技术本科教育》的报告。

4月15日　在《教育研究》2014年第4期上发表《祝贺与祈望》一文。首先，对《教育研究》创刊35周年表示热烈的祝贺，并赞扬了《教育研究》取得的成就。其次，认为教育理论刊物应处理好四对关系：一是教育基本理论与教育实际问题兼顾；二是政策前的"建言"与政策后的"解读"并重；三是对不同分支学科，要突出重点、兼顾一般；四是推动与组织学术研究活动。最后，对《教育研究》发展提出了期望。

4月17日　参加厦门大学教育研究院领导办公会。

4月18日　在前埔家中与曾孙子、儿媳妇下围棋。

4月19日至20日　在颂恩楼215会议室参加由厦门大学教师发展中心主办的"教育部七示范项目单位与福建省教师发展中心建设工作研讨会"。在开幕式上做题为《大学教师发展的理念、内涵、方式、动力》的首场专题报告。认为教师发展要着重从教师主体性出发。教师发展离不开某种形式的教育、培训，但更重视的是教师的自主性、个性化，激励教师自主学习、自我提高。要促进教师发展，理应通过激发教师内在价值追求来调动教师发展的积极性。同时，要不断扩展教育大学教师的方式，在进修和培训的基础上，有针对性地组织开展教学研讨活动。

4月19日　晚上，在前埔家中主持"周末学术沙龙"，议题是"哈尔滨远东理工学院董事长李敬来一行来访"。参加人员有郑冰冰、2013级博士生等。大家踊跃发言后，总结指出：中国高等教育改革很难，可以靠民办学校去冲击公办学校，民办学校改革可以冲破公办学校的现有体制。民办学校有发展的紧迫需求，而且民办学校的创办史很感人。很多人从民办学校这里吸取了养料，坚定了对民办教育的认识，并且都想办好，但办学的过程非常艰苦。

4月21日 参加厦门大学教育研究院高教讲座（第37期），听上海师范大学原校长杨德广教授做《再论大学的性质与功能——与展立新、陈学飞商榷》的报告。在总结中首先指出，杨德广教授是一位非常具有批判性精神的学者，他很敢言；接着再次对其"内外部关系规律"进行了透彻的解释，深化了大家对这两条基本规律的进一步理解。

4月25日至26日 携曾孙游福建泰宁"尚书第"和南宁建阳"四世一品"，并合影留念。

4月26日 晚上，在前埔家中主持"周末学术沙龙"，议题是"应用技术大学的'驻马店共识'"。参加人员有石慧霞、董立平、陈斌等。大家踊跃发言后，总结认为：首先，国务院关于发展现代职业教育的决定是促进转方式、调结构和民生改善的战略举措。其次，国家决策之前要有预测，要有理论依据，理论应该放在政策之前。理论转化成实践，必须通过政策起作用。政策的建立需探讨政策元理论依据，"共识"强于认识。再次，社会生产力发展及转型提升、生活水平提高、旅游发展（周末休假）、办大学拉动经济、受传统观念影响等是大众化的原因。最后，应用技术大学的特点是应用型、多样性和地方性。

4月28日 参加厦门大学教育研究院学术报告会，听吴慧博士生做《用以生为本的理念做好学生工作》的报告。

4月30日 教育部职业与成人教育司原司长杨金土到家拜访，与杨司长就职业教育发展的若干重要问题进行了热切的讨论，诚挚交换了意见。博士生吴滨如陪同。

5月3日 上午，作为面试组组长，在教育研究院新办公楼（原"海外楼"）四楼401室参加厦门大学教育研究院2014年博士研究生招生专业课面试。

同日 下午，作为面试组组长，在教育研究院新办公楼（原"海外楼"）四楼401室参加厦门大学教育研究院2014年博士研究生招生专业课面试。

5月4日至10日 与邬大光、别敦荣、郑冰冰一起，率领厦门大学教育研究院2013级19名博士生（包括13名Ph.D.，5名Ed.D.和1名联合培养博士生）赴四川电影电视学院开展实践调研活动。调研活动围绕应用型艺术人才培养模式、学生管理工作和校园文化建设三方面开展。

5月5日　率领厦门大学教育研究院访学团到四川电影电视学院金牛校区调研，对学院应用型艺术人才培养模式、校园文化和学生风貌等方面印象深刻，希望调研活动能够增进双方的合作关系，促进双方人才培养和未来发展。

5月6日　率领厦门大学教育研究院访学团赴四川国际标榜职业学院参观、调研。在阎红院长的陪同下，先后参观了学院的图书馆、女红坊、健康美容系、大府邸、陶艺坊、传统美容实训室以及形象设计实训大厅。在座谈会上，总结了该校的办学特色，即突破常规、寻求创新。一同参加调研活动的还有泉州理工学院副董事长、厦门大学教育学院博士生吴滨如率领的参访团。四川国际标榜职业学院党委书记任再生、副院长张晓霞等领导陪同。

5月7日　率领厦门大学教育研究院访学团前往四川电影电视学院安仁校区参观、考察。在院长罗共和，副院长黄元文、李康生的陪同下，参观了该学院的影视实训中心、影视摄影棚、主持人演播厅、专业录音间、现代剧片场、电影标准放映厅以及形体排练厅等专业教学实训基地，并现场观摩了生动形象的教学活动。在新闻演播室，受邀坐到了主播台上，高兴地和同学们交流感受。

5月8日　上午，率领厦门大学教育研究院访学团到西南交通大学参观、调研。参观了校园建筑和轨道交通国家重点实验室，并与西南交通大学相关领导人进行座谈。座谈会中，对西南交大的办学历史和成就表示钦佩。他说，西南交大在轨道交通行业的贡献是受到承认的，这所学校在高等教育史上是必须记载的。现在谈国际化，既讲"请进来"，也要"走出去"。走出去的过程中，孔子学院是传播优秀传统文化。除此以外，中国能走出去的，可能就是轨道交通，是我们的高铁技术。

同日　下午，到四川电影电视学院做了题为《大学教师发展的理念、内涵、方式和动力》的报告。在报告中，对大学教师发展的理念、内涵、方式、动力分别进行了讲解。指出，教师发展往往需要借助某种形式的培训，但更要重视教师的自主性、个性化发展。要在教育中促进教师的自主学习和自我提高。从教师培训到教师发展，在理念上体现了教师教育的个性化和现代化；

大学教师发展在内涵上包括三个方面，即涵盖基本理论、专业知识、实践能力的学科专业水平，包括教育知识、教学能力的教师职业知识技能，以及具备学者人文素质、教师职业道德的师德；教师发展在方式上主要包括派出进修、集中培训、围绕课堂教学基本技能开展系列活动、有针对性地组织教学研讨活动等；大学教师发展的动力因素包括外部动力和内部动力两个方面。四川电影电视学院院长罗共和，副院长黄元文、李康生，各职能部门负责人、师生代表以及厦门大学教育研究院博士生团全体成员聆听了报告。为四川电影电视学院题词："敢为天下先"。

5月10日　参加西南财经大学举办的题为《本科教育改革发展趋势》的专题讲座。赞许了西南财经大学的改革思路和举措，发表了对国内高等教育教学改革现状的看法，指出了现阶段我国高等教育存在的问题。讲座由该校副校长马骁主持，教务处、教师教学发展中心、各学院教学副院长、系主任以及教师代表等60余人参会。

5月12日　参加厦门大学教育研究院学术报告会，听覃红霞副教授做《平等与自由的法律阐释——联邦最高法院招生判例的实践与启示》的报告。点评中，例举《达特茅斯法案》说明美国联邦最高法院判例在高等教育方面的意义，并指出从法律视角切入研究美国高等教育问题对于启发思考的重要意义。

5月17日　晚上，在前埔家中主持"周末学术沙龙"，议题是"驻马店共识漫谈"。参加人员有董立平、魏晓艳、陈斌、刘志忠等博士生。

5月22日　参加厦门大学教育研究院高教讲座（第38期），听德国开姆尼茨工业大学文学院 Volker Bank 教授做 "The Reforms of Bologna-On a political and economical paradox in Tertiary Education" 的报告。

5月23日　参加厦门大学南强学术讲座（第632期），听加拿大多伦多大学安大略教育学院露丝·海霍（许美德）教授全程用汉语做 "Lessons learned from 25 years of collaboration between Chinese and Canadian Universities" 的报告。在总结中指出，许教授为中国高等教育的研究实践作出了巨大贡献，有些研究甚至走在中国学者之前，值得我们敬佩。最后向许美德赠送了书籍。

5月24日　上午，参加厦门大学教育研究院博士生高见、党亭军的学位论文答辩会，并发表了学术讲话。答辩委员会成员有韩延明（主席）、沈红、刘海峰、李泽彧、张亚群。

同日 下午，参加厦门大学教育研究院博士生包水梅、丹娜（Altynbekova Dana，巴基斯坦人）的学位论文答辩会。答辩委员会成员还有沈红（主席）、韩延明、邬大光、别敦荣、李盛兵。

同日 晚上，在前埔家中主持"周末学术沙龙"，议题是"大学教师发展"。参加人员有露丝·海霍（加拿大）、沈红、韩延明、陈武元、别敦荣、史秋衡、董立平、文静、陈斌等。大家发言后，总结指出：大学教育教学质量的提高，有赖于教师教学水平、学术水平的不断提升和教学方式与教学方法的不断改善，因此大学教师发展至关重要，大学教师发展的研究更是不可忽视。

5月25日 参加厦门大学教育研究院高教讲座（第39期），听华中科技大学教育科学研究院沈红教授做《大学教师发展十问》的报告。

5月26日 参加厦门大学教育研究院高教讲座（第40期），听美国威斯康星大学麦迪逊分校 Adam R. Nelson 教授做"The land – grant universities and the Wisconsin Idea"（美国赠地学院与威斯康星思想）的报告。对本次报告进行了点评，并予以高度评价。

5月29日 参加厦门大学教育研究院领导办公会。

5月31日 晚上，在前埔家中主持"周末学术沙龙"，议题是"论PISA"。参加人员有董立平、石慧霞、魏晓艳、陈斌等。

6月5日 参加厦门大学教育研究院领导办公会。

6月7日 上午，主持在厦门大学教育研究院报告厅举行的"全国大学教师发展专题研讨会"。九位同志发言后，最后对研讨会做总结讲话。

同日 下午，参加主持教育部人文社会科学重点研究基地重大项目"大学教师发展的理念、内涵、方式和动力"开题报告会。首先介绍了课题的总体思路和主要内容，专家组成员韩延明（组长）、陈笃彬、刘华东、别敦荣、陈武元分别发言，提出了意见和建议，开题报告顺利通过。

同日 晚上，在前埔家中主持"周末学术沙龙"，议题是"与院友分享成功经验"。参加人员有韩延明、刘华东、陈笃彬、别敦荣、陈武元及众多硕士生、博士生。对各位院友的谈话不时插话点评，有时做补充和说明，最后进行了沙龙主题总结：读书、做学问要安分守己，且要好读书、读好书。退休不是退职，而是技术入职。

6月9日　参加厦门大学教育研究院2013级博士生为全院师生做的题为《民办艺术院校特色发展之路》的调研总结报告会。听完报告后指出，四川电影电视学院如何将外在严格的规章制度转化为学生内在的自觉性，值得大家学习和思考，尤其是学校将成功教育渗透在人才培养的各个环节和学校的每个角落。

6月11日　参加厦门大学教育研究院领导办公会。

6月14日　晚上，在前埔家中主持"周末学术沙龙"，议题是"民办高校发展问题与困境"。参加人员有董立平、罗先锋、吴滨如、陈斌、刘丽建等。大家踊跃发言后，总结认为：公办学院机构臃肿、人浮于事，而民办学校办学者有改革精神，民办高等教育具有推动体制改革的作用与意义。

6月16日　参加厦门大学教育研究院高教讲座（第41期），听福建师范大学心理学系教授叶一舵做《我国大陆高校心理健康教育的发展——本土化的视角》的报告。

6月21日　晚上，在前埔家中主持"周末学术沙龙"，议题是"民办教育的问题研究"。参加人员有鲁加升、董立平、康乃美、吴滨如、罗先锋、陈斌等2012级、2013级博士生。大家踊跃发言后，总结指出：民办高校机构精简，要精兵简政，简化行政管理人员。教师发展必须靠自我提升，而非制度硬性规定。

6月23日　参加厦门大学教育研究院领导办公会。

6月26日　参加厦门大学教育研究院领导办公会。

6月27日　参加在厦门大学教育研究院召开的"《中国高教研究》编委会会议"。在发言中首先对杂志近些年来取得的成绩表示祝贺，同时指出，作为有影响的刊物，不仅要发表成果，而且要积极引导研究，发挥刊物对于研究的组织、引领作用。认为本杂志应该与其他杂志的作者群、读者群有所不同，使得读者从不同杂志里获得不同的信息，并提出了"存史、资政、预警、导言"的办刊方针。

6月28日 在厦大颂恩楼215会议室参加由中国高等教育学会主办、中国高等教育学会高等教育研究机构协作组和厦门大学教育研究院承办的"中国高等教育学会第三届学术委员会第二次会议"。参加会议的还有瞿振元、范文曜、邬大光、吴岩、别敦荣、刘海峰、刘献君、眭依凡、张应强、卢晓中、史秋衡、赵沁平等。

6月29日 在厦门南普陀寺住持和家人陪同下赴漳州龙海市石码看雕塑，并合影留念。

6月30日 参加厦门大学教育研究院学术报告会，听陈兴德副教授做《美国公立高等教育私有化——关于教育公共性的反思》的报告。

同日 晚上，在前埔家中主持"周末学术沙龙"，议题是"高等教育思想体系问题"。参加人员除厦大教育研究院的硕士、博士生之外，还有厦门大学教育研究院院友叶之红、胡赤弟、卢晓中、高晓杰、董立平等。

7月3日 参加厦门大学教育研究院领导办公会。

7月5日至6日 赴福州参加福建省第四期老年大学校长研修班，并做题为《在终身教育体系平台上话老年大学》的报告。从对终身教育理念的认识、终身教育理念的地位、本质内涵以及建设重点方面做了论述，认为老年教育不追求学历，不关注就业与升迁功能，关注的是人的生命历程，追求的是人的内在价值、人的持续发展、人的生命完善。中国老年大学协会名誉会长游德馨、中国老年大学协会副会长黄瑞霖、福建老年大学第一副校长李福生、福建老年大学副校长施祖美等领导，以及福建省各市级老年大学校长、相关负责人120余人出席了报告会。

7月7日 向中国人民解放军后勤工程学院赠送"潘懋元文集"丛书一套10册。

7月8日 参加厦门大学教育研究院高教讲座（第42期），听南非知名学者 Prof. Magda Fourie – Malherbe 作 "The state of higher education studies in South Africa: the work of the Center for Higher and Adult Education in context" 的报告。

7月9日 向中国国家图书馆赠送主编的《中国高等教育评论》（第4卷）一套，并获捐赠证书。

7月10日 入围教育部"2014年度全国教书育人楷模"评选。该活动是教育部会同人民日报、新华社、光明日报、中青在线、中国教育新闻网、中国教育网络电视台、新浪网、搜狐网等媒体举办，目的在于热烈庆祝全国第30个教师节，大力弘扬人民教师的高尚师德，传递立德树人的正能量，在全社会进一步营造尊师重教的良好风尚。

7月11日 在前埔家中与前来拜访的韩延明、别敦荣、石慧霞交谈，对《潘懋元教授纪事年表》中的有些条目进行了补充，有的进行了更正，并提供了一些相关的宝贵信息。

7月12日 晚上，在前埔家中主持"周末学术沙龙"，议题是"关于高等教育研究的思路"和"建立中国HE流派及其基础和优势"。参加人员有叶志红、韩延明、卢晓中、高晓杰、胡赤弟等。

7月16日 主持的"大学教师发展的理念、内涵、方式与动力"课题，被批准为教育部人文社会科学重点研究基地重大项目（14JJD880003）。

7月17日 为方泽强所著的《高等教育学的学科建设研究》（广东高等教育出版社2014年10月版）一书作序。序文认为，作者对高等教育学的学科性质、研究方法、学科关系、学科文化以及研究者的责任与使命，多有精辟的见解；作者所提出的将现行教育学科改称为普通教育学、将高等教育学作为教育科类并列的一级学科建制的建议，虽不成熟，但值得重视。

8月20日至23日 被福建省委宣传部确定为教育系统唯一"八闽楷模"，接受了由光明日报、中新社、经济日报、福建日报、福建电视台、福建省广电集团等30多家中央和地方新闻媒体记者组成的强大采访团队在厦门大学为期3天的采访。

8月28日 为《传统文化与学前教育：东亚文化教育传统与学前教育国际学术研讨会专辑》（厦门大学出版社2014年9月版）一书作序。序文分析了该书产生的具体背景，简要介绍了主要内容，肯定了出版的意义："这本专辑，让我们透过东亚文化与学前教育研讨之窗，为国内外学前教育的发展与研究提供可资借鉴的依据，进一步促进中外学前教育的科学发展。"

8月 为姚加惠所著的《高等教育学制比较研究》（厦门大学出版社2015年1月版）一书作序。序文指出："学校教育制度，简称学制，是国家教育体系的核心制度和主要表征，也是教育功能与结构的载体。为了制定高等教育学制，有必要研究其他国家和地区高等教育学制的利弊得失，作为借鉴。本书的出版，可能为此提供有益的参考。特此推荐。"

9月2日 当选"全国教书育人楷模"，是福建省2014年唯一获此殊荣的教师，也是全国历年来当选人员中最年长的一位。

9月3日 《潘家四杰：父亲只身教不说教》一文刊载于当日《海峡导报》第17版，介绍了潘先生严格要求四个儿女、率先垂范、注重家风家训的事迹。

9月3日至5日 赴北京，接受中国教育电视台《面对》栏目专访，参加中国教育电视台《老师来了》节目录制，主要谈了三个方面的问题：一是"我的求学梦"；二是"我为什么研究高等教育学"；三是"中国教师节的来历"。邬大光、张德祥、吴岩、刘华东、刘振天、赵婷婷、叶之红、刘承波、高晓杰等学生在现场参与互动。参加教育部高等教育教学评估中心座谈会。郑冰冰、陈斌随行。

9月5日 在教育部高等教育教学评估中心第八期业务学习例会上做《适应高等教育大众化，加强应用型人才培养》的专题报告。主要围绕三个问题分别举例和引用数据进行了阐述：一是高等教育发展的沿革和规律；二是国内外高等教育大众化的特征和带来的思考；三是我国高等教育大众化形势下应用型人才培养的必要性。认为高等教育要适应大众化、多样性这一特点发展的要求，紧紧围绕培养应用型人才这一主题，将政策制定和理论研究转化为实践，同时还要注重战略管理和战术过程这对矛盾，加强顶层设计。在整个讲座过程中，95岁高龄的他一直站在讲台报告席前，神清气爽、逻辑清晰、思维敏锐。最后，对大家提出的关于我国高等教育大众化、人才培养模式、国际高等教育评估、质量保障建设等方面的问题一一进行了令人满意的解答。郑冰冰、陈斌随行。

9月9日 作为"全国教书育人楷模"，参加在京举行的庆祝第三十个教师节暨全国教育系统先进集体和先进个人表彰大会，与中共中央总书记、国家主席、中央军委主席习近平亲切握手并简短交谈。习近平同志在人民大会堂亲切会见受表彰代表，代表党中央、国务院，向受到表彰的先进集体和先进个人表示热烈祝贺，向全国广大教师和教育工作者致以节日的问候。中共中央政治局常委、国务院总理李克强，中共中央政治局常委、中央书记处书记刘云山，中共中央政治局常委、国务院副总理张高丽参加会见。刘延东出席表彰大会并讲话。教育部部长袁贵仁主持大会。

9月11日 参加厦门大学教育研究院博士生杨玉兰、闫志军、莫玉婉的学位论文答辩会。答辩委员会成员有田建荣（主席）、黄书光、潘懋元、刘海峰、武毅英。

同日 《光明日报》刊登《潘懋元：高教泰斗，学人典范》一文（邓晖等撰写）。

同日 《福建日报》刊发《教书育人的楷模——记著名教育理论家、我国高等教育学奠基人、厦门大学教授潘懋元》（记者吴在平）一文。

9月12日 上午，参加厦门大学教育研究院高教讲座（第43期），听华东师范大学教科院副院长黄书光教授做《教育现代化动变中的传统元素及其开掘》的报告。

同日 下午，参加厦门大学教育研究院高教讲座（第44期），听陕西师范大学教科院原副院长田建荣教授做《大学教学管理：坚持与反思》的报告。

同日 《中国教育报》第1版刊登《高等教育学界的"常青树"——记2014年度全国教书育人楷模、厦门大学教授潘懋元》一文。文章以三个小标题——从不用自己的权威来否定学生、开辟"高等教育学"的先河、花甲之年迎来学术的春天，记录了潘先生尊重学生、爱护学生，投身高等教育领域、奉献教育事业的高尚情怀（记者熊杰）。

9月15日 参加在厦门召开的中国高等教育学会继续教育分会2014年学术交流年会，主题为"高校继续教育的综合改革与战略转型"。来自清华大学、北京大学等97个会员单位的213名代表参加了会议。

同日 在《西南交通大学学报（社会科学版）》2014年第5期上发表《独立学院的转型、定位和发展》一文。文章首先论述了民办独立学院的两次转型及其发展机遇；其次指出民办独立学院转型定位和发展面临的挑战；最后指出在普通本科高校向应用技术本科高校转型中，民办独立学院具有机制上灵活适应的优势。

9月20日　晚上，在前埔家中主持"周末学术沙龙"，议题是"讨论2014年高等教育国际论坛（博士生论坛）会议论文"。参加人员有唐汉琦、汤俊雅、袁礼、陈斌、矫怡程等。

9月22日　参加厦门大学南强学术讲座，听香港中文大学教育学院创院院长卢乃桂做《膺服"洋八股"？于英文期刊发文的乐与怒》的报告。

9月23日　在《光明日报》第13版上发表围绕"什么叫高等教育大众化""为什么中国高等教育要大众化"展开论述的《高等教育大众化面临的困难》一文。此文根据在教育部高等教育教学评估中心第八期业务学习讲座上的发言整理。文章回顾了高等教育大众化发展的历程，指出社会发展对高等教育提出的要求具有应用性和多样性的特点，但在高等教育通往应用性、多样化方向发展的道路上还有多种阻碍。

9月23日至28日　携家人一起乘坐"皇家加勒比海号"游轮"游海"，庆贺94岁生日，欢度重阳节。从厦门到韩国济州岛，再到日本冲绳岛，最后到中国香港上岸。在船上，特别喜欢在房间的阳台上看看书，在甲板上喝喝茶，看看远方，尤其是在海上看日出日落，认为"有很不一样的感觉"。开心地说："以前80多岁的时候我还跟大家去爬山，现在爬不动了，改去'游海'了。"

9月28日　在《浙江树人大学学报》2014年第5期上发表《民办高校机制优势研究》（与罗先锋合作）一文。文章指出，民办高校在高等教育发展上起两个方面的作用：一是社会力量办学，增加了国家教育经费，减轻了政府财政投入，还在一定程度上刺激了地方经济的发展；二是以办学机制优势推动高等教育改革创新，提高了教育管理经营的效率和效益。

9月29日　参加厦门大学教育研究院学术报告会，听周序助理教授做《生成性教学：大学教学中会出现一种新的方法论吗？》的报告。

9月　给厦门大学教育研究院博士生授课。

10月2日　重阳节，在前埔家中接受人民网记者康宁的采访，畅谈长寿的秘诀。认为重阳节对中国是很重要的日子，从古代的家人团聚，到赋予它敬老的含义，这个节日都是很有意义的。说自己长寿的秘诀就在于"多动脑"，"身体健康要运动，脑运动比身体运动更重要，因为脑是控制身体的神经中枢。"他尖锐指出:"长久以来,老年人看不起年轻人,总感觉一代不如一代,这种观念是错误的。年轻人自己更应该自信。"

10月4日 晚上,在前埔家中主持"周末学术沙龙",主题是"由三位奖学金获得者胡天佑、李玲玲、刘梦今谈成功经验"。

10月7日 《人民日报》第2版刊登"2014年全国教书育人楷模最年长的一位"报道《大道至简潘懋元》(记者赵婀娜)一文。文章富有深情地描述了潘先生奉献教育事业的事迹,娓娓叙述了潘先生爱生之情、育人方式以及为师境界,道出了人不下鞍、马不停蹄的教育情怀。

10月11日 晚上,在前埔家中主持"周末学术沙龙",议题是"徐岚赴台调研反馈、2014级Ph. D. 课程作业讨论"。大家踊跃发言后,总结认为:在高等教育大众化、全球推广全纳教育阶段,考试不能再择优录取,要改革突破,可以效仿法国考试方式。所有高校均有科研职能,但存在内容层次、方向之分。高校的社会服务应多元化、具体化。

10月13日 参加厦门大学教育研究院高教讲座(第45期),听英国爱丁堡大学国际高等教育研究生课程主任Prof. Gari Donn教授做"The Gulf Arab States: An Outline Portrait of Education in Six Arab Countries in the Gulf"的报告。

10月14日 赴上海电机学院参加该校升本十周年座谈会。座谈中指出新世纪转型发展与人才培养同样关键,认为目前高校转型的关键在于定位,并分析了定位的依据:一是学习国外的有效经验;二是总结本国已有的经验。

10月15日 到上海师范大学教育学院的教工之家主持了一场"特殊"的围绕当前我国高等教育改革与发展举办的学术沙龙。在发言中,回忆了筹备和推动高等教育学科创建的历史,指出当前中国高等教育转型发展的最大任务是大力发展应用技术型大学,为社会培养更加多样化的人才。该校教育学院管理系高等教育学和教育经济与管理专业研究生和部分教师参与了学术沙龙。上海电机学院研究生处副处长、厦门大学教育研究院2007级院友陈萦陪同。

10月16日 上午,参加在华东师范大学举行的"教育学科未来发展"学术研讨会,指出两个问题值得研究:一是多学科观点的高等教育研究;二是高等教育学作为一门土生土长的学科,要摆脱依附发展的路径,探寻自主发展之路。出席研讨会的还有文东茅、徐小洲、叶赋桂、邬志辉、张宝辉、涂艳国等，以及华东师范大学教育科学学院各系所主要负责人。研讨会由袁振国教授主持。

同日 下午，出席刘佛年教授百年诞辰纪念会暨华东师范大学教育学部成立大会，并作为唯一一位校外嘉宾在大会上做主题发言。在发言中，高度评价了刘佛年教授为教育做出的重要贡献，认为刘佛年教授是中国近百年来一位享有崇高威望的教育理论家与高等教育事业家。深情回顾了与刘佛年教授交往的故事，感激他在中国高等教育学科初创时期的倡导、指导与支持，在高等教育学科初创时期，正是有这么一位德高望重、高瞻远瞩的教育学术权威的倡导、指导、支持，高等教育学科的建设才能够顺利发展。大会由华东师大校长陈群教授主持。

10月18日 晚上，在前埔家中主持"周末学术沙龙"，议题是"抗战时期的厦门大学"，在讨论过程中提到与时俱进的"嘉庚精神"。参加人员有石慧霞、郑宏等。

10月20日 参加厦门大学教育研究院学术报告会，听乔连全副教授做《慕课发展回眸与启思》的报告。

10月下旬至11月中旬 给厦门大学教育研究院博士生授课。

10月22日 被江苏大学聘请为《高校教育管理》编辑委员会顾问（2015—2017年）。

10月25日 晚上，在前埔家中主持"周末学术沙龙"，议题是"沈曲、罗先锋开题演练和李国强谈终身教育"。参加人员有董立平、沈曲、陈斌等2012、2013级博士生。大家踊跃发言后，强调指出：关于开题演练，首先要说明研究意义，已有研究成果及有待研究方向；其次，确定研究思路，明确研究假设；最后，采取恰当的研究方法予以论证。同时寻找创新点，弄清研究者的有利条件、不利条件，不要涉及论文具体内容章节。关于终身教育，人生观和价值观是关键点。

10月26日 携家人一起，参观厦门沙画、漆画展，并合影留念。

10月27日 参加厦门大学教育研究院学术报告会，听陈斌博士生做《高校智库建设：服务社会的应然与实然》、许琦红博士生做《台湾私立高校财团法人制度探析与启示》、袁礼博士生做《后殖民社会与高等教育现代化的纠葛》、齐明明博士生做《教育认同：现代化进程中我国社会流动规则建构的期待和希望——基于CFPS 2012年数据的分析》的报告。

同日 参加厦门大学教育研究院2011年协同创新中心会议。

10月30日 参加厦门大学教育研究院学术报告会，听英国赫尔大学教育学院院长Dina Lewis教授、副院长Catherine Montgomery教授做"Internationalization of Higher Education: is the East leading a paradigm shift?"的报告。

10月31日 在《中国教育科学》2014年第4辑上刊发《关于高等教育学科建设的反思》一文。全文分三部分：第一部分，辨析30多年来关于本门学科研究对象的特点和学科定名、定位等问题的争论。第二部分，在全面诠释教育基本规律内涵的基础上，进一步揭示对规律认识的深化，指出规律的运用必须正确处理理论与实践的种种矛盾关系。第三部分，论述在社会转型发展中，变与不变是学科必须面对的问题。在坚持核心内涵（本质）不变的前提下，应当与时俱进，反映高等教育从精英阶段向大众化阶段的多样化发展，以"和而不同"的理念，协调在转型变革中出现的诸多矛盾。

10月 在"第六届两岸四地教育史论坛"上的致辞经整理，选定为刘海峰主编的《鉴古知今的教育史研究——第六届'两岸四地'教育史论坛文集》（厦门大学出版社2014年10月版）一书的"序"。

11月1日至2日 出席在厦门大学科艺中心召开的中国高等教育学会校史研究分会第十三届学术年会，在开幕式上讲话，阐明了校史研究对教育理论发展的重要意义，并在会议进程中对大会报告进行评析。讲话录音整理后发表于复旦大学《校史通讯》（2015年10月31日）。63所高校的130多位校史研究专家、学者，围绕"回顾与前瞻：中国大学校史研究三十年"这一主题，进行了研讨、交流。

11月3日 赴湖南科技大学教育学院做了一场题为《高等教育过去、现在与未来》的报告，从教育的境界、授业之道、育人之道三个方面阐述了自己的教育教学理念，鼓励同学们以后选择教师这个职业，当一个好老师，过幸福快乐的生活。湖南科技大学教育学院党委书记谭建平，院长陈春萍，副院长陈坤华、陈慧青及部分老师、全体研究生和部分本科生聆听了报告。随行人员有彭拥军、魏晓艳。

11月4日 率领厦门大学教育研究院十几名师生赴湖南大学教育科学研究院交流、讲学。在座谈会上，讲述了自己与湖南大学特殊的渊源与情感。在自由发言与讨论环节，进一步阐述了我国高校教育研究机构发展的历程，并为今后教育研究机构的定位与发展指明了方向。

11月5日 与别敦荣携厦门大学教育研究院10余位硕、博士研究生前往湖南第一师范学院交流、学习。座谈会上，肯定了该校人才培养的创新模式，在谈到6年制学生招生时，认为不要过多拘泥于学生的分数，要扩大录取学生的备选比例，要把音、体、美及书写等能力作为考察重点，促进师范类学生的素质综合化。同时为该校专门题词："革命摇篮，师范先驱；创新发展，丽泽高风。"

11月8日 上午，与邬大光一起，应邀参加浙江树人大学建校30周年庆典大会。

同日 下午，参加第六届中外民办高等教育发展论坛暨中外大学校长论坛，做了题为《民办高校机制优势研究》的报告，充分肯定了浙江树人大学的成绩，希望民办高校看到自己的优势并且进一步发挥自己的优势。活动结束后，在酒店与前来看望的浙江树人大学校长徐绪卿教授亲切交谈，共同憧憬民办高校的未来。

11月10日 参加厦门大学教育研究院学术报告会，听文静助理教授做《大学生学习满意度的教学反思》的报告。在最后总结评价中，认为文静助理教授作为一名新晋青年教师，此次学术报告逻辑清晰，条理分明，同时就语速和声调的调整提出了建议，对青年教师提出成长的期望。

同日 参加厦门大学教育研究院领导办公会。

11月11日 在前埔家中与前来拜访的厦门大学新任党委书记张彦、党委副书记赖虹凯、校长助理邱伟杰以及校党办负责人亲切交谈。对厦门大学的历史传统、校园文化、校友工作和厦大目前在全国高校中的综合实力发表了自己的看法。同时，还介绍了教育研究院近些年的发展情况。

11月15日 晚上，在前埔家中主持"周末学术沙龙"，主题是"讨论大学教师的责任、内涵与边界"。参加人员有别敦荣、陈武元、韩延明、郑宏及部分硕士生、博士生。

11月16日 下午，听《山东高等教育》常务副主编李广来、栏目主持人韩延明汇报《山东高等教育》杂志开设"潘懋元高等教育思想研究"栏目情况，并提出了希望和要求。

11月17日 上午，出席在厦门大学举行的2014年"两岸四地大学教学文化与教师发展学术研讨会"，做主旨演讲，针对大学教学文化和大学教师发展等核心概念进行了全面论述。

同日 晚上，参加厦门大学教育研究院校友会并讲话，对学生们的发展给予高度评价，同时也提出了殷切期望，希望学生们继续为我国高等教育发展做出应有的贡献。院友会由郑冰冰书记主持，刘海峰院长致辞。院友张德祥、吴岩、韩延明、张应强、周川、贺祖斌、康乃美、柯佑祥、陈武元等先后发言，气氛热烈而温馨。

11月18日 在厦门大学颂恩楼215会议室出席由教育部高等教育教学评估中心与厦门大学联合共建的首个"全国高等教育质量监测评估研究基地"签约挂牌仪式。与教育部原副部长周远清、中国高等教育学会会长瞿振元、教育部高等教育教学评估中心主任吴岩、校长朱崇实等共同为基地揭牌。双方将通过工作互动、团队合作、协同创新，促进高等教育理论与实践的结合，推动高等教育质量保障研究的学术交流与信息共享。厦门大学副校长邬大光主持签约仪式。

同日 在厦门大学颂恩楼215会议室出席新成立的"高等教育质量建设协同创新中心"揭牌仪式。与周远清、瞿振元、厦门大学党委书记张彦、朱崇实等共同为"高等教育质量建设协同创新中心"揭牌。教育部、福建省教育厅、江苏省教育厅、清华大学、华中科技大学、天津大学等兄弟院校负责人以及厦门大学相关部门负责人参加了揭牌仪式。张彦主持揭牌仪式。

11月21日 晚上，在前埔家中主持"周末学术沙龙"。议题是"辽宁日报老师：请不要这么讲中国""厦门软件学院苏茂财老师研究发现"。参加人员有陈斌、魏晓艳、贵州师范学院代表等。大家踊跃发言后，总结认为：普通教育和高等教育都有"教育性和科学性相结合"的原则，但在实施上存在区别。社会是复杂的,在大学阶段,无论是正面内容还是反面内容、科学还是不科学,都要让学生接触到,鼓励他们独立思考。

11月22日 参加厦门大学教育研究院高教讲座(第46期),听挪威奥斯陆大学教育学院阿里·谢沃教授做"Change Leadership in Universities – The Confucian Dimension"的报告。

同日 晚上,在前埔家中主持"周末学术沙龙",议题是"教育评价"。参加人员为2014级博士生。大家踊跃发言后,总结认为:中小学、大学教育都要遵循辨明原则,但各有不同,大学要辨明正面、负面以及不同流派,正确引导学生。教师不但要教书,还要育人。

11月27日 参加厦门大学教育研究院领导办公会。

11月29日 晚上,在前埔家中主持"周末学术沙龙",议题是"魏晓艳分享应用型本科师资"。参加人员有董立平、石慧霞、陈斌等。大家踊跃发言后,总结认为:我国社会生产力处于劳动密集型向技术密集型转型时期,需要大量应用型人才,大学要顺应社会发展需要,不能再走传统办学之路,一批学校放弃研究型大学之路,走应用型大学之路是得到政府支持的。

12月1日 参加厦门大学教育研究院学术报告会,听钱兰英助理教授做《沙盘游戏治疗》的报告。

12月6日 晚上,在前埔家中主持"周末学术沙龙",议题是"2014年大事件评点:高职实用转型""2014年高等教育热点问题回顾"。参加人员有鲁加升、董立平、林晓娇、罗先锋等。大家踊跃发言后,总结认为:第一,国家要加大对地方本科院校的支持,这些学校虽由高职高专而来,但回路难走。转型发展,尤其要注重课程、教材、教师三结合。第二,社会上出现了新"脑体倒挂"现象,农民减税,城市低保医保,基层问题得以解决,但大学生待遇太差,中层群体(大学生)日感卑微。第三,从普通高等教育研究来说,建立中国现代考试制度,并非本质性、根本性问题,但却是关系千家万户的问题。

12月7日 参加厦门大学教育研究院博士生李小娃、张晓报的学位论文答辩会。答辩委员会成员有张德祥(主席)、陈廷柱、潘懋元、史秋衡、武毅英。

12月8日 参加厦门大学教育研究院学术报告会，听郭建鹏副教授做《学生是怎么学习的？——基于实证研究的证据》的报告。

12月13日 晚上，在前埔家中主持"周末学术沙龙"，议题是"HE大事件，《山东高等教育》刊物宣传"。参加人员有魏晓艳、沈曲、赵光锋、董立平、罗先锋等。大家踊跃发言后，总结认为：这两大事件均为政府行为，前者为要不要做、后者为怎么做的问题。

12月15日 参加厦门大学教育研究院学术报告会，听洪志忠助理教授做《荣枯与浮沉：我国高校教研室（组）的发展和重建》的报告。

同日 参加厦门大学教育研究院党政联席会议。

12月20日 晚上，在前埔家中主持"周末学术沙龙"，议题是"马东梅分享南方科技大学办学情况"。参加人员有鲁加升、胡建波、王玲、董立平、陈斌、魏晓艳等。大家踊跃发言后，简要介绍了南方科技大学、南开大学、深圳大学等高校的历史发展状况，并对其未来发展提出了预见和希望。

12月下旬至翌年1月中旬 给厦门大学教育研究院博士生授课。

12月22日 参加厦门大学教育研究院学术报告会，听美国马萨诸塞大学波士顿分校教育领导系主任严文蕃教授做"Strategies for Publishing in SSCI Journals"（《SSCI论文撰写和发表攻略》）的报告。

12月25日 作为开题指导教师组组长，参加厦门大学教育研究院博士生陈斌、魏晓艳等5人的学位论文开题报告会。其他指导教师有王洪才、赵叶珠、乔连全。

12月27日 晚上，在前埔家中主持"周末学术沙龙"，议题是"从川大周鼎自白书看中国高校教学与科研关系""如何看待大学生休学创业"。

12月29日 参加厦门大学教育研究院学术报告会，听刘海峰教授做《高考改革新方案的形成与进展》的报告。

12月 主编的《中国高等教育评论》（第5卷）由教育科学出版社出版。

12月 《中国人民大学复印资料〈高等教育〉（1995—2014）》载文信息统计，被引文超过10篇的载文作者共36位，潘懋元先生以33篇高居榜首；厦门大学教育研究院第一作者所属单位论文转载量排名第一，达444篇。

12月 被聘请为光明日报教育专家委员会专家。

本年 多次接受郑宏的采访，口述自己的教育人生，为《鹭江学人：潘懋元》一书提供翔实材料。

本年 接受《中国科学报》采访，谈"大众化阶段，不要只用精英教育视角看问题"。提到 2013 年最欣喜的事情有两个，一是高校本科往应用型方面发展出现了很多创新点；二是教育部在前两年开始提出建立大学教师发展中心，并在 30 所学校进行试点。感到不安的问题也有两个，一是高等职业教育的生源问题，二是民办高等教育的命运，这两者都面临生源不足的问题。指出国内高校缺乏多样化办学模式的原因主要有两个，一是源于中国传统的重学轻术思想，即重理论轻应用；二是政策导向，我们的很多政策都在促使高校的单一化和同质化。谈到大学章程问题时，提到"首先要考虑大学章程应该怎样制定，作为标定一所高校生存和发展根本准则的法律性文件，大学章程必须经过一定的立法手续。但值得注意的是，立法手续不是送给上级政府批准，因为教育部门是行政执法机构，而大学章程作为'宪法'，不光高校要遵守，执法机构同样也要遵守，执法机构要按照章程管理，他们提出的要求也要符合学校的章程，因为大学章程是学校的基本法，应该是立法机构经过立法程序批准的。高校内部要按章程治理，教育行政机构也要按照批准的章程管理"。同时指出管理部门要遵守大学的各项章程来管理恐怕较难，需要做的努力其实更多。（记者陈彬）

2015 年　九十五岁

1月1日 与厦门大学教育研究院几十位硕、博士生一起，游厦门忠仑公园，并请大家共进晚餐。

1月3日 在《中国高等教育》2015 年第 1 期上发表《打好舆论引导主动仗》一文。文章认为《中国高等教育》在宣传党的教育方针政策、解读主管部门的文件条例、总结高校办学经验、评介政策实施中的成效与问题以及建言献策上，做出了重要贡献。认为要打好"重构舆论场"的改版主动仗，并不容易，期望《中国高等教育》改版之后，在思想性、学术性、政策性、前沿性等"四性"定位上做出新的贡献！

1月5日 参加厦门大学教育研究院学术报告会，听郭康博士生做《基于利益相关者视角下高校内部治理机制研究》、齐明明博士生做《合法性视角下的高校战略规划执行阻滞及其破解》的报告。

1月10日 晚上，在前埔家中主持"周末学术沙龙"，议题是"'大学教师发展ICT'中期汇报"。参加人员有吴薇、林晓娇、陈斌、魏晓艳等。大家踊跃发言后，总结认为：教师职称提升主要在科研成果，政策仍然公平，但是高校工资偏低。

1月14日 在《高校教育管理》2015年第2期上发表《2014年中国高等教育研究回顾与述评》（与别敦荣等人合作）一文。该文着重梳理了2014年高等教育基本原理、高校立德树人、地方院校转型、高考制度改革、现代大学治理、大学教师发展以及大数据背景下高等教育信息化改革等专题研究的成果，对研究成果中的创新观点、争议问题、研究前景等进行了述评。

1月16日 结束2014级Ph. D."高等教育学专题研究"课程，请十几位博士生一起共进午餐。

1月17日 晚上，在前埔家中主持"周末学术沙龙"，议题是"2014级Ph. D.课程讨论""2014级Ph. D.高等教育学专题研讨"。参加人员有解德渤、王严淞、罗先锋等。大家踊跃发言后，总结认为：第一，2014级Ph. D.课程已结束，总体不错，不少学生创新意识突出，语言逻辑性强；第二，博士论文问卷设问要含蓄；第三，研究历史除依靠正史外，还要根据野史、笔记和文章来进行。

1月18日 为黄达人所著的《大学的根本》（商务印书馆2015年6月版）一书作序。序文概述了该书的主要内容、写作方法，虽对有些观点持保留意见，但认为黄达人教授作为一位教育学者的社会责任感令人钦敬。

1月20日 被评选为《厦门晚报》第六届（2014）"厦门年度十大影响力人物"。"厦门年度十大影响力人物"由《厦门晚报》于2009年发起，已成功举办六届，评选结果由专家评委和公众评委通过报纸、微信、微博等平台共同推选。

1月28日 晚上，在前埔家中主持"周末学术沙龙"，议题是"慕课与高校转型发展"。参加人员有董立平、郑宏、黄珊、刁瑜、魏晓艳、陈斌等。

大家踊跃发言后，总结认为：第一，现在流行慕课，慕课更适合做培训工作；第二，高校转型发展关键是课程，目前在课程改革方面，存在不同流派，比如中国大陆派、英美派、中国港台派等。

1月31日 在《高等教育研究》2015年第1期上发表《高等教育质量与大学教师发展》一文。文章提出："高等教育质量建设关系到大学办学的方方面面。其中，现代大学质量观是作为思想引领的前提；现代大学教育制度是质量的载体；招生、就业、投资、管理等体制与机制的改革是质量建设的关键；教学的改革、创新、提高则是质量建设的核心。也就是说，高等教育质量建设的核心在教学的改革、创新、提高上。"

1月 《厦门老教授》2014年第2期转载《人民日报》2014年10月7日刊发的《大道至简潘懋元》（记者赵婀娜）一文。

2月4日 参加在厦门大学科学艺术中心二楼举行的2015年春节团拜会。厦门大学党委书记张彦主持团拜会，校长朱崇实发表了热情洋溢的致辞。

2月13日 与厦门大学教育研究院郑冰冰书记、陈文副书记及若干学院老师，请过年不回家的学生聚餐。

2月15日 借厦门大学校长朱崇实教授一行的新春拜访之际，向朱校长建议要给院系更大的自主权，对教授治学和人事评聘制度提出了自己的看法。

2月16日 在前埔家中会见来自山东济南的韩延明和李广来同志。听了他们关于《山东高等教育》近期办刊情况、召开"潘懋元高等教育思想研讨会"筹备情况、《潘懋元教授纪事年表》辑录进展情况和在《山东高等教育》开辟"潘懋元高等教育思想研究"专栏情况的详细汇报，并提出了指导性意见。

2月28日 在前埔家中接受石慧霞博士关于抗战时期厦门大学校长萨本栋严格教务管理的采访。

同日 晚上，在前埔家中主持"周末学术沙龙"，议题是"寒假见闻思漫谈"。参加人员有董立平、郑宏、黄珊、刁瑜、魏晓艳等。大家踊跃发言后，总结认为大多数老师科研压力大。现在科研异化为影响教学，教学效果没有办法量化，必须厘清教学与科研的关系。

2月 为汕头大学高等教育科学研究所手写新年贺卡："马所长和师生

们：祝新年快乐、进步、幸福！潘懋元。"

3月7日 晚上，在前埔家中主持"周末学术沙龙"，议题是"2014级Ph. D. 调研讨论"。参加人员有2014级博士生。大家踊跃发言后，总结认为：高等教育要倡导协同中心建设。中国高校存在"重科研、轻教学"现象。虽然民办高校发展很艰苦，但有闯劲，富有创业精神。虽然陕西生产力处于中下水平，但高等教育发展有实力，西安民办高校的发展在于陕西省政府的宽松政策。

3月8日 晚上，在前埔家中主持"周末学术沙龙"，议题是"西安欧亚学院2014级博士实践考察方案讨论"。参加人员有别敦荣、李胜利、王严淞、解德渤、李维民、陈莉等。大家踊跃发言后，总结指出：西安欧亚学院是老民办大学的后起之秀。从历史说，西安欧亚学院是西安翻译学院分离出来的，然而学校后来的发展证明丁祖诒的办学思路是正确的：第一，抓住特色、发挥优势；第二，严格管理；第三，办学精神很重要，核心层的认同度高。

3月9日 参加厦门大学教育研究院学术报告会，听郑若玲教授做《交流无远近，万里尚为邻——郑若玲访美学术报告》。

3月11日 参加在厦门大学教育研究院502室召开的博导招生工作会议，讨论"Ed. D. 入闱考核名单"。

3月14日 获颁"第六届（2014）厦门年度十大影响力人物"的证书及奖牌。

同日 晚上，在前埔家中主持"周末学术沙龙"，议题是"漫谈2015年'两会'高等教育议题""'985''211'工程之公平性争论"。参加人员有李胜利、魏晓艳等。大家踊跃发言后，总结指出：不能用平均主义看待财政贡献与财政投入。关于公平与平均问题，过去强调效率优先、兼顾公平，而现在坚持公平优先、兼顾效率。"985"和"211"高校分别有各自的任务，把高职做好是非常重要的。

3月16日 参加厦门大学教育研究院学术报告会，听张彤副教授做《教育（教学）技术的演化：技术逻辑与教育现实》的报告。

3月21日 晚上，在前埔家中主持"周末学术沙龙"，议题是"讨论论文《行业特色型院校办学特色》"。参加人员有潘军、石慧霞、陈斌、董立平等。大家踊跃发言后，总结认为：首先，该论文在选题上既有重要的现实意义，又有一定的理论意义。其次，把农业院校作为研究对象，特色明显，大家比较容易理解，并且作者本人也比较熟悉。再次，根据系统论来研究特色、定位和战略的耦合关系，具有创新性。最后，章节逐步推进，逻辑清晰。但同时论文也存在一些不足：一是研究对象不明晰；二是概念界定不清楚，比如多科性和综合性没有分清楚；三是论文推导多、举例少，比如在第四章几乎都是理论的推导，缺乏实例论证。

3月23日　参加厦门大学教育研究院学术报告会，听王璞副教授做《教育捐赠与教育政策的选择：美国保守主义基金会对大学的资助战略研究》的报告。听后在点评中指出，王璞副教授的报告为大家带来了不一样的学术资源，令人耳目一新，并鼓励她继续深化研究。同时，强调思维转换的重要性，正确理解和借鉴国外经验。

3月24日　参加厦门大学教育研究院高等教育质量建设协同创新中心建设工作会。

3月28日　作为面试组组长，在教育研究院502室参加厦门大学教育研究院2015年博士研究生（Ed. D.）招生考核面试。

同日　下午，作为面试组组长，在教育研究院502室参加厦门大学教育研究院2015年博士研究生（Ed. D.）招生考核面试。

同日　参加在厦门大学教育研究院502室召开的博导招生工作会议，讨论"Ed. D. 拟录取名单"。

同日　晚上，在前埔家中主持"周末学术沙龙"，议题是"日本广岛大学黄福涛教授来访"。参加人员有董立平、石慧霞、陈斌、鲁加升、罗先锋等。大家踊跃发言后，总结认为：第一，中国之所以在语文课程中出稀奇古怪的题，是为了防止学生通过死记硬背的方式来赢得考试；第二，在考试选拔中，面试是最为准确的；第三，中国进入高等教育大众化阶段后，毕业生出现理论脱离实际的现象，就业比较困难。

3月29日　上午，作为面试组组长，在教育研究院502室参加厦门大学教育研究院2015年博士研究生（Ed. D.）招生考核面试。

同日　被厦门华夏职业学院续聘为学校顾问，聘期为2015年3月29日至

2017年3月28日。

3月30日 参加厦门大学教育研究院学术报告会，听日本广岛大学高等教育研究开发中心黄福涛教授做《亚洲主要国家和地区大学教师的现状和问题——基于国际问卷调查的分析》的报告。

同日 作为开题指导教师组组长，参加厦门大学教育研究院 Ed. D. 石猛的学位论文开题报告会。其他指导教师有李泽彧、别敦荣、王洪才、黄建如、陈兴德、乔连全。

4月6日 参加厦门大学建校94周年庆祝大会，被聘为厦门大学校友总会第17届理事会荣誉理事。

同日 参加在厦门大学教育研究院502报告厅举行的"庆祝厦门大学建校94周年暨教育研究院奖教奖学金颁奖大会"，发表讲话并与刘海峰院长、郑冰冰书记、陈文副书记等一起，分别为获奖的师生颁发证书与奖励，且合影留念。奖教金获奖人员有：一等奖，吴薇、张亚群；二等奖，郑若玲、郭建鹏。奖学金获奖人员有：一等奖，刘梦今、程伟、江利；二等奖，万圆、唐汉琦、魏晓艳、魏红心、饶佩、杨莹莹、李颖、李莹、邢菊红。管理服务奖获奖人员有冯波。

4月11日 晚上，在前埔家中主持"周末学术沙龙"，议题是"2012级博士生刘丽建分享德国调研收获""2013级博士生王雪琴分享访美见闻"。参加人员有郑宏、董立平、刘丽建、刁瑜、罗先锋、陈斌等近30人。大家踊跃发言后，总结认为：欧洲式教育主要是专才教育，苏联也是。我国学习苏联以后开始批判通才教育思想，强调专才教育；"文革"后我们学习美国，提倡通才教育，批判专才教育。在通的基础上有所专，不能只通不专。最后建议，可以通过研究西方的教育史和教育思想史进一步了解这方面的情况。

4月12日 与指导的博士研究生刘丽建讨论其学位论文写作情况，并在研究的体例、内容和方法方面提出了一些具体要求。

4月13日 参加厦门大学教育研究院学术报告会，听冯涛博士后做《中国的助学贷款政策评价及改进》的报告，并做点评。

4月25日 晚上，在前埔家中主持"周末学术沙龙"，议题是"香港教育学院杨锐教授来访"。参加人员有郑宏、吴薇、董立平、罗先锋、陈斌等10

余位博士生以及20余位硕士生。首先介绍了杨锐教授的主要教育背景；接着引导大家就自己感兴趣的话题，比如比较教育研究、香港教育问题、国外怎么做科研等，向杨锐教授请教、探讨。其间，不时做出点评或发问。

4月26日 为刘兰明所著的《职业教育模式研究》（科学出版社2016年2月版）一书作序。序文写道："这是一本研究微观层面职业教育模式的'百科全书式'的'知识库'。作者在宏观层面职业教育理论、政策指引下，结合时代背景，提出七条职业教育模式构建的现实依据，导入办学、入学、培养、课程、评价和师资六项模式。……作为一本初具规模的'知识库'，资料丰富、条理清晰，一册在手，可读可查。'可查'，是'知识库'的特点；'可读'，我所指的仅仅是明白易懂，并无晦涩之处，而非'可读性'的全部。'可读性'有两层含义：其一就是上面所说的明白易读；另一则是能使读者趣味盎然，能调动读者的主动性，引导读者同步思维。这就需要有举例、设喻的内容和必要的说理论证过程，以及像本书第六章仅有的一个'典型案例'。因此，如果做适当的修改补充，相信能更好地提高本书的可读性。"

4月27日 参加厦门大学教育研究院高教讲座（第47期），听香港大学教育学院杨锐教授做《华人社会与比较高等教育研究：基于个人经历的若干思考》的报告。

5月1日 上午，作为面试组组长，参加在厦门大学教育研究院502室开展的2015年博士研究生（Ph.D.）招生复试考核。

同日 下午，参加在厦门大学教育研究院502室召开的博导招生工作会议，讨论"Ph.D.拟录取名单和候补名单"。

5月3日至5日 审阅、修改李广来撰写的文献纪实片《高教泰斗、学界楷模——潘懋元先生从教80周年》脚本。

5月7日 参加在厦门大学教育研究院502室召开的博导招生工作会议，讨论"博士生招生拟录取名单及候补名单"。

5月7日至8日 审阅石慧霞撰著的《萨本栋：民族危机中的大学校长》书稿。

5月8日 在前埔家中与前来拜访的赣南师范学院党委书记孙弘安、副院长邱小云、党政办主任肖笃森一行亲切交谈，对该校的快速发展充分肯定，并建议学校今后要准确定位、特色发展、服务地方，建设应用型高校。

5月9日 晚上，在前埔家中主持"周末学术沙龙"。参加人员除厦大教研院硕、博士生和王建华、史秋衡、别敦荣、石慧霞、郑宏、董立平、陈文等老师外，还有从山东济南专程赶来拍摄文献纪实片《高教泰斗、学界楷模——潘懋元先生从教80周年》摄制组的领导和工作人员李广来、韩延明、王希普、丛晓峰、车晓光、虞宁宁、刘伟等。李广来、韩延明分别介绍了文献纪实片的拍摄动因、脚本、程序、要求和准备情况，以及《山东高等教育》开设"潘懋元高等教育思想研究"栏目的进展情况。

5月10日 在家中接受山东摄制组的采访和拍摄。

5月11日 参加厦门大学教育研究院高教讲座（第48期），听英国赫尔大学研究员、厦门大学马来西亚分校高级教育顾问方晓做《高等教育国际化与高等教育管理》的报告，并介绍了方晓博士的学术履历。参会人员除厦门大学教育研究院师生外，还有专程从山东赶来拍摄《高教泰斗、学界楷模——潘懋元先生从教80周年》专题片的韩延明、王希普、丛晓峰、虞宁宁、刘伟等。

5月12日 继续接受山东摄制组的采访和拍摄。

5月16日 上午，参加华厦职业学院升格应用技术本科揭牌仪式。对该校能够在本科阶段继续坚持职业技术教育的办学定位表示赞许，指出升本不能忘本。

同日 晚上，在前埔家中主持"周末学术沙龙"，议题有二：一是2012级博士生辛均庚学位论文预答辩；二是2014级博士生赴西安欧亚学院学习调研前期准备情况汇报及调研计划安排讨论。

5月17日至24日 与别敦荣一起，率领厦门大学教育研究院2014级博士调研团到西安欧亚学院、西安翻译学院、西安外事学院等民办高校进行为期一周的学习调研。要求博士生以西安欧亚学院为调研对象，从理论与实践两个层面来认识大学战略规划、研究战略规划。学会运用理论知识分析现实中大学战略规划的实施状况，剖析存在问题，提出对策建议，实现高等教育理论知识与高校管理实践的有机结合。

5月25日 上午，参加厦门大学教育研究院博士生潘军、王贺元的学位论文答辩会。答辩委员会成员还有李钟善（主席）、贾永堂、李泽彧、王洪才、张亚群。

同日 下午，参加厦门大学教育研究院博士生辛均庚、鄢晓的学位论文答辩会。答辩委员会成员还有贾永堂（主席）、李钟善、别敦荣、王洪才、张亚群。

同日 晚上，参加厦门大学教育研究院高教讲座（第48期），听陕西师范大学前常务副校长李钟善教授做《民办高等教育研究的几个问题——以陕西省为例》的报告。

5月27日 上午，参加厦门大学教育研究院高教讲座（第49期），听西安交通大学高教研究所所长陆根书教授做《大学生创业意向及其影响因素研究》的报告。

同日 下午，参加厦门大学教育研究院高教讲座（第50期），听教育部高等教育教学评估中心主任吴岩教授做《中国高等教育质量建设》的报告。

5月28日 上午，参加厦门大学教育研究院博士生何毅、胡天佑的学位论文答辩会。答辩委员会成员有陆根书（主席）、李泽彧、潘懋元、史秋衡、张亚群。

5月30日 晚上，在前埔家中主持"周末学术沙龙"，主题是"各位研究生畅谈研究心得与体会"。参加人员有郑宏、董立平、石慧霞、张宝蓉、罗先锋、刘丽建、魏晓艳、陈斌、李胜利及2014级Ph.D.博士班的部分同学。首先让张宝蓉介绍了近两年在台湾研究院开展的相关工作，尤其是关于准备台湾研究协同创新工作相关情况。然后结合教育研究院质量建设协同创新中心的准备工作指出，重大项目建设要以开展必要的理论研究为基础，质量建设协同创新中心首先需要对质量建设内涵和外延开展研究。同时，沙龙还围绕刘丽建博士生就博士论文研究中课程设计理论和实践部分的顺序问题进行了讨论。认真听取大家意见后，总结认为，关于课程设计中的理论与实践的处理要不拘一格，但需要注意实践都是基于一定的理论知识基础开展的。最后就最新需要校稿的《教育名词简明辞典》中名词错漏条目让博士生进一步细心辨析、纠错。

5月 潘懋元口述、郑宏整理的《鹭江学人：潘懋元》一书由厦门音像出版有限公司出版。

6月1日 在厦门大学教育研究院会议室为全院师生做题为《质量建设的理论设计》的学术报告。报告指出，重大工程的设计应当包括"理论设计、方案设计、组织设计以及程序设计"，而当前高等教育质量建设协同创新中心项目的申报过程是逆向的，缺乏理论认同方案。伴随着高等教育大众化、普及化以及国际化的到来，针对高等教育发展过程中出现的实际问题，诸如学生数量激增与教育质量之间的矛盾、社会需求多样化和人才培养单一化之间的矛盾问题，结合我国高等教育发展实际来看，高等教育质量建设是高等教育发展过程中的核心任务、重点任务，是一项庞大的系统工程。而"高等教育质量"是一个多层面的概念，现阶段要理清高等教育质量观，形成与时俱进、百花齐放的质量观；要将素质教育与专门教育、通才与专才并重，建立符合国情的专门人才培养体系；要树立知识、能力、品德优化的人才观；要注重改革管理体制、健全学术体制，尊重教师群体的学术自主权；要摆正教学与科研的关系，将教学始终置于第一位，重建教学研究组织。具体要落实在编制高质量、多样化的课程与教材，研究与采用主动性学习的教学方式与方法，推进产学研三者结合，建立健全三结合基地，营造良好校园文化等实践上。报告还强调了在高等教育质量建设过程中优化生源和教师队伍建设的重要性。认为首先要转变观念，不是选择少量"英才"，而是要双向选择相互适应的人才，实施双向选择的适应性考核方案；其次要提高高中教育质量，做好中等教育与高等教育之间的衔接工作；再次要针对教师队伍建设，做好职前、职后培训工作，提高教师学科知识水平与教育教学水平及实践能力，加强师德教育；最后，再次强调要加强教育质量保证与评价体系的建构与完善，增加高等教育经费投入，确保有够用的校舍、图书、仪器及其他教学与学习设备，建立多元的、积极的高等教育质量评估体系，使高等教育质量建设协同创新工程由"被评估"转变为"要评估"。

同日 带领刘丽建、魏晓艳编撰的《潘懋元高等教育论述精要》一书由福建教育出版社出版。

6月6日 晚上，在前埔家中主持"周末学术沙龙"，主题是"李海龙访学博士谈大学为何出现于西方？"参加人员有黄珊、林晓娇、王严淞、陈丽、李胜利、刘丽建、魏晓艳、陈斌、石慧霞、覃红霞、董立平、鲁加升、郑宏、李海龙、罗先锋等。首先就覃红霞论文中关于厦门大学教育研究院早期发展的史实做了说明，即厦门大学高教研究室1978年开始是先做学科研究，然后重点培养研究生，主要考虑是通过研究生培养推动学科建设与学科研究工作。关于大学为什么产生于西方的问题，要求博士生们先界定清楚大学的概念，再明确研究的前提，即是研究西方古代具有大学核心价值的机构为什么产生于西方，为什么具有大学精神的组织来源于古代西方而不是东方？

6月7日　晚上，与厦门大学教育研究院党政领导一起，为本院教师谢作栩教授、黄建如教授、范怡红教授举行退休教师座谈会并共进晚餐。

6月8日　参加厦门大学教育研究院学术报告会，听访学博士生李海龙做《大学为何出现于西方——历史的视角》的报告，并做点评。

6月10日　《潘懋元高等教育思想研讨会暨从教80周年庆祝会论文集》（共60篇文章），经别敦荣、韩延明、王治珂、孙昕光、李福春审阅与校对后，由济南大学高等教育研究院印发，并在《山东高等教育》陆续发表。

6月11日　在学生簇拥下，参观上海泰晤士小镇之"钟书阁"。

6月12日　至济南，被济南大学聘为学校顾问、高等教育研究院名誉院长。

6月13日　上午，出席在济南大学召开的"潘懋元高等教育思想研讨会暨从教80周年庆祝会"开幕式和文献纪实片《高教泰斗、学界楷模——潘懋元先生从教80周年》首映式。在大会上发表了热情洋溢的讲话，并向济南大学赠送一套"潘懋元文集"丛书（八卷十册），接受了程新校长代表济南大学师生及与会代表赠送的画像刻盘。国家教育部副部长林蕙青在贺信中写道："众所周知，潘先生是我国公认的高等教育理论家和社会活动家，先生八十年如一日躬耕教育，以其高尚的人格、对高等教育事业的执着追求以及严谨的高等教育理论体系，赢得了国内外学界的高度赞誉。"中国教育学会会长钟秉林、中国高等教育学会会长瞿振元、厦门大学党委书记张彦、教育部高等教育教学评估中心主任吴岩、山东省教育厅副厅长郭建磊、济南大学党委书记范跃进、济南大学校长程新等领导，知名学者喻岳青、杨德广、黄达人、何东平、张巨青、潘世墨、张德祥、史静寰、康凯、蔡先金、刘海峰、张应强、别敦荣、叶之红、陈武元、韩延明、卢晓中等共300余人参加了盛会。厦门大学副校长邬大光主持会议。

同日 下午，参加"潘懋元高等教育思想研讨会"第一分论坛"潘懋元高等教育思想的理论体系与历史贡献"。

同日 晚上，与参会代表一起，观看济南大学音乐学院师生为大会精心准备的名为"献给教师的歌"专场音乐会。精湛的演奏、优美的舞姿、动听的歌曲，给他留下了深刻而美好的印象。

6月14日 在济南大学副校长蔡先金（后为聊城大学校长）、学生韩延明等陪同下，参观革命遗址解放阁，游览趵突泉、大明湖等。

6月15日 《光明日报》以《潘懋元95岁之际谋超越》为题，综合报道了"潘懋元高等教育思想研讨会暨从教80周年庆祝会"的召开盛况。

同日 《中国教育报》以《潘懋元高等教育思想研讨会暨从教80周年庆祝会在济南大学举办》为题，对会议召开盛况进行了详细报道。

同日 凤凰网、新华网、人民网、光明网、新浪网、齐鲁网、新民网等知名网站均大篇幅报道了"潘懋元高等教育思想研讨会暨从教80周年庆祝会"的召开盛况及潘懋元先生传奇的教育人生。

6月15日至16日 参加在广西桂林举办的"特色高水平大学论坛"（桂林电子科技大学主办），并围绕高校特色发展、高水平大学战略等相关理论和实践问题做了题为《论行业特色型院校的回归与发展》的主题报告。后发表于《重庆高教研究》2016年第1期。

6月18日 《济南大学报》以《甲子湖畔群贤毕至，青龙山麓少长咸集》为题，详细报道了"潘懋元高等教育思想研讨会暨从教80周年庆祝会"在济南大学召开的空前盛况及会议内容。

6月19日 赴泉州，参加"两岸课程与教科书发展的回顾与前瞻"学术研讨会，并做《大学重建教研组（室）》的报告。

6月20日 参加在上海师范大学召开的"杨德广教授从教50周年学术研讨会"。

7月13日 《中国教育报》第9版刊发《潘懋元是如何带博士生的》一文。该文摘自《鹭江学人：潘懋元》（潘懋元口述、郑宏整理）一书，作者授权中国教育报首次刊发。文章从课程学习、学术活动、论文工作、思想修养四个方面介绍了潘先生培养博士生的经验和体会。

7月14日 为陈笃彬所著的《大学行知录：陈笃彬高等教育文集》（厦门大学出版社2018年12月版）一书作序。序文写道："即将出版的《大学行知录：陈笃彬高等教育文集》，分为理论篇和实践篇各23篇文章。如果说理论篇是由实践探讨理论，则实践篇就是以理论指导实践。但在实际上，很难将行与知截然分开。从实践提升为理论，所探索的理论，并不局限于个人经验；以理论指导实践，还必须结合研究对象的具体条件。不论高等教育理论工作者或高等学校的领导管理干部，阅读《大学行知录：陈笃彬高等教育文集》，相信都可能从中揣摩出自己的体会。"

7月15日 为石慧霞所著的《民族危机中的大学校长——萨本栋传》（厦门大学出版社2015年9月版）一书作序。序文指出："在纪念抗日战争胜利70周年之际，出版《民族危机中的大学校长——萨本栋传》，具有重要的历史意义和特殊的现实意义。……萨校长的战略思想和英明预见，我深有体会。我就是在萨本栋精神的鼓舞下，安心地读了四年大学，于抗战胜利的1945年毕业；更重要的是，我在萨校长艰苦卓绝、舍命办学、鞠躬尽瘁、为国育才的精神感召下，做了一名热爱教育事业的教师。写一本萨本栋传，研究萨本栋精神的形成过程、描述萨校长在民族危机中舍命办学的艰苦历程以及其后他抱病担当振兴中国科学事业重任的真实情景，是亲历那段历史的校友们的共同夙愿。石慧霞博士这本《民族危机中的大学校长——萨本栋传》的出版，让我们夙愿得偿。"

7月17日 在家中与将赴爱尔兰都柏林大学访学一年的郑宏亲切交谈，提出了具体的访学要求和建议。

7月20日 在《清华大学教育研究》2015年第4期上发表《从"回归大学的根本"谈起》一文。文章主要内容：通过教育与教学培养人才，通过科研发展科学，利用院校的优质教育资源为当时当地社会服务是大学的三大重要职能，其中培养专门人才是基本职能。大学之所以称为大学，就在于培养各种类型、层次的专门人才，否则只能称为科研机构或其他文化机构而不能称为大学。因此，培养人才是大学的根本。要回归大学的根本，必须探索形成"重科研,轻教学"的深层次原因。当然,回归大学的根本,并非贬低大学从事科研工作的重要性,因为高等教育质量建设内在地包含科学研究工作。

同日 在《中国高教研究》2015 年第 7 期上发表《高等教育研究要更加重视微观教学研究》一文。此文根据在"潘懋元高等教育思想研讨会暨从教 80 周年"的发言整理而成。

7 月 21 日 同厦门大学教育研究院 2015 级夏令营学生举行见面会,与大家分享在厦门 69 年、在厦门大学 74 年、在教师岗位上 80 周年的人生回忆和感悟。

7 月 26 日至 8 月 2 日 携家人一起,先后到兰州、西宁、嘉峪关、哈密、乌鲁木齐、南山牧场等地参观、游览。厦门大学校友总会副秘书长石慧霞博士随行。

7 月《九五感言——在"潘懋元高等教育思想研讨会暨从教 80 周年庆祝会"上的讲话》发表在《中国高教研究》2015 年第 7 期上。文中说:"我的理解是潘懋元教育思想的探讨,只是把潘懋元高等教育思想作为象征性的标志或者作为一个平台,实际上它是大家在不断发展之中的共同思想。现在,高等教育思想已经超越了我早期的理论,并且在不断丰富发展中。……宏观的理论研究、宏观的政策研究是重要的,它为高等教育的改革、发展指明了方向。但是,所有宏观的理论、宏观的政策只有通过微观的教学过程才能进入人才培养的实践。二者的辩证关系是微观的高教研究,有赖于宏观的高教研究确定价值、指明方向;而宏观的高教研究成果,只有通过微观的高教研究,才能转化为实践。"

8 月 4 日 这是令弟子们兴奋而难忘的一个夜晚。在厦门的部分师生在思明区厦门大学大丰苑酒店 2 楼玫瑰厅为潘懋元先生举办了 95 岁大寿生日宴。参加这次盛宴的,有邬大光、李泽彧、陈武元、陈小红携儿子、赖铮、姚加惠、郑宏、董立平、吴滨如、陈紫、黄珊、刁瑜、许琦红、刘丽建、林晓娇、陈斌、魏晓艳、鲁加升携小女、马东梅、李胜利、陈春梅等。

宴会由邬大光主持。他满含深情地说:"潘老师的健康长寿不仅是我们潘门弟子的幸福与骄傲,也是厦门大学的幸福与骄傲,更是中国高等教育界的幸福与骄傲。潘老师从教80余年，一生倾心致力于教育事业，把自己辉煌的一生贡献给了厦门大学，贡献给了中国的高等教育研究事业，也贡献给了世界高等教育事业，是我们弟子与高教学人的典范与楷模！"

潘先生神采奕奕、红光满面、谈笑风生，席间仍谆谆教导、诲人不倦：鼓励刚刚由龙岩学院调任厦门理工学院党委副书记的李泽彧，要把在龙岩创校所积累的办学治校经验和教育理论与厦门理工学院的办学历史、办学特色结合起来，整合高教研究力量，做好院校研究文章，解决好理论与实践的脱节问题，把着力点落实到应用技术大学的转型改革发展上来，以特色与质量赢得社会与政府的支持；叮嘱在读的博士生黄珊、刁瑜、许琦红、林晓娇、魏晓艳、陈斌、马东梅、李胜利，要紧紧抓好学习与论文写作，勉励大家不只要多读书，更要多思考、多分析、多质疑，多与老师和同学交流，多向师兄师姐们请教研究中所遇到的困惑和难题，还要注重实证研究，重视搜集第一手资料，不能闭门造车，更不能自以为是。

宴会气氛温馨而热烈，笑声不断，高潮迭起。大家一起唱生日歌，频频举杯为先生祝福。先生与陈小红的儿子、鲁加升的小女一起吹蜡烛、切蛋糕，欢声笑语，老少同乐。先生还起身郑重地把蛋糕分给在座的每一个人，其情殷殷，其意浓浓，其乐融融。大家在浓烈的喜庆氛围中咀嚼着友情，品味着人生，共同分享着潘先生的幸福与祝福，诚挚齐祝敬爱的潘老师德厚流光、行者无疆，寿比南山、海屋添筹！

8月16日 上午，参加厦门大学教育研究院高教讲座（第54期），听教育部高等教育教学评估中心主任吴岩教授做《中国高等教育发展最新动态与质量保障评估监测制度》的报告。吴岩教授从教育的内外部关系规律入手，以世界高等教育飞速发展和中国经济社会转型对高等教育要主动适应和引领经济发展新常态的历史使命为背景，重点阐述了服务于促进教育公平、提升教育质量两大任务的中国高等教育"五位一体"质量保障体系内涵及实践进展。在点评环节，针对吴岩教授在讲座中提及的民办高校师资薄弱及缺乏好的管理团队两大问题指出，民办高校的问题政府应该负担一定的责任，民办高校教师的流失率高的原因之一就是国家对民办高校轻视，导致教师无法安心。

同日 下午,参加厦门大学教育研究院高教讲座(第 55 期),听教育部高等教育教学评估中心主任吴岩教授做《国际高等教育质量保障最新进展》的报告。吴岩教授介绍了国际三大组织力推的高等教育质量保障项目,即经济合作组织的高等教育学习成果评估、欧盟的国际大学多维排名和国际工程联盟的华盛顿协议。在点评环节,认为对于评估,结合美国的情况,建议应在促进高校退出机制方面发挥作用。

8 月 19 日 发送电子邮件给刚到爱尔兰访学的郑宏:"知道你们母女已平安到达并安居,很欣慰。天将冷,注意身体健康。常通信。问雨笛好!潘懋元。"

9 月 5 日 参加厦门大学教育研究院博士生刘丽建、胡永红的学位论文答辩会。答辩委员会成员有眭依凡(主席)、刘宝存、王洪才、张亚群、武毅英。

9 月 6 日 参加厦门大学教育研究院高教讲座(第 56 期),听教育部长江学者特聘教授、浙江师范大学田家炳教育科学研究院院长眭依凡教授做《大学问题的悬置》的学术报告。

9 月 9 日 下午,在颂恩楼 215 会议室参加厦门大学 2015 年教师节座谈会暨《我的厦门大学老师》首发式,围绕"为人师表、崇教厚德"的主题畅所欲言,共话教师使命,感怀师恩。认为厦门大学有着尊师重教的优良传统,厦门大学老师们把培养优秀人才当作人生中的不懈追求,用爱心对待每一位学生;每个厦门大学学子对母校和老师的认同感高、感情深,这是学校宝贵的精神财富。作为一名老师是幸福的,同时更有着崇高的责任和使命。其中,《我的厦门大学老师》一书中有篇题为《情融五颂:吾爱吾师潘懋元先生》的文章,是教育研究院院友韩延明撰写的。校党委书记张彦、校长朱崇实、校党委副书记林东伟出席会议,副校长杨斌主持会议。

9 月 10 日 收到厦门大学党委书记张彦、校长朱崇实写给全校教职工的"2015 年教师节慰问信"。

9 月 11 日 为王一兵所著的《1981—2016 教育发展趋势分析与改革建言文集》(中国社会科学出版社 2016 年 7 月版)一书作序。序文写道:"王一兵教授的这些论文,结合中国的实际,着重讨论高等教育大众化、国际化、网络化、法人化，现代开放远程教育、现代信息交流技术推动教育改革和创新，全球性知识经济对大学法人化的诉求，以及新世纪的素质教育等。他的很多论述、推测和建言，对于思考当今中国高等教育面临的众多挑战与现实问题，仍然给人以启发和借鉴。这本论文集在中国的出版，对21世纪中国高等教育进一步的改革与发展的决策有拓宽视野的作用，转变观念，做出比较正确的抉择。"

9月14日　参加厦门大学2015级研究生新生开学典礼及厦门大学教育研究院2015级研究生开学典礼。

9月15日　为厦门大学教育研究院2015级Ph. D. 讲授《高等教育学专题研究》课程。

9月16日至17日　为厦门大学教育研究院2015级Ed. D. 授课。

9月18日　参加厦门大学1937年内迁长汀办学讲座。

9月19日　上午，为厦门大学研究生院2015级Ed. D. 授课。

同日　晚上，在前埔家中主持"周末学术沙龙"，议题是"新生的开学感想""老生作业的反馈与交流""博士后左崇良交流研究心得"。

9月20日　为厦门大学教育研究院2015级Ed. D. 授课。

9月21日　上午，参加厦门大学教育研究院学术报告会，听邬大光教授做《就业率与毕业率的背后》、王严淞博士生做《西安欧亚学院学习调研总体情况报告》、解德渤博士生做《"创业型大学"——西安欧亚学院的战略图景与不懈追求》、李胜利博士生做《西安欧亚学院教师发展调研学习汇报》、冯寅博士生做《西安欧亚校园文化之浅尝》的报告。

同日　下午，参加厦门大学教育研究院院务会议。

9月22日　为厦门大学教育研究院2015级Ph. D. 授课。

9月23日　参加厦门大学教育研究院奖学金评选活动。

9月26日　晚上，在前埔家中主持"周末学术沙龙"，议题是"2013级Ed. D. 郭洁的访美见闻""央视CCTV福建站的国庆专访"。参加人员有郭洁、张晓、乔连全、董立平、罗先锋等。潘先生说："我和学生在一起时是最快乐的时光，我这一生的事业就是培养学生，学生发展起来、培养起来就是最好的时光。"

9月28日 参加厦门大学教育研究院学术报告会,听王洪才教授做《大学创新教学的理论与方法》的报告。

同日 参加左崇良博士后的开题报告会,听《高等教育的分权与共治》的报告。

9月30日 参加厦门大学教育研究院院务会议。

10月8日 参加厦门大学教育研究院基地建设会议。

10月10日 晚上,在前埔家中主持"周末学术沙龙",议题是"齐齐哈尔工程学院院长曹勇安交流民办教育、办学经验等问题"。参加人员有曹勇安、邬大光、鲁加升、董立平、石慧霞等。提议围绕委托管理和政府购买服务、高等教育的质量问题、大学分类和托管以及曹勇安校长进行的8所高校的委托管理有关的高校混合所有制问题进行介绍和讨论。

10月12日 参加厦门大学教育研究院学术报告会,听李国强助理教授作《高校分类发展与分类管理问题新解》的报告。

10月13日 为山东省委高校工委在厦大开办的高校领导干部研修班开设《大学教师发展的理念、内涵、方式》的讲座。

同日 被上海工程技术大学聘请为名誉教授。

10月17日 晚上,在前埔家中主持"周末学术沙龙",议题是"李国强学术报告会《高等教育的分类与发展》后续精彩汇报"。参加人员有李国强、薛成龙等。大家踊跃发言后,总结认为建设现代高等教育体制最困难的是行政化。

10月19日 参加厦门大学教育研究院学术报告会,听马东梅博士生做《南方科技大学教育质量保障初探》的报告。

同日 下午,与前来拜访的西安翻译学院党委副书记、纪委书记易晓瑜亲切座谈。

同日 在《高校教育管理》2015年第6期刊发《大学校长的学术追求与职业精神——杨德广教授从教50年学术对谈》(张应强、瞿振元、潘懋元、滕建勇、张伟江、李敬来、李建勇、杜飞龙)一文。

10月21日 为方泽强、欧颖所著的《进出象牙塔 沉思与遐想》(科学出版社2016年3月版)一书作序。序文写道:"这本论文集,不论理论研究或实践探索，都能让读者，尤其是置身于大学校园中的教师和干部，理性地思考大学（高等教育）的实然状态和应然趋势。中国高等教育现状是已经从精英教育阶段进入大众化阶段，并且即将迈进普及化阶段。但是有些出身于精英大学的学者或决策者，仍然沉湎于'象牙塔'中，怀古幻今，用传统的保守观念来对待新事物，从而有意无意地阻碍了高等教育的现代化发展。说清道理，辨明是非，可能是这本论文集的主旨。当然，作为一本论文集，提出了许多新见解，有的还值得推敲。如果能引起不同意见的争论或补充，可能更有意义。"

10月23日至25日 赴安徽工业大学，作为终身名誉理事长，参加"中国高等教育学会高等教育学专业委员会第六届会员代表大会暨2015年学术年会"，并在开幕式上发表讲话。

10月30日 上午，参加厦门大学南强学术讲座（第702讲），听美国比较高等教育学家、比较高等教育专业研究开创人阿特巴赫教授做《发展中国家高等教育变革及趋势》的报告。报告结束后，潘先生为大家介绍了阿特巴赫教授与中国高等教育之间的深厚缘分，表达了对阿特巴赫教授关注发展中国家高等教育的崇敬。指出阿特巴赫教授的报告中提出的教育体系不平衡的问题是非常准确并且是目前我国高等教育在力图扭转的方向。同时也提出了自己的疑问，认为不仅是发展中国家向发达国家学习，发达国家也同时可以向发展中国家学习。

10月31日 在复旦大学《校史通讯》上发表《校史在特定角度体现整个高教史》一文。

同日 晚上，在前埔家中主持"周末学术沙龙"，议题是"阿特巴赫报告后续讨论"。大家踊跃发言后，总结认为：阿特巴赫有强烈的美国倾向，但是位有良心的国际教育研究学者，肯专门研究发展中国家的高等教育。但阿特巴赫为什么研究发展中国家，又觉得发展中国家没什么可以学习的，这源于他仍处在比较教育研究的第二个层次上。比较教育研究的第一个层次是借鉴，为本国服务；第二个层次是相互了解，建立友谊；第三个层次是探讨共同规律和世界教育发展的趋势。

11月2日 参加厦门大学教育研究院学术报告会，听解德渤博士生做

《通识教育在中国：二十年来的进展、困境与出路》、李胜利博士生做《文化的自觉与自省：祛魅 MOOC》、滕曼曼博士生做《学本评估：大学生学习质量评估新范式》的报告。

11月4日至6日 赴上海工程技术大学，参观交通轨道运输学院、航天航空学院以及汽车工程学院。被聘为上海工程技术大学校长顾问、名誉教授。指出，上海工程技术大学是一所有活力、有特色的工程技术大学，他对工程技术大学充满信心。作为校长顾问，他给学校的发展提出三点意见：一是关于学校、学科、专业的定位和培养目标的建议，应根据各个学院、专业的不同情况给予适当的定位、适当的培养目标；二是关于学校坚持特色发展的建议，应将理论与实践有机结合，将学校产学合作的模式推广至全国；三是关于加强国际化的建议，学校的国际化战略应该想得更远、更大、更自信，将学校的特色打出去，推广到国际上。在此期间，应邀参观上海最美的书店"钟书阁"，并为其题字。

11月5日 晚上，在上海立诗顿宾馆参加上海地区院友会，刘少雪、高耀明等院友参加，魏晓艳、陈春梅陪同。

11月6日至8日 赴广州大学，参加广东省高教学会高等教育学专业委员会换届大会暨高等教育治理体系与治理能力现代化研讨会。做了题为《高等教育治理体系与治理能力现代化内涵解读》的报告，指出"治理"的基础不是权力，而是利益相关者的权利，"管理"与"治理"虽然只有一字之差，却代表着高等教育管理体制改革的新境界。后来报告经整理发表于《现代教育论丛》2015 年第 6 期。

11月13日至15日 赴珠海，参加2015年高等教育国际论坛暨中国高等教育学会学术年会。

11月17日至18日 在厦门大学会议中心参加由台湾高雄"中山大学"、广州中山大学与厦门大学两岸三校联合举办的第五届"山海论坛"，并做《质量建设的理论设计》的主题报告，后发表于《高等教育研究》2016 年第 3 期。

11月20日至23日 听厦门大学教育研究院2015级 Ph. D. 的学习汇报。

11月21日 晚上，在前埔家中主持"周末学术沙龙"，议题是"刘丽建汇报在厦门教育科学研究院的工作情况""李胜利交流毕业论文思路"。鼓励刘丽建博士在高等职业教育领域做一些研究。

11月23日 参加厦门大学教育研究院学术报告会，与王洪才教授、郑若玲教授、乔连全副教授、陈春梅博士生等一起，汇报"中国高教学会高等教育学专业委员会2015年学术年会概况"。

11月24日至25日 在厦门大学参加"第十二届科举制与科举学国际学术研讨会"，并在开幕式上做了题为《盖棺何须论定》的学术报告。

11月28日 晚上，在前埔家中主持"周末学术沙龙"，议题是"2015级Ed.D.交流学习心得体会"。参加人员有别敦荣、2015级Ed.D.，还有王希普、虞宁宁、滕珺、陈为峰等嘉宾。北京师范大学资深教授顾明远先生的博士代顾先生前来拜访。

11月28日至12月4日 给厦门大学教育研究院2015级Ed.D.授课。

11月30日 参加厦门大学教育研究院学术报告会，听美国马萨诸塞大学波士顿分校严文蕃教授做《中美教育比较：面对创新时代的教育挑战》的报告。

12月5日 晚上，在前埔家中主持"周末学术沙龙"，议题是"中国特色高等教育研究话语体系"。参加人员有李国强、董立平等。在总结中指出：自然科学研究也是有国别话语权的，例如诺贝尔奖获得者丁肇中，在诺贝尔奖颁奖宴会上坚持用汉语致辞。那么中国的高等教育有没有话语权？中国有没有承认话语权？这个过程中要注意话语不等于话语权。习近平主席到非洲、拉丁美洲等地参访，引起了对这个话题的关注。教育领域是否也有话语权？中国的教育是有话语的，如台湾的国民教育制度，它的发源地是广西，还有我们的高等教育学研究也是土生土长的。然而，我们的高等教育研究仍缺少话语权。这主要是中国的学者缺乏自信，很多都不敢在世界上提出自己的话语。当然，自信不等于自负。

12月6日 上午，参加厦门大学教育研究院博士生祁晓、陈涛的学位论文答辩会。答辩委员会成员有施晓光（主席）、陈廷柱、潘懋元、谢作栩、别敦荣。

同日 下午，参加厦门大学教育研究院博士生周蕾、刘梦今的学位论文答辩会。答辩委员会成员还有陆根书（主席）、楼世洲、谢作栩、武毅英、郑若玲。

12月7日 参加厦门大学教育研究院学术报告会，听张亚群教授做《中国近代大学育人规律探析——通识教育的视角》、麦可思公司副总裁周凌波做《高校研究产业化初探——以麦可思为例》的报告。

12月10日 参加厦门大学教育研究院办公会。

同日 著作《应用型人才培养的应用与实践》（潘懋元、车如山）荣获中华人民共和国教育部颁布的"教育部第七届高等学校科学研究成果奖（人文社会科学）二等奖"。

同日 在《现代教育论丛》2015年第6期上发表《高等教育治理体系与治理能力现代化的解读与思考》一文。文章指出，管理的基础是权力，是自上而下的；治理是多个方面的、多种利益相关者的权利。高等教育从管理走向治理，标志着国家高等教育跨入现代化的一个新境界。高等教育治理体系与治理能力现代化是一个重要的命题，存在一些需要深入思考和解决的问题：大学章程与红头文件产生矛盾时，大学校长应该如何处理？大学校长不再从事科研，不再担任教学，专心专意负责管理，这样合适不合适？

12月12日 晚上，在前埔家中主持"周末学术沙龙"，议题是"国际教育国际化的陷阱"。参加人员有李国强、祁晓、程伟、陈涛等。大家踊跃发言后，总结认为：教育与经济不同，我们不提教育全球化，我们要提教育的国际化，语境不同。同时指出一流大学不是靠排名出来的，一流大学一是办学理念，且社会认可得很好；二是教师水平，其中一些是大师级的人物；三是毕业生水平，有很多是知名人士。

12月14日 参加厦门大学教育研究院学术报告会，听武毅英教授做《两岸高教合作机制的形成与演进暨新加坡访学有感》、陈涛博士生做《带你走进欧洲中世纪大学——分享留学比利时的收获与感悟》的报告。

同日 荣获中国高等教育学会师资管理研究分会颁发的"突出贡献奖"。

12月15日 参加厦门大学研究生院举办的"世界一流大学研究生教育管理介绍专题讲座"，听加拿大麦吉尔大学 Xiang‐Jiao Yang 教授做《加拿大麦吉尔大学研究生教育及管理》的专题报告。

12月16日 为《山东高等教育》撰写"新年寄语":"……山东是人口大省、产业强省。在人才培养上,也应成为高等教育强省。高教强省的建设与发展,需要高教理论的指引。理论来自具有实践理性的专家和热情支持的群众。《山东高等教育》是后起的优秀高等教育研究平台,希望负起这一任务,群策群力,出谋献策,引导和推动高等教育强省的建设与发展。"该"寄语"全文发表于《山东高等教育》2016年第1期。

12月19日 参加"厦门大学第七届教职工代表大会第二次会议第一次全体会议"。

同日 晚上,在前埔家中主持"周末学术沙龙",议题是"高等教育学研究的危机与应对"。参加人员有王洪才、李国强、鲁加升、董立平等。

12月下旬至翌年1月中旬 给厦门大学教育研究院博士生授课。

12月26日 晚上,在前埔家中主持"周末学术沙龙",议题是"中国教育电视台记者对先生的专访""大学的国际化'化'什么""二胎政策对高等教育的影响",认为国际化不仅仅体现在国际学生数量的指标上。

12月28日 上午,参加厦门大学教育研究院教职工会议。

同日 下午,参加厦门大学教育研究院教职工党支部会议。

12月29日 参加厦门大学教育研究院迎新晚会。

12月 由厦门大学中外合作办学研究中心与香港大学中国教育研究中心合作编译的《潘懋元高等教育思想文集》(英文版),由世界知名出版社荷兰博睿(Brill Press)学术出版社出版。该出版社出版中国高等教育研究领域的学术专著,尚属首次。

本年 被聘为由河南大学出版社策划出版的纪念中国人民抗日战争胜利70周年系列图书"弦歌不辍——抗战烽火中的中国大学"的"丛书总顾问"。

2016年 九十六岁

1月1日 上午,在家中接待前来祝贺新年的厦门大学教育研究院的在读研究生,请他们吃汤圆。随后,与在厦弟子鲁加升(携其小女)、董立平、石慧霞、黄珊、罗先锋、林晓娇、李胜利、许琦红、魏晓艳、陈春梅赴鼓浪屿游览欢度元旦。

1月9日 上午，2015级博士生班学期课程结束，中午在学校餐厅请学生一起共进午餐。

同日 晚上，在前埔家中主持本学期最后一次"周末学术沙龙"，议题是"访学博士杜燕锋交流博士论文选题"和"2015级博士生交流高等教育学专题课程学习心得。"参加人员有郑冰冰、杜燕锋、董立平、林杰、胡文静、刘隽颖、易梦春、李鹏虎、李慧、魏晓艳、罗先锋、蔡正道、陈春梅等。大家踊跃发言后，总结认为：杜燕锋博士"基于创新驱动背景的广东高水平大学建设"这个选题很有意义，目前广东有财力建设地方性的高水平大学，但有些学校建设方向偏了，很多指标是向着"985"，至少是"211"大学看齐。鼓励Ph. D. 多着眼于微观问题研究。

1月13日 参加在厦门大学教育研究院401室召开的教学工作会议，讨论"2016年博士招生、Ed. D. 培养"。

1月20日 接受《社会科学家》编辑部专访。

1月21日至22日 与魏晓艳等博士生在家中整理归档各类证书、聘书和图书。

1月28日 在《重庆高教研究》2016年第1期上发表《论行业特色型院校的回归与发展》（与陈斌合作）一文。文章肯定了行业特色院校的历史贡献，分析了行业特色型院校面临的危机及原因，总结了行业特色型院校危机的影响，提出了行业特色型院校如何与时俱进、在发展中回归特色的道路。

2月5日 晚上，在家附近的餐馆请过年不回家的学生聚餐。

2月9日（正月初二）至14日 携全家17口人到海南旅游过年，乘飞机到海口市，再坐动车到三亚，住在五指山下的七仙女宾馆。其间，参观考察了吉利集团举办的三亚学院和三亚理工职业学院。

2月17日 参加修订《民办教育促进法》研讨会。在发言中指出：中国的民办教育要有针对性，不能照抄国外私立大学捐资办学的办学体制，首先要解决的是认识问题，包括教育事业是公益性事业，对公益性事业不能像对企业那样；公益性与营利性并非"非此即彼"的矛盾，合理的投资回报有利于公益性事业的发展；民办教育，尤其是民办高等教育，是高等教育改革与发展所需要的重要组成部分，不仅可以吸收社会资金、减轻国家负担，而且由于其有相对独立性、较多自由权和更高利益相关度，在正确政策引导与扶持下，可以促进高等教育的改革发展。因此，立法应着重于积极扶持而不是消极限制。

2月18日　参加在厦门大学教育研究院401室召开的博导招生工作会议，讨论"2016年博士招生"。

2月20日　晚上，在前埔家中主持"周末学术沙龙"，议题是"关于民办教育"和"自由交流寒假生活见闻"。参加人员有石慧霞、董立平、陈涛、黄珊、李胜利、罗先锋等。总结认为，《民办教育促进法》要修订了，中国有中国的国情，不能照抄照搬国外的东西。国外的民办教育有三类：一是凤凰城大学，搞培训班赚钱的；二是教会办的，做慈善教育事业；三是各种基金会办的。日本的私立大学一开始也和我们清代有点相近，国家不管，但没有中国目前这种歧视制度。中国如果把民办教育这条腿去掉的话，对中国教育的发展会严重不利。为什么公立学校招生完才给民办学校招生？高职也是这样，公立高职招完以后才是私立高职院校，这是不公平的。

2月22日　参加厦门大学教育研究院学术报告会，听别敦荣课题团队（易梦春、王严淞、唐汉琦）做《普及化高等教育发展前瞻与思考》的研究报告。

2月27日　晚上，在前埔家中主持"周末学术沙龙"，议题是"交流讨论日本高等教育"。参加人员有吴薇、董立平、陈春梅、解德渤、刘丽建、罗先锋等，参与嘉宾为日本广岛大学高等教育研究开发中心黄福涛教授。在听取黄福涛教授简要介绍了日本的私立高等教育后指出：现在对中亚国家关注比较多的是经济、文化领域，而在教育领域还比较少，寄希望于厦门大学教育研究院比较教育研究所能够"敢为天下先"，在"一带一路"倡议下，尝试进行这方面的开拓性研究。

2月29日　参加厦门大学教育研究院学术报告会，听赵叶珠教授做《西班牙高等教育的改革与发展——访学汇报》的报告。

同日　参加厦门大学教育研究院党政联席会议。

3月3日　在前埔家中题字。

3月5日　晚上，在前埔家中主持"周末学术沙龙"，议题是"2015级海南三亚学院调研计划汇报"和"讨论二胎对高等教育的影响"。参加人员有郑冰冰、李国强、李胜利、罗先锋、陈春梅、鲁加升等。在听取了三个小组的调研计划后，提出要制定好调研内容、访谈提纲和活动日程，要听课，要召开学生座谈会。专业设置主要从六个方面调研，即专业设置依据和过程、专业人才培养目标、师资背景、师资力量和质量评估。要提取三个要素——教育理念、体制文化和人才培养，并把三个东西糅合在一起。理念要落实到怎么培养人才上。高职院校培养人才主要是应用型人才。要立足于海南办专业，而不是好高骛远，要把专业和地方产业相结合。关于"二胎对高等教育的影响"问题，认为中国的男女平等已经做得比较好了，比日本好。现在一个很重要的问题是男女比例失调严重。二胎有利于解决老龄化趋势增加这一社会问题，总的政策是好的，我们是拥护的。女性也要克服困难，支持国家这一政策。现在女性研究生多，考试制度比较有利于女生。有些学科是女性占优势，历来语言学科和教育学科是女性居多，护理方面更是女性云集。以前招研究生，都是男生，女生很少，现在不一样了。现在大学教师有一种现象，助教女的比男的多，教授男的比女的多。二胎对高等教育会有影响，大家要认真开展研究。

3月7日　参加厦门大学教育研究院学术报告会，听2014级博士生冯寅做《中国传统文化与高等教育全球化》、滕曼曼做《自治与问责——英、荷两国高等教育质量保障的特型发展》、刘亮做《中国应用型高等教育的历史探源》的报告，并做点评。

3月11日　赴中华城厦门影城参加厦门大学教育研究院工会集体组织观看电影《叶问》的活动。

3月14日　作为考核专家组组长，参加厦门大学教育研究院博士后左崇良、王玲、刘鎏的中期考核报告会。其他考核专家有张亚群、武毅英、郑若玲。

3月15日　晚上，在前埔家中主持"周末学术沙龙"，主题是"2015级Ph.D.海南三亚学院调研计划汇报"。指导办学思想调研组要把教育理念、体制文化和人才培养三个方面糅合在一起，重点关注理念如何落实在人才培养上。指导专业设置组重点调研海南三亚学院如何把专业和地方产业紧密结合。

3月16日 应邀为《应用型高等教育研究》作《对〈应用型高等教育研究〉的期望》一文。文中指出:"在应用型高等教育实践的基础上,合肥学院进行了多年的经验总结与理论研究,已出版了《地方本科院校应用型人才培养的理论与实践探索》等多本专著,《应用型高教探索》内部刊物已经刊发多期,并在《合肥学院学报(自科版)》开设'应用性高等教育研究专栏',从而拥有雄厚的研究力量和德文翻译人才。去年又建立了'中德教育合作示范基地',即将合作编辑出版《应用型高等教育研究》中德双语文本的教育期刊。相信这一期刊的公开发行,必将对大众化以至即将到来的普及化高等教育起推动作用,对于高等教育研究领域也将具有重要的历史意义。"

3月17日 为周序等著的《自强教育书系》(厦门大学出版社2017年版)作总序。序文写道:"厦门大学教育研究院之所以能居于全国高等教育研究领域前列并有一定的国际影响,是由于拥有一批60后和70后的中年教育理论工作者孜孜地从事培养人才和学术研究,并在一些学科领域,处于理论前沿,不断地有所创新、有所开拓。但是,十年、二十年之后,是否后继有人,并能青出于蓝,是我们当前不能不预为之谋的发展战略问题。……第一批书系只出版了四位青年教师的研究成果,'学海何洋洋',在自强的乐章中,将陆续出版更多的青年教师研究成果。在徐岚博士的论著中,她将自己喻为'青椒'。我认为这个自喻对于在成长中的青年学者是恰当的。'青',尚未成熟,而由青而红,指日可期;'椒',不论花椒、胡椒、辣椒,都有强烈的辛辣,年青学者,要敢字当头,敢于站在前人的肩膀上勇攀学术高峰,在高等教育理论研究和培养人才上,做出新的贡献。"

同日 应邀参加浙江树人大学2015年度国家社科基金重点项目"民办院校办学体制与发展政策"研讨会。

3月19日 为林金辉主编的《高素质创新人才培养模式研究》(厦门大学出版社2016年4月版)一书作序。序文指出:"纵观全书,研究有所突破、有所创新,所得结论具有较高的理论水平和实际应用价值。研究既有历史的比较,又有比较的视角;既有规范的问卷调查和深度访谈,又有典型案例的分析;既有现状与问题的分析,又有未来发展的对策建议。尤其是对研究型本科、应用型本科、高职高专的创新人才培养模式分别进行研究，具体深入。这本专书的出版可供教育行政部门、高校管理部门和广大教师在人才培养模式建构的设计或从事大学生创新教育工作时参考。"

3月20日至27日 和别敦荣教授带领2015级博士生赴三亚学院学习调研，参访了校内教学基地，如茶艺室、酒店模拟、调酒室等以及校外实训基地，如宋城演绎产学研实训基地和校企合作康莱德度假酒店。走访了理工职业技术学院，参观其厨师、高尔夫、汽车维修实训基地。还走访了航空旅游职业学院，考察了该校的海运实训中心、飞行模拟训练中心和乘务飞行模拟训练中心。其间，应邀在书山馆报告厅做了《大学教师发展的理念、内涵、方式、组织、动力》的主题演讲。他指出，教育的本质是促进人的发展，大学教师是一种学术职业，应具备学科专业水平、职业技能和师德三方面发展内涵。勉励全体教师要注重加强创新精神和创新能力的培养，以创新精神引领大学生成为创新型人才，以大学的文化科学创新引领社会文化的科学发展。

3月27日 上午，作为第二考核小组组长，在教育研究院502室参加厦门大学教育研究院2016年博士研究生（Ed. D.）招生考核面试。

3月28日 上午，作为第二考核小组组长，在教育研究院502室参加厦门大学教育研究院2016年博士研究生（Ed. D.）招生考核面试。

同日 在《应用型高等教育研究》2016年第1期上发表《对〈应用型高等教育研究〉的期望》一文，表达了对即将出版的《应用型高等教育研究》中德双语文本教育期刊的殷切希望。

3月31日 在《高等教育研究》2016年第3期上发表《高等教育质量建设的理论设计》（与陈春梅合作）一文。文章指出，高等教育质量建设是一个庞大的系统工程，它的基本框架是：转变思想是前提；体制改革是关键；课程与教学改革是核心；优化生源、教师队伍建设和增加投入是保证；评估体系建构是准绳。这一系统工程需要多方协作，共同承担理论研究和实践推行任务。

同日 参加厦门大学教育研究院党政联席会议。

4月6日 上午，参加在厦门大学教育研究院502报告厅举行的"庆祝厦门大学建校95周年暨教育研究院奖教奖学金颁奖大会"，发表讲话并与院长刘海峰、书记郑冰冰、副院长史秋衡、副院长别敦荣等一起，分别为获奖的师生颁发证书与奖励。奖教金获奖人员有：一等奖，武毅英、周序；二等奖，覃红霞、乔连全。奖学金获奖人员有：一等奖，薛卫洋、刘亮、林丹丹；二等奖，方宝、袁礼、冯寅、卞翠、石慧、张凌云、刘强、辛丽清、林丽玲。管理服务奖获奖人员有王玉梅。

4月7日至17日 以静养为主，间以读书、阅文。

4月18日 参加厦门大学教育研究院学术报告会，听周序助理教授做《当讲授法遭遇创新人才培养》的报告。

4月23日 上午，参加在厦门大学教育研究院502室开展的2016年博士研究生（Ph. D.）招生复试考核。

同日 晚上，在前埔家中主持"周末学术沙龙"，议题是"2030高等教育现代化战略设想"。参加人员有闫月勤、李国强、石慧霞、董立平、李胜利、罗先锋等。听取大家发言后总结指出：中国的高等教育在2030年将进入普及化阶段，2015年之后的中国高等教育要走在普及化的道路上，高等教育从概念、理念到体制、模式到方方面面肯定会发生很大的变化。所有适龄青年都应当接受高等教育，接受高等教育已不是精英化阶段少数人的特权或大众化阶段多数人的权利，而是所有适龄公民的义务。2030年高等教育将进入普及化阶段，成为终身教育体系的重要组成部分。高等教育不再是人生学习生活的最高层，而只是像初等教育、中等教育一样，是终身学习的一个阶段。我们高等教育研究者的社会责任，就是预见和预测未来，就是高等教育现代化的发展。教育应该回归它的本质，逐渐回归本质。

4月24日 参加在厦门大学教育研究院502室开展的2016年博士研究生（Ph. D.）招生复试考核。

4月25日 参加厦门大学教育研究院学术报告会，听陈春梅博士生做《三亚学院学习调研总体情况介绍》、李慧博士生做《三亚学院办学思想学习调研报告》、王芳博士生做《走进大学是为了更好地走向社会——三亚学院专业建设学习调研报告》、刘海涛博士生做《整体布局稳步推进——三亚学院"教学改革"调研报告》的小组报告。在点评总结中指出：一是网络学习中更重要的是培养学生终身学习的能力；二是只有在市场中摸爬滚打之后才能学会创业；三是数据只能达到问题的表面，优势在于可以分析出原因，但是原因的背后要靠心理学来解释。

4月29日　参加厦门大学教育研究院教师合影活动。

4月30日　晚上，在前埔家中主持"周末学术沙龙"，针对上周2030高等教育现代化战略设想议题组稿的相关稿件逐一进行讨论、交流。参加人员有解德渤、李国强、董立平、李胜利、林晓娇、马东梅、石慧霞、陈春梅、罗先锋等30余人。

4月　主编的《做强地方本科院校的理论与实践研究》由高等教育出版社出版。

5月3日　参加厦门大学教育研究院2016级博士生招生录取会议。

5月6日至7日　参加一流大学本科教学高峰论坛并在闭幕式上发表讲话。提出"要以一流学科建设为突破口，推进高等教育的整体提升"。其中6日下午参加在教育研究院举行的林蕙青院友返院座谈会。

5月7日　晚上，在前埔家中主持"周末学术沙龙"，议题是"一流大学本科教学高峰论坛"会议心得交流。参加人员有人民日报记者董洪亮，博士生李胜利、陈莉、石慧霞、陈春梅、李健、解德渤、朱乐平、林晓娇、魏晓艳、刘健、陶爱珠、陈紫等和部分硕士生。首先讲述了沙龙缘起，并谈到组织博士生一起共同考虑2030中国高等教育将要是什么情况。对于"双一流"建设，认同教育部文件提出的"统筹推进"，即"双一流"不能只顾"985"和"211"，未进入"双一流"名单的地方高校以及民办高校等也要考虑。谈到，不要推崇那个大学排行榜，无可奈何地对着排名次。有些推波助澜，真正懂教育的人是不会在乎排名榜的。美国新闻周刊的排行榜是给学生看的，是媒体做的，为了销售率，科学严谨不是它的标准。著名大学不是排名榜排出来的，是人们心中认可的。家长、专家、教育家的心中有杆秤。著名大学有三个标志：它的办学理念有独特之处；它有一批高水平的教师，其中不乏若干名师；它的毕业生的总体水平社会认可度、美誉度较高，其中有若干著名校友。

5月9日　参加厦门大学教育研究院党政联席会议。

同日　接受《人民日报》记者董洪亮（后为人民日报社甘肃分社社长）

的专访。

5月14日　晚上,在前埔家中主持"周末学术沙龙",议题是"如何看待学生上课'听'的被动状态"。参加人员为2016级博士生及其他博士生、硕士生。就"现在一些高校出台了一些管理学生的办法,如上课不许带手机等,这是否与以学生为本的理念相矛盾"和"如何看待大学生上课'听'的被动学习状态"等现实问题进行了热烈的讨论。

5月16日　参加厦门大学教育研究院学术报告会,听郭建鹏副教授做《翻转课堂与高校教学创新》的报告。

同日　参加厦门大学教育研究院党政联席会议。

5月19日　参加厦门大学教育研究院博士生招生会议。

5月21日　参加在枫林宾馆三楼会议厅举行的"高等院校内部质量管理体系建设"研讨会,院友们共聚一堂,探讨高等院校内部质量管理体系建设问题。大家从各自工作出发,各抒己见,畅所欲言。先生随时插话或提问,犹如重温一堂讨论课。

同日　晚上,在枫林宾馆三楼会议厅举行学术沙龙,此次沙龙不设议题,师生自由交流、讨论。将"双一流"有没有标准问题引向两难的矛盾上:有标准——同质化,没标准——如何评?与会师生有的认为"双一流"没有标准,有的认为应有具体标准,而有的则认为只要一个基本标准,并可在这个基础上鼓励各个高校根据实际情况有所创新。问题没有固定的标准答案,大家各自纷纷发表看法,讨论热烈。

5月22日　与厦大教育研究院2000级博士班学生一起,参观毛泽东主席故居。

5月26日　参加厦门大学教育研究院党政联席会议。

5月27日　参加"厦大高教讲座"(第60期、第61期),听上海交通大学刘少雪教授做《高等教育评价中的数字陷阱》、北京师范大学周海涛教授做《民办教育新进展与分类管理》的报告。在总结中指出:唯数据评价是有问题的,但越来越盛行的原因在于行政化。要管理,最方便的就是数据。因此,会陷入数据"陷阱"。数据只能达到事物表面,只有人的思维能够深入下去。

5月28日　晚上,在前埔家中主持"周末学术沙龙",议题是"关于学生评教问题的探讨"。参加人员为2016级Ph.D.学生及其他博士研究生，发言者有路丽娜、鲁加升、林晓娇、刘丽建、魏晓艳、罗先锋、黄珊、唐嘉彦、董立平等。在听取大家踊跃发言后总结认为：路丽娜的论文表明，量化评教现在出现了问题，建议结合应用质性的方法去研究、去矫正。不同的课程应该用不同的方法。质量用质性评教，好像比较容易沟通。评价体系不是谁想出来的，是根据教育学理论来设计的，但是教学理论学生不一定认识到，也不一定能够真正反映学生的想法。哪些东西该肯定，哪些东西可以改进，也可以让老师说为什么这样做，也让老师知道学生有什么要求。

5月31日 参加厦门大学教育研究院党政联席会议。

6月1日 在《玉林师范学院学报（哲学社会科学版）》2016年第3期上发表《思考"大学何为"——评贺祖斌〈思考大学〉》一文。

6月4日 晚上，在前埔家中主持"周末学术沙龙"，议题是"与2015级访学吴晶鑫老师交流创业教育融入人才培养方案"。参加人员有吴晶鑫、董立平、林晓娇、陈春梅、魏晓艳、黄珊、朱乐平、万圆、解德渤、罗先锋等。听取大家踊跃发言后总结指出，我国高校创业教育经历了由创业竞赛至创业教育、由师资培训至学生培养、由课堂教学向多种模式转变、由知识传授向素质教育的转变四个发展阶段。创业型人才应该属于应用型人才的一种。对创新创业教育思考了很多，想了很多，讨论要聚焦什么问题。创业不是盲目的，应是一种理性的选择。创新创业不能成了一种运动、一个口号。

6月6日至8日 赴广西，参加"应用型高校建设与发展高峰论坛暨广西应用型本科高校联盟成立大会"，为玉林师范学院师生做了一场题为《高等教育转型发展》的学术报告。认为应用型高等教育才是大众化、普及化的主力军，建设应用科技大学的基本定位就是：以本科为主，培养不同科类、专业的应用型创新人才。高等教育转型发展是一项系统工程，除了思想上的融冰，还要行动上的努力。为此，应从体制机制的转变、课程与教学的转变和专业教师队伍建设三方面，为高等教育转型发展探路。

6月6日 为玉林师范学院书写题词："服务地方，建设应用型高水平大学。"在该校校长贺祖斌教授提议下，亲手种植了"潘公树"，以示纪念。"潘公树"由潘懋元先生栽植、别敦荣教授命名、贺祖斌校长书写。该树为榕树，本固枝荣、四季常青，不惧寒暑、傲然挺立，象征着自强不息、奋发向上的精神，也体现了一种坦荡、包容的人生态度。

6月9日 上午，出席在厦门大学科学艺术中心召开的联合国教科文组织教育规划所主办的"高等教育质量与就业：内部质量保障的贡献"国际研讨会（IQA）开幕式。

同日 下午，参加厦门大学教育研究院会议，讨论高等教育学应成为一级学科的问题。

6月10日 下午，出席厦门大学与麦可思数据有限公司共建"中国高等教育数据中心"签约仪式。"厦门大学—麦可思中国高等教育数据中心"是设在厦门大学教师发展中心的校级科研机构。中国高教学会会长瞿振元、清华大学教育研究院党委书记李越、中国高教学会副会长张德祥、教育部高等教育教学评估中心评估处处长刘振天、教育部学位与研究生教育发展中心评估处处长林梦泉、厦门大学教育研究院院长刘海峰等共同见证了厦门大学副校长邬大光与麦可思数据有限公司总裁王伯庆的合作协议签约仪式。

6月11日 给远在爱尔兰的学生郑宏博士写信，对其正在整理的《潘懋元口述史》一书提出了若干修改意见和需要补充的内容，包括书名的斟酌和想法，并预祝她生活快乐、旅途顺利、满载而归。

6月14日 参加厦门大学教育研究院会议。

6月15日 在《中国大学教学》2016年第6期上发表《建设一流本科 全面统筹推进》一文，就"双一流"建设提出了两点见解：第一，认为在"双一流"建设中，应当着重一流学科的建设，把学科建设摆在第一位。第二，一流大学、一流学科应统筹推进。

同日 应邀参加在厦门大学颂恩楼1606会议室举行的《宁夏大学建设西部一流大学总体方案》论证会。在讨论中提出自己的看法，认为宁夏大学应把中心放在一流学科建设上，如宁夏大学的民族学或是历史学，有西夏王朝等，是全国没有的，可以办出特色。当然，放在西北的一流还需要考虑，宁夏大学与西安的一些高校还有差距。但可以办一流学科，一流学科不一定出自一流大学。此外，提及引进院士，觉得更为重要的是如何引进年轻人。宁夏有优势，地价便宜，房子便宜，有些人才会因此而考虑前往工作。这样，宁夏就可以有自己的优秀师资。对方案中提出的部门本科向应用型发展表示赞同，指出学校主要是立足为地方服务，因此大量的专业还是要走应用型，不能跟着一流大学研究型方向走，如宁夏大学的葡萄酒学院就肯定要往应用型方面发展。

6月18日 参加在厦门大学教育研究院502室召开的研究生课程建设的教师座谈会，主题是"研究生课程建设"。

同日 与厦门大学教育研究院毕业生合影、聚餐。

同日 在《教育财会研究》2016年第3期上发表《高等教育大众化的贡献、困惑及建议》（与张端合作）一文。文章指出中国在高等教育方面已是一个大国，而不是一个强国。高等教育大众化是我国社会发展的必然选择，有利于提高国民素质，优化人口结构，加快经济发展，推动社会进步。同时，我国高等教育陷入质量、就业和平等多重困境，这种局面的形成，既与政治、经济、文化的发展状况有关，又与高等教育自身的发展阶段有关。理论与实践的反思有助于高等教育大众化的科学发展，进而实现高等教育与经济社会的协调发展。

6月19日 参加厦门大学教育研究院毕业生典礼，与学生合影留念。

6月20日 参加厦门大学教育研究院学术报告会，听访学博士生何志伟做《校友资源：世界一流大学建设的基石》、访学博士生孔晓明做《民国时期大学德育制度——训育训导制度研究》、访学博士生刘文杰做《创业教育"热"背后的冷思考》的报告。

同日 《中国教育报》第5版刊发《每所大学都有转型发展的话语权》一文。文章分析了高等教育转型发展存在的问题，提出了高等教育转型发展可以从三个方面探路：体制机制转变，课程与教学的转变，专业教师队伍建设。

6月23日 参加《厦大党政工作研究》首发式暨厦门大学党委党校第117期党政工作研修班结业式，与厦门大学党委书记张彦、校长张荣共同担任该刊物的学术顾问。

6月25日 晚上，在前埔家中主持"周末学术沙龙"，议题是"2015级博士生刘红垒谈TTP与中国高等教育"。参加人员为2016级博士生和其他级的部分博士生、硕士生。主要围绕"中国未能加入 TTP 对高等教育发展的利弊"这一问题展开了热烈的讨论。

6月27日 作为开题指导教师组组长，参加厦门大学教育研究院博士生李胜利、林晓娇、薛卫洋、刘晓瑜的学位论文开题报告会。其他指导老师有林金辉、陈兴德、吴薇、连进军。

6月28日 为厦门大学师生作《大学教师发展的理念、内涵、方式、组织与动力》的学术报告。

6月29日 参加厦门大学校史党史座谈会。

6月 主编的《中国高等教育自主发展路径研究：学术理念、学术语言与学术评价的视角》（修订版）由高等教育出版社出版。该书回顾了中国高等教育的发展历程，剖析了全球化背景下国际知识生产格局，并从学术理念、学术语言、学术评价的角度分别论述了既要合理借鉴西方，又要根据本土需要关注并解决中国问题，确保中国高等教育自主发展的迫切性。同时，进一步分析了自主发展的内涵、特征、路径，并结合当前一些突出问题提出了具体的政策建议。

7月1日 参加厦门大学庆祝中国共产党成立95周年暨纪念福建省第一个党组织——中共厦大支部建立90周年大会。

7月3日 在前埔家中接受浙江工业大学访学博士生何志伟、孔晓明专访，议题是"校友支持世界一流大学建设"和"中国近代训育问题"。

7月4日 参加厦门大学教育研究院党政联席会议。

7月13日 参加2016年厦门大学教育研究院夏令营学生座谈会。

7月18日 参加厦门大学教育研究院学术报告会，听西班牙德乌斯托大学人文社会学院国际交流部主任乔恩·德·吴比纳教授和西班牙德乌斯托大学社会与人文学院现代语言系主任、西班牙爱尔兰文学学研究协会主席阿西亚·奥尔杜纳教授为全院师生做《欧洲和西班牙课程与教学改革：以TUNING为视角》的学术报告。

7月20日 和曾孙一起游厦大情人谷等景点。

7月23日 上午，在厦门大学教育研究院502会议室为培训班做题为《大学教师发展的理念、内涵、方式、组织、动力》的讲座。

同日 下午，游灯塔公园。

同日 晚上，参加部分师生举办的"潘懋元先生96大寿生日宴"。

7月27日 参加厦门大学教育研究院"高等教育改革与发展高级讲座"，听合肥学院党委书记蔡敬民教授做《新型大学新思考：地方本科院校应用型人才培养模式的改革创新与实践》的报告。

7月29日至8月7日 率家人赴黑龙江旅游，部分弟子加盟。

8月16日 参加台湾"东华大学"花师教育学院院长范炽文、教育与行政管理学系主任梁金盛带领的师生访问团座谈会。最后进行了总结发言，阐述了对双方学术交流与合作的方向及大陆、台湾不同的教育研究重点。

8月28日至29日 参加中国高等教育学会在厦门大学召开的"高等教育学博士生培养单位负责人座谈会"，并做主旨发言。认为高等教育学学科面临着"大好形势下的严峻局面"，从高等教育学学科建设的政策问题、发展问题等方面出发，分析了高等教育学学科建设的历史、基础和未来挑战。高等教育学是一门复杂学科，理论基础众多，关系到社会方方面面，对国家未来的发展有着重要作用。重视高等教育学学科建设是新时期高等教育的题中必有之义。

9月3日 在《中国高教研究》2016年第9期上发表《2030年中国高等教育现代化发展前瞻》（与李国强合作）一文。文章指出，我们要准确把握和认识我国高等教育发展的历史阶段性和特殊性，以及未来15年的核心问题。进入普及化阶段，最重要的是改变高等教育的价值观、质量观、功能观等理念。我们必须根据所掌握的国内外历史经验知识，担负起高等教育发展预判、预测以至预警的任务。

9月4日 参加汕头大学座谈会。

9月6日 上午，参加厦门大学教育研究院博士生魏晓艳（Ph. D.）、余斌（Ph. D.）的学位论文答辩会。答辩委员会成员还有曾天山（主席）、余小波、刘海峰、王洪才、林金辉。

同日 下午，参加厦门大学教育研究院博士生石猛（Ed. D.）、路丽娜（Ph. D.）的学位论文答辩会。答辩委员会成员有周光礼（主席）、曾天山、潘懋元、谢作栩、郑若玲。

9月7日　参加厦门大学教育研究院博士生雷兰川（Ed. D.）的学位论文答辩会。答辩委员会成员有曾天山（主席）、余小波、潘懋元、李泽彧、武毅英。

9月8日　参加厦门大学教育研究院组织举办的"厦门大学高教讲座"（第65期），听湖南大学教育科学研究院院长余小波教授做《大学社会评价中的几个问题》的学术报告。最后就大学排行榜的利弊、社会评价对大学发展的作用做了报告总结。

9月10日　晚上，在前埔家中主持"周末学术沙龙"，议题是"话说教师节"和"交流暑期见闻"。参加人员为2016级Ph. D.、2016级Ed. D.及部分其他级博士研究生，共37人。潘先生向大家介绍了中国历史上教师节三个日期的由来：一是1931年5月由近现代教育家邰爽秋倡导的每年6月6日；二是1938年8月由国民党政府教育部确定的每年8月27日（孔子诞辰日）；三是1985年1月由六届全国人大常委会第九次会议正式通过的每年9月10日，这也是中国近代史上的第三个教师节。

9月11日　参加厦门大学教育研究院党政联席会议。

9月12日　给厦门大学教育研究院2016级Ph. D.授课。

同日　参加厦门大学2016级研究生开学典礼。

9月13日至19日　给厦门大学教育研究院2016级Ph. D.授课。

9月19日　参加厦门大学教育研究院学术报告会，听文静助理教授做《美国社区学院人才培养制度的重设与评估》的报告。在总结中，潘先生赞赏了此次研究的价值和意义，认为社区学院是美国高等教育中非常具有特色的一部分，这一选题可为我国高职教育提供有益的借鉴。

9月21日　参加厦门大学教育研究院国家奖学金评选会议。

9月24日　晚上，在前埔家中主持"周末学术沙龙"，议题是"2016级Ph. D.交流讲义学习体会"和"2015级硕士生张艳丽交流文献综述写作"。参加人员为2016级博士生及2016年访学博士生。主要是潘先生解答大家提出的各种问题。他说，今天的审计已经不是打打算盘的审计了。现在的审计督导，不只是防止贪污，主要看你的决策是否正确，因为一个错误的决策会导致巨大的损失。因此学习审计的、研究审计的，必须要具有经济学和法律学知识。产学研是培养人才的一个方法。产学研在国外叫作学和产，美国叫合作教育，英国叫三明制教育。我们要研究大学生，要开好青年心理学这门课，要研究大学生的心理状况。学情研究一定要和青年心理学联系起来。对于研究生而言，学人文的要学一点科学，学科学的也要学一点人文，学自然科学的要学一门社会科学，学人文社会学科的要学一门自然科学。高等教育要重视人的主体成长。回归大学根本，是指我们的大学尤其是研究型大学，不少都忘了初心，忘了自己的"根"和"本"，而是大家都去搞研究，都去搞论文发表，没有心情去搞教学，更没有心思去搞本科人才培养。现在回归根本就是要回到本科教学。

9月26日　参加厦门大学教育研究院学术报告会，听陈武元教授做《科研思维与项目申报的技巧》的报告。在总结中指出，我们常常缺乏问题意识，不能很好地掌握、思考理论前沿问题。最前沿的东西走在前面，要敢于思考，要敏感，但是敏感不是没有根据地胡思乱想，敏感是在前人基础上的思考和发现，问题意识很重要。

9月29日　参加厦门大学教育研究院2016年"迎新生庆国庆"晚会，并参与师生互动猜谜游戏。

同日　被泉州理工职业学院聘请为泉州理工职业学院战略发展委员会主任委员。

10月7日　带曾孙和全家游厦门集美灵玲动物王国。

10月8日　晚上，在前埔家中主持"周末学术沙龙"，议题是"2014级Ed. D. 马东梅交流博士论文开题交流，本学期访学生交流学习、生活情况"。

10月10日　参加厦门大学教育研究院学术报告会，听陈春梅博士生做《互联网时代大学生学习变革、存在的问题及其建议》、李慧博士生做《台湾高校创造力教育的实践与启示——以台湾政治大学为例》、刘海涛博士生做《以创新创业教育推动创新型人才培养的实践与思考》、刘隽颖博士生做《以行动研究推进大学创新教学》、王芳博士生做《大学生视角下我国高校教师教学现状研究——基于"国家大学生学习情况调查"数据分析》的报告，并有重点地做了点评。

10月14日　赴泉州理工职业学院（现更名为泉州职业技术大学）参加

30年办学庆典。

10月15日 挂国际电话与在英国访学的董立平通话，询问其在英国的访学情况，嘱托：一要注意安全；二要多走走多看看，把英国高等教育的基本情况和教学模式了解清楚；三要多参加一些学术活动，多交朋友，多认识一些英国知名学者。

同日 晚上，在前埔家中主持"周末学术沙龙"，议题是"互联网+教学及发展趋势的探讨"。

10月16日 同前来厦门大学视察指导工作的教育部部长陈宝生、福建省教育厅厅长黄红武、厦门大学党委书记张彦等一起，与厦门大学教育研究院师生座谈。座谈会上，听厦门大学教育研究院院长刘海峰教授做了题为《高等教育研究与决策咨询的国家队》的专题汇报后，做了重要点题和补充：第一，2030年中国的高等教育应该变成什么样？作为高层次的智库，我们不应当也不会满足于在政策层面上做一些咨询工作，我们还必须具有前瞻性和战略眼光，在国家面向市场经济的转型时期、在推动社会发展方面发挥应有的引领作用。第二，在国家大力推动"双一流"建设的形势下，一流学科通常指向一级学科，而二级学科往往才是培养"专""精"人才（而非"万金油"人才）的地方，高等教育学即属于二级学科，当下学科建设面临着一定的危机。

10月17日 赴中华城厦门影城观看厦门大学教育研究院工会组织的电影《湄公河行动》。

10月21日 赴厦门大学翔安校区做《大学新生·本科·2016》讲坛报告。

10月下旬至11月中旬 给厦门大学教育研究院博士生授课。

10月22日 晚上，在前埔家中主持"周末学术沙龙"，议题是"互联网+教育"。参加人员为2016级博士生及其他级博士研究生。大家踊跃发言后，指出有以下一系列问题值得深入研究：如何应用互联网进行学习和研究？如何把互联网引入教学过程？作为研究的对象，互联网在学校应用时都出现了哪些问题？目前MOOC学习的效率低，缺乏制度保障，我们需要什么样的新制度来予以保障？一流学科的建设应运用最新的技术，如何应用？互联网和教师发展，互联网如何体现师生关系？互联网的师生关系是什么一个关系？互联网和校园文化建设的关系如何处理？这些都是很值得研究的问题。

10月24日　参加厦门大学教育研究院学术报告会，听史秋衡教授、陈恒敏硕士生做《隐蔽的光景：印度访学》的报告。在总结中指出，印度高等教育是一个神秘的高等教育，不应该用我们的习惯性思维去思考印度。今后应多了解其他的一些国家，因为他们的一些制度也是我们需要去学习的。从比较教育的角度来说，通识也是非常重要的。

同日　参加在厦门大学教育研究院502室召开的"教育学一级学科研究生培养指导委员会和心理学一级学科研究生培养指导委员会扩大会议"，讨论"教育学学位授权点合格评估工作和发展与教育心理学硕士学位授权点合格评估工作"，主要包括自我评估工作方案、自我评估指标体系、分工方案、评估专家名单。

10月28日至30日　参加在广西南宁举办的"2016年中国高等教育学会学术年会暨高等教育国际论坛"。

10月　主编的《中国高等教育评论》（第6卷）由教育科学出版社出版。

11月2日　参加厦门大学教育研究院党政联席会议。

11月5日　晚上，在前埔家中主持"周末学术沙龙"，议题是"唐嘉彦谈台湾高等教育"和"2015级博士生谈南宁博士生论坛参会心得"。

11月7日　参加厦门大学教育研究院学术报告会，听厦大军事教研室郑宏副教授做《高等教育国际化进程中的国际生服务——以都柏林大学为例》的报告。在点评环节，指出要思考如何将服务意识用于工作中。

11月12日　晚上，在前埔家中主持"周末学术沙龙"，议题是"2013级博士生邹晓平谈广东高水平理工科大学建设问题"和"2017级Ed. D. 博士生刘健谈成人教育问题"。参加人员为陈涛、陈斌、王严淞、刘健、陈春梅、蔡秀英、阙明坤、邹晓平、李胜利、罗先锋等。大家踊跃发言后总结认为：高水平大学建设的真正矛盾是如何提高人才培养质量。我国的成人教育在21世纪是萎缩的。目前整个国家在搞转型发展，我们要跳出中等收入陷阱，继续往前发展。转型发展谁来搞，必须要有转型发展的人才来推动。不能只培养开汽车的人，还要培养设计无人汽车、无人飞机和无人飞行器的人才。要加强大学治理体系和治理能力现代化建设，否则高水平大学就难以得到可持续发展。大学里有三个方面最重要，一是校园文化的大学精神，二是教师的价值追求，三是学生的人生目标培养。

11月14日 参加教育研究院"厦大高教讲座"（第66期），听西安外事学院董事长黄藤教授做《中国民办高校"双一流"建设的前景与展望》的学术报告，并做点评。受聘为西安外事学院七方教育研究院名誉院长。

11月19日 晚上，在前埔家中主持"周末学术沙龙"，议题是"李国强谈《民办教育促进法》修订"和"2016级Ed.D.交流教务工作经验/高校学分制的探索与反思"。参加人员为2016级Ed.D.及其他级博士研究生等。大家踊跃发言后，总结认为：新的《民办教育促进法》实施条例一是加强党的领导，二是义务教育不能办营利性学校。在当前的中国教育市场，把不得以盈利为目的作为要求后，对需要盈利的怎么搞，对企业的投资如何吸纳使用，还有很多争议，而且营利性和公益性始终是一对相冲突的观念，这一点没改变。此外，创办人的权利如何保障，还有很多问题需要地方政府妥善解决。

11月25日至27日 在武汉参加由华中科技大学、湖南大学、南京航空航天大学联合举办的第十六届全国大学教育思想研讨会，并做报告。本次研讨会的主题是"后大众化时代的中国高等教育"，来自全国近100所高校的240余位专家学者和研究生参会。

11月 著作《做强本科地方院校的理念与实践》（潘懋元、车如山）荣获中华人民共和国教育部颁布的"教育部第五届全国教育科学研究优秀成果奖三等奖"。

12月3日 晚上，在前埔家中主持"周末学术沙龙"，议题是"石慧霞博士谈高校继续教育"及"《重庆高教研究》编辑来访"。参加人员为重庆高教研究杂志社编辑人员和2016级龚洄洁、胥青山及其他级博士研究生。大家踊跃发言后，总结认为：继续教育是建立在初始教育基础上的职后教育，但进入高等教育大众化和普及化后，高校的继续教育面对的初始教育发生了很多变化。目前高校的继续教育不仅面临重新定位，也面临供给侧和需求侧方面的种种问题。高校继续教育的定位应该是高等教育融入终身教育体系的路径，政府应重视并投资继续教育。需求侧的问题是市场复杂多元，专业性、前瞻性、实用性又存在很多的问题。同时高校继续教育还面临外部的挑战，包括国际的教育培训机构，也开始进入我国的教育市场。还有互联网时代的移动学习等。高校继续教育涉及三个概念：继续教育、高等学校的继续教育和高等教育后的继续教育。谈到《重庆高教研究》这份杂志，他说，要面向全国，要跳出原来的小圈子；要组织国际化的文章；开设栏目不能搞"潘懋元高等教育思想研究"，要搞"现代高等教育思想研究"。

12月5日 参加厦门大学教育研究院组织举办的"厦门大学高教讲座"（第67期），听天津大学教育学院院长闫广芬教授做《重塑中国未来大学的想象力：历史的启示》的学术报告。

12月6日 参加在厦门大学教育研究院502报告厅举行的厦门大学高教讲座（第68期），听湖南大学岳麓书院邓洪波教授做题为《教育制度概论》的学术报告。

12月8日 为覃红霞、陶涛主编的《厦门大学研究生教育发展史（1926—2016）》（厦门大学出版社2018年5月版）一书作序。序文总结指出"全书纵横交错，条理清晰，文章通畅。一册在手，可读可查"，提出了三个需要进一步思考的问题："一、扩招以来，研究生数量激增，学生从扩招前1998年的19.89万增至2015年的191.14万，16年间增加近10倍。由于扩招太快，不但生源质量有所下降，而且优质教育资源，尤其是导师整体的学术水平与指导能力，不能同步提升，从而凸显数量与质量的矛盾。研究生教育质量建设，是当前研究生教育的现实问题。二、研究生教育初期，学科设置、培养方法、招生选才，导师有较大的自主权。20世纪80年代中期之后，加强规范化管理，从而产生灵活机动、自主创新和规范化管理的矛盾。研究生教育规范化、制度化是必要的。如何在规范、制度的框架中，发挥导师的学术专长和培养特色，尊重导师的选才、育才自主权，是另一个值得研究的问题。三、专才教育与通才教育两种不同的教育价值观，在研究生教育领域中显得特别突出。培养有创新能力的高级专门人才，一般要深入到某一较为专深的二级学科以下或学科交叉的研究领域。而当前的管理体制，包括招生制度、经费投入、评比奖励等等，都在一级学科层面上，有利于通才教育而不利于专才教育。如何在坚实的通识教育基础上，发展特色专长，是研究生教育价值观有待研究的理论问题。"

12月9日 参加厦门大学教育研究院博士生袁礼的学位论文答辩会。答辩委员会成员有陈廷柱（主席）、陈鹏、潘懋元、谢作栩、武毅英。

12月10日 晚上，在前埔家中主持"周末学术沙龙"，议题是"郭洁畅谈厦门大学马来西亚分校情况"。参加人员为2016级博士生和其他年级博士生、硕士生。指出，厦门大学在马来西亚开办分校是有远见的。这个分校是完全市场化的运作，在马来西亚有个市场运营部。马来西亚的华人是受歧视的，所以优秀的华人子女没办法进优质的公立院校。有些中学虽是华文学校，但质量不高。厦大去到那里办学很受华人欢迎，群情激动。一期投资16亿元。今后的目标就是要办出高水平、高质量、高信誉，在国外站稳脚跟。

12月12日 参加厦门大学教育研究院党政联席会议。

12月16日至18日 参加在汕头大学举行的中国高等教育学会高等教育学专业委员会2016年学术年会，并做大会主题报告。指出高等教育面临被边缘化的危险，建议把高等教育学作为一级学科，或在"双一流"建设中将二级学科也纳入进来。

12月17日 在汕头大学参观弘毅书院。

12月18日 参观汕头街道、汕头故乡"旧居"。

12月21日 在厦门大学接受《衡水学院学报》主编、董子学院执行院长魏彦红教授的采访。博士生陈斌陪同并参与访谈。魏彦红教授汇报了衡水学院的办学特色、办刊特色及专业设置、学生现状等。潘先生对衡水学院服务地方的特色做法表示赞赏，并为衡水学院董仲舒研究及国学教育指出了发展方向和应遵循的原则。指出，衡水学院的董仲舒研究就是特色，儒家的发展董仲舒是起了大作用的。孔子是时中之圣，儒家的精神是与时俱进和中庸之道，国学教育也应该与时俱进，要从传统文化中挖掘核心价值观的精髓。认为中庸之道是孔子思想中很重要的内容，不要走极端，要兼顾平衡，要包容。我们要吸取儒家思想的精华，而不只是拘泥于它的某种形式。后以《孔子是时中之圣，儒家要与时俱进——潘懋元先生访谈录》（与魏彦红、陈斌合作）为题发表于《衡水学院学报》2016年第6期。

12月下旬 给厦门大学教育研究院博士生授课。

12月22日 在家中与前来探望的郑宏及其女儿陈雨笛亲切交谈，并高兴地与陈雨笛合影。

12月23日 参加厦门大学教育研究院党政联席会议。

12月24日 晚上，在前埔家中主持"周末学术沙龙"，议题是"大数据学术会议讨论"。参加人员有卢晓中、车如山和部分博士生、硕士生。

12月24日至25日 参加在厦门大学颂恩楼220报告厅召开的"大数据与高等教育研究论坛"并在开幕式上致辞。最后对会议进行了总结，提出大数据运用于高等教育研究的关键在于"有信度、拿得到、用得上"，高度概括了本次会议的内涵、主旨和精髓。

12月26日 参加在厦门大学教育研究院召开的"厦门大学教育学一级学科学位授权点合格评估"会议。

12月27日 参加在厦门大学教育研究院召开的"厦门大学教育学一级学科学位授权点合格评估"会议。

同日 在前埔家中与前来拜访的河北师范大学学报编辑部霍素君亲切交谈，对几个备受关注的教育问题进行了交流。此访谈内容后整理成《潘懋元先生教育访谈录》（潘懋元、霍素君）一文，发表于《河北师范大学学报（教育科学版）》2017年第1期。

本年 为母小勇所著的《大学的哲学——人学视角中的大学》（江苏凤凰教育出版社2017年4月版）一书作序。序文指出："该书以'人学'为核心理念，叩问大学中的'人'和'事'存在的缘由和内在规定性，对如何理解大学的本质、价值与功能，如何保障人才培养，如何对待'高深学问'的探究与学术成果的转化应用，以及如何优化大学组织及其运行机制等问题，都进行了深度的探究；特别是对于大学中主要的群体——教师和学生的特质和大学的职能，做了适切的解读。"

2017年　九十七岁

1月1日 与厦门大学教育研究院师生共度新年，与厦门师门弟子共游厦门世贸观景平台，合影留念。

同日 在《重庆高教研究》2017年第1期上发表《"互联网+教育"是高校教学改革的必然趋势》（与陈斌合作）一文，后被《新华文摘》2017年第13期论点摘编。文章指出，"互联网+教育"具有丰富的内涵，它是坚持开放理念的教育新模式，是一种对师生要求更高的教学模式，有利于推动智慧教育目标的实现和教育民主化进程。提出目前"互联网+教育"对大学生的学习影响尚存在四个方面的缺陷。要科学、有效地利用互联网，使之更好地为高校教学服务。大学生在线学习应注重虚实结合，加强制度保障，倡导人际互动。

1月3日至6日 给厦门大学教育研究院2016级Ph. D.授课。

1月9日 参加厦门大学教育研究院学术报告会，听访学博士生胡乐乐做《研究型大学教授的本科教学卓越——基于中美澳"国家教学名师"比较的研究》的报告，并做点评。

1月10日 参加厦门大学教育研究院教职工学年总结会议。

1月11日 参加厦门大学教育研究院党政联席会议。

同日 参加在厦门大学教育研究院401室召开的二级学科建设专题会。

1月14日 在家中梳理文稿、整理书籍。

1月16日至22日 给厦门大学教育研究院2016级Ed. D.授课。

1月18日 听中国高等教育学会会长瞿振元做《方位和走势：对我国高等教育改革发展的几点认识》的报告。

1月24日 与厦门大学教育研究院留校学生共进晚宴，并给学生发放新年红包。

1月31日 在《高等教育研究》2017年第1期上发表《大学教师发展论纲——理念、内涵、方式、组织、动力》一文。文章认为，大学教师发展是教师教育的新概念，不同于传统的教师培训，体现了教师的自主性、个性化而不是被动地被培训。大学教师通过各种方式，在一定的基层组织中，不断地自我提高学科专业水平、教育知识、教学能力和师德。教师发展的有效性取决于教师发展的动力，应当借助适切的外部激励机制，激发大学教师自我价值追求的内部动力。

2月1日 在《玉林师范学院学报（哲学社会科学版）》2017年第1期上

发表《中国高等教育的转型发展》一文。文章认为，高等教育转型发展可以从以下三个方面探索：一是体制机制转变，可以借鉴德国建立应用型科技大学的案例；二是课程与教学的转变；三是专业教师队伍建设，要有计划性、针对性地培养和发展双师型（双能型）专业课程教师队伍。

2月2日至15日 携全家一起，赴马来西亚、新加坡、越南旅游。

2月5日 在《社会科学家》2017年第2期上发表《关于高等教育若干问题的思考——厦门大学博士生导师潘懋元先生访谈》（潘懋元、陈春梅、粟红蕾）一文。访谈中，主要围绕微观教学研究、"双一流"建设、青年教师发展、互联网+教学以及混合所有制办学等热点问题发表了对高等教育的看法，并对高等教育的未来发展趋势进行预测。

2月8日 为刘志文所著的《高职院校办学模式改革》（科学出版社2019年9月版）一书作序。序文简要分析了这本专著的结构，认为本书的主要特点是：第一，能够较好地运用教育基本规律，特别是外部关系规律研究高职教育的改革发展，提出许多符合规律的见解。第二，指出符合发展规律的改革及其所出现的新模式，并非都是十全十美的。最后总结认为，本书理论与实践结合，既可以为高职院校办学者提供参考，也可以作为高等教育学科的研究与教学参考书。

2月18日 晚上，在前埔家中主持"周末学术沙龙"，议题是"介绍厦大富有特色的方方面面"。在大家踊跃发言后总结指出：一是厦门大学高等教育学的一流学科建设，一流学科不一定是一级学科，也不一定必须来自研究型大学，新兴学科、交叉学科对国家做出重大贡献的都可以争取一流学科；二是厦门大学教育研究院2018年建院40周年，到时会有大型的国际学术会议和院友活动，希望大家共同关注、积极参与。

2月20日 参加厦门大学教育研究院学术报告会，听郑若玲教授做《博士生招生"申请考核制"改革探析——基于厦门大学的调查》的报告。

2月21日 阅读、订正罗先锋整理的《2016年度潘先生沙龙记录》（2月18日整理呈交，共16篇）。

同日 参加厦门大学教育研究院党政联席会议。

2月25日 晚上，在前埔家中主持"周末学术沙龙"，议题是"林晓娇博士论文《大学教师发展动力的维度分析和测量评估》预答辩"。石慧霞、罗先锋、陈斌等人进行了提问与建议。大家踊跃发言后,总结指出:教师发展是主动的,要有动力的,有外部动力和内部动力。外部动力,指来自外部的种种刺激,如职称的晋升;内部动力,指不需要外部刺激,自己内部要发展的动力问题。牵涉到心理学、行为主义、测量学等多方面问题。

2月26日　参加厦门大学教育研究院党政会议。

2月27日　参加厦门大学教育研究院学术报告会,听刘海涛博士生做《我国高校学科国际评估探索》、郭红霞博士生做《基于认同度的教师工作绩效评估》、刘琪博士生做《台湾地区双联学制探析——兼谈对我国构建"一带一路"教育行动的思考》的报告。

2月28日　参加厦门大学教育研究院党政联席会议。

同日　被合肥信息技术职业学院聘请为高教研究所特别顾问。

3月4日　晚上,在前埔家中主持"周末学术沙龙",议题是"先生谈'国学热'的冷思考"。

3月6日　参加厦门大学教育研究院学术报告会,听王芳博士生做《应用型大学建设的利益相关者博弈分析》、易梦春博士生做《我国高等教育研究队伍的特点和发展趋势》、蔡正道博士生做《教育学中国化下的话语体系建构》的报告。

3月7日　参加厦门大学教育研究院领导办公会。

3月9日　参加厦门大学党委专项巡视动员会。

3月11日　晚上,在前埔家中主持"周末学术沙龙",议题是"中期考核作业汇报:我国应用型人才培养的问题与对策研究""'两会'热点教育话题漫谈"。潘先生指出两会提出学前教育问题,一是学前教育要纳入义务教育领域;二是建议搞学前教育法,建议大家议论这些问题。

3月13日　参加国家社会科学基金国家一般课题成果报告会,听别敦荣教授做《现代大学制度研究——历史与现实的反思》的报告。

同日　参加在厦门大学教育研究院401室召开的"教育学一级学科研究生培养指导委员会会议",讨论"研究生公派出国留学推荐排序"。

3月14日　参加在厦门大学教育研究院401室召开的博士生招生工作会

议，讨论"2017 年 Ed. D. 招生入闱考核名单和考核方案"。

3 月 16 日 参加厦门大学教育研究院"懋元奖教奖学金"评选。

3 月 18 日 晚上，在前埔家中主持"周末学术沙龙"，议题是"应用技术大学与新工科"。

3 月 20 日 参加厦门大学教育研究院学术报告会，听徐岚副教授做《博士生培养的过程质量：从学制改革到中期考核》的报告。

3 月 21 日 参加厦门大学教育研究院党政联席会议。

3 月 22 日 参加厦门大学教育研究院博士后左崇良出站报告答辩会。

3 月 25 日 上午，作为第一考核小组组长，在教育研究院 502 室参加厦门大学教育研究院 2017 年博士研究生（Ed. D.）招生考核面试。

下午，作为第一考核小组组长，在教育研究院 502 室参加厦门大学教育研究院 2017 年博士研究生（Ed. D.）招生考核面试。

同日 晚上，在前埔家中主持"周末学术沙龙"，议题是"日本高等教育"。

3 月 27 日 在厦门大学教育研究院 502 报告厅参加高教讲座（第 70 期），听日本广岛大学高等教育研究开发中心黄福涛教授做《什么是世界一流大学的本科教育》的报告。在总结中指出，一流大学不一定有一流学科，一流学科不一定在一流大学。

3 月 28 日 参加厦门大学教育研究院党政联席会议。

4 月 1 日 在厦门大学教育研究院 502 报告厅，听刘海峰教授做《高考改革的新进展——教育部人文社会科学重点研究基地重大项目"高考制度改革研究"》的开题报告会。

4 月 6 日 参加厦门大学建校九十六周年庆祝大会及颁奖典礼。之后，参加在厦门大学教育研究院 502 报告厅举行的"庆祝厦门大学建校 96 周年暨教育研究院奖教奖学金颁奖大会"，发表讲话并与刘海峰院长、郑冰冰书记、陈文副书记以及院友代表一起，为获奖的师生颁发证书与奖励，且合影留念。除教研院师生外，1992 届博士毕业生樊安群院友、2007 届博士毕业生刘晖院友、2010 年出站的博士后汤晓蒙院友、2006 届博士毕业生樊本富院友、福建泉州幼儿师范高等专科学校校长陈雅芳院友，也参加了颁奖仪式。奖教金获奖人员有：一等奖王洪才、陈兴德；二等奖王璞、李国强。奖学金获奖人员有：一等奖陈春梅、刘盾、谢玲；二等奖刘海涛、姚奇富、蔡正道、李鹏虎、陈橄榄、吴超雅、王晓红、黄发来、韦薇、袁卫。管理服务奖获奖人员有李武静。

4月7日 参加厦门大学教育研究院院领导办公会。

4月10日 参加厦门大学教育研究院学术报告会，听王璞副教授做《美国大学海外分校全球扩张的历史和战略研究》、陈斌博士生做《美国高校学生流动特点及其原因分析——基于〈门户开放报告〉的分析》的报告，并做点评。

4月17日 参加厦门大学教育研究院领导办公会。

4月18日 在《中国高教研究》2017年第8期上发表《以创新文化养人 以创业实践育才》（与朱乐平合作）一文，解读了创新创业教育的内涵和价值，提出了创新创业教育的路径选择。

4月24日 参加在厦门大学教育研究院401室开展的2017年博士研究生（Ph. D.）招生复试考核。

4月 主编的《中国高等教育评论》（第7卷）由科学出版社出版。

5月1日 参加厦门大学教育研究院学术报告会，听黑龙江省高等教育学会常务副会长魏兆胜教授为Ed. D. 学员所做的"高等教育改革与发展高级讲座"系列之第12讲、第13讲。

5月8日 参加厦门大学教育研究院学术报告会，听闵琴琴博士生做《论多元智能理论视域下中外合作办学教学观和评价观的转变》、朱乐平博士生做《国际组织保障高等教育质量的比较分析》、马成博士生做《美国营利性大学的经营策略及其借鉴》的报告，并做点评。

5月13日 晚上，在前埔家中主持"周末学术沙龙"，议题是"陈斌博士《大学教师发展理念与内涵研究》预答辩"。大家踊跃发言后，总结指出：教师的教学能力、专业能力必须要有学术背景，组织发展，通过什么样的组织来发展，最后落到个人内在动力问题，建议将四个方面连在一起讲。

5月15日 参加厦门大学教育研究院党政联席会议。

5月20日 晚上，在前埔家中主持"周末学术沙龙"，议题是"李鹏虎

'论高等教育研究中的外部话语依附'"。提问：什么是高等教育话语自身的体系？逻辑起点是高深学问、课程教学或人才培养还是教育自身的规律？高等教育最本质的东西是人学。也有人在研究，究竟话语体系是什么东西？中国的高等教育没有依附外国。

5月21日 参加厦门大学教育研究院博士生陈斌、李慧的学位论文答辩会。答辩委员会成员还有胡建华（主席）、蒋凯、史秋衡、谢作栩、郑若玲。

5月22日 参加厦门大学教育研究院组织举办的"厦门大学高教讲座"（第73期），听南京师范大学特聘教授胡建华做《日本国立大学法人化之流变》的学术报告。

5月24日 参加在厦门大学教育研究院502室召开的厦门大学教育学一级学科研究生培养指导委员会会议，讨论评审研究生田野调查基金申请并进行推荐排序。

5月25日 参加在厦门大学召开的首届"国际高等职业技术教育研讨会"。国际组织、欧洲组织及中国、美国、俄罗斯、荷兰、德国、爱尔兰、南非、文莱等的66位国内外学者参会，其中国外来宾近30人。

5月26日 在厦门大学科学艺术中心参加厦门大学南强学术讲座（第831期），听北京师范大学钟秉林教授做《高等教育发展面临的新挑战》的学术报告。

5月27日 上午，出席在厦门大学举办的"恢复高考40周年暨高考改革学术研讨会"，并做了题为《恢复高教40周年回顾与展望》的专题报告。强调高考只是方法之一，但并不是唯一，不应用高考来捆绑大学的招生。

同日 下午，在厦门大学教育研究院办公室接受中央电视台记者关于"恢复高考40周年暨高考改革"的专门采访。

同日 晚上，在前埔家中主持"周末学术沙龙"，议题是"陈涛做'现代大学公私混合所有制研究课题'调研情况汇报"。大家踊跃发言后，总结指出：教育上的混合所有制主要是解决民办教育遇到的一些困难，但面临的最大危险是行政化，把民办高校的优势丢掉了。鉴于混合所有制在目前也没有一个制度安排，且混合所有制既保持相对独立性，又有公立的权利，又有民办的相对的自主权，要怎么搞，现在很多院校实践，但没有理论支持。从这些方面看,这个研究很有意义。

6月2日 参加在厦门大学举行的全国高等教育重点研究机构座谈会,并就建立全国高等教育智库联盟发表了意见和建议。全国18家高等教育重点研究机构的负责人参会。教育部高教司司长吴岩、中国高等教育学会会长瞿振元等出席。

同日 晚上,参加厦门大学教育研究院院友座谈会。吴岩、张应强、卢晓中、胡建华、姜凤春、赵婷婷等院友参加

6月3日 晚上,在前埔家中主持"周末学术沙龙",议题是"新华社专访先生经历、研究心得""梁燕玲教授的自由交流"。

6月5日 参加厦门大学教育研究院学术报告会,听熊进博士生做《高等教育项目化治理何以能常态化?》、访学博士生钟婳雯做《从社会变迁的视角谈厦大第一次学潮》、许露博士生做《从通识教育的视角谈厦大第一次学潮》的报告。

6月6日 参加厦门大学教育研究院领导办公会。

6月7日 《亚太日报》刊发《97岁高教泰斗潘懋元忆高考往事》(记者彭培根、颜之宏、滕泽人)一文。

6月9日 在集美二201报告厅参加厦门大学教师发展中心组织的教师培训交流活动,给"首期内蒙古民族大学骨干教师培训班"学员举办教学沙龙,交流与探讨教育和教学中的问题与对策。

6月10日 晚上,在前埔家中主持"周末学术沙龙",议题是"院庆40周年会议筹办的相关讨论""学生和院友的人才培养"。院友卢彩晨分享其从事全国高校后勤改革规划相关工作情况,潘先生指出国外大学不管食宿,我们管食宿,所以更值得研究;高校后勤社会化并不是简单的事,很多时候和我们校园环境育人功能还没有密切结合起来。

6月12日 在厦门大学502报告厅参加教育研究院高教讲座(第74期),听香港中文大学教育学院副院长倪玉菁教授做《研究生课程质量保证机制的发展——以香港中文大学为例》的报告。

6月13日 参加厦门大学教育研究院党政联席会议。

6月15日 参加厦门大学教育研究院2017届硕士、博士生"忆往昔·畅

未来"毕业晚会并合影留念。

6月18日 参加厦门大学2017届毕业生毕业典礼。

6月20日 作为答辩委员会主任，参加厦门大学教育研究院博士生解德渤、方宝的学位论文预答辩。其他答辩委员有邬大光、史秋衡、李泽彧、陈武元。

同日 参加厦门大学教育研究院高教讲座（第75期），听英国巴斯大学教育学院Catherine Montgomery教授做"Understanding Educational Futures Post-brexit: Transnational HE and The Rise of The East"的报告。

6月21日 参加厦门大学教育研究院院务会议。

同日 晚上，与到前埔家中拜访的英国巴斯大学教育学院Catherine Montgomery教授亲切交谈。

6月25日 作为开题指导教师组组长，参加厦门大学教育研究院博士生陈春梅、刘隽颖、刘琪、李卓丹的开题报告会。其他指导教师有别敦荣、王洪才、林金辉、乔连全。

同日 《高等教育评论》2017年第2期刊发《潘懋元题词》。

6月27日 参加厦门大学教育研究院领导办公会。

7月3日至6日 与邬大光、别敦荣及厦门大学教育研究院6位博士生、1位硕士生赴北京，参加在北京会议中心举行的2017年中国高等教育学会学术年会暨高等教育国际论坛，被授予"中国高等教育学会杰出学会工作者"荣誉称号，教育部党组成员、副部长林蕙青同志为其颁奖。该奖项只授予了潘懋元教授及教育部前副部长周远清教授两人。

7月4日 在北京会议中心1500人报告厅参加中国高等教育学会换届选举大会。其间与教育部副部长林蕙青同志多次交流对高等教育改革与发展的意见和建议。

同日 晚上，在下榻处与前来拜访的赴北京参会的付八军、夏建国、高晓杰等一行亲切交谈，勉励付八军博士说："近年你出了不少成果，有许多东西写得很好。如果当初不离开北京，现在会有更大影响。"

7月5日 在北京会议中心酒店与顾明远先生亲切交谈并合影留念。与前来拜访的瞿振元、林蕙青、吴岩、李平、叶之红、朱国仁、刘承波、高晓杰等亲切交谈。

同日 在首都机场贵宾室第一次学会用手机微信视频与远在英国访学的董立平通话，进一步询问了他一年来的访学情况，并希望他回国时能尽量多搜集多带回一些英国高等教育研究的第一手资料。林金辉、吴滨如、陈春梅陪同。

7月10日 与别敦荣教授一起，率十几名博士生到厦门理工学院调研，并在该校大门前与校领导和博士生们合影留念。

7月18日至20日 赴衡水，参加2000级院友王守忠在衡水学院举办的"2017校企合作与产教融合：建设高水平应用大学学术研讨会"及厦大教育研究院2000级博士生班院友活动，在会上做了《立足地方，加强校企合作，促进转型发展》的学术报告。此报告经整理后发表于《衡水学院学报》2018年第1期。

7月19日 上午，在衡水学院党委书记王守忠的陪同下参观考察衡水中国书画博物馆。

7月21日 参加厦门大学全校教师干部大会，中共中央组织部干部三局副局长魏向阳在会上宣布了中共中央、国务院的任免决定：张荣担任厦门大学校长（副部长级）；朱崇实不再担任厦门大学校长职务。

同日 参加厦门大学教育研究院教职工期末总结大会，强调研究院在今后的发展中应保持学术研究自信，坚持高等教育特色，推进培养目标转型。

7月26日 与部分弟子赴厦门岛外大嶝岛、小嶝岛参观，共度97岁生日。

7月28日 在《教育与考试》2017年第4期发表《恢复高考40周年回顾与招生制度改革展望》一文。回顾了当年恢复高考的重大历史意义，提出了应对当前应试教育的办法。认为把高招和高考剥离，是一个简单而难办的办法。难办在于：第一，思想难解放；第二，制度难改革。

8月1日 著作《现代终身教育理论与中国教育发展》（与李国强合作）由高等教育出版社出版。

8月2日 上午，参加厦门大学教育研究院"高等教育改革与发展高级讲座"，听中山大学前校长黄达人教授做《关于高等教育若干问题的思考》的学术报告。以"望星空"和"接地气"六个字，对黄教授的讲座进行了总结，高度评价了黄教授为教育博士学员们所做的精彩报告，认为这样的课"解渴"，能够紧密结合高等教育改革发展的热点、难点问题和不同类型高等院校办学实际，视野宏阔，立意高远，发人深省，具有很强的针对性、启发性、指导性，为大家的学习和研究指明了方向。

8月3日至10日 率家人进行山西之旅。亲家宋有荣、曹雪红夫妇及孙潘泽山从北京赶来同行。

8月16日 完成论文集《大学的沉思》（商务印书馆2017年11月版）的"跋"。写道："这本选集的书名《大学的沉思》，是为一位可敬的大学领导的著作《大学运筹沉思录》写序时受到的启发，体悟'实践经沉思而凝练为理念'。"

8月21日 上午，作为开题指导教师组组长，参加厦门大学教育研究院博士生鲁加升、马东梅、张钦铭、毛芳才、李卓丹的学位论文开题报告会。其他指导老师有李泽彧、王洪才、林金辉、陈武元。

同日 下午，作为开题指导教师组组长，参加厦门大学教育研究院博士生鲁加升、马东梅、张钦铭、毛芳才、李卓丹的学位论文开题报告会。其他指导老师有李泽彧、王洪才、林金辉、陈武元。

9月10日 晚上，在前埔家中主持"周末学术沙龙"，60多名师生参加沙龙，其乐融融，师生共同庆贺我国第33个教师节。厦门理工学院董立平教授分享英国访学和牛津剑桥等高校情况；英国赫尔大学研究员、厦门大学马来西亚分校高级教育顾问方晓博士分享厦门大学马来西亚分校招生相关情况。当有人问"什么时候是您最快乐的时光"时，开心地回答："这就是我最快乐的时光"。

9月12日 在502会议室参加厦门大学教育研究院入学教育会暨新生开学典礼，与博士新生举行了专门的座谈，就如何选课、怎样学习和科研进行了交流。

9月13日 给厦门大学教育研究院2017级Ph. D.授课。

9月14日 参加厦门大学教育研究院博士生解德渤、方宝的学位论文答辩会。答辩委员会成员有熊庆年（主席）、秦惠民、潘懋元、史秋衡、陈武元。

9月15日　上午，参加厦门大学教育研究院组织举办的"厦门大学高教讲座"（第78期），听中国人民大学教育学院院长秦惠民教授做《正确认识和对待当前中国公立大学的章程建设》的学术报告。

9月16日　晚上，在前埔家中主持"周末学术沙龙"，议题是"2016级博士生童顺平分享高等教育学科建设与理论体系构建"。大家踊跃发言后，总结认为，高等教育学和高等教育学科应该是两个概念：一个是单数，一个是复数；一个是学科，一个是学科群。

9月17日至22日　给厦门大学教育研究院2017级Ed.D.授课。

9月23日　晚上，在前埔家中主持"周末学术沙龙"，议题是"郭洁老师分享厦门大学国际化办学实践"。

9月25日　参加厦门大学教育研究院学术报告会，听王洪才教授做《大学传统性、现代性与后现代性——大学创新教学理论基础探索》的报告。在总结中提出"后现代不仅意味着批判，还要进行建构""我们要立足于现代，更要朝着后现代努力"等观点。

9月29日（阴历八月初十）　晚上，参加厦门大学教育研究院2017年"一见倾心，心聚圆月"迎新晚会。晚会伊始，语重心长叮嘱师生："希望大家今后可以共同努力，一起建设我们的一流大学和有特色的学科！"

9月30日　晚上，在前埔家中主持"周末学术沙龙"。议题是"大家共同分享、交流'双一流'建设。"

10月9日至11日　与别敦荣带领2016级博士生走进厦门理工学院，围绕"产业办学模式""创新创业教育""国家特殊需求人才培养项目"三个议题，深入开展调研和学习相关活动。指出，在我国产业转型发展的大环境下，以应用型为导向的高校理应紧贴地方发展需求，不仅要培养适应当前社会发展的人才，还要培养能够适应未来产业发展的人才。为创新创业园区题词："梦想成真。"勉励学校创新创业人才培养取得更大成就。

10月10日　到厦门理工学院教室，听该校教师给本科生授课情况。

10月14日　晚上，在前埔家中主持"周末学术沙龙"。议题是"2016级博士生分享厦门理工学院调研实践分享"。

10月16日 参加厦门大学教育研究院学术报告会，听李国强助理教授做《近十年高等教育改革举措评析与未来实践预判》的报告，并对这次报告做了补充与点评。

同日 参加厦门大学教育研究院领导办公会。

10月18日 在厦门大学教育研究院401教室观看"中国共产党第十九次全国代表大会"现场直播。

10月21日 晚上，在前埔家中主持"周末学术沙龙"，议题是"2012级Ed. D. 罗先锋分享高等教育质量监测平台（本科）与高校内部质量保障建设"。大家踊跃发言后，总结认为：这个高等教育质量监测平台很好，但希望一不要过于增加教师的负担，二数据能够尽可能地公开，这样数据才有意义。

10月23日 参加厦门大学教育研究院学术报告会，听蔡秀英助理教授做《美国高校培养应对全球重大挑战人才的整合性教学模式探究——基于美国一所赠地大学的案例分析》的报告，并就此次报告内容做了总结和点评。指出，体验式教学虽是一种古老的教学方法，却具有极好的教学效果，能够使学生丰富知识、获得情感和理性思考，希望日后能把体验式教学纳入课程安排之中。

10月26日 在厦大群贤二102教室为本科生讲授核心通识课程——"大学历史与文化"第五讲，题目是《抗战时期的厦门大学——屹立于敌前的南方之强》。站立于讲台近三个小时，始终铿锵有力、声音洪亮。从舍身治校的萨本栋校长切入，回忆了萨校长在长汀时期亲力亲为、坚持教授基础课程的故事，以及当时资源紧缺但活动丰富的校园生活。讲座重温了艰苦办学的厦大精神，以古鉴今，引导学生珍惜当下的学习生活，做德才兼备的时代新人。近百岁的老人，对高等教育事业依然保持着如此热情，深深感动了在场的老师和学生，他们多次报以热烈的掌声。之后，讲课的照片刷爆了朋友圈。

10月27日 与前来厦大访问的辽宁工程大学一行举行座谈会，史秋衡陪同。

10月28日 晚上，在前埔家中主持"周末学术沙龙"，议题是"厦大哲学系教授卢善庆分享美学教育"。提问：鼓浪屿是文化美还是自然美？鼓浪屿是谁弄错了？鼓浪屿是个人文美的地方，但把它定义为自然美，搞糟糕了，人文回不去了。当时在 20 世纪 80 年代的时候把它定义为自然美，结果把人文美搞没了，鼓浪屿变成一个没有人文底蕴的地方。

同日 荣获中国教育发展战略学会特别贡献奖。

10 月 30 日 参加厦门大学教育研究院学术报告会，听别敦荣教授、易梦春博士生做《普及化趋势与世界高等教育发展格局》的报告。

10 月 被西北工业大学聘请为《西北工业大学学报（社会科学版）》第六届编辑委员会顾问，聘期自 2017 年 10 月至 2020 年 10 月。

11 月 3 日 与别敦荣带领 2016 级博士生在厦门理工学院信息报告厅，向厦门理工学院领导、老师汇报调研学习情况。围绕"特色"与"发展"，阐述了厦门大学教育研究院博士生调研实践活动对高层次人才培养的意义。同时，从学生发展的角度，对厦门理工学院的高水平应用技术大学建设寄予厚望。

11 月 4 日 晚上，在前埔家中主持"周末学术沙龙"，议题是"覃红霞副教授分享中世纪大学自治"。董立平补充介绍了牛津、剑桥的创建与发展历程，石慧霞就有关问题进行了提问，最后潘先生肯定了覃红霞副教授的研究。

11 月 6 日 参加厦门大学理论报告员、马克思主义学院苏劲教授《进入新时代 迈入新征程——党的十九大精神学习解读》的专场报告会。

11 月 10 日 参加厦门大学教育研究院高教讲座（第 78 期），听美国比较高等教育学家、比较高等教育专业研究开创人阿特巴赫教授做 "Implications for Internationalization in the Context of Globalization" 的报告。回顾了阿特巴赫教授与厦门大学教育研究院 26 年珍贵而又深厚的友谊，并对阿特巴赫教授长期以来对发展中国家高等教育发展的关注表示肯定与认可，同时就高等教育学科问题与阿特巴赫教授进行了深层次、互动性探讨。

11 月 11 日 晚上，在前埔家中主持"周末学术沙龙"，议题是"陈斌助理教授分享'双一流'建设的内在逻辑与现实困境"。大家踊跃发言后，总结认为：一流建设不能够只是独大，一流要起一流的作用；一流能够牵着二流、三流、四流一起发展；"双一流"不能只停留在研究型大学；应该把"双一流"的理念辐射到各种层次、各种类型的高等教育中去；职业教育也应该有它的一流，地方院校也应有它的一流，各种层次都应该有它的一流。

11月17日至19日 参加"面向2030年的高等教育发展：理念与行动"国际学术研讨会，并做主题报告。紧密结合2015年联合国教科文组织发布的《教育2030行动框架》，介绍了高等教育发展的背景与现实，迈向2030高等教育发展的理念及其表征，推进2030中国高等教育发展的行动方略等。

11月19日 在《人民日报》第5版上发表《"双一流"为高等教育强国建设注入强大动力》一文。文章指出："双一流"建设应打破身份固化，打破一劳永逸的"标签化"思维。一流的身份并非终身享有，而是可进可退、动态调整的。"双一流"建设应辐射全国不同类型、不同层次的高校，所有有实力、有特色的高校和学科，不论出身都应有机会跻身"双一流"。只有这样竞争，才能通过"双一流"建设促进我国高等教育质量普遍提升，为我国高等教育强国建设注入强大动力。

同日 与日本广岛大学高等教育研究中心有本章教授亲切交谈。

同日 在厦门大学教育研究院接待室与日本广岛大学高等教育研究中心有本章教授座谈交流。

11月20日至24日 给厦门大学教育研究院2017级 Ed. D. 授课。

11月21日 接受《中国大学教学》记者专访，主要内容为大学教师发展、大学教学的相关问题。

11月22日 在厦门大学教育研究院502会议室，与前来拜访的聊城大学一行人员举行座谈，主要内容包括学校定位、学科建设等。

11月25日 为程星所著的《美国大学小史》（商务印书馆2018年10月版）一书作序。序文写道："这本《美国大学小史》，不是一般按年代顺序的编年史，而是讲故事、探真谛，寓宏观于细节，由偶然见必然，娓娓说道美国大学'成长的烦恼'的历史故事。"

同日 晚上，在前埔家中主持"周末学术沙龙"，议题是"各位师生分享'面向2030的高等教育发展：理念与行动'国际学术研讨会的参会体验。"

11月27日 参加厦门大学教育研究院学术报告会，听周序助理教授做《大学知识的确定性与教学改革的方向》的报告。在点评中指出，这个报告主要由两部分组成，第一部分是哲学上的认识论，第二部分是教学方面的思考。指出，人的认识是由确定性走向不确定性，假如没有确定的前提，是不可能往前研究的。但是，认识的确定性必须要走向不确定性，认识才能发展。科学研究也是由确定性走向不确定性，否则就是胡思乱想。创新和科研都是从求同思维到求异思维，没有求同就没有求异。

11月28日至29日 给厦门大学教育研究院2017级Ph. D. 授课。

11月29日 当代教育名家推选活动组委会在《中国教育报》发布了《关于当代教育名家推选结果的公告》，公布了当代教育名家名单，潘懋元教授名列其中。

11月 论文集《大学的沉思》一书由商务印书馆出版。该著收录了潘懋元先生2010年至2017年发表于报刊上的文章和为有关高等教育论著所写的序文共45篇，分"高教总论""高教史""大学教师""高教建设""应用型本科与地方高校""民办高校"六大部分。

11月 主编的《中国高等教育评论》（第8卷）由科学出版社出版。

12月1日至2日 给厦门大学教育研究院2017级Ph. D. 授课。

12月2日 晚上，在前埔家中主持"周末学术沙龙"，议题是"罗先锋博士论文预答辩：我国非营利性民办高校发展研究"。

12月4日 参加厦门大学教育研究院学术报告会，听厦大马克思主义学院李仙飞副教授做《澳大利亚访学见闻》的报告。

12月5日至6日 给厦门大学教育研究院2017级Ph. D. 授课。

12月9日 参加厦门大学教育研究院高教讲座（第80期），听清华大学原副校长、教育研究院院长谢维和教授做题为《2049：中国教育伟大复兴》的学术报告。

同日 晚上，在前埔家中主持"周末学术沙龙"，与深圳大学张祥云教授一行及师生共同交流庆祝厦大教育研究院40周年学术会议议题。

12月10日 参加厦门大学教育研究院博士生罗先锋、杨惠芬的学位论文答辩会。答辩委员会成员还有谢维和（主席）、陈廷柱、史秋衡、李泽彧、王洪才。

12月12日 接受厦门大学宣传部以及《厦门日报》的采访，回顾了有关厦门大学长汀办学期间的情况。

12月13日 与前来拜访的临沂大学一行人员座谈，畅谈应用型大学转型发展、学科建设的逻辑起点等问题。厦门大学教育研究院副院长王洪才教授陪同。

12月16日　晚上，在前埔家中主持"周末学术沙龙"，深圳大学高等教育研究所原所长张祥云教授陪同深圳大学西丽校区管理委员会阮斌主任一行五人来访。本次沙龙选题主要围绕课程教学和高等教育学科建设两个模块。听大家热议后指出，课程教学方面是我们现在和以后需要着重研究的，我们高等教育研究应着重研究大学的内涵式发展。高等教育发展最重要的是培养人才，培养人才是通过课程教学实现的，课程教学方面研究的很少，这个方面高等学校用力也很少，没有在培养人才和提高高等教育质量方面用力。高等教育研究自身方面的问题，也需要加大研究力度，包括高等教育的进程前景，高等教育的学科建设，高等教育学科能不能成为一个独立的一级学科，校本研究的意义和方法，实践研究在高等教育研究中的局限性，量化研究、质性研究和思辨研究的应用，依附理论对高等教育研究的影响等。

12月18日　参加厦门大学教育研究院学术报告会，听访学博士生朱家武做《漫谈俄罗斯高等教育：发展历程和现当代著名教育家及其理论思想》、访学博士生肖福军做《普及化高等教育时代中国院校市场改革前瞻》、访学博士生高慧做《高职教育产教融合质量评价研究》的报告。

12月21日　参加由厦门大学教师发展中心举办的《焦点面对面——高校管理的问题与对策》座谈会，与福建省教育厅举办的师资闽台联合培养项目第四期行政管理干部高级研修班全体学员畅谈应用型本科高校和职业院校的改革实践，以及民办教育的现状与未来等热点话题。学员也就自身所在岗位和实践能力提升等问题与潘先生进行热烈讨论与融洽交流，深受教益，其乐融融。

12月23日　晚上，在前埔家中主持"周末学术沙龙"，议题是"厦大校友总会副秘书长石慧霞博士分享校友与一流大学建设。"

12月24日　在厦门大学科学艺术中心参加厦门大学纪念内迁长汀办学80周年大会，并在会上深情回忆了萨本栋校长的自强办学事迹。

同日　被聊城大学聘请为高等教育研究院学术委员会顾问。

12月25日　参加厦门大学教育研究院学术报告会，听王严淞博士生做

《高等学校职能现代化及其路径》、许露博士生做《论国立厦门大学西迁与教育财富》、访学博士生蓝文婷做《新时代的世界一流大学：概念与内涵》、访学博士生亓晶做《大学生知识价值观"漂移"问题的现实审视》的报告。

12月30日　晚上，在前埔家中主持"周末学术沙龙"，兰州大学车如山教授介绍格鲁吉亚高等教育概况，同时陈涛及课题组成员阚明坤、罗先锋等汇报"现代大学公私混合所有制"课题中期研究情况。大家踊跃发言后，总结指出：目前分类管理政策实施中，很多民办高校处在观望状态，职业教育领域提出混合所有制，主要在于公办高校缺乏活力，要引入民间的活力。

2018年　九十八岁

1月3日　与学生们一起欢聚，庆祝新年。

1月5日至6日　给厦门大学教育研究院2017级Ph. D. 授课。

1月6日　晚上，在前埔家中主持"周末学术沙龙"，议题是"2017级博士生刘明维、杨滢分享高等教育现代化背景下师生关系之思考"。大家踊跃发言后，总结认为：在师生关系中师生双主体没有错，但是教师要起主导作用。中国的传统从书院开始，就是师生都住在大学里，生活在一起，现在把教师从学校赶出去住，但是制度没跟上。

1月9日至10日　为厦门大学教育研究院2017级Ph. D. 授课。

1月12日　给厦门大学教育研究院2017级Ph. D. 授课。

1月13日　晚上，在前埔家中主持"周末学术沙龙"，议题是"深化产教融合模式——以哈尔滨远东理工学院人工智能教育为例"。

1月15日　参加厦门大学教育研究院开展的以"凝心聚力，再创高教辉煌"为议题的"固定党日+"活动，听邬大光副校长为全体教职工党员讲授题为《全面认识高等教育的"西方经验"》的党课。在发言中指出，对于世界各国的先进经验，我们要立足国内的现实有所借鉴，而不是简单地依附。同时，还通过学分制的例子进行了深入浅出的解释。

1月20日　晚上，在前埔家中主持"周末学术沙龙"，议题是"潘懋元教授分享高等教育之若干思考"。

1月17日至22日 给厦门大学教育研究院2017级Ed. D. 学生授课。

1月22日 参加厦门大学教育研究院"高等教育改革与发展高级讲座",听中山大学原校长黄达人教授做《关于大学治理的一些思考》的报告。在总结中指出,这场讲座对在场师生十分有益,黄达人教授的"行政文化比学术文化更重要""高水平学校学生专业对口率更高"和"应用型2.0转型"等论断具有很强的理论和现实意义。

1月28日 与前来拜访的西北工业大学李辉教授一行座谈交流,主要谈了"双一流"建设、大学教师发展中心建设等问题。

2月8日 参加厦门大学2018年春节团拜会。同时,向张荣校长赠送自己主编的《南方之强:厦门大学文化研究》一书。

2月10日 与厦门大学教育研究院多位学生一起观看电影《无问西东》。

同日 在《现代教育论丛》2018年第1期上发表《高职院校办学模式改革》一文。这是为刘志文所著的《高职院校办学模式改革》一书作的序文。

2月15日 除夕夜,邀请厦大教育研究院留校学生到家里一块围炉。就此事,儿女评价父亲:对待学生像子女一样,对待子女像学生一样。

2月16日(大年初一) 参加在厦门大学教育研究院举办的2018年春节团拜会。与其他老师、同学交流了对新一年的憧憬,热情洋溢地表达了对学校、学院的良好祝愿和对同事、朋友的美好祝福。

2月18日(正月初三) 携家人回汕头老家访故。

2月20日 在厦门大学潮汕校友、志愿者以及家人的陪伴下,参观了汕头小公园开埠区"三环三线"、汕头开埠文化陈列馆等。

2月26日 上午,参加在厦门大学教育研究院502会议室召开的2017—2018学年第二学期首次教工行政例会。结合2017年举办学术研讨会的情况,在肯定全体师生工作业绩的前提下,进一步补充强调举办学术会议的重要意义,指出不仅要加大宣传力度,更要做好总结工作,避免虎头蛇尾。

2月28日 在《中国高等教育评论》2018年第1期上发表《面向2030的高等教育发展:理念与行动》(与陈斌合作)一文。文章指出:2030,是世界教育发展愿景,也是中国高等教育发展前瞻。应当立足于中国高等教育即将进入普及化阶段和面临经济社会转型发展的现实,深入理解全纳、公平、有质量教育及终身教育这些共同理念,并将这些理念转化为 2030 中国高等教育可持续发展的行动方略。热点问题有:推进"双一流"建设,进入世界高科技行列;以新时代中国特色社会主义建设的精神,推进应用型高等教育的发展;通过"放、管、服"方略,推进高等教育制度建设,从管理机制进入治理机制。

3月2日 参加在厦门大学科学艺术中心音乐厅举办的厦门大学 2018 年工作布置会。

3月3日(正月十六) 晚上,在前埔家中主持"周末学术沙龙",议题是"大家交流寒假所见、所闻、所感"。还为大家准备了汤圆。

3月5日 参加在厦大教育研究院 502 报告厅举行的教育部文科重点研究基地重大项目"我国高等教育内涵发展和质量建设的理论与实践研究"开题报告会。

3月8日 参加厦门大学教育研究院工会组织的"三八节男士陪女生旅游"活动,主题是寻访澳头特色小镇,感受东西方文化艺术交融。参观了宋院南禅艺文空间、小镇客厅、厦门·北欧当代艺术中心、村史馆,并在保护海洋生态活动的签名墙上签名支持,与大家合影留念。

3月9日 参加在厦门大学教育研究院 401 室召开的博士生招生工作会议,讨论"2018 年 Ed. D. 招生入闱考核名单和考核方案"。

3月10日 晚上,在前埔家中主持"周末学术沙龙"。在听取肖川分享在加拿大办国际学校的经验,泉州理工学院吴滨如和厦门大学李国强副教授及厦门理工学院董立平教授就高考改革、民办教育分类管理政策及高等教育内涵式发展等主题做了发言后,强调高等教育内涵式发展的根本应该落实到人才培养的层面。

3月12日 参加厦门大学教育研究院学术报告会,听陈斌助理教授做《论"双一流"建设的内在逻辑与现实困境》的报告。在总结中充分肯定了报告的理论内在逻辑,认为报告内容需要进一步完善和更加直接贴近议题。

3月15日 在《当代教师教育》2018 年第 1 期上发表《教师发展与教师教育——访潘懋元先生》(与夏颖、胡金木合作)一文。文章指出:教师培养是整个民族的事业,新时代的教育事业需要大量的卓越教师来支持。师范生要想成为一名卓越教师，不仅要学习学科知识、教师职业技能，更重要的是有崇高的师德修养。为了培养出更多的卓越教师，教师教育应该在坚持传统的基础上有所创新，通过外部激励机制激发教师内在价值的实现。师范大学应加强对教师学科专业水平、职业知识与技能、师德修养的培养，革新教师教育的方式与方法。

3月17日 晚上，在前埔家中主持"周末学术沙龙"，议题是"2016级博士生童顺平分享在台湾几所高校调研双创教育的开展情况""2016级博士生朱乐平分享高等教育内涵式发展的内在价值和动因所在"。

3月19日 参加厦门大学教育研究院学术报告会，听李国强副教授做《民办学校分类管理的实质》的报告。总结认为该报告很接"地气"，同时指出民办教育确实很有价值，希望大家继续深入地研究民办教育，为民办教育的发展提供理论指导。

3月24日 晚上，在前埔家中主持"周末学术沙龙"，议题是"郑宏副教授分享到广东部分高校调研的情况"。

3月26日 参加厦门大学教育研究院学术报告会，听洪志忠助理教授做《风继续吹：基层教学组织的再建之路》的报告。在总结点评中，肯定了该研究的价值性和扎实性，指出基层教学组织研究是高等教育内涵式发展研究的一个重要课题，研究的关键是要界定清楚教研室所具有的权利和义务何在，与科研组织和行政组织的区别何在，在此基础上再去探索多样化的基层教学组织形式。

3月28日 参加教育部高教司司长吴岩与厦门大学教育研究院师生代表近40人的座谈会，座谈会由厦门大学副校长邬大光教授主持。吴岩司长做了题为《新时代中国高等教育的新形势、新任务、新举措》的报告。在点评中指出，吴岩司长的报告深入浅出，将高等教育理论与当今我国高等教育发展现状相结合，对我国高等教育热点问题进行了全面而深入的解读。这也说明了高等教育理论能够为教育行政管理部门服务，教育行政管理部门已经不仅仅是凭经验来办事，而是运用科学缜密的理论研究做支撑。在新形势、新背景下高等教育理论蕴藏着无限活力，值得我们继续深入探索。

3月30日 走进厦大教育研究院研究生课堂，听陈兴德副教授的"社会发展理论与高等教育现代化"课程。讨论期间，与任课教师和硕士生共同交流了"现代化的内在价值""现代化的方式"等问题。

3月31日 晚上，在前埔家中主持"周末学术沙龙"，议题是"西南交通大学教授闫月勤谈'2017年大学国际化排名'"。教育部高教司司长吴岩等高教司一行5人也参加了此次沙龙。郑宏、董立平、石慧霞、鲁加升等30余人参加。

3月 指导的博士生陈斌的博士学位论文荣获福建省优秀博士学位论文奖。

3月 主编的《中国高等教育评论》（第9卷）由科学出版社出版。

4月2日 参加厦门大学教育研究院高教讲座（第82期），听美国协和大学欧文分校核心文本与课程协会通识教育机构的创建人、执行董事约瑟夫·斯科特·李教授做"Core Texts and Core Text Liberal Education"（《核心文本与通识教育》）的报告。点评认为演讲内容对大家很有启发，斯科特教授提出的核心文本和通识课程的价值多元化，符合联合国教科文组织提倡的全纳和包容理念。

同日 晚上，在前埔家中主持"周末学术沙龙"，议题是"陕西渭南高新中学校长王学建介绍'西部城镇学校开放教育的实践探索'国家级教学成果奖推荐成果情况"。大家踊跃发言后，总结指出中小学教育目前有很多创新，鼓励大家对创新中遇到的问题和如何解决这些问题多提想法。

4月3日 上午，参加厦门大学教育研究院2018年博士研究生第一轮招生考核面试。

同日 下午，参加厦门大学教育研究院2018年博士研究生第一轮招生考核面试。

同日 与前来拜访的闽南师范大学李建辉与翁文教授，交流关于留守儿童教育的问题。

4月6日 上午，参加厦门大学97周年校庆，为校级"懋元奖"获得者颁奖。

同日 下午，参加在厦门大学教育研究院502报告厅举行的"庆祝厦门大学建校97周年暨教育研究院奖教奖学金颁奖大会"，发表讲话并与刘海峰院长、郑冰冰书记、傅伯奇副书记等，分别为获奖的师生颁发证书与奖励，与全体获奖师生在学院五楼天台合影留念。奖教金获奖人员有：一等奖郑若玲、周序；二等奖洪志忠、徐岚。奖学金获奖人员有：一等奖吕慈仙、黄巨臣、崔亚楠；二等奖刘琪、康敏、刘强、凌磊、刘璐璐、吴飞燕、张艳丽、柯安琪、王昕昕、徐东波。管理服务奖获奖人员有吴晓君。

同日 下午，与来访的密歇根大学杜祖贻教授座谈，并互赠专著。

4月7日 晚上，在前埔家中主持"周末学术沙龙"，议题是"师生共同交流厦门大学校史及其相关故事"。

4月9日 参加在厦门大学教育研究院401室召开的博士学位论文送审与答辩安排会议，议题是"博士论文送审要求及2018年5月答辩的博士学位论文送审与答辩安排"。

4月13日 在海外楼502会议室为厦门大学教师发展中心举办的青年教师发展主题沙龙开设题为《从宏观背景理性考察新的国学热》的讲座。以厦门大学历史上鲁迅和林文庆的争论为开端，介绍了20世纪20年代"尊孔"和"反孔"两种思潮的斗争，反映了革命与治理的冲突。强调时代在前进，复兴不是复古。孔子之所以能成为万世师表，为历代治国者所崇拜，是因为"孔子，圣之时者也"，认为新的国学潮，应该"与时俱进，古为今用。复兴国学，为中国优秀传统文化树立丰碑，以坚定文化自信推动社会主义文化繁荣兴盛。如若胶柱鼓瑟、食古不化，将阻碍改革开放"。

4月14日 晚上，在前埔家中主持"周末学术沙龙"，议题是"东莞理工学院继续教育学院院长刘健分享广东高等教育发展及继续教育发展情况"。

4月16日 参加厦门大学教育研究院学术报告会，听赵叶珠教授做《新西兰汉语教学与孔子学院》的报告。在点评中指出，该报告内容翔实生动，带给了师生新的知识探讨和学习体验机会。

4月23日 参加厦门大学教育研究院高教讲座（第83期），听多伦多大学社会学系副主任Ping-Chun Hsiung（熊秉纯）教授做"Qualitative Research: Inquiry and Practice"（《质性研究的探索与实践》）的报告。点评认为熊秉纯教授在谈质性研究时已不只是停留在研究方法层面上，而将之上升到了认识论、文化价值论的层次，值得大家深思学习。

4月24日　参加在厦门大学教育研究院401室召开的博士生招生工作会议，议题是"Ph. D. 复试线、复试方案及 Ed. D. 第二轮招生入闱名单和博导名额排序"。

4月28日　参加厦门大学教育研究院学术报告会，听郭建鹏副教授做《信息技术背景下高等教育改革的方向》的报告。点评认为郭建鹏副教授的报告为大家展现了信息技术与高等教育改革之间的密切关系，引发大家进一步思考信息技术背景下高等教育对人的培养问题。

同日　晚上，在前埔家中主持"周末学术沙龙"，议题是"2017级 Ph. D. 博士班'上海工程技术大学调研'各组调研准备情况汇报""石慧霞博士院庆校友主题论文汇报"。大家踊跃发言后，总结认为：调研的同学要关注新工科如何培养卓越工程师和上海工程技术大学"一体两翼与学校转型发展"相关战略实施情况。厦大校友对厦大的认同度较高，一是陈嘉庚先生的标杆作用；二是厦大对校友历来都很重视。

4月29日　上午，参加厦门大学教育研究院2018年博士研究生（Ph. D.）招生复试。

同日　下午，参加厦门大学教育研究院2018年博士研究生（Ed. D.）第二轮招生考核面试。

4月30日　到厦门大学教师发展中心座谈、指导。

5月5日　完成了付八军寄送的《创业型大学本土化的中国模式研究》（中国社会科学出版社2009年2月版）书稿的阅读，并通过教学秘书朱乐平给付八军博士寄发亲自撰写的简信，主体内容如下："信、新著和论文都收到。择要披阅，深感文章功力甚深，鞭辟入里，以静制动。同意代拟书评，只补写两句话：应用型大学是中国创业型本土化实践的必经阶段，这个观点有利于推动传统本科院校向应用型大学转型，从而构建创业型大学的中国模式与中国流派。至于合作写论文一事，因为我以往对应用型高教研究的角度不同，精力不足，不敢附骥。谢谢！并祝身体健康，家庭幸福！"

同日　为吴坚所著《中美大学通识教育模式研究》（科学出版社2019年3月版）一书作序。序文写道："吴坚教授近年来对通识教育的理论与价值、实践与发展、管理与组织，以及实施通识教育的国情等问题，进行研究；并选择美国、中国各五所研究型大学作为通识教育模式案例，构建通识教育课程体系。这些研究成果，即将汇集为《中美大学通识教育模式研究》专著。这一专著的出版，必将有助于当前正在推进的高等教育内涵式发展。"

5月7日 参加厦门大学教育研究院学术报告会，听王芳博士生做《美国一流大学教育学博士研究生（Ph. D.）的培养模式研究——兼谈美国哥伦比亚大学师范学院访学感受》的报告。总结认为这场汇报充实丰富，但还需要通过更加深入的研究和比较，找出美国博士生培养当中的优势与特色，分析中美博士生培养当中的差异，为中国博士生培养提供可资借鉴之处，达到我们将来教育研究的真正价值所在。

5月10日 下午，参加厦门大学教育研究院组织举办的"厦门大学高教讲座"（第84期），听澳大利亚麦考瑞大学可持续发展主任 Leanne Denby 教授做《高等教育可持续发展之实践》的学术报告。

5月12日 给山东的教育研究院院友韩延明打电话，询问工作近况，叮嘱一定要抽出时间参加5月17日举行的"厦门大学教育研究院四十周年庆祝会"，并在晚会上进行书法展演。

同日 晚上，在前埔家中主持"周末学术沙龙"，议题是"覃红霞老师汇报全国高考改革调研情况"。大家踊跃发言后，总结认为高中新课改有阻力，且高考改革一步到位是比较困难的，高考改革选拔学生的理想状态是将选择学生的权力从考试院放给各高校，高考应提倡适应性考试。

5月16日 上午，参加厦门大学教育研究院高教讲座（第85期），听加拿大多伦多大学安大略教育学院露丝·海霍（许美德）教授做《印度学识与中国高等教育起源的礼鉴》的报告。总结指出："许美德教授从印度讲到中国，那么我就从中国讲到印度。儒家的'与时俱进'与'和而不同'使得中国多少年来没有发生宗教战争，也使得中国在很早就重视国际化，因而最早的国际化之一就是向邻近的印度学习。许美德教授的报告给我带来了很多新的思考和启发，非常感谢许美德教授对中国高等教育的关注和对中国高等教育研究所做出的贡献。"

同日 下午，在厦大逸夫楼单独会见韩延明并进行亲切交谈，向其赠送2017年11月由商务印书馆出版的专著《大学的沉思》一书。韩延明呈赠特邀淄博陶瓷大师为潘懋元先生制作的头像烤瓷盘及题诗："建所立院懋德隆，著书育才元气盛。愚生韩延明呈恩师潘先生 2018.05.17"，备受先生赞赏。

同日 晚上，参加厦门大学教育研究院举行的院友座谈会，在听了吴岩、胡建华、张应强、周川、韩延明、唐德海、田建荣等院友发言后，发表讲话。他高度赞扬院友们对教育研究院的关注和支持，并对院友们今后的教学与科研提出了殷切期望。

5月17日 上午，参加在厦门大学科学艺术中心音乐厅隆重举行的"厦门大学教育研究院四十周年庆祝会暨新时代高等教育研究与高等教育内涵式发展学术研讨会"，发表重要讲话，并对各兄弟院校来宾与在场各位师生表示感谢。厦门大学校长张荣、厦门大学校友会总理事长朱崇实、中国高教学会副会长管培俊、清华大学教育研究院院长谢维和、中国教育学会会长钟秉林、上海师范大学原校长杨德广、教育部高等教育司司长吴岩、多伦多大学安大略教育研究院许美德教授，以及知名院友张德祥、吴岩、张应强、胡建华、周川、韩延明、卢晓中等，长江学者特聘教授阎光才、眭依凡等人出席大会。

在讲话中，潘先生认为，厦门大学教育研究院既是科研单位，也是培养高等教育专业人才的单位。"相对来说，我认为培养人才更重要。40 年来，虽然我们承担了许多研究课题，出版了许多著作，也是智库之一；但 40 年来我们培养了 677 名硕士和 271 名博士，这更值得引以为荣。"他创新性地指出："高等教育的任务是培养专门人才，因而我们已经面临着新难题、新任务。今后的社会，将由自然人和机器人（或称智能人）共同组成。因此，高等教育既要培养自然人，还要培养机器人，使之成为专门人才。……机器人同自然人共同生存于新的社会中，如何和谐共处，还必须具有新的社会伦理道德以及生活能力，这需要前瞻社会进步趋势，而后对机器人进行道德教育、情感教育、美育等，使之与自然人和谐共处，共同推动未来社会的发展。……如何教育机器人，将是多学科专家在未来时代的新任务，如何把机器人培养为专门人才，将是高等教育研究所面临的艰巨任务，但也开辟了广阔发展空间，需要众多专家通力合作。"此讲话后来经整理，发表于《高等教育研究》2018 年第 6 期。

同日 下午，参加"新时代高等教育研究与高等教育内涵式发展学术研讨会"分组发言讨论，在第一组。

同日 晚上，在厦门大学自钦楼二楼多功能厅参加教育研究院院友联欢会暨2018届毕业生晚会。华中科技大学教育科学研究院院长张应强教授、临沂大学原校长韩延明教授、中山大学张建奇教授、上海交通大学刘少雪教授等院友代表应邀出席活动。

5月18日 上午，参加厦门大学教育研究院四十周年庆祝会暨新时代高等教育研究与高等教育内涵式发展学术研讨会报告会及闭幕式。

同日 下午，参加厦门大学教育研究院博士生李胜利、王严淞的学位论文答辩会。答辩委员会成员还有王运来（主席）、程方平、谢作栩、王洪才、郑若玲。

5月26日 晚上，在前埔家中主持"周末学术沙龙"，议题是"黄珊博士生论文进展情况"。大家踊跃发言后，总结建议：多参考艺术心理学和艺术教育学，增强论文的理论基础，同时建议可用质性的方法研究所选样本高校的艺术教育课程。

5月28日 上午，参加在502报告厅召开的"厦门大学教育研究院四十周年庆祝会总结大会"。在最后总结中指出，此次院庆不是规格最高的一次，却是规模最大的一次，学院感谢志愿者同学们的付出，同时同学们也应该感谢学院提供的机会、搭建的舞台，希望大家能从中不断学习、不断成长。

5月31日 在《高等教育研究》2018年第5期上发表《高校混合所有制办学形式研究》（与罗先锋合作）一文。文章指出：高校混合所有制办学形式是指由代表公有资本和非公有资本两种不同所有制的办学主体，以资本、知识、技术、管理等要素共同参与办学并享有相应权利的方式和途径。从兼顾所有制属性和法人属性的角度来看，可分为所有制属性为公的非营利性混合所有制、所有制属性为私的非营利性混合所有制、所有制属性为私的营利性混合所有制三类办学形式。具体样态包括政府与基金会合作办学、公办高校委托管理办学、公办高校二级学院混合所有制办学、所有权为公的PPP项目、公私共同举办的非营利性民办高校、具有独立法人资格的中外合作高校和公共财政经费支持的非营利性民办高校等多种。

同日 撰写《实践—理论—应用 潘懋元口述史》（潘懋元口述，郑宏整理）"前言"。其中写道："相对来说，教育工作者的口述史，可能比较接近于信史（这里所说的只是'相对''可能''比较'）。口述者将其思想与实践冶为一炉，而对理想与现实有所区别；探索社会上存在的实际问题，提出解决问题的想法或方案，不存在将'应然'作为'实然'；偶有自夸之嫌，也有自省之功，更不至于将他人或自己的思想误作历史的现状。"

6月1日　上午，在502会议室参加厦门大学教育研究院行政班子换届干部任免大会。校党委副书记李建发宣布了中共厦门大学委员会、厦门大学的干部任免通知：别敦荣任教育研究院院长、党委副书记；王洪才、覃红霞任教育研究院副院长；因任期届满，刘海峰不再担任院长，史秋衡不再担任副院长。在发言中，潘先生充分肯定了上一届领导班子的贡献和成绩，并希望新一任领导班子将院庆四十周年活动中展现出来的团结协作的风气进一步发扬，在今后的工作中坚持团结、互利、共赢，锐意进取，开拓创新，与其他兄弟高校和高教研究同仁，共赢挑战，共谋发展。

6月4日　参加厦门大学教育研究院学术报告会，听陈兴德副教授做《高等教育学"学科"与"领域"之争》的报告。总结指出：关于高等教育"学科""领域"之争，本来并无专门探讨之必要，因为"学科"和"领域"本来就是两条并行无交叉的轨道，应当共生共进、并行不悖。但当前我国高等教育学发展中的确出现了"西方中心主义"的依附论窠臼，这就需要我们重树文化自信，立志创建高等教育学的"中国学派"，而这也正是我国高等教育与高等教育学发展的必由之路。

6月6日　医院体检结果出来，发现肝癌。

6月11日　参加厦门大学教育研究院学术报告会，听赵祥辉硕士生做《研究生教育中师生关系异化的外在表征及其生成逻辑》、杨冬硕士生做《大学教师教学专业发展实证研究——基于对西部X研究型大学专任教师的调查数据分析》、胡艳婷硕士生做《专业匹配对高校毕业生起薪的影响被低估了吗？——基于倾向得分匹配法（PSM）的实证研究》的报告。最后逐一进行点评。

6月14日　由潘懋元教授担任课题理论指导，厦门大学校友总会秘书处曾国斌、石慧霞等承担的中国高等教育学会高等教育科学研究"十三五"规划课题重大课题——"高校校友教育教学资源研究与实践"课题开题报告会在北京举行，中国高等教育学会学术部主任高晓杰出席会议。厦门大学校友总会秘书处副秘书长石慧霞从课题研究综述、研究内容、研究方法及计划安排等方面做了详细报告，回答了专家提问，得到与会专家的充分肯定和高度评价。

6月15日 在《西北工业大学学报（社会科学版）》2018年第2期上发表《对高等教育若干问题的思考——潘懋元先生访谈》一文。文章主要围绕高等教育学学科的建立、创新创业人才培养、高等教育强国建设、微观教学研究、教师发展中心与教师发展、"双一流"建设等热点问题发表了对高等教育的深刻见解。

6月19日 上午，在厦门大学教育研究院502多功能会议室参加院教授委员会换届选举大会暨教工例会，以无记名投票方式选举产生了新一届教授委员会委员。在会上指出，40周年院庆活动体现出了教育研究院团结和主动的特点。希望新一届院领导班子要能够更好地团结师生，把这种精神传递下去。同时，还需要考虑如何使年轻的一代发挥作用，使他们在相互关心、相互鼓励之下更好地成才。此外，要注重发挥研究所教研的功能，提升教师的教学研究水平。

6月23日 因手术住进在厦门市第一医院。

同日 为徐绪卿所著的《民办院校办学体制与发展政策研究》（中国社会科学出版社2018年8月版）一书作序。序文指出：徐绪卿教授的新著《民办院校办学体制与发展政策研究》，是一部专门研究我国民办院校办学体制与发展政策的鸿篇巨制，是系统地研究民办院校办学体制与发展政策的重要成果。本书具有三个方面的创新：第一，全面性和系统性。第二，逻辑性和科学性。第三，实践性和应用性。最后总结认为，本书将理论研究与实际应用密切结合，具有一定的理论水平和较强的现实指导意义，所提的政策建议具有针对性、时效性和应用性。

6月24日 在厦门市第一医院做手术。

6月28日 写给西藏大学教育学院的贺信引起强烈反响。边巴次仁院长在全院教职工座谈会上全文宣读了潘懋元先生写给西藏大学的贺信，并委托巴果教授向潘懋元先生表示由衷的感谢。贺信中潘先生向西藏大学教育学院高等教育学硕士学位点首届毕业生顺利通过学位答辩表示祝贺，并对西藏大学建立高等教育学硕士点的重要意义给予了充分的肯定，同时对西藏高等教育的发展建设提出了殷切的期望。

7月2日　从厦门市第一医院办理出院手续，回到家中。

7月30日　在家中与前来拜访的教育部副部长林蕙青、高教司司长吴岩亲切交谈。

8月4日　全家十几口人在厦门维多利亚酒店庆祝先生九十八岁华诞。

8月19日至9月10日　在上海复旦中心医院做放疗，住在青松城酒店期间，潘世墨、潘世平、潘凯伦和陈金锭陪同。

9月12日　参加厦门大学教育研究院博士生林晓娇、吕慈仙的学位论文答辩会。答辩委员会成员还有沈红（主席）、陆根书、谢作栩、张亚群、郑若玲。

9月17日　参加厦门大学教育研究院在502会议室举行的2018级研究生开学典礼，与博士新生举行座谈会，就博士新生们如何选课、如何展开今后的学习和科研等，进行了交流和指导。

9月23日　与前来探望的10余位已毕业及在读的博士生共话中秋团圆节。

9月25日　参与拍摄教育题材电影《当我们海阔天空》。

9月28日　给2018级Ph. D.上第一次课，主讲《高等教育学专题研究》的课程性质、任务和学习要求。

10月8日　参加厦门大学教育研究院学术报告会，听王伟廉教授做《教育研究中理论与实践是如何相互转化的———一个未解之谜》的报告。在总结环节，凝练了报告者的提问，指出这是绝对真理和相对真理的认识问题，在分析问题的过程中要注意时间和空间。

10月14日　在前埔家中与前来拜访的高教司司长吴岩、广东佛山科技学院院长一行亲切交谈。

10月20日　在前埔家中与前来拜访的深圳大学高等教育研究所张祥云教授、李均教授亲切交谈。

10月22日 上午，参加厦门大学教育研究院高教讲座（第91期），听李泽彧教授做《谈谈学术守门人》的报告。在总结环节，基于自身经验，表示做好"学术守门人"必须要不畏强权、坚守本心，并鼓励李泽彧教授在接下来的研究中要探析一下"学术守门人"的痛苦与坚守。

同日 晚上，与前来拜访的广西师范大学校长贺祖斌教授就学科建设和学校改革发展有关问题进行了深入交流。最后指出，国家"双一流"建设总体方案强调"统筹推进"。作为省部共建师范大学，应该突出和加强一流的本科教育，不要失去师范特色。要强化服务导向，面向区域和地方战略需求，积极寻求高等教育与行业产业的结合点，培养大量适应经济社会发展需要的高素质应用型人才。同时为广西师范大学题词："为建设国内一流、国际知名、教师教育特色鲜明的国内高水平大学而奋斗！"该访谈和对话后以《关于地方高校内涵式发展的对话》为题发表于《高等教育研究》2019年第2期。

10月29日 参加厦门大学教育研究院学术报告会，听悉尼大学教育与社会工作学院谢耀东副教授做《全球化与新加坡高等教育的发展》的报告。在总结环节指出：新加坡是一个包容性很强的国家，尽管在政治上很强势，但文化上是开放的，是研究高等教育国际化和比较教育的好地方。认为谢老师的演讲内容很精彩，有助于启发大家认识东亚大学发展模式。报告结束后，向谢教授赠书。

10月 主编的《中国高等教育评论》（第10卷）由科学出版社出版。

11月5日 参加厦门大学教育研究院学术报告会，听陈武元教授做《如何撰写一篇能够在顶级期刊上发表的论文》的报告。在点评环节简要介绍了陈教授个人成长历程，并对当天的讲座给予了肯定，同时认为不要为了核心期刊而写文章，要反对"四唯"——唯论文、唯职称、唯学历、唯奖项，要直面和解决好科研项目、人才评价、机构评审等工作中"四唯"的问题。当然，也指出完全消除"四唯"现象是一件难事，如何逐步减少"四唯"的负面影响，这是大家需要深入思考的问题。

11月11日至16日 给厦门大学教育研究院博士生授课。

11月12日 参加厦门大学教育研究院学术报告会，听汤建博士生做《我国大学治理的工具理性批判及省思》、黄芳博士生做《创新型人才培养视角下研究型本科课程结构探究》、庞颖做《高校综合评价录取的公平问题研究——基于2015—2018年高校综合评价录取结果的分析》、徐东波博士生做《高校专项计划的普遍与差异特征——对招生简章的内容分析》的报告。在点评环节指出：研究生做的研究，既包括基本理论研究，还包括针对重大实际问题的研究。针对理论研究，要善于"理论联系实际"。而针对实际问题的研究，要善于从实际上升到理论。唯有这样，才能做出高质量的研究。

同日 多年任主编的《中国高等教育评论》编辑部召开换届以来的第一次会议。新任主编王洪才在会上重申：潘懋元先生虽不再担任主编职务，但仍然担任《中国高等教育评论》学术委员会主任一职，继续为期刊发展出谋划策、指点方向，以便将杂志打造成为国内外一流的、高水准的、有影响力的特色学术刊物，并扩大中国高等教育研究在国内外的话语权。

11月16日 下午，参加厦门大学教育研究院组织举办的"厦门大学高教讲座"（第92期），听美国麻省大学波士顿分校国际比较教育研究院院长严文蕃教授做《SSCI研究论文撰写和发表攻略》的学术报告。

11月17日 参加"第十二届海峡两岸暨港澳地区教育史论坛"开幕式并致辞。认为"史料易得，信史难求"，获得信史需要依靠实事求是的教育史学家，而这次正是践行"论从史出"的重要会议。此致辞后整理成《论从史出，信史难求——"第十二届海峡两岸暨港澳地区教育史论坛"致辞》一文，发表于《河北师范大学学报（教育科学版）》2018年第6期。

同日 为在湖南文理学院举行的"第十七届全国大学教育思想研讨会"发"贺信"："改革发展，思想领先。三十二年前，由华中科技大学、湖南大学、南京航空航天大学三位具有远见卓识的校领导朱九思、成文山、朱剑英老一辈教育思想家发起组成的大学教育思想研讨会，每两年一届。后继者不忘初心，共圆中国梦。本届主题：研讨新时代的大学教育思想，共有五个讨论议题，均有重要的理论价值与现实意义，对当前大学教育的改革发展起引领作用。"

11月18日 参加厦门大学教育研究院高教讲座（第93期），听浙江大学文科资深教授田正平做《鸦片战争前后一位乡村塾师的生活世界——〈管庭芬日记〉阅读札记》的学术报告。

11月19日 上午，参加厦门大学南强学术讲座（第907讲），听华东师范大学终身教授丁钢做《教育文化研究的旨趣》的报告。在总结环节高度评价了丁钢教授的报告，认为丁钢教授打破了过往教育叙事研究中纯粹着重"叙事"的窠臼，在理论概括和提升方面做出了突出成果，可谓是叙事研究领域的泰斗级学者。针对叙事研究，做出了"量化研究呈现事物的表面，质化研究揭露事物的本质"的精辟概括，鼓励学院师生多学习和应用叙事研究方法。

同日 参加在厦门大学教育研究院401室召开的博导招生工作会议，讨论"Ed. D. 招生综合素质量化测评办法"。

11月22日 接受中国教育在线陈志文主编的专访。

11月25日 《华南师范大学学报（社会科学版）》2018年第6期上刊发《中国民办教育四十年专题笔谈》（潘懋元、吴华、王文源、李盛兵、邵允振）一文。文章探讨了中国民办高等教育的优势、困境，分析了营利性与公益性的非对立性概念，提出了"混合所有制"将会是另外一条治理民办学校转制的道路。此文还发表于《教育文化论坛》2019年第1期。

11月26日 参加厦门大学教育研究院学术报告会，听刘强博士生做《论大学自治权对学术自由权的僭越与回归》、李文博士生做《中国大学通识教育的模式与本土建构》的报告。最后，做出精彩点评：其一，关于大学自治权与学术自由权关系的探讨，应该把视线聚焦到大学内部行政权力与学术权力的关系上；其二，接受高等教育不是教育的终点，只是终身教育的较高阶段；其三，我国自古就有通识教育理念，即修身教育。强调通识教育的重要性并不意味着忽视专业教育的作用，必须注意无论是通识教育还是专业教育，都必须以帮助学生获取广博知识与通用能力为目标。

12月3日 参加厦门大学教育研究院学术报告会，听王璞副教授做《查尔斯·威廉·埃利奥特校长与19世纪哈佛大学的改革——基于埃利奥特家族网络的历史考察》的报告。

12月4日 出席在厦门大学召开的"2018年第二期中国高校校友工作干部培训会"开幕式，并在会上做了题为《校友会的作用与意义》的主题发言。指出校友工作应从关注募捐的"利用校友"阶段向"关怀校友"阶段转变。

校友工作是学校教育工作的延伸，校友进入社会后，学校应继续关怀、帮助毕业生的成长与发展，对校友终身负责。之后，校友工作将进入"反馈阶段"，校友会应广泛征求校友对母校办学的意见，征求校友对老师的教学意见，鼓励校友参与评价母校的育人工作体系。然后校友工作步入为"研究阶段"。社会对一所大学的评价，最终是以这所大学所培养的毕业生的全面质量和对社会所做的贡献作为标尺。校友会应对工作五年以上的校友进行调研，研究我们培养的人才是否符合社会的需求，考察校友在校所学与工作所用是否相契合，把校友作为学校办学成果的检验，将调研成果作为促进母校立德树人、提高教学质量的依据。

12月6日 撰写题辞"中国已成为世界高等教育第一大国，正在向高等教育强国迈进！"

12月8日 参加厦门大学教育研究院博士生刁瑜的学位论文答辩会。答辩委员会成员还有周川（主席）、周海涛、李泽彧、武毅英、郑若玲。

12月9日 接待广东高等教育出版社总编黄红丽、副社长钟凌翊等一行来访，并商谈"潘懋元文集"丛书的修订工作。

12月10日 参加厦门大学教育研究院高教讲座（第96期），听苏州大学教育科学研究院院长周川教授做《文本与证明：以"高等教育管理体制改革"政策文本为例》的报告。在总结环节指出：政策文本不能泛化到所有文本，不能用政策史代替教育史，但对政策文本进行深度解读有其重要价值和意义。

12月8日至10日 围绕潘懋元先生教书育人事迹的《高教研究宗师 教书育人楷模》征文成功入选中国教育电视台"读懂中国"展播作品，并在北京中国教育电视台录制。本次征文讲述了潘先生为中国高等教育学科建设倾力奉献的幕幕往事，展示了潘先生作为一代高教研究宗师的那份责任担当、魅力、格局和教育情怀，赢得了节目组的高度赞赏。

12月13日 中国教育在线刊发《〈40年40人〉系列访谈——对话潘懋元：百年教育人的思考》（中国教育在线总编陈志文）一文。

12月15日 参加在厦门大学克立楼三楼报告厅举行的首届全国高校高等教育学研究生学术论坛开幕式，并做了热情洋溢的讲话。强调当前高等教育研究的主要任务不仅仅是研究"双一流"大学建设的问题,更应该研究2 000多所各级各类高等教育机构如何培养人才。指出本次论坛应该讨论各级各类应用型、地方型以及职业型高校的内涵式发展问题,使各种类型的大学都在各自的位子上成为"一流"大学。

12月17日 在科学艺术中心报告厅参加厦门大学"弘扬爱国奋斗精神、建功立业新时代"首场报告会暨"师德师风讲堂"第三讲,并做《教师——幸福人生》的报告。厦门大学校领导、校党委常委、校长助理出席报告会,校党委副书记林东伟主持。从中共中央、国务院《关于全面深化新时代教师队伍建设改革的意见》谈起,围绕学科建设、人才培养、教学改革等话题,结合"坚持了30年的学术沙龙""大翻转课堂助力学生获取新知"等从教故事,动情讲述对"教师——幸福一生"的理解:"教师工作的对象,或者是天真活泼的儿童少年,或者是奋发有为的青年、成年(研究生)。'教育就是生长',在他们生长的过程中,有教师一份助推的力量。"对于教师职业的体会,饱含深情地说:"党和国家给予教师如此崇高的地位,是教师的光荣,也是对教师殷切的期望,更是教师幸福之源泉。教师是幸福的职业,幸福的人生——如果我有第二次生命,我的选择仍然是'教师'。"

12月18日 上午,按照学校要求,在前埔家中通过电视观看在人民大会堂举行的庆祝改革开放40周年大会直播,听取了习近平总书记在会上发表的重要讲话。

12月21日 委托赫尔大学研究员方晓将亲笔签名的英文版《潘懋元高等教育论文选》(*Selected Academic Papers of Pan Maoyuan on Higher Education*)赠送给赫尔大学新任校长苏珊·李(Susan Lea)教授。李校长在当天发给方晓的道谢邮件中说:"非常高兴收到您送来的赫尔大学名誉博士潘懋元教授的高等教育论文选。我会与我们的教育与社会科学院的同事们一起分享潘教授的著作,我相信他们一定会非常感兴趣"。方晓当即从赫尔打电话给潘先生,向他转达了李校长的谢意和问候。潘先生请方晓转达他对李校长的致意,并祝她圣诞节快乐。

12月22日 参加由厦门大学教育研究院、贵州师范大学、教育部中国教育智库联盟联合主办的"高校学情与分类综改模型研究"国际研讨会。

12月24日 参加厦门大学教育研究院学术报告会，听张彤副教授做《"娱乐化"教育设计之于教育"复杂系统"》的报告。

12月25日 在《中国青年报》第2版上发表《高等教育"质量下降"是一个真命题也是一个假命题》一文。文章指出：在高等教育即将从大众化进入普及化的关键阶段，讨论高等教育的"质量"问题，涉及三个方面：第一，什么是高等教育质量；第二，现在大学生质量是否下滑；第三，关于"双一流"的评价。高等教育质量标准应当多样化，即研究型大学有研究型大学的质量标准，应用型本科高校有应用型本科高校的质量标准，高职院校有高职院校的质量标准。研究型大学的质量标准是学术；应用型大学的质量标准是应用；高职院校的质量标准则是能力，旨在培养大国工匠。高等教育"质量下降"不仅是一个真命题，也是一个假命题。真命题是指学生扩招，师资、设备、校园建设跟不上，必然导致高等教育质量下降。假命题是指不同的高等学校有不同的质量标准，各级各类高校都应当有不同的质量标准，用研究型高校的学术水平作为唯一的标准来评价应用型高校而得出的"质量下降"是个伪命题。"双一流"建设不能够仅限于几十所大学几百个学科，应辐射全国不同类型、不同层次的高校，所有有实力、有特色的高校和学科，不论出身，都应有机会成为不同层次、不同类型的"双一流"。

同日 在《重庆高教研究》2019年第1期上发表《中国高等教育改革发展70周年：回顾与前瞻——潘懋元先生专访》（访谈整理：蔡宗模、朱乐平、张海生）一文。文章指出：中国高等教育改革发展70年可划分为新中国成立后7年、从"教育大革命"到"文化大革命"的22年和改革开放至今3个阶段。70年来，中国高等教育取得了巨大成就，规模大发展、人才培养多元化，更加适应经济社会发展的需要。中国已成为世界高等教育第一大国，正在向高等教育强国迈进。70年的经验也告诉我们，要按教育规律办教育。对于中国高等教育的未来，认为应坚持依靠教师，深化内涵式发展；应统筹协调，激发各级各类高校的办学活力；要与时俱进，探索中国特色高等教育发展道路；要根据中国国情，重视高等教育学一级学科建设。

12月28日 在《厦门大学报》第5版发表《大学校友会的作用与意义》一文。

12月 为陈为峰所著的《美国弱势群体优质高等教育机会研究——基于美国一流大学综合评价招生制度的分析视角》（科学出版社2018年12月版）一书作序。序文写道："陈为峰博士在厦门大学教育研究院获得博士学位，一直以来关注美国的一流大学。这本著作是他主持的国家课题的研究成果，也是他十多年来对美国高等教育所思考的总结。从这本书中我们看到，陈博士是花了很大的精力去做这项研究的。他亲自到美国调研了四五十所大学，与美国的学者、民众进行交流。这样的调研方式，让他突破了书斋、文献的制约，能够更为深入地解析美国的优质高等教育机会问题。从他50万字的研究报告来看，陈博士的重要收获之一，就是不再是片面地肯定美国的高等教育，而是持着理性的批判性学习。这是一个成长的过程。"

本年 多次接受郑宏的采访，口述自己的教育人生，为《实践—理论—应用 潘懋元口述史》一书提供翔实材料。

2019年 九十九岁

1月5日至6日 上午，在厦门大学教育研究院401会议室，给2018级Ph.D.授课。

1月6日 在家参加方晓为潘先生和家人举办的家庭新年茶会。潘先生兴致勃勃地亲自动手切开干果蛋糕，与大家一起分享。他还品尝了每一样小吃和水果。看到一家人其乐融融，他高兴得合不拢嘴，精神抖擞，谈笑风生，目光闪亮。大家都为他以坚强的毅力和自己特有的方式激发自身的正能量，在短短的几个月时间里迅速康复感到欣慰。陪同方晓前来助兴的还有周海亮和周海明。大家以茶代酒，共贺新年，共同祝福潘先生在新的一年身体健康。

1月7日 参加厦门大学教育研究院学术报告会，听访学博士生梁彤做《我国高等教育大众化道路的历史考察与理论反思》、访学博士生申怡做《本科应用型人才的特点及其培养路径探析》的报告。在点评环节指出：中国的高等教育大众化有其必然性，也有其偶然性，梁彤博士的报告具有很好的选题意识和研究价值，但在对高等教育大众化的历史考察方面应当更为深刻。会后，与四位访学博士生合影留念。

同日 参加厦门大学教育研究院领导办公会。

1月8日至10日 上午，在厦门大学教育研究院401会议室，给2018级Ph. D.授课。

1月10日 为刘承波所著的《探索新时代"双一流"建设的中国道路》（中国财政经济出版社2018年11月版）一书作序。序文指出："这本专著，逻辑严谨，思路清晰，站在中国特色社会主义进入新时代这一新的历史方位，探索当前'双一流'建设'中国特色、世界一流'的发展道路，对于新时代加快推进'双一流'建设具有重要的理论与实践价值。当然，正如专著中所指出的，'双一流'建设作为我国高等教育改革发展的重大战略决策，必将主导今后较长一个时期我国高等教育发展的走向。新时代有关'双一流'的研究与实践，也必将长期处于进行时，处于探索推进当中。随着'双一流'建设的不断推进，许多理论和实践问题还需要逐步深化研究。期待作者能在对'双一流'建设的理论和实践问题的后续研究中有新的成果和收获。"

1月11日 作为开题指导教师组组长，参加厦门大学教育研究院博士生曾德生（Ed. D.）、宣葵葵（Ed. D.）的学位论文开题报告会。其他指导老师有别敦荣、王洪才、杨广云、陈兴德。

1月12日 在厦门大学教育研究院401会议室给2018级Ph. D.授课。

1月13日 在前埔家中接受采访。

1月14日 参加厦门大学教育研究院学术报告会，听访学博士生胡天助做《产业导向：泰国国王科技大学研究生教育改革的经验与启示——以ChePS项目为例》、访学博士生李凤玮做《大学为社会服务：范海斯的知与行》、访学博士生牛军明做《高校章程制度：关系探讨、现状考察与建设路径——以教育部直属20所高校的章程制度建设为例》的报告。在点评环节指出：对范海斯的研究还应从整个历史背景深入探讨，如赠地法案的颁布、州立大学发展背景，考虑为什么提出这种思想、职能定位的价值取向等；牛军明同学的研究方案较为周密，但不认同其"大学章程是大学的宪法"的说法，认为大学章程是学校的实施条例。

1月15日 写信祝贺学生巴果（博士毕业后任职于西藏职业技术学院）入选"2018年享受国务院政府特殊津贴人员名单"。

1月16日　参加厦门大学教育研究院在502报告厅举行的2018年度全体教职工大会。

1月17日至18日　在前埔家中整理近期文稿。

1月19日　与前来拜访的大连理工大学高等教育研究院名誉院长张德祥教授及高等教育研究院副院长李枭鹰教授深入交谈。

1月21日至23日　上午，在厦门大学教育研究院401会议室为2018级Ed. D. 授课。

1月23日　《中国科学报》第4版刊发《潘懋元："双一流"精神须泛化至各类高校》（作者许悦）一文。潘先生在接受《中国科学报》采访时，对如何突破我国高等教育过去40年发展中的藩篱、书写好高等教育新篇章给出了他的思考：坚持多元化发展、强调内涵式发展、重视高等教育学科发展。

1月24日　参加厦门大学春节团拜会。

1月30日　与前来拜访的厦门城市学院院长唐宁教授、民盟厦门市委专职副主委黄敏沁先生、厦门理工学院董立平教授等亲切交谈，探讨了厦门城市学院的办学特色及未来发展的规划构想。

2月5日　参加厦门大学教育研究院在厦院友新春团拜会，向与会的教师、研究生、院友及小孩等50余人发放春节红包（个人出款），并与大家合影留念。团拜会由教育研究院院长别敦荣教授主持，邬大光、郑冰冰、张亚群、杨广云、陈武元、董立平、陈兴德、石慧霞等老师以及来自巴基斯坦、马来西亚、俄罗斯、南非等国家的留学生、在校研究生等纷纷发言，畅叙各自学习、研究、工作等丰富多彩的生活经历与未来打算。

2月7日　携家人游翔安澳头文化村。在5岁曾孙背诵唐诗后，即兴全文背诵《红楼梦》中林黛玉的"葬花吟"。诵者朗朗惊四座。

2月10日　带领家人游览集美新城，领略嘉庚故乡新面貌。顺访厦门工学院，并在孔子广场合影留念。

2月18日　参加厦门大学教育研究院在502报告厅召开的"2018—2019学年第二学期首次教职工大会"。首先肯定了学院新的领导班子在工作上的互相支持、协作，重点强调了学院中青年教师的培养和发展问题。同时提出，学院目前应多从管理的角度考虑问题，也应多从治理的角度探索新的解决方案。

2月22日 参加厦门大学教育研究院高教讲座（第100期），听日本广岛大学高等教育研究开发中心黄福涛教授做《日本外籍教师与本土教师的比较——基于全国问卷调查的分析》的报告。在总结环节进一步补充和介绍了黄福涛教授的成长和求学经历，高度评价了黄福涛教授的报告，并勉励他进一步做出更多高水平的研究。

2月28日 在《高等教育研究》2019年第2期上发表《关于地方高校内涵式发展的对话》（与贺祖斌合作）一文。文章指出：地方高校"双一流"建设应坚持统筹兼顾、多元发展；大学首要的任务应该是出人才，有了人才再出成果，为此必须加强本科教育；实现高等教育内涵式发展的本质是提高大学的办学质量；地方高校转型发展是经济社会转型发展的动力和保证；地方师范大学协调发展要保持师范本色；未来的高等教育既要培养自然人，也要培养"机器人"。

3月4日 参加厦门大学教育研究院学术报告会，听李国强副教授做《台湾高等教育质量政策演变与启示》的报告。在讨论环节表示台湾开放比大陆早，在高等教育方面仍有很多地方值得大陆学习和借鉴。

3月8日 上午，参加厦门大学教育研究院高教讲座（第101期），听台湾铭传大学学术副校长王金龙教授做《高校信息化建设及大数据校务研究》的报告。在讨论环节指出：王金龙教授的报告让人大开眼界，并鼓励年轻人积极学习相关知识和技术。最后提醒大家：大数据时代的社会科学研究既要使用数据挖掘、数据分析工具，也要依靠于人脑对事物的认知和判断，二者不可偏废。

同日 下午，参加在厦门大学教育研究院401室召开的博士招生工作会议，讨论"Ed. D.入闱考核名单、审议《教育研究院教育博士专业学位研究生实践导师选聘工作细则（暂行）》和《教育学研究生指导教师招生资格确认实施细则》"。

3月9日 与学生郑宏分享用手机识图软件介绍蝴蝶兰，之后滔滔不绝介绍惠和石文化园中的石头，信息量惊人。

3月11日 入选改革开放40年"教育人物40名"名单。本次活动由长江教育研究院和教育智库与教育治理研究评价中心发起，自 2018 年 12 月初启动，经历了征集（自荐、他荐）、初评和专家终评等阶段，最终选出"改革开放 40 年'教育人物 40 名'""改革开放 40 年'学校教改探索案例 40 个'"。

3 月 15 日　在《教育研究》2019 年第 3 期上发表《高等职业教育政策变迁逻辑：历史制度主义视角》（与朱乐平合作）一文。文章指出：高职教育政策事关高职院校的生存发展，是高等教育研究的重要命题。改革开放以来，我国高职教育政策变迁历经需要发展主导型政策阶段、巩固发展主导型政策阶段、改革发展主导型政策阶段与深化发展主导型政策阶段。我国高职教育政策变迁深受经济体制、管理模式及传统文化观念等深层结构因素影响。各阶段发展方式呈现较强的路径依赖现象，政府和高职院校的理性选择影响政策变迁。推动产业转型、变革管理机制和满足个体需求是高职教育政策的变迁的主要动力。

　　同日　潘懋元口述、郑宏整理的《实践—理论—应用：潘懋元口述史》一书由华中科技大学出版社出版。

3 月 18 日　参加厦门大学教育研究院学术报告会，听刘隽颖博士生做《新自由主义背景下美国高校终身制教师学术身份的冲突与适应——暨加州大学河滨分校访学报告》、陈春梅博士生做《美国高等教育公私合作案例研究——暨访学见闻分享》的报告。在点评环节首先肯定了两位博士生的报告，同时也鼓励同学们参与访学与交流，开拓国际化视野。

　　同日　同意即将赴英国访学的工作助理朱乐平（2016 级博士研究生）的提议，安排刘明维（2017 级博士研究生）担任其助理工作。

3 月 24 日　参加厦门大学教育研究院学术报告会，听邬大光教授做《中国高等学校百年迁徙》的报告。在点评环节指出：个人迁徙、院系专业迁徙与学校整体迁徙的含义是不同的，要先把"迁徙"的概念界定清楚，才能更好地开展研究。

3 月 25 日　参加厦门大学教育研究院党政联席会议。

3 月 27 日　在前埔家中，安排刘明维助理整理《潘懋元文集》再版资料（2010 年后写的序文、论文等）。

3月28日 在前埔家中，批阅2019级Ph. D.考卷78份。

3月29日 与前来拜访的广东开放大学党委书记罗海鸥教授就如何办好开放大学进行了深入交流、探讨。罗海鸥书写"风华浸远"四字敬呈潘先生，先生为学校题赠"敢为天下先"五字作为回应，并指出，"在高等教育普及化阶段，开放大学将成为主要高校"，勉励学校改革创新、开拓进取，早日办成一流开放大学。

3月31日 在《高等教育研究》2019年第3期上发表《〈民办院校办学体制与发展政策研究〉序》一文。

4月1日 在厦门大学教育研究院502室，参加厦门大学党委第四巡察组召开的巡察教育研究院党委工作动员大会。

同日 参加厦门大学教育研究院学术报告会，听辽宁师范大学教育学院副院长兼校教育处副处长潘黎副教授做《新高考背景下高等教育学之新用》、安徽师范大学教育科学学院尹建锋副教授做《制度高等教育学：学科危机的一种出路？》的报告。在总结环节，指出：两位老师的报告各有特色，高等教育研究应该关注实践，坚持理论与实践相结合。

4月6日 上午，参加在厦门大学教育研究院502报告厅举行的"庆祝厦门大学建校98周年暨教育研究院奖教奖学金颁奖大会"，发表讲话并与刘海峰教授、邬大光教授、别敦荣教授、已退休多年的陈炳三书记、范孝平老师，以及厦门大学西藏校友会首任会长王学海教授等一起，分别为获奖的师生颁发证书与奖励，与全体获奖师生在学院五楼天台合影留念。奖教金获奖人员有：一等奖吴薇、武毅英；二等奖文静、陈斌。奖学金获奖人员有：一等奖邵建东、庞颖、杨冬；二等奖康敏、闵琴琴、朱乐平、李慧、邱雯婕、黄路遥、季玟希、袁景蒂、林思雨。管理服务奖获奖人员：肖娟群。

4月8日 参加厦门大学教育研究院学术报告会，听厦门大学软件学院林凡副教授做《高等教育的人工智能和大数据应用》的报告。在总结环节，充分肯定了林凡副教授的报告，认为林凡副教授的报告开拓了教育研究院师生的研究视野，指出探讨高等教育与人工智能的结合将是高等教育研究可能开拓的一个新领域。

4月10日 前往厦门市帝豪花园酒店参加教育部学校规划建设发展中心

主办的第十三期应用型高校课程建设研修班圆桌会议，发表《高等教育质量要体现多样化》观点：传统的质量观点就是学术质量、理论质量，体现为学术的高低。在面临高等教育往大众化教育方向发展之际，很多人担心质量下降。我在1998年就提出，所谓质量下降了，包含一个真命题和一个假命题，真命题是如果我们教育增长太快，校舍、设备，尤其是课程、师资等都跟不上，在一定时间内，会导致质量下降。从这个角度来讲，质量下降了，这个命题是真的。但是很多人所认为的质量下降，是用精英型大学的标准来衡量大众化的、应用型的高等教育，也就是用清华、北大等研究型大学的质量标准来看待高职、应用型本科院校的质量，这个命题就是假的，也就是错误的。因为，当高等教育从精英教育往大众化教育发展的时候，教育质量体现为多样化。普通高校转型政策确定、理念达成共识之后，"转型的核心是课程建设"，应当建设"可操作、可复制、可推广的应用技术课程"。高等教育内涵式发展包含的内容主要有三个方面：第一，课程；第二，教学，第三，师资。

4月12日 参加在厦门大学教育研究院502报告厅举行的"南强青年学者论坛"教育学分论坛，听许心博士生做《中国人文社科"走出去"："中心——边缘"视角下的国际发表奖励政策》、谢涛博士生做《教育大数据中学习时间特性分析》、彭安臣博士生做《基于质量标准的高校内部教学质量保障体系构建》、邓睿奇博士生做"Surveying the landscape of teaching and learning in MOOCs"的报告。

4月17日 上午，在前埔家中与前来拜访的山东女子学院党委书记郭翠芬进行亲切交谈。厦门大学教育研究院院长别敦荣、该校发展规划处负责人陪同拜访。郭翠芬介绍了学校的基本情况、办学定位、发展愿景、办学成效等。潘先生表示，山东女子学院应坚持走应用型办学之路，建设高水平大学，大力培养第三产业人才，尤其是培养高水平的服务型人才；要注重学校的特色发展和应用研究，推动解决社会现实问题，为经济社会发展服务。

4月19日 出席由钟秉林教授率领的北京师范大学师生游学团欢迎会，与两校师生共话高教改革与发展。潘先生首先对远道而来的北师大师生表示衷心的欢迎和感谢。他说：高等教育研究需要不断有年轻一代加入，形成一支强大的队伍，以促进整个学科的发展和繁荣。北师大高等教育研究发展很快，特别是在钟校长的带领下，形成了一支有实力的师资队伍，取得了令人瞩目的成就。钟校长率领师生游学团到厦门大学访问，传经送宝，对我们来讲是一次很好的学习交流机会。

座谈会上，同学们向潘先生请教困扰已久的问题，先生一一给予解答。关于高等教育大众化发展，潘先生认为，高等教育大众化带来的是高等教育质量的多样化，因此，不能以某一所大学的质量来评定所有的大学，特别是不能拿少数学术型大学的质量来衡量大量的应用型高校的质量；关于现代学徒制发展，潘先生首先肯定了现代学徒制对于培养大国工匠的重要意义，接着指出现在的学徒制教育必须与过去老式的学徒教育区别开来，在实践教学之余应当对学生有更多的理论指导，因此，选拔既有理论基础又有实践功底的"双师型"教师在现代学徒制教育的发展中尤为关键；关于教育学的研究方法，潘先生对"如何使用量化研究方法与质性研究方法"的问题进行了说明，他认为量化研究方法只能达到事物表面，而质性研究方法才能达致事物的本质，由前者呈现的数量要通过后者阐发、说明，因此二者不能截然分开使用。至于高等教育研究，应当有多学科的研究方法和视角，具体采用什么方法，要根据研究问题的特性来确定。座谈会最后，潘先生与北师大师生游学团互赠礼物。座谈会结束后，与厦门大学教育研究院领导同北师大游学团师生合影留念。

4月20日　晚上，在前埔家中主持"周末学术沙龙"，议题是"分享泉州理工职业学院执行院长吴滨如办学经验"和"2018级博士生汇报实践调研计划"。

4月21日　参加厦门大学"歌唱祖国"拍摄活动，并发表重要讲话："青年，是祖国的未来；青年，是社会主义事业的接班人；青年强，则国强；青年兴，则民族兴。"

4月26日　参加厦门大学教育研究院组织举办的"厦门大学高教讲座"（第103期），听刘宏教授做《高校师资的引进、培育和绩效考核机制及其作用：以新加坡南洋理工大学为例》的学术报告。

4月27日　晚上，在前埔家中主持"周末学术沙龙"，议题是"2015级博士生陈春梅（Ph. D.）学位论文预答辩"。参加人员有闫月勤、卢彩晨、车如山、李盛兵等院友，石慧霞、郑宏、李国强、陈斌和罗先锋等老师，以及部分硕博士研究生参加。大家踊跃发言后，总结指出："高职院校混合所有制"是2014年《国务院关于加快发展现代职业教育的决定》中的提法，该研究需要解决的是高职院校混合所有制是否行得通？行得通要怎么做？行不通有什么困难？并找出困难所在，要说清楚这些问题。

4月28日至29日 参加第二届厦门大学"一带一路"发展论坛教育"走出去"分论坛，并做《让高职教育走进"一带一路"》的报告。在报告中指出："一带一路"沿线国家，大多数是发展中国家，需要高职教育培养工匠型技能人才。中国有能力把高职教育输送出去，因为中国有强大的高职教育团队。不仅如此，中国已经积累了丰富的办学经验，有大量的产学研合作经验，因此中国有能力进入"一带一路"，有能力为"一带一路"沿线国家服务。此外，高职教育进入"一带一路"也会对国内高职教育起重要的反馈与激励作用。第一，中国可以从"一带一路"办高职中汲取新经验，形成新知识。第二，中国高职也能够形成国际化。第三，中国高职走出去可以招收国外留学生，这样可以提高高职的地位。因此，无论从国际、国内来说，都要大力发展高职，要尽快把高职送到"一带一路"上去。

5月7日 与前来拜访的大连理工大学高等教育研究院名誉院长张德祥教授及其博士生贾枭深入交谈。肯定了大连理工大学高等教育研究院近期在高等教育研究中取得的成果，指导了博士生贾枭的学位论文研究思路。

5月11日 晚上，在前埔家中主持"周末学术沙龙"，议题是"南方科技大学的改革与实践"，嘉宾为南方科技大学党委书记郭雨蓉。厦门大学教育研究院硕士、博士研究生和部分教师参加。

5月13日 参加厦门大学教育研究院学术报告会，听日本广岛大学村泽昌崇教授做《大学治理的效果分析——倾向得分·因果关系推断》的报告。在讨论环节，首先肯定了村泽昌崇教授将RCT应用到教育领域的积极意义，同时介绍了厦门大学教育研究院与广岛大学高等教育研究开发中心的长期友好合作关系。

5月15日 上午，参加厦门大学教育研究院博士生陈春梅、刘琪的学位论文答辩会。答辩委员会成员顾建民（主席）、陈廷柱、刘海峰、谢作栩、张亚群。

同日 晚上，与前来拜访的东莞理工学院党委书记成洪波围绕学校发展问题深入交流，肯定了学校发展目标定位和人才培养思路，认为东莞理工学院对高等教育改革发展思考得很深，贯彻中央的要求抓得很实，把握区域产业需求分析透彻，对接粤港澳大湾区建设谋划主动，落实人才培养中心地位措施到位。还就学校打造"双师双能型"师资队伍、建设知行学院深化社区育人、提升创新创业教育与实践、构建新型师生关系等做法，与成洪波展开深入讨论。他希望学校坚持已经确定的战略思路和目标，立足粤港澳大湾区建设大局，推进产学融合创新发展。要激发和增强教师内生动力，引导青年教师更好地成长发展，帮助他们提高教书育人水平。要为学生成长成才创造有利环境，加强师生交流互动，使东莞理工学院培养的学生有特质有辨识度。要促进科技成果转化应用，支撑引领制造业转型升级。

5月16日 下午，参加厦门大学教育研究院组织举办的"厦门大学高教讲座"（第108期），听中国人民大学教育学院程方平教授做《办好高等教育只有一个标准吗？》的学术报告。

5月17日 参加在厦门大学科学艺术中心音乐厅举行的教育研究院41周年院庆学术周暨学术论坛开幕式，发表了简短而充满深意的讲话。对林蕙青博士受聘为厦门大学兼职教授表示欢迎，对她始终心系母校的建设与发展表示赞赏，相信她的加盟将对厦门大学高等教育学学科建设与发展产生重要影响，推动教育研究院向更高水平、更高层次发展。

5月19日 参加厦门大学教育研究院41周年院庆学术报告会，听教育部高等教育质量评估中心刘振天教授做《作为外部质量保障的教学评估：治理·分类·效用·周期》、陈武元教授做《高校三大职能与其经费筹措能力的关系研究——美日比较的视角》、邬大光教授做《高等教育研究与高等教育学科建设——兼论高等教育研究为谁服务》的报告，并进行了点评。

5月22日 上午，参加厦门大学教育研究院组织举办的"厦门大学高教讲座"（第110期），听青岛大学师范学院院长李福华教授做《大学治理体系与治理能力建设》的学术报告。

5月24日 上午，前往泉州理工职业学院（本科）参加厦门大学教育研究院 2018 级博士生实践调研报告会。在执行院长吴滨如和副院长郭霏霏的陪同下，参观了学校数字媒体中心、绿色建筑展厅、清洁能源协同创新中心、智能制造工程中心等，听取了当前学校办学进展、产教融合特色和成果的汇报。

同日 下午，在泉州理工职业学院圆桌会议中心听取了 2018 级博士生实践调研反馈报告会。首先对校领导和全体师生为厦门大学教育研究院博士生实践调研提供的大力支持深表感谢，对学子们的坚毅努力和精彩表现给予高度评价。指出实践调研作为教育研究院人才培养特色，有助于博士生在高等教育理论和实践之间实现相互转化，不断提升问题意识和思辨能力，提高理论研究水平。同时，表示此前数次到访泉州理工职业学院，每次都有新发现，今天又看到新进展，这是创办人和全校师生始终坚持"创新创业"办学精神的结果。鉴于学校当前的办学条件和发展水平，提议未来可以朝"国际化"方向努力。高职教育将在"一带一路"推进过程中发挥重要作用，泉州理工职业学院要通过"国际化"构筑更高的发展平台。

5 月 25 日至 6 月 2 日 福建省广播电视台记者肖鲁怀和摄影师游丁琳为潘先生全家摄制电视专题片《东南家国·百年树人》中的"教育世家的家国情怀"节目。

5 月 26 日 上午，参加在厦门大学教育研究院 401 室召开的"自主设置二级学科教育发展与治理"专家现场评议会。眭依凡教授、张应强教授、阎光才教授、胡建华教授、王运来教授、董云川教授、余小波教授等专家出席了本次评议会。

5 月 27 日至 28 日 参加在福州海峡国际会展中心召开的中国高等教育博览会。其间，佛山科学技术学院党委书记曾峥拜访潘先生。先生对学校积极融入粤港澳大湾区建设，努力探索走出一条应用型高水平理工科大学建设之路寄予殷切期望。

5 月 28 日 在《中国教育报》第 9 版刊发《让高职教育走进"一带一路"》一文。此文章是在厦门大学"一带一路"发展论坛上所做的报告。

5 月 31 日 上午，作为开题指导教师组组长，参加厦门大学教育研究院 2017 级博士生刘明维、谢健、刘咏梅的学位论文开题报告会。其他指导老师有别敦荣、林金辉、连进军、陈兴德。

同日 晚上，与教育部高教司司长吴岩、厦门大学校领导等，参加在厦门大学思明校区建南大会堂隆重举行的"电影《当我们海阔天空》全球首映礼暨厦门大学答谢点映式"，一直到典礼结束（22：00）才返回家中休息。潘先生亲自参与了此部电影的拍摄，身体力行为推动中国高等教育事业的创新发展贡献力量。《当我们海阔天空》这部电影以第四届"互联网＋"大赛为背景，讲述了一个近年发生、完全真实、可以复制的草根学生创造传奇的奋斗故事。他们在初心与挑战的驱动下，从一无所有踏上追逐梦想之旅，在学业拼搏、职场跌宕、商海沉浮的时空切换之间，历经爱情冰封、兄弟反目、险恶竞争、濒临绝境、前程幻灭等巨大人生考验，虽然遍体鳞伤，却多次突破自我极限，并极其巧妙地整合了高等教育、投资人与企业家等社会核心资源，仅仅一年时间，迅速百炼成钢，完成了从平凡到传奇的飞跃。该影片于2019年5月31日首映，6月6日全国公映。

6月5日 在前埔家中接受厦门大学海外教育学院院长党委副书记罗俊峰（带领两名硕士生）的访谈，分享了改革开放40年来的经历与感悟。

6月6日 中国首部反映新时代大学生敢闯会创、矢志奋斗的青春励志电影《当我们海阔天空》在全国院线隆重上映。该影片中，有个镜头被业内人士称为百年电影经典——年近百岁的中国教育学界泰斗、中国高等教育学奠基人潘懋元先生本色出演、银幕首秀。片中，在商讨对学生处罚决定时，潘先生从座位站起那一刻，大师气质瞬间点亮屏幕，简短有力的台词振聋发聩："大学的本质是培养人，根本是立德树人。荀子说，化性归善，就是要引导学生向上向善。我们怎么处理这件事，不要只看条文的规定，还要看价值导向。我们的校训止于至善，就是要努力在学生的心中种下更多善的种子。"潘先生字字珠玑、句句箴言，尽释大学立德树人之根本。他坚定地指出：不管世界风云如何变幻，教育之大爱火种必将生生不息、世代流传。开拍之日，潘先生身着西装、系领带、戴校徽，每一个细节都尽显学者风范与师者本色。不是演员，却又胜似演员，近百岁的潘懋元先生以敬畏、严谨的精神和人格魅力，感召了现场每一位工作者。该片由北京万学教育科技有限公司、深圳中快餐饮集团有限公司、福建中太九龙山生态旅游有限公司、北京车库咖啡孵化器运营管理有限公司、北京星界影视传媒有限公司等联合出品。

同日 为吴榕青所著的《韩山书院史稿》（深圳报业集团出版社 2019 年 7 月版）一书作序。序文写道："吴榕青教授为考证史料，保存信史，旁征博引，缜密论证。近著《韩山书院史稿》即将出版，此书分正文与附录两部分：正文按年代顺序分四个时期考证韩山书院发展变迁的史实；附录为碑记、文约、课艺等文献的复核。一卷在手，可读可查。"

6 月 10 日 参加厦门大学教育研究院党政联席会议。

同日 参加在厦门大学教育研究院 401 室召开的教学工作会议，议题是 "Ed. D. 学位论文评阅书及实践导师文件执行办法"。

6 月 15 日 与前来拜访的北京市教育科学研究院韩亚菲、李璐博士就研究院的发展定位问题进行深入交流。

6 月 17 日 参加厦门大学教育研究院学术报告会，听访学博士生周颖做《国际交流与教育改革：基于 20 世纪 20 年代道尔顿制创始人来华讲学的探讨》，硕士生崔亚楠、刘璐璐做《国际教育发展联盟 2018 年会综述及参会体验分享》的报告。在互动环节，肯定了这两场报告的价值，阐述了对道尔顿制的理解，表达了对崔亚楠、刘璐璐到清华大学教育研究院进一步求学深造的祝福。

6 月 21 日 身着导师服参加厦门大学教育研究院 2019 届研究生毕业典礼，并发表情深意切的讲话。潘先生表示，毕业班学生当年以能够进入厦门大学教育研究院学习为荣耀，今后教研院将以所有毕业班学生为骄傲。道远任重，行则将至，教育研究院是大家梦想开始的地方，希望大家从这里出发，向着远方，勇敢前行。不管走多远，教育研究院永远是所有毕业生最温暖的港湾。

6 月 23 日 前往建南大礼堂参加厦门大学 2019 届毕业典礼，为毕业生颁发学位证书并拨正流苏。

6 月 28 日 应邀参加泉州理工职业学院更名为泉州职业技术大学的揭牌典礼活动，为泉州职业技术大学题写贺词："祝贺泉州职业技术大学更名转制成功！创新·发展 ——在创新中发展"。与中国工程院胡永康院士、福建省教育厅发展规划处林海峰处长、泉州市人民政府周真平副市长、泉州市教育局黄世界局长、晋江市人民政府张文贤市长、吴金营董事长、臧树良校长一同为学校揭牌，并接受晋江电视台的采访。潘先生认为，泉州职业技术大学能够评上（全国）第1批，具有它的必然性。因为当年泉州理工职业学院的人才培养能够紧贴地方需要，能够很好地为地方产业服务。泉州职业技术大学在这方面做得很好。

同日 参加泉州职业技术大学在国际会议厅举行的"本科层次职业教育试点战略发展研讨会"。会上，受聘为泉州职业技术大学战略发展委员会主任。在认真听取了执行校长吴滨如副研究员《关于本科层次职业教育试点的思考》的报告后，根据多年来对该校的关注和了解，对学校升本后的发展提出两点希望：一是要高度重视提升师资和干部队伍的水平，尤其是要培养一批能独当一面的干部，为学校的后续发展提供坚实的人才保障；二是希望学校充分发挥地处著名侨乡、海上丝绸之路起点的地域优势，提升学校的国际化水平，助推学校发展再上新台阶。

6月30日 为中南财经政法大学创办的《高等教育评论》题词："高等教育评论创刊致贺：深化高等教育改革，给力高等教育发展。"该题词发表于《高等教育评论》2019年第1期。

6月 任学术委员会主任的《中国高等教育评论》（第11卷）由厦门大学出版社正式出版，该刊分为名家访谈、理论经纬、课程与教学、域外视野、学生论坛等栏目。

7月4日 与前来拜访的华南师范大学教育科学学院院长卢晓中教授一行进行深入交流，对华南师大教科院和高等教育研究所发展提出建议。同时，充分肯定了广东院友的团结互助精神。

7月5日至6日 参加由厦门大学教育研究院、台湾高等教育学会、厦门大学高等教育发展研究中心、高等教育质量建设协同创新中心共同主办的"第一届闽台高等教育研究学术论坛"，并在开幕式上发表《两岸互相学习借鉴，促进高等教育共同进步》的讲话。在讲话中指出，台湾地区的高等教育有许多值得学习的东西，并以职业教育、终身教育和高校招生制度为例进行了言简意赅的说明，同时指出大陆地区也有不少值得台湾地区借鉴的地方，希望今后能有更多、更深入的交流。

7月8日 为夏建国所著的《论应用型高等教育》（上海交通大学出版社2019年9月版）一书作序。序文写道："一般高等教育理论研究，多以研究型高等教育为其研究对象，而实际上绝大多数大学，是应用型院校和技能型高职。如何办好应用型高等教育，包括普通本科和高等职业技术教育，是大多数办学者更为关心的。这本《论应用型高等教育》，展现了作者从长期的办学实践中提升为办学理论的方方面面，为当前应用型高校的办学者提供借鉴，更为重要的是鼓励大学校长们应当如何成为新时代的教育家。"

7月10日 与前来拜访的内江师范学院党委副书记、院长陈晓春等人就学校发展问题进行深入交流、探讨。陈院长介绍了学校的基本情况、发展理念、专业特色和问题不足，征询潘先生意见。潘先生回顾了中国高等教育发展历程和逸闻趣事，指出：大学一定要走特色发展之路，防止同质化；内江师范学院坚持走特色专业发展之路是非常好的，比如小学教师教育有特色，要力争申请高中教师专业硕士点；要围绕做强专业特色加强教师培训，真正把专业特色做出来。

7月14日 接受"厦大档案人"（"百年厦大情怀档案"）采访组的访谈。结合自身经历，围绕高校人才大战、大学认同、档案工作与高等教育未来展望等主题阐述了许多耐人深思的真知灼见。深情回顾了"结缘长汀厦大"的具体经过，说"我进入厦大后，很快就对学校有了认同感，对厦大有了很深的感情"，"我的根始终在厦大，到现在也是这样"。他指出，"真正的学者应该是为国家、为科学、为真理献身的人"，要求"我们要增强师生的大学认同感"，为新时代高等教育事业贡献力量。

7月15日 接受多伦多安大略教育研究院伊丽莎白·芭可娜助理教授和博士研究生龚娴关于中国民办高等教育的访谈。

7月16日 上午，参加在教育研究院502会议室召开的厦门大学党委第四巡察组巡察教育研究院党委意见反馈会。

同日 下午，作为开题指导教师组组长，参加厦门大学教育研究院博士生曾德生、邵建东、史正东（Ed. D.）的学位论文开题报告会。其他指导教师有王洪才、郭建鹏、陈兴德、李国强。

7月20日 参加厦门大学教育研究院学术报告会，听中国高等教育学会副会长、教育部高等教育司原司长张大良教授做《牢牢把握全面加强大学的内涵建设、提升办学水平的十五个要素》的学术报告。

7月22日 参加厦门大学教育研究院全体教职工大会暨2018—2019学年工作总结大会，会后参观了二楼改建的智慧教室。

7月24日 为厦门大学凤凰花志愿服务团走进珩厝十周年题词："凤凰花开，结蒂支教；南强情暖，筑梦育人。"祝愿凤凰花志愿服务团花开叶茂。

7月29日 上午，参加厦门大学教育研究院组织举办的"厦门大学高教讲座"（第114期），听美国维克森林大学副校长兼留学生研究中心主任Kline Harrison教授做《美国国际学生研究及全球胜任力培养》的学术报告。

7月30日 在前埔家中与带寿桃前来祝贺99岁生日的郑宏亲切交谈，询问郑宏工作情况及孩子学习情况。

8月3日 与厦门市教育科学研究院段艳霞、厦门理工学院姚加惠、2012级Ed. D.罗先锋、2017级Ph. D.刘明维和2018级Ph. D.王亚克亲切座谈。听了厦门华厦学院高等教育研究所成立以来启动的校本研究工作，鼓励研究所做好校本研究，并出版发表相关研究成果。

8月4日 携全家访问厦门市同安区莲花镇军营村——当年习近平同志任厦门市副市长时的扶贫村（2017年11月获评第五届全国文明村镇），以此庆生。

8月26日 为彭拥军所著的《挑战与应答：高等教育与农村发展互动》（华中师范大学出版社2018年1月版）一书撰写题为《探索高等教育与农村良性互动的路径》的书评，刊发于《大学教育科学》2019年第6期。

8月27日 与《潘懋元教授纪事年表》一书的编者韩延明教授通电话，通报广东高等教育出版社对此书的增补、再版情况，就修订、续编的相关事宜进行安排，并提出了具体要求。

9月5日 在《福建日报》第11版发表《我一生最为欣慰的是，名字排在教师的行列里》一文。从自己做教师的感受谈起，结合自己教师生涯，认为选择作为一名教师，就是选择迈入了幸福人生的通道。

9月9日 中共厦门市委书记胡昌升、市长庄稼汉教师节来临之际到前埔家中看望潘先生。当被问及何时最开心，先生答道："我与学生们在一块的时候最开心。"

9月10日 在前埔家中与前来庆贺教师节的董立平、罗先锋、朱乐平、刘明维、王亚克等亲切交谈。先生精神矍铄、兴致盎然，忆起1989年前往英国参加国际会议的经历，就民办高校营利和非营利性分类、香港历史与当前局势、粤港澳大湾区与广东高校发展定位等问题与大家进行交流和探讨。

同日 晚上，《教育世家的家国情怀》电视节目之一《潘懋元：中国高等教育学的奠基者》在福建省广播电视台综合频道《新闻启示录》栏目播出。

9月12日 给2019级Ph. D.和Ed. D.第一次授课，主讲"高等教育学专题研究"的课程性质、任务和学习要求。

9月13日 中秋节，在前埔家中与前来探望、表达节日祝福的第一批博士弟子邬大光教授亲切交谈。

9月16日 参加在厦门大学教育研究院502报告厅举行的2019级硕博新生开学典礼，对新到来的2019级全体新生表示热烈的欢迎。感谢大家选择到厦门大学教育研究院进行学习深造，希望大家在未来的日子里能够全身心投入研究生学业，勇于探索真理，叩问人生意义。

9月23日 参加厦门大学教育研究院学术报告会，听日本广岛大学入试研究中心副教授三好登做《关于中国留学生的学习效果与质量保证：日本经验》的报告。

9月27日 与韩延明通电话，再次就《潘懋元教授纪事年表》有关事宜提出要求，询问近期山东高等教育研究情况和《山东高等教育》杂志进展情况，并提出了较为具体的意见与建议。

9月30日 参加厦门大学教育研究院学术报告会，听刘明维博士生做《从"计划"到"方案"：教育现代化背景下本科专业人才培养转向的审思》、杨冬硕士生做《学术劳动力市场分割下的高校人才竞争问题审视》的报告。点评时首先肯定了刘明维的选题价值，并提出了本科人才培养从标准到多样化中，多样化有没有标准的问题，引发了在场师生的深思。他认为人才培养应提倡自由而全面的发展，不能把全面拿掉而只谈自由。针对杨冬的汇报指出，教师职业人生价值的高低，不是根据工资的高低来判断，应当关注实现自我价值的观点。

10月1日 上午，按照学校要求，在前埔家中通过电视实时收看了在北京举行的庆祝中华人民共和国成立70周年大会、阅兵式和群众游行活动。

10月11日 在《厦门大学学报》第11版发表《侨批补遗——我所经历的侨批》。根据亲身所历回忆了抗战初年（1938—1939年间）家乡广东省揭阳市流沙圩一带既负责递送侨批和银元又收回批的邮递员的生动形象，对"侨批"历史进行了有益补充。

10月14日 参加厦门大学教育研究院学术报告会，听凌磊博士生做《韩国教育大学招生考试制度研究——暨CSC公派韩国教员大学联合培养汇报》、朱乐平博士生做《英国职业教育公私合作制探究》的报告。在互动交流环节，对于大家普遍关注的韩国教育大学能够保持师范类专业结构专注于教师人才培养的原因，从国际和历史视野解释说，因为韩国在很长时间内作为日本的殖民地，教育模式深受日本影响，而日本是一个尊师重教的国家，教师有很高的社会地位和福利待遇，如日本购票窗口专设"教师窗口"。韩国在很多方面学习日本，但往往能够"青出于蓝而胜于蓝"。我们需要了解日本的教育情况，也要了解韩国能够"青出于蓝而胜于蓝"的原因。结合朱乐平阐述和分析的英国职业教育公私合作制的背景、保障机制及其模式明确指出：高职院校混合所有制是国务院文件专门提出来的，是我国高职教育发展的新模式，当前正处于探索阶段。该学位论文选题来自国家教育规划课题"现代大学公私混合所有制研究"。此次他外出访学，了解英国职业教育公私合作制开展情况，对课题组的研究工作提供了有益的国际视角，但在借鉴其他国家经验时应当考虑我国的国情和高职教育的具体特点。

10月15日 在《教育研究》2019年第10期上发表《纪念〈教育研究〉创刊40周年笔谈——〈毋忘初心　再创辉煌〉》一文。文中写道："40年来，许多重大的教育理论的争论，都是首先在《教育研究》上提出的。例如，早期的教育本质和社会属性（教育是否属于上层建筑）的争论，后来关于素质教育的探讨（教育的社会价值与个人价值），以及2003年邬大光所介绍的民办高等教育市场的争论等。总之，《教育研究》的初心在于为教育实践经验交流和教育理论研究提供服务，促进教育的发展。《教育研究》在全国教育理论刊物上所发挥的带头作用，随着新时代有中国特色社会主义教育的发展，将会更有作为。"

10月20日 作为专家组成员，在厦大海外楼401会议室参加邬大光（负责人）、刘振天、计国军、谢作栩、郑宏的2019年度国家社会科学基金教育学重大项目"中国特色、世界水平的一流本科教育建设标准与建设机制研究"的开题报告会。其他专家组成员由赵婷婷（组长）、范蔚、郭祥群、陈武元、张宝蓉、张海军。发言中认为，一流的本科教育是培养高层次、高质量人才的基础和前提，要设计和建设既体现世界水平又具有中国特色的本科教育标准和运行机制。

10月21日 参加厦门大学教育研究院学术报告会，听唐琴、蔡菁菁、谢玲、常虹等四位2018级博士生做泉州职业技术大学调研汇报。唐琴代表全班汇报了调研总体情况。蔡菁菁代表小组做《校企合作与产教融合的典范——基于泉州职业技术大学产业伙伴型大学建设的案例研究》报告，谢玲代表小组做《职业本科院校创业型人才培养体系的构建——基于泉州职业技术大学创业型人才培养的探索》报告，常虹代表小组做《生态校园建设与大学发展——泉州职业技术大学生态校园建设研究》报告。听后充分肯定了四个报告的价值，认为在调研中展现了教育研究院博士生的精神和风采，有利于博士生将高等教育理论研究与实践相结合，开阔研究视野，增强问题意识，提升团队协作能力，提高研究水平。提出今后选择实践调研学校的三个标准：一是这所学校有可以学习的地方，比如四川影视学院等；二是对方学校能够提供食宿、调研交通等条件保障；三是通过调研能够对对方学校发展提出一些意见或建议。最后指出，泉州职业技术大学当前处于从外延式转向内涵式发展阶段，学校升本后要注重两个方面的工作：一是要高度重视提升师资和干部队伍的水平，尤其是要培养一批能独当一面的干部，为学校的后续发展提供坚实的人才保障。二是希望学校充分发挥泉州作为著名侨乡、海上丝绸之路起点的地域优势，积极把握"一带一路"倡议的良好机遇，提升学校的国际化水平，助推学校发展再上新台阶。

10月27日 在前埔家中与"院史编写组"成员张亚群、许露、庞瑶、常虹等亲切交谈，充分肯定其研究工作价值，对厦门大学教育研究院创办与发展的历史如数家珍，建议院史编写应重点突出高等教育学学科建设的历史发展轨迹。

10月28日 上午，参加厦门大学教育研究院学术报告会，听蔡秀英助理教授做《质性研究方法的国际发展前沿问题——暨2019年ICQI参会体验分享》的报告。

同日 应广东高等教育出版社之邀，为即将新版的《潘懋元文集》撰写《百岁感言》。虽篇幅不长，但字字珠玑、句句在理，以亲身经历和真切感受披露了长寿的秘诀——"大脑运动"。全文如下：

我即将进入百岁高龄，但仍耳聪目明、思维清晰，可以授课、指导研究生、做报告、写文章。许多人问我有什么长寿秘诀。

说是遗传：我的祖父母在我出生之前，均已辞世；我的父亲虽高寿达八十一岁，但我的母亲五十岁就去世了；我有兄弟姐妹共十人，除大姐、四弟和我高寿外，余均夭折；对我影响最大的二兄潘载和，也只活到二十一岁就染肺病去世。

说是健康：我一生身体多病。我的最早记忆（约三岁或四岁），就是在病榻上母亲的擦摩；其后的记忆是少年时经常得感冒和胃病，青年时期经常患恶性疟疾（打摆子）；一生还生过几场大病：十七岁时患伤寒；五十二岁时患急性黄疸肝炎；六十四岁时胆结石急性发炎，两次手术，切除了胆囊；如今是肝癌经放疗在养病中。疾病的磨难使我后半生腰弯背驼。

说是运动：身体运动，有利于健康，的确如此。但我只在青年时喜欢翻双杠，其后坚持做掌上压（即俯卧撑——编者注），现在只是每天做十五分钟的简式太极拳而已。

我的理解：身体的运动很重要，大脑的运动更重要。大脑是全身的"司令部"，指挥全身活动。"心之官则思，思则得之，不思则不得也。"人应当保持大脑有足够的运动量。例证：选择做官员，在位时忙于开会、做报告、处理种种复杂问题，精神焕发，身体健康。退休之后，"门庭冷落车马稀"，很快显得老态龙钟；选择做生意人，在谈生意时，跑市场、陪客户，酒酣茶热，满面红光，生意做完，"人一走，茶就凉"。也容易催人衰老；而从事教学与科研工作的人，可以退而不休，继续从事脑力活动。如果说有什么长寿秘诀的话，这就是我所体会的秘诀——大脑的运动比身体的运动更有利于长寿！

因此，身体从职位上退下，但大脑不要"退休"。人要退而不休，发挥余热。西方有一种更有意义的说法："迎接人生的第二个青春！"

10月 入选周洪宇主编的《教育奠基未来——新中国教育70年70位教育人物》一书（长江出版传媒、湖北教育出版社出版），标题是《潘懋元：高等教育学科的奠基人与开拓者》。

10月 在《教育科学》2019年第5期上发表《一流本科教育：世界性难题》一文。文章指出，一流大学，要不要拥有一流本科教育？能不能建设一流本科教育？如何建设一流本科教育？这是一个世界性的难题。在美国，一流本科教育并不在世界大学排行榜居于前列的一流大学，而在专门培养本科生的文理学院；在中国，过去的重点大学、"211工程"大学、"985工程"大学以及现在的"双一流"建设大学，所重视的都是科学研究和研究生教育。虽然教育部门已经强调"双一流"大学的建设应当"以本为本"，许多教育专家也呼吁高等教育的建设应当"回归本科"。但是，如果高等教育的评估制度与评估标准不改变，"以本为本"与"回归本科"还是很难落实。本科教育是培养高层次人才的根本，也是培养高级创新型人才的起点。一流大学，应当担负起建设一流本科教育的责任，也拥有建设一流本科优势。因为一流大学具有理念先进、师资水平和生源质量较高等优势，能够较好地承担这一责任。

11月2日 参加在厦门大学科学艺术中心多功能厅举行的"大学教学创新与一流本科教育"国际学术研讨会，在开幕式上致辞。指出本科教育是培养高层次人才的根本，也是培养高级创新人才的起点，一流大学应该担当起建设一流本科责任，也拥有优势。一流大学具有理念较为先进、师资水平和生源质量都比较好的优势，能够较好地承担责任。虽然教育部门已经强调，双一流大学的建设应该"以本为本"，教育专家也在呼吁高等教育建设回归本科，但是，如果评估制度和评估标准不改变，"双一流"大学回归本科是很难实现的。随后听瞿振元、别敦荣、刘振天、卢晓东、严文蕃、胡建波、吕林海等学者的学术报告。

同日 晚上，在前埔家中主持"周末学术沙龙"，议题是"一流大学与一流本科教育"，参加人员为厦门大学教育研究院部分教师、硕士生、博士生和来厦门参加"大学教学创新与一流本科教育"国际学术研讨会的部分代表。

11月3日 上午,参加在厦门大学科学艺术中心多功能厅举行的"大学教学创新与一流本科教育"国际学术研讨会闭幕式暨大会总结,并听吴岩、洪化清、阎光才、雷洪德、蔡瑜琢、张屹、邬大光等人的学术报告。

11月4日 参加厦门大学教育研究院学术报告会,听厦门大学特聘教授刘振天做《从高等教育两种哲学和两大规律看内涵式与外延式两类发展理论》的报告。

11月5日至12日 给厦门大学教育研究院2019级博士生(Ph. D.)集中授课。

11月5日 在办公室与前来拜访的中国教育科学研究院副院长高宝立亲切座谈。

11月11日 参加厦门大学教育研究院学术报告会,听陈兴德副教授做《学科的意蕴及演化的逻辑》的报告,并指出此次报告主要是从教育史视角进行呈现,还可以结合当今网络时代的特征谈及未来。

11月12日 福建广播电视台播放采访潘懋元先生教育人生的电视新闻片《东南家国》第三集《百年树人》。

11月13日 下午,按照厦门大学教育研究院要求,在前埔家中收看由中国科协、教育部、科技部、中科院、社科院、工程院、自然科学基金委、北京市人民政府在人民大会堂联合举办的"2019年全国科学道德和学风建设宣讲教育报告会"。

11月18日 参加厦门大学教育研究院教职工大会,结合教育部发布的《关于加强新时代教育科学研究工作的意见》文件,畅谈了学习体会和收获,指出要扎根中国大地,建立具有中国特色的社会主义高等教育学,推动中国向教育强国迈进。

11月19日 下午,与厦门大学档案馆馆长石慧霞就有关档案管理工作进行交谈。

11月22日至12月2日 为厦门大学教育研究院2019级博士生(Ed. D.)集中上课。

11月23日 参加厦门大学百年校庆倒计时500天之际举办的"厦大人

的百年畅想"主题分享会,并做即兴发言。发言题目是"回顾百年历程,建设一流大学,弘扬四种精神,凝聚奋进力量"。

11月25日 参加厦门大学教育研究院学术报告会,听连进军副教授做《美国社区学院发展的现状、问题和改革措施》的报告。

11月29日 参加厦门大学教育研究院博士生吴雪慧、黄巨臣、王兴宇的学位论文答辩会。作为导师,陈述吴雪慧基本学习及研究情况。答辩委员会成员有胡建华(主席)、刘铁芳、谢作栩、王洪才、覃红霞。

11月30日 下午,参加厦门大学教育研究院高教讲座(第121期),听广西师范大学校长贺祖斌教授做《高等教育生态系统管理——生态承载力》的报告。最后,介绍了报告人的情况,对报告做了系统点评和总结。

11月 在《教育研究》2019年第11期上发表《对教育科学研究工作者的期待、鼓励和鞭策》一文。文章表达了一位教育科研工作者的欣喜:"作为一名教育科学研究工作者,我十分高兴地读到教育部颁发的第一个有关教育科学研究工作的规范性文件——《关于加强新时代教育科学研究工作的意见》(以下简称《意见》)。文件的颁发,体现了教育领导管理部门对教育科学研究工作重要性的肯定,并对教育科学研究工作提出了指导意见;同时,也体现了教育领导管理部门对教育工作的引领从经验层次跃升到理论层次,更重要的是体现了国家对教育改革创新的文化自信。"他写道:"我的教育科学研究领域,是建立具有中国特色的高等教育学科,培养高等教育学科的理论工作者和具有理论水平的高等教育领导管理工作者。四十多年来,在建立中国高等教育学科的基本理论体系和教材体系上,做了一定的奠基工作。由于是土生土长,未免显得土里土气。虽然具有中国特色,但是难以达到世界水平。因此,有必要从西方一些先进的教育理论汲取养料,扩大眼界。但要坚持文化自信,不忘初心。因为我们要建立的是中国特色的社会主义高等教育学,而不是对西方高等教育理论的效颦。"最后指出:"当然,这一规范性文件的落实,还有待于上下共同努力。一方面,教育领导管理部门要按文件的精神和具体的规定来领导管理教育科学研究工作;另一方面,教育科学研究工作单位和个人要切实按照有关规定运作。通过上下协同,我们定能创新中国教育科学研究的新局面,推动中国向教育强国迈进。"

11月26日 上午,参加厦门大学教育研究院组织举办的"厦门大学高教讲座"(第119期),听华南师范大学心理应用研究中心温忠麟教授做《从应用统计到统计应用》的学术报告。

11月 厦门大学教育研究院公布修订后的《厦门大学教育研究院"懋元奖"评审细则》,重申由厦门大学潘懋元高等教育基金会设立的"懋元奖"(含奖学金、奖教金),是厦门大学教育研究院(高等教育科学研究所)的最高奖教、奖学项目,并从"评选对象""申请条件""提名方式""奖励名额与金额分配""成果认定""评选程序""申请与评审时间""附则"等八个方面进行了修订与完善。"一等奖每名8 000元,二等奖每名4 000元,'懋元管理服务奖'每名6 000元。"

12月1日 接受《大学教育科学》编委会主任余小波教授、主编蒋家琼教授、副主编兼编辑部主任李震声副研究员的专访。在访谈过程中,深情地回忆起自己1980年应邀到湖南大学为当时一机部所属院校校(院)长教育科学研讨班做讲座时首次提出"教育内外部关系规律"理论的有关情形,并期待《大学教育科学》在推进教育科学研究成果的发表,推动建立具有"中国特色、世界水平"的高等教育科学理论体系和高等教育中国学派等方面发挥更好的作用。同时还应邀为《大学教育科学》欣然题词:"祝大学教育科学再创辉煌!潘懋元敬贺"。

同日 参加厦门大学教育研究院博士生刘红光、张等菊的学位论文答辩会。答辩委员会成员有沈红(主席)、谢作栩、林金辉、王洪才、郭建鹏。

12月2日 上午,参加厦门大学教育研究院组织举办的"厦门大学高教讲座"(第123期),听牛津大学出版社教育哲学百科全书主编、美国教育研究协会原主席、美国北卡罗来纳大学凯希·希登(Kathy Hytten)教授做《美国前沿高等教育教学理论》的学术报告。

同日 下午,在前埔家中接受中国高等教育学会学术部主任高晓杰的访谈,围绕博士生培养等话题进行交流,谈了许多令人不乏启迪的真知灼见。访谈文章将收录于《高等教育学专业博士生培养大家谈》一书之中。

12月6日 参加在厦门举行的第七届全国教育博士论坛。

12月7日 上午,前往亚洲海湾大酒店参加以"行动研究:促进人才培养质量的提升"为主题的第七届全国教育博士论坛并做发言。本次论坛由全国教育专业学位研究生教育指导委员会主办、厦门大学教育研究院承办，《高等教育研究》《中国高教研究》《中国高等教育评论》与《高等职业教育探索》共同协办。全国教育专业学位研究生教育指导委员会成员以及北京大学、清华大学、厦门大学、北京师范大学等20余所教育博士培养单位的师生代表共计约300人参加了论坛。

12月16日 上午，参加厦门大学教育研究院学术报告会，听林敏助理教授做《互动式心理健康课是如何产生影响的——基于学生课堂体验的数据分析》的报告。在点评中，充分肯定了报告的研究价值。指出教育管理部门一开始只考虑到思政课，后来逐渐发现大学生的许多问题不是思政的问题而是心理的问题，因此要求各大学要开设心理课，对大学生进行心理健康教育，设心理辅导室，有问题可以前去咨询，这是我国教育管理部门一个很大的进步。全国许多高等教育研究机构都没有心理学教研室，而我们教育研究院专门设置了心理教研室。当年招收硕士生时，开头一年半在华东师范大学那边学习，然后回到厦门大学写论文，当时就请华东师范大学开一门心理学课。我们作为高等教育研究机构，在研究高等教育外部规律的时候不需要心理学，但是研究内部关系规律的时候就需要心理学，而且是要研究大学生的心理，所以我们专门设置了心理教研室。现在全校的心理健康教育课程由我们院来组织开设，林敏老师的身份发生了转变，从心理健康教育的任课教师转变为厦门大学心理健康教育课程的组织者和协调者，林老师能够结合课程教学和组织工作进行实证研究很有意义。点评之后，关切地询问了当前学校开设心理教育课程的师资、生师比等具体情况。

12月20日 在前埔家中与前来拜访的清华大学石中英教授一行亲切交谈。

12月21日 上午，在厦门大学科学艺术中心参加由中国高等教育学会大学文化研究分会和厦门大学共同主办的"中国高等教育学会大学文化研究分会2019年年会暨第二届大学文化高峰论坛"并在开幕式上做特邀讲话。

12月23日 参加厦门大学教育研究院学术报告会，听王璞副教授做《美国优秀学生奖学金竞赛：美国衔接中学与中学后教育的策略》的学术报告。在点评环节，充分肯定了报告的学术价值，认为王老师对材料很熟悉，建议再完善数据。同时指出，STEM 当前正朝着 STEAM 发展，加入艺术（Arts），需进一步关注前沿动态。美国优秀学生奖学金竞赛项目学生获得的奖学金金额不算高，其意义在于学生获得这个奖学金项目一方面说明他（她）是一个突出人才，有助于将来的求职；另一方面也帮助这个学生了解自己的专业和将来要从事的职业，这对我们很有参考价值。同时指出，要继续关注美国高等教育一些新的东西（如本科生导师制、个性化学习方案等），结合中国的实际情况进行有益借鉴。

12 月 27 日至 30 日 为厦门大学教育研究院 2019 级博士生授课。

12 月 27 日 上午，在办公室与前来拜访的清华大学教育学院谢维和教授、中国教育科学研究院崔保师院长、《教育研究》主编邓友超一行亲切交谈，并合影留念。

12 月 29 日 在《教育学》2019 年第 48 期上发表卷首语《漫谈本科教育》。文章指出，"双一流"大学，应当"以本为本"，一流本科教育的基本队伍在应用型本科高校。同时认为评估制度与高考制度的改革制约一流本科教育建设，因此，在高校评估方面，应当另立有别于精英教育评估的标准和指标体系；在高考制度改革方面，应当改变以一、二、三批次进行招录生源的传统方式，提升应用型本科高校的地位。同时，还应当另行设计以应用科技能力为标准的考纲与考题。

12 月 30 日 上午，参加厦门大学教育研究院学术报告会，听访学博士生刘晓丹做《论高等教育普及化阶段的教育公平问题》、访学博士生叶晓力做《美国大学协会本科 STEM 教育计划：理论框架与系统网络》、访学博士生刘苗苗做《基于数据分析和评价的社会科学学科发展研究》的报告。在点评环节，指出刘晓丹的报告强调了普及化不仅是量的问题，更重要的是在质上是否达到普及化的标准。普及化需要做到公平但又不等于平等，同时，深化简单的注重量方面的普及化；叶晓力详细介绍了美国本科的 STEM 教育，对高等教育的教学改革启发很大；刘苗苗提到的通过文章的被引用率多少来判断研究者的研究水平这一做法还需更全面的评判。数量只是事物的表面，质量才是事物的本质。真正高深的学问往往曲高和寡，因为真正懂得的人很少。所以，仅仅拿引用率来判断文章的水平容易产生误导效应。

12 月 31 日 厦门大学教育研究院发布《潘先生百岁华诞暨从教八十五

周年庆祝活动公告》:"2020年是潘懋元先生100岁华诞,也是他从教八十五周年的喜庆之年。应广大院友和各界朋友的要求,我院将举行一系列庆祝活动并拟于2020年5月16—18日在厦门大学举办'新时代中国高等教育改革发展论坛暨潘懋元先生教育理论研讨会'。特此公告,敬请周知。"

12月 在《教育家》2019年第4期上发表《未来大学的教学变革》一文。

12月 被聘为"弘扬科学家精神丛书"顾问。该丛书由张兴华、刘元锋主编,济南出版社2020年出版。

12月 任学术委员会主任的《中国高等教育评论(第12卷)》由厦门大学出版社正式出版,分为名家访谈、理论经纬、课程与教学、域外视野、学生论坛等栏目。

2020年 一百岁(期颐之年)

1月5日 在前埔家中与长子潘世墨、次子潘世平、三子潘世建、女儿潘海伦等家人及方晓、周海亮、周海文、韩文、周迪等人一起举行第100个新年家庭派对。

1月6日 参加厦门大学教育研究院学术报告会,听访学博士生赵智兴做《由外及内:我国大学权力结构70年变迁(1949—2019)》、访学博士生李枝航做《私立时期厦门大学民族意识发展探析》的报告。在点评环节中,对李枝航报告题目中"私立时期"和"民族意识"的具体界定提出了建议。

1月8日 在学生簇拥下游厦门健康步道。

1月10日 上午,参加厦门大学教育研究院在502会议室召开的全体教职工大会,听别敦荣院长做研究院2019年度工作总结和2020年工作计划的报告。

1月12日 上午,经潘先生同意,"潘懋元教育馆"筹备组第一次工作会议在泉州职业技术大学召开。参会成员有:邬大光、刘振天、韩延明、卢彩晨、黎之静、石慧霞、郑宏、陈紫、吴滨如等。

同日 下午,在前埔家中与前来探望的邬大光、别敦荣、韩延明、刘振天、卢彩晨、黎之静、陈紫、石慧霞、郑宏、吴滨如、吴雪慧等亲切交谈,听取了关于在泉州职业技术大学筹建"潘懋元教育馆"的情况汇报。

1月13日 上午，为厦门大学教育研究院2019级博士生（Ed. D.）上课。

同日 "潘懋元教育馆"文案组第一次工作调度会在厦门大学教育研究院311会议室召开，院长别敦荣主持，书记郑冰冰、副院长覃红霞、院资料室主任冯波、校档案馆馆长石慧霞，院友韩延明、董立平、罗先锋、吴滨如、陈斌、陈春梅、王亚克等参加。在邬大光教授、别敦荣院长和吴滨如院友提议下，"潘懋元教育馆文案组"组成人员及分工如下：韩延明（组长，撰写"潘懋元赋"和"教育人生"）、邬大光（撰写"跋"）、余小波（"教育管理"）、李均（"学科建设"）、董立平（"理论研究"）、罗先锋（"学术沙龙"）、陈斌（"人才培养"）、陈春梅（"多彩生活"和"社会活动"）、王亚克（"学术交流"和"社会活动"）、刘明维（"实践教学"）。

1月14日 厦门大学教育研究院发布《征集与潘懋元先生有关材料和物件的倡议》。《倡议》写道："各位亲爱的院友：今年是我们敬爱的潘先生100岁华诞，他的健康长寿是我们每一个院友的幸福。得到先生教诲，是我们宝贵的精神财富，更是我们一生的荣幸。为了庆祝先生百岁华诞，母校和母院（所）正在筹备系列庆祝活动，收集与先生有关的材料和物件，举办先生光辉人生展览，建设先生教育馆。先生是我们的先生，他与我们每一个人生命的交集是我们终身珍藏的美好记忆，可能也留下了弥足珍贵的信件、文件、作业、合影等资料或物件。我们希望把这些珍贵的资料和物件集中起来，分门别类进行展示，并妥善保管起来，以便真实、立体和永久地展现先生教育家的风采和情怀。我们诚挚地希望各位院友鼎力相助，共襄盛举，把这次展览办好，把教育馆建好。"

1月16日 为厦门大学教育研究院2019级博士生（Ed. D.）授课。

1月17日 为厦门大学教育研究院2019级博士生（Ed. D.）授课，并与前来拜访的王琪、郑宏等人亲切交谈。

1月24日 除夕，大家庭四世同堂共29口人齐聚一堂，叙谈会餐，欢度除夕，共享天伦之乐，并合影留念。

2月上旬 美国国际著名高等教育学家、波士顿学院终身荣誉教授阿特巴赫专门发来视频，向"中国高等教育学之父"潘懋元先生致以百岁生日的深情问候和诚挚祝福。

2月20日 在《高等理科教育》2020年第1期上发表卷首语《再创辉煌》。介绍了《高等理科教育》创刊以及发展的基本情况，提出了期盼：希望《高等理科教育》在内涵式发展的政策指引下，依托兰州大学，聚集高等理科教育的研究者和领导管理者，回归初心，再创辉煌。

2月至5月 因新冠病毒疫情，按照国家和学校有关规定，宅在家里读书、撰文、审改博士论文等，晨夕打太极拳、练俯卧撑，暇时与家人聊天等。

3月12日 根据设奖人潘懋元教授的提议，厦门大学教育研究院发布《关于厦门大学教育研究院"懋元奖"评奖有关事项补充说明》，对"懋元奖"获奖名额及金额分配方案进行了部分调整。在获奖名额方面，"懋元奖"一等奖：专任教师2名，博士生（含博士后）2名，硕士生1名；"懋元奖"二等奖：专任教师2名，博士生（含博士后）4名，硕士生5名；"懋元管理服务奖"：职员2名。在金额分配方面，一等奖由原来的8000元提高到10000元，二等奖由原来的4000元提高到5000元，"懋元管理服务奖"不变，每名6000元。

3月13日 厦门大学教育研究院发布"我与潘先生的故事"征文启事。

4月2日 厦门大学教育研究院发布"潘先生百岁华诞暨从教八十五周年庆祝活动二号公告"：因疫情影响，经研究决定，原定于2020年5月16—18日举办的"新时代中国高等教育改革发展论坛暨潘懋元先生教育理论研讨会"推迟至7月中下旬举行，具体时间另行通知。除以上变动外，潘先生百岁华诞暨从教85周年系列庆祝活动筹备工作按计划进行。特此公告，敬请周知。

4月6日 上午，在前埔家中通过视频收看厦门大学建校99周年庆祝大会。因新冠疫情影响，厦门大学开中国甚至世界高等教育史之先河，实行"2020年云校庆"，通过网络向师生员工和校友全程视频直播。庆祝大会在厦门大学建南大会堂设主会场，在全校各单位和全球各地校友会设近400个网络分会场。会上通报表扬了274名在此次疫情期间奔赴湖北武汉和厦门杏林定点救治医院的厦门大学附属医院医护人员，16名医护人员被授予"厦门大学至善奖教金"。全球100余万厦门大学师生、校友和各界人士在线上线下欢聚互动，共同庆祝厦门大学建校99周年。

同日 厦门大学教育研究院发布"潘懋元高等教育研究基金"捐赠倡议。

4月8日 经按有关程序和规定严格评选,并由设奖人潘懋元先生审定,厦门大学教育研究院公布了2020年"懋元奖"(第21届)获奖人员名单。奖教金获奖人员有:一等奖陈武元、王璞;二等奖洪志忠、乔连全。奖学金获奖人员有:一等奖阚明坤、李文、郑雅倩;二等奖廖菁菁、陈鹏、陈慧荣、刘强、邱雯婕、姚蕊、季玟希、李钰、杨忠。管理服务奖获奖人员有:魏艳、王玉梅。

4月15日 为杨德广教授所著的《杨德广自述自选》(上海大学出版社2020年7月版)一书作序。序中写道:"杨德广教授同我的交往已近40年。……近40年来,我们的交往很密切。我每次到上海,必然要找他交流高等教育现状与问题,尤其是他担任上海师范大学校长时,我们共同畅游绿树清泉的校园。我也时常邀请他到厦门大学教育研究院来开设讲座或主持博士学位论文答辩。他的讲座深刻而生动;他主持答辩严格认真。我对杨德广教授的钦敬,更多的是他思想开放,常以批判性思维在高等教育理论研究中提出创新见解。尤其是在改革开放之初,国家从计划经济向商品经济、市场经济过渡的过程中,许多人思想跟不上,阻力重重。杨德广教授竟然写出《高等院校走进市场才能走出困境》《关于建立教育市场的思考》等超前的文章,即便受到围攻,但他始终坚持、反驳。后来,形势的发展证明他的超前认识与实践是正确的。当我所提出的教育两条基本规律及其在高等教育运用的理论被人曲解时,是他站出来有力地反驳、揭发对方的错误。这是我应当感谢的。"

4月24日 上午,在前埔家中参加齐齐哈尔工程学院主持举办的"越洋视频会议"——"'以学生为中心'课程建设研究沙龙",讨论课程建设及相关问题。参加人员有在美国的曹永安、在澳大利亚的王伟廉、在厦门的邬大光、在广西的唐德海、在湖南的胡弼成等。在最后的沙龙总结中指出,现在我们正要从外延式发展转化为内涵式发展。内涵式发展包含了课程、教学、师资三个方面,也就是包含了内容、方法、人才(师资)的培养。齐齐哈尔工程学院18年来所做的工作,正是通过课程的建设来培养师资如何更好地从事教学。18年来许多典型的教学方案,我都储存在电脑里面,经常拿来看一看。这些成就,正是符合于内涵式发展。为什么?因为该院特别重视课程建设。课程建设不仅有理论的建设,而且有实际的材料,既有理论联系实际,也有实际联系理论。今天专门举办的"以学生为中心"的课程建设研究沙龙,他们只介绍了几门课程,其实不止这些。通过理论的建设和实践的经验来培养师资、搞好教学,非常符合当前我们内涵式发展的实际需要。在这个过程中,师资就成长起来了。因此,齐齐哈尔工程学院的许多经验值得我们推广、学习。

4月25日 "央视频"教育视界栏目以《百岁教育泰斗潘懋元先生开启"云指导"模式,与来自世界各地的专家学者在线讨论课程建设及相关问题》为题,将潘先生在齐齐哈尔工程学院主持举办的"越洋视频会议"——"'以学生为中心'课程建设研究沙龙"上的总结讲话,进行了播放和评论。

4月29日 疫情后第一次外出,在家人陪同下到厦门会展中心参观,并到海边游玩,开心享受大自然。

5月1日至3日 与家人一起团聚、会餐,并坐轮椅到海边游玩、观光。

6月7日 上午,在线参加教育部学校规划建设发展中心和应用型课程建设联盟共同举办的《师说课改》公益讲坛首讲,形式是在线直播,报告题目是《高等学校内涵式发展的内涵与样板》。指出要实现高等教育内涵式发展,客观上要求我们在专业、课程和教学建设三方面下功夫。认为高校要淡化行政级别的概念,要避免同质化发展,应该分类定位、特色发展。提出应当把当前的"双一流"建设作为高等教育发展的动力,而不是终结,各类高校都要有"双一流"建设的心态,各安其位办特色,真正扎根中国大地办大学、建设自己的"一流"。强调要使教师真正热爱教学工作,需要研究如何把外部动力转化为内部动力。

6月14日 上午,参加教育部学校规划建设发展中心和应用型课程建设联盟共同举办"高等学校内涵式发展与课程改革研讨会",作主旨报告,形式是在线直播。

6月21日 父亲节,在众子女、孙儿们陪伴下到翔安海滨参观文化艺术馆。

第二编

年表附录

在英国与小朋友在一起嬉戏（2006年）

第二编　年表附录

美国传播学者霍华德·莱茵戈德指出，数字化时代尤其需要在信息过载中找回"专注力"。为了便于"飞奔在大数据时代高速公路上"的人们更简捷、直观、专注地了解潘先生有体量、有质量、有能量的学术贡献、获奖成果和学界研究潘懋元教育思想的论著情况，我们精心编制了六个格式化《年表附录》，系统搜集和梳理了灵心慧眼、元气淋漓的潘先生1957年至今的著作（含撰著和主编）出版情况、1933年至今的文章（含早年文学作品和后来教育论文及序文）发表情况、1987年至今的科研成果（含论著与课题）获奖情况、1980年至今的各级各类聘书授予情况，以及1988年以来社会各界特别是国内外教育学人采访、述评、研究潘懋元教育思想的专著出版和论文刊发情况。史料性强，信息量大，查阅方便，一目了然。这是从浩繁资料中条分缕析出来的表格式文献，由此而清晰地折射出了潘懋元先生为我国高等教育事业研究与探索的披荆斩棘、筚路蓝缕，以及为我国高等教育学优秀人才选拔与培养的呕心沥血、殚精竭虑。

"操千曲而后晓声，观千剑而后识器"。辑录期间，时常沉浸和陶醉于悦读先生论著的痴迷之中，心凝形释地徜徉于字里行间、穿梭于岁岁年年，独享着一种周旋于文字和数字之间的钩深致远。这既是对心性的考验与磨炼，也是对灵魂的陶涤和濡染。每逢从不同途径得到辑录的信息充实于图表之中，便如获至宝、欣喜若狂，犹如挖到一座富矿。正如编者在给院友们发送年表电子版征求意见时所言："增一条不嫌少，添千字不怕多。"真诚期盼这些图表文献，能够对学界同仁进一步深化潘懋元高等教育思想研究有所裨益和贡献。

附录一

潘懋元教授著作(含主编)出版情况一览表(1957—)

编著名称	出版社(印刷单位)	出版时间
《高等学校教育学讲义》	厦门大学教育学教研组	1957.7
《高等教育学及教育规律问题》	湖南大学教务处 广东高教学会筹委会 上海交通大学教务处 北京市高等教育研究会	1980.11 1981.1 1981.4 1981.12
《杨贤江教育文选》	教育科学出版社	1982.6
《高等教育学的若干问题》(第一册)	华中师范学院高教干部进修班	1982.7
《马克思主义教育理论家杨贤江》	人民教育出版社	1983.9
《高等教育学的若干问题》(第二册)	江苏省高校干部进修班	1984.1
《高等教育学讲座》(初版) 《高等教育学讲座》(增订版) 《高等教育学讲座》(续订版)	人民教育出版社	1983.8 1985.11 1993.9
《高等教育学》(上册)	人民教育出版社、福建教育出版社联合出版	1984.7
《高等教育学》(下册)		1985.2
《东南亚教育》	江苏教育出版社	1988.3
《高等教育论文集》	厦门大学出版社	1989.6
《潘懋元高等教育文集》	新华出版社	1991.6
《高等学校教学改革的理论研究》	云南教育出版社	1993.5
《新加坡国立大学》	湖南教育出版社	1993.12
《中国近代教育史资料汇编·高等教育》	上海教育出版社	1993.12
《高等教育论文集(2)》	厦门大学出版社	1994.9
《高等教育学》	福建教育出版社	1995.9
《高等学校教学原理与方法》	人民教育出版社	1995.11

续上表

编著名称	出版社（印刷单位）	出版时间
《新编高等教育学》	北京师范大学出版社	1996.3
《高等学校文理基础学科课程与教学改革研究》	厦门大学出版社	1996.4
《潘懋元高等教育学文集》	汕头大学出版社	1997.10
	汕头大学出版社（再版）	1999.11
《潘懋元论高等教育》	福建教育出版社	2000.6
《多学科观点的高等教育研究》	上海教育出版社	2001.9
《中国高等教育百年》	广东高等教育出版社	2003.8
《高等教育大众化的理论与政策》	福建教育出版社	2004.3
《传承与变革："中华高等教育改革"国际学术研讨会论文集》	厦门大学出版社	2004.8
《高等教育：历史、现实与未来》	人民教育出版社	2004.10
《中国高等教育发展的宁波模式：博士论文篇》	浙江人民出版社	2004.11
《高等教育大众化的理论与政策》	福建教育出版社	2004.11
《马克思主义教育理论家杨贤江》（修订版）	光明日报出版社	2005.4
《中国当代教育家文存·潘懋元卷》	福建教育出版社	2006.1
《潘懋元教育口述史》（潘懋元口述，肖海涛、殷小平整理）	北京师范大学出版社	2007.1
《潘懋元论高等教育》	福建教育出版社	2007.4
《高等教育学》（主编）	福建教育出版社	2007.4
《中国近代教育史资料汇编·高等教育》	上海教育出版社	2007.4
《大学教师发展》（主编）	福建教育出版社	2007.8
《高考改革的理论思考》	华中师范大学出版社	2007.10
《高等教育大众化研究丛书》（4册）	广东高等教育出版社	2008.1

续上表

编著名称	出版社（印刷单位）	出版时间
《现代高等教育思想的演变——从20世纪至21世纪初期》	广东高等教育出版社	2008.1
《高等教育研究方法》	高等教育出版社	2008.9
《新编高等教育学》	北京师范大学出版社	2009.6
《大学教育质量的理论与实践研究》（主编）	广东高等教育出版社	2009.10
"国家'985工程'中国特色高等教育体系研究丛书"（主编）	广东高等教育出版社	2009.12
"中国高等教育女博士后学术研究丛书"（主编）	广东高等教育出版社	2010.1
《潘懋元文集》（8卷10册）	广东高等教育出版社	2010.9
《潘懋元高等教育思想》	广东高等教育出版社	2010.9
《中国高等教育评论（第1卷）》（主编）	教育科学出版社	2010.12
《应用型本科院校人才培养的理论与实践》（主编）	厦门大学出版社	2011.3
《南方之强——厦门大学文化研究》（编著）	高等教育出版社	2011.3
《发达国家高等教育体系变革比较研究》（主编）	广东高等教育出版社	2011.10
《中国高等教育评论（第2卷）》（主编）	教育科学出版社	2011.12
《中国高等教育评论（第3卷）》（主编）	教育科学出版社	2012.12
《借鉴与超越：中国高等教育自主发展路径研究》（主编）	高等教育出版社	2012.12
《高等教育学》（主编）	福建教育出版社	2013.10
《中国高等教育评论（第4卷）》（主编）	教育科学出版社	2013.12
《理论自觉与实践建构：高等教育的历史、现实与未来》	北京师范大学出版社	2014.1
《中国高等教育评论（第5卷）》（主编）	教育科学出版社	2014.12

续上表

编著名称	出版社（印刷单位）	出版时间
《鹭江学人：潘懋元》（潘懋元口述，郑宏整理）	厦门音像出版有限公司	2015.5
《潘懋元高等教育论述精要》	福建教育出版社	2015.6
《潘懋元高等教育思想文选》	博睿出版社（Brill Press）	2015.12
《做强地方本科院校的理论与实践研究》	高等教育出版社	2016.4
《中国高等教育自主发展路径研究：学术理念、学术语言与学术评价的视角》（修订本）（主编）	高等教育出版社	2016.6
《中国高等教育评论（第6卷）》（主编）	教育科学出版社	2016.10
《中国高等教育评论（第7卷）》（主编）	科学出版社	2017.4
《现代终身教育理论与中国教育发展》	高等教育出版社	2017.8
《中国高等教育评论（第8卷）》（主编）	科学出版社	2017.11
《大学的沉思》	商务印书馆	2017.11
《中国高等教育评论（第9卷）》（主编）	科学出版社	2018.3
《中国高等教育评论（第10卷）》（主编）	科学出版社	2018.10
《实践—理论—应用　潘懋元口述史》（潘懋元口述，郑宏整理）	华中科技大学出版社	2019.1
《潘懋元文集》（九卷11册）	广东高等教育出版社	2020.6

附录二

潘懋元教授文章发表情况一览表（1933—）

论文名称	出版物	时间（刊期）
戏剧的宣传性	《汕头市民日报》副刊《市民乐园》	1933
"大众语"、"文学"与"土话"（上、下）	《星华日报》副刊《流星》	1934
"灵感"和"天才"	《星华日报》副刊《流星》	1934
略谈儿童文学	《星华日报》副刊《流星》	1935
百日祭文	《听雁楼诗文集》	1936.2.8 写 2000.3
我们的"野火"	《岭东民国日报》副刊《燎原》创刊号	1936.11
现代青年应该怎样准备	《学生生活》	1936
教书匠		
愚拙与聪敏	《星华日报》副刊《流星》	1936
关于儿童的健康和教导	《星华日报》"星期论坛"栏目	1936
敬告检查者	《潮汕检音字表》（改订本）	1936
感怀（诗歌）	汕头埠《小日报》	1936
自戒（诗歌）		
瞄准了我们底枪尖！（诗歌）	《星华日报》副刊《流星》	1936
战神的漏网者（诗歌）		
像一颗炸弹（诗歌）	《海滨校刊》五四专号	1937.5.4
变色的地图	《大众日报》	1937
沈阳城外（一）	《大众日报》	1937
沈阳城外（二）		

续上表

论文名称	出版物	时间（刊期）
六十三个	《大众日报》	1937
警察阻止我们	《救亡日报》	1938.4
劫后的蕉山村	《青报》	1939.5
夜袭狮子峰		
敌人是怎样掠夺潮汕的国币	《青报》	1939.8
普宁泥沟乡的教育	《星华日报》	1939
民众讲座在普宁		
我们要越过高原再上进	《现代青年》	1942（6）
培养同情心的学校	《中南日报》	1944
走马看花写潮汕——汕揭普纪行	《星光日报》第4版	1947.4.14
走马看花写潮汕——汕揭普纪行（续）	《星光日报》第4版	1947.4.15
举世无匹的罪恶特色——香港的皮肉市场	《星光日报》第4版	1947.4.19
复刊词	《星光日报》副刊《萤光》复刊创刊号	1947.5.5
勿以苏联中学男女分校例中国	《星光日报》第2版"星期专论"栏目	1947.5.25
题扉		1947.6.13
劳工教育观念的演进	《星光日报》第4版副刊《萤光》	1947.6.16
劳工教育观念的演进（续）	《星光日报》第4版副刊《萤光》	1947.6.30
朗诵诗的用韵问题	《星光日报》第4版副刊《新垦》	1947.7.21
《莺飞人间》的技巧	《星光日报》第4版	1947.7.28
初小国常合教的理论与教法	《星光日报》第4版副刊《萤光》	1947.8.11
天下父母心	《星光日报》第4版	1947.8.15

续上表

论文名称	出版物	时间（刊期）
圣女之歌	《星光日报》第 4 版副刊《星星》	1947.9.5
寄魏德迈将军的信（译作）	《星光日报》第 4 版副刊《星星》	1947.9.9
中国地理的特色	《星光日报》第 4 版副刊《萤光》	1947.9.12
小学低年级应否学算术？	《星光日报》第 4 版副刊《萤光》	1947.10.6
春之梦	《星光日报》第 4 版副刊《星星》	1947.10.14
假如我能够知道明天的事	《星光日报》第 4 版副刊《星星》	1947.11.4
黄色的倾向——关于丁流的《莫大少爷》	《星光日报》第 4 版	1947.11.5
死前日记（小说）	《星光日报》	1947.11.8
侨师话剧演出述评（上）	《星光日报》第 4 版副刊《星星》	1947.11.14
侨师话剧演出述评（中）	《星光日报》第 4 版副刊《星星》	1947.11.16
侨师话剧演出述评（下）	《星光日报》第 4 版副刊《星星》	1947.11.17
忠义之家	《星光日报》第 4 版副刊《星星》	1947.11.17
创作四篇——文艺春秋十月号小说述评	《星光日报》第 4 版副刊《星星》	1947.11.29
萧教授的想头——评《遥远的爱》	《星光日报》第 4 版	1947.12.2
重圆	《星光日报》	1947
理论与事实——厦大附小的报告	《教声》创刊号	1947
一年来中国教育的回顾（之一）	《星光日报》第 4 版	1948.1.6

续上表

论文名称	出版物	时间（刊期）
一年来中国教育的回顾（之二）	《星光日报》第4版	1948.1.8
一年来中国教育的回顾（之三）	《星光日报》第4版	1948.1.9
一年来学潮的回顾	《星光日报》第4版副刊《萤光》	1948.1.21
吃不消	《星光日报》第4版副刊《星星》	1948.3.29
让儿童救济儿童——写在发起儿童救济金运动之前	《星光日报》第4版副刊《萤光》	1948.3.31
复刊一年	《星光日报》第5版副刊《萤光》周年纪念专刊	1948.5.12
我国历代学生公费考	《星光日报》第1版《星期专论》	1948.5.30
中国历代教育公费考	《大公报》（上海版）	1948.7.6
闲	《星光日报》第3版副刊《星星》	1948.8.22
困难重重的国民教育经费问题	《星光日报》第1版"星期专论"	1948.9.19
教师任用方式之商榷	《江声报》第3版"星期专论"	1948.10.10
教育！教育！一年来中国教育的回顾	《星光日报》第2版	1949.1.3
教育！教育！一年来中国教育的回顾（续）	《星光日报》第2版	1949.1.5
可能的崇高	《星光日报》第6版副刊《教联》	1949.1.24
大众化两个彻底办法——新文字与"听"的文学	《星光日报》第6版副刊《星星》	1949.2.28
白话文的扬弃问题	《星光日报》	1949.3.3
关于新文字问题（上）	《星光日报》第6版副刊《星星》	1949.3.14

续上表

论文名称	出版物	时间（刊期）
关于新文字问题（中）	《星光日报》第 6 版副刊《星星》	1949.3.15
关于新文字问题（下）	《星光日报》第 6 版副刊《星星》	1949.3.16
哀"国魂"	《星光日报》第 6 版副刊《星星》	1949.3.20
大众化的实践诸问题——白话文的扬弃问题	《星光日报》第 6 版副刊《星星》	1949.3.31
厦门的文艺运动	《江声报》第 3 版《庆祝厦门解放暨1950年元旦特刊》	1950.1.1
元旦美展观后	《江声报》第 3 版副刊《人间》	1950.1.4
苏联怎样扫除文盲	《江声报》第 3 版副刊《教育界》	1950.1.17
准备识字运动几个条件	《江声报》第 3 版副刊《教育界》	1950.1.24
新文字与标声问题	《江声报》第 3 版副刊《新文字》第 1 期	1950.2.22
新文字与标声问题（续）	《江声报》第 3 版副刊《新文字》第 2 期	1950.3.12
关于文字改革	《江声报》第 2 版副刊《人间》五四特刊	1950.5.4
知识分子怎样学习新文字	《新文字月刊》	1950.6.1
文艺与政治——文艺讲座第一讲（之一）	《江声报》第 3 版《新文学》	1950.8.28
文艺与政治——文艺讲座第一讲（之二）	《江声报》第 3 版《新文学》	1950.9.11

续上表

论文名称	出版物	时间（刊期）
文艺与政治——文艺讲座第一讲（之三）	《江声报》第 3 版《新文学》	1950.9.25
关于文字改革	《新文字月刊》	1950
教育系"教育学"教研组工作总结	《新厦大》	1951.3.25
我对于五四新文化运动领导思想的认识	《新厦大》	1951.5.1
"五四"新文化领导思想的认识	《江声报》第 3 版双周刊《新文学》	1951.5.7
评《增加生产》	《江声报》第 3 版副刊《新文学》	1951.7.30
评钱亦石的《现代教育原理》	《新中华》	1951（9）
人民大学的政治课程	《新厦大》	1951.12.1
中国人民大学教学工作的特点	《新厦大》	1952.10.18
我怎样学习《战后国际形势的几个基本特征》这个问题？	《新厦大》第 2 版	1953.1.11
关于学业成绩考试考查暂行办法的说明	《新厦大》第 3 版	1953.2.21
必须与百分制残余思想作斗争	《新厦大》第 3 版	1953.4.22
我向"课堂上基本解决问题"的方向去努力	《新厦大》第 2 版	1953.5.11
如何区别考试与考查	《新厦大》第 3 版	1953.7.1
教育学教研组对助教潘协和的培养工作	《新厦大》第 1 版	1953.7.21
重视培养助教工作，订好培养助教计划	《新厦大》	1953.10.1
苏维埃伟大教育家马卡伦柯	《新厦大》第 4 版	1953.11.13
关于《厦门大学学生补考、留考、重修的补充暂行办法》的说明	《新厦大》第 3 版	1953.12.10
制订教学工作计划，为教学改革做好准备工作——厦大区分部潘懋元同志在第一中学和集美各校的教学改革座谈会上的报告	《福建盟讯》	1953
关于辅导、口试的几点补充说明	《新厦大》	1953

续上表

论文名称	出版物	时间（刊期）
杨贤江（李浩吾）教育思想	《厦门大学学报（哲学社会科学版）》	1954（1）
毛泽东同志教育思想试述	《厦门大学学报（哲学社会科学版）》	1954（5）
培养学生独立思考与启发教学	《新厦大》第3版	1954.4.10
课堂提问	《新厦大》第2版	1954.4.23
分析学生独立作业	《新厦大》第2版	1954.5.8
作为社会现象的教育之本质及专门特点	《新厦大》第3版	1954.6.5
学习宪法草案中有关教育的条文的体会	《厦门日报》第3版副刊《学校生活》第六十五期	1954.6.20
关于"象图"	《文汇报》	1954.7.9
宪法草案给教育发展指出切实可靠的道路	《福建日报》	1954.7.14
马克思主义教育思想传播者杨贤江	《光明日报》	1954.8.9
华北抗日根据地对敌斗争坚持教学的一些事例	《新厦大》第2版	1954.10.29
胡适教育思想的错误及其在教育学上的影响	《厦门大学学报（哲学社会科学版）》	1955（1）
和中学生谈读课外书	《厦门日报》第2版	1955.2.24
蔡元培教育思想	《厦门大学学报（哲学社会科学版）》	1955（4）
	《辽宁高等教育研究》	1982（1）
关于第一个五年计划的教育建设计划——学习"发展国民经济第一个五年计划"的笔记	《厦门大学学报（哲学社会科学版）》	1955（6）
谈小学手工劳动科	《厦门日报》第3版	1955.5.11
和新同学谈独立工作问题	《新厦大》	1955.10.1
试论理论联系实际的教学方针	《厦门大学学报（哲学社会科学版）》	1956（3）

续上表

论文名称	出版物	时间（刊期）
教育实习给我的启发	《新厦大》第3版"教育实习专辑"	1956.3.26
我参加科学讨论会的收获	《新厦大》第2版	1956.4.23
鲁迅的教育思想	《厦门大学学报（哲学社会科学版）》	1956（5）
教育儿童的几个问题——"教育孩子是我们的责任"问题讨论结束语	《厦门日报》	1956.4.27
文艺创作的清规戒律！	《厦门日报》第3版"百花齐放百家争鸣"栏目	1956.8.23
因材施教与天才教育	《福建盟讯》	1956.12.26
"全面发展与发挥专长"的我见——谈谈"学生论坛"上对这一问题的讨论	《新厦大》	1957.1.1
全面发展的本质意义	《学术论坛》	1957（1）
第二次国内革命战争时期革命根据地的教育	《厦门大学学报（哲学社会科学版）》	1957（2）
高等专业教育问题在教育学上的重要地位	《学术论坛》	1957（3）
全面发展的本质意义是什么	《争鸣》	1957（3）
	《高等教育》	1957（6）
加强劳动教育，培养脑力劳动与体力劳动相结合的建设人才	《新厦大》	1957.10.7
教育方针试论	《福建教育》	1957（19、20）
高等学校勤工俭学的原则与问题	《学术论坛》	1958（2）
教学、生产劳动、科学研究的矛盾与统一	《厦门大学学报（哲学社会科学版）》	1959（1）
略谈教师在教学中的主导作用	《红与专》	1959（1、2）
	《厦门大学学报（哲学社会科学版）》	1960（1）

续上表

论文名称	出版物	时间（刊期）
十年来教育改革的伟大成就及主要经验	《学术论坛》	1959（5）
坚持理论联系实际的原则	《福建教育》	1959（24）
合理安排暑假生活	《新厦大》	1959.7.31
党的教育方针在我校开花结果	《厦门大学报》	1959.9.30
党的教育方针的胜利	《厦门日报》	1959.12.24
毛泽东同志教育思想试探	《厦门大学学报（哲学社会科学版）》	1960（2）
马克思主义教育思想的传播者杨贤江同志逝世三十周年纪念	《厦门大学学报（哲学社会科学版）》	1961（2）
正确掌握儿童年龄特征	《福建教育》	1961（24）
关于应否给学生有所怕的几点意见	《厦门日报》	1961.12.10
再论教学过程中的理论联系实际	《厦门大学学报（哲学社会科学版）》	1962（2）
关于概念内涵的若干问题——逻辑学质疑之一（与林去病合作）	《厦门大学学报（哲学社会科学版）》	1962（4）
如何评价杨贤江的教育思想	《文汇报》	1962.9.13
可以按孩子的类型规定一些教育方法吗？	《厦门日报》	1962.11.18
从中国现代教育史的角度看"倪焕之"	《厦门大学学报（哲学社会科学版）》	1963（1）
关于判断的若干问题——逻辑学质疑之二（与林去病合作）	《厦门大学学报（哲学社会科学版）》	1963（4）
在理解的基础上记忆——也谈"死"与"活"	《厦门日报》	1963.10.13
少而精教学原则初探（与王增炳合作）	《厦门大学学报（哲学社会科学版）》	1964（2）
关于红与专的矛盾关系问题——驳冯定同志《关于"红专"》的错误论点	《厦门大学学报（哲学社会科学版）》	1965（1）

续上表

论文名称	出版物	时间（刊期）
关于当前农业中学性质问题的探讨（与邹光威合作）	《人民日报》	1965.11.5
传统教育思想评析（与吴式颖合作）	《教育革命通讯》	1975.10
必须开展高等教育的理论研究——建立高等教育学科刍议	《厦门大学学报（哲学社会科学版）》	1978（4）
	《全国报刊索引》"教育革命"栏目（上海图书编辑出版）	1979（1）
拨乱反正　还历史本来面目——揭批"四人帮"否定高教六十条的谬论	《厦大校刊》	1978.2.19
高教六十条不容诋毁	《福建日报》	1978.4.24
开展高等教育理论的研究	《光明日报》	1978.12.7
王亚南教授是如何以研究的态度来进行教学的	《厦门大学学报（哲学社会科学版）》	1979（1）
试行"高教六十条"按照教育规律办事	《厦门大学报》	1979.1.16
开展教育科学研究，探索教育规律	《福建教育》	1979（8）
在教育是否属于上层建筑讨论中若干有待商榷的问题	《学术月刊》	1979（12）
"尊师"有感		1980.1.1
教育工作者应当重视教育科学研究	《天津盟讯·学习福建教育经验专辑》	1980（1）
	《外国高等教育资料》	1980（9）
必须开展电教理论研究工作	《电化教育》	1980（2）
科威特：沙漠上的明珠	《科学与文化》	1980（2）
关于学业成绩负偏态分配问题的初步探讨（与吴丽卿合作）	《教育研究丛刊》	1980（3）

续上表

论文名称	出版物	时间（刊期）
泰国、尼泊尔、科威特三国的高等教育	《外国教育》	1980（5）
	《外国高等教育资料》	1980（9）
写在观摩教学之后——教学漫谈之一	《厦大校刊》	1980.4.10
复习、考试与评分——教学漫谈之二	《厦大校刊》	1980.6.4
教育系的培养目标和教育干部专业化	《教育研究》	1981（1）
教育干部也应专业化	《福建教育》	1981（1）
应当重视电化教育的理论研究	《电化教育》	1981（2）
关于杨贤江教育思想若干问题之我见	《中国教育学会通讯》	1981（4）
杰出的青年运动领导人杨贤江（与王增炳合作）	《人民教育》	1981（8）
杨贤江的教育思想研究	《教育研究》	1981（9）
回忆王亚南校长	《福建日报》	1981.4.10
写在60周年校庆之时	《厦大校刊》第71期	1981.4.20
传播马克思主义教育思想的教育理论家——纪念杨贤江同志逝世五十周年	《文汇报》	1981.8.9
认真学习《决议》，加强教育理论建设	《中国教育学会通讯》	1981（3）
关于高等教育研究的几个问题	《高教研究》	1982（1）
高等学校管理干部的专业化问题	《上海高教研究》	1982（4）
教学法专题报告	《民盟学习材料》	1982（5）
高等教育学的若干问题（上）	《高等教育研究》	1983（1）
高等教育学的若干问题（下）	《高等教育研究》	1983（2）
菲律宾的高等教育（与黄建如合作）	《外国高等教育资料》	1983（2）
	《潘懋元高等教育文集》（新华出版社）	1991.6
三位好同志的周年祭	《厦门大学报》	1983.11.8
在《高等教育学》教材听取意见座谈会上的发言	《高等教育研究》	1984（1）
高等学校教学原则体系初探	《福建高教研究》创刊号	1984（1）

续上表

论文名称	出版物	时间（刊期）
对参加自学考试者的期望	《福建自学考试》	1984（1）
新的技术革命与制定高等教育对策的指导思想	《福建高教研究》	1984（2）
	《煤炭高教研究》	1984 增刊
	《高教战线》	1984（11）
关于新的技术革命与高等教育对策的若干意见	《福建高教研究》	1984（4）
	《湖南高等教育》	1985（1）
新形势下大学生的学习方法	《厦大青年》创刊号	1985（1）
当前高等教育理论研究的若干问题	《福建高教研究》	1986（1）
高等学校的社会职能	《高等工程教育研究》	1986（3）
电化教育与教学改革	《电教理论研究专题讲座》	1986（3）
对转变教育思想中几个问题的看法	《电子高等教育》	1986（3）
高层次专门人才培养与研究生教育改革	《高等教育学报》	1986（3）
	《福建论坛》	1986（3）
王亚南的教育思想	《福建高教研究》	1986（3-4）
	《厦门大学学报（哲学社会科学版）》	1987（2）
《高等教育学选讲》序	《辽宁高等教育》	1986（4）
	《教育评论》	1986（6）
认真改进工作，努力办出特色	《高等教育研究》	1986（4）
泰国高等教育的改革和发展（与黄建如合作）	《外国高等教育资料》	1986（4）
要鼓励并支持教育理论工作者争鸣	《教育研究》	1986（7）
传统教育与教学改革	《高教文摘》	1986（4）
	《新华文摘》	1986（9）
	《红旗》	1986（13）
	《天津高教研究》	1987（3）
王亚南的教育思想	《厦门大学报》	1986.10.9
在探索的道路上前进	《高教探索》	1987（1）

续上表

论文名称	出版物	时间（刊期）
高教研究要重视科学性与可行性	《高等教育学报》	1987（Z1）
关于现代教育与教育现代化问题	《高等工程教育研究》	1987（4）
	《教学研究》	1987（9）
	《高等教育》（人大复印资料）	1987（11）
关于建设具有中国特色的教育科学体系问题	《教育研究》	1987（10）
随军杂忆	《汕头日报》	1987.11.21
	《潮汕党建史》	1987.11
中国社会主义教育要有自己的特色	《中国教育报》	1987.11.24
《中国高等教育结构研究》（评介）	《光明日报》	1987.12.30
在揭阳青抗会成立五十周年纪念大会上的发言	《揭阳党史资料》	1988（1）
福建高教学会第一届理事会工作报告	《福建高教研究》	1988（1）
毕业分配引进市场机制之后的问题及对策	《福建高教研究》	1988（1）
	《福建论坛》	1988（5）
杨贤江青年教育理论的现实意义——关于"全人生指导"的简介	《天津教育》	1988（2）
教育的基本规律及其相互关系——1988年4月在华中理工大学的报告	《高等教育研究》	1988（3）
关于民办高等教育体制的探讨	《上海高教研究》	1988（3）
	《高教文摘》	1988（5）
	《新华文摘》	1988（8）
	《光明日报》	1988.6.22
文化传统对高等教育的影响（与邬大光合作）	《南京大学学报》	1988（4）
现代教育与教育现代化（与叶之红合作）	《红旗》	1988（5）

续上表

论文名称	出版物	时间（刊期）
十年来高等教育科学研究的进展（与林叶枫合作）	《教育研究》	1988（11）
	《高等教育学报》	1988（Z1）
	《高教文摘》	1989（3）
文化传统与高等教育的理论思考（与邬大光合作）	《高等教育》（人大复印资料）	1988（12）
	《光明日报》	1988.11.16
	《高教文摘》	1989（1）
	《高等教育研究》	1989（1）
当前世界各国的高教改革有共同的发展趋势	《世界知识》	1988（16）
关于试行"三学期制"的看法	《厦大校刊》	1988.4.5
引进市场机制要超前研究对策	《中国教育报》	1988.6.7
引进竞争机制 重视能力培养	《光明日报》	1988.6.8
办公室工作的科学化	《中国教育报》	1988.7.19
潘懋元教授谈当代大学生知识结构	《厦大新生手册》	1988.9
高等教育主动适应经济与社会发展的理论思考——在第二届全国大学教育思想研讨会上的发言	《教育评论》	1989（1）
引进竞争机制与教育规律的关系（与王伟廉合作）	《江苏高教》	1989（1）
文化传统与高等教育（与邬大光合作）	《中国高等教育》	1989（2）
	《中国电力教育》	1989（2）
《蔡元培教育论集》读后	《江苏高教》	1989（2）
应当重视教育未来学的研究	《高等财经教育探索》	1989（2）
选才·培养·指引——我对博士生培养的一些看法和做法	《研究生教育理论与实践》	1989（3）
《高等教育研究在中国》序	《高等教育学报》	1989（4）
英国考试制度及开放教育考察报告（与王昕、康乃美合作）	《福建高教研究》	1989（3）

续上表

论文名称	出版物	时间（刊期）
正确对待商品经济对高等教育的冲击	《高等教育研究》	1989（3）
	《高等教育学报》	1989（4）
《陈嘉庚教育文集》序	《教育评论》	1989（4）
重视大学教学管理	《高教研究》	1989（4）
"第一届全国校际高等教育科学研究所（室）工作研讨会"总结报告	《福建高教研究》	1989（4）
谈"南强梦"	《南强梦》	1989.3
致《教育史研究》编辑部的信	《教育史研究》	1990（1）
关于中国高等教育地方化的理论探讨（与邬大光合作）	《福建高教研究》	1990（2）
福建省发展高等教育的优势、问题与前景（与魏贻通合作）	《集美航海学院学报（高教研究版）》	1990（2）
教育外部关系规律辨析	《厦门大学学报（哲学社会科学版）》	1990（2）
	《教育研究》	1992（5）
我国发展地区性高等教育的理论探讨	《教育研究》	1990（3）
	《高等教育》	1990（5）
中国高等教育地方化的大趋势（与邬大光合作）	《大学教育论坛》	1990（4）
宽阔的视野，严谨的学风——《王亚南文集第五卷》读后	《光明日报》	1990.2.9
"大而全"与"少而精"——《教育大辞典》评介	《教育研究》	1990（12）
关于我国高等教育科学研究的思考	《上海高教研究》	1991（1）
关于深化高教管理改革及其理论研究的思考——在1990年全国高等教育管理改革研讨会上的发言	《辽宁高等教育研究》	1991（1）

续上表

论文名称	出版物	时间（刊期）
同文馆与中国近代海关的关系（与刘海峰合作）	《教育史研究》	1991（2）
比较高等教育的产生、发展与问题	《外国高等教育资料》	1991（2）
	《上海高教研究》	1991（3）
关于学科带头人的选拔与培养	《西北高等教育管理研究》	1991（3）
社会参与是高校改革的必由之路	《福建高教研究》	1991（3）
关于台湾高等教育研究的若干意见	《福建高教研究》	1991（4）
高等教育研究的比较、困惑与前景	《高等教育研究》	1991（4）
树立教育的综合效益观念	《中国教育报》	1991.2.28
一项高教改革的重要科研成果——《应用学科高层次专门人才培养研究》评介	《中国教育报》	1991.7.27
公私立高等教育体制的问题与展望	《民办高等教育研究》（厦门大学出版社）	1991.11
高教历史与高教研究（与刘海峰合作）	《高等教育研究》	1992（1）
厦大附小散忆	《厦门教育》"教育史志"栏目	1992（2）
《大学课程论》序	《大学教育论坛》	1992（3）
中国高等教育的地方化与国际化（与李盛兵合作）	《高教探索》	1992（3）
"科技是第一生产力"与"教育为本"	《教育研究》	1992（5）
高等教育自学考试与其他高等教育形式的关系及其合作模式	《福建高教研究》	1992（6）
陈鹤琴与幼儿教育	《陈鹤琴纪念刊》	1992.3
关于高校为地方建设服务的若干问题	《西南高等教育管理研究》创刊号	1992（1）

续上表

论文名称	出版物	时间（刊期）
高等教育改革与市场经济关系	《中国高等教育》	1992（11）
	《科技导报》	1992（12）
	《西北高等教育管理研究》	1993（1）
	《新华文摘》	1993（3）
高等教育如何适应市场经济的问题	《华南高等工程教育研究》	1993（1）
絮语·贺忱	《教育·管理·社会》（创刊号）	1993（1）
高等教育研究的新进展与展望	《中国高教研究》	1993（1）
	《中国电力教育》	1993（2）
关于高等教育学学科建设的若干问题——在全国高等教育学学科建设研讨会上的报告	《高等教育研究》	1993（2）
	《福建高教研究》	1993（2）
《科学的教育价值》序	《苏州大学学报》	1993（2）
必须重视专科教育研究	《上海高教研究》	1993（4）
中国高等教育的开拓者——《百年之功》序	《中国高教研究》	1993（5）
市场经济与高等教育筹资政策（与魏贻通合作）	《中国高教研究》	1993（6）
《中外著名教育家事典》序	《教育评论》	1993（6）
市场经济的冲击与高等教育的抉择	《求是》	1993（10）
高等教育改革与社会主义市场经济的关系	《中国高等教育》	1993（11）
	《科技导报》	1992（12）
	《西北高等教育管理研究》	1993（1）
	《新华文摘》	1993（3）
教育是未来的事业	《未来与教育》（人民教育出版社1993年9月版）	1993.9
我国高等教育面临的主要挑战（与朱国仁合作）	《中国高教研究》	1994（1）
加强高等教育基本理论的研究工作	《高等教育研究》	1994（1）
外国继续教育研究	《高教探索》	1994（1）

续上表

论文名称	出版物	时间（刊期）
加强高等教育学学科体系建设	《高教研究与探索》	1994（2）
中国继续教育的现况（与方晓合作）	《高教探索》	1994（2）
继续教育在经济发展中所扮演的角色——理论探讨与未来展望（与方晓、邓耀彩合作）	《高教探索》	1994（2）
回忆·感谢·期望	《机械工业高教研究》	1994（3）
邓小平教育优先发展战略思想形成逻辑初探（与张祥云合作）	《邓小平教育思想研究文集》（江西教育出版社）	1994.6
访美散记	《外国高等教育资料》	1994（4）
	《潘懋元高等教育学文集》（汕头大学出版社）	1997.10
从高等教育理论建设看高等教育史研究的重要性——在高等教育史研讨会上的发言	《中国高教研究》	1994（6）
大学教师待遇偏低评析	《光明日报》	1994.11.7
	《新华文摘》	1995（2）
高等教育的基本功能：文化选择与创造（与朱国仁合作）	《高等教育研究》	1995（1）
市场经济与教学改革问题的反思（与王伟廉合作）	《高教探索》	1995（1）
关于我国高等教育应遵循的基本原则——对高等教育法总则的探讨（与李泽彧、邱邑亮合作）	《机械工业高教研究》	1995（2）
谈谈高等教育史研究的新问题	《教育史研究》	1995（2）
高等教育学学科建设的回顾与前瞻	《高等教育研究》	1995（3）
高等教育必须迎接挑战	《教育参考》	1995（3）
中国高等教育面临的挑战——在教育与社会进步中外学者研讨会上的报告	《南京大学学报》	1995（3）
	《辽宁高等教育研究》	1995（4）
教学改革的核心地位不容动摇（与王传廉合作）	《中国高等教育》	1995（4）

续上表

论文名称	出版物	时间（刊期）
关于"从无偿教育到有偿教育"	《光明日报》	1995.7.27
关于大学教师待遇问题的思考（与魏贻通、张建奇合作）	《建设有中国特色社会主义高等教育理论研究（第二集）》（兰州大学出版社）	1995.9
关于高等教育机构的举办者的权利、义务及举办者与办学者、行政管理者之间的关系的研究（与魏贻通、张建奇合作）	《建设有中国特色社会主义高等教育理论研究（第二集）》（兰州大学出版社）	1995.9
跨世纪骨干教师选拔与培养问题	《高等学校师资培训研究论文集》（西南师范大学出版社）	1995.11
立法：私立高等教育发展的保障（与魏贻通合作）	《高等教育研究》	1996（1）
	《新华月报》	1996（4）
改进高校德育工作的两个问题——《社会主义市场经济与高等学校德育建设》序	《高等教育研究》	1996（2）
走向21世纪的中国高等教育（与吴岩合作）	《高教探索》	1996（2）
	《辽宁高等教育研究》	1996（3）
	《中国高教研究》	1996（3）
	《教育改革》	1996（3）
	《汕头大学学报》	1996（4）
	《研究动态》	1996（7）
海外华人教育与弘扬中华优秀文化（与张应强合作）	《教育研究》	1996（3）
	《东南亚地区华文教育文集》（暨南大学出版社）	1996.12
《西学东渐与中国高等教育近代化》序	《教育史研究》	1996（4）
引入堂奥，沐浴光辉——《周恩来教育思想研究》评介	《教育研究》	1996（10）

续上表

论文名称	出版物	时间（刊期）
全面深入地认识教育的文化功能	《教育研究》	1996（11）
机遇只偏爱那种有准备的头脑	《当代名人寄语青少年》（21世纪出版社）	1996.8
为了厦门文化走向世界	《厦门日报》	1996.12.12
传统文化与中国高等教育现代化（与张应强合作）	《清华大学教育研究》	1997（1）
为了高等教育管理工作的科学化——读田建国《高等教育工作论稿》之后	《青岛化工学院学报·高教研究》	1997（2）
	《中国高教研究》	1997（3）
	《光明日报》	1997.5.23
	《发展论坛》	1997（6）
	《中国教育报》	1997.7.26
教育基本规律及其在高等教育研究与实践中的运用	《上海高教研究》	1997（2）
总结交流经验，加强高等教育学科研究生培养工作	《高等教育研究》	1997（2）
可持续发展与高等教育改革	《高等教育研究》	1997（3）
	《新华文摘》	1997（9）
高等教育理论研究必须更好地为高等教育实践服务	《高等教育研究》	1997（4）
可持续发展的高等教育改革	《高教研究与探索》（南京大学学报专辑）	1997（4）
	《辽宁高等教育研究》（南京大学学报专辑）	1997（4）
	《教学与教材研究》	1997（6）
	《广西大学学报》	1997（6）
试论素质教育	《教育评论》	1997（5）
	《新华文摘》	1998（2）

续上表

论文名称	出版物	时间（刊期）
学林经纶是风范	《人民政协报》	1997.10.30
集百人辛劳　成千篇大卷	《中国教育报》	1997.11.1
高等教育研究在中国发展的轨迹——为《高等教育研究在中国》（英文版）而作	《高等教育研究》	1998（1）
和许虹在一起的日子里——怀念一位青抗的老同志	《揭阳党史资料》	1998（1、2）
走向21世纪高等教育思想的转变	《河北师范大学学报（教育科学版）》	1998（2）
	《嘉兴高等专科学校学报》	1998（4）
	《赣南师范学院学报》	1998（5）
	《辽宁高等教育研究》	1998（6）
	《高等教育研究》	1999（1）
	《教学与教材研究》	1999（1）
	《中国教育报》	1999.1.9
福建船政学堂的历史地位及其影响	《汕头大学学报》	1998（2）
	《教育研究》	1998（8）
华文教育与中华传统文化现代价值的彰显（与张应强合作）	《高等教育研究》	1998（3）
中华优秀传统文化与高等教育现代化建设	《东南学术》	1998（3）
从本刊创办100期说起	《福建自学考试》	1998（6）
《一片丹心育英才》读后感	《中国高教研究》	1998（6）
高等教育将走进社会中心	《上海高教研究》	1998（8）
中国高等教育大众化之路	《有色金属高教研究》	1999（1）
	《新华文摘》	1999（5）

续上表

论文名称	出版物	时间（刊期）
发挥大学中心作用　促进知识经济发展（与刘振天合作）	《华东冶金学院学报（社会科学版）》	1999（1）
	《教学研究》	1999（2）
	《华北水利水电学院学报（社科版）》	1999（2）
	《教育研究》	1999（6）
	《教育发展研究》	1999（6）
邓小平教育战略思想的形成逻辑与超前意识	《教育发展研究》	1999（1）
21世纪：可持续发展的中国高等教育——兼论中国高等教育大众化	《教育科学研究》	1999（2）
	《天津市教科院学报》	1999（3）
	《黄河科技大学学报》	1999（3）
	《中国农业教育信息》	1999（3）
自学考试应通向农村	《有色金属高教研究》	1999（3）
南开信史八十年	《南开发展论坛》	1999（3）
邓小平教育战略思想的形成逻辑及其超前意识	《求是》	1999（3）
民办高等教育的若干理论问题	《高等教育研究》	1999（4）
关于发展我国民办大学的理性思考（与韩延明合作）	《中国高教研究》	1999（4）
知识经济与高等教育的改革和发展——在全国高等教育学研究会第五届年会开幕式上的发言	《高等教育研究》	1999（5）
高校毕业生应成为工作岗位的创造者	《教育发展研究》	1999（9）
成为教育家的"机遇"	《中国教育报》	1999.9.14
对发展民办高等教育若干问题的认识	《中国高等教育》	1999（13/14）

续上表

论文名称	出版物	时间（刊期）
高等教育大众化的教育质量观	《清华大学教育研究》	2000（1）
	《中国高教研究》	2000（1）
	《江苏高教》	2000（1）
	《回顾与展望——1983—2003年高教研究论文集》	2003.6.1
《科学进步与高等教育变革史论》序	《湘潭大学社会科学学报》	2000（1）
贯彻第三次全教会精神 全面推进素质教育	《有色金属高教研究》	2000（1）
开拓理论研究新局面，促进华文教育的繁荣与发展	《海外华文教育》	2000（1）
《现代远程教育论》序	《高教探索》	2001（3）
《高等教育比较学》序	《比较教育研究》	2000（5）
问题研究中开辟理论与实践结合的新路——《问题及其出路——高等教育理论研究与实践探讨》序	《高等教育研究》	2000（5）
坚持办好一份高水平的高教刊物	《高等教育研究》	2000（6）
教学改革是核心	《潘懋元论高等教育》（福建教育出版社）	2000.6
中国高等教育办学模式的变化与走向分析（与邬大光合作）	《教育科学研究》	2001（1）
走向社会中心的大学教育需要建设现代制度	《国家教育行政学院学报》	2001（2）
	《现代大学教育》	2001（3）
关于民办教育立法的三个问题	《浙江树人大学学报（人文社会科学版）》	2001（2）
试论从精英到大众高等教育的"过渡阶段"（与谢作栩合作）	《高等教育研究》	2001（2）
中国高等教育科学：世纪末的回顾与前瞻	《天津市教科院学报》	2001（2）
新世纪高等教育思想的转变	《中国高等教育》	2001（3）

续上表

论文名称	出版物	时间（刊期）
世纪之交中国高等教育办学模式的变化与走向（与邬大光合作）	《教育研究》	2001（3）
素质教育思想的先驱——杨贤江"全人生指导"	《河北师范大学学报（教育科学版）》	2001（3）
女子高等教育：文化变迁的寒暑表——中国女子高等教育的过去、现在和未来	《集美大学学报（教育科学版）》	2001（3）
	《日本大学论集》	2001（3）
	《韶关学院学报（社会科学版）》	2001（10）
21世纪中国高等教育面临的新形势和新问题	《临沂师范学院学报》	2001（4）
走向大众化时代的高等教育质量——在全国高等教育学研究会第六届学术年会开幕式上的发言	《高等教育研究》	2001（4）
抓住有利时机 实现民办高等教育可持续发展	《中国高等教育》	2001（5）
中国高等教育大众化的理论与政策	《高等教育研究》	2001（6）
	《国际视野中的高等教育》	2002（5）
我国产权制度改革——公民办高等教育的产权问题	《民办教育动态》	2001（7）
精英教育与大众教育	《中国高教研究》	2001（12）
修订《教育之城规划》 优化教育资源配置	《厦门日报》	2001.3.30
探索21世纪的新学堂《赛伯化学堂——网络与教育》读后感	《福建日报》	2001.4.20
论民办高校产权问题	《浙江教育信息报》	2001.6.6
大学城是高等教育通向社会中心的途径	《教育信息报》	2001（11）
制订高教发展战略应明确时代背景与发展理念	《武汉教育学院学报》增刊	2001.12

续上表

论文名称	出版物	时间（刊期）
精英教育与大众教育——21世纪初中国高等教育两个发展方向	《理工高教研究》	2002（1）
21世纪初中国高等教育面临的新情况和新问题	《石油教育》	2002（1）
	《海军院校教育》	2002（1）
民办高校产权制度改革的若干问题（与胡赤弟合作）	《教育研究》	2002（1）
高等学校的素质教育与通识教育（与高新发合作）	《煤炭高等教育》	2002（1）
一幅中国高等教育发展的战略前景——《21世纪的中国高等教育》评介（与高新发合作）	《中国高教研究》	2002（1）
	《光明日报》	2002.2.7
	《中国教育报》	2002.2.8
多学科观点的高等教育研究	《高等教育研究》	2002（1）
	《新华文摘》	2002（6）
民办高等教育的发展需要理论研究支持	《民办教育研究》（内刊）创刊号	2002（1）
我对招生考试的基本看法	《湖北招生考试》	2002（2）
《陈谟开教育文集》序	《现代教育科学（高教研究）》	2002（2）
大学城的功能与模式（与高新发、胡赤弟、张慧洁合作）	《高等教育研究》	2002（2）
《当代世界高等教育理念及对中国的影响》序	《高教探索》	2002（3）
浙江万里学院——一种第三部门高等学校的范例（与邬大光、高新发合作）	《高等教育研究》	2002（4）
借鉴价值的追寻——《台港澳高师教育比较研究》序	《泉州师范学院学报》	2002（5）

续上表

论文名称	出版物	时间（刊期）
繁荣大学哲学社会科学（与高新发合作）	《现代大学教育》	2002（5）
	《厦门大学报》	2002.5.31
	《福建日报》	2002.6.16
一流大学与排行榜	《求是》	2002（5）
建立终身教育体系	《厦门商报》	2002.5.22
民办高校适应西部开发要求	《光明日报》	2002.5.30
民办高等教育立法的几个问题（与高新发合作）	《法制日报》	2002.5.30
Higher Education Research in China: Past, Present and Prospect（与李均、陈小红合作）	收入 CHANGE-TRANSFORMATION IN EDUCATION，澳大利亚悉尼大学出版社出版	2002.5
教育如何产业运作	《光明日报》	2002.12.5
民办高等教育的定位与发展	《民办教育通讯》（内刊）	2002（12）
大学应当研究自己——中国高等教育科学研究的发展与特征	《大学教育科学》	2003（1）
《高等职业技术研究与探索》序	《深圳高等职业技术学院学报》	2003（1）
公平与效率：21世纪的高等教育	《医学教育论坛》	2003（1）
公平与效率：高等教育决策的依据	《北京大学教育评论》	2003（1）
	《高等教育》（人大复印资料）	2003（3）
谈高等教育的公平与效率	《中国高等教育》	2003（2）
一流大学不能跟着排名榜转	《清华大学教育研究》	2003（3）
职称回归学衔 提高学术权力	《集美大学学报》	2003（3）
写在《民办教育促进法》即将实施之前	《黄河科技大学学报》	2003（3）
关于《民办教育促进法》及其实施	《高教探索》	2003（3）

续上表

论文名称	出版物	时间（刊期）
大方向与可行性	《中国青年报》	2003.2.6
	《新华文摘》	2003（9）
高等学校分类与定位问题（与吴玫合作）	《复旦教育论坛》	2003（3）
重订教育之城规划的若干意见	《老教授论坛》	2003（5）
大众化阶段的精英教育	《高等学校文科学报文摘》	2003（1）
	《高等教育研究》	2003（6）
当前高等职业教育发展的几个主要问题	《高等职业教育（天津职业大学学报）》	2003（6）
教育主权与教育产权关系辨析（与黄建如合作）	《中国高等教育》	2003（6）
关于研究生教育创新的若干问题（与吴玫合作）	《研究生教育》	2003（8）
基础课程教学也能出名师	《中国大学教学》	2003（9）
写在《民办教育促进法》即将实施之前	《黄河科技大学学报》	2003（9）
人文万里 以生为本——试析浙江万里学院的办学理念（与高晓杰合作）	《教育研究》	2003（11）
从选拔性到适应性——高等教育大众化阶段的高考制度（与覃红霞合作）	《湖北招生考试（理论版）》	2003（12）
社会学眼光研究高等教育	《光明日报》	2003.4.10
一流大学不能跟着"排名"转（与左春明合作）	《中国教育报》	2003.4.18
素质教育的先驱——杨贤江"全人生指导"思想	《杨贤江与中国现代化》（浙江大学出版社）	2003.10
《中国高等教育百年》——教育史的一种写法	《中国教育报》	2004.1.25
刘佛年教授与高等教育学科建设	《常在明月追思中——刘佛年纪念文集》（江西教育出版社）	2004.1

续上表

论文名称	出版物	时间（刊期）
新时期中国高等教育的质量战略	《中国大学教学》	2004（1）
关于当前研究生教育体制创新的若干问题——兼论信息与电子学科研究生教育的发展问题（与吴玫合作）	《煤炭高等教育》	2004（1）
中国高职教育走向	《高等技术教育研究》	2004（1）
从高等教育结构看大学生就业问题（与吴玫合作）	《中国大学生就业》	2004（3）
《高等职业教育发展研究》序	《高等职业教育（天津职业大学学报）》	2004（3）
对接资本市场——在民办高等教育与资本市场高级论坛上的发言	《教育发展研究》	2004（3）
《学习风格与大学生自主学习》书评	《西安交通大学学报（社会科学版）》	2004（4）
关于民办高等教育发展的问题：资本市场、质量评估与就业现状	《民办教育研究》	2004（4）
《20年的实践与探索——高等职业技术教育论文集》序	《江苏高教》	2004（4）
中国当前高等教育发展中的若干问题	《大学教育科学》	2004（4）
我对高等职教的看法	《职业技术教育》	2004（5）
从师范教育到教师教育（与吴玫合作）	《中国高教研究》	2004（7）
邓小平恢复高考的战略意义	《湖北招生考试》	2004（8）
高等教育理论呼唤高等教育史研究（与陈兴德合作）	《教育研究》	2004（10）
独立学院的兴起及前景探析	《中国高等教育》	2004（Z2）
中国高等教育学科建设之路（与陈兴德合作）	《新华文摘》	2004（24）
	《中国教育报》	2004.9.3
分类与定位：高校可持续发展的关键	《光明日报》	2004.4.15
探索教育创新	《光明日报》	2004.4.15

续上表

论文名称	出版物	时间（刊期）
殚精竭虑兴教，矢志不渝育人	《厦门大学报》	2004.10.22
21世纪国家的核心竞争力——"教育—人才"的合理结构	《特色·个性·人才强国战略——2004年高等教育国际论坛论文汇编》	2004.11
	《中国高教研究》	2005（3）
依附、借鉴、创新——中国高等教育学科建设之路（与陈兴德合作）	《北京大学教育评论》	2005（1）
高等学校分类与定位问题（与吴玫合作）	《黄河科技大学学报》	2005（1）
民办高校在高教发展中的定位与政策选择	《民办教育通讯》	2005（1）
《高等学校教育评估与督导概论》序	《高教发展与评估》	2005（1）
高等教育与社会的协调发展	《复旦教育论坛》	2005（1）
建立高等职业技术教育独立体系的思考	《顺德职业技术学院学报》	2005（1）
中国大陆民办高等教育基本情况与发展中的若干问题	《民办教育研究》	2005（2）
分类·定位·特点·质量——当前中国高等教育发展中的若干问题	《福建工程学院学报》	2005（2）
自学考试制度研究（与康乃美合作）	《高等教育研究》	2005（2）
介入资本市场：高等学校融投资体制的一种尝试（与邬大光合作）	《江汉大学学报（人文科学版）》	2005（4）
百年之际看科举	《中国地质大学学报（社会科学版）》"科举研究"专栏	2005（5）
民办高等教育大有作为	《浙江树人大学学报》	2005（5）
建立高等职业技术教育独立体系刍议	《教育研究》	2005（5）
我国高校产权制度改革的若干问题——兼论公、民办高校产权问题	《教育发展研究》	2005（7）
21世纪国家的核心竞争力——人才的教育与配置（与余斌合作）	《中国大学生就业》	2005（10）

续上表

论文名称	出版物	时间（刊期）
中国高等教育的定位、特色和质量	《中国大学教学》	2005（12）
民办高等教育发展面临新台阶	《人民政协报》	2005.2.16
构建多样化的本科教育	《中国教育报》	2005.4.1
2020：中国民办高等教育的前瞻（与林莉合作）	《浙江树人大学学报》	2005（3）
	《民办教育研究》	2005（4）
	《文汇报》	2005.4.18
未来民办高等教育将有较大发展	《中国教育报》	2005.10.17
试论素质教育	《素质教育简报》	2006（1）
高等教育的生态可持续发展之路——《高等教育生态论》序	《高教论坛》	2006（1）
论新建本科院校的定位问题	《上海电机学院学报》	2006（1）
从科学发展观看高考改革	《湖北招生考试》	2006（2）
新时期中国高等教育的质量战略	《国家教育行政学院学报》	2006（2）
敢为天下先——在广东省博士后工作20周年纪念大会上的讲话	《集美大学学报（教育科学版）》	2006（2）
规模速度、分类定位、办学特色——中国当前高等教育发展中的若干问题	《龙岩学院学报》	2006（2）
高等教育分类的方法论问题（与陈厚丰合作）	《高等教育研究》	2006（3）
《我国民办高校评估指标体系研究》序	《民办教育研究》	2006（3）
论教育家	《中国教育科研报告》	2006（4）
民办高等教育可持续发展问题	《浙江树人大学学报》	2006（4）
民办高等教育发展的困境与前瞻（与姚加惠合作）	《民办教育研究》	2006（4）
	《中国高等教育》	2006（8）
新建本科院校的现状分析与准确定位（与姚加惠合作）	《龙岩学院学报》	2006（4）
海外教育学院历史杂忆	《海外华文教育》	2006（4）

续上表

论文名称	出版物	时间（刊期）
中国高等教育研究的历史与未来	《中国地质大学学报（社会科学版）》	2006（5）
船政学堂的历史地位与中西文化交流——福建船政学堂创办140周年纪念	《中国大学教学》	2006（7）
论我国高等教育学制改革——基于专升本的视角（与肖海涛合作）	《高等教育研究》	2006（7）
21世纪初我国高等教育研究的进展与问题（与刘小强合作）	《国家教育行政学院学报》	2006（8）
当代教育家评《论教育家》	《江苏教育研究》	2006（9）
得天下英才而教育之	《医学教育探索》	2006（10）
从科学发展观看高考改革	《光明日报》	2006.5.31
研究生教育如何看	《人民日报》	2006.8.17
《中国高等教育研究史》点评	《中国教育报》	2006.10.23
飞腾在没有时空的天堂	《热血与坚忍——郑道传纪念文集》（当代中国出版社）	2006.12
黄炎培职业教育思想对当前高等职业教育的启示	《教育研究》	2007（1）
规模、速度、质量、特色——中国当前高等教育发展中的若干问题	《河北师范大学学报（教育科学版）》	2007（1）
	《临沂师范学院学报》	2007（5）
教育与考试——目的与方法	《教育与考试》	2007（1）
高校教师发展简论（与罗丹合作）	《中国大学教学》	2007（1）
对吉首大学的点评	《高教公关》	2007（1）
大学教师发展与教育质量提升	《深圳大学学报》（人文社会科学版）	2007（1）
大学教师发展简论——在第四届高等教育质量国际学术研讨会上的发言稿	《国际高等教育研究》（季刊）	2007（1）

续上表

论文名称	出版物	时间（刊期）
多国高等教育大众化模式比较研究（与罗丹合作）	《高等教育研究》	2007（3）
潘懋元和中国高等教育	《Chinese Education and Society》	2007（3）
从恢复统一高考三十周年说起（与陈厚丰合作）	《大学（研究与评价）》	2007（6）
关于民办高等教育持续发展问题的报告	《黄河科技大学学报》	2007（6）
新建本科院校的办学定位与特色发展	《荆门职业技术学院学报》（教育学刊）	2007（7）
我看应用型本科院校定位问题	《教育发展研究》	2007（Z1）
现代高等教育思想演变的历程——从20世纪到21世纪初（与肖海涛合作）	《高等教育研究》	2007（8）
教育事业家陈嘉庚教育思想新探	《中国高教研究》	2007（10）
如何奠定未来民办高教发展的现实基础	《中国教育报》	2007.1.26
特色是高校形象的重要标志	《中国信息报》	2007.4.11
此情可待成追忆——悼念谢高明同志逝世十周年	《诚诚恳恳为人民》（香港威雅出版贸易公司）	2007.7.4
高校现代化发展中有待探讨的若干问题	《江苏科技大学学报（社会科学版）》	2008（1）
特色型大学在高等教育中的地位与作用（与车如山合作）	《大学教育科学》	2008（2）
	《国家教育行政学院学报》	2008（4）
《本科院校质量保障体系研究》序	《佛山科学技术学院学报（社会科学版）》	2008（2）
文化的创新与保守——大学教授的艰难选择（与刘小强合作）	《教育研究》	2008（3）
产学研合作教育的几个理论问题	《中国大学教学》	2008（3）

续上表

论文名称	出版物	时间（刊期）
关于民办高校评估的思考及建议	《浙江树人大学学报（人文社会科学版）》	2008（4）
	《教育发展研究》	2008（12）
中国高等教育大众化结构与体系变革（与肖海涛合作）	《高等教育研究》	2008（5）
长汀时期的厦门大学与西南联大之比较（与石慧霞合作）	《厦门大学学报（哲学社会科学版）》	2008（5）
高等教育自学考试制度改革的成就与展望（与覃红霞合作）	《教育与考试》	2008（6）
再论新建本科院校的定位、特色与发展	《荆门职业技术学院学报》（教育学刊）	2008（7）
改革开放30年中国高等教育思想的转变（与肖海涛合作）	《高等教育研究》	2008（10）
中国高等教育思想发展30年（与肖海涛合作）	《教育研究》	2008（10）
30年回顾与感悟	《厦门大学报》	2008.5.11
民力民智推进高等教育事业大发展	《中国教育报》	2008.6.2
简评《高校育人新机制探索：情感、激励、嫁接三结合》	《光明日报》	2008.10.24
高教应融入终身教育体系	《上海教育》（半月刊）	2008（21）
船政学堂办学模式的现实意义——在船政教育模式研讨会上的发言	《船政》	2009（1）
应用型人才培养的历史探源（与石慧霞合作）	《江苏高教》	2009（1）
关于高等学校分类、定位、特色发展的探讨（与董立平合作）	《教育研究》	2009（2）
中国独创的教育基本制度——《自学考试制度研究》简介	《教育与考试》	2009（2）

续上表

论文名称	出版物	时间（刊期）
教育基本规律及其在教育研究中的运用	《江苏教育研究》	2009（2）
从高校分类的视角看应用型本科课程建设（与周群英合作）	《中国大学教学》	2009（3）
民办本科院校发展前景广阔——朱玉新著《树人探究》序	《浙江树人大学学报（人文社会科学版）》	2009（3）
金融危机的挑战 高等教育的应对 农业院校的机遇	《高教探索》	2009（4）
合理分类 正确定位 科学发展 办出特色（与董立平合作）	《中国教育报》	2009.2.16
金融危机应引起对人文素质教育的反思	《中国教育报》	2009.4.6
略论应用型本科院校的定位（与车如山合作）	《高等教育研究》	2009（5）
金融危机对高等教育的挑战	《教育发展研究》	2009（7）
"依附发展"与"借鉴—超越"——高等教育两种发展道路的比较研究（与陈兴德合作）	《高等教育研究》	2009（7）
谈谈高等教育史研究的几个问题——在全国高等教育史研讨会上的讲话	《纪念〈教育史研究〉创刊二十周年论文集（1）——教育史学理论及史学史研究》	2009.9.1
做强地方本科院校——地方本科院校的定位与特征研究（与车如山合作）	《中国高教研究》	2009（12）
高等教育研究60年：后来居上 异军突起（与李均合作）	《中国高等教育》	2009（19）
做强地方本科院校 建设高等教育强国	《井冈山大学学报（社会科学版）》	2010（1）
高等教育发展趋势座谈录	《大学教育科学》	2010（1）
什么是应用型本科？	《高教探索》	2010（1）

续上表

论文名称	出版物	时间（刊期）
关于《国家中长期教育改革和发展规划纲要（2010—2020）》的理解与实践问题	《集美大学学报（教育科学版）》	2010（3）
关于地方院校战略规划的优秀论著——《地方院校战略规划论》序	《高教探索》	2010（2）
民办高校内部管理体制改革与发展研究——第四届中外民办高等教育发展论坛演讲摘编（潘懋元、徐辉、邬大光等）	《浙江树人大学学报（人文社会科学版）》	2010（3）
高等教育地方化的可行性探讨	《高等理科教育》	2010（5）
从高等教育分类看我国特色型大学发展（与王琪合作）	《中国高等教育》	2010（5）
九十感言	《高教探索》	2010（6）
两岸高等教育互动的新阶段（与张宝蓉合作）	《中国高等教育评论》	2010（00）
应用型人才培养呼唤知行体系教材（与周群英合作）	《中国教育报》	2010.4.19
对《教育规划纲要》的理解与研究——兼谈高等教育研究者的社会责任	《国家教育行政学院学报》	2010（8）
当前高等教育改革与发展的若干趋势	《临沂大学学报》	2011（1）
长汀时期的厦门大学：大学认同的建构（与石慧霞合作）	《厦门大学学报》（哲学社会科学版）	2011（2）
微言启大义	《中国教育报》	2011.8.25
微言启大义——简评《陈浩微言评高教》	《中国高等教育》	2011（6）
学科建设：元视角的考察——关于高等教育学学科建设的反思（与刘小强合作）	《高等教育研究》	2011（6）
国际论坛与国际话语	《中国高教研究》	2011（9）
高等教育管理的价值问题研究（与董立平合作）	《高等教育研究》	2011（9）

续上表

论文名称	出版物	时间（刊期）
福建船政学堂的历史地位与中西文化交流	《中华文化与地域文化研究——福建省炎黄文化研究会20年论文选集》（第三卷）	2011.10
中国终身教育研究的基本问题与未来趋向（与汤晓蒙合作）	《终身教育》	2011（9）
	《中国终身教育蓝皮书第二卷》	2011
贺词	《人民政协报》	2011.1.5
高校办学应避免同质化	《中国教育报》	2011.7.4
	《教书育人》	2011（12）
高教的中心任务是培养人才	《光明日报》	2011.7.11
大学不应只比"大"不比"学"	《人民日报》	2011.7.13
	《职业技术教育》	2011（27）
高等教育研究的社会责任	《中国高等教育评论》	2011（00）
区域高等教育发展的新视野——《区域高等教育发展论》序	《现代大学教育》	2012（1）
大学教授要做学术文化传承和创新的引领者	《西安欧亚学院学报》	2012（2）
大学教育的沉思	《黄冈师范学院学报》	2012（2）
合理分类　正确定位　科学发展　办出特色	《西安欧亚学院学报》	2012（3）
高等教育研究在中国发展的轨迹	《中国高等教育评论》	2012（3）
我国民办高等教育发展的第三条道路（与邬大光、别敦荣合作）	《高等教育研究》	2012（4）
大力推进民办高校内部管理体制创新	《浙江树人大学学报（人文社会科学版）》	2012（6）
论高等教育研究的社会责任（与方泽强合作）	《高校教育管理》	2012（6）
	《人大报刊复印资料·高等教育》全文转载	2013（1）
大学校长最好不要脱离学术工作	《辽宁教育》	2012（22）

续上表

论文名称	出版物	时间（刊期）
民办高教发展需要有更多的路径（与邬大光、别敦荣合作）	《中国教育报》	2012.1.9
西北联大开辟西北高等教育体系	《光明日报》	2012.9.19
薪火传承　文化中坚——西北联大的办学特色及其启示（与张亚群合作）	《西北大学学报（哲学社会科学版）》	2013（1）
教育史是教育理论的源泉	《河北师范大学学报（教育科学版）》	2013（1）
论民办高校的公益性与营利性（与别敦荣、石猛合作）	《教育研究》	2013（3）
高等学校学术带头人的选拔与培养	《西安欧亚学院学报》	2013（3）
研究大学校训，弘扬大学精神——《大学校训论析》序	《大学教育科学》	2013（4）
探讨大学文化育人之道，提高大学文化育人之效——《大学文化育人之道》序	《临沂大学学报》	2013（6）
现代大学校长的教育视界——黄琦《大学校长访谈录》评介	《河南教育（高教）》	2013（10）
"协同创新"的高等教育研究	《中国高教研究》	2013（6）
	《中国教育科研参考》	2013（14）
大学校长的教育视界——《大学校长访谈录》评介	《光明日报》	2013.1.27
实践理性的美国300年高等教育史书	《中华读书报》	2013.7.31
一位教育与哲学双辉的学者	《教育学家之路——陈元晖100周年》一书（东北师范大学出版社）	2013.10
题词	《高等教育评论》	2014（1）
祝贺与祈望	《教育研究》	2014（4）
关于高等教育学科建设的反思	《中国教育科学》	2014（4）

续上表

论文名称	出版物	时间（刊期）
独立学院的转型、定位和发展	《西南交通大学学报（社会科学版）》	2014（5）
民办高校机制优势研究（与罗先锋合作）	《浙江树人大学学报》	2014（5）
高等教育大众化面临的困难	《光明日报》	2014.9.23
打好舆论引导主动仗	《中国高等教育》	2015（1）
高等教育质量与大学教师发展	《高等教育研究》	2015（1）
2014年中国高等教育研究回顾与述评（与别敦荣等人合作）	《高校教育管理》	2015（2）
从"回归大学的根本"谈起	《清华大学教育研究》	2015（4）
大学校长的学术追求与职业精神——杨德广教授从教50年学术对谈	《高校教育管理》	2015（6）
高等教育治理体系与治理能力现代化的解读与思考	《现代教育论丛》	2015（6）
高等教育研究要更加重视微观教学研究	《中国高教研究》	2015（7）
最欣慰的事情是当教师	《幸福家庭》	2015（9）
潘懋元是如何带博士生的（与郑宏合作）	《中国教育报》	2015.7.13
校史在特定角度体现整个高教史	复旦大学《校史通讯》	2015.10.31
论行业特色型院校的回归与发展（与陈斌合作）	《重庆高教研究》	2016（1）
对《应用型高等教育研究》的期望	《应用型高等教育研究》	2016（1）
高等教育质量建设的理论设计（与陈春梅合作）	《高等教育研究》	2016（3）
思考"大学何为"——评《思考大学》	《玉林师范学院学报（哲学社会科学）》	2016（3）
高等教育大众化的贡献、困惑及建议（与张端合作）	《教育财会研究》	2016（3）
新年寄语	《山东高等教育》	2016（4）

续上表

论文名称	出版物	时间（刊期）
论高等教育研究的社会责任（与方泽强合作）	《高校教育管理》	2016（6）
建设一流本科　全面统筹推进	《中国大学教学》	2016（6）
孔子是时中之圣，儒家要与时俱进——潘懋元先生访谈录（与魏彦红、陈斌合作）	《衡水学院学报》	2016（6）
每所大学都有转型发展的话语权	《中国教育报》	2016.6.20
2030年中国高等教育现代化发展前瞻（与李国强合作）	《中国高等教育》	2016（9）
"互联网+教育"是高校教学改革的必然趋势（与陈斌合作）	《重庆高教研究》	2017（1）
大学教师发展论纲——理念、内涵、方式、组织、动力	《高等教育研究》	2017（1）
中国高等教育的转型发展	《玉林师范学院学报》	2017（1）
潘懋元先生教育访谈录（与霍素君合作）	《河北师范大学学报（教育科学版）》	2017（1）
关于高等教育若干问题的思考——厦门大学博士生导师潘懋元先生访谈（与陈春梅、粟红蕾合作）	《社会科学家》	2017（2）
潘懋元题词	《高等教育评论》	2017（2）
恢复高考40周年回顾与招生制度改革展望	《教育与考试》	2017（4）
以创新文化养人　以创业实践育才（与朱乐平合作）	《中国高等教育》	2017（8）
"双一流"为高等教育强国建设注入强大动力	《人民日报》	2017.11.19
面向2030的高等教育发展：理念与行动（与陈斌合作）	《中国高等教育评论》	2018（1）
教师发展与教师教育——访潘懋元先生（与夏颖、胡金木合作）	《当代教师教育》	2018（1）

续上表

论文名称	出版物	时间（刊期）
高职院校办学模式改革	《现代教育论丛》	2018（1）
立足地方，加强校企合作，促进转型发展——在衡水学院"校企合作　产教融合"会议上的讲话（与魏彦红合作）	《衡水学院学报》	2018（1）
对高等教育若干问题的思考——潘懋元先生访谈	《西北工业大学学报（社会科学版）》	2018（2）
高校混合所有制办学形式研究（与罗先锋合作）	《高等教育研究》	2018（5）
论从史出，信史难求——"第十二届海峡两岸暨港澳地区教育史论坛"致辞	《河北师范大学学报（教育科学版）》	2018（6）
主动适应新时代新形势　发展高等教育中国学派——在厦门大学教育研究院40周年庆祝大会上的讲话	《高等教育研究》	2018（6）
中国民办教育四十年专题笔谈（潘懋元、吴华、王文源、李盛兵、邵允振）	《华南师范大学学报（社会科学版）》	2018（6）
	《教育文化论坛》	2019（1）
《40年40人》系列访谈——对话潘懋元：百年教育人的思考	《中国教育在线》	2018.12.13
高等教育"质量下降"是一个真命题也是一个假命题	《中国青年报》	2018.12.25
大学校友会的作用与意义	《厦门大学报》	2018.12.28
中国高等教育改革发展70周年：回顾与前瞻——潘懋元先生专访（整理者：蔡宗模，朱乐平，张海生）	《重庆高教研究》	2019（1）
关于地方高校内涵式发展的对话（与贺祖斌合作）	《高等教育研究》	2019（2）
高等职业教育政策变迁逻辑：历史制度主义视角（与朱乐平合作）	《教育研究》	2019（3）

续上表

论文名称	出版物	时间（刊期）
《民办院校办学体制与发展政策研究》序	《高等教育研究》	2019（3）
《未来大学的教学变革》）	《教育家》2019年12月刊	2019（4）
一流本科教育：世界性难题	《教育科学》	2019（5）
潘懋元："双一流"精神须泛化至各类高校	《中国科学报》	2019.1.23
让高职教育走进"一带一路"	《中国教育报》	2019.5.28
我一生最为欣慰的是，名字排在教师的行列里	《福建日报》	2019.9.5
毋忘初心　再创辉煌	《教育研究》	2019（10）
侨批补遗——我所经历的侨批	《厦门大学报》第11版	2019.10.11
探索高等教育与农村良性互动的路径——评《挑战与应答：高等教育与农村发展互动》	《大学教育科学》	2019（6）
对教育科学研究工作者的期待、鼓励和鞭策	《教育研究》	2019（11）
漫谈本科教育	《教育家》	2019（48）
新时代高等教育科学研究的使命担当——著名教育家潘懋元先生访谈录（余小波，蒋家琼，李震声）	《大学教育科学》	2020（1）
再创辉煌	《高等理科教育》	2020（1）
论大学与校友的互动关系（与石慧霞合作）	《中国高等教育》（半月刊）	2020（9）

附录三

潘懋元教授论著、课题、教学成果获奖情况一览表（1987—）

论著、课题、教学成果名称	获奖证书	发证机关	时间
《高等教育学》上、下册（主编）	荣获福建省哲学社会科学"六五"规划科研项目优秀成果奖	福建省人民政府	1987.4
《高等教育学》（主编）	荣获吴玉章基金教育学优秀奖	中国人民大学吴玉章奖金基金委员会	1987.10.10
《马克思主义教育理论家——杨贤江》（组织撰写）	荣获中国杨贤江基金会荣誉奖	中国教育学会	1987.10
《杨贤江教育文集》（选编）			
《高等教育学》上、下册（主编）	荣获首届高等学校优秀教材一等奖	中华人民共和国国家教育委员会	1988.1.27
"教材建设与教学改革"项目	荣获1989年优秀教学成果奖二等奖	厦门大学	1989.4.6
《医学教育学》（主编，名列第三）	新疆维吾尔自治区科学技术研究成果	新疆维吾尔自治区科委	1989.6.1
《高等教育学》上、下册（主编）	荣获全国首届优秀教育理论著作优秀奖	光明日报社评审委员会	1989.9.20
《高等教育学讲座》（编著）	荣获全国首届教育科学优秀成果奖一等奖	中华人民共和国国家教育委员会	1990.4.10
《我国发展地区性高等教育的理论探讨》（论文，邬大光、潘懋元）	荣获1990年高等教育科学研究优秀论文一等奖	福建省高等教育学会	1990.9.10

续上表

论著、课题、教学成果名称	获奖证书	发证机关	时间
《我国发展地区性高等教育的理论探讨》（论文，邬大光、潘懋元）	荣获中国高教学会高教科研优秀论文二等奖	中国高等教育学会	1990.12
《市场经济的冲击与高等教育的抉择》（论文）	荣获1993年高等教育科学研究优秀论文一等奖	福建省高等教育学会	1993.8.23
《市场经济的冲击与高等教育的抉择》（论文）	荣获中国高等教育学会第三届优秀高教科研成果一等奖	中国高等教育学会	1993.12.24
《比较高等教育的产生、发展与问题》（论文）	荣获《上海高教研究》1990—1993年优秀论文一等奖	上海市高教学会、上海市高教研究杂志社	1994.6
《高等教育改革与社会主义市场经济的关系》（论文）	荣获全国高等学校人文社会科学研究优秀成果奖二等奖	中华人民共和国国家教育委员会	1995.12.15
学习—研究—教学实践三结合的研究生课程教学方法（潘懋元、刘海峰、王伟廉、李泽彧、林金辉）	荣获福建省省级优秀教学成果一等奖	福建省教育委员会	1997.1.3
《高等教育的基本功能：文化选择与创造》（论文）	荣获中国高等教育学会第四届优秀高教科研成果一等奖	中国高等教育学会	1998.1.15
《中国近代教育史资料汇编（10册）》	荣获第四届全国优秀教育图书评奖一等奖	中国版协教育图书研究会	1998.10

续上表

论著、课题、教学成果名称	获奖证书	发证机关	时间
《高等学校教学原理和方法》（著作）	荣获普通高等学校第二届人文社会科学研究成果奖教育学二等奖	中华人民共和国教育部	1998.12.10
《对发展民办高等教育若干问题的认识》（论文）	荣获福建省第四届社会科学优秀成果奖一等奖	福建省人民政府	2000.10
《走向21世纪高等教育思想的转变》（论文）	荣获中国高等教育学会第五次优秀高教科研论文一等奖	中国高等教育学会	2001.7.23
"厦门大学高等教育学学科建设、人才培养与教学改革咨询"项目（潘懋元、王伟廉、刘海峰、杨广云、林金辉）	荣获国家级教学成果奖一等奖	中华人民共和国教育部	2001.12
	荣获第四届福建省高等教育教学成果奖特等奖	福建省教育厅	2001
《学位与研究生教育比较研究》（主编）	荣获全国学位与研究生教育科学研究优秀学术著作三等奖	中国学位与研究生教育学会	2002.6
《潘懋元论高等教育》（著作）	荣获第三届中国高校人文社会科学研究优秀成果奖教育学二等奖	中华人民共和国教育部	2003.7.3
《中国高等教育百年》	荣获厦门市第六届哲学社会科学优秀成果专著一等奖	厦门市人民政府	2005.8.17
《传承与变革——"中国高等教育改革"国际学术研讨会论文集》	荣获厦门市第六届哲学社会科学优秀成果专著二等奖	厦门市人民政府	2005.8.25

续上表

论著、课题、教学成果名称	获奖证书	发证机关	时间
《多学科观点的高等教育研究》（主编）	荣获第四届中国高校人文社会科学研究优秀成果奖教育学二等奖	中华人民共和国教育部	2006.12.14
《现代高等教育思想的演变——从20世纪至21世纪初期》（主编）	入选新闻出版总署第二届"三个一百"原创图书出版工程	中华人民共和国新闻出版总署	2008.10
学术沙龙：情理交融中的人才培养实践（潘懋元、刘海峰、谢作栩、史秋衡、杨广云）	荣获2009年厦门大学教学成果奖一等奖	厦门大学	2009.4.8
学术沙龙：情理交融中的人才培养实践（潘懋元、刘海峰、谢作栩、史秋衡、杨广云）	荣获福建省教学成果奖二等奖	福建省教育厅	2009.9
学术沙龙：情理交融中的人才培养实践（潘懋元、刘海峰、谢作栩、史秋衡、杨广云）	荣获国家级教学成果奖二等奖	中华人民共和国教育部	2009.9
《现代高等教育思想演变的历程——从20世纪到21世纪初》（论文，潘懋元、肖海涛）	荣获第五届高等学校科学研究优秀成果三等奖（人文社会科学）	中华人民共和国教育部	2009.9.4
《现代高等教育思想的演变——从20世纪至21世纪初期》（主编）	荣获福建省第八届社会科学优秀成果荣誉奖	福建省人民政府	2009.11

续上表

论著、课题、教学成果名称	获奖证书	发证机关	时间
《世纪之交中国高等教育办学模式的变化与走向》（论文）	被评为《教育研究》创刊30周年杰出论文	教育研究杂志社	2011.11
《"科学技术是第一生产力"与"教育为本"》（论文）			
《"依附发展"与"借鉴—超越"——高等教育两种发展道路的比较研究》（陈兴德，潘懋元，王翠娥，宋钰劼）	荣获福建省第九届社会科学优秀成果奖三等奖	福建省人民政府	2011.12
《高等教育学》	荣获全国教育科学研究突出贡献奖	中华人民共和国教育部	2012.7.20
《市场经济的冲击与高等教育的抉择》			
《多学科观点的高等教育研究》			
《现代高等教育思想的演变——从20世纪至21世纪初期》（主编）	荣获第六届高等学校科学研究优秀成果奖（人文社会科学）教育学一等奖	中华人民共和国教育部	2013.3.22
《中国高等教育自主发展路径研究——学术理念、学术语言与学术评价的视角》（专著，潘懋元、陈兴德）	荣获福建省第十届社会科学优秀成果奖二等奖	福建省人民政府	2013.12.27
《应用型人才培养的应用与实践》（著作）（潘懋元、车如山）	荣获第七届高等学校科学研究成果奖（人文社会科学）二等奖	中华人民共和国教育部	2015.12.10
《做强本科地方院校的理论与实践研究》（著作）（潘懋元、车如山）	荣获第五届全国教育科学研究优秀成果奖三等奖	中华人民共和国教育部	2016.11

附录四

潘懋元教授聘书一览表（1980—）

聘书内容	发证机关	时间
经福建省东南亚学会第四届理事会第一次会议讨论决定，特聘请您为顾问	福建省东南亚学校	1980.9.1
兹聘请潘懋元同志为《中国大百科全书》教育卷编辑委员会委员	中国大百科全书出版社	1981.6
经与您单位协商，聘请您担任我校高等学校干部进修班的教学工作	山东大学	1983.2
聘请潘懋元同志为福建省高等教育自学考试指导委员会副主任委员	福建省人民政府	1983.8.1
聘请潘懋元教授为西南师范学院高等学校干部进修班讲授高等教育学	西南师范学院	1983.11.8
经本会1983年12月23日高教学会全体理事会选举潘懋元同志当选本会第一届理事会副会长	福建省高教学会	1984.2.20
潘懋元同志当选为中国高等教育管理研究会第一届理事会理事顾问	中国高等教育管理研究会	1984.11.27
为了搞好我省人才研究会工作，首届理事会敦聘台端为本会顾问	福建省人才研究会理事会	1985.1
为办好《湖南高等教育》杂志现聘请您为本刊顾问	《湖南高等教育》编辑部	1985.1.20
聘请潘懋元同志为1985年福建省高等教育自学考试指导委员会形式逻辑课程兼职教授	福建省高等教育自学考试指导委员会	1985.2

续上表

聘书内容	发证机关	时间
谨聘请您担任本校"高等学校教学质量评价指标体系研究"课题的咨询顾问	上海交通大学系统工程研究所教学研究院	1985.2
兹聘请潘懋元同志为国务院学位委员会第二届学科评议组(教育学 心理学)成员	国务院学位委员会	1985.2.16
兹聘请您参加福建省(1986年—2000年)科学技术发展规划编制工作	福建省人民政府	1985.5.1
聘请潘懋元同志为第一届福建省高等学校教师学衔委员会委员,任期两年	福建省高等教育厅	1985.8.29
聘请潘懋元同志为第一届"福建省高等学校教师学衔委员会"一九八五年教育学、心理学学科评审组组长	第一届福建省高等学校教师学衔委员会	1985.9.5
兹聘请潘懋元教授为《兵工高等教育研究》《高等教育文摘》顾问	兵工高等教育研究编辑部	1985.12.27
兹聘请潘懋元同志为我班兼职教授	华北师范大学高校干部进修班	1986.3
聘请潘懋元同志为福建省第一届高等学校教师(含研究)高级职务评审委员会委员,任期二年	福建省职称改革领导小组	1986.5.14
经研究决定特恭敦请您为厦门大学业余团校兼职教师	厦门大学团委	1986.6.15
兹聘请潘懋元同志为我校高等教育学专业研究生乔明宏的硕士学位论文答辩委员会委员	厦门大学学位评定委员会	1986.6.25
兹聘请潘懋元同志为教育大辞典顾问	教育大辞典领导小组	1987.3
兹聘请潘懋元同志为全国高等教育自学考试指导委员会考试研究委员会委员	全国高等教育自学考试指导委员会考试研究委员会	1987.3.24

续上表

聘书内容	发证机关	时间
为了全面系统地收集、整理陈嘉庚先生关于教育的文章、言论与实践的原始材料，本社决定出版《陈嘉庚教育文集》。特聘请您担任此书顾问	福建教育出版社	1987.6.10
兹聘请潘懋元同志为全国教育科学规划领导小组高等教育方面的学科规划组成员	全国教育科学规划领导小组	1987.6.20
我单位正式聘请您为兼职研究员	国家高等教育发展与政策研究中心	1987.7.15
兹聘任潘懋元同志为我校高等教育科学研究所教授	厦门大学	1987.9
聘请潘懋元同志为福建省人才学行政管理学研究人员中级职务评审委员会副主任委员，任期两年	福建省社会科学研究系列职称改革领导小组	1987.10.24
兹聘请潘懋元教授为我院兼职研究员	天津市教育科学研究院	1987.10.30
特聘请潘懋元先生为国家教育委员会办公厅顾问，指导编写《教育系统行政办公室工作研究》文集	国家教育委员会办公厅	1987.12.15
兹聘请潘懋元同志为《英汉教育词典》顾问委员会委员	《英汉教育词典》顾问委员会	1988.2
兹聘请潘懋元同志为我院兼职教授	中国人民解放军西安政治学院	1988.3.16
聘请潘懋元同志为福建省高等与中等专业教育自学考试指导委员会第四届委员会副主任委员	福建省人民政府	1988.10.30
兹聘请潘懋元教授担任全国大学学习学研究会顾问	全国大学学习学研究会	1988.11.1
潘懋元任福建省高教学会副会长	福建省高教学会	1988.12.30

续上表

聘书内容	发证机关	时间
经校友协商推荐，校友会常务理事会讨论决定推举您为第二届校友会名誉理事长	福建省厦门第一中学校友会	1989.2
兹聘请潘懋元同志为全国教育科学优秀成果评选委员会委员	国家教育委员会	1989.4.30
兹聘请潘懋元同志为我校《清华大学教育研究》编委	清华大学	1989.12.5
兹聘请潘懋元老师担任厦门大学学生未来研究社顾问	厦门大学学生未来研究社	1990.11.9
兹聘请潘懋元先生为校教师职务评审委员会委员、哲学社会科学分委员会委员、教育心理学学科评议组组长（任期一年）	厦门大学	1990.11.21
聘请潘懋元同志为福建省自学考试研究会名誉会长	福建省自学考试研究会	1990.12
兹聘请潘懋元同志为高等学校师资管理研究会顾问	高等学校师资管理研究会	1990.12.25
兹聘请潘懋元同志为《当代教育管理科学丛书》顾问，聘期五年	《当代教育管理科学丛书》编辑委员会	1991.2.2
兹聘请潘懋元教授担任高教理论讲习班主讲，聘期10天（1991.4.15—4.25）	云南大学	1991.3.5
兹聘请潘懋元教授为云南工学院名誉院长	云南工学院	1991.4.19
兹聘请潘懋元教授为本会顾问	中国高等教育学会高等工程教育研究会	1991.5.10
兹聘请潘懋元先生为《中国近现代教育家系列研究》一书顾问	辽宁教育出版社	1991.6.10
兹聘请潘懋元任福建省高教学会学生管理研究会顾问	福建省高教学会学生管理研究会	1991.12

续上表

聘书内容	发证机关	时间
经校友协商推荐，校友会常务理事会讨论决定，推举您为第三届校友会名誉会长	福建省厦门第一中学校友会	1992.2
兹聘请潘懋元同志为国务院学位委员会第三届学科评议组（教育学评议组）成员	国务院学位委员会	1992.4.20
兹聘请潘懋元同志为教育学原理专业谢安邦的博士学位论文答辩委员会委员	华中师范大学	1992.5.29
兹聘请潘懋元同志任高等教育所兼职教授，任期自1992.9至1994.9	南京大学	1992.9.1
为了我国新兴的学习科学事业更快地发展，特聘您为中国学习科学学会《学习科学丛书》顾问	中国学习科学学会（筹）	1992.11.10
兹聘请潘懋元同志为本会第一届理事会顾问	高等学校毕业生管理专业委员会	1992.12.21
兹聘请潘懋元同志为我委专业技术职务任职资格评审委员会委员	国家教育委员会	1993.2
兹聘请潘懋元教授为汕头厦门大学校友会名誉会长	汕头厦门大学校友会	1993.2.4
兹聘请潘懋元先生任厦门市第2届社会科学优秀成果评选委员会委员	厦门市人民政府	1993.4.1
经本会第三届会员代表大会选举潘懋元为常务理事、副会长	中国高等教育学会	1993.4
兹聘请潘懋元同志为教育大辞典合卷修订本编委	教育大辞典领导小组	1993.4.10
兹聘任潘懋元为我院兼职教授	沈阳师范学院	1993.4.15
兹聘请潘懋元先生为我校名誉教授	中国石油大学（华东）	1993.12

续上表

聘书内容	发证机关	时间
兹聘潘懋元任武汉路石教育改革基金会学术委员会委员（聘期四年）	武汉路石教育改革基金会	1994.3.8
诚聘潘懋元教授为本校高等教育科学研究所教授（聘期两年）	汕头大学	1994.3.30
兹聘请潘懋元同志为福建省普通高等学校专业设置评议委员会第一届委员会委员	福建省教育委员会	1994.10.12
经我会主席会议研究决定，特聘请您为政协厦门市第八届委员会顾问	政协厦门市委员会	1994.11.19
聘请潘懋元同志担任福建省教育史第二届编纂委员会顾问	福建省教育委员会	1994.12
敬聘潘懋元同志任兼职教授职务，聘任期从1994.12.17至1997.8.31	华南师范大学	1994.12.10
兹聘请潘懋元同志为厦门市老年学学会顾问	厦门市老年学学会	1994.12.22
经国务院学位委员会第二届理事会议通过，选举您为本会常务理事、副会长	国务院学位委员会	1995.7.1
兹聘请您为民办高等教育委员会高级顾问	民办高等教育委员会	1995.7.18
兹聘请潘懋元教授（研究院）为广东省一九九五年新增硕士学科专业点通讯评议专家	广东省学位委员会办公室	1995.9
兹聘请潘懋元先生任我校杨贤江教育思想实践研究顾问，聘期1995年9月至2000年8月	浙江慈溪市实验小学	1995.9.1
兹聘请潘懋元先生为我校名誉校长、客座教授（聘期：1995.10~1999.10）	私立松花江大学	1995.10.16
兹聘请潘懋元先生为我校兼职教授	武汉工业大学	1995.10.20

续上表

聘书内容	发证机关	时间
兹聘请潘懋元同志担任本会顾问	高等职业技术教育研究会	1995.11.10
兹聘请潘懋元老师为南京师范大学博士生指导教师资格评审专家组成员	江苏省学位委员会	1995.12
兹聘请潘懋元教授任我校教育顾问	厦门英才学校	1995.12.18
诚聘您为本校高级顾问	石狮市私立育青学校董事会	1995.12.28
兹聘请潘懋元教授为黄河科技大学顾问，聘期为长期	黄河科技大学	1996.1.6
兹聘请潘懋元同志为《中国社会力量办学大词典》编委会顾问	《中国社会力量办学大词典》编委会	1996.2
民盟厦大总支拟编写"民盟在厦大"历史，特聘请您为顾问	民盟厦大总支	1996.3.10
兹聘请潘懋元先生为广东省高等教育学会顾问，聘期为四年，自1996年4月起至2000年3月	广东省高等教育学会	1996.3.28
兹聘请潘懋元为我校兼职教授，聘期1996年5月至1999年5月	华中理工大学	1996.5.20
兹聘请厦门大学潘懋元教授为我校名誉教授	华中师范大学	1996.5.22
敬聘潘懋元教授任华南师范大学"211工程"部门预审专家组专家	广东省高等教育厅	1996.10.3
兹委任潘懋元先生集美大学工商管理学院第一届董事会董事	集美大学工商管理学院董事会	1996.12.3
兹聘请潘懋元教授担任国家教育委员会高等教育面向21世纪教学内容和课程体系改革顾问组成员	中华人民共和国国家教育委员会	1996.12.9
兹聘请潘懋元同志任广西大学兼职教授	广西大学	1997.5

续上表

聘书内容	发证机关	时间
兹聘请潘懋元先生为我会专家顾问团高级顾问	中华成功者研究会	1997.5
兹聘请厦门大学潘懋元教授任我校"普通高等专科教育培养模式的研究与实践"课题组顾问	湖南财经高等专科学校	1997.10
兹聘请潘懋元教授为我校兼职教授	南京理工大学	1997.10.7
特聘请您为全国大学学习科学研究会第三届研究会总顾问	全国大学学习科学研究会	1997.11
聘任潘懋元为集美大学工商管理学院顾问	集美大学工商管理学院董事会	1997.11.21
兹聘请您为福建省第三届社会科学优秀成果评奖学科评审组评委	福建省社会科学优秀成果评奖办公室	1998.1
敬聘潘懋元教授为嘉应教育学院名誉教授	广东省嘉应教育学院	1998.1.5
敬聘您为我校高等教育学客座教授	广东商学院 广东法商大学（筹）	1998.3.10
兹聘请潘懋元先生为广西民族学院兼职教授	广西民族学院	1998.3.12
经全国高等学校教学研究会成立大会讨论决定，特聘请您为本会顾问	全国高等学校教学研究会	1998.12.18
聘请您任我院兼职教授职务	海南师范学院	1999.1.12
诚聘潘懋元教授为韶关大学客座教授	韶关大学	1999.4.28
兹聘请您为国家教育发展研究中心专家咨询委员会委员	国家教育发展研究中心	1999.4.30
经我会第二届理事会研究决定，聘请您为厦门市老教授协会名誉会长，任期四年（1999—2003年）	厦门市老教授协会	1999.5

续上表

聘书内容	发证机关	时间
兹聘潘懋元教授为山东临沂双月园学校名誉校长	山东临沂双月园物业发展有限公司董事会	1999.5.8
我校特聘您为《电子科技大学学报》（社科版）顾问	电子科技大学	1999.5.19
兹聘请您为北京教育科学研究院民办教育研究咨询服务中心首席顾问	北京教育科学研究院	1999.6
敦聘请您为黑龙江东亚学团高级顾问	黑龙江东亚学团	1999.6.25
为进一步加强教育发展和改革的宏观决策研究，国家教育发展研究中心专家咨询委员会聘请您为本咨询委员会委员	国家教育发展研究中心专家咨询委员会	1999.6.28
兹聘请潘懋元先生为本刊学术顾问，请对办刊工作予以指导	青岛化工学院学报社科版编辑部	1999.7.12
兹聘请潘懋元教授为我所博士生肖海涛同学博士论文答辩委员会主席	华中理工大学高等教育研究所	1999.8.15
兹聘请潘懋元先生为广西大学客座教授，聘期三年	广西大学	1999.10
敦聘请潘懋元教授为我校文科学术委员会委员，任期四年（1999.11—2002.11）	厦门大学	1999.11
兹聘请潘懋元为我校名誉教授，聘期自1999.12至2004.12止	中南工业大学	1999.12
兹聘请潘懋元同志任我校兼职教授，聘期从1999年12月25日至2004年12月24日	湘潭大学	1999.12.25
兹聘请潘懋元教授为《中国农业教育》杂志名誉顾问	《中国农业教育》杂志社	2000.1
特聘潘懋元教授为《集美大学教育学报》名誉主编	集美大学	2000.1.8

续上表

聘书内容	发证机关	时间
经燕山大学校长办公会议决定特聘请您为《教育研究》杂志顾问	燕山大学	2000.1.10
兹敦聘潘懋元先生为厦门大学海外华文教育研究所顾问，聘期：2000.3至2002.3	厦门大学海外教育学院 海外华文教育研究所	2000.3
诚聘潘懋元教授为我院七方教育研究所暨《七方教育丛书》顾问	西安外事学院	2000.4
诚聘您为《海军院校教育》杂志顾问	海军工程大学《海军院校教育》编辑部	2000.5.9
兹聘请潘懋元先生任潮汕学院名誉教授	民办潮汕职业技术学院	2000.5.27
自2000年至2003年7月受聘我校荣誉岗位	厦门大学	2000.8
诚聘潘懋元同志为北京教育科学研究院顾问、兼职教授	北京教育科学研究院	2000.11.10
兹聘请您为厦门电大远程开放教育课题组顾问	厦门广播电视大学	2000.11.25
兹聘请潘懋元先生为厦门英才学校2001年至2003年度董事会董事	厦门英才学校董事会	2001.1
特恭聘您为《英汉教育词典》顾问	湖北教育出版社	2001.4.28
兹聘请潘懋元先生为我校高教研究所兼职教授，聘期三年	武汉理工大学	2001.5.22
诚聘潘懋元先生为临沂师范学院名誉教授	临沂师范学院	2001.6.22
根据全国高等教育学研究会会员代表大会选举结果，兹聘请潘懋元先生为高等教育学研究会第三届理事会名誉理事长	全国高等教育学研究会	2001.6
兹聘请潘懋元同志为吉林大学兼职教授	吉林大学	2001.7.10
诚聘潘懋元教授为汕头大学顾问、教授	汕头大学	2001.12.19

续上表

聘书内容	发证机关	时间
诚聘潘懋元教授为《中国地质大学学报》（社会科学版）学术顾问，任期二年	中国地质大学（武汉）	2002.1
兹聘请潘懋元先生为浙江万里学院名誉院长	浙江万里学院董事会	2002.3.28
兹聘请潘懋元教授为我校《机械工业高教研究》编辑委员会顾问	湖南大学	2002.5
兹聘请潘懋元为国家高级教育行政学院兼职教授，聘期二年	国家高级教育行政学院	2002.5.24
兹聘请潘懋元同志为厦门市社会科学界联合会第四届委员会名誉主席	厦门市社会科学界联合会	2002.8.16
兹聘请潘懋元教授为《中国大学教学》杂志编委会顾问	《中国大学教学》编辑部	2002.8.20
兹聘请潘懋元教授为《复旦教育论坛》编辑委员会顾问委员	《复旦教育论坛》编辑委员会主任	2002.9.1
敬聘厦门大学高教所潘懋元教授为大型电视系列片《国本》总顾问	厦门组合影视广告有限公司	2002.9.6
兹聘请潘懋元先生为厦门教育之城、科技之城、艺术之城建设规划课题组顾问	厦门市人民政府	2002.9.6
兹聘请厦门大学潘懋元教授为佛山科学技术学院客座教授	佛山科学技术学院	2002.10.10
经中国高教学会推荐，聘请您为《中国高教学会高教研究信息中心》优选论文专家组专家	中国高等教育学会高教研究信息中心	2002.12
兹敦聘您为《北京大学教育评论》编辑委员会名誉编辑委员	北京大学	2002.12.20
兹聘潘懋元先生为淮北煤炭师范学院兼职教授	淮北煤炭师范学院	2002.12.20

续上表

聘书内容	发证机关	时间
兹聘请潘懋元同志为中国工程院—北京航空航天大学高等工程教育研究中心学术委员会委员	中国工程院　北京航空航天大学高等工程教育研究中心	2003.1.20
兹聘请您为我校高级顾问	宁波职业技术学院	2003.4.18
兹聘任潘懋元同志为我院兼职教授	黑龙江科技学院	2003.7.18
兹聘请潘懋元同志为本会第三届理事会顾问	福建省炎黄文化研究会	2003.8.28
兹聘请您为西北工业大学兼职教授	西北工业大学	2004.4.10
为使学院重大决策进一步实现民主化、科学化，更有效地推动学院各项工作健康发展，特聘请您为我院高级顾问	厦门国际会展职业学院	2004.5.18
兹聘请潘懋元先生为我校名誉教授	湖南大学	2004.6.3
兹聘请潘懋元先生为我校名誉教授，聘期五年	湖南大学	2004.6
恭请您为《国际教育大百科全书》学术指导委员会委员	《国际教育大百科全书》编译委员会	2004.6.20
兹聘请潘懋元先生为宁夏大学客座教授	宁夏大学	2004.6.28
为办好《高等农业教育》杂志，不断提高质量，更好地为全国高等农业教育改革和发展服务，特聘您为《高等农业教育》编委会名誉顾问	农业部教育指导委员会　全国高等农业教育委员会	2004.8.
聘请您担任《考试研究》编辑委员会顾问	天津市教育招生考试院	2004.9
诚聘潘懋元教授为北京科技职业学院高级顾问	北京科技职业学院	2004.10.30

续上表

聘书内容	发证机关	时间
兹聘请潘懋元教授为广西壮族自治区国家级教学成果奖推荐成果——《西部高校中青年教学与学术骨干培训新博士的研究与实践》鉴定专家组组长	广西壮族自治区教育厅	2004.12.15
兹聘请潘懋元教授为广西壮族自治区国家级教学成果奖推荐成果——《地方高师院校教学质量保障体系的建构与实践》鉴定专家组组长	广西壮族自治区教育厅	2004.12.15
兹聘请您担任国家级教学成果奖推荐项目945009鉴定专家组组长	广西壮族自治区教育厅	2004.12.15
兹聘请您担任国家级教学成果奖推荐项目945010鉴定专家组组长	广西壮族自治区教育厅	2004.12.15
兹聘请您为广西壮族自治区申报2005年国家级教学成果奖推荐成果《地方综合大学人才培养模式整体改革的研究与实践》鉴定专家组成员	广西壮族自治区教育厅	2004.12.16
兹聘请您为全国产学研合作教育研究与推广中心专家指导委员会名誉顾问，聘期二年	中国高等教育学会	2004.12.27
兹聘任潘懋元先生为学院顾问，聘期自2005年4月9日起至2008年4月8日止	宁波大红鹰职业技术学院	2005.4.9
鉴于潘懋元同志在中国高等职业技术教育领域所取得的卓越成就和做出的突出贡献，特聘任您为全国高职高专协作会名誉理事长，任期三年（2005.5—2008.5）	全国高职高专协作会	2005.5.1
兹竭诚聘请潘懋元教授为厦门市老教授协会第三届理事会名誉会长	厦门市老教授协会	2005.5.21

续上表

聘书内容	发证机关	时间
兹聘请潘懋元同志为国家教育行政学院兼职教授。聘期二年（2005年9月至2007年9月）	国家教育行政学院	2005.9.4
兹聘请厦门大学潘懋元先生为南京审计学院荣誉教授	南京审计学院	2005.9.22
兹聘请您为洛阳师范学院办学指导委员会顾问	洛阳师范学院	2005.11.9
兹敦聘潘懋元为厦门城市职业学院首席顾问	厦门城市职业学院	2005.11.28
特聘您为上海工程技术大学合作教育咨询专家	上海工程技术大学	2005.12.26
兹聘请您为上海电机学院顾问	上海电机学院	2006.1.20
根据中国高等教育学会第五次会员代表大会的决议，兹聘请您担任中国高等教育学会顾问	中国高等教育学会	2006.4.1
兹聘请潘懋元先生为我院顾问	宁波大红鹰职业技术学院	2006.4.10
兹聘请潘懋元先生为我校荣誉教授	武汉科技学院	2006.9
鉴于您在高等教育研究领域的突出成就及广泛影响，特邀请您出任中央教育科学研究所主办的学术期刊《大学、研究和评价》杂志的第一届编委会顾问	中央教育科学研究所《大学、研究和评价》杂志	2006.9.25
兹聘请潘懋元先生为河北师范大学教育学院兼职教授	河北师范大学	2006.10.25
为办好《高等农业教育》杂志，不断提高质量，更好地为全国高等农业教育改革和发展服务，特聘您为《高等农业教育》第十一届编委会名誉顾问	农业部教育指导委员会 全国高等农业教育委员会	2006.10.29

续上表

聘书内容	发证机关	时间
兹聘潘懋元同志为我院客座教授，聘期三年，时间自2006年12月至2009年12月	广西财经学院	2006.12
兹聘请潘懋元教授担任《高校教育管理》杂志首届编辑委员会副主任委员，聘期三年	江苏大学	2006.12.28
兹聘请潘懋元同志为"新世纪教学研究所"专家委员会顾问，任期两年	新世纪教学研究所	2007.2.7
由厦门第一中学校友会常务理事会协商推荐，经第五届校友代表大会通过，推荐您为厦门一中校友第五届理事会名誉会长	福建省厦门第一中学校友会	2007.5.12
诚聘潘懋元先生为临沂师范学院教学学术委员会首席顾问	临沂师范学院	2007.5.24
兹聘请潘懋元为全国高等学校教学研究会第二届理事会顾问	全国高等学校教学研究会	2007.6.3
兹聘请潘懋元同志为国家教育行政学院兼职教授。聘期自2007年9月至2010年9月	国家教育行政学院	2007.9.28
本刊敬聘您为《高等教育》顾问，聘期三年（2008年1月至2010年12月）	中国人民大学书报资料中心 中国人民大学高等教育研究室	2007.11.30
兹聘潘懋元先生为江门职业技术学院顾问	江门职业技术学院	2008.3
经理事会提名推选，特聘您为中国教育学会杨贤江教育思想研究分会第六届理事会名誉理事长	中国教育学会杨贤江教育思想研究分会	2008.5.4

续上表

聘书内容	发证机关	时间
经中国民办教育协会第一届常务理事会会议决定，聘请您为中国民办教育协会顾问	中国民办教育协会	2008.5.17
兹聘请您为上海电机学院第四届发展咨询委员会名誉主席，聘期四年	上海电机学院	2008.10
诚聘潘懋元先生为我校顾问、名誉会长	赣南师范学院	2008.11.12
兹聘请潘懋元先生为《高校教育管理》编辑委员会副主任委员，聘期两年	江苏大学	2008.11.16
谨聘潘懋元先生为我院的高级顾问	泉州儿童发展职业学院	2009.7.28
鉴于您在高等教育事业发展中的卓越贡献与广泛影响，特聘请您出任《大学》（学术版）杂志编委会顾问，聘期二年	中央教育科学研究所	2009.8.6
兹聘请您为《西北工业大学学报》（社会科学版）第三届编辑委员会顾问，本届编委会顾问任期三年	《西北工业大学学报》（社会科学版）编辑委员会	2009.9.2
兹聘请潘懋元教授为武汉科技大学中南分校顾问	武汉科技大学中南分校	2009.11
兹聘请潘懋元同志为新世纪教学研究所专家委员会第二届委员会顾问，聘期2年	新世纪教学研究所	2009.12.1
兹聘请潘懋元教授担任中国民办教育协会高等教育专业委员会顾问	中国民办教育协会高等教育专业委员会	2009.12
诚聘您担任我校学术顾问	厦门大学附属实验中学	2009.12
为办好《高等农业教育》杂志，不断提高质量，更好地为全国高等农业教育改革和发展服务，特聘您为《高等农业教育》第十二届编委会名誉顾问	农业部教育指导委员会　全国高等农业教育委员会	2009.12.23

续上表

聘书内容	发证机关	时间
兹聘任潘懋元教授为西安交通大学学报（社会科学版）学术顾问	西安交通大学	2010.4.1
聘任潘懋元教授为深圳大学高等教育研究所学术委员会主任委员，聘期为3年	深圳大学	2010.5.14
兹聘请著名教育家潘懋元先生任哈尔滨理工大学远东学院顾问	哈尔滨理工大学远东学院理事会	2010.8.24
兹聘请潘懋元同志为国家教育行政学院名誉教授。聘期自2010年9月至2013年9月	国家教育行政学院	2010.9.18
兹聘请潘懋元为教育部高等教育司和人事司组织、教育部全国高校教师网络培训中心实施的"高等学校教学理念、教学方法与实践专题"骨干教师高级研修班的特聘主讲教授	教育部全国高校教师网络培训中心	2010.10
兹聘请潘懋元先生为临沂大学发展顾问	临沂大学	2010.11.23
经常务理事会提议，全体会员代表大会通过，聘任潘懋元为中国高等教育学会高等教育学专业委员会终身名誉理事长	中国高等教育学会高等教育学专业委员会	2010.12.14
兹敦聘潘懋元教授为厦门市老教授协会第四届理事会名誉会长	厦门市老教授协会	2011.5.20
兹聘请潘懋元先生为厦门大学教师发展中心顾问	厦门大学教师发展中心	2011.5.26
兹聘请潘懋元先生为我校荣誉教授	黄淮学院	2012.7
兹聘请潘懋元教授为郑州大学西亚斯国际学院客座教授	郑州大学西亚斯国际学院	2012.7.24
兹聘请潘懋元先生为福州外语外贸学院海峡终身教育学院名誉教授	福州外语外贸学院海峡终身教育学院	2012.8.1

续上表

聘书内容	发证机关	时间
中国高等教育学会第六届常务理事会聘请您为本会顾问	中国高等教育学会	2012.8.25
兹聘请潘懋元教授为汕头大学教师发展与教育评估中心高级顾问	汕头大学教师发展与教育评估中心	2012.12.10
经本会第六届委员会研究决定，聘请潘懋元同志为厦门市社会科学界联合会名誉主席	厦门市社会科学界联合会	2012.12.13
兹聘请潘懋元同志为《高等农业教育》第十三届编委会名誉顾问	全国高等农业教育研究会《高等教育》编委会	2012.12.23
敬聘潘懋元教授为福建省老年教育理论研究基地、福州大学老年教育研究所顾问	福建省老年教育理论研究基地 福州大学老年教育研究所	2013.3.9
兹诚聘为我校顾问，聘期自2013年3月29日至2015年3月28日	厦门华夏职业学院	2013.3.29
兹聘请厦门大学教育研究院潘懋元教授为泉州幼儿师范高等专科学校《儿童发展研究》校刊编辑部高级学术顾问	泉州幼儿师范高等专科学校	2013.5
敬聘潘懋元先生为湛江师范学院荣誉教授	湛江师范学院	2013.7.2
兹聘请您为上海电机学院第五届发展战略咨询委员会名誉主席，聘期五年	上海电机学院	2013.10
兹聘请潘懋元教授为济南大学高等教育研究院专家指导委员会顾问	济南大学	2013.10.16
诚聘阁下为嘉应学院荣誉教授	嘉应学院	2013.11.8
兹敦聘潘懋元先生任学院董事会董事	泉州理工职业学院董事会	2013.11
兹聘请潘懋元先生为厦门大学中外合作办学研究中心第一届国际顾问委员会委员、名誉主席	厦门大学	2013.12.8

续上表

聘书内容	发证机关	时间
兹聘请您为《以教学过程强化为抓手，以教学方法改革为重点，全面提高课程教学质量的探索与实践》申报国家教学成果奖鉴定专家组组长	广西壮族自治区教育厅	2014. 3. 8
经江苏大学研究决定，特诚聘您为《高校教育管理》编辑委员会顾问，聘期为2015年至2017年	江苏大学	2014. 10. 22
兹聘请潘懋元先生为光明日报教育专家委员会专家	光明日报	2014. 12. 15
兹续聘您为我校顾问，聘期为2015年3月29日至2017年3月28日	厦门华夏职业学院	2015. 3. 29
诚聘潘懋元教授为济南大学顾问 诚聘潘懋元教授为济南大学高等教育研究院名誉院长	济南大学	2015. 6. 12
兹聘请潘懋元同志任上海工程技术大学名誉教授	上海工程技术大学	2015. 10. 13
兹聘请潘懋元同志任上海工程技术大学校长顾问	上海工程技术大学	2015. 11. 3
诚聘您为泉州理工职业学院战略发展委员会主任委员	泉州理工职业学院	2016. 9. 29
兹聘任您为合肥信息技术职业学院高教研究所特别顾问	合肥信息技术职业学院	2017. 2. 28
兹聘请潘懋元教授为《西北工业大学学报（社会科学版）》第六届编辑委员会顾问，聘期自2017年10月至2020年10月	西北工业大学	2017. 10
兹敦聘潘懋元教授为聊城大学高等教育研究院学术委员会顾问	聊城大学	2017. 12. 24

续上表

聘书内容	发证机关	时间
兹聘任潘懋元先生为浙江省现代职业教育研究中心顾问	金华职业技术学院 浙江省现代职业教育研究中心	2018.4
兹聘请潘懋元先生为《弘扬科学家精神丛书》顾问	济南出版社	2019.6.12
兹聘请潘懋元教授为泉州职业技术大学战略发展委员会主任	泉州职业技术大学	2019.6.28

附录五

潘懋元教育思想研究著作出版情况一览表（1998—）

著作名称	编著者	出版社（印刷单位）	出版时间
《潘懋元高等教育思想研究（1978—1998）》	厦门大学高教所	厦门大学印刷厂	1998.9
《潘懋元与中国高等教育科学》	王伟廉、杨广云	中国华侨出版社	2000.8
《闽南儿女 第4辑》（三月桃花笑春风——访中国著名高等教育学家、厦门大学教授潘懋元）	李建成、庄永章主编	中国文史出版社	2003.12
《中国高等教育研究史》	李均	广东高等教育出版社	2005.8
《潘懋元与"高等教育学"的创立和发展》	张祥云	中山大学出版社	2005.8
《中国当代教育家文存·潘懋元卷》	袁振国	华东师范大学出版社	2005.11
《我们的精神家园——潘懋元先生周末学术沙龙二十周年纪念文集》	殷小平	厦门大学教育研究院	2006.4
《潘懋元——一位中国高等教育学科的创始人》	［挪威］阿里·谢沃著，高晓杰、赖铮等译	高等教育出版社	2006.4
《思想肖像——中国知名教育家的故事》（第五章 潘懋元：中国高等教育研究的奠基人）	［加拿大］露丝·海霍（许美德）著，周勇等译	教育科学出版社	2008.6

续上表

著作名称	编著者	出版社（印刷单位）	出版时间
《中国教育人物》（潘懋元：高等教育学的创始人）	杨东平主编	天津教育出版社	2009.9
《大学发展 第2辑》（走出教育规律的认识困境——兼论潘懋元先生提出的教育内外部关系规律）	石坚	巴蜀书社	2009.12
《采蓝盈盈：广东省出版科研论文集》（高等学校的课程结构和人才培养能力——潘懋元的高等教育价值观和王伟廉的课程理念）	广东省出版业协会	花城出版社	2010.8
《潘懋元高等教育思想》	林金辉、［美］白杰瑞	广东高等教育出版社	2010.9
《潘懋元文集》（卷八·图片与纪事年表）	韩延明、肖海涛等	广东高等教育出版社	2010.9
《厦门六十华章——纪念新中国成立60周年厦门新闻作品选》（潘懋元：亲身垂范"欲为学先做人"）	中共厦门市委宣传部	厦门大学出版社	2010.9
《侨资性大学研究》（一、厦门大学潘懋元教授访谈）	聂秋华等著	中国社会科学出版社	2010.12
《高等教育改革热点问题研究》（羽翼丰了 就要独立飞翔——厦门大学潘懋元教授访谈）	吴绍芬	中国书籍出版社	2013.1
《潘懋元教授纪事年表》	韩延明编著	厦门大学出版社	2015.10

续上表

著作名称	编著者	出版社（印刷单位）	出版时间
《教育奠基未来——新中国教育70年70位教育人物》（潘懋元：高等教育学科的奠基人与开拓者）	周洪宇主编	长江出版传媒、湖北教育出版社	2019.10
《潘懋元学术思想研究》	韩延明主编	厦门大学出版社	2020.3
《潘懋元教授纪事年表》	韩延明编著	广东高等教育出版社	2020.6

附录六

潘懋元教育思想研究论文发表情况一览表（1988—）

论文名称	作　者	报刊（著作）	刊期或出版时间
执着的追求　不懈的努力——记厦门大学潘懋元教授	郑开来	《教育评论》	1988（2）
潘懋元教授与我国高等教育学	达光	《福建学刊》	1988（6）
要认真对待高校引进竞争机制——访厦门大学高教所所长潘懋元教授	吴延陵	《中国高等教育》	1988（10）
为学之道——访教育家潘懋元教授	郭世一	厦门大学图书馆《图书馆通讯》	1990（3）
方兴未艾　任重道远——庆祝潘懋元教授从教55周年	《福建高教研究》	《福建高教研究》	1990（4）
师道尊严　培育英才——潘懋元先生的教导特色与治学风范	海峰	《福建高教研究》	1990（4）
简论中国古代的高等教育——兼与潘懋元先生"古代无高等教育"之说商榷	赵先寿	《湖北大学学报（哲学社会科学版）》	1990（4）
潘懋元教授	方耀林	《教育发展研究》	1991（2）
课内外一体　术业品并重——简析潘懋元先生的研究生教育实践特色	刘根正	《学位与研究生教育》	1991（5）
潘懋元教授畅谈我国高等教育研究的现状和前景	放里	《高教文摘》	1992.5.20

续上表

论文名称	作 者	报刊（著作）	刊期或出版时间
潘懋元——踏遍青山人未老	方耀林	《师范群英 光耀中华》（第5卷）（陕西人民教育出版社）	1992（6）
高教改革必须主动适应市场经济——厦门大学高教科研所所长潘懋元教授一席谈	林和文	《光明日报》	1992.12.2
理论源于实际高于实际——论潘懋元高等教育思想的特色	张亚群	《机械工业高教研究》	1993（3）
通幽洞微 钩深致远——《潘懋元教育文集》评略	李泽彧	《教育评论》	1993（6）
培养优秀专业人才的方法——潘懋元大学教学论	张宝昆	《英才培育法》（云南大学出版社）	1993.10
潘懋元教授与高等教育研究	赵健	《中国高教研究》	1994（4）
情系故乡 发展高教	张新国	《厦门商报》	1995.7.29
潘懋元——生平、思想、为师治学	张祥云	《当代中国高等教育学家》（上海交通大学出版社）	1995.12
试述潘懋元先生的学术思想体系	杨广云	《高等教育研究》	1996（2）
我的导师潘懋元教授	周川	《厦门大学苏州校友通讯》	1996（2）
试述潘懋元先生的学术思想体系（二）	杨广云	《高等教育研究》	1996（4）
潘懋元先生对高等教育学的理论贡献	高耀明	《高教探索》	1996（4）
中国高等教育改革的前瞻性理论——潘懋元学术思想研究之二	杨广云	《高等教育研究》	1996（8）

续上表

论文名称	作者	报刊（著作）	刊期或出版时间
潘懋元关于高等教育学科的理论基础	杨广云	《中国高教研究》	1997（4）
大学教学论体系的构建——潘懋元学术思想研究之三	杨广云	《高等教育研究》	1997（5）
潘懋元对我国高等教育学及高教改革发展的主要贡献	黄宇智	《潘懋元高等教育学文集》（汕头大学出版社）	1997.6
学界泰斗　名师风范——记汕大高教所名誉所长、博士生导师潘懋元先生	馨晖	《汕头大学报》	1997.9.26
弘大学之道　扬理性之光——读《高等教育学讲座》、《潘懋元高等教育学文集》	秦国柱	《汕头大学学报（人文科学版）》	1998（3）
构建高教管理理论体系的若干思考——潘懋元高教管理思想研究	史秋衡	《北京科技大学学报（社会科学版）》	1998（3）
		《有色金属高教研究》	1998（5）
潘懋元教授在我国高等教育研究领域的理论突破	马凤岐	《汕头大学学报（人文科学版）》	1998（3）
我心目中的卓越成功者——潘懋元先生	韩延明	《中华成功者杂志》	1999（1）
从潘懋元先生的高等教育思想看高等教育理论的继承与创新	黄宇智	《有色金属高教研究》	1999（2）
创造一种存在——谈潘懋元教授与高等教育学	张祥云 杨移贻	《有色金属高教研究》	1999（2）
潘懋元先生获英国赫尔大学荣誉博士学位	陈武元	《高等教育研究》	1999（3）

续上表

论文名称	作者	报刊（著作）	刊期或出版时间
开拓历史通往现实之路——潘懋元先生在高等教育史研究上的建树	李均	《教育发展研究》	1999（3）
尚德敬业求真 启思导创育人——记我国著名高等教育学家潘懋元先生	韩延明	《青岛化工学院学报（社会科学版）》	1999（3）
潘懋元高等教育思想研究笔谈	主编	《有色金属高教研究》	1999（4）
高等教育学学说的基本理论——潘懋元学术思想研究之四	杨广云	《现代大学教育》	1999（12）
潘懋元先生的教师作用论	黎琳	《高等教育研究》	2000（1）
高等教育经济学理论与中国高等教育改革——潘懋元先生高等教育经济学思想	柯佑祥	《青岛化工学院学报（社会科学版）》	2000（2）
潘懋元先生的高等教育质量观初探	胡弼成	《青岛化工学院学报（社会科学版）》	2000（2）
高等学校办学自主权的理论与范式——潘懋元先生的学术权力观研究	史秋衡	《有色金属高教研究》	2000（2）
论潘懋元教授学术思想对高等教育的作用	刘承波	《青岛化工学院学报（社会科学版）》	2000（2）
潘懋元教授学术思想及其高等教育的理论功能	刘承波	《赣南师范学院学报》	2000（4）
试论潘懋元学术底蕴、眼光、气度及其启示	林金辉	《邢台职业技术学院学报》	2001（1）

续上表

论文名称	作者	报刊（著作）	刊期或出版时间
志存高远 追求卓越——记我国高等教育学科奠基人、开拓者潘懋元教授	白蓝	《厦门科技》	2001（2）
大家风范的丰富内涵和深刻启示——学习教育部对潘懋元先生评价的体会	林金辉	《安徽工业大学学报（社会科学版）》	2001（2）
论潘懋元教授的治学风范和治学原则	林金辉	《云南高教研究》	2001（2）
潘懋元的教学改革理论及其实践基础	林金辉	《光明日报》	2001.3.27
潘懋元先生的学术风格	林金辉	《广西高教研究》	2001（4）
潘懋元学术风格的基本内涵	林金辉	《中国高等教育》	2001（5）
深入浅出 由博返约——潘懋元教授谈高等教育研究	《教育研究》	《教育研究》	2001（11）
致力于高等教育学的理论发展——读《多学科观点的高等教育研究》	周川	《高等教育研究》	2002（2）
全新的视角 全新的理念——评介潘懋元主编的《多学科观点的高等教育研究》	张艳辉	《现代大学教育》	2002（2）
潘懋元"高等教育通向农村"学术思想初探	赵叶珠	《集美大学学报》	2002（2）
坚持考试改革考试——潘懋元教授访谈录	郑若玲	《湖北招生考试》	2002（4）
潘懋元先生学术思想与理论体系的主要特色	刘铁	《煤炭高等教育》	2002（8）
潘懋元高等教育质量思想探析	余小波	《理工高教研究》	2002（10）

续上表

论文名称	作 者	报刊（著作）	刊期或出版时间
潘懋元：21世纪需要职业校长	谭南周	《中国教育报》	2003.1.31
潘懋元教授：中国高等教育学的奠基人	杨广云	《中国地质大学学报（社会科学版）》	2003（2）
学科创新　致高致远——专访厦门大学潘懋元先生	史秋衡	《教育研究》	2003（3）
试述潘懋元先生的高等教育思想	陈小红	《教学与研究》	2003（3）
厦门大学教授潘懋元：大学不能跟着"排名"转	左春明	《中国教育报》	2003.4.18
高等教育与文化的互动关系说——解读《潘懋元论高等教育》	吴光辉	《中国地质大学学报（社会科学版）》	2003（5）
论潘懋元的高等教育实践理性观	覃红霞 陈兴德	《高教探索》	2003（6）
潘懋元先生的全面发展教育观	金维才	《现代大学教育》	2003（6）
潘懋元：北大改革　大方向对可行性强	春琳 肖扬 雷德环	《北京科技报》	2003.7.18
北大的"炸弹"都"炸"了谁——访著名教育家潘懋元	新浪观察	《理论参考》	2003（8）
三月桃花笑春风——访中国著名高等教育学家、厦门大学教授潘懋元	李建成等	《闽南儿女（第四辑）》	2003.12
一位外国学者笔下的潘懋元	[加]露丝·海霍（许美德）	《国际高等教育研究》	2004（2）
为我国高等教育发展诊脉——著名教育家潘懋元谈远程教育与高等教育大众化	曹凤余	《中国远程教育》	2004（3）

续上表

论文名称	作　者	报刊（著作）	刊期或出版时间
潘懋元：科研必须有理论准备和实践准备	一彤	《漳州职业大学学报》	2004（3）
学子眼中的潘懋元先生	殷小平	《国际高等教育研究》	2004（4）
精英高等教育与大众高等教育应统筹、协调发展——访潘懋元教授	《教育研究》	《教育研究》	2004（4）
历史理性与当代现实的统一——评潘懋元主编《中国高等教育百年》	《复旦教育论坛》	《复旦教育论坛》	2004（6）
理论寓于平实　研究源于问题——读潘懋元先生1983年版《高等教育学讲座》	陈厚丰	《大学教育科学》	2004（6）
教师教育创新关键在制度创新	杨伟广	《中国教师报》	2004.6.16
潘老的学术沙龙　学生之精神世界	曾军辉 孟本思	《厦门晚报》	2004.9.18
大学理念的哲学审视——潘懋元《多学科观点的高等教育研究·哲学的观点》述评	陈厚丰	《中国高教研究》	2004（9）
教育学学人剪影——潘懋元教授	记者	《国家教育行政学院学报》	2005（2）
中国远程与高等教育印象——访我国高等教育学泰斗潘懋元先生	希建华	《开放教育研究》	2005（4）
潘懋元教授与中国高等教育学	杨广云	《国家教育行政学院学报》	2005（4）
把脉高等教育和高校发展——访我国著名教育家潘懋元教授	张景轩	《教育与职业》	2005（4）

续上表

论文名称	作者	报刊（著作）	刊期或出版时间
历久弥新的"沙龙"意境与"潘师"情结	韩延明	《国际高等教育研究》	2006（1）
高等教育大众化发展阶段应注意的几点问题——《潘懋元论高等教育》读后	徐平	《辽宁高等教育研究》	2006（1）
让中国的高等教育研究走向世界《潘懋元———一位中国高等教育研究的创始人》（英文版）评介	赖铮 高晓杰	《教育研究》	2006（1）
高等教育多学科研究的方法论意义——潘懋元《多学科观点的高等教育研究》评介	康宏	《广东培正学院学报》	2006（4）
学术沙龙：精神之家与创新之源	殷小平	《大学教育科学》	2006（5）
潘懋元：如何看我国的研究生教育	记者	《人民日报》	2006.8.17
"我的名字排在教师的行列里"——记厦门大学教授潘懋元先生	韩延明 付八军	《中国教育报》	2006.9.8
潘懋元先生家庭学术沙龙亲历记	肖海涛	《中国教育报》	2006.9.8
开风气 育人才——访厦门大学潘懋元教授	殷小平	《理工高教研究》	2006（10）
民办高等教育：现状、对策与展望——潘懋元教授访谈录	姚加惠	《教育发展研究》	2006（10）
笑看桃李芳天下——记中国高等教育学科创始人、汕籍教育家潘懋元	李凯	《汕头日报》	2006.10.30

续上表

论文名称	作 者	报刊（著作）	刊期或出版时间
多学科：高等教育研究的新视角——潘懋元的《多学科观点的高等教育研究》读后	唐卫民	《辽宁教育行政学院学报》	2006（11）
研究生教育质量问题探讨——潘懋元教授学术沙龙观点荟萃	陈慧青	《教育与考试》	2007（1）
中国特色的高等教育大众化理论体系——潘懋元先生高等教育大众化思想研究	刘小强 罗丹	《大学教育科学》	2007（1）
试论师生学术共同体的构建——以潘懋元先生的家庭学术沙龙为例	肖海涛	《江苏高教》	2007（5）
谈潘懋元教授的博士生培养之道	殷小平 游玉华	《西南交通大学学报（社会科学版）》	2007（5）
高校评估 亦喜亦忧——访我国著名高等教育家潘懋元教授	洪彩真	《教育与职业》	2007（7）
品读大师 高山仰止——《潘懋元教育口述史》评介	李均	《高等教育研究》	2007（7）
潘懋元高等教育理论研究思想探析	陈雅芳	《教育理论与实践》	2007（10）
不可忽视高等教育的发展规律——访中国高等教育学创始人潘懋元教授	宋晓梦	《大学研究与评价》	2007（10）
潘懋元先生指导"新建本科院校运行机制研究"	荆门职业技术学院	《荆门职业技术学院学报》	2007（10）
大家气象——记著名教育家潘懋元先生	于洪良	《现代教育导报》	2007.6.25

续上表

论文名称	作者	报刊（著作）	刊期或出版时间
一位学术大师的学术人生——记我国著名教育家潘懋元	董立平	《大学教育科学》	2008（2）
潘懋元大学教学思想探析	曹如军	《长春工业大学学报（高教研究版）》	2008（2）
漫忆与解读：潘懋元先生的"惊人之语"	韩延明	《国际高等教育研究》	2008（3）
潘懋元教授与我国第一本《高等教育学》	杨德广	《高等教育研究》	2008（4）
论潘懋元"教育的内外部关系规律"理论	夏琍	《理工高教研究》	2008（4）
潘懋元素质教育思想探析	徐萍	《江苏高教》	2008（4）
潘懋元谈大学教学改革	曹如军	《高校教育管理》	2008（5）
以学术为志业"得天下英才而教育之"——访著名教育家潘懋元教授	乔连全 董立平	《中国大学教学》	2008（5）
潘懋元：中国高等教育大众化的思想引领者	陈兴德	《中国地质大学学报（社会科学版）》	2008（6）
潘懋元教授与我国第一本《高等教育学》	杨德广	《高等教育研究》	2008（8）
潘懋元：谈中国高等教育管理思想	吴雪	《高校教育管理》	2008（8）
国内第一部高等教育研究方法著作——潘懋元教授主编的《高等教育研究方法》评介	李枭鹰	《大学教育科学》	2008（10）
潘懋元与中国高等教育学分支学科的发展	刘志文	《高等教育研究》	2008（12）

续上表

论文名称	作 者	报刊（著作）	刊期或出版时间
光风霁月　正道直行——著名教育家潘懋元先生印象	于洪良	《山东经济学院报》	2008.10.30
潘懋元：高等教育学的拓荒者	马跃华	《光明日报》	2008.12.17
大学正业与国际排名孰重？——序潘懋元教授《借鉴超越：中国高等教育发展路径研究》	杜祖贻	《北京大学教育评论》	2009（1）
潘懋元教授谈我国三十年研究生教育	余斌	《高教探索》	2009（1）
对高等教育大众化的反思和展望——著名教育学家潘懋元教授访谈	叶祝弟	《探索与争鸣》	2009（2）
潘懋元：中国高等教育的思索者	陈兴德	《上海教育》	2009（2）
潘懋元民办高等教育思想解读	王志丰 谭敏	《浙江树人大学学报（人文社会科学版）》	2009（3）
高等教育研究中"人"的境界——基于潘懋元先生序跋的解读	曹如军 黄海群	《龙岩学院学报》	2009（3）
哈佛归来重温潘懋元先生"少而精"教学原则的感悟	韩延明	《中国大学教学》	2009（4）
著名教育学家潘懋元先生来校访问	记者	《广州番禺职业技术学院学报》	2009（4）
潘懋元教授的高等教育大众化理论研究	刘额尔敦吐	《高教发展与评估》	2009（5）
高等教育视野中的五类关系——基于潘懋元先生序跋的解读	李泽彧 曹如军	《高等教育研究》	2009（5）

续上表

论文名称	作 者	报刊（著作）	刊期或出版时间
走出教育规律的认识困境——兼论潘懋元先生提出的教育内外部关系规律	李枭鹰	《中国高教研究》	2009（6）
潘懋元先生应邀来我校讲学	编辑	《大学教育科学》	2009（6）
潘懋元民办高等教育思想研究	陈兴德	《民办教育研究》	2009（9）
金融危机对我国高等教育发展产生什么影响	中国教育报	《中国教育报》	2009.1.5
潘懋元：亲身垂范"欲为学先做人"	王庆平	《厦门商报》	2009.7.30
潘懋元与高等教育史研究	李均	《教育史研究创刊二十周年暨中国教育史研究六十年学术研讨会》	2009.9.1
潘懋元：文化创新是大学教授艰难的选择	陈彬 崔雪芹 杨欢	《科学时报》	2009.9.15
潘懋元高等教育观述评	车如山	《西北成人教育学报》	2010（1）
学术沙龙：一种有效的研究生培养方式——以厦门大学教育研究院为例	余斌等	《国际高等教育研究》	2010（1）
从可持续到科学发展——潘懋元高等教育发展观探源	陈兴德	《中国地质大学学报（社会科学版）》	2010（2）
中国高职教育发展中的若干问题——广州番禺职业技术学院书记校长与潘懋元先生的对话	樊明成 闫利雅	《广州番禺职业技术学院学报》	2010（2）

续上表

论文名称	作者	报刊（著作）	刊期或出版时间
"潘记沙龙"历史演化的叙事研究	冯用军	《国际高等教育研究》	2010（2）
潘懋元教授高等教育分类思想研究	王琪	《赣南师范学院学报》	2010（4）
论潘懋元高等教育思想的前瞻性	车如山	《赣南师范学院学报》	2010（4）
板凳敢坐十年冷 文章不写半句空——潘懋元教授从教75周年庆典暨学术研讨会综述	杨院	《国际高等教育研究》	2010（4）
化学术为德性——潘懋元先生的为学与为人	汤晓蒙	《赣南师范学院学报》	2010（4）
探寻人生足迹 领略大师风范——编纂初版《潘懋元教授纪事年表》之回顾与感悟	韩延明	《临沂师范学院学报》	2010（5）
本刊2010年度封面人物——潘懋元教授	编辑	《高等理科教育》	2010（5）
潘懋元"教育内外部关系规律"理论的价值研究	黄湘倬 王德清	《湖南社会科学》	2010（5）
实践性与前瞻性：潘懋元高等教育思想观照	车如山	《高等理科教育》	2010（5）
潘懋元教授与中国高等教育	董立平	《赣南师范学院学报》	2010（5）
预测与预警：高等教育理论研究者的社会责任——基于潘懋元高等教育研究的考察	王琪	《高等理科教育》	2010（5）
		《中国高等教育评论（第2卷）》	2011.12

续上表

论文名称	作　者	报刊（著作）	刊期或出版时间
试论中国高等教育理论工作者的社会责任——基于《潘懋元传》的考察	冯用军	《高等理科教育》	2010（5）
高等教育研究的社会责任——兼谈潘懋元先生的理论勇气和学术良知	杨移贻	《山东科技大学学报（社会科学版）》	2010（6）
以高等教育的国际视野审察中国特色现代大学制度——试论潘懋元先生对"万里模式"的理论概括	陈厥祥	《山东科技大学学报（社会科学版）》	2010（6）
潘懋元教授一行来我校作国家示范性高职院校发展状况调研	广州番禺职业技术学院	《广州番禺职业技术学院学报》	2010（6）
我与《潘懋元文集》（后记）	张耀荣	《高教探索》	2010（6）
教育家潘懋元：教师评价体系改革势在必行	高建进	《光明日报》	2010.7.15
潘懋元教育哲学与高教热点问题研究——学习潘懋元教育思想的体会	包国庆	《高等教育研究》	2010（8）
中国高校必须强力推进特色发展——研读潘懋元先生高校特色发展理论之感悟	韩延明	《高等教育研究》	2010（8）
像潘懋元先生那样做高等教育学大学问	张应强	《高等教育研究》	2010（8）
论潘懋元先生高等教育研究的社会责任意识	卢晓中　刘志文	《高等教育研究》	2010（8）
潘懋元先生之于我国高等教育学科发展的意义	胡建华	《高等教育研究》	2010（8）

续上表

论文名称	作者	报刊（著作）	刊期或出版时间
高等教育应用理论的解释力——潘懋元教授与中国高等教育发展理论研究	周川	《高等教育研究》	2010（8）
潘懋元先生的学术风格与治学特色	高宝立	《教育研究》	2010（9）
潘懋元教育内外部关系规律理论的价值研究	黄湘倬	西南大学教育经济与管理硕士论文（导师：王德清）	2010.9
恭贺潘懋元先生90华诞	《大学》杂志社	《大学（学术版）》	2010（9）
潘懋元先生高等教育思想与实践研究——兼论潘懋元先生对中国高等教育学科建设的突出贡献	杨德广	《中国高教研究》	2010（10）
论潘懋元先生高等教育思想的实践品格——兼论理论工作者的社会责任	车如山	《中国高教研究》	2010（10）
中国高等教育学会关于授予王承绪、潘懋元教授"高等教育科学研究特别贡献奖"的决定	中国高等教育学会	《中国高教研究》	2010（11）
创新与求实并重 析理与论道相融——潘懋元先生的学术思维探析	刘志文	《教育发展研究》	2010（19）
我的导师潘懋元——为我国著名教育家潘懋元从教75周年庆典而作	张慧洁	《中国高等教育评论》（第2卷）	2011.12
像潘懋元先生那样做高等教育学大学问——兼谈高等教育研究的社会责任	张应强	《中国高等教育评论》（第2卷）	2011.12

续上表

论文名称	作　者	报刊（著作）	刊期或出版时间
潘懋元——中国高等教育学的创始人和践行者	杨德广	《中国高等教育评论》（第2卷）	2011.12
潘懋元先生与中国高等教育学科的建立	李均	《中国高等教育评论》（第2卷）	2011.12
高等教育研究的社会责任——兼谈潘懋元先生的理论勇气和学术良知	杨移贻	《中国高等教育评论》（第2卷）	2011.12
潘懋元与中国高等教育学派的建构	覃红霞	《中国高等教育评论》（第2卷）	2011.12
创新与求实并重　析理与论道相融——潘懋元先生的学术思维探析	刘志文	《中国高等教育评论》（第2卷）	2011.12
学人的"立德"使命——兼谈潘懋元教授的学术道德论	金维才	《中国高等教育评论》（第2卷）	2011.12
以高等教育的国际视野审察中国特色现代大学制度——试论潘懋元先生对"万里模式"的理论概括与典型总结	陈厥祥	《中国高等教育评论》（第2卷）	2011.12
关系思维与高等教育研究——纪念"教育外部关系规律、教育内部关系规律"提出三十周年	刘小强	《中国高等教育评论》（第2卷）	2011.12
"问渠那得清如许"——潘懋元先生之于我国高等教育学科发展的意义	胡建华	《中国高等教育评论》（第2卷）	2011.12
从可持续到科学发展——潘懋元高等教育发展观探源	陈兴德	《中国高等教育评论》（第2卷）	2011.12

续上表

论文名称	作 者	报刊（著作）	刊期或出版时间
实践性与前瞻性：潘懋元高等教育思想观照	车如山	《中国高等教育评论》（第2卷）	2011.12
高等教育理论工作者的社会责任辨析——兼论潘懋元先生的理论研究求用思想	徐萍	《中国高等教育评论》（第2卷）	2011.12
三缘·三题——有感于潘懋元高等教育思想	刘培育	《中国高等教育评论》（第2卷）	2011.12
一位中国高等教育研究者的社会责任——潘懋元"高等教育通向农村"思想述评	赵叶珠	《中国高等教育评论》（第2卷）	2011.12
潘懋元先生的教育艺术	吴根洲	《中国高等教育评论》（第2卷）	2011.12
潘懋元的比较高等教育思想	季诚钧	《中国高等教育评论》（第2卷）	2011.12
论潘懋元职业技术教育思想	孙晓雷 王敏	《继续教育研究》	2011（1）
呐喊·匡正·引领——潘懋元"高等教育学科建设理论"之解	杨明宏 祝峰	《长春工业大学学报》	2011（1）
谈潘懋元教授对中国高等教育的贡献	赵喜艳	《理论观察》	2011（3）
高等教育价值观、课程体系与人才培养——从潘懋元的高等教育价值观和王伟廉的课程理念想到的	张耀荣	《高教探索》	2011（3）
潘懋元高等职业技术教育思想初探	易峥英 牛金成	《成人教育》	2011（5）

续上表

论文名称	作　者	报刊（著作）	刊期或出版时间
走出一条学科建设的新路子——潘懋元高等教育学学科建设思想评析	刘小强	《高等教育研究》	2011（8）
潘懋元：我的名字排在教师的行列里	记者	《成才之路》	2011（22）
新时期中国高等教育的责任与使命——访厦门大学教育研究院教授潘懋元	熊建辉	《世界教育信息》	2012（2）
思辨研究方法与高等教育研究——读潘懋元教授的《高等教育研究方法》	汪雅霜	《学园（教育科研）》	2012（3）
潘懋元：高等教育学的"名片"	熊杰 董立平	《中国教育报》	2012.5.18
教育内外部关系规律学说：中国教育学发展的一面镜子——潘懋元教授专访	王洪才	《苏州大学学报（教育科学版）》	2013（1）
论校园学术共同体的创建——读厦门大学"走进老教授活动"专辑有感	潘潮玄	《国际高等教育研究》	2013（1）
潘懋元与中国高等教育学会高等教育学专业委员会	董立平	《高等教育研究》	2013（4）
潘懋元先生大学教师发展观与实践探析	吴薇 熊晶晶	《重庆高教研究》	2013（4）
从潘懋元文章看中国高等教育学背景及发展	耿雅津	《煤炭高等教育》	2013（4）
潘懋元素质教育观的两层含义及启示	黄朝阳 姚加惠	《江苏高教》	2013（6）

续上表

论文名称	作者	报刊（著作）	刊期或出版时间
将高等教育理论研究进行到底——《潘懋元高等教育学文集》读后感（上）	陈春梅	《学园（教育科研）》	2013（6）
将高等教育理论研究进行到底——《潘懋元高等教育学文集》读后感（下）	陈春梅	《学园（教育科研）》	2013（7）
潘懋元教授关于考试理论的研究	刘额尔敦吐	《河北师范大学学报（教育科学版）》	2013（9）
从小学教师到高等教育学家——记厦门大学潘懋元教授成长之路	谭南周	《未来教育家》	2013（Z1）
潘懋元远程教育思想初探	张飞	《继续教育研究》	2013（12）
潘懋元先生高等教育研究国际化思想探析	吴薇 马杰	《重庆高教研究》	2014（1）
对我国应用型本科院校发展战略的思考——潘懋元先生访谈录	赵文青	《高校教育管理》	2014（1）
2013：我的幸福不是梦——记2013年与恩师潘懋元先生的七次幸会	韩延明	《国际高等教育研究》	2014（1）
厦门大学教育研究院名誉院长潘懋元：不能用传统思维看待高教问题	陈彬	《中国科学报》	2014.2.20
潘懋元："要好好珍惜大学生活"	王彦妮 张海磊	《中国研究生》	2014（2）
民办高等教育的困境与出路——访著名教育家潘懋元先生	张兴华 熊杰	《山东高等教育》	2014（2）
人不下鞍 马不停蹄——记全国"教书育人楷模"潘懋元先生	陈斌	《国际高等教育研究》	2014（4）

续上表

论文名称	作者	报刊（著作）	刊期或出版时间
潘懋元先生比较教育思想探析	杨莹莹	《煤炭高等教育》	2014（4）
潘懋元先生与中国高等教育	郑宏	《中国教育科学》	2014（4）
高等教育"适应论"真的是历史的误区吗？——兼谈高等教育的理想与现实	饶佩	《重庆高教研究》	2014（4）
我国高等教育大众化阶段面临的主要任务——《潘懋元论高等教育》读后感	徐婷婷	《纺织服装教育》	2014（6）
解读《潘懋元教育口述史》中的少年潘懋元	王晓波	《学园（教育科研）》	2014（10）
厦门大学：学术沙龙育人"看得见"	记者	《光明日报》第5版	2014.7.29
潘家四杰：父亲只身教不说教	记者	《海峡导报》第17版	2014.9.3
躬耕教学　终生为师——记厦门大学教授潘懋元	苏琳	《经济日报》	2014.9.9
教书育人的楷模——记著名教育理论家、我国高等教育学奠基人、厦门大学教授潘懋元	吴在平	《福建日报》	2014.9.11
潘懋元：高教泰斗　学人典范	邓晖	《光明日报》第1版	2014.9.11
高等教育学界的"常青树"——记2014年度全国教书育人楷模、厦门大学教授潘懋元	熊杰	《中国教育报》	2014.9.12
今年全国教书育人楷模中最年长的一位：大道至简潘懋元	赵婀娜	《人民日报》	2014.10.7

续上表

论文名称	作者	报刊（著作）	刊期或出版时间
再论正确认识"教育内外部关系规律"理论	方泽强	《西安交通大学学报（社会科学版）》	2015（1）
当代教育家思想研究（潘懋元）主持人评语	韩延明	《山东高等教育》	2015（1）
潘懋元高等教育思想的渊源与中国高等教育学科的创建——基于我国第一部《高等教育学》编写过程及贡献的论述	李均	《山东高等教育》	2015（1）
当代教育家思想研究（潘懋元）主持人评语	韩延明	《山东高等教育》	2015（2）
理论的力量何以可能——潘懋元高等教育学及其研究立场	刘振天	《山东高等教育》	2015（2）
当代教育家思想研究（潘懋元）主持人评语	韩延明	《山东高等教育》	2015（3）
教育内外部关系规律及其对高等教育学学科建设的意义	张应强	《山东高等教育》	2015（3）
当代教育家思想研究（潘懋元）主持人评语	韩延明	《山东高等教育》	2015（4）
潘懋元先生思考民办高等教育问题的八个基本逻辑	范跃进等	《山东高等教育》	2015（4）
潘懋元教育哲学	［挪威］阿里·谢沃	《山东高等教育》	2015（4）
科学研究与人才培养有机统一个人价值与社会责任紧密结合——潘懋元高等教育思想研讨会暨从教80周年庆祝会综述	张继明	《国际高等教育研究》	2015（4）

续上表

论文名称	作 者	报刊（著作）	刊期或出版时间
潘懋元先生人才培养思想与实践的探析	林丹丹	《纺织服装教育》	2015（4）
当代教育家思想研究（潘懋元）主持人评语	韩延明	《山东高等教育》	2015（5）
把教育作为毕生事业：潘懋元高等教育理念与实践探识	赵婷婷	《山东高等教育》	2015（5）
潘懋元教育考试思想探析	郑若玲	《中国地质大学学报》	2015（5）
潘懋元高等教育质量保障思想探析	余小波 陆启越	《高等理科教育》	2015（5）
潘懋元的贡献	张楚廷	《大学教育科学》	2015（5）
论潘懋元高等职业教育思想	罗先锋	《西南交通大学学报（社会科学版）》	2015（5）
潘懋元高等教育质量观的特性分析	汤俊雅	《西南交通大学学报（社会科学版）》	2015（5）
铭记使命肩负责任——读潘懋元先生《中国高等教育评论（第二卷）》有感	刘盾	《西南交通大学学报（社会科学版）》	2015（5）
立场·坚守·展望——潘懋元先生"教育主权与教育产权关系"思想探究	李胜利 康安峰	《西南交通大学学报（社会科学版）》	2015（5）
潘懋元高等教育质量建设思想探析	李志鸿	《西南交通大学学报（社会科学版）》	2015（5）
当代教育家思想研究（潘懋元）主持人评语	韩延明	《山东高等教育》	2015（6）

续上表

论文名称	作 者	报刊（著作）	刊期或出版时间
潘懋元先生高等教育经济学思想研究	柯佑祥 徐赟	《山东高等教育》	2015（6）
高等教育学科建设与发展的中国道路——研习潘懋元先生的高等教育思想	胡建华	《山东高等教育》	2015（6）
大学校长的教师职业荣誉感研究——以潘懋元先生的教师职业生涯为例	于洪良	《高校教育管理》	2015（6）
潘先生引导我家两代人走上高教研究之路	韩延明	《厦门大学报》第3版	2015.7.24
当代教育家思想研究（潘懋元）主持人评语	韩延明	《山东高等教育》	2015（7）
潘懋元研究生教育思想探析	陈斌	《山东高等教育》	2015（7）
潘懋元高等教育思想论纲	别敦荣 李家新	《山东高等教育》	2015（7）
当代教育家思想研究（潘懋元）主持人评语	韩延明	《山东高等教育》	2015（8）
"一元三维"：论潘懋元教育思想的内在逻辑	王洪才	《山东高等教育》	2015（8）
走出一条独特、有卓越影响力的学科建设道路——潘懋元高等教育学科建设思想述评	方泽强	《山东高等教育》	2015（8）
论潘懋元的高等教育学科思想	车如山 王彦雷	《山东高等教育》	2015（8）

续上表

论文名称	作 者	报刊（著作）	刊期或出版时间
我国民办高校的发展道路——研读潘懋元先生《我国民办高等教育发展的第三条道路》之感悟	沈丹丹 韩延明	《山东高等教育》	2015（8）
潘懋元：师之大者	邓晖	《博览群书》	2015（8）
当代教育家思想研究（潘懋元）主持人评语	韩延明	《山东高等教育》	2015（9）
再论潘懋元教授的"两个规律论"和"适应论"——与展立新、陈学飞商榷	杨德广	《山东高等教育》	2015（9）
潘懋元高等教育史学思想初探	张亚群	《山东高等教育》	2015（9）
潘懋元高等教育研究方法论述评	石慧霞	《山东高等教育》	2015（9）
情融五颂：吾爱吾师潘懋元先生	韩延明	林东伟主编《我的厦大老师》（厦门大学出版社）	2015.9
高教泰斗　学界楷模——修订《潘懋元教授纪事年表》的感与悟	韩延明	韩延明编著《潘懋元教授纪事年表》（厦门大学出版社）	2015.10
谨遵先生教诲　深化教育研究	韩延明	韩延明编著《潘懋元教授纪事年表》（厦门大学出版社）	2015.10
当代教育家思想研究（潘懋元）主持人评语	韩延明	《山东高等教育》	2015（10）
行者无疆　止于至善——谈潘懋元之为学、为师、为人	陈武元 丁彧	《山东高等教育》	2015（10）

续上表

论文名称	作者	报刊（著作）	刊期或出版时间
潘懋元教育研究发展脉络管窥——基于学术论文的知识图谱分析	于小艳 卢晓中	《山东高等教育》	2015（10）
开拓中国高等教育学科自主创新之路——论潘懋元高等教育理论的国际视野与本土情怀	李均	《山东高等教育》	2015（10）
当代教育家思想研究（潘懋元）主持人评语	韩延明	《山东高等教育》	2015（11）
潘懋元高等职业教育思想研究	廖益 杨运鑫	《山东高等教育》	2015（11）
从时代要求到社会责任——试论潘懋元高等教育思想的形成与发展	刘承波	《山东高等教育》	2015（11）
当代教育家思想研究（潘懋元）主持人评语	韩延明	《山东高等教育》	2015（12）
略论潘懋元的教师职业荣誉感	于洪良	《山东高等教育》	2015（12）
家庭学术沙龙：潘懋元研究生培养理论与实践的创新	肖海涛	《山东高等教育》	2015（12）
当代教育家思想研究（潘懋元）主持人评语	韩延明	《山东高等教育》	2016（1）
潘懋元的校长思想及其理论基础	田建荣	《山东高等教育》	2016（1）
论潘懋元民办高等教育思想	王严淞	《山东高等教育》	2016（1）
由诚而成懋业，敢闯而创新元——潘懋元先生的学术人格与创造性研究	肖海涛	《大学教育科学》	2016（1）

续上表

论文名称	作者	报刊（著作）	刊期或出版时间
潘懋元：中国"高等教育通向农村"思想的引领者	潘紫茜 闫建璋	《继续教育研究》	2016（2）
试论潘懋元教授治学的逻辑方法	黄朝阳 姚加惠	《北京师范大学学报（社会科学版）》	2016（2）
潘懋元教授现代大学治理思想述评	储著斌	《黑龙江高教研究》	2016（3）
潘懋元先生引导我走上教育研究之路	刘尧	《大学（研究版）》	2016（3）
当代教育家思想研究（潘懋元）主持人评语	韩延明	《山东高等教育》	2016（4）
适应还是超越：我国高等教育改革范式的深思——基于张力的视角	平和光 姜朝晖	《山东高等教育》	2016（4）
当代教育家思想研究（潘懋元）主持人评语	韩延明	《山东高等教育》	2016（5）
立足实践 服务实践 指导实践——论潘懋元高等教育研究的逻辑特征	刘少雪	《山东高等教育》	2016（5）
96岁资深教授的家庭学术沙龙	董洪亮	《人民日报》第17版	2016.5.12
潘懋元民办高等教育思想探析	沈丹丹	山东师范大学高等教育学硕士论文（导师：韩延明）	2016.6
关于"前学科时期"的高等教育研究史——来自潘懋元先生早期高等教育研究的启示	吕春辉	《扬州大学学报（高教研究版）》	2016（6）

续上表

论文名称	作者	报刊（著作）	刊期或出版时间
拔尖创新人才的选拔与培养——访我国著名教育家、厦门大学资深教授潘懋元先生	李硕豪 陶威 杨海燕	《中国高等教育》	2016（7）
潘懋元德育观对大学生思想政治教育工作的启示	王富盛	《高教学刊》	2016（11）
应用型本科教师的发展：内涵、重要性、问题和路径——潘懋元先生应用型本科教师发展观探析	周琬謦	《大理大学学报》	2016（11）
当代教育家思想研究（潘懋元）主持人评语	韩延明	《山东高等教育》	2016（12）
潘懋元高等教育思想：全球化视角	李盛兵	《山东高等教育》	2016（12）
潘懋元高等教育学的学科思想体系	袁礼 袁卫 徐东波	《山东高等教育》	2016（12）
潘懋元先生关于应用型本科院校发展思想探析	胡维芳	《职教通讯》	2017（1）
潘懋元：一位出自潮汕的中国高等教育学鼻祖	罗堃	《潮商》	2017（1）
从生命自觉、学术自觉到文化自觉——"自觉意识"与潘懋元教育思想关系研究	陈兴德	《高教探索》	2017（7）
世界一流大学建设 校友支持不可或缺——访我国著名教育家潘懋元先生	何志伟	《中国高等教育》	2017（Z2）
潘懋元职业教育思想研究	罗丹	《职业技术教育》	2017（16）
九十七岁的一线教师	马跃华	《光明日报》	2017.9.8

续上表

论文名称	作 者	报刊（著作）	刊期或出版时间
内涵式发展要在专业、课程、教学上下功夫——访厦门大学潘懋元先生	周杨	《中国大学教学》	2018（1）
潘懋元学位与研究生教育思想研究	覃红霞 徐露维	《中国高等教育评论》（第9卷）	2018.3
学术沙龙：厦门大学一道亮丽的风景线——庆祝厦门大学教育研究院建院四十周年散记	董立平	《国际高等教育研究》	2018（3）
潘懋元高等教育思想研究	孙上	南昌大学高等教育学硕士论文（导师：许祥云）	2018.5
一辈子的先生——专访中国高等教育学科创始人、厦门大学教授潘懋元	王湘蓉 邢晓凤	《教育家》	2018（8）
情系沂蒙撒真知——著名教育家潘懋元先生的临大情结	韩延明	《临沂大学报》第4版	2018.9.24
对潘懋元高等教育思想文献的研究	杨清	《教育评论》	2019（1）
潘懋元："双一流"精神须泛化至各类高校	许悦	《中国科学报》	2019.1.23
成为"人师"的"经师"才能成为永远的大师——读《潘懋元高等教育论述精要》	付八军	《山东高等教育》	2019（1）
师者，教之以事而喻诸德也——读潘懋元先生《高等教育学讲座》之感受	曹苤蕾	《山东高等教育》	2019（1）

续上表

论文名称	作者	报刊（著作）	刊期或出版时间
静水流深，闻道求真——读潘懋元先生《高等教育学讲座》有感	林思雨	《山东高等教育》	2019（1）
聆听先生 如此幸福	郑宏	《实践—理论—应用 潘懋元口述史》（华中科技大学出版社）	2019.1
高等教育的历史、现实与未来——访中国高等教育学科创始人潘懋元	陈志文 朱乐平	《世界教育信息》	2019（12）
潘懋元：中国高等教育学科创始人	王梦茜	《教育家》	2019（21）
论潘懋元教育思想的生成、进路与贡献	韩延明	《大学教育科学》	2020（3）
关于教育内外部关系规律的争鸣：研究回顾与展望——纪念潘懋元提出教育内外部关系规律40周年	平和光	《大学教育科学》	2020（3）
论潘懋元大学教学思想：教育史学与学习科学的双重视角	陈鹏 李建伟	《大学教育科学》	2020（3）
关于教育内外部关系规律的争鸣：研究回顾与展望——纪念潘懋元提出教育内外部关系规律40周年	平和光	《大学教育科学》	2020（4）
潘懋元高等教育管理思想探析	余小波	《大学教育科学》	2020（4）
潘懋元高等教育管理思想探析	余小波	《大学教育科学》	2020（4）
百岁教育家潘懋元的精神世界	杨德广	《中国高等教育评论》（第13卷）	2020.7
潘懋元高等教育管理思想探析	余小波	《大学教育科学》	2020（4）

续上表

论文名称	作　者	报刊（著作）	刊期或出版时间
论高等教育学创始人潘懋元的贡献与意义	李均	《中国高等教育评论》（第13卷）	2020.7
潘懋元高等教育思想体系的宏观结构特征扫描	王琪 车如山	《中国高等教育评论》（第13卷）	2020.7
潘懋元高校管理思想初探	韩延明	《中国高等教育评论》（第13卷）	2020.7
潘懋元高职教育思想研究	方泽强	《中国高等教育评论》（第13卷）	2020.7
潘懋元教育思想对民族区域高等教育发展的启示与指导	巴果	《中国高等教育评论》（第13卷）	2020.7
春风化雨，润物无声——潘懋元高校教学思想摭论	陈斌	《中国高等教育评论》（第13卷）	2020.7
试论潘懋元先生高等教育史治学思想及启示	毛鹏程	《中国高等教育评论》（第13卷）	2020.7
论潘懋元教授独立学院转型发展思想的理论意义及其路径设想	陈泽光	《中国高等教育评论》（第13卷）	2020.7
笔谈：翻转课堂在博士生教学中的应用——以潘懋元先生的"高等教育学专题研究"课程为例	杨振芳 黄蕴蓓 徐琼 罗青意 李勇 苟菲菲 江艳 张斌	《中国高等教育评论》（第13卷）	2020.7
潘懋元高等教育思想的时代特色简析	姚烟霞	《教书育人（高教论坛）》	2020（9）

本版"纪事年表"结语

值此潘懋元先生从教85周年暨百岁华诞之际,根据广东高等教育出版社和编委会的要求,在潘先生的支持和各位院友的帮助下,我在2010年广东高等教育出版社《潘懋元文集·卷八·图片与纪事年表》和2015年厦门大学出版社《潘懋元教授纪事年表》的基础上,对本版"纪事年表"进行了较大幅度的修订、增补、更正和完善,对潘先生1920年至2020年百年间的成长、生活、学习、工作、学术研究等方面的情况进行了较为系统的梳理和记载。本版"年表"除全面补充了2010年以来先生的详细信息外,还通过各种途径在多地图书馆、档案馆、资料室等进行广泛查阅,对2010年之前的若干年也增加、更正、完善了不少条目。特别令人欣喜的是,通过深入查阅和精心搜索,在多年尘封的幸存报刊中史海钩沉,"发现"了些许在《潘懋元文集》和出版的其他文本中尚未收录的潘先生重要文章特别是早年的珍贵作品。

应该说,本"纪事年表"是一本实事求是的"信史"。作为一名教育研究者和党史工作者,我一直比较注意史料的追本溯源、寻根探脉,重视信息的细节考究、去伪存真。同时,每过一段时间,就会把新近汇集、编排的"年表"打印一份送先生审阅,先生也是每次必看、细加斟酌,其中增删、更正了不少条目。

编修本年表深感荣幸,这既是对我心性的一种磨炼与考验,也是对我灵魂的一次陶涤和濡染。本身就是一个带着感情、带着感动、带着感悟向先生学习的过程,是一次领略大师风范和追寻学术精神的过程,亦是一种缘分使然。蓦然回首,我从1996年10月开始动议搜集本年表资料,迄今已有20余年了。当时，潘先生应邀参加在曲阜师范大学举行的"全国第六届大学教育思想研讨会"。作为曲阜师大教育科学学院院长，我特别邀请潘先生为全院师生作了"关于素质教育的理论思考"的学术报告，由此结下不解之缘，并开始搜寻资料编写《潘懋元教授纪事年表》。嗣后，我追踪多年、数次增补，即使是在担任大学校长的繁忙阶段，也一直坚持不辍，经年累月地搜集、整理、编辑，持续不断地增补、修正、完善，拾枝衔泥，铢积寸累，使年表字数由最初的一万多字增加到本版的四十余万字。

我多次申明，本年表的广搜精稽和条分缕析，不是一个人的"成绩"，而是众多老师、学友也包括我的学生们共同努力、集体劳作的"结晶"。因为搜寻、梳理、编校年表，是一项细致、琐碎、旷日持久、面广量大的系统工程。本人心怀感激的是，在年表信息搜集和编辑过程中，一直不断得到母校老师和师兄师弟师姐师妹的高度认同和大力支持，他们多次热情、无私地提供大量有关信息、线索或修改建议。每次收到相关的微信、短信、邮件、信函或电话、语音，真的是一股暖流涌上心头，既兴奋又振奋，颇有一种"蓬生麻中，不扶自直"的感觉。所以，在出版"纪事年表"时，每次在"后记"中都有一长串"致谢名单"，即使是在非正式出版的"征求意见稿"中也不例外。

在本版"纪事年表"编修期间，厦门大学教育研究院网站、厦门大学高等教育发展研究中心网站、厦门大学档案馆和图书馆、厦门市图书馆、广东省图书馆、山东省档案馆和图书馆、山东大学图书馆、汕头大学图书馆、中国国家图书馆等单位提供了不少方便；厦大老师邬大光、郑冰冰、别敦荣、王洪才、陈武元、张亚群、乔连全、郑宏、石慧霞、连进军、范孝平、叶燕、吴晓君、王玉梅等，均从各种渠道给予了诸多支持和指导；院友胡建华、李盛兵、张建奇、张祥云、周川、张应强、刘振天、赵婷婷、田建荣、卢晓中、刘承波、高新发、肖海涛、康乃美、李均、高晓杰、彭拥军、付八军、余小波、车如山、吴玫、董立平、方晓、贺祖斌、吴滨如、张晓报、李胜利、冯用军、魏晓艳、黄敏、李雪梅、何志伟、游玉华、陈鹏、邵建东等，均以不同形式提供了宝贵的信息和帮助；我的学生郭峰、冯春杏、张明广、陈伊然等承担了不少相关的繁杂事务。同时，本版年表还在 2018 年 5 月召开的

本版"纪事年表"结语

"厦门大学教育研究院四十周年庆祝会暨新时代高等教育研究与高等教育内涵式发展学术研讨会"期间广泛征求各位院友的意见和建议,得到热烈呼应。最后还参阅了厦大教育研究院公众号"我和潘先生的故事"中的有关信息。在此,一并表示衷心感谢!

借此机会,我还要特别感谢恩师潘懋元先生的信任、支持和对年表的多次批阅、审改!感谢先生长子潘世墨教授、次子潘世平教授及家人细致的修改、增补和更正;感谢厦大教育研究院办公室吴晓君老师耐心细致、有求必应的多次帮助;感谢刘承波师弟无私地贡献出自己读博三年期间详细的先生活动记录及其后的重要信息;感谢李均师弟、陈小红师妹在百忙中增补了先生在汕头大学的重要活动记载;感谢罗先锋师妹不厌其烦地多次到厦门市图书馆核查先生早年文献;感谢先生近些年的学术秘书刘小强、王琪、方泽强、陈斌、陈春梅、朱乐平、刘明维等,持续不断地提供和核查相关资料;感谢我的助手左媛媛,几年来一直废寝忘食、乐此不疲地辑录信息、编校文本,做了大量卓有成效的工作。然而,尽管自己满腔热忱并竭尽心力,但囿于资质、学养、视界和修为,年表肯定还存在不少疏漏或差错,诚望大家不吝指正,以便再版时予以修订。最后,祈祝百岁大师潘懋元先生华堂春满、海屋筹添!

韩延明　谨识
2020年5月6日

百 岁 感 言

我即将进入百岁高龄，但仍耳聪目明，思维清晰，可以授课、指导研究生、作报告、写文章。许多人问我有什么长寿秘诀。

说是遗传：我的祖父母在我出生之前，均已辞世；我的父亲虽高寿达八十一岁，但我的母亲五十岁就去世了；我有兄弟姐妹共十人，除大姐、四弟和我高寿外，余均夭折；对我影响最大的二兄潘载和，也只活到二十一岁就染肺病去世。

说是健康：我一生身体多病。我的最早记忆（约三岁或四岁），就是在病榻上母亲的擦摩；其后的记忆是少年时经常得感冒和胃病，青年期经常患恶性疟疾（打摆子）。一生还生过几场大病：十七岁时患伤寒；五十二岁时患急性黄疸肝炎；六十四岁时胆结石急性发炎，两次手术，切除了胆囊；如今是肝癌经放疗在养病中。疾病的磨难使我后半生腰弯背驼。

说是运动：身体运动，有利于健康，的确如此。但我只在青年时喜欢翻双杠，其后坚持做掌上压，现在只是每天做十五分钟的简式太极拳而已。

我的理解：身体的运动很重要，大脑的运动更重要。大脑是全身的"司令部"，指挥全身活动。"心之官则思，思则得之，不思则不得也。"人应当保持大脑有足够的运动量。例证：选择做官员，在位时忙于开会、作报告、处理种种复杂问题，精神焕发，身体健康。退休之后，"门庭冷落车马稀"，很快显得老态龙钟；选择做生意人，在谈生意时，跑市场、陪客户，酒酣茶热，满面红光，生意做完，"人一走，茶就凉"，也容易催人衰老；而从事教学与科研工作的人，可以退而不休，继续从事脑力活动。如果说有什么长寿秘诀的话，这就是我所体会的秘诀——大脑的运动比身体的运动更有利于长寿！因此，身体从职位上退下，但大脑不要"退休"。人要退而不休，发挥余热。西方有一种更有意义的说法："迎接人生的第二个青春！"

潘懋元
2019 年 10 月 28 日于厦门

编　后　记

传承是根，创新是魂。

编纂整理《潘懋元文集》具有极其重要的理论意义、历史意义和现实意义。在潘先生百岁华诞暨从教85周年来临之际，编纂整理《潘懋元文集》（第二版），其意义更为重要。

世纪老人潘懋元先生是中国高等教育学科的奠基者和创始人，是学术上的"老人与海"。潘先生人生经历丰富，内蕴深刻，富于传奇。他的学术成果丰硕，富有创见。早年作品涵盖诗歌、散文、杂文和小说等，很有文学功力，如果在这条路上走下去，说不定会成为文学大家。然而，潘先生志向不在于成为文学家，而是矢志从教和教育研究，他甚至说："如果有来生，我还愿意当教师！"他不是一般的教师，而是具有学术创见和学术生命力的教师。作为我国高等教育学的创始人，他创造了一种存在！他的学术生涯开创和见证了我国高等教育研究的发展历程，他的学术成果反映了我国高等教育学科建设和高等教育研究的理论创新。他的学术事业不仅为我国高等教育事业的发展做出了重大贡献，而且对世界高等教育研究做出了创造性贡献。这些贡献体现了中国学者的文化自信、责任担当、精神风貌和卓越成就。

编纂整理《潘懋元文集》（以下简称"文集"）是一项宏大的工程，聚集了不少人的智慧和努力。这里有必要简介文集的构想和编辑过程，同时表达最真诚的谢意。

首先，需要说明的是，《潘懋元文集》（第二版）是在2010年出版的第一版文集的基础上重新整理而成的，主要是加进2010年以后的内容，也有少量2009年以前的内容。

编后记

最初提出编纂文集设想的，是广东高等教育出版社原社长张耀荣先生。2008年5月，厦门大学教育研究院在院庆30周年之际举办"大学教育质量的理论与实践研究"国际学术研讨会，参加会议的张耀荣先生向潘先生提出，希望出版《潘懋元文集》，以及出版厦门大学教育研究院承担的"国家985工程中国特色高等教育体系研究"系列成果。这一想法得到潘先生的同意和厦门大学教育研究院的支持。潘先生便将整理文集的任务交给了我。我想一个重要原因是，在跟随潘先生做博士后期间，我整理过《潘懋元教育口述史》，以及协助潘先生在广东高等教育出版社出版"高等教育大众化研究丛书"（如《现代高等教育思想的演变——从20世纪到21世纪初期》《中国高等教育大众化的理论与政策》《中国高等教育大众化的结构与体系》等），任务完成得还不错。我深感责任重大，使命光荣，欣然受命。很快，我们组织了一支精干的团队：除我之外，还包括韩延明教授（临沂大学，当时是校长）、李均教授（深圳大学）、向春博士（深圳大学）、刘志文教授（华南师范大学）、李枭鹰教授（广西民族大学，现大连理工大学）等。经过两年多认认真真、踏踏实实的埋头苦干，文集终于在2010年庆祝"潘懋元先生九十华诞暨从教七十五周年"研讨会之际首发，受到高度评价。

光阴似箭，一晃又是十年。青山不老，绿水长流，潘先生的学术生命力依旧生机勃勃。潘先生虽已百岁高龄，仍耳聪目明，思维清晰，继续指导研究生、讲课、做报告、写文章，活跃在教学第一线，而且是老当益壮，益见其高远的智慧。

2018年底，广东高等教育出版社领导提出进一步修订出版《潘懋元文集》。广东高等教育出版社副社长钟凌翱女士与我通电话讲到修订文集事宜，我立即打电话向潘先生汇报此事，潘先生欣然同意。而且，潘先生电话中的反应敏锐让人惊叹不已。听我讲了重新修订文集的事宜后，潘先生接口就说："好啊，辛苦你出力、出版社出钱，辛苦啦，谢谢哈！"我一听也笑了，老爷子青松不老，太厉害了！跟着潘先生干活,再辛苦也是幸福的,何况我能借此机会再次认真而系统地品读潘先生的作品,从中受益。

广东高等教育出版社的领导真是能干事的人,其出版眼光和务实精神让人很生敬佩。通过电话不久,钟凌翅副社长从广州来到深圳,与我面谈修订文集的具体设想和准备工作,虽然在电话中我一再说这事我一定会重新干起来,不用亲自过来,电话沟通就好。总编辑黄红丽女士更是积极,她当时正在福州组稿,又电话约请钟凌翅副社长立即奔赴厦门,她们一起登门拜访潘先生,商谈再版文集事宜。其诚可鉴!

不久之后,黄红丽总编辑、钟凌翅副社长和我一起去厦门拜访潘先生,讨论文集修订方案。印象深刻的是,黄总编、钟副社长一行先从广州到深圳,在深圳高铁站与我会合,一起去厦门。我一到深圳高铁站,大吃一惊,这么多人!我原以为只是我和黄总编、钟副社长三人行,结果发现她们几乎整个编辑团队都出动了。有些是我认识的,她们原来就参与过文集(第一版)或"高等教育大众化研究丛书"的编辑工作;也有新面孔,她们都是认真干事的人。

在修订文集的方案中,我们确立了"框架不变,分类整理,依照时序,加进新鲜"的原则,以及"人员到位,统筹兼顾,分工合作,各负其责"的原则。接下来,我们立即全身心投入,认认真真干起来。具体分工情况及体系如下:

肖海涛:卷一·高等教育学讲座

肖海涛:卷二·理论研究(上、下)

李　均:卷三·问题研究(上、下)

肖海涛:卷四·历史与比较研究

刘志文:卷五·序文

朱乐平:卷六·讲课录

向　春:卷七·昔年作品及其他

韩延明:卷八·潘懋元教授纪事年表

肖海涛：卷九·潘懋元教育口述史

这里特别要对编辑工作做些说明。

卷一，在保持原貌的基础上，少量地方由于时代发展加进了注释。卷二、卷三、卷四，包括潘先生有关高等教育理论研究、问题研究、历史研究、比较研究等内容，分别由我和李均教授负责。这部分内容繁多，工作量大，搜集资料，按主题进行分类和进一步再分类，是一件很细致的工作。好在我和李均教授是同事，同事合作的好处是非常便利和默契。在文章分类上，我们根据材料，逐一整理，共同协商，分工合作。在这个过程中，包括在平时的工作中，李均教授都给了我很多帮助。

卷五，由华南师范大学的刘志文教授负责整理。当初人手不够，我打电话给刘教授，请他负责序文卷，他毫不犹豫，满口答应，工作认真，高效负责。而每当我给他打电话道谢时，他总说是应该的。

卷六，是潘先生最新版的讲课内容，由厦门大学的博士生、潘先生的学术助手朱乐平负责。我们都知道，潘先生虽已百岁高龄，但仍活跃在教学第一线，而且一讲课就是整个上午。这卷讲课录就是潘先生给2019级博士生讲授"高等教育学专题研究"课程内容的讲课实录。

卷七，包括潘先生早年的学士学位论文、文学作品、人物回忆、杂文、散论等，由向春博士负责整理。这卷新加进了一些有趣的篇章。韩延明教授在整理纪事年表及诸位院友在查阅资料的过程中，一旦发现潘先生早期的作品，就在院友微信群中发布，我们如获至宝，赶紧收录在文集中。潘先生15岁开始从教，实际上他在15岁之前的中学时代就开始了创作和发表，文集收录的最早作品是从他16岁时开始的。这里也特别要感谢刘海峰教授，他在浩如烟海的厦门大学图书馆馆藏中查到了潘先生1945年的本科毕业论文；还要特别感谢刘志文教授，10年前他带领学生去广东省图书馆查阅潘先生1949年以前的作品，搜集到不少珍贵史料，其中不少作品是潘先生自己并没有保存的。

卷八，包括潘先生各个时期个人生活、学术活动等内容的照片和教学、科研及学术活动纪事，由韩延明教授负责。这部分涉及日常生活，时间跨度大，内容细致而繁多，韩延明教授作为校长亲力亲为，真是了不起，他以极大的兴致和求真务实的精神，很早就开始做这些耗时耗力的细致工作。在编纂文集过程中，我们多次通电话，相互讨论，相互鼓励。

卷九，由潘先生口述，我和殷小平博士整理，2007年北京师范大学出版社出版。在潘先生温馨的家中，听着潘先生口述其丰富的教育人生经历，是我们珍贵而难忘的回忆。这次将《潘懋元教育口述史》补充进文集之中，稍加修改，并加进一些新的照片，生动地反映潘先生的教育人生，有助于加深对潘先生作品的理解，也使得文集更为完整。遗憾的是，潘先生的另一本侧重谈高等教育改革的口述史《实践—理论—应用：潘懋元口述史》（2019年华中科技大学出版社出版），由于未满合同期，不能收入文集中。

再者，要特别感谢潘先生的家人、厦门大学教育研究院的领导及师生、众多院友对文集的支持。虽然在工作过程中我们一直踏踏实实地埋头苦干，没做刻意宣传，但仍收到不少关心和问候。厦门大学教育研究院院长别敦荣教授、华中科技大学教育科学研究院原院长张应强教授等多次表达关心和问候。还要感谢为文集搜集资料的潘先生的博士生朱乐平、刘明维等，以及为第一版文集搜集资料的葛喜艳博士、冯晓玲博士等。

当然，最需要特别真诚感谢潘先生对我们的信任，将出版文集这一重大事情交予我们，能够参与其中是我们的荣幸。

有时候，对一个人，你越走近他，就越崇敬他。我们对潘先生的感觉就是这样的。在研究潘先生的过程中，我常情不自禁地感叹："我越来越崇拜潘先生了！""高山仰止！"于我而言，能做潘先生的学生是幸福的，能整理潘先生的教育口述史是幸福的，能一再整理潘先生文集更是幸福中的幸福！

编 后 记

潘懋元先生是一个传奇。研究潘先生丰富而传奇的教育人生，可以发现，他的学术人格、生命意蕴和人生哲学有两个鲜明的特征：一曰"诚"，二曰"闯"。

"诚"是中国文化的核心概念，是潘先生立身处世的生命哲学。他赤诚向学，忠诚教育，精诚开拓，如《中庸》所言："诚之者，择善而固执之者也"，"诚则明矣，明则诚矣"，"唯天下至诚为能化"。

"闯"是潘先生的英雄本色，是他大丈夫立德、立功、立言的本体功夫。他性格乐观坚强，敢闯，善闯，能闯，敢于创新，敢为天下先，闯出了一条建设和发展中国特色高等教育学之路。

两者合起来，潘先生是诚中有闯，闯中有诚；因诚而闯，由闯见诚；二者的和谐统一，成就了他的教育事业，也为国家的教育事业做出了贡献。

概言之，潘先生是一名优秀的教师，他忠诚国家和人民的教育事业，真诚地热爱教师职业；潘先生是爱国的人民教育家，他"板凳敢坐十年冷，文章不写半句空"，"精诚所至，金石为开"，开创出高等教育学这门"中国创造"的新兴学科。

今天，我们无限自豪、满怀欣喜地看到，中国高等教育学学科体系日益成熟，研究队伍日益壮大，科研成就硕果累累，对不同层面的教育政策和实践产生了积极而有效的影响……这一切，潘先生功不可没，真可谓：

由诚而成懋业，

敢闯而创新元。

最后还需要说明的是，文集涉及的研究成果内容丰富，时间跨度大，编辑加工难度大，难免有不当、错漏之处，敬请批评指正。

肖海涛
2019 年 10 月 30 日初稿
2020 年 4 月 23 日修改于深圳半塘斋